Markus Schreyer
**Innovationsmanagement in der Hotellerie**

# Lehr- und Handbücher zu Tourismus, Verkehr und Freizeit

─────

Herausgegeben von
Univ.-Prof. Dr. Walter Freyer

Markus Schreyer

# Innovations-
# management in
# der Hotellerie

Innovationsforschung von touristischen
Dienstleistungen in Vertrieb und Marketing

**DE GRUYTER**
OLDENBOURG

ISBN 978-3-11-063532-4
e-ISBN (PDF) 978-3-11-045143-6
e-ISBN (EPUB) 978-3-11-044892-4

**Library of Congress Cataloging-in-Publication Data**
A CIP catalogue record for this book has been applied for at the Library of Congress.

**Bibliografische Information der Deutschen Nationalbibliothek**
Die Deutsche Nationalbibliothek verzeichnet diese Publikation in der Deutschen Nationalbibliografie;
detaillierte bibliografische Daten sind im Internet über http://dnb.dnb.de abrufbar.

www.degruyter.com

# Geleitwort

Der Beherbergungsbereich – und speziell die Kettenhotellerie – steht seit einigen Jahrzehnten vor wichtigen Veränderungen und Herausforderungen:

- Die Überkapazitäten an Hotelangeboten und die unterproportional wachsenden Übernachtungszahlen führen zu einem niedrigen Preisniveau.
- Der Gast ist zunehmend reiseerfahrener geworden und zeigt häufig ein hybrides Kaufverhalten. Einerseits sucht er individualisierte und erlebnisorientiere Angebote, andererseits ist er stark preisorientiert und weist eine weitaus geringere Kundenbindung und Hotelloyalität auf als in der Vergangenheit.
- Neue Vertriebs- und Buchungswege erfordern eine Multi-Channel-Strategie seitens der Hotelbranche. Vor allem die digitalisierten Formen des Internetvertriebs bieten den Kunden neue Buchungswege und stellen steigende Herausforderungen an die Vertriebsstrategien der Hoteliers.

Diese veränderten Marktstrukturen erfordern u. a. ein verstärktes Innovationsmanagement. Doch nach wie vor sind die Besonderheiten von Innovationen im Hotelbereich nicht ausreichend erforscht.

Die vorliegende Arbeit ist einer der ersten Untersuchungen, diese Forschungslücke zu schließen. Der Autor entwickelt bzw. formuliert einen eigenen Ansatz für Innovationen in der Hotellerie, das sog. EMP-Innovationsmanagement. Dieses basiert auf den drei Handlungsmustern Begeisterung und Emotion (E), Mehrwert und Möglichkeiten (M) sowie Customer Lifetime Value und Personalisierung (P).

Von der Theorie zur Praxis: Vor dem Hintergrund dieser theoretischen Betrachtungen leitet Dr. Schreyer konkrete und praktische Handlungsanweisungen für das Innovationsmanagement in der Hotellerie ab. Ferner weist er auf Anwendungsmöglichkeiten bei weiteren touristischen Unternehmen hin.

Insgesamt stellt diese Arbeit einen wichtigen Beitrag zur Forschung im Bereich des touristischen Innovationsmanagements dar und ist neu und „innovativ". Der Autor verbindet seine langjährigen Branchenkenntnisse mit einem hohen wissenschaftlich-analytischen Vorgehen. Einen ganz besonderen Wert haben die sehr fundierten Handlungsempfehlungen für die Praxis.

Die vorliegende Publikation ist sowohl Wissenschaftlern als auch Führungskräften im mittleren und gehobenen Management der Hotellerie nachdrücklich zu empfehlen, die auf der Suche nach innovativen Strategien und Wegen für die Zukunft ihrer Unternehmen sind.

Dresden, im Juli 2016
Prof. Dr. Walter Freyer
Lehrstuhl für Tourismuswirtschaft
TU Dresden

# Vorwort

Die strategische Entwicklung von Innovationen ist ein viel diskutiertes Thema in allen Branchen. Die Tourismuswirtschaft und insbesondere die Hotellerie benötigen Dienstleistungsinnovationen, um zukünftiges Wachstum zu sichern. Mein Forschungsinteresse wurde von persönlichen und beruflichen Aspekten geleitet. Während meiner langjährigen beruflichen Laufbahn im Geschäftsfeld Vertrieb und Marketing in der Markenhotellerie stehe ich jeden Tag vor der Herausforderung, in diesem gesättigten Markt nachhaltiges Wachstum voranzutreiben. Ebenso erweckte meine Recherche im Rahmen der Publikation eines wissenschaftlichen Aufsatzes[1] zur Generierung von Wettbewerbsvorteilen aus unternehmenseigenen Ressourcen und Kompetenzen im Jahr 2002 mein persönliches Interesse an weiterer Innovationsforschung über touristische Dienstleistungen.

Auch wenn eine Dissertation das Werk eines Einzelnen ist, möchte ich mich bei denjenigen Personen ganz herzlich bedanken, die mich während der Arbeit an dieser Dissertationsschrift maßgeblich unterstützt haben. An erster Stelle möchte ich mich bei Herrn Prof. Dr. Walter Freyer vom Lehrstuhl für Tourismuswirtschaft an der Technischen Universität Dresden für das mir entgegengebrachte Vertrauen und für die wissenschaftliche Betreuung bedanken. Herr Prof. Dr. Freyer stand mir während der letzten Jahre in vielen Gesprächen mit wissenschaftlichem Rat zur Seite und hat mich häufig von inhaltlichen Umwegen auf den richtigen Pfad zurückgebracht. Ebenfalls bedanke ich mich bei Frau Prof. Dr. Carolin Steinhauser von der SRH Hochschule Berlin für ihre fachliche Unterstützung und Bereitschaft zur Zweitbegutachtung.

Ganz herzlich möchte ich ebenso meiner Familie danken. Das Verständnis sowie die Ermunterung seitens meiner Eltern Hannelore und Hans-Dieter waren wesentliche Voraussetzung für die Entstehung sowie den Abschluss dieser Arbeit. Mein ganz besonderer Dank gilt zudem meiner lieben Frau Maria, ohne deren Verständnis, Motivation und Unterstützung bei den Korrekturarbeiten die Finalisierung dieser Forschungsarbeit neben meiner beruflichen Tätigkeit nicht möglich gewesen wäre. Besonders motivierend während der letzten Monate fand ich die kräftigen Tritte unserer Tochter Ekaterina in Marias Babybauch, die mir Kraft gegeben haben, meine Dissertation zeitig vor der Geburt abzuschließen, um mehr Zeit für die neue Aufgabe als Vater zu haben. Deshalb widme ich diese Arbeit meiner Frau, unserer Tochter und meinen Eltern.

---

1 Vgl. Schreyer (2002)

# Inhaltsverzeichnis

# Abbildungsverzeichnis

# Tabellenverzeichnis

# Abkürzungsverzeichnis

| | |
|---|---|
| ABS | Antiblockiersystem |
| ADR | Average Daily Rate |
| AHGZ | Allgemeine Hotel- und Gastronomie-Zeitung |
| AVM | Audi Value Management |
| AWP | Allianz Worldwide Partners |
| B2B | Business-to-Business |
| B2B2B | Business-to-Business-to-Business |
| B2B2C | Business-to-Business-to-Consumer |
| B2C | Business-to-Consumer |
| BMBF | Bundesministerium für Bildung und Forschung |
| BMWi | Bundesministerium für Wirtschaft und Technologie |
| BRICS | Brasilien, Russland, Indien, China und Südafrika |
| CEO | Chief Executive Officer |
| CFO | Chief Financial Officer |
| CLV | Customer Lifetime Value |
| CLV-M | Customer Lifetime Value Management |
| CRM | Customer Relationship Management |
| DEHOGA | Deutscher Hotel- und Gaststättenverband e. V. |
| DNA | Deoxyribonucleic Acid |
| DZT | Deutsche Zentrale für Tourismus e. V. |
| EDV | Elektronische Datenverarbeitung |
| EITW | Europäisches Institut für TagungsWirtschaft GmbH |
| EMP | Emotion, Mehrwert, Personalisierung |
| ESP | Electronic Stability Control |
| EU | Europäische Union |
| EVVC | Europäischer Verband der Veranstaltungs-Centren e. V. |
| EXP | Expertengespräch |
| F&E | Forschung und Entwicklung |
| FST | Fallstudie |
| FVK | Fremdenverkehr |
| fvw | Zeitung für Fremdenverkehrswirtschaft |
| GCB | German Convention Bureau |
| GDS | Global Distribution Systems |
| GOP | Gross Operating Profit |
| HYP | Hypothese |
| IAO | Institut für Arbeitswirtschaft und Organisation |
| ICEG | International Center for Economic Growth |
| IHA | Hotelverband Deutschland e. V. |
| KMU | Kleine und mittlere Unternehmen |
| KVV | Konzeptverantwortungsvereinbarung bei Volkswagen |
| LCR | Local Corporate Rate |
| MICE | Meetings, Incentives, Conferences, Exhibitions |
| MMS | Multimedia Messaging Service |
| NAFTA | North American Free Trade Agreement |
| NOP | Net Operating Profit |
| NPS | Net Promoter Score |
| OEM | Original Equipment Manufacturer |

| | |
|---|---|
| OTA | Online Travel Agent |
| RevPAG | Revenue per available guest |
| RevPAR | Revenue per available room |
| ROI | Return of Investment |
| SB | Selbstbedienung |
| SES | Service Experience Score |
| SMS | Short Message Service |
| TMC | Travel Management Companies |
| TRI*M | Measuring, Managing, Monitoring |
| TRIZ | Theorie zur Lösung erfinderischer Probleme |
| USP | Unique Selling Proposition |
| V.I.S.I.O.N | Volkswagen Initiative for Supplier Integration & InnOvatioN |
| VDA | Verband der Automobilindustrie |
| VDR | Verband Deutsches Reisemanagement e. V. |
| VIP | Very Important Person |
| W-LAN | Wireless Local Area Network |
| ZEW | Zentrum für Europäische Wirtschaftsforschung GmbH |

# 1 Einleitung

## 1.1 Problemstellung

Die Hotelindustrie in Deutschland hat dank eines Jahresumsatzes von 21 Mrd. Euro[1] und knapp 460.000 Beschäftigten[2] einen wichtigen Stellenwert innerhalb der deutschen Wirtschaft. Innerhalb Europas[3] belegt Deutschland als Reiseziel aller globalen Reisenden den sechsten[4] und unter den Europäern sogar den zweiten Platz.[5] In Zahlen ausgedrückt, bedeutet dies für das Beherbergungsgewerbe in Deutschland insgesamt 254,8 Mio. Übernachtungen.[6] Davon entfallen über 164 Mio. Übernachtungen auf die Hotelindustrie.[7] Der **deutsche Hotelmarkt zählt somit zu den größten und attraktivsten Märkten** in Europa.[8] Allerdings wurden in den letzten Jahrzehnten kaum nennenswerte Umsatzerhöhungen erzielt. Im Jahre 2013 lag die deutsche Hotellerie beim durch schnittlichen Zimmerpreis (Average Daily Rate, ADR)[9] 7 Euro und beim durchschnittlichen Zimmerertrag (Revenue per available room, RevPAR)[10] 5 Euro unter dem europäischen Durchschnitt.[11]

Das Marktumfeld der Hotellerie (siehe Abbildung 1) lässt sich sehr gut mithilfe des Branchenstrukturmodells[12] nach PORTER[13] beschreiben. Es wird deutlich, dass das **Wachstum in der Hotellerie** aufgrund des zunehmenden Wettbewerbs, der

---

1 Im Jahr 2013 erzielte die Hotellerie nach Hochrechnungen des Hotelverbandes Deutschland (IHA) einen Nettoumsatz in Höhe von 21,2 Mrd. Euro. Vgl. IHA (2014), S. 19.

2 Im Jahr 2013 verzeichnete die Hotellerie in Deutschland nach Hochrechnungen der IHA insgesamt 459.771 Beschäftigte. Vgl. ebd., S. 155.

3 Im Jahr 2013 verzeichnete Europa 562,8 Mio. touristische Ankünfte. Das ist mehr als die Hälfte aller Touristen weltweit (2013: 1.087 Mio.). Vgl. Deutsche Zentrale für Tourismus e. V. (DZT) (2014), S. 3.

4 Deutschland ist 2013 auf Rang 6 (71 Mio. Ausländerübernachtungen) bei Übernachtungen aller ausländischen Gäste in der EU (1.180 Mio. Auslandsübernachtungen in der EU). Vgl. ebd., S. 7.

5 Deutschland steht als Reiseziel der Europäer 2013 auf Platz 2 (48 Mio. Reisen) hinter Spanien (51 Mio. Reisen). Vgl. ebd., S. 5.

6 Vgl. IHA (2014), S. 61 ff.

7 Vgl. Statistisches Bundesamt (2013), S. 604.

8 Vgl. Gardini (2009), S. 35 f.

9 Durchschnittlicher Erlös (ohne Frühstück und Mehrwertsteuer) je vermietetes Zimmer in Euro. Vgl. IHA (2014), S. 34.

10 Durchschnittlicher Erlös je verfügbares Zimmer. Vgl. ebd., S. 34.

11 Vgl. ebd., S. 33. ADR: Deutschland = 94,4 EUR/Europa = 101,2 EUR. RevPAR: Deutschland = 63,2 EUR/Europa = 68,2 EUR.

12 Im englischen Original bekannt als Porter's Five Forces Model. Vgl. Fitzsimmons, Fitzsimmons (2011), S. 43 f.

13 Vgl. Porter (1993), S. 56 ff. Nach Porter wird das Branchenumfeld „[...] durch fünf Wettbewerbskräfte verkörpert: (1) die Bedrohung durch neue Mitbewerber, (2) die Bedrohung durch Ersatzprodukte oder – dienstleistungen, (3) die Verhandlungsstärke der Lieferanten, (4) die Verhandlungsstärke der Käufer [...]" (ebd., S. 56 f.).

DOI 10.1515/9783110451436-001

Verhandlungsmacht der Kunden und des Drucks durch Lieferanten sowie von Ersatzprodukten **erschwert** wird.[14]

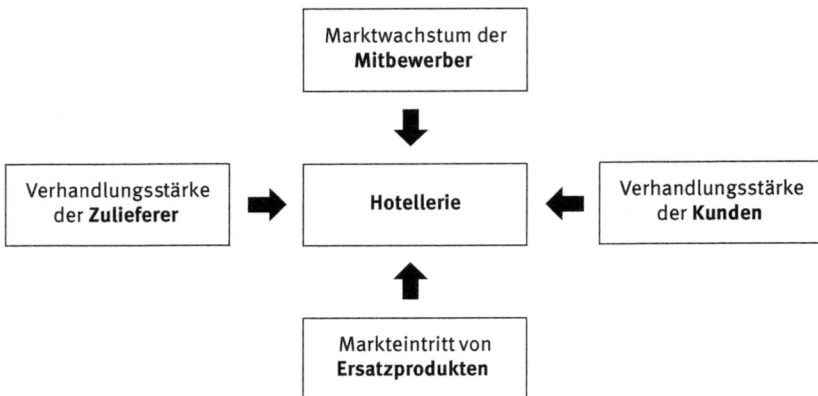

**Abbildung 1:** Das Marktumfeld der Hotellerie nach Porter (Quelle: Eigene Darstellung in Anlehnung an Porter (1993), S. 57).

Diese Herausforderungen sind besonders aus den statistischen Erhebungen über den deutschen Hotelmarkt sehr gut abzulesen. Ein überproportionaler Zuwachs der Bettenkapazität wegen neuer Mitbewerber im Vergleich zur touristischen Nachfrage führt zu einer Stagnation der Zimmerauslastung.[15] In Deutschland sind von 2014 bis 2017 weitere 436 Hotelprojekte geplant, was weitere 56.880 Hotelzimmer zur Folge hätte.[16] Die starke Verhandlungsmacht der Kunden führt dazu, dass die Tagesausgaben im Firmenkundenbereich in den letzten Jahren eher rückläufig sind und bei den Freizeitreisen lediglich leicht ansteigen.[17] Wird der Inflationsindex mit berücksichtigt, kann festgestellt werden, dass die Nettozimmerpreise in der deutschen Hotellerie in der Zeit von 2002 bis 2014 gesunken sind, während die Betriebskosten angesichts des Drucks der Lieferanten stetig zunahmen.[18] Diese Kosten beinhalten fremdvergebene Dienstleistungen[19] sowie den Einkauf von Sachgütern[20] und belaufen sich mittlerweile auf 30 % des Gesamtergebnisses.[21] In der Folge führt dies zu einer Verringerung der Gewinnmargen ebenso zu einem generellen Margenverfall in der Branche wegen der

---

**14** Vgl. Behre (2013), S. 1.
**15** Vgl. Statistisches Bundesamt, Statistisches Jahrbuch, Jahrgänge 1990–2013.
**16** Stand Januar 2014. Vgl. IHA (2014), S. 8.
**17** Vgl. VDR (2013), S. 7; VDR (2010), S. 7.
**18** Vgl. IHA (2014), S. 25.
**19** Bspw. Wäschereinigung, Zimmerreinigung, Buchhaltung usw.
**20** Bspw. Nahrungsmittel, Getränke, Rundfunkgebühren, Strom, Wasser usw.
**21** Vgl. IHA (2014), S. 322.

zunehmenden Differenzierung über den Preis.[22] Zudem kommt eine hohe Substitutionsgefahr durch Ersatzprodukte auf die Hotellerie zu. Im Tagungsgeschäft erobern Event-Locations wie auch Kongress- und Veranstaltungszentren Marktanteile von den Hotels.[23] Ein sich dynamisch entwickelndes Marktsegment in Deutschland ist außerdem die private Vermittlung von Zimmern und Apartments. Man schätzt deren Markt in Deutschland auf ca. 90 Mio. Übernachtungen pro Jahr.[24] Eine ausführliche Auseinandersetzung mit dem Marktumfeld der deutschen Hotellerie erfolgt in Abschnitt 3.1.3.

Ausgehend von den oben dargestellten wirtschaftlichen Herausforderungen in der deutschen Hotellerie setzt sich der Verfasser dieser Arbeit mit der Frage auseinander, wie zukünftiges Wachstum entstehen soll. **Bisherige Wachstumsauslöser** in der Hotellerie waren Managementstrategien wie **Diversifikation, Konsolidierung, Kostensenkung** und **Imitation** (siehe nachfolgende Abbildung 2).

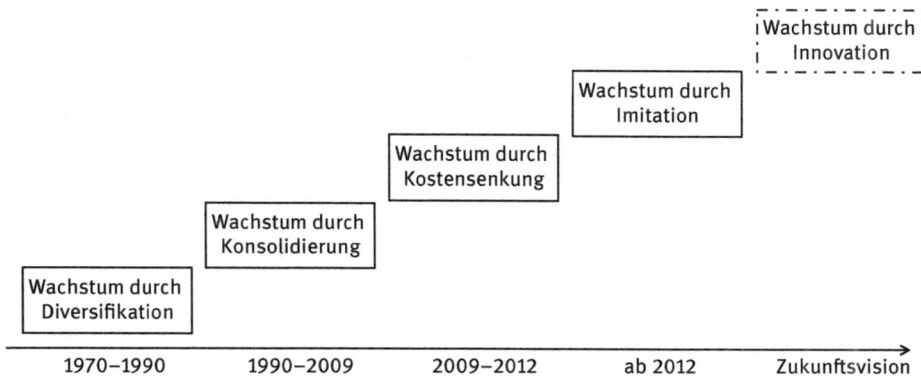

**Abbildung 2:** Bisherige Wachstumsauslöser in der Hotellerie (Quelle: Eigene Darstellung in Anlehnung an Markgraf (2012), S. 6).

Zwischen 1970 und 1990 wuchsen in Deutschland[25] vor allem amerikanische Hotelketten durch Diversifikation mit den Fluggesellschaften. Als Beispiel gilt hier das Wachstum von Intercontinental mit Pan Am. Deutsche Hotelketten sind ebenfalls gegründet worden, beispielsweise Arabella (1969), Maritim (1969) und Lindner (1973). Ende der 1980er-Jahre betraten Marriott und Hyatt den deutschen Markt. In der Phase der Diversifikation und Expansion konzentrierten sich die Hotelketten vornehmlich auf den 4- bis 5-Sterne-Bereich in den Top-Standorten.[26] Es kam in den 1990er-Jahren

---

**22** Vgl. Hinterholzer, Jooss, Egger (2011) S. 20; Roth (2003), S. 33.
**23** Vgl. Europäisches Institut für TagungsWirtschaft GmbH (EITW) (2013), S. 12.
**24** Vgl. IHA (2014), S. 105.
**25** Diese Entwicklung setzte in den USA bereits in den frühen 1950er-Jahren ein: „Between 1950 and 1980, diversification was a popular growth strategy for many organizations." (Enz, 2010, S. 229)
**26** Vgl. Markgraf (2012), S. 6.

zu starken Konsolidierungsprozessen.[27] Die großen Hotelketten vergrößerten sich durch Übernahmen untereinander und kleine Hotelbetriebe wurden zunehmend einverleibt.[28] Dieser Trend hielt überwiegend durch den Bauboom nach der deutschen Wiedervereinigung an.[29] Die Zeit der Konsolidierung erstreckte sich bis zur Finanzkrise im Jahr 2009, bei der angeschlagene Unternehmen keine Überlebenschance hatten.[30] Nicht alle Zusammenschlüsse waren vom Erfolg gekrönt.[31] Während und im Anschluss an die Finanzkrise wurden hauptsächlich Kosten eingespart oder kleinere Individualbetriebe übernommen, um durch Synergienbildung weitere Einspareffekte zu erzielen.[32] Darunter hat vor allem die Luxushotellerie gelitten.[33] Kosteneinsparungen führen generell in der Hotellerie nur zu kurzfristigen Ergebnissen, die die Mitbewerber rasch aufholen können.[34] In der Hotellerie ist überdies die Imitation stark ausgeprägt[35] und Nachahmer machen den Vorsprung schnell wieder zunichte.[36]

Bisher hat sich die Hotellerie nicht mit Neuerungen als Wachstumstreiber auseinandergesetzt. Innovationen, die unmittelbar aus der Tourismusbranche oder aus der Hotellerie heraus entstehen, waren in der Vergangenheit äußerst selten.[37] Die wenigen Entwicklungen in der Hotellerie zielen fast ausschließlich auf das Produkt ab.[38] Eine Verbesserung der Prozesse, insbesondere zur Kostenreduktion, findet kontinuierlich statt; aber eine Produkt- bzw. Prozessinnovation, die mit einem nachhaltigen

---

**27** „Many firms in hotel and restaurant industries focus on acquisitions and mergers as their primary method for growth [...]." (Enz, 2010, S. 229)

**28** Vgl. Markgraf (2012), S. 6.

**29** „Übernahmen, Fusionen und strategische Allianzen waren die Folge. Marriott übernahm Renaissance/Ramada-Hotels, der britische Braukonzern Bass kaufte die Intercontinental Hotels, NH kaufte Astron, Hilton übernahm Scandic, Accor beteiligte sich an Dorint, Arabella und Starwood gingen ein Joint-Venture ein." (ebd.)

**30** Vgl. Gatterer, Rützler (2012), S. 12 f. Beispielsweise die Übernahme der Steigenberger Hotels AG durch Travco Group.

**31** „Most big-company acquisitions have not been lucrative. Deals are easy on paper, but hard to execute day to day." (Enz, 2010, S. 232)

**32** Vgl. Gatterer, Rützler (2012), S. 13.

**33** „Die immensen Kostenstrukturen und das veränderte Ausgabeverhalten der Businessreisenden haben der Luxushotellerie im vergangenen Jahrzehnt zugesetzt. Sie reagierte mit eklatanten Preisnachlässen, musste ihre Gourmetrestaurants schließen und begann zu rationalisieren." (Gardini, 2004, S. 56)

**34** Vgl. De Bono (1997), S. 20.

**35** „One of the most common competitive countermoves is imitation. [...] In fact, most innovations in hospitality are very easy to imitate." (Enz, 2010, S. 194)

**36** Vgl. Stolpmann (2007), S. 131. „Imitation kann den wahrgenommenen Unterschied verkleinern – ein üblicher Vorgang, wenn Branchen reifen." (ebd.)

**37** „Im Fremdenverkehr fehlen Innovation und Investition." (Koch, 2002, S. 21)

**38** Vgl. Hinterholzer, Jooss, Egger (2011), S. 113 ff. Hier werden einige Best Practices in den letzten Jahren genannt: z. B. ein Null-Energie-Bilanz-Hotel in Wien, ein Hostel in einer ehemaligen Boeing 747 in Stockholm sowie ein Museum mit Übernachtungsmöglichkeiten in Berlin. „Touristische Unternehmen neigen dazu, sich auf technologische Produktinnovationen zu konzentrieren. Die Vergangenheit

Wettbewerbsvorteil einhergeht, bleibt in der Regel aus. POMPL und BUER sprechen in diesem Zusammenhang von einer „echten Innovation".[39]

In der Darstellung nach ANSOFF[40] wird deutlich, dass das **Basisgeschäft zwangsläufig rückgängig** ist. Um eine nachhaltige Unternehmensentwicklung in gesättigten Märkten wie in der deutschen Hotelindustrie zu sichern, müssen neue Produkte bzw. neue Dienstleistungen entwickelt werden (siehe Abbildung 3).

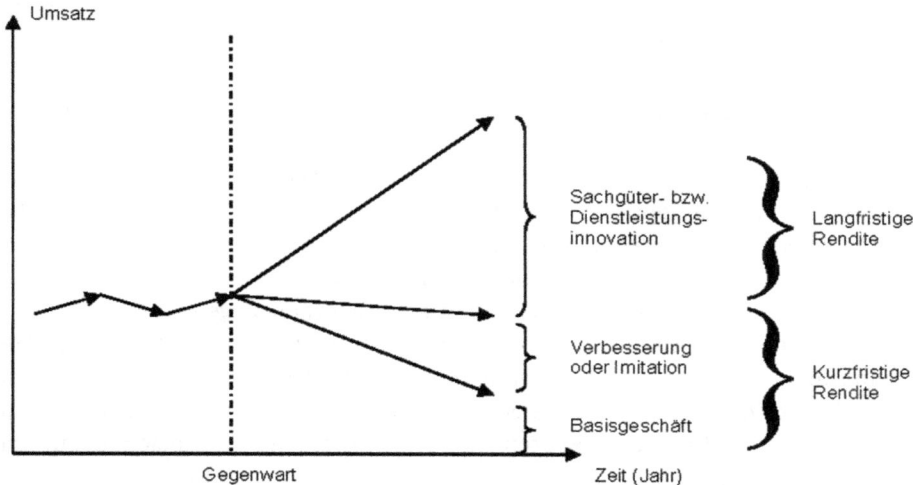

**Abbildung 3:** Innovationsbedarf anhand der Gap-Analyse (Quelle: Eigene Darstellung in Anlehnung an Ansoff (1966), S. 164).

Die strategische Lücke sollte allerdings nicht gefüllt werden, sondern Entstehung vorausschauend durch frühzeitige und ständige Sachgüter- bzw. Dienstleistungsinnovationen verhindert werden.[41] Die Verkürzung der Produktlebenszyklen zwingen Unternehmen zu neuen Maßnahmen.[42] Man kann als erfolgreiches Unternehmen

---

hat gezeigt, dass gerade deren Halbwertzeit als gering bezeichnet wird. Die Gäste und Reisenden gewöhnen sich schnell an diesen Standard und neigen dazu, die angebotene Leistung als kostenfreies Angebot [Herv. d. Verf.] konsumieren zu wollen oder als Standard anzusehen." (Pompl, Buer, 2006, S. 34) Vgl. weiterführend auch Aichele (2014), S. 78 ff.

**39** Vgl. Pompl, Buer (2006), S. 34.

**40** Vgl. Ansoff (1966), S. 164.

**41** Vgl. Sünderhauf (1987), S. 24 f., sowie Hinterholzer, Jooss, Egger (2011), S. 22. Ein Beispiel für das Auffüllen der strategischen Lücke ist das Auffüllen der sinkenden Nachfrage der Skigebiete durch neue Ski-Sportarten wie Snowboard und Carving ab 2000/2001.

**42** „Konsequenzen dieser Entwicklung sind kürzere Produktlebenszyklen, die auf einen wachsenden Wettbewerb, einen schnelleren Wechsel der Marktanforderungen und einer höheren Dynamik des technologischen Wandels zurückzuführen sind." (Matz, 2007, S. 1) „Auch die Kunden verlangen in immer kürzeren Abständen nach verbesserten Produkten und Dienstleistungen." (Bösch, 2008, S. 5)

nicht an einem Konzept festhalten und gleichbleibende Ergebnisse erwarten. Vielmehr sollte das Geschäftsmodell stets hinterfragt, angepasst und durch Innovationen erneuert werden. Somit erweist sich die Erneuerung durch Innovation als Schlüssel zu nachhaltigem Unternehmenswachstum.[43]

Zweifellos ist ein **nachhaltiges, ertragsstarkes Wachstum** eine anspruchsvolle unternehmerische Zielsetzung. Sie erfordert ein **strategisches Innovationsmanagement**,[44] das auf den unternehmenseigenen Kernkompetenzen[45] basiert.[46] Die reine Idee ist keine Innovation; erst ihre Kommerzialisierung und Markteinführung macht sie dazu.[47] Ein methodisch arbeitendes Innovationsmanagement ist als eigenständige Funktion im Unternehmen nach HAUSCHILDT[48] notwendig, da Entwicklungen einen eigenen Managementablauf benötigen und nicht durch Routineentscheidungen generiert werden können.[49] Im Tourismus wie in der Hotellerie findet – nach der Literaturrecherche des Autors und wie nachfolgend in der wissenschaftlichen Lücke aufgezeigt – kein ausgeprägter Innovationsmanagementprozess statt. Die Anforderungen an ein umfassendes Entwicklungsmanagement für Dienstleistungen werden im Detail in Kapitel 1 diskutiert. Offensichtlich ist, dass die Hotellerie „dazu aber unbedingt ein neues Denken"[50] und strukturiertes Reformmanagement braucht.

Im Kontext eines vom Innovationsmanagement in der Hotellerie geleiteten Forschungsinteresses setzt sich der Verfasser im Besonderen mit dem Geschäftsfeld **Vertrieb und Marketing** auseinander. Hauptsächlich in diesen Funktionsbereichen erkennt der Autor **Innovationspotenziale** und **weitere Wachstumschancen**, um die aus dem Umfeld des deutschen Hotelmarkts resultierenden Herausforderungen zu lösen. Zudem spielen Vertrieb und Marketing wegen der zunehmend differenzierten Nachfrage wechselnder Kundenbedürfnisse und des Einsatzes neuer Informations- und Kommunikationssysteme innerhalb einer Hotelorganisation eine immer größere Rolle.[51] Eine detaillierte Untersuchung des veränderten Reiseverhaltens der

---

**43** Vgl. Zahn (1998), S. 9 ff. „In der heutigen Zeit wird die Fähigkeit, Innovationen zu erzeugen und erfolgreich zu vermarkten, als ein wichtiges Kriterium für den wirtschaftlichen Erfolg und die langfristige Existenz von Unternehmen angesehen." (Reidegeld, 2007, S. 187)
**44** Vgl. Völker, Thome, Schaaf (2012), S. 22 ff. „Well-designed new service strategy drives and directs the entire service innovation effort." (Scheuing, Johnson, 1989, S. 32)
**45** Vgl. Nasner (2004), S. 34 ff.; Walder (2007), S. 199. Als Basisliteratur zum Kernkompetenzen-Management vgl. Rasche (1994), S. 9 ff.
**46** „[...] this amorphous knowledge represents the true ‚ressource' in a service firm, and ultimatelyprovides the creative potential for ‚innovation' – the so-called ‚core competency'." (Kandampully, 2002, S. 18)
**47** Vgl. Pikkemaat, Weiermair (2004), S. 364.
**48** Vgl. Hauschildt (2004), S. 28.
**49** „Successful new services rarely emerge by mere happenstance." (Scheuing, Johnson, 1989, S. 28)
**50** Flettner (2013), S. 35.
**51** Vgl. Pikkemaat, Weiermair (2004), S. 361; Roth (2003, S. 33); Sünderhauf (1987), S. 21 ff.; Hinterholzer, Jooss, Egger (2011), S. 20.

Kunden und Gäste inklusive dessen Auswirkungen auf die Vertriebs- und Marketing-struktur von Hotelunternehmen erfolgt in Kapitel 3.

Wegen der Verhandlungsmacht der Kunden und des Drucks durch die Lieferan-ten steht der Vertrieb zukünftig vor der Herausforderung, eine Preis- und Margenerhö-hung sowie die Gewinnung neuer Marktanteile zu erreichen. Um der Verhandlungs-macht der Kunden entgegenzutreten, bedarf es einer effizienten und innovativen Verkaufsorganisation. Außerdem ist die Stärkung des eigenen Direktvertriebs für einen zukünftigen Erfolg ausschlaggebend. Um sich gegenüber dem zunehmen-den Mitbewerb durchzusetzen und sich der Substitutionsgefahr durch Ersatzpro-dukte weitestgehend zu entziehen, müssten die Hoteliers die Realisierungsrate von Geschäftsabschlüssen[52] verbessern. „Das Potenzial im MICE-Business ist bei weitem nicht ausgereizt. Im Gegenteil: Bei vielen Hoteliers fristet das Veranstaltungsgeschäft ein Schattendasein. Innovation und Inspiration fehlen oft komplett [...]."[53]

Der zunehmende Wettbewerb stellt das Marketing vor die Aufgabe, die eigene Marke zu stärken und Alleinstellungsmerkmale aufzubauen. Die Verhandlungsmacht der Kunden ebenso das veränderte Kundenverhalten erschweren es den Hoteliers, Kunden langfristig an sich zu binden. Des Weiteren ist es die Aufgabe des Marketings, nicht nur die Potenziale der neuen Informations- und Kommunikationskanäle auszu-schöpfen, sondern auch die eigenen Kanäle derart zu positionieren, dass Kundenprä-ferenzen dahin gehend verschoben werden können.

Zusammenfassend lassen sich als **aktuelle Herausforderungen und Wachs-tumsziele in Vertrieb und Marketing in der Hotellerie** festhalten (siehe Tabelle 1):

**Tabelle 1:** Aktuelle Herausforderungen und Wachstumsziele der Hotellerie in Vertrieb und Marketing (Quelle: Eigene Darstellung).

| Vertrieb | Marketing |
| --- | --- |
| Preis- und Margenerhöhung | Differenzierung |
| Erhöhung des Marktanteils | Loyalität |
| Aufbau des Direktvertriebs | Potenzialerhöhung neuer Kanäle |
| Effiziente und innovative Verkaufs-organisation | Verschiebung der Kundenpräferenz auf eigene Kanäle |
| Steigerung der Realisierungsrate von Geschäftsabschlüssen | Stärkung der Marke |

Als zukünftiger Wachstumsauslöser bzw. -treiber wird das Innovationspotenzial der Hotellerie im Geschäftsfeld Vertrieb und Marketing durch den Autor im Rahmen dieser Arbeit untersucht.

---

52 Auch Conversion Rate genannt: das Verhältnis zwischen Nachfrage und dem tatsächlich realisier-ten Geschäft.
53 Flettner (2013), S. 34.

## 1.2 Stand der Innovationsforschung

### 1.2.1 Stand der wissenschaftlichen Diskussion

Die Bedeutung des Begriffs „Innovation",[54] vor allem in Hinblick auf die wirtschaftliche Entwicklung, ist entscheidend durch den Ökonomen J. A. SCHUMPETER geprägt worden. Mit der deutschen Übersetzung seiner zuerst 1939 in den USA erschienenen Arbeit „Business Cycles" wurde der Begriff „Innovation" zu einem festen Begriff im wissenschaftlichen Sprachgebrauch.[55] SCHUMPETER erklärt den Begriff der Innovation, ohne ihn jedoch als solchen zu benennen, als Durchsetzung neuer Kombinationen: „Dieser Begriff deckt folgende fünf Fälle:

– Herstellung eines neuen, d. h. dem Konsumentenkreise noch nicht vertrauten Gutes oder einer neuen Qualität eines Gutes.

– Einführung einer neuen, d. h. dem betreffenden Industriezweig noch nicht praktisch bekannten Produktionsmethode, die keineswegs auf einer wissenschaftlich neuen Entdeckung zu beruhen braucht und auch in einer neuartigen Weise bestehen kann, mit einer Ware kommerziell zu verfahren.

– Erschließung eines neuen Absatzmarktes, d. h. eines Marktes, auf dem der betreffende Industriezweig des betreffenden Landes bisher noch nicht eingeführt war, mag dieser Markt schon vorher existiert haben oder nicht.

– Eroberung einer neuen Bezugsquelle von Rohstoffen oder Halbfabrikaten, wiederum: gleichgültig, ob diese Bezugsquelle schon vorher existierte – und bloß sei es nicht beachtet wurde sei es für unzugänglich galt – oder ob sie erst geschaffen werden muß.

– Durchführung einer Neuorganisation, wie Schaffung einer Monopolstellung (z. B. durch Vertrustung) oder Durchbrechen eines Monopols."[56]

Übereinstimmung besteht darin, dass es sich bei **Innovation um etwas „Neues"** handelt.[57] Dies können Produkte, Dienstleistungen, Verfahren und Prozesse sein, die sich von bisherigen Leistungsmerkmalen deutlich unterscheiden.[58] Nach SCHUMPETER

---

54 Der Begriff der Innovation hat seinen Ursprung in der lateinischen Sprache, Innovatio (lat.) = Erneuerung bzw. novus (lat.) = neu. Vgl. hierzu Reidegeld (2007), S. 188; Hinterholzer, Jooss, Egger (2011), S. 24; Trommsdorff, Steinhoff (2007), S. 26.

55 Vgl. auch Schumpeter (2010), S. 94 ff.

56 Schumpeter (1964), S. 100 f.

57 Vgl. Tschurtschenthaler (2005), S. 6. Beispielsweise neue Produkte, neue Verfahren, neue Vertriebswege, neue Werbeaussagen. Aus betriebswirtschaftlicher Sicht beschränkt sich dieser Begriff auf Neuerungen bei Produkten und Prozessen. Aus volkswirtschaftlicher Perspektive lässt sich der Begriff der Innovation nochmals ausdehnen auf gesellschaftliche und institutionelle Neuerungen in einem Land (z. B. Absicherung von Eigentumsrechten, Ausgestaltung des Patentrechts, Stärkung von Freiheitsrechten usw.).

58 Vgl. Völker, Thome, Schaaf (2012), S. 18.

gehört zum Wesen eines erfolgreichen Unternehmers,[59] dass er bereits Bestehendes mit innovativem Drang und immer wieder durch neue erfinderische Kombinationen von Ressourcen und Fähigkeiten substituiert und dadurch neue Markt- und Wertschöpfungs-potenziale erschließt.[60] Ferner wird der Verdrängungswettbewerb durch neue innovative Unternehmen geprägt.[61] Des Weiteren wird der Unternehmer vom Erfinder abgegrenzt. Der Unternehmer setzt das Neue durch, während der Erfinder das Neue erst entwickelt.[62]

HAUSCHILDT systematisiert die unterschiedlichen Definitionen in der Literatur zum Begriff der Innovation von Produkten und Prozessen nach folgenden Ansatz-punkten:[63]

- Tatsache und Ausmaß [Barnett (1953, S. 7); Aregger (1976, S. 118)]
- Erstmaligkeit [Schmookler (1966, S. 2); Vedin (1980, S. 22)]
- Wahrnehmung [Rogers (1983, S. 11); Zaltman, Duncan, Holbeck (1984, S. 10)]
- Kombination von Zweck und Mitteln [Tushman, Moore (1982, S. 132); Rickards, (1985, S. 10 f., 28 f.)]
- Verwertung [Roberts (1988, S. 13); Brockhoff (1992, S. 28)]
- Prozess [Uhlmann (1978, S. 41); Dosi (1988, S. 222)]
- Dienstleistung [Chmielewicz (1991, S. 84); Damanpour (1991, S. 556)]

HAUSCHILDT betont, dass die Neuartigkeit einer Innovation bewusst wahrgenom-men wird.[64] „Das reine Hervorbringen der Idee genügt nicht, Verkauf oder Nutzung

---

**59** Vgl. Schumpeter (1961), S. 116 f. „Trotzdem halten wir fest, daß jemand grundsätzlich nur dann Unternehmer ist, wenn er eine ‚neue Kombination durchsetzt' – weshalb er den Charakter verliert, wenn er die geschaffene Unternehmung dann kreislaufmäßig weiterbetreibt –, und daß daher jemand ebenso selten durch die Jahrzehnte seiner Kraft immer Unternehmer bleibt, wie es selten einen Ge-schäftsmann geben wird, der niemals einen, wenn auch noch so bescheidenen Unternehmermoment hätte – ähnlich wie es zwar kaum vorkommt, daß ein Forscher bloß von neuer Geistestat zu neuer Geistestat schreitet, aber auch kaum, daß jemand während eines ganzen Gelehrtenlebens gar keine, noch so kleine, eigene Schöpfung zustandebringt: Womit natürlich weder gegen die theoretische Brauchbarkeit noch gegen die tatsächliche Eigenart unseres Moments etwas gesagt ist." (Schumpe-ter, 1964, S. 116)
**60** Vgl. auch Schumpeter (2010), S. 110 ff. „[...] Planung und Durchsetzung neuer Produkte und Pro-zesse durch risikobereite, kreative, entschlossene und charismatische Unternehmer." (Trommsdorff, Steinhoff, 2007, S. 26)
**61** „Vielmehr treten der Idee und auch der Regel nach die neuen Kombinationen bzw. die sie verkör-pernden Firmen, Produktionsstätten usw. nicht einfach an die Stelle, sondern zunächst neben die alten, die aus sich heraus meist gar nicht in der Lage wären, den großen neuen Schritt zu tun [...]." (Schumpeter, 1964, S. 101)
**62** Vgl. ebd., S. 129: „Der Unternehmer kann auch Erfinder sein und umgekehrt, aber grundsätzlich nur zufälligerweise. Der Unternehmer als solcher ist nicht geistiger Schöpfer der neuen Kombinatio-nen, der Erfinder als solcher weder Unternehmer noch Führer anderer Art."
**63** Vgl. Hauschildt (2004), S. 4 ff.
**64** Vgl. ebd., S. 7. „Innovationen zeichnen sich primär durch den Neuheitsgrad von Produkten bzw. Verfahren aus." (Trumler, 1996, S. 10)

unterscheidet Innovation von Invention – jedenfalls in der Rückschau.“[65] Der Mehrwert einer Innovation für ein Unternehmen liegt hauptsächlich in einer erweiterten Nutzenstiftung für den Kunden.[66] „Die Invention beschränkt sich vornehmlich auf die Wissensgenerierung sowie die erstmalige Realisierung einer neuen Problemstellung.“[67]

Zusammenfassend lässt sich festhalten, dass es in erster Linie um die **Entwicklung neuer Produkte und Dienstleistungen sowie um die Wahrnehmung und Nutzung durch den Kunden** geht.[68]

Verschiedene Innovationsarten werden unterschieden nach[69]
- dem Fokus der Innovation (Produkt- vs. Prozessinnovation),[70]
- dem Veränderungsumfang[71] (radikale vs. inkrementelle Innovation),[72]
- dem Auslöser[73] (Push- vs. Pull-Innovation).

Es ist zu beachten, dass **Prozess- und Produktinnovationen** oft Hand in Hand gehen.[74] Die Prozessinnovation wird zusätzlich eingeteilt in kostensenkende und qualitätsverbessernde Innovationen.[75] Bei den kostensenkenden Prozessinnovationen geht es vornehmlich um die Rationalisierung, damit durch die daraus entstehenden Preisreduzierungen umfangreiche Wettbewerbsvorteile erzielt werden können. Hinsichtlich der qualitätsverbessernden Prozessinnovationen handelt es sich um eine Optimierung der Prozess- und somit Dienstleistungsqualität.[76] Bezüglich des Innovationsgrads differenziert man im Wesentlichen in inkrementelle und radikale Innovationen. **Inkrementelle Innovationen** bedeuten die Optimierung bestehender Produkte und Prozesse, wobei das Risiko des Scheiterns, aber auch der eventuelle Ertrag[77] und

---

65 Hauschildt (2004), S. 7. Vgl. zum Begriff der „Invention“ auch Thota, Munir (2011), S. 162.
66 Vgl. Kandampully (2002), S. 18: „However, innovation per se does not benefit the firm unless it manifests superior value in the customer-driven marketplace.“
67 Reidegeld (2007), S. 189.
68 Vgl. Stauss, Bruhn (2004), S. 6 f.
69 Vgl. Trommsdorf, Steinhoff, 2007, S. 29.
70 „The drivers of product innovations are customer demand for new products and the firm's desire to penetrate new markets. The drivers of process innovations are reduction in delivery lead time, lowering of operational costs and increase in flexibility.“ (Thota, Munir, 2011, S. 208)
71 Vgl. Reidegeld (2007), S. 190.
72 In diese Kateogrie fallen auch die disruptiven Innovationen, die sich auf neue (Nischen-)Märkte beziehen. Vgl. Thota, Munir (2011), S. 94 f.
73 Vgl. Reidegeld (2007), S. 190.
74 Vgl. Bierfelder (1989), S. 71. „Produktinnovationen gehen häufig mit Prozeßinnovationen einher.“ (Meffert, 2000, S. 374)
75 Vgl. Rammer et al. (2013), S. 10.
76 Vgl. Harms, Drüner (2003), S. 169. Hin und wieder findet man in der Literatur auch den Begriff der sozialen Innovation. Sie beziehen sich primär auf die Verbesserung von Lebens- sowie Arbeitsbedingungen von Menschen und Organisation. Die Erreichung sozialer Ziele steht hier im Vordergrund.
77 Auch wenn der wirtschaftliche Ertrag für inkrementelle Innovationen geringer ist, wird ihnen auch eine grundlegende Rolle bei der Entwicklung radikaler Innovationen zugeschrieben. „While they

die Differenzierungsmöglichkeiten gegenüber dem Wettbewerb gering sind.[78] Von **radikalen Innovationen** spricht man i. d. R. über Basisinnovationen, die einen neuen Ansatz verfolgen und bisher Gültiges außer Acht lassen.[79] Diese radikalen Veränderungen zeichnen sich durch ein höheres wirtschaftliches Risiko aus, versprechen aber eine höhere wirtschaftliche Rendite und Wettbewerbsvorsprünge bis hin zu monopolistischen Marktverhältnissen – vorausgesetzt, dass sie sich durchsetzen.[80] Als **Pull-Innovationen** bezeichnet man Neuerungen, die auf ein Marktumfeld treffen, mit einem Interesse an einem Zusatznutzen, der durch die jeweilige Innovation entsteht. Das wirtschaftliche Risiko ist deutlich geringer als bei der **Push-Innovation**, deren Zusatznutzen bisher von dem potenziellen Nutzerkreis noch nicht hinreichend nachgefragt wurde oder das Bedürfnis für die Leistung noch gar nicht bestanden hat.[81]

Wirtschaftsgeschichtlich zählen Innovationen zu den Motoren einer langfristigen Konjunkturentwicklung;[82] der Innovationswettbewerb hingegen ist zum Kernwettbewerb zwischen den Unternehmen geworden.[83] Die langfristigen Konjunkturentwicklungen wurden erstmals von dem russischen Wissenschaftler Nikolai KONDRATIEFF[84] beschrieben und von SCHUMPETER[85] aufgegriffen. Diese **langen Konjunkturwellen** erstrecken sich jeweils über einen Zeitraum von rund 50 Jahren und werden durch eine oder mehrere Basisinnovationen geprägt (siehe Abbildung 4):[86]

- Der erste Konjunkturzyklus dauerte rund 60 Jahre (von 1790 bis 1848); er resultierte aus der Nutzung der Dampfkraft. Die Basisinnovationen waren die Dampfmaschine und der mechanische Webstuhl.
- Der zweite Konjunkturzyklus (von 1849 bis 1895) nutzte das Wissen über die Dampfkraft und den Stahl für den Eisenbahnbau. Die ersten Länder entwickelten sich vom Agrarstaat zur Industriegesellschaft.

---

might not generate long-term value on their own, material and operational innovations play an essential, supportive role in breakthrough innovations." (Thota, Munir, 2011, S. 136)

**78** Vgl. Reidegeld (2007), S. 190 f.

**79** Vgl. Thota, Munir (2011), S. 232 f.

**80** Vgl. Harms, Drüner (2003), S. 170; Afuah (2003), S. 16 f. „Mit ihrer Hilfe ist es möglich, überdurchschnittlich hohe Umsätze und Gewinne zu erzielen." (Reidegeld, 2007, S. 191)

**81** Vgl. auch Harms, Drüner (2003), S. 169. „,Market pull'-Innovationen zeichnen sich im Gegensatz zu ‚technology push'-Innovationen dadurch aus, dass der Innovationsimpuls an den Wünschen und Bedürfnissen der Kunden abgeleitet wird und deshalb der von den Nachfragern wahrgenommene Neuigkeitsgrad nicht grundsätzlich technischer, sondern vor allem auch psychologischer Natur ist." (Benkenstein, 2001, S. 696)

**82** Meffert (2000), S. 374.

**83** Vgl. Hübner (2002), S. 3. Zwei Kernursachen sind hierfür die Sättigung der Märkte, insbesondere in den Industriestaaten, und der zunehmende Wettbewerb von neuen Wachstumsmärkten.

**84** Vgl. Kondratieff (1926), S. 573 ff. Kontradieff hat im Rahmen seiner Forschung die ersten beiden Wellen festgelegt.

**85** Vgl. Schumpeter (2010), S. 174 ff.

**86** Vgl. Drucker (1985), S. 4 f.; Arthur D. Little (1997), S. 30; Hübner (2002), S. 44 ff.; Nefiodow (1991), S. 29 ff.; Feige (2001), S. 84 f.; Walder (2007), S. 8.

- Während des dritten Konjunkturzyklus (ca. 1895 bis 1945) zählten die Chemie und die Elektrizität (Elektromotor, Radio, Telefon).
- Die tragenden Faktoren des vierten Konjunkturzyklus (ca. 1940 bis 1990) waren das Fernsehen und der Massenverkehr auf der Straße und in der Luft.
- Der fünfte Konjunkturzyklus (ab 1990) wird durch die Informations- und Kommunikations-Technik charakterisiert. Hier sind bereits auch Dienstleistungen rund um das Internet und das mobile Telefon inkludiert.

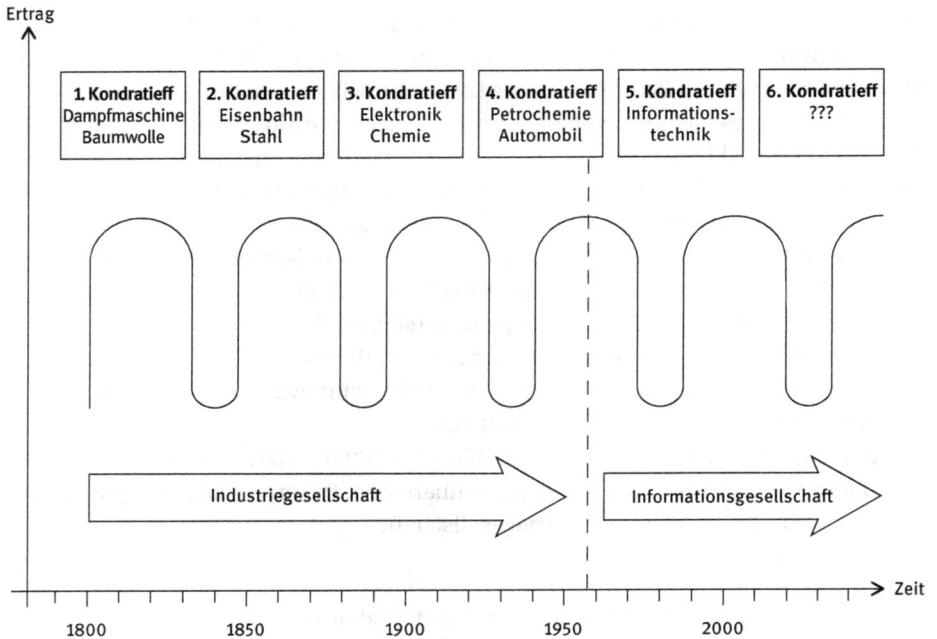

**Abbildung 4:** Kondratieff-Konjunkturzyklen und ihre Basisinnovationen (Quelle: Eigene Darstellung in Anlehnung an Feige (2001), S. 85 sowie Nefiodow (2001), S. 3).

In der wissenschaftlichen Diskussion ist in den letzten Jahren ein sechster Kondratieff-Zyklus beschrieben worden. NEFIODOW[87] sieht hier primär Verbesserungen und Themen in den Bereichen Information, Umwelt und Gesundheit, aber auch Ethik, Religion und Tourismus. Dies deutet darauf hin, dass Basisinnovationen zukünftig nicht zwangsläufig aus der klassischen Sachgüterindustrie kommen müssen, sondern dass vielmehr immaterielle Werte im Vordergrund stehen. Daraus lässt sich ablesen, dass Dienstleistungsinnovationen die zukünftigen volkswirtschaftlichen Entwicklungstreiber sein können, die immer mehr an Bedeutung gewinnen.[88]

---

**87** Vgl. Nefiodow (2001), S. 95 ff. Wobei insbesondere für den Tourismus Nefiodow hinzufügt, dass dieser Markt durchaus einen längeren Lebenszyklus als 40 bis 60 Jahre hat. Vgl. ebd., S. 98; Walder (2007), S. 9.
**88** Vgl. Fitzsimmons, Fitzsimmons (2011), S. 68 ff.

Eigenständige Dienstleistungsinnovationen sind erst in der Neuzeit entstanden. In der Vergangenheit wurden Dienstleistungen als Begleiterscheinung den Sachgütern zugeordnet, um diese auf dem Markt zu vertreiben.[89] Die ersten eigenständigen Dienstleistungsinnovationen wurden zu Beginn der 1980er-Jahre im Finanzbereich diskutiert; begünstigt durch die Globalisierung und die Internationalisierung der Finanzmärkte.[90]

In der Literatur werden die verschiedenen Ansatzpunkte zum Begriff der Dienstleistung wie folgt systematisiert:[91]

– Enumerative Definition: Begriffserschließung über die Aufzählung von Beispielen.[92]
– Negativdefinition: Darunter fallen alle Begriffe, die keine Sachgüter sind.
– Konstitutive Merkmaldefinition: Als konstitutive Merkmale werden das Leistungspotenzial des Anbieters, die Immaterialität der Dienstleistung und die notwendige Kundenintegration bezeichnet.[93]

Die Entwicklung innovativer Dienstleistungen wird zunehmend auch durch den Begriff „Service Engineering" ausgedrückt.[94] Dienstleistungsinnovationen werden detailliert in Abschnitt 2.1 analysiert.

Die Kondratieff-Konjunkturzyklen laufen parallel zu den touristischen Konjunkturzyklen.[95] Die folgende Abbildung (siehe Abbildung 5) zeigt die Entstehung neuer Märkte und Innovationen hinsichtlich sich wandelnder Bedürfnisse der Gäste in einem ähnlichen Aufschwung wie der sechste Kondratieff-Konjunkturzyklus.

Neu aufkommende Destinationen, Reiseformen und Sporttrends obendrein neue Informations- und Kommunikationskanäle lassen den Tourismus[96] als innovativen

---

**89** Vgl. Maleri (1973), S. 5.
**90** Vgl. Eilenberger (1993).
**91** Vgl. Bullinger, Schreiner (2003), S. 53; Corsten, Gössinger (2007), S. 21; Meffert, Bruhn (2003), S. 27; Hipp (2000), S. 9 ff.
**92** „Das Spektrum möglicher Leistungen, die unter den Begriff der Dienstleistung gefasst werden, reicht von unmittelbar an Personen erbrachten Diensten über Finanz- und Beratungsleistungen bis hin zu Wartungs- und Reparaturleistungen, die an materiellen Objekten vollzogen werden." (Weissenberger-Eibl, Koch, 2007, S. 153)
**93** „A Service may be defined as a change in the condition of a person, or a good belonging to some economic unit, with the prior agreement of the former person or economic unit." (Hill, 1977, S. 318) „Die Absatzobjekte von Dienstleistungsanbietern sind Leistungsfähigkeiten von Menschen oder Objektsystemen, insbesondere Maschinen, die auf der Basis gegebener interner Faktoren direkt am Menschen oder deren Objekten (externe Faktoren) mit dem Ziel erbracht werden, an ihnen gewollte Veränderungen zu bewirken oder gewollte Zustände zu erhalten." (Meyer, 1987, S. 26)
**94** Vgl. Bullinger, Scheer (2003), S. 3 ff. „Eine systematisch durchgeführte Dienstleistungsentwicklung ist eine Querschnittsaufgabe." (ebd, S. 4)
**95** Vgl. Poon (1993), S. 22; Walder (2007), S. 21.
**96** „Tourismus ist der vorübergehende Ortswechsel von Personen, wobei eine unterschiedlich weite Abgrenzung des Begriffes erfolgt, je nach Entfernung (Ort), Dauer (Zeit), Grund oder Anlaß (Motiv) des Reisens." (Freyer, 2011b, S. 4)

Wachstum

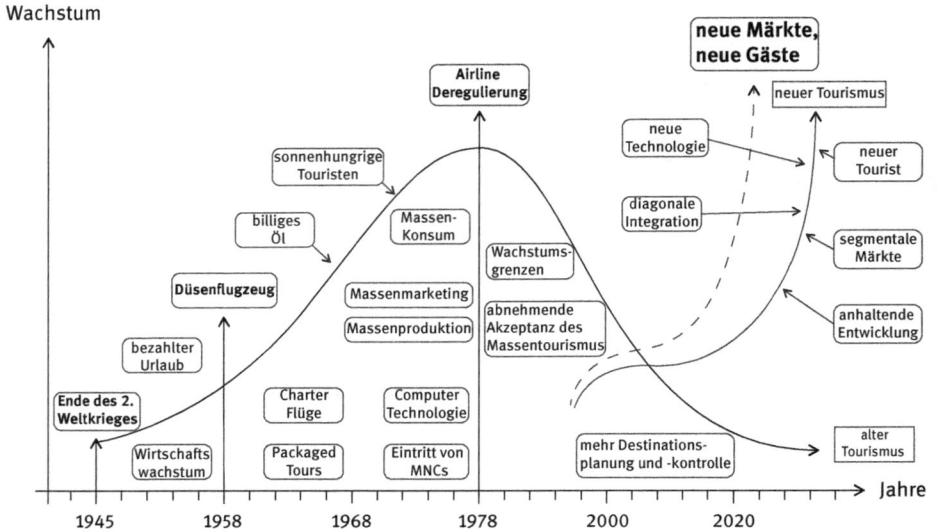

**Abbildung 5:** Lebenszyklus des internationalen Tourismus (Quelle: Poon (1993), S. 22 und Walder (2007), S. 21).

Industriezweig erscheinen. Eine intensive Betrachtung führt aber zu der Erkenntnis, dass es sich bei der touristischen Dienstleistung in der Produktinnovation häufig um eine Erweiterung der Reiseleistung handelt. Der Prozessinnovation geht es lediglich um technische Modifikationen bereits bestehender Prozesse.[97]

Das Hotel ist ein wichtiges Glied innerhalb der touristischen Wertschöpfungskette.[98] Laut DEUTSCHER HOTEL- UND GASTSTÄTTENVERAND E. V. (DEHOGA) wird ein Hotel wie folgt definiert: „Ein Hotel ist ein Beherbergungsbetrieb, in dem eine Rezeption, Dienstleistungen, tägliche Zimmerreinigung, zusätzliche Einrichtungen und mindestens ein Restaurant für Hausgäste und Passanten angeboten werden. Ein Hotel sollte über mehr als 20 Gästezimmer verfügen."[99] Zu der Hotellerie gehören neben den Hotels auch Hotel garni, Pensionen und Gaststätten.[100]

Wirtschaftliche Aspekte beeinflussen zunehmend die Betriebsführung in der Hotellerie und die Geschäfte wurden in die Hände erfahrener Manager gelegt. Während der letzten Jahre sind zum Themenbereich „Hotelmanagement" zahlreiche wissenschaftliche Publikationen veröffentlicht worden.[101] Die vorliegende Arbeit legt besondere

---

**97** Vgl. Pompl, Buer (2006), S. 21.
**98** Vgl. Freyer (2011b), S. 8.
**99** DEHOGA (o. J.).
**100** Vgl. Freyer (2011), S. 143.
**101** Vgl. hierzu Henselek (1999); Henschel, Gruner, Freyberg (2013); Henschel (2008); Peters, Weiermair (2008); Hänssler (2011); Gardini (2004); Barth, Theis (1998).

Aufmerksamkeit auf das Geschäftsfeld Vertrieb und Marketing, da beide Funktionen innerhalb der Organisationsstruktur eines Hotels an Bedeutung gewinnen. Während der Vertrieb sich mit der Auswahl der Absatzkanäle beschäftigt,[102] forciert das Marketing[103] Absatzmärkte insgesamt. FREYER definiert modernes Marketing als eine umfassende Managementaufgabe.[104] Anhand der Charakteristika der Hoteldienstleistung lässt sich prognostizieren, dass auf die Bereiche Vertrieb und Marketing besondere Aufgaben zukommen werden,[105] was in Abschnitt 3.2 detailliert analysiert wird.

Um **echte Innovationen** in jeglicher Branche **erfolgreich zu entwickeln** und umzusetzen, ist ein **strukturierter Prozess** erforderlich,[106] der in der wissenschaftlichen Literatur unter dem Begriff **„Innovationsmanagement"** erörtert und diskutiert wird. Nach TRUMLER umfasst das Neuerungsmanagement „alle Aktivitäten, die mit der Prozeßgestaltung selbst als auch mit den darüber hinausgehenden und für den Produkterfolg notwendigen Aspekten verbunden sind".[107] Unentbehrlich hierbei ist die Beteiligung und Involvierung aller Unternehmensabteilungen[108] an dem komplexen Entwicklungsprozess,[109] da dieser auf unterschiedlichen Teilentscheidungen aufgebaut ist.[110]

---

**102** „Die Distributionspolitik im Hotel beinhaltet daher die Auswahl der Absatzwege und -organe, über die der Absatz dieses Leistungsanspruchs vorgenommen werden kann. Dabei können der direkte oder der indirekte Absatzweg sowie unterschiedliche Absatzorgane gewählt werden." (Henschel, 2008, S. 415)

**103** „Marketing als Führungsphilosophie kann umschrieben werden als die bewusste Führung des gesamten Unternehmens vom Absatzmarkt her, d. h. der Kunde und seine Nutzenansprüche sowie ihre konsequente Erfüllung stehen im Mittelpunkt des unternehmerischen Handelns, um so unter Käufermarkt-Bedingungen Erfolg und Existenz des Unternehmens dauerhaft zu sichern." (Becker, 2013, S. 3)

**104** „Es hat dabei im Rahmen des Managements vor allem drei unterschiedliche Aufgabenebenen – gegenüber dem früheren vorwiegend instrumentellen Aufgabenbereich: normatives Marketing: Bestimmung der normativen Werte im Marketing-Management, wie Unternehmensphilosophie, -ethik, -kultur, -ziele, -leitbilder, Corporate Identity usw. – strategisches Marketing: Bestimmung des langfristigen Entwicklungsrahmens, der Strategie und Konzepte, instrumentelles oder operatives Marketing: Maßnahmenplanung im Rahmen des Marketing-Mix und der operativen Ausgestaltung." (Freyer, 2011b, S. 43)

**105** „Da Dienstleistungen in der Hotellerie am Ort der Leistungserstellung konsumiert werden, ist die Aufgabe der Distributionspolitik der Verkauf des Leistungsanspruches." (Schrand, Grimmelsmann, 2011, S. 226)

**106** Vgl. Völker, Thome, Schaaf (2012), S. 22 ff. „Well-designed new service strategy drives and directs the entire service innovation effort." (Scheuing, Johnson, 1989, S. 32)

**107** Trumler (1996), S. 28.

**108** „Innovationsmanagement ist als Integration aller am Innovationsprozess beteiligten Funktionen und Bereiche zu verstehen." (Trommsdorff, Steinhoff, 2007, S. 4)

**109** „Innovationsmanagement ist danach bewusste Gestaltung des Innovationssystems, d. h. nicht nur einzelner Prozesse, sondern auch der Institution, innerhalb derer diese Prozesse ablaufen." (Hauschildt, 2004, S. 30.)

**110** „Grundsätzlich ist festzustellen, dass das Innovationsmanagement ein komplexes und vielschichtiges Aufgabengebiet ist, das unterschiedliche Teilentscheidungen erfordert." (Matz, 2007, S. 7)

HAUSCHILDT grenzt das **Innovationsmanagement** wie folgt ab:[111]

- Institution vs. Funktion; dabei muss das Innovationsmanagement im gesamten Unternehmen institutionell verankert sein.
- Innovationsmanagement vs. F&E-Management; dabei ist F&E-Management ein Teilbereich innerhalb des Innovationsmanagements.
- Innovationsmanagement vs. Technologiemanagement; dabei ist es die Aufgabe des Innovationsmanagements, mit bestehenden Technologien zu brechen, um Neues zu gestalten.

### 1.2.2 Lücke in der wissenschaftlichen Diskussion

Bis in die 1980er-Jahre hinein wurde der Dienstleistungsprozess als strategischer Planungsprozess in der Literatur nicht oder kaum betrachtet.[112] BULLINGER und MEIREN[113] sprechen in diesem Zusammenhang von einem vernachlässigten Feld. Innerhalb der Literatur zur Innovationsforschung finden sich erst am Ende der 1980er-Jahre bzw. ab den 1990er-Jahren Arbeiten, die sich mit Neuerungen und Wachstum in der Dienstleistungsbranche auseinandersetzen.[114] Davon beziehen sich viele auf Industrieunternehmen, die vor dem Problem standen, dass durch ihre Sachgüter kaum noch Wettbewerbsvorteile zu erzielen waren.[115] Um im Markt erfolgreich zu sein, entschieden sich deshalb viele Anbieter industrieller Güter dafür, ergänzende Dienstleistungen anzubieten.[116] Dabei wird eine systematisch durchgeführte Dienstleistungsentwicklung beschrieben, die sich an der Produkt- und Prozessinnovation der jeweiligen Sachgüter orientiert.[117] SCHEUING und JOHNSON diskutieren beispielsweise das Potenzial, erfolgreiche Modelle zum Innovationsmanagement aus der Sachgüterindustrie auf die Dienstleistungsindustrie zu übertragen.[118] Auch andere Lösungsansätze wie „six

---

**111** Vgl. Hauschildt (2004), S. 29 ff.

**112** Vgl. Stauss, Bruhn (2004), S. 5. „Unfortunately, few service firms are adequately prepared to meet this challenge, and the literature concerning new service development is sparse at best." (Scheuing, Johnson, 1989, S. 25.)

**113** Vgl. Bullinger, Meiren (2001), S. 151 f. „Zwar tauchen in der angloamerikanischen Literatur in den 70er- und 80er-Jahren eine Reihe erster wissenschaftlicher Arbeiten zu New Service Development auf, jedoch sind diese in ihrer Summe eher als rudimentär zu bezeichnen." (ebd., S. 151)

**114** Vgl. Sundbo (1997), S. 432–455; Benkenstein (2001), S. 688–702; Klausegger, Salzgeber (2004), S. 413–440.

**115** Vgl. Stauss, Bruhn (2004), S. 5; Michalski (2004), S. 445. Außerdem sind große Technologievorsprünge zur Differenzierung kaum mehr zu erreichen.

**116** Der Werkzeughersteller Hilti bietet beispielsweise einen Service an, mit dem die richtigen Werkzeuge zum richtigen Zeitpunkt für Bauunternehmen bereitgestellt werden. Dies erspart den Kunden Reparatur- und Lageraufwand. Vgl. Christensen, Johnson, Kagermann (2009), S. 42.

**117** In diesem Zusammenhang spricht man oft auch vom Service Engineering, siehe auch Bullinger, Scheer (2003), S. 3–17.

**118** Vgl. Scheuing, Johnson (1989), S. 26.

steps managing the process of innovation"[119] finden sich in der Literatur, die aber für die Untersuchung der reinen Dienstleistung als Innovationsgut[120] zu kurz greifen. Zudem werden häufig Dienstleistungen in der Innovationsforschung als „Problemgüter"[121] betrachtet. Hier wird die individuelle Untersuchung der Dienstleistung anlässlich ihrer spezifischen Besonderheiten versäumt. Auch wenn es um Innovationen in öffentlichen Behörden, Krankenhäusern, Schulen und ähnlichen Institutionen ging, stand nicht die Dienstleistung als Innovationsuntersuchung im Fokus, sondern die Sachgüterinnovation als solche.[122]

Obwohl Dienstleistungen in der Wissenschaft mittlerweile an Aufmerksamkeit gewonnen haben, kritisieren BULLINGER und SCHREINER,[123] dass die Unternehmen wenig systematisch mit dem Potenzial der Dienstleistung als Kundenbindungsinstrument umgehen. Für den Erfolg von Dienstleistungsinnovationen stellen sie die Konzeption und die Gestaltung in den Vordergrund. Dazu bemerkt BENKENSTEIN,[124] dass zwar eine Menge Untersuchungen zum Thema Dienstleistungsqualität vorliegen, es aber noch einigen Forschungsbedarf zum Thema Dienstleistungsinnovation gibt.[125] Eine der wichtigsten Grundlagenarbeiten in der Dienstleistungsforschung legten LUSCH und VARGO[126] erst im Jahr 2006 vor, wobei deren Fokus ausschließlich auf der Dienstleistung bzw. der Dienstleistungsentwicklung sowie dem Marketing liegt. In der Perspektive ihres Ansatzes – der Service-dominant Logic – dienen Güter vor allem zur Bereitstellung von Dienstleistungen.[127]

**Arbeiten zu Innovation und Wachstum in der touristischen Dienstleistung sind selten.**[128] Diese wenigen Forschungsarbeiten zeigen zwar tendenziell auf, dass Innovationen in gesättigten Tourismusmärkten dringend notwendig sind, jedoch im Vergleich zu anderen Branchen seltener vorkommen. „Dabei sollte belanglos sein, dass, wie so oft, neue Konzepte zunächst in anderen Wissenschaftsbereichen als dem Tourismus und in anderen Branchen als der Tourismusbranche Fuß gefasst haben und erst so über einen Quereinstieg wissenschaftliche und praktische Bedeutung

---

119 Biolos (1996), S. 32 ff.; vgl. Scheuing, Johnson (1989), S. 27; Drejer (2002), S. 4 ff.
120 In den ersten Jahrzehnten nach 1945 standen Sachgüter im Fokus der Wertsteigerung. Im Unterbewusstsein der meisten Menschen steht das Sachgut über dem Dienstleistungsgut. (Vgl. Spohrer, Kwan, 2009, S. 114; Faïz, 2002, S. 1–27.)
121 Vgl. Reichwald, Schaller (2003), S. 173.
122 Vgl. Drucker (1985), S. 162 ff.; hierzu auch Drejer (2002), S. 4 ff.; Gallouj (1998), S. 123 ff.
123 Vgl. Bullinger, Schreiner (2003), S. 52.
124 Vgl. Benkenstein (2001), S. 698 f.
125 Vgl. hierzu Gallouj (1998), S. 123 ff.; Güthoff (1998), S. 611 f.; Meyer, Meyer (1990), S. 124 ff.
126 Vgl. Lusch, Vargo (2006).
127 „[...] goods are best viewed as distribution mechanisms for services [...]" (Lusch, Vargo, 2006, S. 44).
128 Vgl. Hjalager (2002); Pikkemaat (2005); Keller (2002); Peters, Weiermair (2002); Pikkemaat, Peters, Weiermair (2006); Walder (2007); Bachleitner, Egger, Herdin (2006); Weiermair et al. (2008); Pechlaner et al. (2005).

erlangt haben."[129] Die wenigen Forschungsarbeiten zu Innovation und Wachstum in der touristischen Dienstleistung richten ihren Blickwinkel hauptsächlich auf Erkenntnisse aus der Tourismuswirtschaft.[130] Eine Adaption von Handlungsmustern aus anderen innovativen Branchen erfolgt nicht.

Die Innovationsarten im Tourismus werden nach HJALAGER[131] wie folgt zusammengefasst (siehe Tabelle 2).

**Tabelle 2:** Innovationsarten im Tourismus nach Hjalager (Quelle: Eigene Darstellung in Anlehnung an Hjalager (2002), S. 465 f.).

| Art der Innovation | Beschreibung | Beispiele |
| --- | --- | --- |
| Produktinnovationen | Neuartige Dienstleistungen oder Produkte, die die Produzenten, Konsumenten, Lieferanten oder Wettbewerber nicht kennen. | – Kundenbindungsprogramm<br>– Umweltfreundliche Übernachtungseinrichtungen<br>– Neuartige Veranstaltungsarten |
| Prozessinnovationen | Erhöhung der Leistungsfähigkeit bestehender Abläufe durch neue Technologien, Restrukturierung bzw. Optimierung. | – Elektronische Managementsysteme<br>– Reinigungsroboter<br>– Selbstbedienungsgeräte |
| Managementinnovationen | Neue Stellenprofile, Arbeitsabläufe und Hierarchieveränderungen, die oft einhergehen mit der Einführung neuer Dienstleistungen und Produkte. | – Übertragung von Verantwortung (Empowerment)<br>– Hierarchieabbau<br>– Weiterbildung |
| Logistikinnovationen | Veränderung der Geschäftsbeziehungen bzw. -abläufe. Hier kann es sich vor allem um Produkte, Transaktionen, Informationen und Kunden handeln. | – Vertikale Integration der Restaurantbetriebe<br>– Integrierte Destinationsinformationssysteme<br>– Flughafen Hub-Strukturen |
| Institutionelle Innovationen | Einzelne Unternehmungen, die nur unter Einbeziehung der Gemeinden bzw. des öffentlichen Sektors durchgeführt werden können. | – Restrukturierung von Gesundheits- und Tourismusförderung<br>– Schutz von Naturschutzgebieten<br>– Optimierung von Finanzierungsmöglichkeiten |

Die Steigerung der Innovationstätigkeit und der Produktentwicklungsrate im über weite Teile gesättigten Tourismusmarkt ist für Unternehmen aus der Tourismusbranche zu einer Überlebensfrage geworden.[132] Hier geht es um eine Erhöhung des Wertes

---

**129** Weiermair (2001), S. 108.
**130** „Over the past couple of years, the term ‚innovation' has increasingly been used to describe the behaviour of tourism enterprises, destinations, and the tourism sector." (Hjalager, 2002, S. 465)
**131** Vgl. ebd., S. 465 f.
**132** Vgl. Pikkemaat (2005), S. 90; Keller (2002), S. 179–194; Fuchs, Pikkemaat (2004), S. 87–188.

des touristischen Produkts oder des Erlebnisses als Bündel intangibler Leistungen, die nicht gelagert werden können und die direkt am Kunden erbracht werden.

Um die **Forschungslücke** zum Thema Innovationen im Tourismus im Allgemeinen und in der Hotellerie im Speziellen zu verdeutlichen, wurde im Rahmen dieser Arbeit eine Recherche der zu diesem Thema erschienenen Artikel in zehn der wichtigsten internationalen wissenschaftlichen Innovationsfachzeitschriften durchgeführt. Die Ergebnisse dieser Recherche sind in der folgen Tabelle aufgelistet (siehe Tabelle 3).[133]

**Tabelle 3:** Ergebnisse der Literaturrecherche (Quelle: Eigene Darstellung basierend auf Trefferanzeige vom Onlineaufruf am 23. Oktober 2013 an der Elektronischen Zeitschriftenbibliothek an der Universitätsbibliothek Wien; URL: http://rzblx1.uni-regensburg.de/ezeit/fl.phtml?bibid=UBWI).

| Zeitschriften (Publikationszeitraum*) | Artikelanzahl | | | |
|---|---|---|---|---|
| | Innovation | Dienstleistungs-innovation | Innovation im Tourismus | Innovation in der Hotellerie |
| **Research Policy** (1972–2012) | 2.545 | 1.696 | 48 | 19 |
| **Technovation** (1981–2012) | 1.997 | 1.304 | 54 | 25 |
| **Journal of Product Innovation Management** (1984–2002) | 1.645 | 1.001 | 5 | 6 |
| **Economics of Innovation and New Technology** (1990–2012) | 554 | 345 | 3 | 8 |
| **Innovation: The European Journal of Social Science Research** (1988–2012) | 518 | 288 | 51 | 6 |
| **International Journal of Innovation Management** (1997–2012) | 510 | 389 | 15 | 2 |
| **Industry and Innovation** (1998–2012) | 384 | 179 | 4 | 2 |
| **European Journal of Innovation Management** (1998–2012) | 370 | 272 | 11 | 1 |
| **The Service Industries Journal** (1987–2012) | 253 | 253 | 32 | 13 |
| **Journal of Services Marketing** (1987–2012) | 210 | 210 | 34 | 33 |
| **TOTAL:** | **8.986** | **5.937** | **257** | **115** |

*Der der Untersuchung zugrunde gelegte Publikationszeitraum. Abhängig von dem onlineverfügbaren Erscheinungszeitraum der Publikation.

---

**133** Die Recherche wurde anhand der Suchmaschine der elektronischen Zeitschriftenbibliothek an der Universitätsbibliothek Wien am 23. Oktober 2013 durchgeführt. In jeder der ausgewählten Zeitschriften wurde nach den Begriffen in englischer Sprache „Innovation", „Service Innovation", „Innovation in Tourism" sowie „Innovation in Hospitality/Hotel Innovation" recherchiert.

In den zehn untersuchten wissenschaftlichen Fachzeitschriften wurden insgesamt 8.986 Artikel zum Thema Innovation gefunden sowie weitere 5.937 Artikel, die sich schwerpunktmäßig mit Innovationen von Dienstleistungen beschäftigen. Dies zeigt, dass Dienstleistungsinnovationen vor allem während der letzten Jahre als Forschungsthema Interesse erregt haben. Weitaus weniger Interesse erregte das Thema „Innovationen im Tourismus" – zu diesem Themenbereich erschienen lediglich 257 Artikel. Die **größte Forschungslücke** weist das Themengebiet **„Innovationen in der Hotellerie"** auf. Hier ließen sich nur 115 Artikel in den oben analysierten Innovationsfachzeitschriften aus den letzten Jahrzehnten herausfiltern.

Dementsprechend wurde auch das Innovationsmanagement von Dienstleistungs-innovationen im Tourismus und speziell in der Hotellerie kaum bis gar nicht untersucht.[134] Literatur zum Innovationsmanagement in der Hotellerie gibt es fast überhaupt nicht, die Ausnahme sind Unterkapitel in einigen Quellen zum Hotelmanagement.[135] In den wenigen Publikationen zur Innovationsentwicklung in der Hotellerie wird am häufigsten die Individualhotellerie analysiert.[136] Die Kettenhotellerie ist selten Untersuchungsgegenstand.

Marketing- und Vertriebsinnovationen beziehen sich fast ausschließlich auf Sachgüter und kaum auf Dienstleistungen.[137] Nach der Literaturrecherche des Verfassers sind Dienstleistungsinnovationen in der Hotellerie vor allem im Geschäftsfeld Vertrieb und Marketing bisher nicht untersucht worden. Abbildung 6 veranschaulicht die in diesem Kapitel aufgezeigte wissenschaftliche Lücke und den Forschungsbedarf. Die vorliegende Forschungsarbeit hat zum Ziel, diese wissenschaftliche Lücke zu schließen.

## 1.3 Zielsetzung der Untersuchung

Wegen der Notwendigkeit nachhaltigen Wachstums in der Hotellerie (vgl. Abschnitt 1.1) und der aufgezeigten Lücke in der wissenschaftlichen Diskussion über Dienstleistungsinnovationen in der Hotellerie (vgl. Abschnitt 1.2.2) hat dieses Forschungsvorhaben eine hohe aktuelle Bedeutung. Die vorliegende Untersuchung soll, wie bereits erwähnt, dem Forschungsbedarf zum Thema Dienstleistungsinnovationen in der Hotellerie speziell im Geschäftsfeld Vertrieb und Marketing nachkommen. Die **Forschungsfragen** und die daraus resultierende **Zielsetzung** dieser Arbeit werden in der folgenden Tabelle aufgelistet (siehe Tabelle 4).

---

134 „Concentrating on the hotel industry, there is little empirical evidence of innovative activity due to the lack of existing data since few surveys on innovation have been carried out." (Pérez et al., 2004, S. 2)
135 Vgl. Gardini (2009), S. 349–373; Peters (2008), S. 253 ff.; Peters, Weiermair (2008), S. 271 ff.
136 Vgl. Theiner, Steinhauser (2006); Friedrich (2012); Innerhofer (2012).
137 Vgl. Urban, Hauser (1993), S. 3 ff. „Good managers are continually aware of the marketing system and the environment that affects their organizations. Several of these factors initiate a need for new products. Among these factors are financial goals, sales growth, competitive position, product life cycle, technology, globalization, regulation, material costs, inventions, demographic and lifestyle changes, customer requests, supplier initiatives, and alliances." (ebd, S. 6); Vgl. auch Corsten (1989), S. 2 ff.

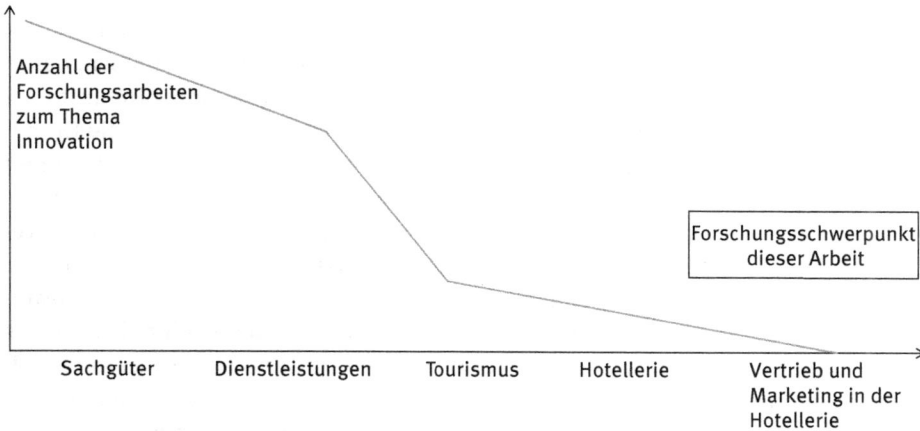

**Abbildung 6:** Forschungsschwerpunkt dieser Arbeit (Quelle: Eigene Darstellung).

**Tabelle 4:** Forschungsfragen und Zielsetzung der Untersuchung (Quelle: Eigene Darstellung).

| Forschungsfragen | Zielsetzung |
| --- | --- |
| Wie ist der Forschungsstand im Bereich der Dienstleistungsinnovationen in der Hotellerie? | Forschungslücke im Bereich Dienstleistungsinnovationen in der Hotellerie aufzeigen. |
| Was sind die Voraussetzungen für die Entwicklung von Dienstleistungsinnovationen? | Bedarf für Dienstleistungsinnovationsmanagement in der Hotellerie darstellen. |
| Wie soll ein nachhaltiges Innovationsmanagement aufgebaut werden? | |
| Vor welchen aktuellen Herausforderungen ist die Hotellerie gestellt? | Wachstumsziele bzw. -potenziale für die Hotellerie definieren. |
| Welche Wachstumspotenziale bestehen in der Hotellerie im Geschäftsfeld Vertrieb und Marketing? | Grundlagen und Erfolgsparameter für Dienstleistungsinnovationen in der Hotellerie in Vertrieb und Marketing analysieren. |
| Welche innovativen Branchen lassen sich in Bezug auf das Marktumfeld mit der Hotellerie vergleichen? | Handlungsmuster für Dienstleistungsinnovationen aus anderen innovativen Branchen ableiten. |
| Welche Handlungsmuster lassen sich im Bereich der Dienstleistungsinnovationen in Vertrieb und Marketing für die Hotellerie aus anderen innovativen Branchen herauslesen? | |
| Welche Handlungsmuster können für ein Innovationsmanagement sowie Dienstleistungsinnovationen in Vertrieb und Marketing in der Hotellerie umgesetzt werden? | Handlungsempfehlungen für Dienstleistungsinnovationen in Vertrieb und Marketing in der Hotellerie definieren. |
| Was kann die Dienstleistungsinnovationsforschung aus der Hotellerie auf die Tourismuswirtschaft ableiten? | Beitrag zur Dienstleistungsinnovationsforschung liefern und Umsetzungsmöglichkeiten für andere touristische Akteure aufzeigen. |

Als wichtigste Voraussetzung für die Entwicklung von Dienstleistungsinnovationen in der Hotellerie wird ein nachhaltiges Innovationsmanagement beschrieben, das in dieser Branche noch nicht angewendet wurde. Nachdem der Autor die Herausforderungen und die Wachstumsziele für die Hotellerie definiert hat, werden die Grundlagen sowie die Erfolgsparameter der Funktionen Vertrieb und Marketing detailliert analysiert, auf denen zukünftige Dienstleistungsinnovationen aufsetzen können.

Da Dienstleistungsinnovationen bzw. ein systematisches Innovationsmanagement in der Hotellerie weder wissenschaftlich umfassend untersucht noch in der Praxis erprobt wurden, sucht der Autor nach Handlungsmustern in anderen innovativen Branchen. Diese Vergleichsbranchen sollen mit der Hotellerie in Hinblick auf das Marktumfeld, die aktuellen Herausforderungen sowie die Charakteristika der Hoteldienstleistung verglichen werden. Die Untersuchung verfolgt das Ziel, zu überprüfen, ob die abgeleiteten Handlungsmuster auf den Bereich der Hotellerie anwendbar sind. Abschließend sollen Handlungsempfehlungen für ein nachhaltiges Innovationsmanagement sowie für Dienstleistungsinnovationen im Vertrieb und Marketing für die Hotellerie definiert werden.

Die Übertragung der Ergebnisse dieser Untersuchung im Bereich der Hotellerie auf andere Akteure der Tourismuswirtschaft und das Aufzeigen weiterer möglicher Forschungsansätze runden diese Arbeit ab.

## 1.4 Themenabgrenzung

Innerhalb eines einzelnen Forschungsvorhabens ist keine umfassende Betrachtung des Beherbergungsgewerbes zielführend. Dies zwingt dazu, den Forschungsumfang der nachfolgenden Untersuchung einzugrenzen; die nachfolgende Darstellung veranschaulicht dies (siehe Abbildung 7).

In der vorliegenden Untersuchung werden ausschließlich der **Hotelmarkt in Deutschland** und das Reiseverhalten aus dem Quellmarkt Deutschland betrachtet. Eine detaillierte Analyse anderer europäischer und globaler Hotel- bzw. Reisemärkte wird nicht durchgeführt. Um in Zukunft in Märkten wie Deutschland wettbewerbsfähig zu sein, sollte die Hotellerie auch den Blick auf neue Märkte, überwiegend aus den BRICS-Staaten (Brasilien, Russland, Indien, China, Südafrika) richten (siehe weiterer Forschungsbedarf und Ausblick in Abschnitt 7.3). In dieser Arbeit geht es allerdings nicht um Wachstum durch die Erschließung neuer Märkte, sondern um Wachstum durch Innovation in Deutschland. Außerdem werden politische Rahmenbedingungen in dieser Arbeit nicht berücksichtigt.

Die Arbeit des Verfassers widmet sich den touristischen Dienstleistungen und konzentriert sich auf die Hotellerie. Betriebe der Gastronomie[138] und der

---

138 Bspw. eigenständige Restaurants, Gaststätten, Cafés, Eissalons. Vgl. Henschel, Gruner, Freyberg (2013), S. 5.

| Themen | Abgrenzung |
|---|---|
| Deutschland → | Keine globale Betrachtung |
| Hotelketten → | Einzelfragen der Individual-hotellerie werden nicht betrachtet. Schwerpunkt auf gehobener Markenhotellerie (4–5 Sterne). |
| Innovationsmanagement von Dienstleistungsinnovationen → | Keine Betrachtung von Sachgüterinnovation |
| Dienstleistungsinnovation mit dem Ziel der Profit Erreichung, resultie-rend in direktem Kaufanreiz oder Kundenbindung → | Prozesse zur Kosteneinsparung bzw. Optimierung sind nicht Gegenstand der Untersuchung |
| Im Geschäftsfeld Vertrieb (B2B) & Marketing (B2C) → | Andere bzw. operative Innovatio-nen sind nicht Gegenstand der Untersuchung. B2B-Marketing wird nicht untersucht. |
| Zwei Vergleichsbranchen zur Ableitung von Handlungsmuster → | Vergleichsbranchen dienen nur der Hypothesenableitung und haben keinen Anspruch auf Vollständig-keit. Andere Branchen, die eben-falls als Vergleichsbranchen zur Hotellerie dienen könnten, können als weiterer Forschungsbedarf außerhalb dieser Arbeit untersucht werden. |

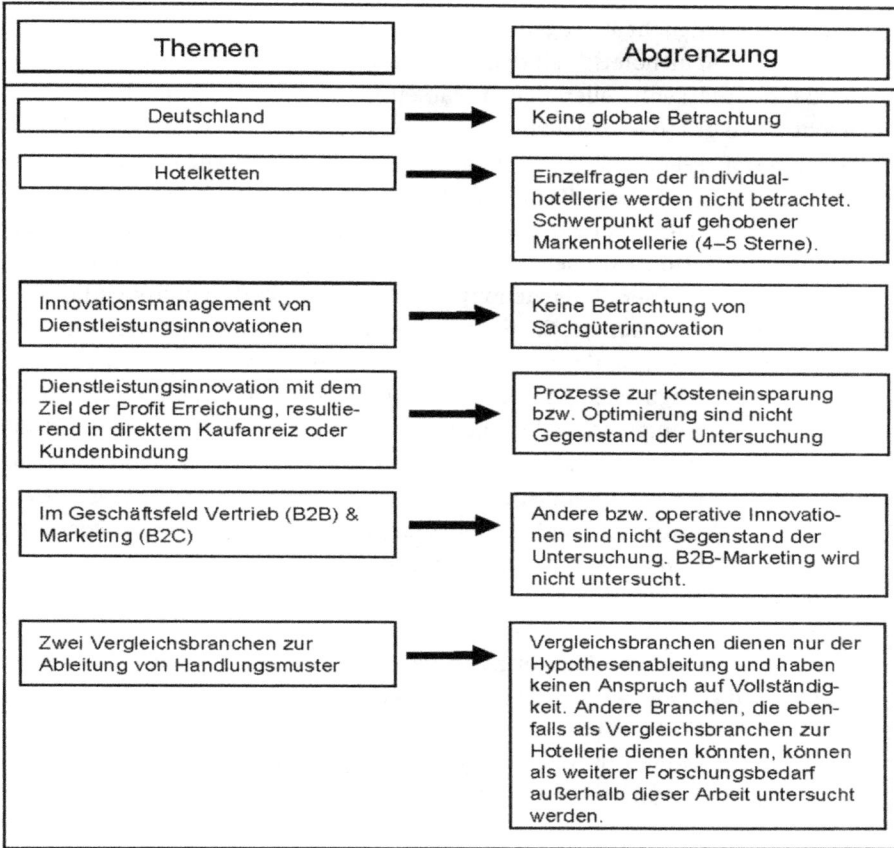

**Abbildung 7:** Themenabgrenzung im Überblick (Quelle: Eigene Darstellung).

Parahotellerie[139] werden darin nicht berücksichtigt. Den im Zentrum der Untersu-chung stehenden Unternehmen wird unterstellt, dass sie erwerbswirtschaftlich[140] zum Zwecke der Umsatz- und Profitentwicklung agieren. Im Bereich der Hotelle-rie liegt der Fokus auf der **Ketten- und Konzernhotellerie**, die im Folgenden als „Markenhotellerie" definiert wird; und nicht auf der Individualhotellerie[141] bzw. auf Hotelkooperationen.[142] Hierbei liegt der Fokus auf der gehobenen bzw. der

---

139 Hier handelt es sich bspw. um Ferienhäuser, Jugendherbergen, Campingplätze usw. Vgl. Freyer (2011), S. 143. „Die Parahotellerie ist die funktionale Ganzheit der Einrichtungen, die ergänzend zur traditionellen Hotellerie vor allem den Bedarf nach Beherbergungsleistungen decken." (Henschel, Gruner, Freyberg, 2013, S. 3.)

140 Vgl. ebd., S. 7.

141 Individualhotels werden von Einzelpersonen betrieben und gehören keiner Marke an. Vgl. ebd., S. 12.

142 „Dabei handelt es sich um freiwillige Zusammenschlüsse wirtschaftlich und rechtlich selbststän-diger Einzelhotels mit dem Ziel, gemeinsam betriebliche Aufgaben effizienter zu lösen." (ebd., S. 38.)

Luxushotellerie und nicht auf sogenannten Low-Budget-Hotels.[143] Betriebe wie Hotel garni,[144] Motels, Aparthotels[145] sind nicht Gegenstand dieser Arbeit. Obwohl die Hotelketten der Markenhotellerie auch Marken im Budget-Segment führen, stehen diese nicht vordergründig im Blickfeld dieser Untersuchung, werden aber auch nicht explizit ausgeschlossen. Im Zuge dieser Arbeit wird nicht differenziert, ob die Hotels einer Hotelkette Eigentümer-, Pacht-, Management- oder Franchisebetriebe sind.[146] Nachfolgend wird ebenfalls nicht zwischen Ferienhotels[147] und Stadthotels[148] unterschieden bzw. ob die touristische Nachfrage in Abhängigkeit von der Saison[149] ist.

Im Mittelpunkt dieser Untersuchung steht das **Innovationsmanagement für Dienstleistungsinnovationen**. Sachgüterinnovationen sind nicht Gegenstand der Arbeit, wobei zu berücksichtigen ist, dass Dienstleitungsinnovationen in der Regel auch mit einem Sachgut gekoppelt sind – insofern ist eine klare Trennung nicht möglich. Bei den zu untersuchenden Dienstleistungsinnovationen konzentriert sich die Arbeit auf Innovationen, die für den Kunden bzw. Gast vor, während oder nach seinem Aufenthalt nutzenstiftend sind. Innovationen, die operative Prozesse vereinfachen oder eine Reduzierung der Kosten betreffen, werden nicht mit einbezogen. Ein Grund dafür ist die Tatsache, dass reine Prozess- und Kostenoptimierungen nur zu kurzfristigem Erfolg und nicht zu nachhaltigem Wachstum führen.

Der Verfasser geht in erster Linie auf die Dienstleistungsinnovationen für das Geschäftsfeld **Vertrieb und Marketing** in der Hotellerie ein, da dies entscheidend dazu beiträgt, die aufgezeigten Wachstumsziele der Hotellerie zu erreichen und unerforschte Potenziale zu erkennen. Des Weiteren spricht der Autor vom Kunden im Business-to-Business-Bereich (B2B) im Vertrieb und vom Gast im Business-to-Consumer-Bereich (B2C) im Marketing. B2B-Marketing ist explizit nicht Gegenstand dieser Untersuchung.

Zur Ableitung von **Handlungsmustern aus Vergleichsbranchen** konzentriert sich der Autor auf zwei Branchen, die mit der Hotellerie vergleichbar sind. Es gibt eine Reihe anderer Branchen, die zur weiteren Untersuchung herangezogen werden können (siehe weiterer Forschungsbedarf und Ausblick in Abschnitt 7.3).

---

**143** „Bei den Low-Budget-Hotels oder Economy-Hotels steht die Beherbergungsleistung im Vordergrund. Die Hotels sind stark funktionell ausgerichtet und haben standardisierte Zimmer, die eine Grundausstattung aufweisen." (ebd., S. 32.)

**144** „Es bietet neben der Beherbergung nur Frühstück und Getränke, eventuell ein eingeschränktes Speisenangebot an." (ebd., S. 8.)

**145** Dies wird als Zwischenform zwischen Hotellerie und Parahotellerie gesehen. Der Fokus wird auf die Vermietung von Apartments gelegt, die mit Hotelleistungen ausgestattet sind. Vgl. ebd., S. 8.

**146** Vgl. Henschel, Gruner, Freyberg (2013), S. 9; Gardini (2009), S. 44; Freyer (2011), S. 149.

**147** „Das Ferienhotel ist auf einen längerfristigen Urlaubstourismus ausgerichtet." (Henschel, Gruner, Freyberg, 2013, S. 13)

**148** „Das Stadthotel ist einen kurzfristigen Aufenthalt ausgerichtet und weist einen relativ hohen Anteil von Geschäftsreisenden auf." (ebd., S. 13)

**149** Vgl. ebd., S. 13.

## 1.5 Aufbau der Arbeit und Vorgehensweise bei der Themenbearbeitung

Der Aufbau der Arbeit und die Vorgehensweise im Rahmen der Untersuchung ist in komprimierter Form in der nachfolgenden Abbildung (siehe Abbildung 8) zusammengefasst.[150]

Im Kapitel 1 wird aufgezeigt, dass die Hotellerie Innovation in Vertrieb und Marketing für zukünftiges Wachstum benötigt. Zu Beginn dieser Arbeit steht die Definition des Problemfelds, das das Forschungsprojekt bearbeiten soll. Eine Recherche der Grundlagenliteratur zu Innovationsmanagement sowie einer Begriffsbestimmung zeigt die Lücke in der wissenschaftlichen Diskussion im Bereich der touristischen Dienstleistungen und insbesondere der Hoteldienstleistung. Entsprechend dieser Lücke werden die Ziele und die Forschungsfragen der Untersuchung definiert. Nach einer Themenabgrenzung werden der Aufbau der Arbeit und die Vorgehensweise im Rahmen der theoretischen bzw. empirischen Forschung dargestellt.

Im theoretischen Teil (Kapiteln 2 und 3) wird einerseits herausgearbeitet, dass Dienstleistungsinnovationsmanagement eine Struktur benötigt und andererseits, dass Vertrieb und Marketing in der Hotellerie vor großen Herausforderungen stehen, notwendiges Wachstum in der Hotellerie zu forcieren. Eine deskriptive Vorgehensweise[151] analysiert im Kapitel 2 die Besonderheiten von Dienstleistungen und das Dienstleistungsinnovationsmanagement. Des Weiteren werden im Kapitel 3 die Einordnung und Charakteristika der Hotellerie in Deutschland sowie speziell das Geschäftsfeld Vertrieb und Marketing in der Markenhotellerie untersucht.

Im Rahmen der explorativen Studie[152] im Kapitel 4 werden zuerst zwei Dienstleistungsinnovationstreiber als Vergleichsbranchen für die Hotellerie festgelegt. Aus jeder Vergleichsbranche werden jeweils zwei Fallstudien zu Dienstleistungsinnovationen aus Vertrieb und Marketing analysiert und Kernaussagen herauskristallisiert.

Anhand der Methodik der kausalen Studie[153] lassen sich im Kapitel 5 Hypothesen aus den Kernaussagen ableiten. Um die Hypothesen zu verifizieren oder zu falsifizieren, werden diese empirisch (quantitativ und qualitativ) überprüft.

---

**150** Weiterführende Literatur zur Vorgehensweise im Rahmen der wissenschaftlichen Untersuchung vgl. Chalmers (2007), S. 5 ff. sowie Popper (1966), S. 22 ff.
**151** „Deskriptive Studien [...] zielen auf eine möglichst genaue Erfassung und Beschreibung problemrelevanter Tatbestände [...].“ (Herrmann, Huber, 2009, S. 33)
**152** Vgl. Kromrey (2009), S. 504. „Fallstudien – und in besonderem Maße Einzelfallstudien – dienen im Rahmen ‚quantitativer‘ Sozialforschung in erster Linie explorativen Zwecken: Ein Gegenstandsbereich der sozialen Realität soll zunächst deskriptiv aufgearbeitet werden, um im Anschluss daran empirisch begründbare theoretische Konzepte, Theorien, Hypothesen entwickeln zu können.“ (ebd.) Vgl. auch weiterführend Herrmann, Huber (2009), S. 33.
**153** „Kausale Studien überprüfen [...] konkrete Ursache-Wirkungs-Zusammenhänge.“ (Herrmann, Huber, 2009, S. 33)

Definition des Problemfeldes
Lücke in der wissenschaftlichen Diskussion
Zieldefinition & Forschungsfragen
Themenabgrenzung
Aufbau und Vorgehensweise

Kapitel 1

↓

**Deskriptive Studie:**
Dienstleistungs-Innovationsmanagement
Einordnung und Charakteristika der Hotellerie in Deutschland
Geschäftsfeld Vertrieb und Marketing in der Markenhotellerie

Kapitel 2&3

↓

**Explorative Studie:**
Festlegung von Dienstleistungs-Innovationstreiber als Vergleichsbranchen für die Hotellerie
Fallstudien von Vergleichsbranchen
Zusammenfassung der Kernaussagen

Kapitel 4

↓

**Kausale Studie:**
Ableitung von Hypothesen
(Induktives Vorgehen)

+

Empirische Forschung

Kapitel 5

**Quantitativ:**
Befragung der Hotellerie sowie Kunden der Hotellerie
Verifizierung / Falsifizierung der Hypothesen

**Qualitativ:**
Experteninterviews
Verifizierung / Falsifizierung der Hypothesen

↓

**Kausale Studie:**
Handlungsempfehlungen für das Innovationsmanagement in der Hotellerie
Zusammenfassung der Kernergebnisse für das Geschäftsfeld Vertrieb & Marketing
(Induktives Vorgehen)
Lösung der Herausforderungen in Vertrieb und Marketing der Hotellerie

Kapitel 6

↓

Zusammenfassung und Würdigung der Untersuchungsergebnisse
Beitrag zur Innovationsforschung von touristischen Dienstleistungen
Ausblick und weiterer Forschungsbedarf

Kapitel 7

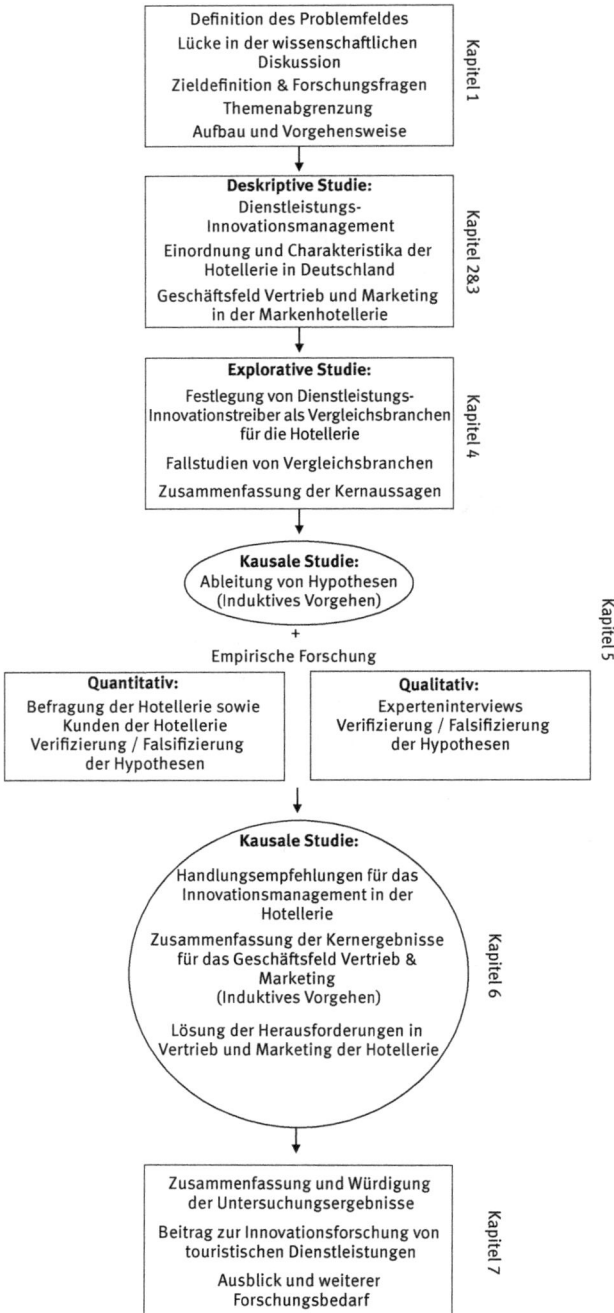

**Abbildung 8:** Ablauf und Methodik des Forschungsprojekts (Quelle: Eigene Darstellung in Anlehnung an Riesenhuber (2007), S. 4).

Das Kapitel 6 empfiehlt abschließend Handlungsanweisungen für das Dienstleistungsinnovationsmanagement in der Hotellerie. Auf Basis der empirischen Untersuchung verdichten sich im Anschluss die Hypothesen in Kernergebnisse für Dienstleistungsinnovation in Vertrieb und Marketing. Lösungsansätze werden empfohlen, um die Herausforderungen der Hotellerie im Vertrieb und Marketing innovativ anzugehen.

Im Rahmen der Schlussbetrachtung im Kapitel 7 fasst der Autor zu Beginn die Untersuchungsergebnisse zusammen und bewertet sie kritisch. Als Beitrag zur Innovationsforschung touristischer Dienstleistungen im Geschäftsfeld Vertrieb und Marketing werden die Lösungsansätze aus Kapitel 6 auf andere touristische Dienstleistungsbetriebe übertragen. Eine Schlussbetrachtung und ein auf weitere Forschungslücken eingehender Ausblick runden die Arbeit ab.

Der Autor wählt als Erhebungsmethoden[154] die Fallstudienuntersuchung, die schriftliche Befragung und das mündliche Expertengespräch. Die Erkenntnisse der Sekundärforschung werden im Fortgang der Untersuchung durch die Primärforschung ergänzt und überprüft.[155] Die folgenden Ausführungen beschreiben beide Forschungen.

## 1.5.1 Vorgehensweise im Rahmen der theoretischen Forschung

In der **Sekundärforschung** geht es insbesondere um die erneute Auswertung von Daten, die zu einem früheren Zeitpunkt zu anderen Untersuchungszwecken erhoben worden sind.[156] „Die Informationsgewinnung durch Sekundärforschung hat die Beschaffung, Zusammenstellung und Auswertung bereits vorhandenen Datenmaterials zum Gegenstand."[157]

## 1.5.1.1 Erkenntnisgewinnung durch Fallstudien von Vergleichsbranchen

Um neue Ansätze zu erhalten, ist es entscheidend, das gewohnte Forschungsfeld auszuweiten. „Fallstudienergebnisse sind damit nur dann wertvoll, wenn (1) ihr Bezug zu

---

**154** „Der Begriff ,Methode' wird im Ausdruck ,Erhebungsmethode' in aller Regel nicht im wissenschaftstheoretischen Sinne verwendet, sondern soll ein planmäßiges Vorgehen und Verfahren umschreiben." (Steingrube, 2003, S. 139)

**155** „Grundsätzlich sollte eine Marktforschung mit einer Sekundärfoschung begonnen werden. Es stellt sich in der Marktforschungspraxis nicht selten heraus, dass eine geplante Primäruntersuchung gar nicht notwendig ist, da eine Auswertung des vorhandenen Materials bereits die interessierenden Fragen beantworten kann." (Freyer, Groß, 2006, S. 11)

**156** Vgl. Kaya (2007), S. 49; Freyer, Groß (2006), S. 10 f.; Seitz, Meyer (2003), S. 4 f. „Von Sekundärforschung oder desk research spricht man, wenn bereits vorhandene statistische Daten und Unterlagen, die ursprünglich anderen Zwecken dienten, für Ziele der touristischen Marktforschung ausgewertet und verwendet werden. Zu unterscheiden sind dabei interne und externe Quellen." (Seitz, Meyer, 2003, S. 5)

**157** Meffert, Burmann, Kirchgeorg (2008), S. 153; Beutelmeyer, Kaplitza (1995), S. 293.

existierenden Theorien dargestellt werden kann und (2) sie empirisch testbare Aussagen liefern können, die über die existierenden Theorien hinausgehen."[158] Einzelfallstudien sind als Forschungsansätze gesehen, die einen bestimmten Einzelfall gründlich analysieren.[159] BONOMA macht deutlich, dass die Fallstudienanalyse besonders für Marketingaspekte eine effiziente Forschungsmethode ist.[160] YIN definiert in seinem Grundlagenbuch über Fallstudien diese Forschungsmethode als Erhebungsmethode, die den Zusammenhang zwischen auftretenden Phänomenen und Realitäten zeigt, wenn die Grenzen zwischen beiden nicht klar erkennbar sind und wenn verschiedene Quellen als Beweismittel herangezogen werden.[161] Die Einordnung von Fallstudien in den wissenschaftlichen Kontext nach YIN wird überwiegend in der Betriebswirtschaft verwendet. Wobei die Fallstudienmethode im Zentrum „[...] zwischen deduktiven, theoriegeleiteten Methoden und empirisch-induktivem Vorgehen einerseits und andererseits durch ein Kontinuum zwischen objektiven, funktionalistischen Herangehensweisen und den interpretativen, eher subjektiven Paradigmen [...]"[162] steht (siehe Abbildung 9).

In der Literatur gibt es unterschiedliche Vorschläge und Ansätze der Fallstudienanalyse.[163] Für die Datenerhebung sind sowohl Primär- als auch Sekundärquellen anzuwenden.[164] YIN stellt Archivdatensätze in den Vordergrund.[165] „Diese Quellen gilt es mit der Methode der Inhaltsanalyse aufzuarbeiten und zu interpretieren."[166] In dieser **Forschungsarbeit wird die Methode der Einzelfallstudienanalyse**[167] gewählt. Des Weiteren liegen die Vorteile einer Fallstudie als Forschungsmethode in der tatsächlichen Abbildung der Wirklichkeit, ähnlich der Beobachtung als Forschungsmethode.[168] „Die Einzelfallstudie ist also ein eigenständiger empirischer Zugang zur (sozialen) Wirklichkeit."[169]

---

158 Riesenhuber (2007), S. 7.
159 Vgl. Kraimer (1995), S. 463; Kromrey (2009), S. 504.
160 Vgl. Bonoma (1985), S. 206 f. „Case research does offer significant opportunities to the marketer and the marketing community." (ebd., S. 206)
161 Vgl. Yin (1989), S. 13 ff. „A case study is an empirical inquiry that: investigates a contemporary phenomenon within its real-life context; when the boundaries between phenomenon and context are not clearly evident; and in which multiple sources of evidence are used." (ebd., S. 23)
162 Borchardt, Göthlich (2007), S. 34.
163 Vgl. Borchardt, Göthlich (2007), S. 43 f.; Eisenhardt (1989), S. 539; Meuser, Nagel (1991), S. 441 ff.
164 Vgl. Borchardt, Göthlich (2007), S. 42.
165 „Archival sources can produce both quantitative and qualitative information." (Yin, 1989, S. 88)
166 Borchardt, Göthlich (2007), S. 42
167 Alternativ existiert in der Literatur auch die fallvergleichende Analyse (Multiple-Case-Fallstudien/ cross-case analysis). Vgl. dazu Reinecker (1995), S. 267 ff.; Borchardt, Göthlich (2007), S. 36.
168 Vgl. Borchardt, Göthlich (2007), S. 36; Kaya (2007), S. 56 f.
169 Aeppli et al. (2011), S. 197. Alternativ zur Einzelfallstudie (single-case design) gibt es die vergleichende Fallstudie (multiple-case design), bei der mehrere Fälle miteinander verglichen werden. Vgl. hierzu Borchardt, Göthlich (2007), S. 36.

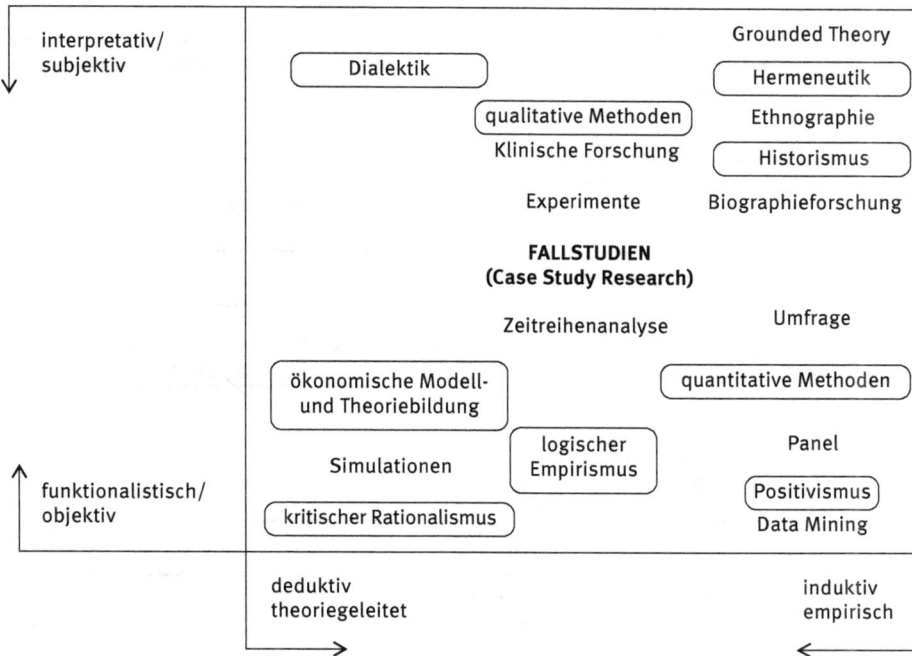

**Abbildung 9:** Ordnungsraster zur Einordnung von Fallstudien in den Methodenkontext (Quelle: Borchardt, Göthlich (2007), S. 35; Yin (1989), S. 39).

Zu Beginn bedarf es einer gezielten Planung des Forschungsprozesses mit Bestimmung des Untersuchungsfeldes sowie der Forschungsziele. Hier können **Fallstudien Antworten auf explorative, deskriptive und kausale Fragen** liefern.[170] Nach einer ausgiebigen Datenerhebung und Recherche unter Einbeziehung interner und externer Sekundärquellen, lassen sich nachfolgend, die dem Forschungsziel dienenden Einzelfallstudien, auswählen. Es ist notwendig jede Einzelfallstudie thematisch zu strukturieren, mit eigenen Worten zu formulieren und zu verdichten. Eine detaillierte Interpretation und Auswertung der einzelnen Fälle, mit dem Aufzeigen von Mustern und Ursachen-Wirkungsketten, fasst die Kernaussagen pro Fallstudie zusammen (siehe Abbildung 10).

Fallstudien können zudem der Definition von Hypothesen helfen und wichtige Dienste leisten, wenn es um nicht erforschte Perspektiven geht.[171] „Die Erkenntnisgewinnung durch Fallstudien zielt dabei auf die Erschließung neuen Wissens, die Entwicklung von Erklärungsmodellen und Ableitung von Hypothesen ab."[172] Aus

---

**170** „Fallstudien können grundsätzlich Antworten auf explorative, deskriptive und/oder explanative Fragen liefern, was nicht alle Methoden können." (Borchardt, Göthlich, 2007, S. 35)
**171** Vgl. ebd., S. 35.
**172** Ebd., S. 46.

Einzelfallstudien abgeleitete Hypothesen beanspruchen Allgemeingültigkeit, sofern die im Einzelfall beobachteten Regelmäßigkeiten an repräsentativen Stichproben überprüft wurden.[173]

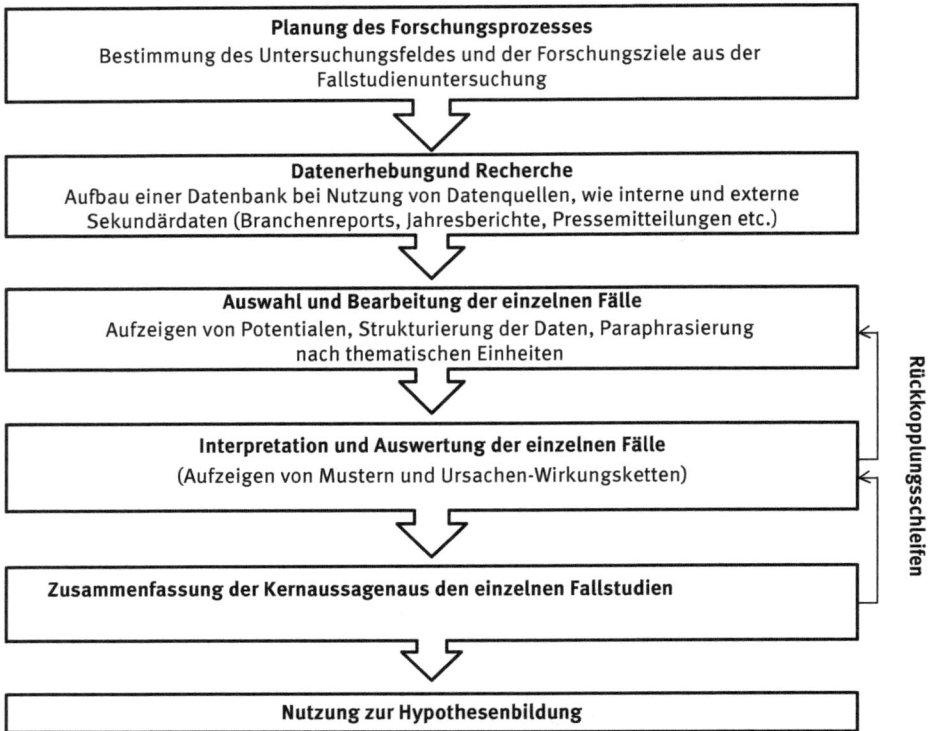

**Planung des Forschungsprozesses**
Bestimmung des Untersuchungsfeldes und der Forschungsziele aus der Fallstudienuntersuchung

**Datenerhebung und Recherche**
Aufbau einer Datenbank bei Nutzung von Datenquellen, wie interne und externe Sekundärdaten (Branchenreports, Jahresberichte, Pressemitteilungen etc.)

**Auswahl und Bearbeitung der einzelnen Fälle**
Aufzeigen von Potentialen, Strukturierung der Daten, Paraphrasierung nach thematischen Einheiten

**Interpretation und Auswertung der einzelnen Fälle**
(Aufzeigen von Mustern und Ursachen-Wirkungsketten)

**Zusammenfassung der Kernaussagen aus den einzelnen Fallstudien**

**Nutzung zur Hypothesenbildung**

Rückkopplungsschleifen

**Abbildung 10:** Überblick über den Erstellungsprozess einer Fallstudie (Quelle: Eigene Darstellung in Anlehnung an Borchardt, Göthlich (2007), S. 44, Mayring (2003), S. 58 sowie Eisenhardt (1989), S. 533).

### 1.5.1.2 Ableitung und Verifizierung von Hypothesen

Das **Aufstellen von Hypothesen bietet sich an**, um **neue Forschungsansätze zu finden**.[174] „Unter einer Hypothese versteht man zunächst nicht mehr als eine Vermutung über einen Tatbestand."[175] Nach KROMREY ist das Wechselspiel von zwei

---

173 Vgl. Bortz, Döring (2006), S. 580.
174 Vgl. De Bono (1997), S. 20. „Solange wir also unser Denken nicht durch neue Hypothesen öffnen, werden wir in den Informationen selbst nicht die Ansätze neuer Ideen finden können, und die Analyse wird uns nur in die Lage versetzen, sie anhand der etablierten Standardvorstellungen zu ordnen." (ebd.)
175 Kromrey (2009), S. 42. Der Begriff „Hypothese" kommt aus dem Griechischen: Unterstellung, Vermutung. Vgl. Bortz, Döring (2006), S. 4.

Sachverhalten das Kernelement einer Hypothese.[176] Zur Ableitung von Hypothesen wird ein induktives Vorgehen[177] gewählt. „Ausgehend von möglichst vielen Einzelbeobachtungen werden allgemeingültige Aussagen abgeleitet."[178] RIESENHUBER bezeichnet diese Aussagen als „Basissätze", die im Fortgang der Untersuchung zu überprüfen sind.[179]

Eine wissenschaftliche Hypothese muss nach BORTZ und DÖRING folgenden Kriterien genügen:[180]
- Sich auf reale Sachverhalte beziehen.
- Eine über den Einzelfall hinausgehende Behauptung enthalten.
- Eine, zwar nicht zwingend wörtliche, aber sinngemäße „Wenn-dann"- oder „Je-desto"-Aussage beinhalten, in der mindestens zwei Variablen voneinander abhängig sind.
- Dem Konditionalsatz widersprechende Ereignisse denkbar sind.[181]

Zusätzlich definiert CHALMERS[182] noch die folgenden Bedingungen:
- eine große Anzahl von Beobachtungen muss die Basis sein;[183]
- die Beobachtungen müssen sich durch Wiederholungen bestätigen;[184]
- keine Beobachtungsaussage darf im groben Widerspruch zu der Hypothese stehen.

Dennoch ist eine hundertprozentige Gültigkeit nie gewährleistet. Bei jeder Hypothese gibt es auch einzelne Ausnahmen. Die These wird nicht notwendigerweise dadurch falsifiziert, dass es eine Ausnahme gibt, und nicht umgekehrt dadurch verifiziert, dass

---

**176** Vgl. Kromrey (2009), S. 42; Riesenhuber (2007), S. 1 ff.

**177** „Als induktiven Schluß oder Induktionsschluß pflegt man einen Schluß von besonderen Sätzen, die z. B. Beobachtungen, Experimente usw. Beschreiben, auf allgemeine Sätze, auf Hypothesen oder Theorien zu bezeichnen." (Popper, 1966, S. 3). Vgl. ebenso Riesenhuber (2007), S. 2.

**178** Aeppli et al. (2011), S. 38; vgl. Opp (1995), S. 63.

**179** Vgl. Riesenhuber (2007), S. 2.

**180** Vgl. Bortz, Döring (2006), S. 4.

**181** „Der Falsifikationismus fordert, das wissenschaftliche Hypothesen [...] falsifizierbar sein müssen. Denn nur das Ausscheiden einer Menge logisch möglicher Beobachtungsaussagen ist ein Gesetz oder eine Theorie aussagekräftig. Wenn eine Aussage nicht falsifizierbar ist, dann kann die Wirklichkeit alle möglichen Eigenschaften besitzen und sich wie auch immer verhalten, ohne mit der Aussage im Widerspruch zu stehen." (Chalmers, 2007, S. 54) Die Aussage – Entweder es regnet oder es regnet nicht – ist nicht widerlegbar und somit keine rein wissenschaftliche Hypothese. Vgl. auch Popper (1966), S. 15.

**182** Vgl. Chalmers (2007), S. 39.

**183** Eine einmalige Beobachtung kann nicht die Basis für eine wisschenschaftliche Erkenntnis sein. Vgl. ebd.

**184** Es Bedarf einer Reihe von unterschiedlichen Beobachtungen und Befragten. Sollte sich die Beobachtungen mit unterschiedlichen Ausgangspunkten bestätigen, ist dieses Kriterium erfüllt. Vgl. ebd.

sie alle Befragten bestätigen.[185] Demzufolge können sich wissenschaftliche Gesetze nach POPPER nur über die Zeit bewähren, aber nicht vollständig als wahr bezeichnet werden.[186] Hypothesen sind deshalb als Basis- oder Kernaussagen zu betrachten und mit weiteren Prüfungen auf ihre Standfestigkeit zu testen.[187] Aus diesem Grund werden **die Hypothesen bzw. die Kernaussagen in dieser Arbeit mit Mitteln empirischer Forschung untersucht.** Nur die Kernaussagen, die diese Verifizierung überstehen, werden abschließend als Kernergebnisse herangezogen.

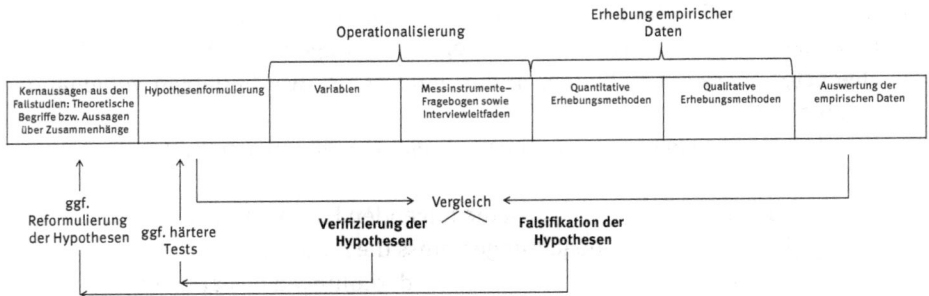

**Abbildung 11:** Das Design hypothesentestender Forschung (Quelle: Eigene Darstellung in Anlehnung an Kromrey (2009), S. 84).

Das Design einer hypothesentestenden Forschung (siehe Abbildung 11) beruht auf einem gezielten und kontrollierten Vergleich der Ergebnisse aus der empirischen Untersuchung mit den ausformulierten Thesen bzw. Behauptungen über die empirische Realität.[188] Dabei ist die Wahl der Messinstrumente sowie Erhebungsmethoden für den Auswertungserfolg ausschlaggebend.[189] Durch die empirische Forschung werden die abgeleiteten Thesen verifiziert[190] oder falsifiziert.[191] „Erstens: Hypothesen, die sich bei der Konfrontation mit der empirischen Wirklichkeit als unzutreffend erweisen, gelten als ‚falsifiziert‘; sie sind – unter Berücksichtigung der neu gewonnenen Erkenntnisse – zu korrigieren und erneut empirisch zu testen. Zweitens: Hypothesen, die sich bei Konfrontation mit der empirischen Wirklichkeit als zutreffend

---

**185** Vgl. Aeppli et al. (2011), S. 18 f. „Wir können uns auch mittels Forschung der Realität nur annähern, diese jedoch nicht gänzlich und abschliessend erfassen." (ebd., S. 19)

**186** Vgl. Popper (1966), S. 6 ff. und S. 31 ff.

**187** Vgl. Aeppli et al. (2011), S. 40 f.

**188** Vgl. Kromrey (2009), S. 83.

**189** Vgl. ebd.

**190** „Fällt die Entscheidung positiv aus, werden die singulären Folgerungen anerkannt, verifiziert, so hat das System die Prüfung vorläufig bestanden; wir haben keinen Anlaß, es zu verwerfen." (Popper, 1966, S. 8)

**191** Vgl. Chalmers (2007), S. 35 ff.; Popper (1966), S. 47 ff.

erweisen, gelten als ‚bestätigt'; sie sind entweder ‚verschärften' empirischen Tests
zu unterwerfen, oder sie sind – falls sie sich bereits wiederholt bewährt haben –
‚gehaltserweiternd' umzuformulieren (also stärker zu verallgemeinern) und danach
wiederum empirisch zu überprüfen."[192] „Zur Überprüfung der Hypothesen können
entweder Primärdaten erhoben, Sekundärdaten herangezogen oder eine Kombination von beiden genutzt werden."[193] Um die **abgeleiteten Thesen aus** Kapitel 5 zu
überprüfen, hat sich der Autor für **neu zu erhebende Primärdaten** entschieden.[194]
Eine quantitative Forschung anhand einer Onlinebefragung als auch eine qualitative
Forschung durch Experteninterviews werden hierbei durchgeführt. Folgende Ausführungen beschreiben diese Erhebungsmethoden.

### 1.5.2 Vorgehensweise im Rahmen der empirischen Forschung

In der **Primärforschung** geht es um die Generierung neuer Forschungsdaten.[195]
Wenn die vorhandenen Daten aus der Sekundärforschung nicht ausreichen oder
weiter vertieft werden sollen, bedarf es der Erkenntnisse aus dem Bereich der Primärforschung.[196]

Die Erhebungsmethode der **Befragung ist in der Forschung am weitesten
verbreitet** und hat unterschiedliche Formen bzw. Ausprägungen.[197] Diese werden
anhand der folgenden Darstellung (siehe Abbildung 12) erläutert. Die Befragung ist
sehr effizient, um nicht sichtbare Erkenntnisse sowie Meinungen und Bewertungen
zu erhalten.[198] Im empirischen[199] Teil der Arbeit hat sich der Autor für die vollstandardisierte schriftliche Onlinebefragung sowie für das teilstandardisierte mündliche
Leitfadengespräch entschieden, wie in der anschließenden Abbildung entsprechend
hervorgehoben ist.

---

**192** Kromrey (2009), S. 48.
**193** Riesenhuber (2007), S. 7.
**194** Vgl. Kaya (2007), S. 49. Primärdaten sind Daten, die neu zu Forschungszwecken erhoben werden,
wobei es sich bei Sekundärdaten um bereits erhobene Daten handelt.
**195** Vgl. Freyer, Groß (2006), S. 11 ff.; Kromrey (2009), S. 507; Kaya (2007), S. 49.
**196** Vgl. Kaya (2007), S. 50.
**197** Vgl. Freyer, Groß (2006), S. 13 ff.; Kromrey (2009), S. 336. Dabei ist auch in der Tourismusmarktforschung die Befragung bzw. das Interview das am häufigsten gewählte Forschungsinstrument.
Vgl. Seitz, Meyer (2003), S. 15.
**198** Vgl. Steingrube (2003), S. 142 f.
**199** Empirisch (Griechisch): Auf Erfahrung beruhend. Vgl. auch Aeppli et al. (2011), S. 33 f. Weiterführende Grundlagenliteratur zum empirischen Teil, vgl. hierzu Bortz, Döring (2006), S. 236–262 sowie
Diekmann (2010), S. 434–547.

**Abbildung 12:** Befragungsformen im Rahmen dieser Arbeit (Quelle: Eigene Darstellung in Anlehnung an Kromrey (2009), S. 364).

### 1.5.2.1 Erkenntnisgewinnung durch schriftliche Befragung

Um eine **große Menge an Personen** zu befragen, wurde die **schriftliche Befragung** als quantitative Erhebungsmethode gewählt.[200] „Eine schriftliche Befragung ist eine Methode der Datenerhebung, bei der sich die teilnehmenden Personen schriftlich zu dem zu untersuchenden Themenbereich äussern."[201] Die Anonymität der schriftlichen Erhebung soll dazu beitragen, dass die Befragten ihre tatsächliche Meinung äußern.

Die Operationalisierung der Befragung gelingt nach KROMREY mithilfe eines Fragebogens, wobei hier die Hypothesen in Fragen übersetzt werden.[202] „Ihr Zweck sind Antworten, die als Daten der Überprüfung der Hypothesen dienen sollen."[203] Eine gute Fragenstellung erfordert intensive Vorarbeit, da deren Aufbau von großer Bedeutung für den Erfolg der Befragung ist.[204] „Ein Fragebogen sollte so gestaltet sein, dass seine Bearbeitung außer einer einleitenden Instruktion keiner weiteren Erläuterungen bedarf."[205] Um Fehlerquellen zu vermeiden, wird als Form der vollstandardisierte Fragebogen gewählt.[206] Generell ist die Fragenstellung kurz zu halten.[207]

---

200 Vgl. Atteslander, Kopp (1995), S. 170 ff.
201 Aeppli et al. (2011), S. 161.
202 Vgl. Kromrey (2009), S. 347.
203 Ebd.
204 Vgl. Bortz, Döring (2006), S. 236 f.
205 Vgl. ebd., S. 237.
206 Vgl. Stier (1999), S. 171. Bei einem standardisierten Fragebogen liegen dieselben Fragen für alle Befragten in der derselben Reihenfolge vor. Vgl. auch Kaya (2007), S. 51. Hier wird auf die Bedeutung des Begleitschreibens hingewiesen, in dem der Zweck, der Auftraggeber der Untersuchung sowie die Vorgehensweise beschrieben wird. Vgl. Meffert, Burmann, Kirchgeorg (2008), S. 160.
207 „Bei Online-Befragungen ist auf die Länge zu achten, eine sehr lange Befragung führt oft zu hohen Abbruchquoten." (Aeppli et al., 2011, S. 173)

Bei der oben genannten Operationalisierung der Hypothesen in Fragen und der Fragenanordnung ist darauf zu achten, dass jeder Teilnehmer die Intention in gleicher Weise versteht.[208] Eine Mehrdimensionalität[209] sollte bewusst vermieden werden. Die Fragen sind neutral zu formulieren, um jegliche Art der Beeinflussung – beispielsweise durch Suggestivfragen – zu vermeiden. Es werden bei den Antwortformaten geschlossene Fragen gewählt und entsprechende Vorgaben zur Auswahl gestellt.[210] Mehrfachnennungen sind dabei ausgeschlossen, um die Meinungen der Befragten so präzise wie möglich zu erhalten. Die direkten Fragen fordern den Teilnehmer zu einer persönlichen Stellungnahme auf.[211] Außerdem muss beim Aufbau des Fragebogens eine Optimierung der Rücklaufquote in Betracht gezogen werden, wobei es laut ATTESLANDER und KOPP keine festgeschriebene Quote gibt, die über eine gute oder schlechte Rücklaufquote entscheidet.[212]

Durch die Digitalisierung **nimmt die Bedeutung der webbasierten Befragung als Form der Erhebung zu.**[213] In der Markt-, Meinungs- und Sozialforschung hat sie seit Langem ihren festen Platz.[214] Deshalb entscheidet sich der Autor bei dieser **Untersuchung für diese Sonderform der schriftlichen Befragung.**

### 1.5.2.2 Erkenntnisgewinnung durch Expertengespräche

Als zweite Erhebungsmethode wird im Rahmen der qualitativen Forschung das **teilstandardisierte mündliche Leitfadengespräch** oder das sogenannte Experteninterview gewählt (siehe Abbildung 12). Expertengespräche können **grundsätzlich andere Forschungsmethoden wie die schriftliche Befragung ergänzen und bereichern.**[215] „Darunter versteht man, daß der Forscher eine kleine Anzahl wirklich gut informierter Fachleute auf dem Problemgebiet befragt, sei es schriftlich, sei es mündlich."[216] Wichtig ist zunächst, den Begriff „Experte" bzw. „Fachperson" zu definieren. BOGNER und MENZ beschäftigen sich mit dem Expertenbegriff und zeigen folgende unterschiedliche Ansätze auf:[217]

---

**208** Vgl. Kromrey (2009), S. 348. Somit muss auf eine eindeutige Formulierung geachtet werden.
**209** Oft werden dabei Fragestellungen zu allgemein oder hypothetisch formuliert. Vgl. auch Aeppli et al. (2011), S. 166 f.; zu Suggestivfragen vgl. Kromrey (2009), S. 351.
**210** Vgl. Kromrey (2009), S. 353.
**211** „Nach der Art der Frageformulierung unterscheidet man zwischen direkten und indirekten Fragen." (ebd., S. 356)
**212** Vgl. Atteslander, Kopp (1995), S. 170.
**213** Vgl. Kromrey (2009), S. 336.
**214** Vgl. Hauptmanns (1999), S. 21. Aufgrund der technischen Möglichkeiten sind Onlinebefragungen besser und einfacher zu gestalten als z. B. ein gedruckter Fragebogen.
**215** Vgl. Aeppli et al. (2011), S. 176.
**216** Beutelmeyer, Kaplitza (1995), S. 305.
**217** Vgl. Bogner, Menz (2002), S. 39 ff.

– voluntaristischer Ansatz: Hierbei wird jeder Mensch aufgrund seiner Allgemein-
bildung und Lebenserfahrung als Experte betrachtet.
– sozial-repräsentationaler Ansatz: Der Blick richtet sicher hier auf Funktionsträger
innerhalb der Gesellschaft und deren Zugang auf Information.
– wissenssoziologischer Ansatz: Bei diesem Ansatz steht nicht das personengebun-
dene Wissen im Mittelpunkt, sondern der Fokus wird auf den Einflussbereich der
Menschen in Institutionen, Gremien und Organisationen gelegt.

Wer letztendlich Experte ist, wird vom Forscher entschieden.[218]

MEUSER und NAGEL äußern sich in ihrem Leitaufsatz zum Experteninterview wie
folgt: „Im Unterschied zu anderen Formen des offenen Interviews bildet bei ExpertInneninterviews nicht die Gesamtperson den Gegenstand der Analyse, d. h. die Person
mit ihren Orientierungen und Einstellungen im Kontext des individuellen oder kollektiven Lebenszusammenhangs."[219] Vielmehr liegt das Erkenntnisinteresse auf den
Erfahrungen des Experten bzw. auf seinen Interpretationen im Hinblick auf das Forschungsthema im Mittelpunkt.[220]

Da beim Expertengespräch mit Sprache gearbeitet wird, ist die Beziehung zwischen dem Forscher und den Befragten nicht unwichtig. Man spricht hier von der
sozialen Situation,[221] die im Gegensatz zum anonymen Fragebogen Beachtung finden
sollte. Nach HELFFERICH basiert jedes Interview auf der Interaktion und Kooperation
zwischen den Befragten und dem Forscher. „Jedes Interview ist Kommunikation, und
zwar wechselseitige, und daher auch ein Prozess."[222] Subjektivität entsteht auf beiden
Seiten, die auch die Qualität der Daten beeinflussen kann. „Die ‚mündliche Befragung‘
ist ein Wortwechsel zwischen Personen, bei welchem die eine Person von einer anderen
möglichst viel [sic!] interessante oder relevante Informationen erhalten will."[223]

Anhand der folgenden Darstellung lässt sich der Prozessablauf der Expertengespräche in dieser Arbeit erklären (siehe Abbildung 13).

---

218 Vgl. Meuser, Nagel (1991), S. 443.
219 Ebd., S. 442.
220 Vgl. Borchardt, Göthlich (2007), S. 38. Das Forschungsinteresse muss dabei die Basis der Entscheidung sein, ob jemand als Experte infrage kommt oder nicht. Vgl. auch weiterführend Atteslander, Kopp (1995), S. 147.
221 Vgl. Aeppli et al. (2011), S. 176.
222 Helfferich (2004), S. 10.
223 Aeppli et al. (2011), S. 175. Ursprünglich kommt die mündliche Befragung aus den Sozialwis-
senschaften und wird dort nach wie vor am häufigsten angewandt. Vgl. auch Bell, Staines, Mitchell
(2001), S. 276 ff.

| Entscheidung über Forschungs- gegenstand | Festlegung der Zielgruppe | Festlegung der Interview- form | Kontakt- aufnahme | Übersendung vom Material zur Voransicht | Termin- vereinbarung |
|---|---|---|---|---|---|

**Vorbereitungsphase**                    **Planungsphase**

| Persönliches Interview mit den Experten | Transkription u. Rückbestätigung vom Experten | Paraphrasierung u. Strukturierung | Thematischer Vergleich | Konzeptuali- sierung | Verifizierung bzw. Falsifizierung der Hypothesen |
|---|---|---|---|---|---|

**Durchführungsphase**                    **Auswertungsphase**

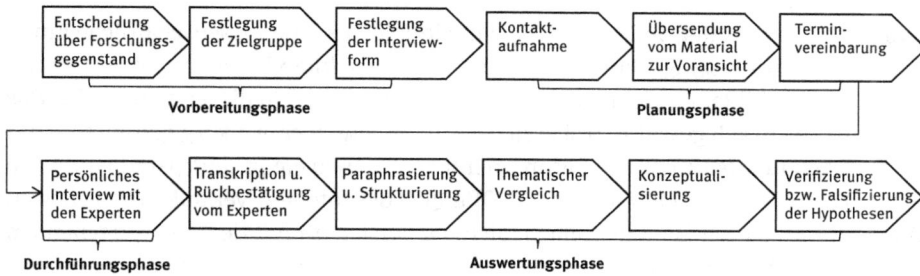

**Abbildung 13:** Prozessablauf der Expertengespräche (Quelle: Eigene Darstellung).

In der Vorbereitungsphase sind folgende Entscheidungsschritte zu durchlaufen:[224]
- *Entscheidung über den Forschungsgegenstand*
  Dieser sollte nicht allgemein, sondern möglichst präzise definiert sein, damit der Forscher zu Informationen gelangt, die den Forschungszielen bzw. Forschungs- fragen gerecht werden.
- *Entscheidung über die Zielgruppe und Anzahl der Befragten*
  Die Festlegung der Zielgruppe ist deswegen entscheidend, da diese bei allen wei- teren Entscheidungsschritten, z. B. bei der Interviewform, berücksichtigt werden muss.[225] Die Auswahl einer kleinen Gruppe von Personen soll dabei die Allge- meinheit repräsentativ vertreten.[226]
- *Entscheidung über Interviewform*
  Es gibt eine Vielzahl von Interviewvarianten.[227] Die Auswahl der geeigneten Inter- viewform richtet sich laut HELFFERICH nach:[228]
- Forschungsgegenstand
- Beurteilungskompetenz über die Wahrheit der Aussagen
- Rollenverteilung
- Möglichkeiten der Interviewsteuerung
- Umfang eigener Deutungen.

KRAIMER hält am effektivsten die halb- bzw. nicht standardisierte Variante der münd- lichen Befragung.[229] „Eine leitfadenorientierte Gesprächsführung wird beidem gerecht, dem thematisch begrenzten Interesse des Forschers an dem Experten, wie auch dem

---

**224** Vgl. Helfferich (2004), S. 148 f.
**225** Vgl. ebd., S. 34.
**226** Vgl. ebd., S. 153 f.
**227** Für eine Darstellung verschiedenster Interviewformen vgl. Helfferich (2004), S. 24 f. Bspw. nar- ratives Interview (Spontanerzählung), Problemzentriertes Interview (am Problem orientiert), Episodi- sches Interview (Situationen werden in Episoden erzählt) usw.
**228** Vgl. ebd., S. 26.
**229** Vgl. Kraimer (1995), S. 477.

Expertenstatus des Gegenübers."[230] Die Vorteile sind hier eine wissenschaftliche Atmosphäre, die beiderseitige Rollenverteilung zwischen Interviewer und Interviewtem sowie die Flexibilität hinsichtlich der Interviewsteuerung.[231] In dieser **Arbeit wird das Leitfadengespräch gewählt**, wobei sich das Interview an einem **vorgegebenen, aber auch durchaus flexiblen Leitfaden** orientiert.[232] „Auch wenn dies paradox klingen mag, es ist gerade der Leitfaden, der die Offenheit des Interviewverlaufs gewährleistet. Durch die Arbeit am Leitfaden macht sich die Forscherin mit den anzusprechenden Themen vertraut, und dies bildet die Voraussetzung für eine ‚lockere‘, unbürokratische Führung des Interviews."[233] Dazu ist ein teil-standardisierter Fragebogen erstellt worden.[234] Die einzelnen Fragen können nach (1) ihrem Rang, (2) Festlegung der Formulierung, (3) Verbindlichkeit und (4) dem Grad der Steuerungsmöglichkeit angeordnet sein.[235] Im Gegensatz zur schriftlichen Befragung sind alle Fragen als offen formuliert, um im Laufe des Gesprächs Detailaspekte weiter vertiefen zu können. Es ist nicht erforderlich, dass man sich bei der Durchführung an eine Reihenfolge hält.

Während der Planungsphase muss der Forscher berücksichtigen, beim Befragten Neugierde und das Interesse am Forschungsthema bei der ersten Kontaktaufnahme zu wecken.[236] Nur dann wird sich der Experte auch Zeit für einen persönlichen Termin nehmen. Demzufolge ist zu empfehlen, den erstellten Interviewleitfaden dem Befragten im Voraus zur Voransicht zu übersenden.[237] Ist ein persönliches Treffen mit einem Experten nicht möglich, wird die Form des telefonischen Expertengesprächs zugelassen.[238]

Laut DIEKMANN[239] sind drei Voraussetzungen für eine gelungene Durchführung eines Expertengesprächs notwendig:

- Die Kooperation des Befragten wird vorausgesetzt.
- Beide Parteien müssen davon ausgehen, dass alle Aussagen wahrheitsgetreu gemacht werden.
- Beide Parteien müssen auf einer Ebene miteinander kommunizieren, damit Aussagen des einen vom anderen auch richtig interpretiert werden können.

---

**230** Meuser, Nagel (1991), S. 448.

**231** Vgl. Helfferich (2004), S. 33.

**232** Vgl. ebd., S. 24.

**233** Meuser, Nagel (1991), S. 449.

**234** Vgl. Meffert, Burmann, Kirchgeorg (2008), S. 161. Bei einem teilstandardisierten Fragebogen wird das Gerüst aus offenen Fragen vorgegeben. Allerdings ermöglichen Zwischenfragen, weitere Details im Gesprächsverlauf herauszuarbeiten. Vgl. auch Helfferich (2004), S. 31 sowie vertiefend Atteslander, Kopp (1995), S. 152 ff. Im Gegensatz steht hierzu das unstrukturierte bzw. nicht standardisierte Interview.

**235** Vgl. Helfferich (2004), S. 160 f.; Atteslander, Kopp (1995), S. 158 f.

**236** „Der Forscher interessiert den Experten für seine Sache, und der Experte entfaltet seine Sicht der Dinge." (Meuser, Nagel, 1991, S. 450).

**237** Vgl. auch zum Interviewleitfaden Aeppli et al. (2011), S. 179 ff.

**238** Vgl. Kaya (2007), S. 51.

**239** Vgl. Diekmann (2010), S. 440 f. Vgl. ferner zu Expertengesprächen in Dienstleistungsunternehmen Ahlert, Evanschitzky (2003), S. 72 f.

Die Startphase des Interviews ist für das Gelingen sehr wichtig; sie hat Einfluss auf den gesamten Interviewablauf.[240] Der Interviewer hat Offenheit in seiner Haltung zu reflektieren und eigene Deutungen der Aussagen zu vermeiden.[241] Mit den Fragetechniken[242] muss er vertraut sein. Die Einordnung der Aussagen bzw. des Wahrheitsgehalts ist sensibel zu behandeln. Außerdem sind hier seine Fähigkeiten zur Selbstreflexion (persönliche Beziehung zum Befragten, Anpassung des Fragestils) und zur Zurückstellung eigener Deutungen sowie angemessenes Handeln (aktives Zuhören) gefragt.[243] Eine gewissenhafte Durchführung des Experteninterviews setzt die Fähigkeit des Forschers zum Zuhören voraus. Die Ausführungen des Befragten dürfen nicht unterbrochen oder gar gewertet (verbal oder nonverbal) werden.[244] Der Forscher kann sich zwischen einer elektronischen Aufzeichnung oder schriftlichen Notizen entscheiden.

Im Gegensatz zu den quantitativen Erhebungsmethoden findet laut KROMREY bei den qualitativen Forschungsmethoden keine Operationalisierung und Messung des Ergebnisses mittels Variablen statt.[245] MEUSER und NAGEL schlagen in ihrem Leitaufsatz zur Experteninterviews eine Auswertungsstrategie vor, die sich im Kern auf sechs Schritte unterteilt.[246]

- *Schritt 1: Transkription*
  Im ersten Schritt geht es um die schriftliche Fixierung des Gesprächsverlaufs. Empfehlenswert ist eine schriftliche Rückbestätigung des Inhalts des Transkripts[247] vom Experten.
- *Schritt 2: Paraphrasierung*
  Gesprächsinhalte sollten mit eigenen Worten wiedergegeben und notiert werden. Forschungsrelevante Aussagen sind hervorzuheben. Dies darf eine Mischung aus wörtlichen Zitaten und wiedergegebenen Aussagen sein. Die Länge des Textes richtet sich nicht nach der Zeit, die man der Frage und dem Thema gewidmet hat, sondern nach der Wichtigkeit der Aussagen für den Forschungsgegenstand.
- *Schritt 3: Thematische Überschriften bzw. Strukturierung*
  Den paraphrasierten Textpassagen sind Überschriften zuzuordnen und auf deren Basis einzelne Themenblöcke zusammenzustellen.
- *Schritt 4: Thematischer Vergleich*
  Anschließend lassen sich die Themenblöcke miteinander vergleichen und die Überschriften vereinheitlichen. Eventuell ergibt sich aus dem thematischen Vergleich die Notwendigkeit, die thematischen Überschriften aus Schritt 3 neu zu überarbeiten.

---

240 Vgl. Bortz, Döring (2006), S. 245.
241 Vgl. Helfferich (2004), S. 22.
242 Zur Vertiefung von wissenschaftlichen Fragetechniken vgl. ebd., S. 90 ff.
243 Vgl. ebd., S. 40; Opp (1995), S. 52 f.
244 Vgl. Bortz, Döring (2006), S. 245.
245 Kromrey (2009), S. 188.
246 Vgl. Meuser, Nagel (1991), S. 451 ff.
247 „Ein Transkript beschreibt in wörtlichen Formulierungen, was während eines Gesprächs oder einer mündlichen Befragung gesagt wurde." (Aeppli et al. (2011), S. 184)

– *Schritt 5: Konzeptualisierung*
Die Textpassagen werden nun von der Terminologie des Befragten abgelöst und in den wissenschaftlichen Kontext übertragen. Weitere Inhalte aus der Literatur reichern die Expertenerkenntnisse an.

– *Schritt 6: Theoretische Generalisierung/Verifizierung und Falsifizierung*
Nach dem Heranziehen zusätzlicher Theorien bringt man sodann die Aussagen der Experten in einen Zusammenhang. Nun kann man entscheiden, ob die Aussagen eventuell gar nicht zutreffend bzw. ob sie verifizierbar oder falsifizierbar sind. „Im ersten Fall stellt sich die Aufgabe, die mageren Konzepte anzureichern und aufzufüllen. Im zweiten Fall treten wir den Nachweis an, daß die von uns entdeckten Zusammenhänge eine Neuformulierung gängiger theoretischer Erklärungen notwendig machen. Im dritten Fall gelten die Konzepte als bestätigt und als für unseren Gegenstand zutreffend."[248]

Im Interviewprotokoll sind auch die persönlichen Daten, inklusive Tag, Ort und Dauer des Interviews aufzuführen.[249]

Als Zusammenfassung lassen sich die Vorgehensweisen im Rahmen der theoretischen wie empirischen Forschung dieser Arbeit anhand der folgenden Tabelle (siehe Tabelle 5) illustrieren.

**Tabelle 5:** Vorgehensweise der Fallstudien und Hypothesenableitung (Quelle: Eigene Darstellung).

| | Theoretische Forschung | | Empirische Forschung | | | |
|---|---|---|---|---|---|---|
| | **Explorativ** | **Kausal** | **Quantitativ** | **Qualitativ** | | |
| Vergleichs- branche I | FST 1 FST 2 | HYP 1 HYP 2 | Befragung der Hotel- lerie sowie Kunden der Hotellerie | EXP 1 EXP 2 | Kernergebnis I | Beitrag zur Innovations- forschung touristischer Dienstleist- ungen |
| Vergleichs- branche II | FST 1 FST 2 | HYP 3 HYP 4 HYP 5 HYP 6 HYP 7 HYP 8 | | EXP 3 EXP 4 EXP 5 EXP 1 EXP 2 EXP 3 EXP 4 EXP 5 | Kernergebnis II Kernergebnis III | |

Anmerkungen: FST = Fallstudie / HYP = Hypothese / EXP = Expertengespräch

---

248 Meuser, Nagel (1991), S. 465.
249 Vgl. Helfferich (2004), S. 168.

## 1.6 Fazit

Der deutsche Hotelmarkt ist einer der attraktivsten Märkte in Europa und die Hotellerie ein wichtiger Faktor innerhalb der deutschen Wirtschaft (siehe Abschnitt 1.1). Allerdings wurde nachhaltiges Wachstum in den letzten Jahrzehnten meistens durch Diversifikation, Konsolidierung, Kostensenkung und Imitation erzielt. Die Parameter des Marktumfeldes, in denen sich die Hotellerie in Deutschland befindet, ließen ein Wachstum in Bezug auf die Auslastung, die Zimmerpreise und die Erträge nicht zu. Unter Berücksichtigung des Inflationsindex sind die Preise sogar gesunken und liegen weit unter dem europäischen Durchschnitt. Um nachhaltiges, ertragsstarkes Wachstum wie langfristige Renditen zu erzielen, bedarf es Innovationen, die durch ein strategisches Innovationsmanagement aufgebaut werden sollten. Besonders im Geschäftsfeld Vertrieb und Marketing sieht der Verfasser Innovationspotenziale und Wachstumschancen. Hierbei sind im Vertrieb eine Preis- und Margenerhöhung sowie eine Rückgewinnung von Marktanteilen festzuhalten. Hinzu kommt eine effiziente und innovative Verkaufsorganisation mit einer Stärkung des Direktvertriebs in der Zukunft, die im Verbund zu einer Optimierung der Realisierungsrate von Geschäftsabschlüssen führt. Im Marketing hat die eigene Marke im Vordergrund zu stehen und damit eine einhergehende Differenzierung vom Wettbewerb mit einer intensiven Kundenbindung. Zusätzlich sind nicht nur die Potenziale neuer Informations-, Kommunikations- und Buchungskanäle auszuschöpfen, sondern auch die eigenen Kanäle zu stärken. Innovationen haben in der Wirtschaftsgeschichte stets für nachhaltiges Wachstum gesorgt – auch im Tourismus. Die eigenständige Erforschung von Dienstleistungsinnovationen begann erst in der Neuzeit. Eine umfangreiche Literaturrecherche macht deutlich, dass Forschungsarbeiten zu Innovation und Wachstum in der touristischen Dienstleistung und besonders in der Hotellerie noch sehr rar sind.

Innovationsmanagement in der Hotellerie im Geschäftsfeld Vertrieb und Marketing ist gänzlich unerforscht (siehe Abschnitt 1.2.2). Der Schwerpunkt dieser Arbeit liegt auf der Ketten- und Konzernhotellerie im gehobenen Segment in Deutschland. Im Fortgang der Untersuchung geht der Autor einen neuen Weg und nutzt Handlungsmuster aus anderen innovativen Branchen. Dafür werden Hypothesen anhand Vertriebs- und Marketingfallstudien aus Vergleichsbranchen analysiert und durch eine quantitative und qualitative Befragung verifiziert bzw. falsifiziert (siehe Abschnitt 1.5). Handlungsempfehlungen für das Innovationsmanagement in der Hotellerie, insbesondere für das Geschäftsfeld Vertrieb und Marketing, werden abgeleitet und als Ergebnisse dieser Forschungsarbeit zur Lösung der Herausforderungen hinsichtlich der Wachstumsziele vorgestellt.

# 2 Dienstleistungsinnovationen und Innovationsmanagement von Dienstleistungen

## 2.1 Dienstleistungsinnovationen

### 2.1.1 Von der Innovation zur Dienstleistungsinnovation

Nachdem bereits der Begriff „Innovation" definiert und diverse Arten von Innovationen aufgezeigt wurden (siehe Abschnitt 1.2.1), werden in diesem Kapitel die Besonderheiten von Dienstleistungsinnovationen untersucht.

Grundsätzlich ist der Dienstleistungssektor im Gegensatz zur Sachgüterindustrie auf eine andere Art innovativ. Die Definition von Dienstleistungsinnovationen ist schwierig, da die klassischen Indikatoren der Sachgüterinnovation im Dienstleistungsbereich nicht greifen.[1] Bei der Produktentwicklung sind die Anzahl der Patente sowie die Höhe der Ausgaben für Forschung und Entwicklung eine wichtige Maßeinheit für die Innovationskraft eines Unternehmens.

Die Spannbreite von Dienstleistungen ist sehr groß, was eine einheitliche Definition und Festlegung der Dienstleistungsinnovationen erschwert (siehe Abschnitt 1.2.1). In der wissenschaftlichen Literatur findet man zum Thema „Dienstleistungsinnovation" zwei Kernbegriffe:[2]

- *Immaterialität der Dienstleistung*
  Dienstleistungen sind i. d. R. mit einem Sachleistungsanteil verbunden.[3] „Dies heißt jedoch nicht, dass Dienstleistungen immer ohne Sachleistungsanteile darstellbar wären."[4]
- *Integration des externen Faktors*
  Die Bedeutung des externen Faktors nimmt eine wichtige Rolle im Dienstleistungserstellungsprozess ein, denn nicht nur die Leistung des Dienstleistungsanbieters ist für den Erfolg der Leistung wichtig, sondern auch die Kooperationsbereitschaft des Nachfragers.[5] „In dem auf Veränderungen an bestehenden Objekten oder Menschen abzielenden Prozess der Dienstleistungserstellung ist die Integration (Einbringung) eines externen Faktors, d. h. die Einbeziehung des Dienstleistungskonsumenten oder eines ihm gehörenden Objektes, zwingend

---

1 Vgl. Hermann (2009), S. 307. Vgl. auch für Sachgüterinnovation und dem Innovationsmanagement industrieller Unternehmen Matz (2007), S. 1–5.
2 Vgl. Stauss, Bruhn (2004), S. 9; Haller (2002), S. 5; Corsten, Gössinger (2007), S. 27 f.
3 Bspw. Autoreparatur unter Verwendung von Neuteilen. Vgl. Bruhn (2004), S. 17.
4 Ebd.
5 Vgl. Scharitzer (1994), S. 35 f. „Die Integration des externen Faktors bedingt, dass eine Dienstleistung nur dann vollzogen werden kann, wenn entweder der Nachfrager oder ein ihm gehörendes Objekt am Erstellungsprozess beteiligt ist." (Völker, Thome, Schaaf, 2012, S. 154)

DOI 10.1515/9783110451436-002

notwendig."[6] Im gleichen Zusammenhang ist auch das Ergebnis einer Dienstleistungserstellung von diesem externen Faktor abhängig.[7]

Aus der **Immaterialität der Dienstleistung** entspringen zwei Merkmale: die Nichtlagerfähigkeit und die Nichttransportfähigkeit.[8] Ungenutzte Plätze eines Theaters können z. B. nicht gelagert und für nachfragestarke Termine hinzugenommen werden. Die Nichttransportfähigkeit macht sich dadurch bemerkbar, dass z. B. eine medizinische Untersuchung mit dem Patienten an einem bestimmten Ort durchgeführt werden muss und nicht woanders erstellt und dann transferiert werden kann.[9] MEFFERT und BRUHN weisen darauf hin, dass bestimmte Sachgüter zu immaterialisieren sind, um eine entsprechende Wirkung zu erzielen.[10] Ein Beispiel ist das Thema Sicherheit im Automobilbau. Umgekehrt müssen immaterielle Leistungen materialisiert werden, um beim Kunden Aufmerksamkeit zu wecken und Glaubwürdigkeit zu erlangen; z. B. das eingeschweißte Essbesteck in Flugzeugen, das auf Hygiene hinweisen soll.[11] Das Immaterielle einer Dienstleistung kann man nicht komplett von einem Sachgut trennen.[12] „Somit muss jeder Versuch einer Trennung von ‚materiellen Sachleistungen' auf der einen und ‚immateriellen Dienstleistungen' auf der anderen Seite zwangsläufig scheitern, da er nicht zu einem trennscharfen Ergebnis führt."[13]

Zur Immaterialität sowie zur **Integration des externen Faktors** kommt noch die Simultanität von Leistungserstellung und -verwertung, dem sogenannten Uno-actu-Prinzip, hinzu.[14] „Aus dem ‚Uno-actu'-Prinzip resultieren noch weitere Besonderheiten. Im Dienstleistungsbereich existiert zu keiner Zeit ein Transferobjekt (Produkt), welches vom Anbieter zum Nachfrager wechselt. Zusätzlich ist auch kein Eigentumstransfer mit dem Erwerb einer Leistung verbunden."[15]

MICHALSKI spricht auch von der Notwendigkeit wissensintensiver Dienstleistungen.[16] In der Regel handelt es sich um Dienstleistungen, die nur schwer zu imitieren sind, da

---

6 Meffert, Bruhn (2003), S. 62.

7 Die Herausforderung, die sich Anbietern von Dienstleistungen stellt, ist, dass der externe Faktor nicht frei am Markt disponierbar und nicht vollständig in der Verfügungsgewalt des Anbieters ist. Vgl. Meffert, Bruhn (2003), S. 62.

8 Vgl. ebd., S. 64 ff. Vgl. hierzu auch Meffert, Burmann, Kirchgeorg (2008), S. 29 ff. sowie Meffert (2000), S. 1160 f.

9 Vgl. Meffert, Bruhn (2003), S. 65.

10 „Dienstleistungsinnovationen stellen somit einen Wachstumstreiber für Unternehmen der Investitionsgüterindustrie dar." (Weissenberger-Eibl, Koch, 2007, S. 152)

11 Vgl. Meffert, Bruhn (2003), S. 65.

12 Vgl. Engelhardt, Schnittka (2001), S. 921; Corsten, Gössinger (2007), S. 29.

13 Kleinaltenkamp (2001), S. 33.

14 Vgl. Bruhn (1999), S. 23 f.; Walder (2005), S. 14; Pikkemaat, Weiermair (2004), S. 362; Corsten, Gössinger (2007), S. 328.

15 Haller (2002), S. 7.

16 Vgl. Michalski (2004), S. 446.

sie sehr humankapitalintensiv sind. „Anders ausgedrückt handelt es sich um Dienstleistungen, die gekennzeichnet sind durch einen hohen immateriellen Wertschöpfungsanteil."[17] Gefragt ist nicht mehr die klassische Lieferung von Ersatzteilen und Gewährung von Garantien, sondern Dienstleistungen, die darüber hinaus pro-aktive Kosten-Nutzen-Vorteile aufzeigen. Solche Mehrwerte können dann wiederum durch gezieltes Marketing neue Kunden bzw. Aufträge generieren.[18]

Die folgende Tabelle fasst die Implikationen für Vertrieb und Marketing zusammen, die aus den Besonderheiten von Dienstleistungen hervorgehen und in Betracht gezogen werden sollten (siehe Tabelle 6).

**Tabelle 6:** Besonderheiten von Dienstleistungen und Implikationen für Marketing und Vertrieb (Quelle: Eigene Darstellung in Anlehnung an Meffert, Bruhn (2003), S. 60 und S. 551).

| Besonderheiten von Dienstleistungen | Implikationen für das Dienstleistungsmarketing | Implikationen für die Dienstleistungsdistribution |
|---|---|---|
| Integration des externen Faktors | – Transport und Unterbringung des externen Faktors<br>– Standardisierungsprobleme bei bestimmten Dienstleistungen<br>– Marketingorientierung im Erstellungsprozess<br>– Reduzierung asymmetrischer Informationsverteilung<br>– Ausschluss unerwünschter Kunden | – Vorherrschen der direkten Distribution<br>– Bedeutung des Standorts |
| Immaterialität des Leistungsergebnisses | – Materialisierung von Dienstleistungen<br>– Koordination von Kapazität und Nachfrage<br>– Flexible Anpassung der Kapazität<br>– Kurzfristige Nachfragesteuerung<br>– Breite Distribution bei Dienstleistungen des periodischen Bedarfs<br>– Selektive Distribution bei Dienstleistungen des aperiodischen Bedarfs | – Bedeutung des Franchising<br>– Absatzmittler als „Co-Producer"<br>– Möglichkeit der Online-Distribution<br>– Lagerung materieller Leistungselemente<br>– Transport materieller Leistungselemente |

---

**17** Ebd. Beispiele für wissensintensive Dienstleistungen sind sämtliche Beratungsleistungen (inkl. Full-Service-Verträge), E-Services, Finanzierung, Schulungen usw.
**18** Vgl. Lovelock (1992), S. 285 ff.

### 2.1.2 Dimensionen von Dienstleistungsinnovationen

Klassischerweise werden in der Literatur drei Dimensionen von Dienstleistungsinnovationen unterschieden.[19] Grundsätzlich geht es bei den Dimensionen um die Frage der Neuheit: Für wen ist die Innovation neu? Wie neu ist sie? Auf welchem Gebiet besteht die Neuheit?[20] Demzufolge werden die Dimensionen in eine Subjekt-, Intensitäts- und Objektdimension aufgeteilt, die in der folgenden Abbildung dargestellt sowie im weiteren Verlauf beschrieben werden (siehe Abbildung 14).

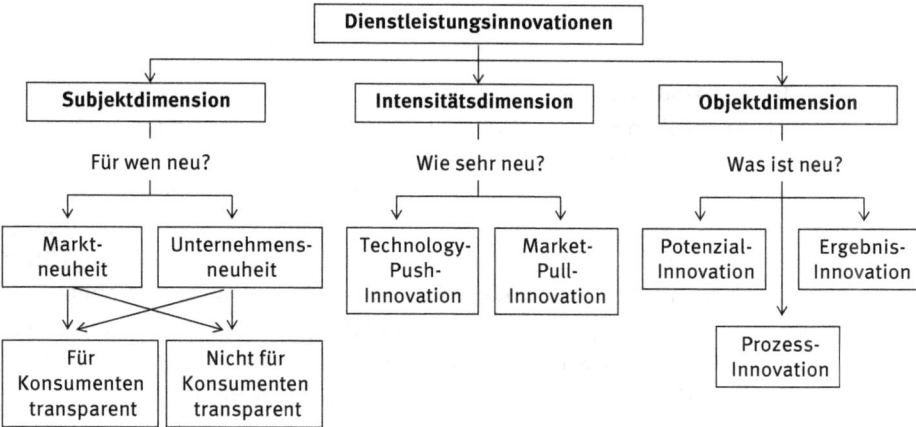

**Abbildung 14:** Dimensionen von Dienstleistungsinnovationen (Quelle: Benkenstein, Steiner (2004), S. 31).

### 2.1.2.1 Die Subjektdimension

Die subjektive Einschätzung des Verbrauchers bedingt die Bewertung einer Innovation.[21] Für wen die Innovation neu ist, hängt also von der individuellen, subjektiven Wahrnehmung jedes einzelnen Beteiligten ab.[22] „Innovativ wird das, was als innovativ

---

**19** Vgl. Benkenstein, Steiner (2004), S. 29–43; Hauschildt (2004), S. 7. Hauschildt fügt noch eine vierte Dimension hinzu, die normative Dimension, die die Frage aufwirft: Ist neu gleich erfolgreich? Vgl. Meffert (1995), 28 f.; Meffert, Bruhn (2003), S. 39 ff. Dienstleistungen werden hier in drei Typologien eingeteilt. In eine eindimensionale (nach Unterscheidungsmerkmalen), eine zweidimensionale (zwei Untersuchungsmerkale stehen in einer Beziehung) sowie eine mehrdimensionale (mindestens drei Merkmale werden zur Definition von Dienstleistungen herangezogen). Vgl. auch Kleinaltenkamp, (2001), S. 33–38; Stauss, Bruhn (2004), S. 6 f.
**20** Vgl. Meffert (2000), S. 375; Stauss, Bruhn (2004), S. 6 f.; Pikkemaat, Weiermair (2004), S. 364 f.
**21** Vgl. Meffert, Bruhn (2003), S. 383. „Die Subjektdimension unterscheidet dementsprechend zunächst nach der Art des Personenkreises, dessen Wahrnehmungen betrachtet werden, in Hersteller- und Konsumenteninnovationen." (ebd.)
**22** Vgl. Hinterholzer, Jooss, Egger (2011), S. 28; Stauss, Bruhn (2004), S. 6 f.

dargestellt und angeboten werden kann. Nicht der technische Wandel ist maßgeblich, sondern der Wandel des Bewusstseins. Daher kommt der Frage eine hohe Bedeutung zu, welches Subjekt[23] für die Einschätzung dieses innovativen Zustandes maßgeblich ist."[24] Beantwortet wird, wer den subjektiven Vergleich über eine Dienstleistungsinnovation anstellt oder für wen die Innovation tatsächlich neu ist.[25] Hier wird außerdem unterschieden, ob die Innovation für den Kunden transparent oder nicht transparent ist. Nur transparente Marktneuheiten lösen beim Kunden ein Innovationserlebnis aus.[26] „Die Subjektdimension unterscheidet dementsprechend zunächst nach der Art des Personenkreises, dessen Wahrnehmung betrachtet werden [sic!], in Hersteller- und Konsumentenneuheiten."[27]

### 2.1.2.2 Die Intensitätsdimension

Es geht hier hauptsächlich um den Grad einer Innovation, der variieren kann.[28] Bei der Intensitätsdimension wird i. d. R. zwischen inkrementeller und radikaler Innovation unterschieden.[29] Die Intensitätsdimension muss zusammen mit der Subjektdimension verglichen werden, da hier die Frage aufkommt, wer den Innovationsgrad bewertet und ob diese Bewertung wiederum eine subjektive Einschätzung ist.[30] „Im Hinblick auf das Innovationsmanagement in Dienstleistungsunternehmungen ist somit insbesondere das psychologische Neuerungserlebnis der Kunden relevant."[31] In dieser Dimension wird grundsätzlich nach Technology-Push- und Market-Pull-Innovationen unterschieden.[32] Bei Technology-Push-Innovationen geht die Entstehung einer Innovation mit der Entwicklung einer neuen Technologie einher. Market-Pull-Innovation werden aus den Wünschen und Bedürfnissen des Kunden abgeleitet (siehe weiterführend Abschnitt 1.2.1).[33] Beide Treiber sollten als Einheit gesehen werden. HAUSCHILDT spricht hier von einer Zweck-Mittel-Kombination.[34]

---

**23** Ein Subjekt in diesem Zusammenhang können Experten, Führungskräfte, eine Branche, eine Nation oder die Menschheit als Ganzes sein. Vgl. Hauschildt (2004), S. 22 ff.
**24** Hauschildt weist ausserdem darauf hin „[...] Innovation ist danach das, was für innovativ gehalten wird [...] (ebd., S. 22).
**25** Vgl. Benkenstein (2001), S. 693.
**26** Vgl. Benkenstein, Steiner (2004), S. 32.
**27** Meffert (2000), S. 375.
**28** Vgl. Hinterholzer, Jooss, Egger (2001), S. 29; Benkenstein (2001), S. 695 f. „Die Intensitätsdimension von Innovationen kennzeichnet den Grad der Neuartigkeit oder auch den Innovationsgehalt." (Benkenstein, 2001, S. 695)
**29** Vgl. Hinterholzer, Jooss, Egger (2011), S. 29.
**30** Vgl. Benkenstein (2001), S. 695; Stauss, Bruhn (2004), S. 6.
**31** Benkenstein (2001), S. 696.
**32** Vgl. Hinterholzer, Jooss, Egger (2011), S. 28.
**33** Vgl. Pikkemaat, Weiermair (2004), S. 366; Meffert (2000), S. 375.
**34** Vgl. Hauschildt (2004), S. 11.

„Erfolgreiche Innovationen beruhen auf der Zusammenführung von demand pull und technology push."[35]

#### 2.1.2.3 Die Objektdimension

In der Objektdimension lautet die entscheidende Frage, was neu ist.[36] Im Sachgüterbereich wird hier klassischerweise in Produkt- und Prozessinnovation unterschieden (siehe Abschnitt 1.2.1).[37] Im Dienstleistungsbereich gestaltet sich diese Aufteilung schwierig. Dem Kunden ist es nicht möglich, zwischen der Produktinnovation und der Prozessinnovation zu unterscheiden, da die Erstellung einer Dienstleistung unmittelbar mit deren Vermarktung verbunden ist.[38] Wegen der Einbeziehung des externen Faktors bei der Dienstleistungsinnovation erfolgt hier eine Einteilung in Potenzial-, Prozess- und Ergebnisinnovation.[39] Die Herausforderung für die Anbieter von Dienstleistungen besteht darin, dass sämtliche Stufen der Objektdimension vom Dienstleistungsnachfrager wahrgenommen und beurteilt werden.[40]

Die **potenzialorientierte** Dimension zielt hauptsächlich auf ein Leistungsversprechen[41] und nicht auf ein Produkt ab, das bereits auf Vorrat produziert wurde.[42] „Das Potenzial bezieht sich auf die Ressourcen der Leistungserbringung, die Mitarbeiter und beinhaltet alle Aspekte materieller oder immaterieller Potenziale, die zur Realisierung des Dienstleistungsergebnisses nötig sind."[43] Es wird davon ausgegangen, dass lediglich die Vermarktung einer Fähigkeit anstelle eines fertigen Produktes stattfindet.[44] Die Tatsache, dass kein tatsächliches Produkt, sondern nur das immaterielle Leistungsversprechen erworben wird, erhöht für den Kunden das Kaufrisiko.[45] „Ungeklärt bleibt allerdings, ob jegliches Leistungsversprechen, welches zu einer Leistung führen kann, als Dienstleistung einzustufen ist oder ob die versprochene Leistung gewisse Kriterien erfüllen muss."[46] Neben der Immaterialität sowie

---

**35** Hauschildt (2004), S. 11. „Entweder werden die Zwecke neu gesetzt oder neue Mittel zur Erfüllung der Zwecke angeboten." (ebd.)

**36** Vgl. Hinterholzer, Jooss, Egger (2011), S. 30; Stauss, Bruhn (2004), S. 6.

**37** Vgl. Hauschildt (2004), S. 11 f. „Aber auch diese Sichtweise wird zunehmend fragwürdig. Bei Dienstleistungsinnovationen fallen Produkt- und Prozessinnovation zusammen." (ebd., S. 12)

**38** Vgl. Benkenstein, Steiner (2004), S. 33; Benkenstein (2001), S. 690 f.

**39** Vgl. Meffert, Bruhn (2003), S. 27 ff. Vgl. auch zum Dienstleistungsbegriff Bruhn (2004), S. 19. Vgl. ferner Kleinaltenkamp (2001), S. 27–50.

**40** Vgl. Benkenstein (2001), S. 692; Haller (2002), S. 8 f.

**41** „Potentialorientierte Definitionen interpretieren Dienstleistungen als Leistungsversprechen des Anbieters gegenüber dem Dienstleistungsnachfrager." (Bullinger, Schreiner, 2003, S. 54) Vgl. ferner Kleinaltenkamp (2001), S. 35.

**42** Vgl. Schaller, Rackensperger, Reichwald (2004), S. 51. Vgl. ferner Ahlert, Evanschitzky (2003), S. 24.

**43** Weissenberger-Eibl, Koch (2007), S. 155.

**44** Vgl. ebd., S. 155.

**45** Vgl. Bullinger, Schreiner (2003), S. 54.

**46** Ahlert, Evanschitzky (2003), S. 23–24.

der Integration des externen Faktors ist noch zu berücksichtigen, dass es für eine Dienstleistung spezifischer Leistungsfähigkeiten „Know-how" bedarf.[47] Diese gilt es, über die Kommunikationspolitik glaubwürdig zu dokumentieren.

Bei der **prozessorientierten** Dimension wird überwiegend die Leistungserstellung unter Einbezug des externen Faktors in den Fokus gestellt.[48] „Im Mittelpunkt steht dabei die Frage, wo ein Neuerungsprozess beginnt, wo er endet und welche unterschiedlichen Maßnahmen innerhalb dieses Prozesses ergriffen werden müssen."[49] „Dienstleistungen im weitesten Sinne sind der Bedarfsdeckung Dritter dienende Prozesse mit materiellen und/oder immateriellen Wirkungen, deren Vollzug und deren Inanspruchnahme einen synchronen Kontakt zwischen Leistungsgeber und Leistungsnehmer beziehungsweise deren Objekten von der Bedarfsdeckung her erfordert."[50] Als externer Faktor werden normalerweise die Nachfrager selbst bzw. Produktionsfaktoren bezeichnet, die der Leistungsbezieher zur Dienstleistungserstellung zur Verfügung stellt.[51]

Die **ergebnisorientierte** Dimension richtet sich nach dem Ergebnis des Leistungserstellungsprozesses.[52] Dabei hat das Ergebnis Vorrang vor dem Prozess.[53] „Ziel von Dienstleistungen ist es, einen Nutzen beim Abnehmer zu erzielen. Dieser Nutzen, der sich als Ergebnis des Dienstleistungsprozesses ergibt, steht bei der ergebnisorientierten Definition im Mittelpunkt der Betrachtung."[54] Hier wird noch einmal auf die Objekt-,[55] die Subjekt-[56] und die Intensitätsdimension[57] zurückgegriffen.[58] „Erst aus den spezifischen Fähigkeiten und der Bereitschaft des Dienstleistungsanbieters zur Erbringung einer Dienstleistung (Potenzialorientierung) und der Einbringung des externen Faktors durch den Dienstleistungsnachfrager als prozessauslösendes und-begleitendes Element (Prozessorientierung) resultiert ein Dienstleistungsergebnis (Ergebnisorientierung)."[59] Die Objektdimension beschreibt somit den Kern des Unterschieds zwischen Sachgüterinnovation und Dienstleistungsinnovation, da bei der Dienstleistungsinnovation nicht nur das Ergebnis vom Nachfrager geprüft

---

**47** Vgl. Meffert, Burmann, Kirchgeorg (2008), S. 30.
**48** Vgl. Schaller, Rackensperger, Reichwald (2004), S. 51.
**49** Benkenstein (2001), S. 696.
**50** Weissenberger-Eibl, Koch (2007), S. 155.
**51** Vgl. Kleinaltenkamp (2001), S. 36.
**52** Vgl. Schaller, Rackensperger, Reichwald (2004), S. 51.
**53** Vgl. Weissenberger-Eibl, Koch (2007), S. 154 f. „Denn nur dieses Ergebnis ist am Markt vertretbar." (ebd., S. 154)
**54** Ahlert, Evanschitzky (2003), S. 24 f.
**55** Beschäftigung mit der Frage, was im Spezifischen neu ist?
**56** Beschäftigung mit der Frage, für wen neue Erkenntnisse generiert wurden?
**57** Beschäftigung mit der Frage, wie sehr diese Erkenntnisse neu sind?
**58** Vgl. Reichwald, Schaller (2003), S. 176 f.
**59** Meffert, Bruhn (2003), S. 28.

wird, sondern der Dienstleistungsnachfrager auch Potenzial- und Prozesselemente wahrnimmt.[60]

## 2.2 Innovationsmanagement von Dienstleistungen

Einen Leitfaden bzw. ein Gesamtgerüst für die Gestaltung von Innovationen bildet das Innovationsmanagement.[61] Die Notwendigkeit eines zielgerichteten Innovationsmanagements fasst MEFFERT in vier Punkten zusammen:[62]
– Dynamische Technologieentwicklung
– Erhöhung der Wettbewerbsintensität
– Verschmelzung traditionell abgegrenzter Märkte
– Verkürzung der Produktlebenszyklen

Innovationsmanagement ist kein sofort wirkender Problemlöser und muss im Unternehmen pro-aktiv verankert sein. Die reine Reaktion auf Marktveränderungen und Kundenbedürfnisse führt nicht zum Innovationserfolg. „Ein Bedarf an NeuerungsManagement im Sinne eines übergreifenden Prinzips zur Wahrnehmung und Lösung von Anpassungsproblemen wird erst wachgerufen, wenn die Entwicklung durch übergroße Problemkomplexität und/oder Zeitdruck charakterisiert ist."[63] In diesem Zusammenhang verweist MEFFERT[64] in verschiedenen Quellen auch auf das zunehmende Scheitern von Innovationsbemühungen: „Als zentrales Problem stellt sich in diesem Zusammenhang jedoch die hohe Mißerfolgsrate von Innovationen dar. Als wesentliches Innovationshemmnis erweist sich häufig die unzureichende Innovationsorientierung von Management und Mitarbeitern."[65]

„Innovationsfähigkeit steht damit als gleichrangiges Organisationsziel neben Wirtschaftlichkeit, Qualitätssicherung, Termintreue, Zuverlässigkeit, Sicherung der Gleichbehandlung oder welchen Zielen auch immer eine Unternehmensorganisation gewidmet ist."[66] Demzufolge wird das **Innovationsmanagement** unter den drei

---

60 Vgl. Benkenstein (2001), S. 699.
61 Vgl. Völker, Thome, Schaaf (2012), S. 22 ff. Dabei grenzt Hauschildt das Innovationsmanagement klar von F&E-Management und von Technologiemanagement ab. Innovationsmanagement unterscheidet sich von Forschung und Entwicklung durch die Übersetzung von technischen Prozessen in administrative Teilabschnitte. Innovationsmanagement setzt sich darüber hinaus mit dem Austausch bestehender Technologien auseinander, wobei Technologiemanagement sich mehr mit dem Ausbau vorhandener Technologien auseinandersetzt. Vgl. Hauschildt (2004), S. 30 ff.
62 Vgl. Meffert (1995), S. 31.
63 Bierfelder (1989), S. 106.
64 Vgl. Meffert (1995), S. 31 f. „Ferner weist auch die hohe ‚Versagerquote' auf die Wichtigkeit eines systematischen Innovationsmanagements hin." (ebd., S. 31)
65 Meffert (2000), S. 374.
66 Hauschildt (2004), S. 109.

**Perspektiven Innovationskultur, Innovationsstrategie und Umsetzung** dargestellt und analysiert.

### 2.2.1 Innovationskultur, Visionen und Werte

Das erste Kriterium für Innovationserfolg ist die Schaffung von kulturellen Voraussetzungen in der Unternehmensorganisation.[67] Mit Konzepten aus Routinetätigkeiten, die auch Mitbewerber einsetzen, lässt sich kaum ein Vorsprung erzielen.[68] Erfolg haben Unternehmen, die schneller lernen als andere und ihre Innovationen in allen Bereichen rascher verwirklichen.[69] Kreativität und Innovation kann man nicht verordnen;[70] beide sollten das Ergebnis eines **innerbetrieblichen Innovationsprozesses** sein.[71] Innovationsprozesse brauchen einen separaten Platz im Unternehmen und sind nicht mit den täglichen Abläufen zu vermischen.[72] „Routineprozesse stehen unter dem Postulat der Leistungs- und Kosteneffizienz."[73] Innovationsprozesse halten Routineprozesse auf und werden deshalb oft blockiert. „Umgekehrt würden reibungslos laufende Routineorganisationen Innovationen regelmäßig verhindern."[74] Im Hinblick auf die Innovationskultur eines Unternehmens ist der Maßstab nicht die Quantität der Innovationsprojekte, sondern die Qualität der ausgewählten Strategien und das Differenzierungspotenzial gegenüber dem Mitbewerb.[75]

Eine positive Innovationskultur toleriert Fehlversuche sowie Reibungen zwischen den einzelnen Abteilungen und Entscheidungsträgern, zu denen es im Rahmen des

---

**67** Vgl. Bleicher (2004), S. 650 ff. Bleicher zeigt eine Vielzahl von Ansatzpunkten für die Förderung innovationsfreundlicher Unternehmenskulturen auf.

**68** Bei Strauss Innovation GmbH & Co. KG bildet ein sogenannter Innovations Club das Herzstück der Unternehmensgruppe. Er plant mit seinen nur lose mit ihm verbundenen Mitgliedern die Produktion und das Styling der Ware, die dann mit den Lieferanten abgesprochen werden. Acht Einkaufsteams mit je drei bis vier Mitarbeitern haben die Federführung. Sie bilden den Kern der 130 Mitarbeiter starken Verwaltung. Vgl. Weishaupt (1998), S. 19.

**69** Die Zusammenarbeit von sogenannten Innovationsteams wird in internationalen Unternehmen zunehmend wichtiger. Vgl. Schneider (2005), S. 12.

**70** Vgl. Schlicksupp (1999), S. 30 ff.

**71** Unternehmen müssen ihre Prozesse grundlegend verändern, um eine langfristige Innovationskultur aufzubauen. Vgl. Welp (2005), S. 116.

**72** Vgl. Schlicksupp (1999), S. 40.; die Abwägung zwischen Routinetätigkeiten und Innovationsbestrebungen muss von der Unternehmensführung koordiniert werden. Vgl. Tushman, Smith, Binns (2011), S. 35; bspw. haben Mitarbeiter von Google die Vorgabe 20 % ihrer Arbeitszeit mit Projekten außerhalb ihrer Routinetätigkeiten zu verbringen, vgl. Schwandner (2014), S. 5.

**73** Bösch (2008), S. 93.

**74** Ebd.

**75** „Genaugenommen geht es nicht darum, jede sich bietende Innovationschance auch tatsächlich wahrzunehmen, es geht vielmehr darum, sie auf Zielkonformität und Machbarkeit im Rahmen der eigenen Kapazität zu prüfen." (Hauschildt, 2004, S. 101)

Innovationsprozesses kommen könnte.[76] „Innovationsbewusste Unternehmen sind konfliktbewusst. Sie wissen, dass aus Konflikten Kreativität entsteht."[77] Ein kreatives sowie ein **lernorientiertes Arbeitsklima** sind unabdingbar, um etwas Neues zu gestalten.[78]

Des Weiteren ist ein **ständiger Ideenaustausch** mit anderen innovativen Unternehmen, auch außerhalb der eigenen Branche, vonnöten. „Die innovationsbewusste Unternehmung schirmt sich nicht von der Öffentlichkeit ab, sondern ist für diese permanent zugänglich."[79] Schließlich sollte der ständige Dialog mit Branchenkennern und Meinungsführern gepflegt werden.

Mitarbeiter in einem Unternehmen mit einer gesunden Innovationskultur teilen die gleichen Ziele und Verhaltensweisen – die Fülle an Innovationen ist somit überproportional höher. Oft scheitern neue Dienstleistungen, wenn die Mitarbeiter nicht involviert und trainiert sind.[80] Während SCHUMPETER[81] noch den Unternehmer in den Vordergrund stellte, trat zu Beginn der 1990er-Jahre das **Potenzial der Mitarbeiter** in den Vordergrund.[82] CORSTEN hält hierzu fest: „Da die Individuen die Träger organisationalen Handelns sind, sind sie ebenfalls die Träger von Veränderungsprozessen."[83] Darüber hinaus sind eine **Einbeziehung einer breiten Mitarbeiterschicht** sowie ein Aufheben von großen Hierarchiestufen erforderlich.[84] „Die frühzeitige und intensive Zusammenarbeit der großen Funktionsbereiche in funktionsübergreifenden Teams steigert den Innovationserfolg."[85] „Oft werden nur techniknahe Beschäftigte in den Innovationsprozess eingebunden. Kollegen aus dem Außendienst, dem Kundenservice sowie Vertrieb und Marketing bleiben außen vor."[86] Man braucht **Anreize bzw. Belohnungen** für Innovatoren, um das Kreativitäts- und Ideenpotenzial der Mitarbeiter zu fördern und voll auszuschöpfen.[87] Dies unterstützt ihre aktive Involvierung in den Innovationsprozess.[88]

---

[76] Die einzelnen Fachspezialisten sollten dabei jeweils die Ansätze des anderen hinterfragen, um so zu einer produktiven Diskussion zu gelangen. Vgl. Schwandner (2014), S. 8

[77] Hauschildt (2004), S. 109. Weiterführend Schlicksupp (1999), S. 30 ff.

[78] Vgl. Van Someren (2005), S. 34.

[79] Hauschildt (2004), S. 108.

[80] „Often a new service fails because the firm's personnel have not been properly trained to sell and deliver the service." (Scheuing, Johnson, 1989, S. 33)

[81] Vgl. Schumpeter (2010), S. 110 ff.

[82] Vgl. Corsten (1989), S. 11 f.

[83] Ebd., S. 11.

[84] Vgl. Bösch (2008), S. 93; Haller (2002), S. 268.

[85] Hauschildt (2004), S. 143. Im Fokus stehen hier die organisatorischen Zusammenhänge einzelner Abteilungen anstelle von sozialen bzw. zwischenmenschlichen Aspekten.

[86] Bösch (2008), S. 93.

[87] Vgl. Schlicksupp (1999), S. 41 ff.

[88] Vgl. Aretz (1999), S. 99.

Wichtig ist, dass die Unternehmensführung Innovationsprojekte fördert[89] und darin involviert ist,[90] aber keine verwaltende Rolle spielt. Demzufolge wird das Aufzeigen von Innovationspotenzialen zur Aufgabe jedes einzelnen Mitarbeiters gemacht. Von der Unternehmensleitung muss eine **Leitlinie**, eine **Vision**[91] vorgegeben werden. „Die Etablierung einer innovationsfreundlichen Unternehmenskultur stellt damit eine langfristige Führungsaufgabe dar."[92]

Oft nimmt man an, dass die Kompetenzen und das Fachwissen in der Führungsebene konzentriert sind. Also wird ein Top-down-Management-Ansatz praktiziert. Bei Innovationsbestrebungen sollten aber alle Marktgegebenheiten mit eingebunden werden. Deshalb ist eher eine **Bottom-up-Strategie** ratsam, die auf einem Empowerment der in den Innovationsprozess eingebundenen Mitarbeiter beruht.[93] Die Bottom-up-Strategie verlangt einen anderen Führungsstil der Unternehmensführung:[94] „Die Rolle des Top-Managements wandelt sich von Verantwortung für Strategie, Struktur und System in Zweck, Prozess und Menschen."[95]

Maßgeblich ist, dass die Innovationsprojektteams in der Lage sind, abteilungsübergreifende Entscheidungen zu treffen und eine direkte Kommunikation mit der Führungsebene pflegen, **ohne den langwierigen Prozess durch alle Hierarchieebenen** befolgen zu müssen.[96] Das Projektteam sollte die Bedeutung des Projekts als Etappe auf dem Weg zum Gesamtziel jederzeit erkennen können. Hier folgt der Innovationsinformationsweg nicht vorgegebenen Strukturen und Hierarchien.[97] „Informationen über Innovationen sind weder Befehle, noch Vollzugsmeldungen. In einer innovationsbewussten Organisation wird es nicht nur zugelassen, sondern gefördert, dass der Dienstweg für innovative Informationen übersprungen und umgangen wird."[98]

Innovationen brauchen **Investitionen und einen langen Atem** (siehe Abbildung 15).[99] Die Früherkennung von neuen Dienstleistungspotenzialen auf den Märkten ist für die Unternehmen schwierig.[100] Forschung und Entwicklung laufen oft ausschließlich in der Rubrik „Kostenfaktor". Dann beginnt man sehr schnell

---

**89** Vgl. Schwandner (2014), S. 5.

**90** Laut The Boston Consulting Group ist bei erfolgreichen Innovationen der CEO eines Unternehmens der Kommunikator für die Umsetzung von Innovationen. „The CEO is the driver of Innovation", vgl. The Boston Consulting Group (2006), S. 24.; vgl. weiterführend zur Rolle des CEO im Innovationsprozess Tushman, Smith, Binns (2011), S. 33 ff. sowie Schwandner (2014), S. 6.

**91** Vgl. Hauschildt (2004), S. 102.; Tushman, Smith, Binns (2011), S. 35

**92** Corsten (1989), S. 14.

**93** Vgl. Van Someren (2005), S. 275.

**94** Vgl. ebd.

**95** Ebd.

**96** Vgl. Haller (2002), S. 268; Völker, Thome, Schaaf (2012), S. 148.

**97** Vgl. Weiermair (2001), S. 114.

**98** Hauschildt (2004), S. 108.

**99** Vgl. Sommerlatte (2007), S. 114.

**100** Vgl. Hermann (2009), S. 316.

entsprechende Kostenfaktoren, die keine schnelle Umsatzgenerierung in Aussicht stellen, zu streichen. Wenn eine Innovationskultur in einem Unternehmen nicht fest verankert ist, werden Investitionen für Innovationen frühzeitig gestoppt, bevor der eigentliche ROI sichtbar wird. Im Gegensatz zu Sachgutinnovationen haben Dienstleistungsinnovationen den Vorteil, dass sie relativ einfach entwickelt und frühzeitig einem Markttest unterzogen werden können.[101]

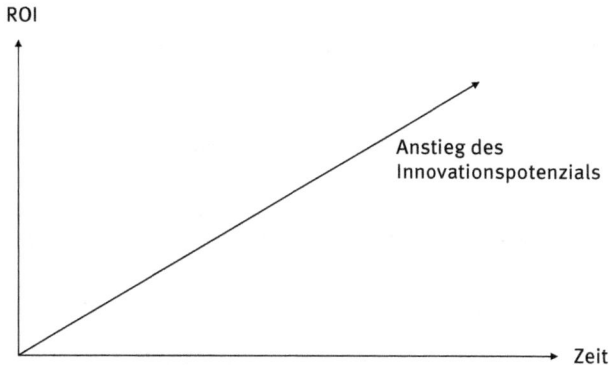

ROI

Anstieg des
Innovationspotenzials

Zeit

**Abbildung 15:** Rückflusserwartung von Investitionen bei Innovation (Quelle: Eigene Darstellung).

Eine Innovationskultur orientiert sich an **Visionen und Werten** anstatt an Trends. „Trends sind also gekennzeichnet durch gerichtete, absehbare Veränderungen, die teilweise auf Tatsachen beruhen, zum Teil aber auch auf Überzeugungen und subjektiven Ansätzen."[102] Dabei regen Trends grundsätzlich zu Spekulationen an, da in Trends neben Fakten auch subjektive Einschätzungen mit einfließen und deren Gültigkeit unsicher oder kurzfristig angelegt ist.[103] Aus diesem Grund werden im Rahmen der Innovationskultur dauerhafte Visionen und Werte zunehmend wichtiger.[104] „Visionen, Leitbilder, Werte und Prinzipien bilden die Grundlagen, die hinsichtlich der konkreten Aufgabenerfüllung förderlich oder hinderlich sein können. Leitbilder sind komplexe konstitutive Vorstellungen über die erstrebenswerte Gestaltung der Organisation, sie geben an, welche Ziele angestrebt werden sollen."[105] Während die Leitbilder eine Orientierungshilfe sind, sind die Werte langfristige Stabilisatoren der Unternehmenskultur.[106] „Die Normen und Werte bilden immer den Hintergrund, wenn Entscheidungen getroffen werden. Die Werte bestimmen zum Teil das Verhalten im Unternehmen bei

---

**101** Vgl. Benkenstein (2001), S. 698.
**102** Hinterholzer, Jooss, Egger (2011), S. 57.
**103** Vgl. ebd., S. 58.
**104** Vgl. ebd., S. 61 ff.
**105** Aretz (1999), S. 101.
**106** Vgl. Van Someren (2005), S. 290.

strategischen Entscheidungen und insbesondere strategischen Innovationen."[107] ARETZ[108] stellt in der Rangordnung der Werte den Mitarbeiter an die erste Stelle, gefolgt von Kundenzufriedenheit, Produktqualität und Umsatzerfolg. „Top-Performer beobachten laufend langfristige Marktentwicklungen und Technologietrends. Sie entwickeln eine langfristige Innovationsvision und bleiben dabei, ohne sich dabei von kurzfristigen Trends beirren zu lassen."[109]

THOTA und MUNIR[110] stellen einen Zusammenhang her zwischen dem Innovationsoutput in Unternehmen mit einer positiven Innovationskultur und Unternehmen mit einer negativen Innovationskultur. Alle bereits dargestellten Kriterien einer Innovationskultur sind in der folgenden Tabelle zusammengefasst (siehe Tabelle 7).

**Tabelle 7:** Kriterien einer Innovationskultur (Quelle: Eigene Darstellung in Anlehnung an Völker, Thome, Schaaf (2012), S. 143).

| Innovationskultur, Visionen & Werte | Negative Innovationskultur | Positive Innovationskultur |
| --- | --- | --- |
| Entstehung von Innovationen | aus den täglichen Routinetätigkeiten | Innovationsprozess |
| Umgang mit Konflikten | intolerant | lernorientiert |
| Ideenaustausch | kaum/nicht vorhanden | intensiv |
| Mitarbeiter im Innovationsprozess | nur operative Abteilungen | verschiedene Abteilungen |
| Belohnungen/Anreize für Innovationen | kaum/nicht vorhanden | sichtbare Anreize |
| Rolle der Unternehmensführung | verwaltend | visionär |
| Managementstil | Top-down-Management | Bottom-up-Management |
| Hierarchien | steile Hierarchien | flache Hierarchien |
| Rückflusserwartung bei Investitionen | kurzfristig | langfristig |
| Orientierung | Trends | Werte und Visionen |

### 2.2.2 Innovationsstrategie und Innovationsstruktur

Eine Innovationsstrategie[111] ist im Wesentlichen das Ergebnis der Abwägung von Kundenbedürfnissen und der Kompetenzen des jeweiligen Unternehmens. „Die Entwicklung von Innovationsstrategien stellt einen **analytischen und kreativen Prozess** dar, der in enger Anlehnung an die Marketingstrategie erfolgt."[112]

---

107 Ebd.
108 Vgl. Aretz (1999), S. 111.
109 Oliver Wyman (2007), S. 28.
110 Vgl. Thota, Munir (2011), S. 141.
111 Vgl. Thota, Munir (2011), S. 153 f. „An innovation strategy is a competitive strategy through which a company seeks competitive advantage in its ecosystem by developing new products and services before its competitors." (ebd., S. 153)
112 Meffert (2000), S. 382. Vgl. auch Corsten (1989), S. 7 f. sowie Schwandner (2014), S. 5.

Die entscheidende Frage der Festlegung der Innovationsstrategie ist die Entscheidung über einen technologieinduzierten oder nachfrageinduzierten Ansatz.[113] „Kaum eine Problemstellung in der Innovationsforschung ist so umstritten wie die Frage, ob der Nachfragesog aus dem Markt (,market-pull') oder ein technologischer Angebotsdruck (,technology-push') die langfristig erfolgreichere Quelle von Innovationen darstellt."[114] Entscheidend ist, dass der Anstoß für Dienstleistungsinnovationen von der wichtigsten **unternehmenseigenen Ressource** im Dienstleistungsbereich kommt, den Mitarbeitern.[115] HAUSCHILDT sieht in diesem Zusammenhang den Innovationsmanager als Personalmanager.[116]

Die Entwicklung von Innovationen kann nicht im Rahmen alltäglicher Abläufe entstehen. Innovationsbestrebungen in einem Unternehmen müssen unabhängig von Routineentscheidungen behandelt werden.[117]

Ein **idealtypischer Innovationsprozess** (siehe Abbildung 16) umfasst demnach die Schritte der Ideengewinnung, der Ideenbewertung sowie der Formulierung einzelner Projekte innerhalb der Ausprägung der Innovationsstrategie und -struktur.[118] „Ein gutes Ideenmanagement sorgt dafür, dass die Ideengenerierung vorangetrieben wird, Ideen konkretisiert und bewertet werden und die besten Ideen gezielt in Projekte übergeführt werden."[119] Die weiteren Schritte der Implementierung, Tests und Einführung werden im Abschnitt 2.2.3 beschrieben.

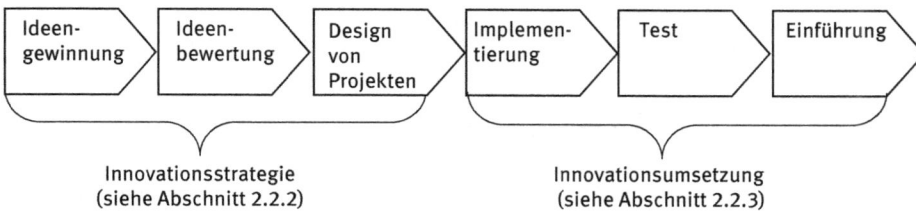

**Abbildung 16:** Idealtypischer Innovationsprozess von Dienstleistungen (Quelle: Eigene Darstellung in Anlehnung an Reichwald, Schaller (2003), S. 176 und Haller (2002), S. 76).

---

113 Vgl. Meffert (2000), S. 383.
114 Ebd.
115 Vgl. Haller (2002), S. 243. „Für die Hervorbringung von Innovationen sind in erster Linie Humanressourcen, insbesondere Wissen, und erst in zweiter Linie Sachmittel und Rechte bedeutsam." (Hauschildt, 2004, S. 41)
116 Vgl. ebd., S. 73.
117 Vgl. Hauschildt (2004), S. 53 ff. „Es sind außer strategischen Absichtserklärungen immer auch konkrete organisatorische Regeln aufzustellen, um die Konflikte zwischen Innovation und Routinehandeln zu lösen, so dass der laufende Betrieb die Innovationstätigkeit nicht dominiert – wie auch umgekehrt." (ebd., S. 60)
118 Vgl. Schaller (2002), S. 10–20.
119 Bösch (2008), S. 85. Dabei müsse der Impuls von der Unternehmensführung ausgehen. Hierbei unterscheidet BÖSCH in Matchpromotoren, die die Autorität im Unternehmen unterstützen, sowie Fachpromotoren, die durch Sachkenntnisse Ideen generieren. Vgl. ebd., S. 86 f.

Ideen gewinnt ein Unternehmen auf unterschiedlichste Weise.[120] Entscheidend ist, dass Ideen nach einem einheitlichen Muster erhoben und entwickelt werden. Es sollten durchaus die verschiedensten Informationsquellen bewusst und systematisch mit einbezogen werden.[121] Bei den Ideenfindungstechniken unterscheidet man intuitive Methoden und systematische Entwicklungen (siehe Tabelle 8).

**Tabelle 8:** Auswahl verbreiteter Ideenfindungstechniken (Quelle: Eigene Darstellung in Anlehnung an Trommsdorff, Steinhoff (2007), S. 311 ff.; Walder (2005), S. 99 ff. sowie Schlicksupp (1999), S. 60 ff.).

| **Intuitive Methoden** | | |
| --- | --- | --- |
| Brainstorming | Ziel ist es, durch eine Aktivierung des Unterbewusstseins mehrerer Teilnehmer eine Ideensammlung herbeizuführen und im Fortgang einzelne Gedanken zu vertiefen. Dabei werden die generierten Ideen nicht sofort bewertet oder kritisiert. Die Quantität der Ideen steht im Vordergrund. | Entwickelt vom Werbefachmann Alexander Osborn (Osborn, 1953) |
| Brainwriting-Pool | Hierbei handelt es sich um eine Gruppentechnik. Der generelle Unterschied zum Brainstorming liegt in der schriftlichen Formulierung der Ideen. Diese zirkulieren unter den Teilnehmern und werden von diesen ergänzt. | Entwickelt vom Marketing- und Unternehmensberater Bernd Rohrbach (Rohrbach, 1969) |
| Synektik | Synektik definiert eine Suche nach alternativen Lösungsansätzenmithilfe eines Verfremdungsprozesses. Die Lösungsansätze werden im Anschluss auf das eigentliche Problem projeziert. | Entwickelt von William Gordon (Gordon, Gitter, Prince, 1964) |
| **Analytische Methoden** | | |
| Morphologische Methode | Das Problem wird in einer Matrixtabelle skizziert und in einzelne Teilprobleme unterteilt. Aus diesen einzelnen Ausprägungen wird anschließend der geeignete Lösungsweg gewählt. | Geht zurück auf den Physiker Fritz Zwicky (Zwicky, 1969) |
| Mindmapping | Das Grundproblem wird über eine grafische Anordnung strukturiert und visualisiert. Dies spornt zu kreativen Lösungsansätzen an. | Entwickelt von Tony Buzan. (Buzan, Buzan, 1999) |
| TRIZ-Ansatz[122] | Der Weg vom Ist-Zustand zum Soll-Zustand wird durch unterschiedliche Verfahren überwunden. | Entwickelt von Genrich Altschuller (Altschuller, 1984) |

---

**120** Vgl. Haller (2002), S. 77 ff.
**121** Vgl. Völker, Thome, Schaaf (2012), S. 73. Zu den Informationsquellen der Ideengewinnung können z. B. Endkunden, Institute, Behörden, Marktforschungen oder Vertriebsmitarbeiter gehören. Weiterführend vgl. Hauschildt (2004), S. 410.
**122** TRIZ kommt aus dem Russischen = Theorie zur Lösung erfinderischer Probleme. Vgl. Trommsdorff, Steinhoff (2007), S. 316–319.

Zunehmend wird zur Ideenfindung[123] die Stärke der kollektiven Intelligenz genutzt, z. B. durch die Entwicklung der sozialer Netzwerke.[124] Im Rahmen der Innovationsstrategie und -struktur ist es erfolgsentscheidend, möglichst viele Ideen über die entsprechenden Techniken (siehe Tabelle 8) zu gewinnen und diese zu strukturieren.

Die **generierten Ideen** sind sodann schrittweise **zielgerichtet und fundiert zu bewerten sowie zu priorisieren.** In diesem Zusammenhang ist es notwendig, durch den Aufbau eines Bewertungssystems möglichst frühzeitig eine detaillierte Entscheidungsbasis zu haben. Eine systematische Bewertung ist erforderlich, um das Risiko unbegründeter Investitionen bei der späteren Umsetzung zu minimieren.[125]

Kunden dazu zu bewegen, Innovationen zu akzeptieren, wird zunehmend schwieriger. Heute garantiert weder ein gutes Produkt noch gute Werbung allein eine erfolgreiche Markteinführung. Märkte nehmen zusehends die Form von Netzwerken an.[126] Nur wenn Unternehmen die wichtigsten Netzteilnehmer für die Innovation gewinnen, wird das Produkt ein stabiles Marktgleichgewicht vorweisen können. Nicht nur das Produkt steht im Vordergrund – vielmehr stellt sich die Frage, welche Marktteilnehmer innerhalb des Netzwerks zum Nutzen und zur Verbreitung der Innovation beitragen.[127] Vielversprechend kann hierbei auch der Ansatz sein, sich den **Nutzerprofilen der Nichtkunden** zuzuwenden. Hieraus können sich erhebliche Profit- und Wachstumschancen ergeben.[128]

Das Humankapital und besonders die hoch **qualifizierten Mitarbeiter** sind für ein Unternehmen die **Kerninnovationsquelle.**[129] Wichtig ist somit, die Fluktuationsrate zu minimieren,[130] zufriedene Mitarbeiter zu halten[131] und die besten auf dem Markt für den Dienstleistungsinnovationsprozess zu gewinnen.[132] „Denn die Leistungsträger von morgen sind nicht nur anspruchsvoller als ihre Vorgänger, sie sind auch unabhängiger. Erfüllt ein Arbeitgeber ihre Erwartungen nicht, wechseln sie zum

---

**123** Eine sehr umfangreiche Darstellung von Kreativitätstechniken findet sich auch bei Hauschildt (2004), S. 408–437. Vgl. auch Phasen der Ideengewinnung, Meffert, Bruhn (2003), S. 387 f.; Tsifidaris (1994), S. 65–105; Meffert (2000), S. 390–398.
**124** Vgl. Völker, Thome, Schaaf (2012), S. 193 ff. Wobei es hier eine Aufteilung in digitale Plattformen und non-digitale Plattformen gibt.
**125** Vgl. Walder (2005), S. 107 ff. Zur Ideenbewertung gibt es sowohl quantitative als auch qualitative Bewertungsverfahren.
**126** Vgl. Chakravorti (2004), S. 3 f.
**127** „Oft wird die Eigenentwicklung der Nutzer nur als Nutzbedürfnis betrachtet, nicht aber als Hinweis auf Bedürfnisse und potentielle, angemessene Lösungen." (Bierfelder, 1989, S. 71)
**128** Die Accor-Hotel-Gruppe hat sich schon Ende der 1990er-Jahre die Frage gestellt, wie es gelingen kann, Zielgruppen zu erobern, die noch keine Hotelkunden sind? Diese Vision brachte den Stein ins Rollen und die Hotelkette „Formule 1" wurde geboren. Vgl. Meyer, Westermann (2005), S. 22.
**129** Vgl. Hollenstein (2001), S. 5.
**130** Vgl. Hölzl (2014), S. 14.
**131** „Viele Unternehmer in Gastronomie und Hotellerie erkennen zurzeit: Die traditionelle Art zu führen, stößt an ihre Grenzen. Erkennbar wird das etwa an der sinkenden Loyalität der Mitarbeiter." (ebd.)
**132** Vgl. Haller (2002), S. 245 f.

Wettbewerber."[133] HALLER spricht hier vom Mitarbeiter als Intrapreneur.[134] Entscheidend zudem sind die richtigen Anreizsysteme[135] sowie ein Empowerment[136] der Mitarbeiter im Dienstleistungsinnovationsprozess.

Die folgende Tabelle zeigt zusammenfassend die Ausprägungen für eine zielgerichtete Innovationsstrategie und -struktur (siehe Tabelle 9).

**Tabelle 9:** Ausprägung einer Innovationsstrategie/-struktur (Quelle: Eigene Darstellung).

| Innovationsstrategie/-struktur | Merkmale |
| --- | --- |
| Ausrichtung der Innovationsstrategie | Analytischer und kreativer Prozess in enger Anlehnung an Vertrieb & Marketing |
| Anstoß für Innovationen | Aus den unternehmenseigenen Ressourcen und Kompetenzen |
| Ideengenerierung | Strukturierte Ideenentwicklung anhand von Kreativitätstechniken |
| Ideenbewertung | Bewertungsverfahren, um die Innovationsideen zu priorisieren und Risiken bei Mitteleinsatz zu minimieren |
| Mitarbeiterfokus | Employer Branding, um den „war for talent" zu gewinnen |
| Zielgruppenfokus | Fokus auf Nichtkunden und neue Zielgruppen |

### 2.2.3 Umsetzung, Diffusion und Controlling von Innovationen

Die Zeitspanne, in der sich eine Dienstleistungsinnovation erfolgreich am Markt einführen lässt, ist wesentlich für den späteren Erfolg.[137] Zu früh in einen Markt zu gehen, kann dabei genauso dramatische Folgen haben, wie zu spät zu sein. „Auf der einen Seite besteht das Risiko, mit dem ‚falschen' Produkt rechtzeitig am Markt zu sein (Entwicklungs- oder Eintrittsrisiko), andererseits können hohe Opportunitätskosten durch das Verpassen einer Marktchance bei zu spätem Markteintritt entstehen."[138] URBAN und HAUSER[139] schlagen deshalb eine Bewerbung der Leistung auf verschiedenen Testmärkten vor, um das Implementierungsrisiko zu minimieren. NIPPA und LABRIOLA[140] haben – ausgehend von zahlreichen Expertengesprächen

---

133 Hölzl (2014), S. 14.
134 „Der Intrapreneur soll denken und handeln wie ein Entrepreneur, ein selbständiger Unternehmer, obgleich er vertraglich im Unternehmen eingebunden bleibt." (Haller, 2002, S. 245)
135 Vgl. ebd., S. 259 f.
136 Vgl. ebd., S. 265.
137 Vgl. Haller (2002), S. 92 ff.
138 Meffert (2000), S. 383.
139 Vgl. Urban, Hauser (1993), S. 424 ff. „For example, an advertising test might eliminate some uncertainty and identify better copy, thus moving the product along the dotted line." (ebd., S. 425)
140 Vgl. Nippa, Labriola (2005), S. 56 ff.

und intensiven Fallstudien – einen Ansatz für ein ganzheitliches **Time-to-Market**-Management entwickelt. Drei Methoden werden dabei kombiniert:

- Das Roadmapping: eine kreative und disziplinierte Methode zur strategischen Analyse, um zukünftige Markt- und Technologieentwicklungen abzuschätzen und abgeschätzte Pläne zu entwickeln.
- Der Realoptionen-Ansatz: eine dynamische Bewertung von Innovationen, wobei Risiken nicht nur als Gefahr, sondern auch als Chance gewertet werden können.
- Die Prioritätenplanung: eine Herausforderung, Startpunkte der Projekte festzulegen und Ressourcen flexibel zuzuteilen.

„Inventionen werden erst zu Innovationen, wenn sie sich auf dem Markt durchsetzen."[141] Die klassische Diffusionsforschung fokussiert Phänomene und Prozesse der Ausbreitung von Neuerungen.[142] Im deutschsprachigen Raum orientiert man sich an der Definition von WINDHORST, der Diffusion als „raum-zeitliche Ausbreitung einer Innovation in einem sozialen System"[143] beschreibt. Eine detailliertere Definition findet man bei VOELKER, THOME und SCHAAF: „Unter Diffusion ist die Ausbreitung einer neuen Idee vom Ursprung ihrer Entstehung bis zur Adoption (Annahme) durch den Anwender bzw. Nutzer zu verstehen."[144] Hier bedeutet Adoption weniger die tatsächliche Kaufentscheidung, sondern der Prozess von der ersten Kenntnisnahme eines neuen Produkts bzw. einer Dienstleistung bis hin zum Kauf. „Die Neuerung, das neue Produkt oder das neue Verfahren, ist das, was diffundiert. Der Markt spannt die Brücke, damit sich Neuerer und Übernehmer (Adopter) begegnen können. Auf der einen Seite der Brücke fällt die Entscheidung, eine technische Entwicklung (Erfindung, Know-how) zu kommerzialisieren. Auf der anderen Seite der Brücke entscheiden Unternehmungen oder Haushalte über Annahme oder Ablehnung einer Neuerung. Was auf der Brücke in Erscheinung tritt und wahrnehmbar wird, dafür interessiert sich die Diffusionstheorie."[145]

Grundsätzlich gilt: Je länger die Diffusionszeit, desto mehr Umsatz kann erwirtschaftet werden. Da die Produktlebenszyklen stetig kürzer werden, erhöht sich zusätzlich der Druck auf die Diffusionsgeschwindigkeit.[146] Dienstleistungsinnovationen müssen also vor dem Wettbewerb auf den Markt kommen sowie sehr schnell vertrieben und vermarkt werden. Es kann auch eine bewusste Verkürzung der Diffusionszeit den Markteintritt von Nachahmern erschweren.[147] „Diffusion beinhaltet

---

141 Hauschildt (2004), S. 43.
142 Ursprünglich entstanden aus der amerikanischen Agrarsoziologie. Eine „[...] diffusionsbezogene Sichtweise, die den Innovationsprozess als einen Verwertungsprozess innerhalb und außerhalb der etablierten Wertschöpfungskette versteht [...]" (ebd., S. 37)
143 Windhorst (1983), S. 4; vgl. auch Bierfelder (1989), S. 40 ff.
144 Völker, Thome, Schaaf (2012), S. 120.
145 Bierfelder (1989), S. 41.
146 Vgl. Trommsdorff, Steinhoff (2007), S. 180.
147 Vgl. Van Someren (2005), S. 43.

auch die ständige Verbesserung der ursprünglichen strategischen Innovation. Daher ergänzen Innovation und Diffusion einander."[148]

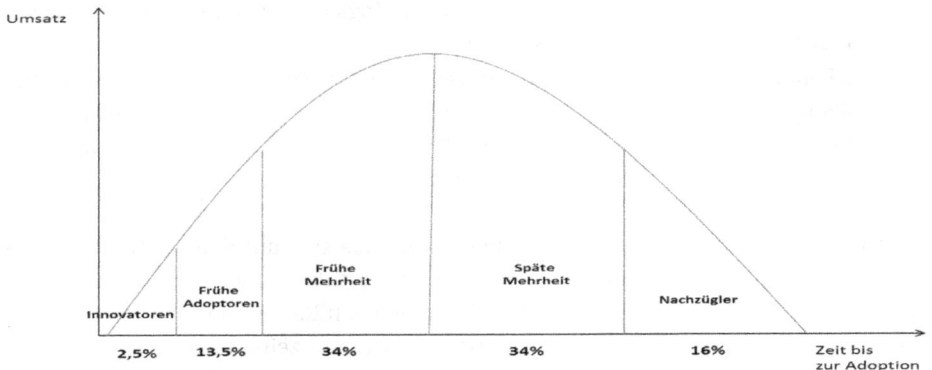

**Abbildung 17:** Diffusionsprozess von Innovatoren und Adoptionsgruppen (Quelle: Völker, Thome, Schaaf (2012), S. 123).

Die obige Abbildung (siehe Abbildung 17) unterscheidet die Zielgruppe nach dem Zeitpunkt bis zur Adoption einer Dienstleistungsinnovation und nach dem zu generierenden Umsatzvolumen.[149] Dabei bezeichnet man die Innovatoren als Meinungsführer. Entscheidend für die **schnelle Diffusion** sind vor allem die **„frühen Adoptoren"**. Sie sind grundsätzlich weniger risikobereit als die Innovatoren, entscheiden sich jedoch sehr schnell und bilden frühzeitig eine größere Gruppe innerhalb der Konsumenten. Der **größte Umsatz** wird durch die **„frühe Mehrheit"** sowie die „späte Mehrheit" generiert, die stärker in die Gesellschaft eingebettet und dementsprechend für das Ausmaß der Diffusion verantwortlich sind. Die Nachzügler hingegen interessieren sich für die Innovation erst dann, wenn die frühen Adoptoren sich bereits anderen Dingen zugewandt haben und die Innovation durch Preisnachlässe attraktiv und zugänglich für sie gemacht wird.[150]

Für den Erfolg sind die frühen Adoptoren und die frühe Mehrheit besonders wichtig.[151] Hier sind **Vertrieb und Marketing** gefragt, diese gezielt anzusprechen, um eine nahtlose Diffusionskette zu knüpfen.[152] „Das Marketing hat dafür zu sorgen, dass während des Adoptionsprozesses keine kognitiven Dissonanzen auftreten

---

148 Ebd.
149 Dieser Diffussionsprozess muss im Unternehmen klar analysiert und verstanden werden. Nur so können gezielte Marketingstrategien erarbeitet werden. Vgl. Schwandner (2014), S. 20 f.
150 Vgl. Völker, Thome, Schaaf (2012), S. 123 f.
151 Vgl. ebd., S. 123. Der frühe Kontakt zu der Gruppe der „frühen Adoptoren" sowie zu der „frühen Mehrheit" gelingt durch exklusive Kundenveranstaltungen vor Produkteinführung.
152 Vgl. auch zur Diffusion von Innovationen Thota, Munir (2011), S. 91 f.

und finanzielle und soziale Risiken für den Käufer minimiert werden."[153] Wichtigste Aufgabe des Marketings ist es also, zunächst die Innovation in die Wahrnehmung des potenziellen Käufers zu bringen. Diese potenziellen Käufer sind vorab zu definieren, um in den jeweiligen von dieser Zielgruppe genutzten Medien die Innovation zu bewerben. Die gesamte Kommunikation muss auf die Zielgruppe zugeschnitten sein.[154] Der Käufer sucht dann im Dialog mit dem Vertrieb die Bestätigung für die Richtigkeit seiner Kaufentscheidung.[155] Die Einschätzung des aktuellen Adoptionsprozesses ist schwierig. Der Markt muss ständig beobachtet werden. Hinzu kommt, dass durch den technischen Fortschritt die Dauer der Phasen kontinuierlich kürzer werden.[156]

Neben der Umsetzung der Innovation erscheint ein **Innovationscontrolling** zwingend notwendig, um mithilfe eines Soll-Ist-Abgleichs eventuell steuernd eingreifen zu können.[157] Zum Innovationscontrolling gehören insbesondere die folgenden vier Kernpunkte:[158]

– Leistungs-/Qualitätskontrolle
– Terminkontrolle
– Ressourcenkontrolle
– Ausgabenkontrolle

Innovationscontrolling wird als Problemlösungshilfe und als Gewinnsteuerungssystem bezeichnet und nicht als reine Kontrollinstanz.[159] Das Aufgabenspektrum umfasst Investitionsplanung, -koordination, -realisierung und -kontrolle.[160] „Ein Innovationscontrolling kann deshalb nicht auf ein Projektcontrolling reduziert werden, sondern muss auch die Portfoliogestaltung und in weiterer Folge das strategische Innovationsmanagement unterstützen."[161] Dabei steht das Dienstleistungsinnovationscontrolling vor besonderen Herausforderungen. Dies resultiert aus der Mitwirkung des Kunden, der eingeschränkten Messbarkeit und der starken Involvierung des Faktors Mensch (gewöhnlich sind eine Vielzahl von Mitarbeitern involviert).[162] Der Controller wird im Dienstleistungsinnovationscontrolling mehr zum Partner als zum reinen Kontrolleur.

---

**153** Völker, Thome, Schaaf (2012), S. 121.
**154** Vgl. Völker, Thome, Schaaf (2012), S. 121 f. Bei Produkten bzw. Dienstleistungen mit hohen Investitionskosten muss außerdem das Risiko für den potenziellen Käufer durch Produktproben, Referenzen und Rücknahmeoptionen minimiert werden.
**155** Vgl. ebd., S. 122. Hier spielen auch Entscheidungshilfen wie Finanzierungshilfen und bevorzugte Zahlungsbedingungen eine entscheidende Rolle.
**156** Vgl. Henschel, Gruner, Freyberg (2013), S. 106.
**157** Vgl. Weber, Schäffer (2001), S. 901.
**158** Vgl. Völker, Thome, Schaaf (2012), S. 114.
**159** Vgl. Bierfelder (1989), S. 113.
**160** Vgl. ebd., S. 117.
**161** Bösch (2008), S. 95.
**162** Vgl. Weber, Schäffer (2001), S. 905.

WEBER und SCHÄFFER[163] fassen drei Aufgaben des Dienstleistungsinnovationscontrollers wie folgt zusammen:

- Planungsunterstützung: Controlling unterstützt zunehmend die Planung des Dienstleistungsinnovationsprozesses.
- Managementunterstützung: Insbesondere geht es um eine Transparenz für das Management, um gewisse Entscheidungen zielführend zu treffen.
- Ergänzungsunterstützung: Der Controller kann durch seine Unabhängigkeit im Dienstleistungsunternehmen gewisse Abläufe kritisch hinterfragen und somit das Management ergänzen.

„Das Innovationscontrolling muss eng mit den Geschäftsbereichen Marketing, Vertrieb, Entwicklung und der Geschäftsführung zusammenarbeiten, um erfolgreich zu sein."[164] Die Kriterien für die Umsetzung, Diffusion und das Controlling von Innovationen sind in Tabelle 10 zusammengefasst.

**Tabelle 10:** Kriterien für die Umsetzung, Diffusion & das Controlling von Innovationen (Quelle: Eigene Darstellung).

| Umsetzung, Diffusion & Controlling von Innovationen | Merkmale |
| --- | --- |
| Implementierungszeitpunkt | Time-to-Market-Management |
| Diffusionsprozess | Fokus auf frühe Adoptoren und frühe Mehrheit |
| Diffusionszeitraum | Strategische Vertriebs- und Marketingmaßnahmen |
| Aufgabenspektrum von Innovationscontrolling | Ganzheitliches Innovationscontrolling |

## 2.3 Risiken und Barrieren des Dienstleistungsinnovationsmanagements

Eine weitere Aufgabe des Innovationsmanagements besteht darin, Risiken zu minimieren und Barrieren abzubauen, die bei der Schaffung von etwas Neuartigem entstehen.[165]

STAUSS und BRUHN beschreiben die Konsequenzen, die aufgrund der Immaterialität sowie der Integration des externen Faktors bei einer Dienstleistung (siehe

---

**163** Vgl. Weber, Schäffer (2001), S. 906 ff.
**164** Hinterholzer, Jooss, Egger (2011), S. 140.
**165** Vgl. Meffert, Burmann, Kirchgeorg (2008), S. 412. Jedoch sind Innovationsbestrebungen nie frei von Risiko. Ein gewisse Unsicherheit oder die Gefahr des Scheiterns sind immer Teil des Prozesses. Vgl. Schwandner (2014), S. 23.

Abschnitt 2.1) entstehen und zu Herausforderungen für das Dienstleistungsinnovationsmanagement führen:[166]

–   Von allen Beteiligten wird ein hohes Abstraktionsvermögen eingefordert.
–   Der Grund für das Scheitern von Innovationen kann auch eine fehlende Einschätzung der Kundenbedürfnisse sein; nicht alles, was technisch umsetzbar ist, trifft auch den Bedarf des Kunden.[167] Die Kundenbeteiligung ist somit bereits Gegenstand der Innovation.[168]
–   Prozesse können nicht ausschließlich unter Effizienzgesichtspunkten betrachtet werden, sondern es müssen auch Kundenwünsche mit einfließen.[169]
–   Testverfahren lassen sich nur schwer durchführen.
–   Leistungsversprechen müssen glaubhaft kommuniziert werden.[170]
–   Ein Schutz, beispielsweise durch Patente, ist schwierig bzw. kaum möglich.[171]

Es ist unerlässlich, im Rahmen des Innovationsprozesses Konflikte und Barrieren frühzeitig zu erkennen und abzubauen.[172] Im Folgenden werden mögliche Risiken und Barrieren beschrieben.

## 2.3.1 Imitation

Der durch Innovationen gewonnene und häufig durch hohe Investitionen generierte Wettbewerbsvorteil kann in der Folgezeit durch Imitation geschmälert werden.[173] Die Imitation und die Nachahmungen der Konkurrenz zwingen dann die Unternehmen dazu, mit dem Innovationsprozess erneut zu beginnen.[174] AHLERT und EVANSCHITZKY definieren „Imitation" wie folgt: „Die Identifikation bereits praktizierter

---

**166** Vgl. Stauss, Bruhn (2004), S. 9; Fließ, Nonnenmacher, Schmidt (2004) S. 175–177; Kunz, Mangold (2004), S. 330–331.
**167** Beispiele hierfür sind die geringe Konsumentennachfrage nach intelligenten Kühlschränken, Bildtelefonen und Elektroautos.
**168** „Die Integration des Kunden als Co-Designer eröffnet Potenziale zur Gewährleistung einer hohen, durch den Input des Kunden optimierten Service- und Prozessqualität." (Nägele, Vossen, 2003, S. 556)
**169** Dies ist wiederum eine Chance, da die Kunden sowohl über einen großen Erfahrungsschatz verfügen als auch auf Dienstleistungsangebote der Mitbewerber zurückgreifen können.
**170** „Da der Kunde das Ergebnis der Dienstleistung nicht genau einschätzen kann, stellt der Kauf einer Dienstleistung ein ungleich höheres Risiko dar als der Kauf eines physisch bereits vor dem Kauf erlebbaren Produkts." (Völker, Thome, Schaaf, 2012, S. 153 f.)
**171** Vgl. Benkenstein (2001), S. 699.
**172** „Der Innovationsprozess ist als Führungsprozess stets darauf gerichtet, die kognitiven Leistungen der Innovatoren zu fördern und die von der Innovation ausgelösten Konflikte zu regulieren." (Hauschildt, 2004, S. 41)
**173** Vgl. Stolpmann (2007), S. 131.
**174** Vgl. Hinterholzer, Jooss, Egger (2011), S. 35.

Erfolgskonzepte und deren Übertragung auf die eigene Geschäftätigkeit [...]."[175] Die reine Imitationsstrategie verzichtet gänzlich auf eigene Innovationsleistungen. Durch die reine Nachahmung sollten die übernommenen Konzepte zusätzlich auf die unternehmenseigene Infrastruktur übertragen werden, was zusätzlich Kapital und Ressourcen bindet.

Das größte Risiko liegt hier bei den innovativen Firmen. Ein anhaltender Imitationsschutz ist bei Dienstleistungen aus folgenden Gründen schwierig und kaum möglich:[176]

- Patent- und Gebrauchsmusterschutzrechte gelten fast ausschließlich für technische Erfindungen und nicht für Dienstleistungen.
- Durch die direkte Erbringung der Dienstleistung beim Kunden können Erstellungsprozesse und Leistungsbestandteile, auch für eventuelle Konkurrenten, leicht eingesehen werden.
- Bei einem Anbieterwechsel vom Innovator zum Imitator entstehen dem Kunden keine oder geringe Wechselkosten. Die Marktteilnehmer versuchen, in den letzten Jahren verstärkt durch Kundenbindungsprogramme, die imaginären sowie emotionalen Wechselkosten zu erhöhen.
- Der Markteintritt für neue Mitbewerber bzw. Substitutionsgüter ist leicht.

### 2.3.2 Mitarbeiterwiderstand und Kundenakzeptanz

Die Gestaltung und Vermarktung von etwas Neuem kann schnell auf Barrieren und Widerstand stoßen.[177] Bereits SCHUMPETER stellt fest: „Jedermann weiß natürlich, dass es viel schwerer ist, etwas Neues zu tun, als eine in den Bereich der Gewohnheit fallende Handlung auszuüben [...]".[178] Hierzu führt er folgende Gründe an:

- *Widerstand der Umwelt*
  „Der Widerstand kann in einfacher Mißbilligung bestehen [...] in der Verhinderung [...] oder in tätlichem Angriff [...]."[179] HAUSCHILDT[180] unterscheidet hier weiter zwischen innerbetrieblichem Widerstand, marktspezifischem Widerstand, Widerstand von Behörden und Prüfungsinstitutionen sowie dem Widerstand von Protestgruppen.
- *Fehlen von Vorbedingungen*
  Die Umwelt liefert „[...] für die Wiederholung von Gewohnheitshandlungen die Vorbedingungen, die sie im Falle von neuen Dingen manchmal nicht bieten kann,

---

175 Ahlert, Evanschitzky (2003), S. 55.
176 Vgl. Pompl, Buer (2006), S. 29–33.
177 Vgl. Bierfelder (1989), S. 121 f.
178 Schumpeter (2010), S. 107.
179 Ebd., S. 108.
180 Vgl. Hauschildt (2004), S. 162.

manchmal auch verweigert: Kreditgeber leihen für gewohnte Zwecke; geeignete Arbeitskräfte stehen zur rechten Zeit zur Verfügung; Verbraucher kaufen bereitwillig, was sie kennen".[181]

− *Hemmung vor Neuem*
Die Mehrzahl der Menschen, und somit auch Mitarbeiter und Kunden, fühlen „[...] eine Hemmung, wenn sich ihnen die Möglichkeit bietet, einen neuen Pfad zu betreten".[182]

HAUSCHILDT[183] gibt als Quelle des Widerstands gegen Innovationen den Konflikt von Menschen in einem Unternehmen an. BLEICHER[184] sieht u. a. folgende Gründe für den innenbetrieblichen Widerstand: genereller Widerstand gegenüber Neuerungen, mangelndes Anpassungsvermögen, unzureichende Macht der treibenden Kräfte sowie Angst gegenüber dem Verlust bestehender Positionen.[185] Für den Innovationserfolg ist auch die Kundenakzeptanz ausschlaggebend.[186] „Die Akzeptanz von touristischen Produkt- und Prozessinnovationen wird von drei Faktoren gesteuert. A) Kostenvorteil (dieselbe Leistung zu einem günstigeren Preis), B) Prozess- und Produktvorteil (vereinfachter Ablauf in der Dienstleistung bzw. ein neues Produkt schafft für den Kunden einen Mehrwert) und C) gesellschaftliche Anerkennung [...]."[187] Die folgende Abbildung (siehe Abbildung 18) stellt die Kunden- bzw. Gastakzeptanz im Verhältnis vom Grad der Differenzierung und dem Grad der Verbesserung dar und grenzt somit eine Akzeptanzzone ein, über die hinaus es zu Akzeptanzproblemen kommen kann.

### 2.3.3 Problematik der Messung

Den oben nach SCHUMPETER[188] definierten Barrieren kann zusätzlich die Problematik zur Messung von Dienstleistungsinnovationen hinzugefügt werden. In der klassischen Sachgüterindustrie werden zur Erfolgsmessung Kriterien wie die Anzahl

---

**181** Schumpeter (2010), S. 108.
**182** Ebd.
**183** Vgl. Hauschildt (2004), S. 160. „Widerstand gegen Innovationen ist in erster Linie ein Widerstand von Personen gegen Personen, in zweiter Linie aber überdies ein Gruppenproblem." (ebd.) Hauschildt differenziert technologische Argumente, absatzwirtschaftliche Argumente, finanz- und erfolgswirtschaftliche Argumente sowie ökologische Argumente. Vgl. ebd., S. 166 ff.
**184** Vgl. Bleicher (2004), S. 650.
**185** Oft wird hierbei der Fehler von der Unternehmensführung gemacht, diesen innerbetrieblichen Konflikt in niedrigere Hierarchiestufen zu delegieren, anstatt dieses zentrale Thema selbst zu kommunizieren. Vgl. hierzu Tushman, Smith, Binns (2011), S. 36
**186** „Die Akzeptanz durch den Kunden stellt die bedeutendste Herausforderung an eine Innovation dar." (Meffert, Bruhn, 2003, S. 386)
**187** Pompl, Buer (2006), S. 33.
**188** Vgl. Schumpeter (2010), S. 107 ff.

der Patente und Kennzahlen wie Zeit, Kosten, Effizienz, Stückzahlen usw. herangezogen.[189] Insbesondere auf Länderebene gibt es immer wieder Forschungsansätze zur Messung der Produktivität des Dienstleistungssektors.[190]

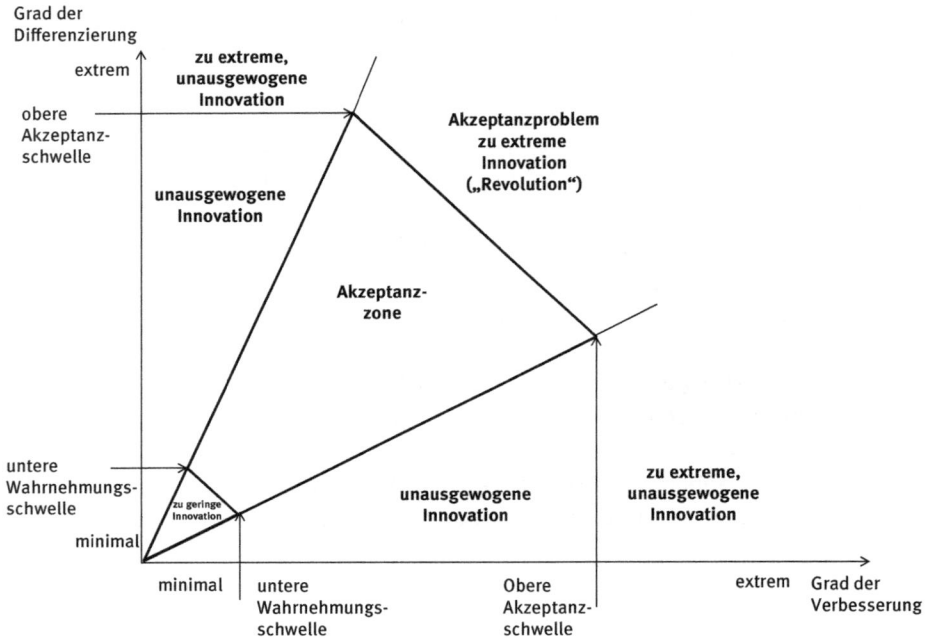

Grad der
Differenzierung

```
extrem          zu extreme,
                unausgewogene
                Innovation
obere                                      Akzeptanzproblem
Akzeptanz-                                 zu extreme
schwelle                                   Innovation
                                           („Revolution")
          unausgewogene
          Innovation

                        Akzeptanz-
                        zone

untere                                              zu extreme,
Wahrnehmungs-            unausgewogene              unausgewogene
schwelle       zu geringe    Innovation             Innovation
               Innovation
    minimal

          minimal     untere          Obere          extrem   Grad der
                      Wahrnehmungs-   Akzeptanz-               Verbesserung
                      schwelle        schwelle
```

**Abbildung 18:** Wahrnehmung und Akzeptanz von Innovationen durch den Gast
(Quelle: Stolpmann (2008), S. 49).

HOLLENSTEIN stellt fest, dass eventuelle Variablen zur Messung von Dienstleistungsinnovationen bestenfalls subjektiver Natur sind.[191] Als mögliche Variablen zur Messung von Innovationen schlägt HOLLENSTEIN folgende vor:[192]

- Grad von Neuigkeit (Innovation/Adoption/Imitation)
- Neuigkeitsrelevanz für ein Unternehmen oder für eine ganze Branche
- Annahme über die mittelfristige Nachfragegenerierung, Preisintensität bzw. -elastizität.

---

**189** Vgl. Matz (2007), S. 51–76; Hollenstein (2001), S. 3.
**190** Vgl. Brouwer, Kleinknecht (1997), S. 1235 ff.; Amable, Palombarini (1998), S. 655 ff.
**191** Vgl. Hollenstein (2001), S. 3.
**192** Vgl. ebd., S. 4.

PIKKEMAAT und WEIERMAIR diskutieren die Problematik der Messung von Dienstleistungsinnovationen am Beispiel touristischer Dienstleistungen.[193] Bisher gibt
es kein operationalisiertes Modell für die spezifische und genaue Messung. In den
Annahmen und in der Verknüpfung von Variablen sehen sie erste Anfangsschritte.[194]
PIKKEMAAT und WALDER greifen diesen Vorschlag auf und unterteilen das touristische Dienstleistungsbündel in die einzelnen Elemente, weisen ihnen entsprechende
Innovationsvariablen zu und verknüpfen sie zu einer Formel, die den Innovationsgrad ermitteln soll.[195] Das Resultat ist allerdings nur eine Momentaufnahme.[196]

## 2.4 Fazit

Wegen der Besonderheiten der Dienstleistungen (siehe Abschnitt 2.1) greifen die Inno-
vationsmechanismen aus der Sachgüterindustrie für Dienstleistungen nicht. Dies liegt
vor allen Dingen an der Immaterialität der Dienstleistungen und an der Integration
des externen Faktors, d. h., dass die Dienstleistungserstellung sowie die Qualität der
Dienstleistung auch mit dem Kunden zusammenhängen. Die Leistungserstellung und
-verwertung erfolgen also simultan, d. h. nach dem Uno-actu-Prinzip (siehe Abschnitt
2.1.1). Dies führt zu bestimmten Implikationen für den Vertrieb von Dienstleistungen
wie für das Dienstleistungsmarketing. Berücksichtigt werden sollten dabei die drei
Dimensionen von Dienstleistungsinnovationen (siehe Abschnitt 2.1.2). Die Subjektdimension legt dar, dass die Beurteilung einer Dienstleistungsinnovation von der
subjektiven Einschätzung eines jeden Kunden abhängt (siehe Abschnitt 2.1.2.1). Die
Intensitätsdimension geht einher mit der Subjektdimension, da die Bewertung des
Innovationsgrads – also dessen, wie neu eine Innovation ist – wiederum eine subjektive Einschätzung ist (siehe Abschnitt 2.1.2.2). Hinzu kommt die Objektdimension, die
sich aufgrund der Einbeziehung des externen Faktors in drei Bereiche unterteilt. Die
potenzialorientierte Dimension zielt auf das Leistungsversprechen, die prozessorien-
tierte Dimension auf die Leistungserstellung und letztendlich die ergebnisorientierte
Dimension auf das Ergebnis der Leistungserstellung zusammen mit dem Kunden ab
(siehe Abschnitt 2.1.2.3).

Abschnitt 2.2 zeigt, dass einerseits der Innovationserfolg nicht immer vollständig
planbar ist. Andererseits benötigen Unternehmen ein strategisches Dienstleistungsinnovationsmanagement, um die Entstehung von Innovationen zu fördern, Ideen
strategisch zu generieren, zu bewerten und schließlich Dienstleistungsinnovationen zum richtigen Zeitpunkt am Markt vorzustellen. Die Innovationskultur (siehe
Abschnitt 2.2.1) eines Unternehmens beginnt bei der Unternehmensführung, die

---

**193** Vgl. Pikkemaat, Weiermair (2004), S. 359 ff.
**194** Vgl. ebd., S. 375.
**195** Vgl. Pikkemaat, Walder (2006), S. 118 ff.
**196** Vgl. ebd., S. 135.

entsprechende Visionen und Werte vorgibt, die durch den Managementstil selbst vorgelebt werden sollten. Es bedarf flacher Hierarchien im Unternehmen, um somit alle Abteilungen bzw. Mitarbeiter in den Innovationsprozess zu involvieren. Dienstleistungsinnovationen entstehen aus einem eigenständigen und an langfristigen Zielen orientierten Innovationsprozess. Dafür braucht man ein Anreizsystem für innovative Mitarbeiter, brancheninterne- sowie branchenfremde Netzwerke und eine starke Veränderungsbereitschaft. Demzufolge wird das gesamte Unternehmen auf eine Innovationsstrategie und -struktur (siehe Abschnitt 2.2.2) ausgerichtet, die den Anstoß für Innovationen ermöglicht. Ideen werden gezielt generiert. Unternehmensinterne Ressourcen, insbesondere die Mitarbeiter, stehen hier im Mittelpunkt. Der Fokus sollte hier nicht nur auf der bestehenden Zielgruppe liegen, sondern auch auf Nichtkunden und neuen Kundengruppen. Um Dienstleistungsinnovationen erfolgreich am Markt einzuführen, ist eine zielgerichtete Implementierungs- und Diffusionsstrategie notwendig (siehe Abschnitt 2.2.3). Der richtige Zeitpunkt der Vorstellung einer Innovation an frühe Adoptoren ist für den gesamten Erfolg ausschlaggebend. Der gesamte Diffusionszeitraum wird durch gezielte, langfristige Vertriebs- und Marketingmaßnahmen begleitet, um ihn so lange wie möglich zu gestalten. Ein umfassendes Innovationscontrolling rundet die Innovationsaktivitäten eines Unternehmens ab.

Die Entwicklung von Dienstleistungsinnovationen ist ein langwieriger und somit kostspieliger Prozess. Innovative Unternehmen müssen Barrieren und Risiken überwinden (siehe Abschnitt 2.3). Dienstleistungsinnovationen können nur mühsam geschützt werden. Der Zusammenschluss mit anderen Unternehmen zur Bildung von Leistungsbündeln bietet jedoch Schutz vor Imitationen an. Etwas Neues wird zwangsläufig auf Akzeptanzprobleme stoßen: Diese können innerbetrieblichen Ursprungs sein oder von Kundenseite kommen. Die Erfolgsmessung gestaltet sich schwierig, Unternehmen kann es an der notwendigen Ausdauer fehlen.

Dementsprechend lässt sich als Schlussfolgerung dieses Kapitels, die Notwendigkeit eines strukturierten Dienstleistungsinnovationsmanagements im Unternehmen als Voraussetzung für die Entwicklung zukünftiger Innovationen ablesen.

# 3 Das Geschäftsfeld Vertrieb und Marketing in der Hotellerie und die Herausforderungen für zukünftiges Wachstum

## 3.1 Einordnung und Charakteristika der Hotellerie in Deutschland

### 3.1.1 Einordnung der Hotellerie in die touristische Dienstleistung

Tourismus ist ein bedeutender, globaler Wirtschaftsfaktor. Dieser Sektor hat sich vor allem im 20. Jahrhundert stark entwickelt.[1] Auch in Deutschland gewinnt der Tourismus als wichtiger Wirtschaftszweig zunehmend an Bedeutung.[2] Im Jahr 2010 haben Touristen in Deutschland 278,3 Mrd. Euro ausgegeben, dabei sind 87 % dieser Ausgaben von inländischen Touristen getätigt worden.[3] Das komplexe Gesamtsystem des Tourismus mit seinen einzelnen Einflussfaktoren wird im Folgenden dargestellt (siehe Abbildung 19).[4] Hierbei werden sechs Module unterschieden, die den Tourismus beeinflussen: (1) die Ökonomie mit ihren volks- und betriebswirtschaftlichen Aspekten, (2) die Gesellschaft, (3) die Ökologie inklusive sämtlicher Themen der Nachhaltigkeit, (4) das Freizeitverhalten, (5) die Verhaltensweisen des Individuums und (6) die Rolle der Politik.[5] Im Zentrum dieses Tourismusmodells stehen dann das Aufeinandertreffen der Menschen, im Falle der Beherbergung der Fremden und der Gastgeber, der touristischen Leistungsträger, der Reisemotivationen und der Gestaltungsmöglichkeiten sowie schließlich die Reise „an sich".[6] Die touristische Dienstleistung hat zahlreiche Anknüpfungspunkte in ihrem Umfeld. Die wirtschaftlichen Rahmenbedingungen sowie Werte der Gesellschaft sind bei den Innovationsbestrebungen im Tourismus mit einzubeziehen.

Die nachfolgende Abbildung (siehe Abbildung 20) veranschaulicht die Einordnung der Hotellerie in die touristische Dienstleistung. „Ein Hotel ist ein touristischer Betrieb. Durch die Teilnahme am Tourismus hat der Reisende vorübergehend seinen

---

1 Vgl. Roth (2003), S. 34 ff.; Freyer (2000), S. 7 ff.; Bieger (2000), S. 19 ff.
2 Vgl. Bundesministerium für Wirtschaft und Technologie BMWi (2012), S. 9. Dabei leistet der Tourismus einen Beitrag von 4,4 % zur Bruttowertschöpfung in Deutschland und ist damit vergleichbar mit der Stärke des Baugewerbes, wobei der Beitrag des Tourismus zur Beschäftigung mit 7 % noch höher als der des Baugewerbes (4,3 %) ist.
3 Vgl. BMWi (2012), S. 9. Dabei gehen 75 % der Ausgaben an touristische Leistungsträger, der Rest sind Konsumausgaben, die während einer Reise gekauft werden. Der Schwerpunkt liegt deutlich bei den Freizeitreisen (79 %), gefolgt von Geschäftsreisen.
4 Vgl. Freyer (2011), S. 45 ff.
5 Vgl. ebd., S. 45 f.
6 Vgl. ebd., S. 46 f.

DOI 10.1515/9783110451436-003

persönlichen Haushalt verlassen."[7] Das **touristische Produkt** ist die **Kombination verschiedener Angebote und Dienstleistungen** unterschiedlicher Dienstleister. Hinzu kommt, dass der Kunde sich mit seinen individuellen Bedürfnissen in diese Produktionskette mit einbringt.[8] Die subjektive Bewertung einer Reisedienstleistung durch jedes einzelne Individuum stellt eine Herausforderung dar. Die **Hotellerie** unterscheidet sich vor allem von den anderen touristischen Produzenten durch die **Leistungserbringung am Zielort**. Somit wird die Dienstleistung für den Gast außerhalb seines Zuhauses und in einer fremden Umgebung erbracht. Dies unterstreicht wiederholt den subjektiven Faktor in touristischen Dienstleistungen. „Als tourismusspezifische Betriebe gelten z. B. Reiseveranstalter, Reisemittler, Beherbergungsbetriebe, touristische Transportbetriebe, auch Fremdenverkehrsämter, Tourismusdestinationen und Tourismusverbände."[9]

**Abbildung 19:** Ganzheitliches oder modulares Tourismusmodell (Quelle: Freyer (2011), S. 46).

Beherbergungsbetriebe spielen heutzutage in der Tourismuswirtschaft eine sehr wichtige Rolle.[10] „Die Hotellerie ist das Kernstück des Beherbergungsgewerbes. Es stellt die funktionale Ganzheit der Einrichtungen dar, die den komplexen Bedarf an Touristen nach Beherbergungs-, Bewirtungs- und Komplementärleistungen während ihres Aufenthaltes am Tourismusort decken."[11] Durch die Teilnahme am Tourismus

---

7 Vgl. Henschel (2008), S. 3.
8 Vgl. Pikkemaat, Weiermair (2004), S. 362. Diese Produktionskette umfasst zum einen das Beherbergungs- und Restaurantwesen, zum anderen aber auch Reiseveranstalter, Reisemittler, Transportleistungen sowie Dienstleister oder Einzelhändler in der jeweiligen Destination. Vgl. auch Bieger (2000), S. 40 ff.
9 Freyer (2011b), S. 6. Vgl. auch Bieger (2000), S. 40 ff.
10 Vgl. Freyer (2011), S. 139.
11 Henschel (2008), S. 4.

und dem daraus resultierenden Ortswechsel müssen Bedürfnisse nach Wohnung und Nahrung am Zielort der Reise befriedigt werden. Daraus folgt, dass es sich bei einem Hotel um einen touristischen Betrieb handelt.[12] Im Fokus dieser Betrachtung steht somit die Reise mit mindestens einer Übernachtung. Außerdem wird eine gewisse Distanz zum Heimatort vorausgesetzt.[13]

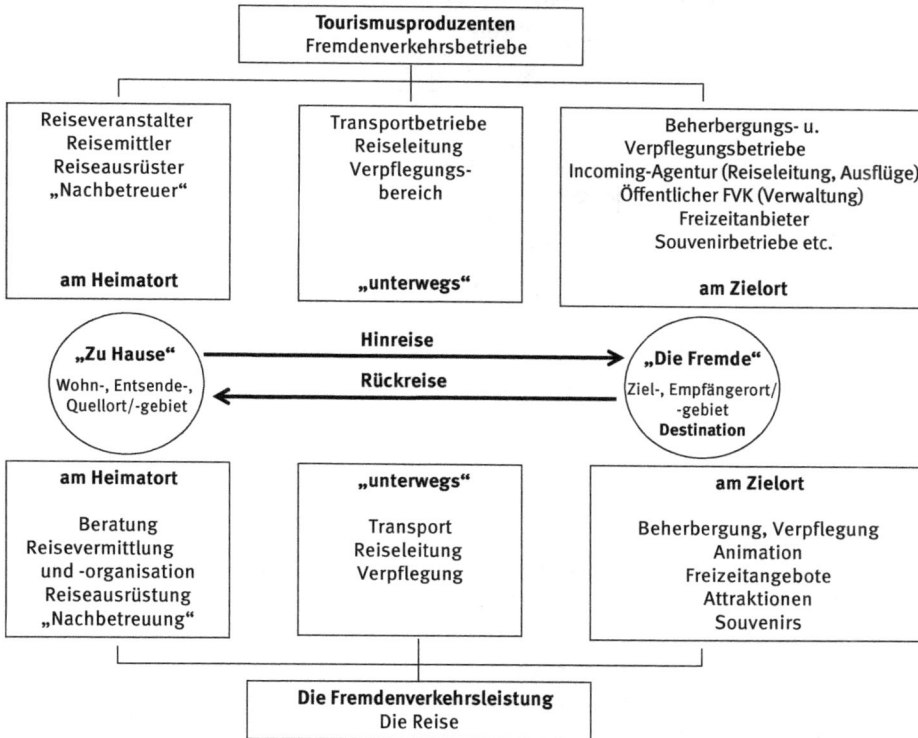

**Abbildung 20:** Betriebswirtschaftliche Aspekte des Reisevorgangs (Quelle: Freyer (2011b), S. 8).

Das **Leistungsbündel der Hotellerie** (siehe Abbildung 21) besteht aus der **Hauptleistung der Beherbergung**, der **Nebenleistung der Verpflegung** und **sonstigen Leistungen.** Da die Dienstleistung am Zielort erbracht wird, fallen auch Leistungen des Hotelstandorts in das Leistungsbündel.[14] Diese Leistungen werden zusätzlich mit

---

**12** Vgl. Henschel, Gruner, Freyberg (2013), S. 2.
**13** Vgl. Freyer (2011b), S. 5.
**14** Freyer spricht im Zusammenhang des Leistungsbündels der Hotellerie auch von „hospitality service" (Freyer, 2011, S. 141).

Anforderungen von den Kunden und Gästen hinsichtlich Sauberkeit, Sicherheit, Flexibilität, Freundlichkeit usw. erweitert.[15]

| Leistungsbündel „Beherbergung" ("Hospitality Service") | | |
|---|---|---|
| **Beherbergungsleistung (Hauptleistung)** <br><br> – Zimmer <br> – Übernachtung <br> – Housekeeping <br> – Front Office | **Verpflegungsleistung (Nebenleistung)** <br> – Speisen, Getränke <br> – Restaurant, Bar <br> – Voll-, Halbpension <br><br> **Sonstige Leistungen des Beherbergungsbetriebes** <br> – Tagungen <br> – Sport, Kultur <br> – Wellness <br> – Strand <br> – Services | **Standortleistung (natürliches und abgeleitetes Angebot)** <br><br> – Klima <br> – Landschaft <br> – Verkehrsanbindung <br> – Gastfreundschaft <br> – Attraktionen <br><br> (betriebsunabhängige Leistungen) |

**Abbildung 21:** Das Leistungsbündel „Beherbergung" ("hospitality service")
(Quelle: Freyer (2011), S. 141).

### 3.1.2 Charakteristika der Hoteldienstleistung

Die Dienstleistungsinnovation wird durch die besonderen Charakteristika der touristischen bzw. hotelspezifischen Dienstleistung erschwert:[16]

– *Immaterialität*

Die Hotelleistung an sich ist **standortgebunden** und **nicht lagerbar**.[17] „Die eingeschränkte Speicherbarkeit und Lagerfähigkeit des Marktangebotes ist ein wichtiges Merkmal, mit dem Dienstleistungen von Sachgütern abgegrenzt werden."[18] Hotelzimmer, die in einer bestimmten Nacht nicht genutzt worden sind, können nicht in der Folgenacht zusätzlich angeboten werden und sind an den Standort gebunden. „Die Möglichkeit, Nachfrageschwankungen mittels Vorrats- beziehungsweise Lagerproduktion zu nivellieren, ist bei der Dienstleistungsproduktion nicht gegeben, sodass Schwankungen der Nachfrage sich unmittelbar in Beschäftigungsschwankungen niederschlagen."[19] Touristische Dienstleistungen sind

---

**15** Vgl. Hammer, Naumann (2006), S. 39; Corsten, Gössinger (2007), S. 29 f.
**16** Vgl. Scharitzer (1994), S. 37–52.
**17** Vgl. Gardini (2004), S. 35.
**18** „So kann man durchaus behaupten, daß es grundsätzliches Charakteristikum von Diensten ist, daß die Leistungen weder ‚auf Vorrat' produziert noch gelagert werden können." (Scharitzer, 1994, S. 42)
**19** Maleri (2001), S. 145.

immateriell.[20] Auch wenn die Hotelleistung grundsätzlich an ein Sachgut (Hotel bzw. Hotelzimmer) gebunden ist, ist die tatsächliche Leistungserstellung am Gast nicht materiell.[21] Im Rahmen der touristischen Dienstleistung und der Hotelleistung fallen Leistungserstellung und Leistungsverwertung zusammen, dem bereits erklärten Uno-actu-Prinzip bei Dienstleistungen (siehe Abschnitt 2.1.1).[22] Demzufolge ist die Hotelleistung abstrakt, was zu unterschiedlichen Erwartungshaltungen bei den Gästen führen kann.[23]

– *Individualität*
Die Hotelleistung ist also auch **individuell** und **personengebunden.** Jeder Reisende ist ein Individuum (siehe Abbildung 19) und hat somit seine individuellen Bedürfnisse und Anforderungen sowohl an der touristischen als auch hotelspezifischen Dienstleistung. Es bedarf der Einbeziehung des externen Faktors. Der Gast beeinflusst den Umfang, die Qualität, den Rhythmus sowie den Zeitpunkt der Leistungserstellung.[24] Wie nachfolgende Abbildung (siehe Abbildung 22) zeigt, stellt sich bei den Charakteristika der touristischen Dienstleistung bereits eine besondere Abhängigkeit bzw. Interaktion zwischen Kunde und Mitarbeiter heraus.[25]

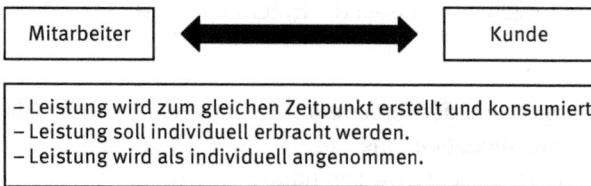

**Abbildung 22:** Interaktion zwischen Kunde und Mitarbeiter im Rahmen einer Dienstleistung (Quelle: Eigene Darstellung).

Die Leistung vom Beherbergungsbetrieb wird hier individuell erbracht und vom Gast individuell angenommen.

– *Komplexität*
Die Hotelleistung ist ein **Leistungsbündel** aus Leistungen der Beherbergung, eventuellen Bewirtungsleistungen und Komplementärleistungen[26] (siehe Abbildung 21).[27] Des Weiteren ist die Hotelleistung komplementär. Das heißt, sie ist

---

**20** Vgl. Freyer (2011), S. 135; Roth (2003), S. 54 f.
**21** Vgl. Barth, Theis (1998), S. 7 ff.
**22** Vgl. Freyer (2011), S. 135.
**23** Vgl. Henschel (2008), S. 80.
**24** Vgl. Henschel, Gruner, Freyberg (2013), S. 54.
**25** Vgl. Scharitzer (1994), S. 50 f.
**26** Bspw. Unterhaltung sowie Information. Vgl. Henschel, Gruner, Freyberg (2013), S. 53; Hänssler (2011), S. 79.
**27** Vgl. Henschel, Gruner, Freyberg (2013), S. 49 ff.

eng verbunden mit anderen touristischen Leistungen und von diesen abhängig (z. B. der Qualität der Beratung im Reisebüro).[28] Zusätzlich unterliegt die Hoteldienstleistung natürlichen Nachfrageschwankungen, die vom jeweiligen Hotelunternehmen nicht zu beeinflussen sind.[29] „Unter den natürlichen Ursachen werden die Witterungsverhältnisse, wie z. B. Schnee, Sonne, Meerestemperaturen etc. subsumiert."[30] Hinzu kommen aber auch politische Ereignisse. Außerdem ist die Hoteldienstleistung wesentlich komplexer und somit erklärungsbedürftiger[31] als ein Sachprodukt. „Vor allem das fallweise Fehlen des gegenständlichen Vermarktungsobjektes und die Tatsache, daß Dienstepotenziale erst durch Inanspruchnahme des Konsumenten tätig werden und erst dann die Leistung spezifiziert wird und entsteht, führen dazu, daß das Produkt im Falle von Dienstleistungen als ein mehrdimensionales Merkmals- und Wahrnehmungsbündel gesehen werden kann, welches anbieter- und nachfrageseitig einer Spezifikation bedarf."[32] Dass sich eine Dienstleistung für gewöhnlich aus einem Bündel an Leistungen zusammensetzt, hält auch KLEINALTENKAMP fest.[33] Die Hoteldienstleistung ist **gekoppelt an einen hohen Informations- und Erklärungsbedarf**. Trotz der Fülle verfügbarer Details bleibt beim Kaufentschluss ein hohes Maß an Ungewissheit über die Hoteldienstleistung und die Dienstleistungsqualität.

– *Subjektivität*
Eine Herausforderung ergibt sich aus der Immaterialität der Dienstleistung, da die potenziellen Hotelgäste die Dienstleistung vorher nicht sehen und testen können. Dies führt dazu, dass verschiedene Gäste häufig sehr unterschiedliche Vorstellungen und Erwartungshaltungen von einer Hotelleistung haben.[34] Daraus entsteht ein Evaluierungsproblem bzw. eine hohe Subjektivität bei der Bewertung.[35] Zusätzlich ist der Kunde (wegen der Integration des externen Faktors), durch die Integrativität, für die Qualität der Dienstleistung mitverantwortlich.[36] Andererseits trägt auch die Hotelleistung zum Gesamterfolg seiner Reise bei, da für eine Urlaubsreise lange gespart wurde oder eine Geschäftsreise ein wichtiges Reisemotiv hat. In diesem Zusammenhang begibt man sich als Hotelgast für eine

---

28 Vgl. ebd., S. 54 f.
29 Vgl. Gardini (2009), S. 42.
30 Ebd.
31 Vgl. Arthur D. Little (1997), S. 44. „Die Leistung ist mit einem hohen Informations- und Erklärungsbedarf gekoppelt; trotz der Fülle verfügbarer Details bleibt beim Kaufentschluß ein Maß an Ungewißheit über Produktinhalte und -qualität." (ebd.)
32 Scharitzer (1994), S. 44.
33 Vgl. Kleinaltenkamp (2001), S. 38 f.
34 Vgl. Henschel, Gruner, Freyberg (2013), S. 54.
35 Vgl. Hinterholzer, Jooss, Egger (2011), S. 38.
36 Vgl. Woratschek (1996), S. 108; Engelhardt, Schnittka (2001), S. 921.

bestimmte Zeit in die Hände von anderen Personen. Dementsprechend handelt es sich bei einer Hotelleistung für gewöhnlich um eine **hochemotionale Leistung**, die die Subjektivität der Gäste und des Kunden noch zusätzlich erhöht.


### 3.1.3 Der Hotelmarkt in Deutschland

In Deutschland liegt laut STATISTISCHEM BUNDESAMT[37] die Zahl der Unternehmen des Beherbergungsgewerbes bei 46.820, mit 514.581 Beschäftigten und einem Jahresumsatz von ca. 23 Mrd. Euro. In 2013 entfiel davon auf die Hotellerie ein Nettoumsatz von 21,2 Mrd. Euro.[38] An den Finanzmärkten haben sich trotz des Aufwärtstrends der letzten Jahre die Hotelaktien unterdurchschnittlich entwickelt.[39] Der HOTELVER-BAND DEUTSCHLAND e. V. (IHA) formuliert dies wie folgt: „Derzeit werden Gewinne weniger in der Hotellerie, als mit der Hotellerie erzielt."[40] Insgesamt gewinnen die nationalen und internationalen Hotelketten gegenüber den Privathotels zunehmend an Bedeutung. Die Markenhotellerie verfügte in Deutschland im Jahr 2013 bereits über einen Zimmeranteil von 39,7 %.[41]


#### 3.1.3.1 Analyse des Marktumfeldes

Im Folgenden wird das Marktumfeld der Hotellerie in Deutschland gemäß dem im Abschnitt 1.1 dargelegten Branchenstrukturmodell (siehe Abbildung 1) analysiert.


**Marktwachstum der Mitbewerber**

Die Zahl der Übernachtungen in der Hotellerie in Deutschland steigt zunehmend, jedoch unterproportional zu dem rasanten Wachstum der Bettenkapazitäten.[42] In 2012 verzeichnete die Hotellerie laut STATISTISCHEM BUNDESAMT über 164 Mio. Übernachtungen, dies entspricht einem Wachstum von 3,8 % im Vergleich zum Vorjahr.[43] Gleichzeitig wächst auch die Zahl der verfügbaren Betten in Deutschland stetig. Im Jahr 2012 bot der Hotelmarkt mit 13.384 Betrieben bereits über 1 Mio. Schlafgelegenheiten an.[44] Daraus resultiert eine **stetig größer werdende Kluft zwischen tatsächlichen Übernachtungen und vorhandenen Kapazitäten**, d. h., die Anzahl

---

**37** Vgl. Statistisches Bundesamt (2013), S. 602.
**38** Vgl. IHA (2014), S. 7. „Preisbereinigt (real) sank der Nettoumsatz allerdings um 1,2 % (Vorjahr: +1,9 %)." (ebd.)
**39** Vgl. ebd., S. 21.
**40** IHA (2014), S. 21.
**41** Vgl. IHA (2014), S. 9.
**42** Vgl. Henschel (2008), S. 63.
**43** Vgl. Statistisches Bundesamt (2013), S. 604.
**44** Vgl. ebd., S. 603. Als Schlafgelegenheit werden hier alle Gästebetten (inkl. Zustellbetten) gerechnet. Doppelbetten zählen als zwei Schlafgelegenheiten.

der nicht belegten Betten in der deutschen Hotellerie wird von Jahr für Jahr größer (siehe Abbildung 23).[45] „Den leicht wachsenden Gesamtübernachtungszahlen steht eine überproportionale Steigerung der Bettenkapazitäten gegenüber. Die Überkapazitäten auf dem deutschen Hotelmarkt sorgen für ein im internationalen Vergleich niedriges Preisniveau. Der **Preis- und Verdrängungswettbewerb** gilt neben den hohen Kosten (Lohnnebenkosten, Modernisierungsinvestitionen) und der Beschäftigungsproblematik bei qualifizierten und motivierten Arbeitskräften (bedingt durch ungünstige Arbeitszeiten und ein relativ niedriges Gehaltsniveau) als Hauptproblem innerhalb der Branche."[46]

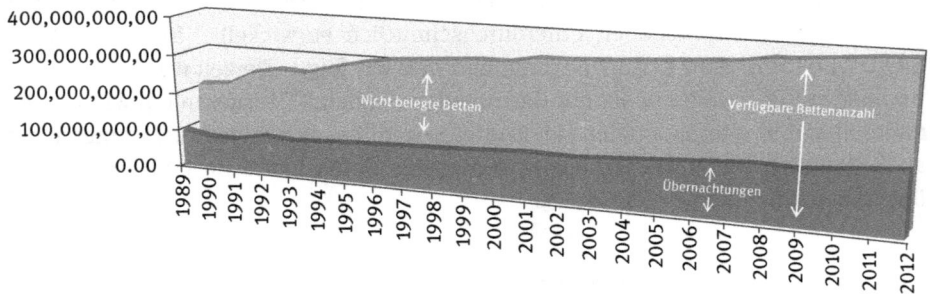

**Abbildung 23:** Übernachtungen vs. verfügbares Bettenpotenzial in der deutschen Hotellerie (Quelle: Eigene Erhebung nach Zahlen des Statistischen Bundesamtes, Statistisches Jahrbuch (1990–2013)).

Der Anstieg der Kapazitäten kommt durch das starke Wachstum der Hotelketten, die zunehmend auch an B- und C-Standorten neue Hotelbetriebe (insbesondere in ihren Budgetmarken) eröffnen.[47]

Umsatzstarke Branchen ziehen zudem immer neue Mitbewerber an, was zu einer weiteren Verringerung der Profitabilität führt.[48] Bis 2017 sind in Deutschland weitere 436 Hotelprojekte mit insgesamt 56.880 Hotelzimmern geplant. Hierbei handelt es sich vornehmlich um Neubauten (78,9 %), was nicht etwa eine Renovierung bestehender Kapazitäten, sondern neue Wettbewerber auf dem Hotelmarkt bedeutet. Der Schwerpunkt liegt im 4-Sterne-Segment (174 Projekte). Im 5-Sterne-Segment sind insgesamt 43 Hotelbauprojekte in der Planung.[49]

Die beschriebenen Überkapazitäten und die unterproportional wachsende Übernachtungszahl führen zum Preisverfall.[50] „Die im Verdrängungswettbewerb

---

45 Das verfügbare Bettenpotenzial entspricht einer Hochrechnung auf 365 Tage pro Jahr.
46 Eisenstein, Gruner (2003), S. 378.
47 Vgl. Behre (2013e), S. 1.
48 Vgl. Fitzsimmons, Fitzsimmons (2011), S. 44.
49 Vgl. IHA (2014), S. 43 ff.
50 Vgl. Henschel (2008), S. 63.

preispolitische Notwendigkeit der Preisdifferenzierung hat ein für den Kunden kaum transparentes Geflecht von Nachlässen, Sonderkonditionen und Rabatten zur Folge."[51]

### Verhandlungsstärke der Kunden

Spätestens seit den 1990er-Jahren hat sich der **Hotelmarkt vom Verkäufer- zum Käufermarkt entwickelt.** Zusammen mit der Rezession haben die Unternehmen begonnen, in ihrer Organisationsstruktur Reisestellen einzurichten, um den hohen Posten der Reisekosten zu minimieren.[52] Der Anteil der Unternehmen, die professionelles Travel-Management als Kernaufgabe in ihrem Unternehmen sehen, ist mittlerweile sehr hoch und nimmt stetig zu (siehe Abbildung 24).

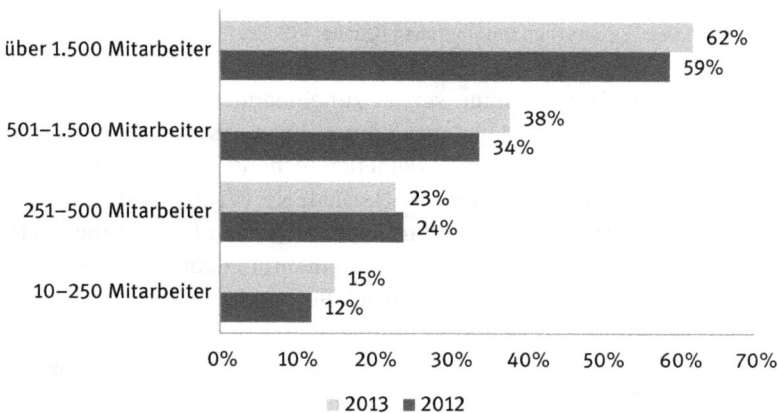

**Abbildung 24:** Travel-Management als eigener Verantwortungsbereich im Unternehmen (Quelle: VDR (2013), S. 11).

Reiserichtlinien als Instrument der Steuerung der Reisekostenabrechnung und somit der Kostenkontrolle sind weitverbreitet. Je größer ein Unternehmen ist, umso genauer sind die Reiserichtlinien definiert (siehe Abbildung 25). Die Reisestellen geben klare Richtlinien über die Geschäftsreisen und deren Ausgaben vor, erstellen eine Jahreskostenplanung und legen die strategische Ausrichtung für das kommende Jahr fest, die als Verhandlungsgrundlage mit den Hotelketten dient.[53] Hier sind die Präferenzen der Reisenden oft Nebensache.[54]

---

**51** Eisenstein, Gruner (2003), S. 378.
**52** Vgl. Henschel, Gruner, Freyberg (2013), S. 32; Hammer, Naumann (2006), S. 35.
**53** Vgl. Drechsler, Schröder (2006), S. 116.
**54** „Die Unterziele des Reisenden nach Service, Komfort und Flexibilität sind jedoch teils konfliktär aber auch komplementär zum Oberziel." (ebd., S. 117)

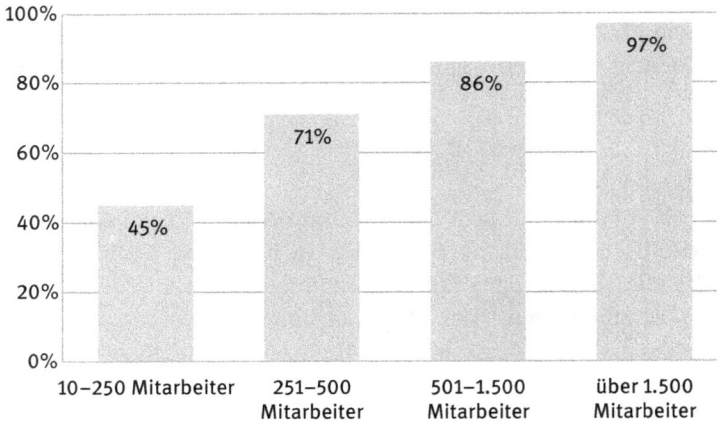

**Abbildung 25:** Reiserichtlinien in deutschen Unternehmen (Quelle: VDR (2013), S. 11).

„Die Reiseeinkäufer in den Unternehmen setzen zunehmend auf Preisvergleiche, Sondertarife und Rabatte. Zudem wird genaues Controlling zur Kostensenkung und Einhaltung des Budgets immer wichtiger."[55] Dementsprechend zeigt eine jährliche Studie des VERBANDES DEUTSCHES REISEMANAGEMENT (VDR),[56] dass die Reiseausgaben in Deutschland stagnieren bzw. nur leicht anstiegen (siehe Tabelle 11). Besonders deutlich zeigt sich das im Geschäftsreisesegment, in dem die Tagesausgaben zwischen 2005 und 2012 sogar um sechs Euro gefallen sind.

**Tabelle 11:** Tagesausgaben in Deutschland 2005–2012 (Quelle: Eigene Darstellung in Anlehnung an VDR (2013), S. 7 sowie VDR (2010), S. 7).

| Kennziffer | | Geschäftsreisen | Urlaubsreisen |
|---|---|---|---|
| Ausgaben pro Person und Tag | 2012 | 140 € | 73 € |
| | 2011 | 148 € | 70 € |
| | 2010 | 127 € | 70 € |
| | 2009 | 142 € | 67 € |
| | 2008 | 135 € | 67 € |
| | 2007 | 137 € | 65 € |
| | 2006 | 148 € | 66 € |
| | 2005 | 146 € | 67 € |

Basis: Unternehmen mit Travel-Management für Geschäftsreisen im Inland; Urlaubsreisen mit einer Dauer ab 5 Tagen im Inland

---

**55** Lehmann (2012), S. 2.
**56** Vgl. VDR (2013), S. 7; VDR (2010), S. 7.

„Doch Deutschlands Unternehmen haben in der Krise das Sparen gelernt und in den vergangenen Jahren bereits so die Kosten gedrückt, dass mehr Einsparungen nicht mehr möglich sind."[57] In der Folge kann in vielen Unternehmen nur noch an der Reisehäufigkeit und an der Reisedauer gespart werden.[58] Einige Firmen haben das Reisevolumen insgesamt reduziert. Hier helfen technische Hilfsmittel, z. B. Videokonferenzsysteme, deren Integration die Firmen von dem Zwang der persönlichen Anwesenheit bei jedem Meeting befreit.[59] Hinzu kommt, dass sich viele Firmen von professionellen Travel Management Companies (TMC) helfen lassen, die sie in Bezug auf Optimierung der Reisekosten beraten. Derselbe Trend ist bei Tagungsnachfragen zu erkennen. Die Dauer von Veranstaltungen nimmt ab.[60]

Bei den Freizeitreisenden haben die neuen Buchungskanäle und das Internet zu einer starken Transparenz und Emanzipation geführt, was auch die Verhandlungsmacht der Individualkunden sowie der Reisevermittler erhöht.[61] Zusätzlich haben Preisewergleichsportale den Informationsvorteil vom Anbieter zum Konsumenten verschoben.[62] „Informierte und reiseerfahrene Konsumenten erwarten mehr Leistung für weniger Geld."[63] Diese Entwicklung wird im Folgenden (siehe Abschnitt 3.2) detailliert erörtert.

**Verhandlungsstärke der Zulieferer**
Die **Machtstellung der Zulieferer nimmt immer mehr zu.** Die Kosten in der Hotellerie steigen stetig: „Hotels weisen ein hohes Kostenniveau auf. So sind Aufwendungen von über 90–95 % an den Betriebserträgen keine Seltenheit, unabhängig davon, ob es sich um einen Eigentümer- oder Pachtbetrieb handelt."[64] Viele unentbehrliche **Produkte sind in den letzten Jahren massiv teurer geworden.** Hierzu gehören Verbrauchsgüter, aber auch Investitionsgüter (Energie, Gebäudereinigung, Wäscheservice).[65] Hinzu kommt, dass Hoteliers bei verzehrfertigen Speisen mit 19 % versteuert werden. Solche Speisen werden aber bei Bäckereien, Metzgereien oder Supermärkten

---

**57** Lehmann (2012), S. 2.
**58** Vgl. Hammer, Naumann (2006), S. 31. Im Geschäftsreisemarkt in Deutschland wird zunehmend von den Unternehmen versucht, Tagesreisen ohne Übernachtung bei den Reisenden zu erwirken.
**59** Vgl. ebd., S. 79 ff.
**60** Vgl. ebd., S. 64 ff. Beispiele für TMCs sind Carlson CWT (Carlson Wagonlit Travel), AMEX (American Express Travel) oder LCC (Lufthansa City Center).
**61** Die Reisenden möchten zwar nicht auf Komfort verzichten, sind aber nicht bereit dafür mehr zu bezahlen. Vgl. Kuntz (2014), S. 18. Ein gutes Beispiel hierfür ist die Diskussion über einen kostenfreien Zugang zum Internet in den Hotels. Die Hotels möchten diese Einnahmequelle nicht aufgeben, die Gäste fordern einen Wegfall der Gebühren. Vgl. Stocker (2014), S. 17.
**62** Vgl. Fitzsimmons, Fitzsimmons (2011), S. 44.
**63** Hinterholzer, Jooss, Egger (2011), S. 71.
**64** Henschel (2008), S. 312; Henschel, Gruner, Freyberg (2013), S. 179.
**65** Vgl. Oehler (2008), S. 15.

mit nur 7 % veranschlagt.[66] „Der Einkaufskostenanteil eines ‚Voll-Hotels' liegt bereits durchschnittlich bei 30 bis 35 Prozent. Hierin enthalten sind alle Einkaufskosten, die für Produkte und Dienstleistungen aufgebracht werden müssen, die extern beschafft werden. Bei einem Hotel mit einem NOP (Net Operating Profit)[67] von 5 Prozent bedeutet dies, dass allein eine zweiprozentige Steigerung der Einkaufskosten den Gewinn dieses Hotels um 14 Prozent reduziert."[68] Zusätzlich sind Investitionen in die Hotelanlagen, Personalkosten sowie Warenkosten notwendig.[69] Diese Kostenentwicklung lässt sich dauerhaft nur mühsam finanzieren, da die Kosten nicht ganz oder gar nicht an die Kunden weitergegeben werden können.

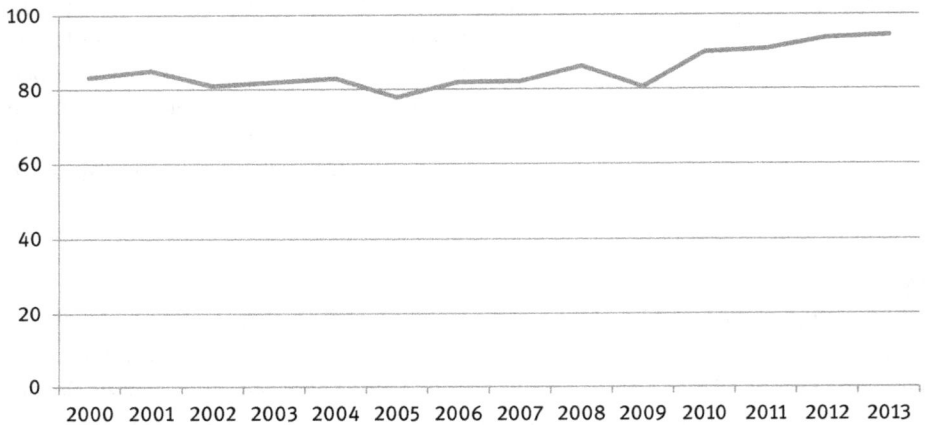

| 2000 | 2001 | 2002 | 2003 | 2004 | 2005 | 2006 | 2007 | 2008 | 2009 | 2010 | 2011 | 2012 | 2013 |
|---|---|---|---|---|---|---|---|---|---|---|---|---|---|
| 83.34 | 85.00 | 81.00 | 82.0 | 83.0 | 77.8 | 82.0 | 82.1 | 86.2 | 80.6 | 89.9 | 90.7 | 93.7 | 94.4 |

Anmerkung:
Netto-Zimmerpreis = durchschnittlicher Erlös (ohne Frühstück und Mehrwertsteuer) je vermietetem Zimmer in Euro

**Abbildung 26:** Durchschnittlich erzielte Netto-Zimmerpreise (ADR) deutscher Hotels in Euro (Quelle: IHA (2014), S. 25; IHA (2005), S. 8).

Anschließend wird dargestellt, dass die **Zimmerpreise bzw. Zimmererträge der deutschen Hotellerie in den letzten 13 Jahren nur leicht gestiegen** sind (siehe Abbildung 26 sowie Abbildung 27). Zu erkennen ist, dass die Raten deutlich schwächer gewachsen sind als der Verbraucherpreisindex. Dieser ist im gleichen Zeitraum

---

66 Vgl. DEHOGA (2014), S. 11.
67 Net Operating Profit (NOP) = Operativer Gewinn nach Steuern.
68 Oehler (2008), S. 15.
69 Vgl. DEHOGA (2014), S. 13.

(2000–2013) um 23,3 % nach oben geklettert.[70] Die Preiserhöhung bei der deutschen Hotellerie ab 2010 rührt allerdings hauptsächlich aus der Senkung des Mehrwertsteuersatzes für Übernachtungen von 19 auf 7 %. Ohne diese politische Entscheidung würde das Bild noch negativer ausfallen.[71] Bereinigt man die Zimmerpreise um die Inflationsrate, sinken die Preise der deutschen Hotellerie sogar.[72]

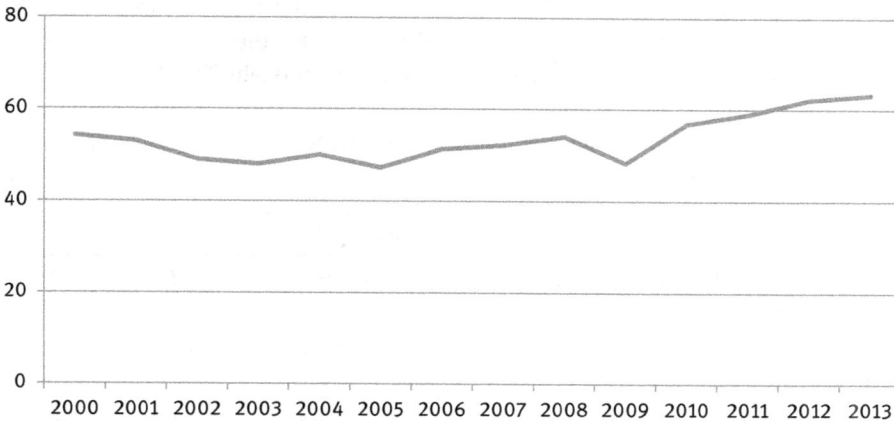

| 2000 | 2001 | 2002 | 2003 | 2004 | 2005 | 2006 | 2007 | 2008 | 2009 | 2010 | 2011 | 2012 | 2013 |
|------|------|------|------|------|------|------|------|------|------|------|------|------|------|
| 54.2 | 53.00 | 49.00 | 48.0 | 50.0 | 47.2 | 51.3 | 52.2 | 54.0 | 48.3 | 56.8 | 58.9 | 62.1 | 63.2 |

Anmerkung:
Zimmerertrag = durchschnittlicher Erlös je verfügbarem Zimmer. Produkt aus Zimmerauslastung und durchschnittlichem Netto-Zimmerpreis in Euro. Auch RevPar (Revenue per available room) genannt.

**Abbildung 27:** Durchschnittlich erzielte Zimmererträge (RevPAR) deutscher Hotels in Euro (Quelle: IHA (2014), S. 27; IHA (2005), S. 9).

Während die Raten der Hotellerie nicht proportional zum Verbraucherpreisindex steigen, ist bei den Betriebskosten das Gegenteil der Fall.[73] Dies betrifft beispielsweise Pachtbetriebe, indem die Pacht dem Verbraucherpreisindex angepasst wird, aber auch Löhne, Energie und sonstige Verbrauchsgüter.[74] Hinzu kommen Renovierungen und Instandhaltung. In 2013 führte die deutsche Hotellerie 4.841 Investitionsprojekte durch. Deren Schwerpunkt lag auf der Innenausrichtung bzw. Ausstattung, Bad- und Sanitäranlagen, Restaurants und Tagungsflächen.[75]

---

**70** Vgl. Statistisches Bundesamt (2014), S. 3. Im Jahr 2000 lag der Index bei 85,7, im Jahr 2013 bei 105,7.
**71** Vgl. IHA (2014), S. 24.
**72** Vgl. ebd., S. 25.
**73** Vgl. IHA (2014), S. 25 f.
**74** Vgl. o. V. (AHGZ) (2013), S. 3.
**75** Vgl. IHA (2014), S. 52 f.

**Markteintritt von Ersatzprodukten**

Die Hotellerie bekommt in ihrem Kerngeschäft Tagungen und Konferenzen **zuneh-mend Konkurrenz durch Ersatzprodukte** wie Event-Locations und Veranstaltungs-zentren. In einer Studie des EUROPÄISCHEN INSTITUTS FÜR TAGUNGSWIRTSCHAFT GMBH[76] wurde im März 2013 der Veranstaltungsmarkt in Deutschland untersucht. Die Daten stammen aus den Datenbanken von GCB,[77] EVVC[78] und EITW.[79] Per webbasier-tem Fragebogen sind deutschlandweit rund 6.900 Anbieter und weltweit ca. 12.700 Veranstalter angeschrieben worden.[80] Die Studie zeigt, dass die Anzahl der Tagungs-und Veranstaltungsstätten in Deutschland stetig zunimmt (siehe Tabelle 12).

**Tabelle 12:** Angebotssituation im deutschen Tagungsmarkt 2012/2013 (Quelle: Erhebung des Europäischen Instituts für TagungsWirtschaft (EITW) (2013), S. 12).

| Angebotssituation | | Nachfragesituation | |
|---|---|---|---|
| **Tagungs- und Veranstaltungsstätten insgesamt*** | 6.939 (+5 %) | **Veranstaltungen** | **2,97 Mio. (+9,2 %)** |
| Kongress- und Veranstaltungszentren | 1.663 (+5 %) | Durchschnittsdauer | 1,56 Tage (+/−0) |
| Tagungshotels | 3.290 (+1 %) | Teilnehmer insgesamt | **362 Mio. (+7,2 %)** |
| Event-Locations† | 1.986 (+13 %) | | |
| | | davon Teilnehmer aus dem Ausland | 6,1 % (+0,2 %) |

* Betriebe mit mindestens 100 Sitzplätzen im größten Saal bei Reihenbestuhlung
† Burg, Schloss, Kloster, Museum, Fabrikhalle, Lokschuppen, Studio, Freizeitpark, Zoo, Bildungs-einrichtung, Hochschule, Flughafen

Das stärkste Wachstum verzeichnet nicht die Hotellerie, sondern es sind die Event-Locations und Veranstaltungszentren. Der hohe Zuwachs bei den Event-Locations resultiert laut EITW-Studie[81] daraus, dass immer mehr Destinationen und Institutio-nen wie Rathäuser oder Weingüter ihre Flächen für Veranstaltungen vermarkten.

Seit 2010 wächst **zusätzlich der Markt der Vermittlung von Privatapart-ments.**[82] Die Vermittlung von privaten Wohnungen gibt es schon lange, jedoch wird

76 Im Auftrag des Europäischen Verbands der Veranstaltungs-Centren e. V. (EVVC), Deutsche Zentra-le für Tourismus e. V. (DZT) sowie German Convention Bureau e. V. (GCB). Vgl. EITW (2013).
77 GCB = German Convention Bureau e. V.
78 EVVC= Europäischer Verband der Veranstaltungs-Centren e. V.
79 EITW = Europäisches Institut für Tagungs Wirtschaft GmbH.
80 Rücklaufquote bei dieser Befragung: 4,4 %
81 EITW (2013), S. 13.
82 Vgl. IHA (2014), S. 105. „Befördert wird das Wachstum der Privatquartiere durch den Trend zur sog. Collaborative Consumption – einer Bewegung, die das Teilen von persönlichen Gegenständen mit anderen Menschen über das Internet bezeichnet." (ebd.)

sie durch die Digitalisierung, die Preissensibilität der Konsumenten, die Suche nach individualisierten Produkten und Erlebnissen zum Massenphänomen (siehe Abschnitt 3.2.1).[83] Plattformen für Privatvermieter wie Airbnb,[84] Wimdu[85] und 9Flats[86] haben erfolgreich eine Nische besetzt (siehe Tabelle 13). Sie bedienen Kundenbedürfnisse, indem sie weg von der Standardisierung der großen Hotelmarken und zunehmenden Technologisierung hin zur sogenannten realen Welt gehen.[87] Die Vermittlung von Privatwohnungen ist von den Apartment-Hotels zu unterscheiden, bei denen auch die Hotelketten versuchen, Langzeitgäste anzusprechen.[88] Besonders in den deutschen Ballungszentren mit hohem Tourismusaufkommen wachsen diese Privatvermieter rasant. Allein in Berlin listet Airbnb ca. 3.000 Unterkünfte auf.[89] Da bei einem Eindringen in die Privatsphäre das Thema Vertrauen am wichtigsten ist, haben die Onlineprivatvermittlungen entsprechende Kommunikations- und Bewerbungsmöglichkeiten aufgebaut – ähnlich sozialen Netzwerken.[90]

Selbstverständlich hat die Sehnsucht vieler Reisender nach Realität durch Privatunterkünfte auch ihre Nachteile. Zur Beurteilung einer Privatunterkunft ist man auf die Bewertung vorheriger Gäste angewiesen. Der Zugang zur Wohnung kann schwieriger sein als der Check-in im Hotel. Man hat viel weniger Garantie vor Lärmbelästigung, Sicherheit, Brandschutz als in einem Haus, das offiziell als Beherbergungsbetrieb gemeldet ist.[91]

**Tabelle 13:** Angebotsentwicklung bei Airbnb, Wimdu und 9flats in deutschen Großstädten (Quelle: IHA (2014), S. 106).

|        | 2012   | 2014   | Steigerung |       |
|--------|--------|--------|------------|-------|
|        |        |        | Angebote   | in %  |
| Airbnb | 12.763 | 14.566 | 1.803      | 14,1  |
| Wimdu  | 4.527  | 5.284  | 757        | 16,7  |
| 9flats | 2.365  | 3.529  | 1.164      | 49,2  |

Anmerkung: Untersuchte Städte sind hier Berlin, Hamburg, München, Frankfurt am Main, Köln, Düsseldorf

---

83 Vgl. ebd.
84 Vgl. weiterführend https://www.airbnb.de/
85 Vgl. weiterführend http://www.wimdu.de/
86 Vgl. weiterführend http://www.9flats.com/
87 Vgl. Behre (2012), S. 2. Insgesamt sind weltweit ca. 550.000 Unterkünfte in 35.000 Städten bei Airbnb verfügbar. Vgl. IHA (2014), S. 106.
88 Vgl. Strauß (2010), S. 2.
89 Vgl. Behre (2011), S. 3.
90 Vgl. ebd.
91 Vgl. ebd.

Offensichtlich ist, dass hier ein Angebot entstanden ist, das zunehmenden Druck auf die Hotellerie ausübt. Der Grund dafür ist, dass die Hotellerie diese Nische bisher vernachlässigte. Vonseiten der Hotellerie wird zuweilen versucht, gegen die neue Konkurrenz gerichtlich vorzugehen, anstatt das neue Konsumverhalten als Chance zu begreifen.[92] Alternativ versucht man, das neue Angebot zu ignorieren bzw. auf „geizige" Sparer, die nur günstige Unterkünfte suchen, zu reduzieren.[93]

### 3.1.3.2 Ketten- und Markenhotellerie vs. Individualhotellerie

Nachfolgend wird zwischen individuellen Hotels (Individualhotellerie) und Zusammenschlüssen von Hotels unterschieden. Bezeichnend für die Individualhotellerie ist, dass sich die Hotelimmobilie und das operative Geschäft in einer Hand befinden.[94] Der Begriff der „Individualhotellerie" wird nach EISENSTEIN und GRUNER definitorisch mit kleinen bis mittelständischen Hotelbetrieben in Zusammenhang gebracht, die i. d. R. inhabergeführt werden und weder einer Hotelkette oder Kooperation, noch einer Franchiseorganisation angehören.[95] Man spricht der Individualhotellerie einige Vorteile zu, z. B. Flexibilität, Nähe zum Kunden, Schnelligkeit bei Entscheidungsprozessen und tendenziell einen Bottom-up-Managementansatz.[96] Bei den Zusammenschlüssen gibt es die unterschiedlichsten Abgrenzungen (siehe Tabelle 14).

**Tabelle 14:** Betriebsformen von Hotel-Unternehmungen (Quelle: Henselek (1999), S. 7).

| | Hotel-Unternehmungen | | | |
|---|---|---|---|---|
| Einzelhotel, Privathotel, Individualhotel | „Markenhotellerie" (Ketten und Kooperationen) | | | |
| | Hotel-Kooperation | Integrierte Hotelkette, Hotelgesellschaften | | |
| | | Filialsystem | Franchisesystem | Hotel-Konzern* |
| einbetrieblich | mehrbetrieblich | mehrbetrieblich | mehrbetrieblich | mehrbetrieblich |
| Rechtlich u. wirtschaftlich selbstständige Hotel-Unternehmung | Horizontaler Zusammenschluss rechtlich u. wirtschaftlich selbstständiger Hotelunternehmungen | Einheitsunternehmung mit mehreren rechtlich unselbstständigen Betrieben (= Filialen) | Vertikaler Zusammenschluss rechtlich von wirtschaftlich selbstständiger Unternehmungen | Rechtlich selbstständige Hotelunternehmungen unter einheitlicher Leitung |

* Untersuchungsgegenstand im Rahmen dieser Arbeit

---

92 Das Bedürfnis eines Gastes zur Selbstversorgung oder wie ein Bewohner eine Stadt zu erleben, bietet auch eine Chance für die Hotellerie. Vgl. Kwidzinski (2013c), S. 3.
93 Vgl. Mischke (2012), S. 20.
94 Auch Eigentümerbetrieb oder Familienbetrieb bezeichnet. Vgl. Freyer (2011), S. 148.
95 Vgl. Eisenstein, Gruner (2003), S. 373.
96 Vgl. Auer (2007), S. 384.

Bis in die 1950er-Jahre gab es in Deutschland nur die Individualhotellerie. Das erste Kettenhotel in Deutschland – das Hilton – wurde im Jahr 1958 in Berlin eröffnet.[97] Bei den Hotelketten[98] und Kooperationen liegt meistens eine Trennung von Eigentum der Immobilie und deren Betreibung zugrunde.[99] Wegen der starken Zunahme von Hotelketten und Hotelkooperationen auf dem deutschen Hotelmarkt sowie dem oft kaum zu unterscheidenden Leistungsspektrum untereinander hat der Hotelverband Deutschland (IHA)[100] den Obergriff „Markenhotellerie" eingeführt, den der Autor übernimmt. Für Hotelgesellschaften, die unter dem Begriff „Markenhotellerie" zusammengefasst werden, sind folgende Kriterien festgelegt worden:
- Hotelgesellschaften verfügen über mindestens vier Hotels.
- Mindestens ein Hotel hat seinen Sitz in Deutschland.
- Alle Hotels der Hotelgesellschaft folgen einer für den Kunden erkennbaren Dachmarkenstrategie.[101]

Der Autor fügt dem Untersuchungsrahmen dieser Arbeit noch einen vierten Punkt hinzu:
- Die Zentrale hat die Entscheidungsgewalt gegenüber den Einzelbetrieben.[102]

Die **Markenhotellerie ist in Deutschland weiter auf dem Vormarsch**. Von 1985 bis 2013 ist die Zahl der Hotelgesellschaften von 41 auf 177 Unternehmen und von 1.068 Hotels auf insgesamt 3.939 Hotelbetriebe angestiegen.[103] Im europäischen Vergleich liegt der Anteil der Markenhotellerie mit einem Zimmermarktanteil von 39,7 % nur gering hinter dem europäischen Durchschnitt mit 41,3 %.[104] Im Umsatz nimmt die Markenhotellerie in Deutschland bereits 50 % des Marktes ein.[105] Von 18.000 in

---

**97** Vgl. Markgraf (2012), S. 6.
**98** „Rechtlich selbständige Hotel-Unternehmungen unter einheitlicher Leitung." (Henselek, 1999, S. 7) „Das sind Hotels nationaler oder internationaler Hotelgesellschaften bzw. Hotelkonzerne, die in unterschiedlichen Rechtsformen oder Formen der Betriebsführung betrieben werden und eine bestimmte, einheitliche Konzeption, meist im Sinne einer Marke, verfolgen." (Henschel, Gruner, Freyberg, 2013, S. 12) „Unter der Kettenhotellerie ist die Summe der Hotels einer Hotelgesellschaft (Hotelkonzern, Hotelkette) zu verstehen, die unter einheitlicher Leitung (Zentrale) geführt werden." (Henschel, 2008, S. 32)
**99** Vgl. Freyer (2011), S. 148.
**100** Vgl. IHA (2014), S. 198.
**101** Zu „Dachmarkenstrategie" vgl. Freyer (2007), S. 435. Eine Dachmarke hat hier Untermarken, die wiederum einen einheitlichen Namen, Zeichen und Design führen.
**102** Dachmarken, die nur beratend (überwiegend bei Hotelkooperationen der Fall) tätig sind, werden nicht explizit in die Untersuchung mit einbezogen.
**103** Vgl. IHA (2014), S. 202 f.
**104** Vgl. ebd., S. 210 ff. Großbritannien hat den höchsten Anteil an Markenhotellerie mit einem Zimmeranteil von 58,5 %.
**105** Vgl. Behre (2013), S. 1; IHA (2014), S. 210.; Kuntz (2014), S. 18.

Deutschland ab 2013 geplanten neuen Zimmern sind geschätzt nur ca. 14 % der Individualhotellerie zuzuordnen.[106] Der Zuwachs der Markenhotellerie in Deutschland ist vor allem auf folgende Punkte zurückzuführen:[107]

- Synergieeffekte (economies of scale) durch das Erlangen einer kritischen Masse auf dem Markt
- Möglichkeiten der Risikodiversifikation, Verluste in Betrieben mit Gewinnen in anderen Betrieben auszugleichen
- Möglichkeit der Standardisierung von Leistungen, was zu einer besseren Produktivität führt
- Leichterer Zugang zum Kapitalmarkt
- Kombination von Technologien und Know-how sowie moderner Managementmethoden[108]
- Angebot weltweiter Karrierechancen für die Mitarbeiter
- Aufbau von Marken und Nutzung von Marketingsynergien
- Kundenbindung durch Loyalitätsprogramme

Vor allem die internationalen Marken arbeiten i. d. R. mit lokalen Partnern für Finanzierung und Umsetzung der Projekte zusammen.[109] „Immobilieneigentum und Pachtverpflichtungen, die sich in der Bilanz niederschlagen, sind bei vielen Großen auf dem Rückzug."[110] Im Gegenzug wird der Markenhotellerie eine gewisse Eintönigkeit bzw. Standardisierung nachgesagt, die im Gegensatz zum Verbraucherverhalten (siehe Abschnitt 3.2.1) der Individualisierung steht. Die Größe eines Hotelkonzerns kann außerdem zu einer Inflexibilität und Schwerfälligkeit führen.[111]

Die Hotelklassifizierung wird in Deutschland vom Hotelverband DEHOGA (Deutscher Hotel- und Gaststättenverband e. V.) geregelt (siehe Tabelle 15).[112]

Für den Hotelgast hat nach SCHRAND und SCHLIEPER eine Hotelmarke folgende Funktionen:[113]

- Signalfunktion, um Wiedererkennungswert zu schaffen.
- Differenzierungsfunktion, um sich von der Konkurrenz zu unterscheiden.
- Garantiefunktion, um Vertrauen in die immaterielle Leistung einzubringen.

---

**106** Vgl. Marconi (2013), S. 18.
**107** Vgl. Eisenstein, Gruner (2003), S. 276 f.; Henschel, Gruner, Freyberg (2013), S. 22 f.; IHA (2014), S. 214.
**108** Diese Vorteile können globale Reservierungssysteme, Yield-Management-Know-how sowie Kenntnisse der neuen Medien sowie digitalen Marketing- bzw. Vertriebsplattformen sein.
**109** Vgl. Behre (2013), S. 1.
**110** Behre (2013c), S. 8.
**111** Vgl. Henschel, Gruner, Freyberg (2013), S. 23.
**112** Vgl. weiterführend IHA (2014), S. 264 ff.
**113** Vgl. Schrand, Schlieper (2011b), S. 204. Hier unterscheidet man in eine Einzelmarkenstrategie, Mehrmarkenstrategie, Dachmarkenstrategie sowie Markentransferstrategie.

**Tabelle 15:** Deutsche Hotelklassifizierung: Auszug aus dem Kriterienkatalog (Quelle: DEHOGA (o. J. b)).

**Kategorie**

| 1-Stern-Unterkunft für einfache Ansprüche | 2-Sterne-Unterkunft für mittlere Ansprüche | 3-Sterne-Unterkunft für gehobene Ansprüche | 4-Sterne-Unterkunft für hohe Ansprüche* | 5-Sterne-Unterkunft für höchste Ansprüche* |
|---|---|---|---|---|
| – alle Zimmer mit Dusche/WC oder Bad/WC | – Frühstücksbuffet | – 4 h besetzte separate Rezeption, 24 h erreichbar, zweisprachige Mitarbeiter (deutsch/englisch) | – 18 h besetzte separate Rezeption, 24 h erreichbar | – 24 h besetzte Rezeption, mehrsprachige Mitarbeiter |
| – tägliche Zimmerreinigung | – Leselicht am Bett | – Sitzgruppe am Empfang, Gepäckservice | – Lobby mit Sitzgelegenheiten und Getränkeservice, Hotelbar | – Doorman- oder Wagenmeisterservice |
| – alle Zimmer mit Farb-TV samt Fernbedienung | – Schaumbad oder Duschgel | – Getränkeangebot auf dem Zimmer | – Frühstücksbuffet oder Frühstückskarte mit Roomservice | – Concierge, Hotelpagen |
| – Tisch und Stuhl | – Badetücher | – Telefon auf dem Zimmer | – Minibar oder 24 h Getränke im Roomservice | – Empfangshalle mit Sitzgelegenheiten und Getränkeservice |
| – Seife oder Waschlotion | – Wäschefächer | – Internetzugang auf dem Zimmer oder im öffentlichen Bereich | – Sessel/Couch mit Beistelltisch | – Personalisierte Begrüßung mit frischen Blumen oder Präsent auf dem Zimmer |
| – Empfangsdienst | – Angebot von Hygieneartikeln (Zahnbürste, Zahncreme, Einmalrasierer usw.) | – Heizmöglichkeit im Bad, Haartrockner | – Bademantel, Hausschuhe auf Wunsch | – Minibar und 24 h Speisen und Getränke im Roomservice |
| – dem Hotelgast zugängliches Telefon | – Kartenzahlung möglich | – Ankleidespiegel, Kofferablage | – Kosmetikartikel (z. B. Duschhaube, Nagelfeile, Wattestäbchen) | – Körperpflegeartikel in Einzelflakons |
| – erweitertes Frühstücksangebot | | – Nähzeug, Schuhputzutensilien, Waschen und Bügeln der Gästewäsche | – Kosmetikspiegel, großzügige Ablagefläche im Bad | – Internet-PC auf dem Zimmer |
| – Getränke-angebot im Betrieb | | – Zusatzkissen und -decke auf Wunsch | – Internetzugang und Internetterminal | – Safe im Zimmer |
| – Depotmöglichkeit | | – Systematischer Umgang mit Gästebeschwerden | – À-la-carte-Restaurant | – Bügelservice (innerhalb 1 h), Schuhputzservice |
| | | | | – abendlicher Turndownservice |

*Untersuchungsgegenstand im Rahmen dieser Arbeit unter Berücksichtigung, dass viele der Hotelgesellschaften mit Schwerpunkt im 4- und 5-Sterne-Bereich auch Marken im 3-Sterne-Bereich anbieten.

**Tabelle 16:** Top 10 der umsatzstärksten Hotelketten der gehobenen Markenhotellerie in Deutschland in 2012 (Quelle: Eigene Darstellung in Anlehnung an Behre (2013e, S. 3 f.) sowie IHA (2014, S. 205)).

| Rang 2012 | Hotelgesellschaft | Zahl der Betriebe in Deutschland 2012 | Nettoumsatz in Mio. Euro |
|---|---|---|---|
| 1 | Accor Hospitality Germany GmbH | 383 | 836,8 |
| 2 | InterContinental Hotels Group | 70 | 516,0 |
| 3 | Starwood Hotels & Resorts Worldwide Inc. | 29** | 381,1* |
| 4 | Maritim Hotelgesellschaft mbH | 37 | 373,7 |
| 5 | Steigenberger Hotels AG | 66 | 364,9 |
| 6 | NH Hoteles Deutschland GmbH | 60 | 283,5 |
| 7 | Marriott International Inc. | 28** | 272,5* |
| 8 | Hilton Worldwide | 17 | 251,4 |
| 9 | Rezidor Hotel Group | 49 | 181,2* |
| 10 | Kempinski AG | 10** | 175,4* |

*Angaben geschätzt im Allgemeine Hotel- und Gastronomie-Zeitung (AHGZ) Ranking, vgl. Behre (2013e), S. 3 f.
** eigene Recherchen
Die oben aufgeführten Hotelketten führen auch Marken im Budgetsegment, die nicht vordergründig Gegenstand dieser Untersuchung sind, aber in den Zahlen inkludiert sind.
Nach dem AHGZ-Ranking befindet sich Best Western Hotels Deutschland auf Platz 2, Hospitality Alliance AG/Ramada Worldwide auf Platz 7, Grand City Hotels GmbH auf Platz 8, Event Hotelgruppe auf Platz 12 sowie Neue Dorint GmbH auf Platz 13. Diese Hotelunternehmen sind nicht Gegenstand der Untersuchung
(vgl. Abschnitt 1.4 Themenabgrenzung).

Tabelle 16 zeigt die führenden Hotelunternehmen im Bereich der gehobenen Markenhotellerie in Deutschland (siehe Tabelle 16).

Alle **Hotelketten der gehobenen Markenhotellerie in Deutschland haben weiterhin ehrgeizige Expansionspläne**; die einzige Ausnahme ist die Maritim Hotelgesellschaft mbH, die mit 37 Betrieben in Deutschland keine Portfolioerweiterung anstrebt.[114] Accor plant ein weiteres Wachstum über Management- und Franchiseverträge in Deutschland im gehobenen Markensegment, besonders für die Hotelmarke Pullman. In der Zeitspanne 2012–2016 sollen insgesamt 100 neue Hotels hinzukommen.[115] Für die InterContinental Hotels Group ist Deutschland einer der Kernwachstumsmärkte in Europa.[116] Starwood Hotels & Resorts – ebenfalls eine der großen Hotelketten auf dem deutschen Markt – plant, das Hotelportfolio im gehobenen Segment noch weiter auszubauen. Marken wie Sheraton, Westin, aber auch

114 Vgl. IHA (2014), S. 204.
115 Vgl. ebd., S. 203.
116 Vgl. ebd.

Whotels stehen hierbei im Fokus.[117] Auch international wachsen viele dieser Hotelgesellschaften rasant.[118] Kernmarkt sind größtenteils die USA, wobei auch mittlerweile die Hotelketten US-amerikanischer Provenienz ein sehr starkes internationales Wachstum aufweisen.

Hotelketten entkoppeln mehr und mehr die Managementaufgabe vom Immobilienbesitz. Dies führt zu einem größer werdenden Interessenskonflikt mit den Investoren bzw. mit den Eigentümern der Hotelimmobilie. Notwendige Investitionen in zukunftsträchtige Technologien und Dienstleistungen bedürfen der Zustimmung der Investoren. Gleichfalls sind die Hotelketten mit ihren Marken auf den jährlichen (und somit kurzfristigen) Profit (GOP)[119] aus, da sich daran ihre Managementgebühren orientieren.[120]

## 3.2 Geschäftsfeld Vertrieb und Marketing in der Markenhotellerie

Wie im Abschnitt 3.1.3.2 dargelegt, ist die Markenhotellerie in Deutschland auf dem Vormarsch. Im vorliegenden Kapitel wird zunächst die Einbindung von Vertrieb und Marketing in die Aufbauorganisation der Hotelketten skizziert. Wegen den im Folgenden beschriebenen Veränderungen des Reiseverhaltens von Kunden und Gästen steigt die Wichtigkeit der Funktionen Vertrieb und Marketing für den Gesamterfolg der Markenhotellerie: „Märkte sind heute höchst dynamisch, Destinationen stehen global im Wettbewerb, Kunden wird durch die Nutzung des Web eine wesentlich stärkere Marktrolle zuteil und die Komplexität der Marketing- und Vertriebsmöglichkeiten wächst beständig."[121] Beide Abteilungen kristallisieren sich als eigenständige Kompetenzbereiche. Dabei konzentriert sich der Vertrieb auf die direkte und indirekte Ansprache von Firmenkunden, Absatzmittlern und Absatzhelfern. Im Geschäftsfeld Marketing geht es um die Optimierung der Buchungs- und Kommunikationskanäle mithilfe des Marketingmix. Abschließend werden die aktuellen Herausforderungen vom Geschäftsfeld Vertrieb und Marketing dargestellt, um die Wachstumsziele der Hotelketten (siehe Abschnitt 1.1, Tabelle 1) zu erreichen.

---

117 Vgl. Behre (2013b), S. 3.
118 „Hotelketten entstanden zunächst in den hochentwickelten, marktwirtschaftlichen Ländern, v. a. in den USA. Hier war es die Pan-Am-Fluggesellschaft, die 1946 im Rahmen einer beginnenden vertikalen Integration mit dem Aufbau einer konzerneigenen Hotelkette (Interconti) begann. Es folgten Hilton (durch TWA) und Sheraton (durch SAS). Auch heute sind Luftverkehrsgesellschaften und Reiseveranstalter eng mit großen Hotelketten verbunden." (Freyer, 2011, S. 154)
119 Gross Operating Profit (GOP) = Operativer Gewinn vor Steuern.
120 Vgl. Gardini (2009), S. 45.
121 Hinterholzer, Jooss, Egger (2011), S. 44.

### 3.2.1 Veränderung des Reiseverhaltens

Nun werden die Veränderungen des Verbraucherverhaltens analysiert. Die Ausführungen gehen über die Bedürfnispyramide von MASLOW[122] hinaus, die das Reisemotiv zur Selbstverwirklichung sieht, sobald die elementaren Grundbedürfnisse befriedigt sind. Die im Folgenden beschriebenen Veränderungen im Reiseverhalten sind in der Tourismusbranche und insbesondere in der Hotellerie zu berücksichtigen.

#### 3.2.1.1 Demografischer Wandel

Der demografische Wandel in der deutschen Gesellschaft und seine Folgen, beispielsweise die Alterung der Gesellschaft, neue Familienstrukturen, Erhöhung des Renteneintritts sowie ein Ausdünnen der Mittelschicht, wirken sich auf das Reiseverhalten aus.[123] Die erhöhte Lebenserwartung bedeutet für touristische Unternehmen eine Marktveränderung. Laut einer Studie der STATISTISCHEN ÄMTER DES BUNDES UND DER LÄNDER wird die Altersgruppe der 65-Jährigen und Älteren um 33 % auf 22,3 Mio. Menschen im Jahr 2030 ansteigen.[124] Dementsprechend wird sich in der Zukunft das Reiseaufkommen infolge der Reisetätigkeiten der älteren Menschen erhöhen.[125] Außerdem hat der Einkommenszuwachs nach dem Zweiten Weltkrieg dazu geführt, dass ein zunehmend höheres Budget für eigenständige Freizeitaktivitäten in den Haushalten zur Verfügung steht.[126]

**Die Gesellschaft wird nicht nur älter, auch die Rollenverteilungen verändern sich.** Die Bedeutung der klassischen Familie nimmt als dominierende Lebensgemeinschaft zunehmend ab und es treten sogenannte Wahlfamilien mehr und mehr in den Vordergrund. Es wird prognostiziert, dass sich der Anteil der unter 20-jährigen bis zum Jahr 2030 um 17 % reduziert.[127] Somit verändert dies das traditionelle Urlaubsverhalten von Familien.[128] Spricht man vom demografischen Wandel der Gesellschaft in Deutschland und dem zukünftigen Reiseverhalten, liegt der Fokus zumeist nur auf den Senioren, deren Bedeutung selbstverständlich wegen der Vergrößerung dieses Alterssegments zunehmen wird. Allerdings betrifft die Verschiebung der Gesellschaft alle Altersgruppen: „Die gesamte zukünftige touristische Nachfrage in Deutschland hängt

---

122 Vgl. Maslow (1943), S. 382 ff. Maslow spricht hier in seinem Grundsatzartikel von „self-actualization" als Bedürfnis, sobald alle anderen Grundbedürfnisse erfüllt sind.
123 Vgl. Auer (2007), S. 379; Schmude, Namberger (2010), S. 82.
124 Vgl. Statistische Ämter des Bundes und der Länder (2011), S. 8. Weiterführend vgl. Hinterholzer, Jooss, Egger (2011), S. 61; Kreisel (2003), S. 74.
125 Vgl. Pikkemaat (2001), S. 22.
126 Vgl. Kreisel (2003), S. 74; Freyer (2006), S. 22 f.; Schmude, Namberger (2010), S. 117.
127 Vgl. Statistische Ämter des Bundes und der Länder (2011), S. 8.
128 Vgl. Heigert (2013), S. 2.

nicht nur von den Senioren, sondern von sämtlichen Alterssegmenten ab."[129] Es wird somit immer wichtiger, Reisende in jungem Alter an Marken zu binden und langfristig zu halten.[130] Hinzu kommt eine zunehmende Selbstverständlichkeit des Reisens. Das Reisen im Sinne der Regeneration von dem Alltag der Arbeitswelt ist von einem Freizeitverhalten als Lebensinhalt abgelöst worden.[131] Diese demografischen Veränderungen befördern eine weitere Veränderung im Verbraucherverhalten: die Individualisierung.

### 3.2.1.2 Individualisierung

Die Nachfrage wird differenzierter; beispielsweise durch den Markteintritt sogenannter No-frills-Airlines sind eine Fülle von Reisedestinationen zu einem moderaten Preis hinzugekommen. Außerdem herrscht eine wachsende Nachfrage nach individualisierten Angeboten.[132] „Consumer Intelligence' und Marktübersicht (umfassende Preis- und Produktvergleiche sind Alltag) nehmen zu. Personen wollen ihr individuelles Urlaubsangebot selbst zusammenstellen."[133] Eine klare Unterteilung in „Freizeitreisende" und „Geschäftsreisende" ist kaum mehr möglich.[134] KREISEL[135] sieht hier eine Vielzahl von Motiven: und zwar den Aufbau einer eigenen Authentizität durch die Reise, die Zugehörigkeit zu einer bestimmten gesellschaftlichen Schicht sowie die Stellung innerhalb des Lebenszyklus. Das **Wohnen in einem Hotel wird zudem zu einer Selbstverständlichkeit und weniger zu etwas Besonderem**:[136] „Die Gäste der Zukunft suchen nicht mehr nach guten und bewährten Hotels, sondern nach den herausragenden Konzepten, die die Lebenswelten der Individualisten widerspiegeln."[137] Es gibt kaum Unterschiede nach Altersgruppen oder Herkunftsländern, allerdings nach Zeit und Geldausgaben.[138] Dies wird in der folgenden Grafik illustriert (siehe Abbildung 28).

Der Gast mit viel Zeit sucht Erlebnisse, wobei der Gast mit wenig Zeit Komfort und Dienstleistungen sucht, die ihm helfen effizienter zu sein.

---

129 Lohmann (2007), S. 40.
130 Vgl. ebd.
131 Vgl. Freyer (2006), S. 25.
132 Vgl. Gruner, Freyberg, Phebey (2014), S. 88. „Zudem berücksichtigen praktisch alle Kategorisierungsversuche nicht, dass die Zugehörigkeit von Urlaubern zu einer bestimmten Gruppe nicht statisch bleibt, sondern sich mehrfach auch innerhalb kurzer Zeit ändert. Je nach Situation, Begleitumständen und Reisemotiven kann ein Urlauber unterschiedlichen Nachfragesegmenten angehören." (Kreisel, 2003, S. 78)
133 Hinterholzer, Jooss, Egger (2011), S. 63.
134 Vgl. Gatterer, Rützler (2012), S. 32 ff. „Dabei wird ein Umstand besonders klar: Das Abgrenzen von Privatleben und Beruf fällt immer schwerer, denn Kreative konzipieren, haben Ideen, tauschen sich aus und lassen sich inspirieren, wo auch immer sie gerade sind." (ebd, S. 32)
135 Vgl. Kreisel (2003), S. 83.
136 Vgl. Gatterer, Rützler (2012), S. 34; Henschel (2008), S. 42. „Der neue Kunde will sich bewusst separieren. [...] Er will Originalität, er will das ‚Niemand-ist-so-wie-ich' Gefühl." (Pikkemaat, 2001, S. 22)
137 Gatterer, Rützler (2012), S. 177.
138 Vgl. Hinterholzer, Jooss, Egger (2011), S. 82.

**Viel Geld**

| | |
|---|---|
| **Wenig Zeit + viel Geld** <br> Business-Reisende Convenience, <br> Komfort (gutes Bett, gutes Licht, <br> guter Arbeitsplatz), Einfachheit, <br> Flexible (24h) Check-in und <br> Check-out Zeiten, nicht warten, <br> VIP-Zugang | **Viel Zeit + viel Geld** <br> Exklusive, authentische Erlebnisse, <br> exklusive Gesellschaft <br> (Membership-Hotels), <br> Gourmet-Restaurant, <br> persönlicher Butler, <br> Architainment, Sociotainment |
| **Wenig Zeit + wenig Geld** <br> Selbstbedienung, <br> automatisches Selbst-Check-in <br> und -Check-out, Einfachheit | **Viel Zeit + wenig Geld** <br> Multimedia-Entertainment, <br> Bar, Games, Party |

**Wenig Zeit** (links) — **Viel Zeit** (rechts)

**Wenig Geld**

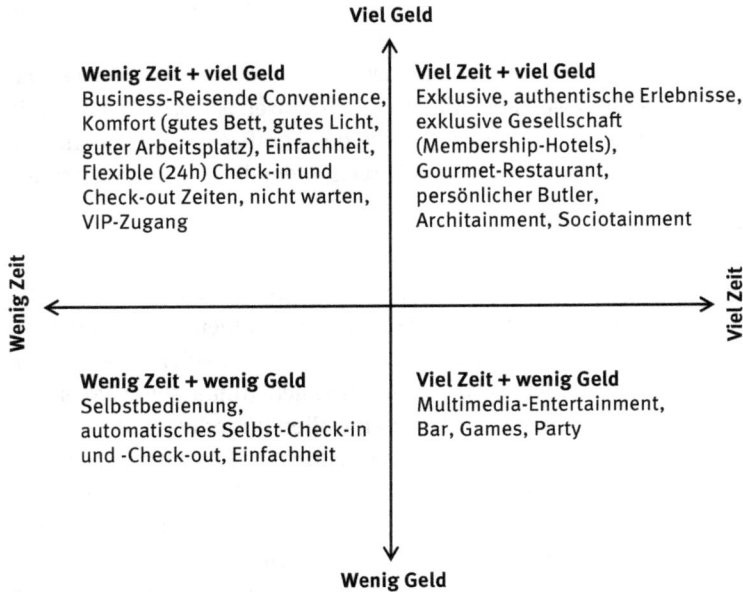

**Abbildung 28:** Der Hotelier der Zukunft handelt mit Zeit (Quelle: Gottlieb Duttweiler Institut, 2007, S. 37).

### 3.2.1.3 Reiseerlebnis und hybrides Kaufverhalten

Die Erwartungshaltung der neuen Reisegeneration hat sich verändert.[139] Der **Anspruch liegt auf mehr Leistung für weniger Geld**.[140] Die Kunden legen zunehmend ein hybrides Verbraucherverhalten[141] an den Tag.[142] Der Reisende wechselt vom Luxus- zum Budgetsegment und umgekehrt je nach Anlass.[143] Darum kommt es zu den unterschiedlichsten Anforderungen desselben Gastes zu verschiedenen Anlässen

---

**139** Vgl. Kreisel (2003), S. 79.

**140** Vgl. Henschel, Gruner, Freyberg (2013), S. 28. Vgl. auch Auer (2007): Darin wird von einem „Premiumtrend" gesprochen, der seinen Ursprung in den USA hat und dort als „affordable luxury" bezeichnet wird (ebd., S. 381).

**141** Vgl. Arthur D. Little (1997), S. 45. „Derselbe Reisende wird sowohl spontan ‚last minute' auf der Basis des günstigsten Preises buchen, wie er auch bereit ist, für hochwertige Produkte einen adäquaten Preis zu entrichten." (ebd.)

**142** Vgl. Hopfinger (2003), S. 17 f. Hopfinger spricht in diesem Zusammenhang auch von „Hypridtourismus" (ebd., S. 17). Vgl. ferner Hallerbach (2003), S. 180; Bienzeisler (2009), S. 245 f.

**143** Vgl. Henschel, Gruner, Freyberg (2013), S. 28. „Dabei bedeutet ein abgespecktes Leistungsangebot mit der Konzentration auf eine Kernleistung für den Gast nicht unbedingt Verzicht. Er bucht ein solches Quartier nicht ausschließlich, um Geld zu sparen, sondern weil es seine Wünsche am besten bedient." (Behre, 2013d, S. 10)

und Gegebenheiten.[144] Dazu erwartet der Hotelgast eine Multioptionalität.[145] „In den letzten Jahrzehnten hat der touristische Markt eine Entwicklung vollzogen, durch die die Verteilung von Wahlfreiheit und Marktmacht von den Verkäufern touristischer Leistungen zu den Konsumenten gewechselt hat."[146]

Das **Reiseerlebnis steht bei der Reiseentscheidung immer mehr im Vordergrund.**[147] „Ob Erlebnis-Einkauf, Erlebnis-Kaufhaus oder Urlaubs-Erlebnis, der Erlebnis-Begriff hat sich zu einem ubiquitären Schlagwort der Konsumgüter- und Dienstleistungsbranche entwickelt. Dahinter steht der Wunsch der Konsumenten nach Abwechslung, Entertainment, Thrill, Vergnügen, Fun etc. Über den Kernnutzen des Produktes oder der Dienstleistung erwarten sie einen Zusatznutzen materieller Art (Gimmicks, Voucher, ‚Specials‘) oder emotionaler Art (Staunen, Status, Nähe zu Stars etc.)."[148] Dabei ist das touristische Leistungsbündel als Gesamterlebnis zu inszenieren.[149] Dies zeigt sich insbesondere in der emotionalen Dimension des zunehmenden Markenbewusstseins:[150] „Der Hotelmarkt wird immer mehr zu einem Erlebnismarkt. Zeitgeist und neue Lebensstile prägen die erfolgreichen Marken und damit auch den Markt."[151] Luxus wird hier eine immer größere Rolle spielen, jedoch nicht im Sinne von „teuer" oder „Prestige". Vielmehr werden authentische Reiseerlebnisse als Luxus angesehen[152] und das Luxussegment wird dementsprechend neue Nischenmärkte hervorbringen.[153]

KULINAT[154] spricht in diesem Zusammenhang auch von imaginären Welten, die sich der Reisende aufbaut. Jede Art von Reiseerlebnissen vor, während und nach der Reise, die authentisch transportiert werden, werden in Zukunft entscheidend bei der Kundenbindung bzw. Kaufentscheidung sein.[155] Durch reine Produktvorteile wird sich der Hotelier nicht mehr differenzieren können. Hotelgäste möchten einen Aufenthalt

**144** Vgl. Henschel (2008), S. 42; Gruner, Freyberg, Phebey (2014), S. 88.
**145** Vgl. Gruner, Dev (2001), S. 140 ff.
**146** Hallerbach (2003), S. 171.
**147** Vgl. Henschel (2008), S. 42; Pikkemaat (2001), S. 22.; Brunner-Sperdin (2008), S. 11 ff.
**148** Steinecke (2000), S. 17.
**149** Vgl. Theiner, Steinhauser (2006), S. 44.
**150** Vgl. Kreisel (2003), S. 79.
**151** Behre (2013d), S. 10.
**152** Vgl. Gatterer, Rützler (2012), S. 37.
**153** Hinterholzer, Jooss, Egger (2011), S. 80.
**154** „Touristen sehen ihre Urlaubswelt quasi durch eine vorgegebene ‚touristische Brille‘, die vor allem den eigenen vorgefassten Meinungen folgt, die wiederum durch Literatur, Werbung der Tourismusveranstalter und klischeeartige Vorstellungen vom Urlaubsziel geprägt werden. Dabei findet eine Selektion und Montage der Wahrnehmung statt." (Kulinat, 2003, S. 101)
**155** Insbesondere die neuen Medien sowie die mobilen Geräte unterstützen dies. Vgl. Gatterer, Rützler (2012), S. 46.

erleben und etwas Neues erfahren und nicht einfach nur abwohnen.[156] „Der Gast von morgen kauft nicht nur Produkte, er kauft Werte, Lifestyle, Gefühle, Inszenierungen und sucht einen Angebots(Produkt)nutzen!"[157] Dies spiegelt sich auch im starken Wachstum der Onlineprivatvermittlungen wider, da diese im Moment stärker als die Hotellerie das Erlebnis und die Authentizität in den Vordergrund stellen (siehe Abschnitt 3.1.3.1).

#### 3.2.1.4 Digitalisierung und Transparenz

Die Art und Weise, wie potenzielle Hotelgäste ein Hotel suchen und buchen, hat sich in den letzten Jahren dramatisch verändert. „Die zunehmende Bedeutung des Internets, insbesondere für Kommunikation und Vertrieb, war und ist eine der wesentlichen Herausforderungen für Tourismusunternehmen."[158] Im Mittelpunkt des Interesses stehen hierbei Internet, Onlinedienste, Verkaufsautomaten, mobile Endgeräte sowie das interaktive Fernsehen, da sie das Potenzial zur Abwicklung der kompletten touristischen Prozesskette[159] bieten. Das Internet hat bereits eine Vielzahl von neuen Dienstleistungsangeboten auf den Markt gebracht, im Firmenkunden-, aber auch im Endkundenbereich.[160] Das mobile Endgerät verändert weiterhin die Verfügbarkeit von Reiseinformationen:[161] „Touristen werden zukünftig touristische Informationen nicht nur vor und nach der Reise, sondern vermehrt auch während der Reise konsumieren."[162] Durch die Digitalisierung entsteht eine neue Dienstleistungsnachfrage, der sich die Hotelketten stellen müssen. Es geht vor allem um Informationen, Kommunikation und Buchung in Echtzeit.[163]

Die **Digitalisierung ermöglicht dem Kunden heutzutage weitgehende Markttransparenz**.[164] Der Gast kann Hotelangebote direkt vergleichen, Verfügbarkeiten prüfen und das günstigste Angebot auswählen.[165] „Durch die Anreicherung mit Inhalten jeglicher Art wird sich die Vergleichbarkeit der Angebote, die heute oftmals nur in

**156** „Der gesellschaftliche Wandel bedingt eine Veränderung der alltäglichen Bedürfnisse und beeinflusst somit den Urlaub als Form eines ‚verdichteten Gegen-Alltags'." (Schmude, Namberger, 2010, S. 117)
**157** Spiller (2011), S. 199.
**158** Hinterholzer, Jooss, Egger (2011), S. 44.
**159** Informieren/Angebotserstellung, Buchen/Reservieren und Bezahlen.
**160** Vgl. Engelhardt, Schnittka (2001), S. 931.
**161** Vgl. Hinterholzer, Jooss, Egger (2011), S. 67. „Touristen nutzen bereits heute mobile Endgeräte jeder Art, um sich touristische Informationen zu beschaffen." (ebd.)
**162** Ebd.
**163** Vgl. Gatterer, Rützler (2012), S. 44 ff.
**164** Zum Beispiel erhöhte Verfügbarkeit, Leistungsvermögen von Kommunikationstechnologien, bessere und schnellere Reservierungs- und Buchungssysteme, vgl. Auer (2007), S. 379.
**165** Vgl. Friedrich (2012), S. 17.

der Verbindung von Preis und Kategorie möglich ist, deutlich erhöhen."[166] Aus diesem Grund werden Gäste zunehmend kritischer.[167] „Die Offenheit, mit der sich Kunden und Gäste in Zukunft über ihre Erlebnisse äußern, wird zunehmen."[168] Die Vertrauenseigenschaften einer Hotelmarke gegenüber nehmen allerdings ab.[169] „Weiterempfehlungen durch Bekannte wurden ersetzt durch Rating-Systeme."[170] Dies führt zunehmend dazu, dass sich touristische Anbieter vom „Full-Service-Anbieter" zum „Best-Service-Anbieter" entwickeln müssen.[171] Die Transparenz im Web und die neuen Kommunikationsmöglichkeiten führen zu einem gestiegenen Wissensvorsprung der Reisenden. Konsumenten sind hierfür bereit eigene Daten preiszugeben. Datenschutz heißt nicht notwendigerweise Informationen zu verheimlichen. Der Nutzer möchte nur die Kontrolle (bspw. jederzeit mögliche Veränderungen oder Löschung) der Daten gewährleistet haben.[172]

## 3.2.2 Einbindung von Vertrieb und Marketing in einer Hotelkette

Hotelketten sind meistens in Matrixorganisationen aufgebaut. Grundsätzlich unterscheidet man bei der Aufbauorganisation einer Hotelkette zwischen dem operationalen und dem funktionalen Bereich.[173] Bei operationalen Einheiten wird die Einteilung nach den Arten der einzelnen Hotelbetriebe vorgenommen. Diese können z. B. nach Märkten,[174] Hoteltypen[175] oder Zielgruppen[176] unterteilt werden. Die funktionalen Bereiche werden dabei horizontal angeordnet und dienen überwiegend der Unterstützung und Vermarktung der operationalen Bereiche bzw. Hotelbetriebe. Der Vertrieb und das Marketing sind somit bei Hotelketten zentral aber auch lokal in den Einzelbetrieben angesiedelt (siehe Abbildung 29).[177] Die **Matrixorganisation** hat den Vorteil der klaren Zuteilung von Verantwortungsbereichen, zugleich aber entsteht auch eine gewisse Abhängigkeit zwischen operationalen und funktionalen Einheiten, die die Notwendigkeit von Abstimmungsprozessen hervorrufen.

---

**166** Hinterholzer, Jooss, Egger (2011), S. 66.
**167** Vgl. Henschel, Gruner, Freyberg (2013), S. 28 f.
**168** Gatterer, Rützler (2012), S. 177.
**169** Vgl. Friedrich (2012), S. 17.
**170** Hinterholzer, Jooss, Egger (2011), S. 63.
**171** Vgl. ebd., S. 65.
**172** Vgl. Jánszky (2013), S. 18.
**173** Vgl. Henschel, Gruner, Freyberg (2013), S. 65.
**174** In der Regel findet hier eine Aufteilung nach Standorten bzw. Ländern statt.
**175** Zum Beispiel Stadthotels, Flughafenhotels oder eine Unterteilung nach Kategorisierung (Budgetmarken vs. Luxushotels).
**176** Zum Beispiel Resorthotels, Familienhotels, Singlehotels usw.
**177** Vgl. Gardini (2009), S. 49.

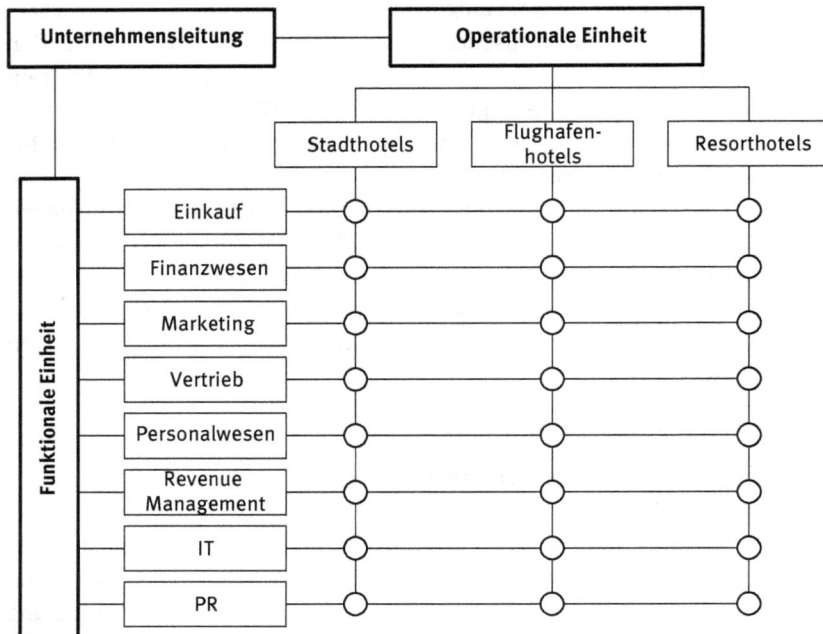

**Abbildung 29:** Eingliederung von Vertrieb und Marketing in einer Matrixorganisation (Quelle: Eigene Darstellung in Anlehnung an Henschel, Gruner, Freyberg (2013), S. 65).

Kam Vertrieb und Marketing bis zu den 1990er-Jahren eher eine Verteilerrolle[178] zu, liegt die Marktmacht nun bei den Nachfragern: „Den Produzenten von Produkten oder Dienstleistungen zwingt diese Situation zu strategischen Überlegungen, wie er sein Produkt auf dem Markt platziert."[179] Der Markt hat sich hin zu einem Käufermarkt verschoben, der dem Vertrieb und Marketing einer Hotelkette eine immer größer werdende Rolle zukommen lässt.[180]

Im Vertrieb und Marketing in der Hotellerie muss grundlegend zwischen der Vermarktung der Markenhotellerie und Budget-Hotellerie unterschieden werden. Während sich die Markenhotellerie hierbei auf eine Präferenzstrategie fokussiert, betreibt die Budget-Hotellerie eine Preis-Mengen-Strategie (siehe Tabelle 17).[181]

---

**178** „Der Verkäufer konnte fast wählen, wem er zu welchen Konditionen ein Produkt anbieten wollte, das noch nicht einmal auf die Bedürfnisse unterschiedlicher Nachfragertypen abgestimmt sein musste." (Hallerbach, 2003, S. 171)
**179** Ebd.
**180** Vgl. Eisenstein, Gruner (2003), S. 378; Schrand, Grimmelsmann (2011), S. 226.
**181** Vgl. Schrand, Schlieper (2011b), S. 200 ff.

**Tabelle 17:** Vergleich Präferenzstrategie vs. Preis-Mengen-Strategie (Quelle: Eigene Darstellung in Anlehnung an Roth (2003), S. 79 und Becker (2013), S. 212).

| Merkmale | Präferenzstrategie | Preis-Mengen-Strategie |
|---|---|---|
| Prinzip Charakteristik | Qualitätswettbewerb Hochpreiskonzept durch<br>– Aufbau von Präferenzen<br>– eigenständige Positionierung<br>– Entwicklung eines Markenimages | Preiswettbewerb Niedrigpreiskonzept<br>– Verzicht auf Aufbau von Präferenzen<br>– Verzicht auf eigenständige Positionierung<br>– Verzicht auf Markenaufbau |
| Zielgruppe | Qualitätskäufer; Markenkäufer | Preiskäufer |
| Wirkungsweise | Langfristiger Aufbau von Präferenzen, Entstehung eines Markenimage | Schnelle Wirkung, jedoch kein Aufbau von Präferenzen/Image |
| Dominanter Bereich im Unternehmen | Marketingbereich | Einkauf, Beschaffung |
| Typischer Marketingmix | Dominanz von Leistungspolitik (insbesondere Servicepolitik) und Kommunikationspolitik (Durchsetzung einer eigenständigen Positionierung und eines Markenimage) | Durchschnittl. Leistungsangebot, aggressive Preispolitik, schwach ausgeprägte Werbung, Aktivitäten in Verkaufsförderung |
| Vorteile | Aufbau einer eigenständigen Marktposition, gute Ertragschancen | Geringe Investitionen in Leistungs- und Kommunikationspolitik; Ertragschancen bei kostengünstigem Einkauf und günstiger Gesamtkostenstruktur |
| Nachteile | – Investitionen in Leistungspolitik und Kommunikationspolitik erforderlich<br>– Langfristkonzept<br>– Marktrisiko bei fehlenden Marketingvoraussetzungen | – kein Aufbau von Präferenzen<br>– austauschbar<br>– Existenzgefährdung bei ruinösem Wettbewerb |

Die Vorteile der **Preis-Mengen-Strategie der Budgethotellerie** liegen vor allem in den geringen Investitionskosten der Leistungs- und Kommunikationspolitik. Somit ist die Möglichkeit gegeben, einen günstigen Preis für die Hotelleistung am Markt anzubieten. Die strategische Ausrichtung heißt: grundsätzlich günstiger als die Konkurrenz anzubieten.[182] Die Hotelketten betreiben im Rahmen ihrer Diversifikationsstrategien auch Budgetmarken, wobei diese dann aber meistens über Design oder Lifestyle aufgewertet werden.[183] Zweifellos kann man nur durch eine Präferenzstrategie[184] eine

---

**182** Vgl. Schrand, Schlieper (2011b), S. 200.
**183** Vgl. weiterführend IHA (2014), S. 121 ff.
**184** Neben der Präferenzstrategie und Preis-Mengen-Strategie, die als Marktimpulsstrategien zusammgefasst werden, kann man noch unter Marktfeld-, Marktsegmentierungs- und Marktarealstrategien unterscheiden. Vgl. Henschel (2008), S. 376 ff.

eigenständige Marktposition aufbauen und so Kundenbindung mit langfristigen Ertragschancen erreichen. Hier liegt die Herausforderung. Sofern es den **Hotelketten mit der Präferenzstrategie** nicht gelingt, besser oder interessanter als die Konkurrenz zu sein, ist man als Marke teurer auf dem Markt als die Konkurrenz mit ihrer Preis-Mengen-Strategie. In der Wahrnehmung der Gäste ist man aber nicht wirklich besser. Ein Preispremium wird vom Gast in diesem Fall nicht bezahlt.[185]

Die Vertriebs- und Marketingziele von Hotelketten lassen sich in ökonomische und psychografische Ziele unterteilen (siehe Tabelle 18).

**Tabelle 18:** Vertriebs- und Marketingziele von Hotelunternehmungen (Quelle: Eigene Darstellung in Anlehnung an Gardini (2009), S. 141).

**Ökonomische Zielgrößen (quantitativ)**

Umsatz, Deckungsbeitrag, RevPAR, Durchschnittspreise, Rentabilität, Auslastung, Marktanteil, Branchenwachstum, Kundenabwanderungsrate, Stammgästeanteil, Mitarbeiterfluktuation usw.

**Psychografische Zielgrößen (qualitativ)**

Kundenzufriedenheit, Image, Bekanntheit, Beschwerden, Wiederkaufbereitschaft, Markentreue usw.

Hier muss die Blickrichtung auf beiden Zielgrößen liegen. Diese Balance wird oft unterschätzt, wobei die eine Zielgröße unter der anderen leidet.

### 3.2.3 Geschäftsfeld Vertrieb in der Hotellerie

Der Vertrieb wird heutzutage bei den Hotelketten durch die Vertriebsmitarbeiter in den einzelnen Hotels gesteuert. Diese werden unterstützt von zentralen Verkaufsbüros, die globale Kunden in den wichtigsten Quellmärkten betreuen.[186] Grundsätzlich unterscheidet man im Verkauf drei Ebenen:[187]
- schriftlicher Verkauf, worunter der schriftliche Informationsaustausch, das Unterbreiten von Angeboten und die Ausstellung von Verträgen fallen;
- telefonischer Verkauf, wobei der Schwerpunkt auf Neukundenakquise, Nachfassen von schriftlichen Angeboten und Terminvereinbarungen liegt;
- persönlicher Verkauf, bei dem man zwischen einem persönlichen Verkaufsgespräch beim Kunden, einer Hausführung oder Messeauftritten und Präsentationen unterscheidet.

---

185 Vgl. Schrand, Schlieper (2011b), S. 202 f.
186 Vgl. Schrand, Grimmelsmann (2011), S. 226.
187 Vgl. ebd., S. 226 ff.

### 3.2.3.1 Direkter und indirekter Vertrieb

Im Vertrieb differenziert man zwischen direkten und indirekten Vertriebswegen, die in der folgenden Abbildung dargestellt sind (siehe Abbildung 30).

Im Bereich der direkten Vertriebswege besteht ein direktes B2B-Vertragsverhältnis (Business-to-Business-Vertrieb) mit dem Firmenkunden.[188] Dabei sehen SCHRAND und GRIMMELSMANN folgende Vorteile:[189]

- Niedrigere Vertriebskosten fallen an, da hier einerseits keine Provisionen entstehen und andererseits keine Präferenzkonditionen, z. B. Preisnachlässe, den großen Absatzmittlern bzw. -helfern angeboten werden müssen.
- Die eigene Marke steht hier im Vordergrund und nicht die eines Drittanbieters.
- Kundenbindung kann durch den direkten Kontakt schneller und leichter aufgebaut werden.

Beim indirekten Vertrieb erfolgt die Vermarktung über einen Großabnehmer, der entsprechend professionell organisiert ist. Hier wird auch vom B2B2C-Vertrieb (Business-to-Business-to-Consumer-Geschäft) gesprochen, wenn der Absatzmittler an den Endkonsumenten bzw. Hotelgast verkauft, oder vom B2B2B-Vertrieb (Business-to-Business-to-Business-Geschäft), wenn der Absatzmittler an einen weiteren Großkunden vertreibt. Zielgruppe des Vertriebs sind Leiter von Firmenreisestellen, Produktmanager bei Reiseveranstaltern sowie Tagungsplaner, und nicht direkt der Nutzer der Hotelleistung.[190]

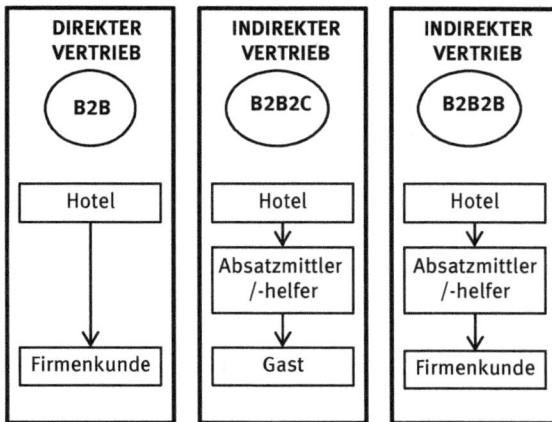

**Abbildung 30:** Direkter und indirekter Vertrieb (Quelle: Eigene Darstellung in Anlehnung an Winkelmann (2010), S. 10 und Henschel, Gruner, Freyberg (2013), S. 256).

---

188 Vgl. Gardini (2009), S. 111.
189 Vgl. Schrand, Grimmelsmann (2011), S. 227.
190 Vgl. Freyer (2011), S. 156 f.

Wie im Abschnitt 3.1.2 beschrieben, sind die Dienstleistungen der Hotellerie komplex und erklärungsbedürftig. Der direkte Vertriebsweg ist deshalb ideal, um Kunden mit dem Leistungsbündel persönlich anzusprechen.[191] Zudem ist die **Vertriebsmacht der Hotels beschränkt**. Deswegen bieten sich Absatzmittler bzw. -helfer an, die eine breitere Zielgruppe erreichen. Zu berücksichtigen sind dabei die hohen Provisionskosten und die häufig ungünstigen Vertragsbedingungen der Absatzmittler.[192]

### 3.2.3.2 Adressaten

Wie bereits aufgezeigt (siehe Abbildung 30), unterscheidet man bei den Adressaten im Vertrieb der Hotelketten zwischen Firmenkunden und einer Reihe von Absatzmittlern und Absatzhelfern, die im Folgenden entweder direkt an den potenziellen Hotelgast oder an weitere Firmenkunden verkaufen.

**Firmenkunden**

Da sich das Geschäftsreisevolumen vieler Firmenkunden auf eine Vielzahl von Destinationen verteilt, versuchen die Hotelketten durch ihr weitreichendes Portfolio, diese Volumina an die Hotels ihrer Marke zu binden, und bieten den Firmenkunden entsprechende Sondertarife an.[193] Mit Hinblick auf den Vertrieb in der Markenhotellerie versucht man, in der 5-Sterne-Hotellerie den Begriff „Luxus" zu vermeiden. Firmenkunden möchten nicht in die Kritik geraten, dass sie auf der einen Seite in Luxushotels „residieren" und auf der anderen Seite vielleicht Mitarbeiter abbauen.[194]

**Absatzmittler**

Besonders im Quellmarkt Deutschland spielen die klassischen **Reiseveranstalter** eine große Rolle. Für die Stadthotels einer Hotelkette ist dieser Absatzweg gerade für die Wochenenden und andere auslastungsschwache Zeiträume wichtig. Die Hotels verpflichten sich bestimmte Zimmerkontingente abzutreten, damit der Reiseveranstalter diese mit anderen Leistungen zu einer Pauschalreise bündeln kann.[195] Die Problematik besteht darin, dass diese Zimmerkontingente auch für auslastungsstarke Zeiten in Anspruch genommen werden, wenn die Hotels diese Zimmer auch im Direktvertrieb höherpreisig verkaufen könnten. Dazu kommen die **Incoming-Reiseveranstalter** bzw. die **Incentive-Reiseveranstalter**,[196] die Reisende gezielt in

---

**191** Vgl. Corsten, Gössinger (2007), S. 29.
**192** Vgl. Henschel, Gruner, Freyberg (2013), S. 256.
**193** Vgl. Hammer, Naumann (2006), S. 63.
**194** Vgl. Gatterer, Rützler (2012), S. 19.
**195** Vgl. Freyer (2011), S. 156.
**196** Vgl. Hammer, Naumann (2006), S. 22 f.

eine Destination bringen.[197] Der klassische Absatzmittler sind außerdem die **Reisebüros** im Touristikbereich und im Firmendienst. Im Tourismus agieren die Reisebüros rechtlich im Auftrag eines Reiseveranstalters und erhalten für die Buchungen eine Provision.[198] Die Reisebüros können aber auch als sogenannte Implant-Reisebüros das Geschäftsaufkommen eines Unternehmens regeln. Alternativ wird dies von einer unternehmenseigenen **Firmenreisestelle** betrieben, wobei die Reisebüros meistens Reisebüroketten, sogenannten Geschäftsreiseketten oder **TMC** angeschlossen sind.[199] Als Absatzmittler sind auch die **GDS (Global Distribution Systems)**[200] einzuordnen. Neben der reinen Zimmervermittlung richtet sich der Hotelkettenvertrieb natürlich auch an Entscheidungsträger von Veranstaltungs- und Eventagenturen, sogenannten Tagungsplanern.[201] Diese **Tagungsplaner** können auch direkt in einer unternehmenseigenen Firmendienststelle eingegliedert sein.[202]

### Absatzhelfer

Zu den Absatzhelfern gehören lokale, nationale und internationale **Tourismusorganisationen**. Der Fokus der Tourismusorganisationen liegt auf der Vermarktung einer bestimmten Destination oder eines Landes. Demzufolge sollte ein Hotel bzw. eine Hotelkette als touristischer Leistungsträger die Tourismusorganisation als Absatzhelfer in die Vertriebsaktivitäten einbauen.[203] Zu Absatzhelfern zählen des Weiteren **Hotelrepräsentanzen** wie auch **Hotelkooperationen** (siehe Tabelle 14).[204] Hotelrepräsentanzen werden i. d. R. von Hotelketten hinzugezogen, besonders in Märkten, die die eigene Verkaufsstruktur im Moment nicht abdecken. Die Repräsentanz enthält eine Entschädigung für die anfallenden Fixkosten und eine Kommission für getätigte Buchungen.[205] Bei Hotelkooperationen kommt zumeist das Interesse hinzu, sich einer gewissen Qualitätsmarke anzuschließen, von der man sich die Ansprache neuer Kunden oder die Erschließung neuer Märkte erhofft.[206] Weitere Absatzhelfer können z. B. Mietwagenunternehmen, Fluggesellschaften, Kreditkartenorganisationen und touristische Informationssysteme sein.

---

**197** Vgl. Schrand, Grimmelsmann (2011), S. 231.
**198** Vgl. Freyer (2011), S. 156.
**199** Vgl. Hammer, Naumann, 2006, S. 65 f. Beispiele hierfür sind CWT (Carlson Wagonlit Travel), AMEX (American Express Travel) oder LCC (Lufthansa City Center).
**200** „Über sog. ‚Global Distribution Systems' (GDS) sind Hotelreservierungen für Reisebüros und Reiseveranstalter mit entsprechender Computerterminal-Anbindung weltweit möglich." (Schrand, Grimmelsmann, 2011, S. 233)
**201** Vgl. Hammer, Naumann (2006), S. 19 f.
**202** Vgl. Schrand, Grimmelsmann (2011), S. 233.
**203** Vgl. ebd., S. 232.
**204** Vgl. ebd., S. 233.
**205** Vgl. ebd.
**206** Bspw. Design Hotels™ oder Leading Hotels of the World.

### 3.2.3.3 Vertragsformen

Im direkten und indirekten Vertrieb der Hotelketten arbeitet man mit folgenden Vertragsformen: Local-Corporate-Rate-(LCR-)Vertrag, Kontingentvertrag, Free-Sale-Vertrag sowie Garantiebelegungsvertrag. Beim **LCR-Vertrag** handelt es sich um eine Vertragsform aus dem Direktvertrieb an die Firmenendkunden. Die Firmenkunden erhalten einen Sonderpreis (Firmenrate) für ein geschätztes Volumen an Übernachtungen in einem Hotel in einer Destination für ein bestimmtes Jahr.[207] Dieses Volumen müssen die Unternehmen erreichen oder sogar übertreffen, um dieselben oder bessere Konditionen im Folgejahr zu erhalten. Beim **Kontingentvertrag**[208] verpflichtet sich der Vertragspartner der Hotelkette (in diesem Fall der Reiseveranstalter), ein genau definiertes Zimmerkontingent bis zu einem bestimmten Termin vor Anreise abzunehmen. Der Vertragspartner erhält von der Hotelkette eine Kommission pro verkauftem Zimmer oder einen Rabatt und kalkuliert den tatsächlichen Verkaufspreis selbst.[209] Beim **Free-Sale-Vertrag** gewährt die Hotelkette dem Vertragspartner Zugang zu den verfügbaren Zimmern und bezahlt eine Kommission pro verkauftem Zimmer. Beim **Garantiebelegungsvertrag** verpflichtet sich der Vertragspartner einer Hotelkette, eine definierte Zimmeranzahl zu einem bestimmten Termin garantiert abzunehmen. Eventuell gewährt die Hotelkette, dass der Vertragspartner bis zu einer festgelegten Frist noch einen vereinbarten Prozentsatz an Zimmern kostenfrei zurückgeben kann.[210] Die Form des Garantiebelegungsvertrages kommt aber – zum Nachteil der Hoteliers – sehr selten zum Einsatz.

### 3.2.3.4 Management von Kundenbeziehungen

Der Aufbau des Beziehungsmanagements[211] mit Firmenkunden sowie den Absatzmittlern bzw. -helfern ist die Kernaufgabe des Vertriebs. Hierbei gibt es zwei Zielrichtungen. Zum einen die Akquise von Neukunden und zum anderen die Ausschöpfung des Potenzials bestehender Kunden.[212] Es geht idealerweise vor allem darum, bestehende Kunden zu halten und weiterzuentwickeln, da Neukundenakquise viele Ressourcen (Verkäufer und Zeit) in Anspruch nimmt und deshalb teuer ist:[213] „Die Opportunitätskosten in Form entgangener Gewinne, die durch die Abwanderung unzufriedener Kunden entstehen, können beträchtlich sein, da der Kundenwert als Summe der diskontierten Gewinnzuflüsse über die Dauer der unternehmensspezifischen

---

**207** Vgl. Hammer, Naumann (2006), S. 63.
**208** Auch Allotment-Vertrag genannt.
**209** Vgl. Schrand, Grimmelsmann (2011), S. 232.
**210** Vgl. ebd.; Gardini (2004), S. 353.
**211** Auch als Customer Relationship Management (CRM) bezeichnet. Vgl. Wangenheim (2003), S. 22 f.
**212** Vgl. ebd., S. 17.
**213** Vgl. Gardini, 2004, S. 219. Neukundengewinnung ist laut Gardini um das Fünf- bis Siebenfache teurer, als Stammkunden zu halten.

Austauschprozesse mit einem Kunden erst mittel- bis langfristig durch steigende individuelle Umsätze und sinkende Transaktionskosten positiv beeinflusst wird."[214] Hier geht es um die **Identifikation von Schlüsselkunden** – sogenannten **Key Accounts** – bei denen der Aufwand der Kundenbetreuung und der vom Kunden zu erwartende Umsatz in einem positiven Verhältnis stehen.[215] Das Management von Kundenbeziehungen wird aber durch die Tatsache beeinträchtigt, dass es zunehmend schwieriger ist, qualifizierte Verkaufstermine bei den Großkunden zu vereinbaren. Das ist meistens auf ihren Wissensvorsprung (siehe Abschnitt 3.2.1.4), Zeitmangel und den fehlenden Zusatznutzen einer persönlichen Beratung zurückzuführen. Ebenso wirkt sich im Tagungsgeschäft die Konkurrenz durch Ersatzprodukte aus (siehe Tabelle 12) und die Einsparungen der Firmenkunden, die aus Veranstaltungen mit kürzerer Durchführungsdauer resultieren (siehe Abschnitt 3.1.3.1).

Ein wichtiges Mess- und Steuerungsinstrument sehen die Hotelketten in Anreiz- und Belohnungssystemen für die Vertriebsmitarbeiter. Diese sind auf ein Individuum als Verkäufer ausgerichtet, aber auch auf das gesamte Kollektiv in der Verkaufsabteilung.[216] Es geht i. d. R. um fest fixierte Zielvorgaben für Umsätze, die in einem definierten Zeitraum zu erreichen sind.

### 3.2.4 Geschäftsfeld Marketing in der Hotellerie

Heutzutage spielt Marketing eine wichtige Rolle in den touristischen Unternehmen und Hotelketten und wird auch klar vom Vertrieb abgegrenzt (siehe Tabelle 19): „Inhalt des Marketing als Unternehmensfunktion ist es, die bestehenden und (potentiellen) zukünftigen Kunden dieses Unternehmens zu verstehen. Zu den Marketing-Aufgaben des Unternehmens zählt [sic!] die Analyse der Beziehungen und Interaktionen mit bestehenden Kunden, die Untersuchung der Qualität der kundenseitigen Erfahrung und die Mitarbeit an der Verbreitung eines angemessenen anbieterseitigen Firmenimages zur Werbung neuer Kunden und Verbesserung der Kundenerfahrung."[217]

---

**214** Gardini (2004), S. 219.

**215** Vgl. ebd., S. 247. Zur Identifikation der Key Accounts ist eine klare Segmentierung vonnöten. Diese erfolgt meistens nach Unternehmensgröße (Anzahl der Mitarbeiter) oder Unternehmensreisepotenzial (Geschäftsreiseintensität, Reisekostenhöhe pro Jahr). Vgl. Drechsler, Schröder (2006), S. 103.

**216** Vgl. Gardini (2004), S. 408 ff. Diese können immaterieller Natur sein (z. B. Dankesschreiben, Preise, Einladungen in einen elitären Verkäuferklub usw.) oder materieller Natur (z. B. Bonuszahlungen, Aktionanteile, Teilnahme an Incentivereisen usw.)

**217** Spohrer, Kwan (2009), S. 130. Eine Übersicht von Marketingdefinitionen findet sich außerdem in Meffert, Burmann, Kirchgeorg (2008), S. 10 ff.

**Tabelle 19:** Entwicklungsphasen des Hotelmarketings (Quelle: Eigene Darstellung in Anlehnung an Henschel, Gruner, Freyberg (2013), S. 214 und Roth (2003), S. 52 ff).

| Phase | Zeitraum | Kennzeichen der Marketingdienstleistung |
|---|---|---|
| produktorientierte Unternehmung | 50er-Jahre | aufnahmebereiter Markt, Nachfrageüberhang, Angebot von preiswerten Leistungen |
| finanz- und organisationsorientierte Unternehmung | 60er- bis Anfang der 70er-Jahre | aufnahmebereiter Markt mit überproportionalem Wachstum, massenhafte Nachfrage, Angebote der Kettenhotellerie, Zusammenschluss von Tourismusunternehmen, Beginn der Konzentration |
| marktorientierte Unternehmung | 70er- und 80er-Jahre | Übergang zum Käufermarkt, Angebotsüberhang durch schnelles Wachstum des Angebotes, Zunahme des Wettbewerbs, systematische Bearbeitung des Marktes mithilfe absatzfördernder Maßnahmen (Werbung, Verkaufsförderung) bei traditioneller Leistungserstellung, Produktentwicklung (z. B. Low-Budget-Hotels) ausgehend von differenzierter Nachfrage |
| marketingorientierte Unternehmung | ab 90er-Jahre | Marketing als Führungskonzeption, Verschärfung des Wettbewerbs vor globalem Hintergrund, schnellere Veränderung der quantitativen und qualitativen Nachfrage, Bedeutung von Gästenutzen und Gästebindung nehmen zu |
| individual-marketing-orientierte Unternehmung | ab 2000 | Weg von der Massenansprache, Marketing als eigenständiger Funktionsbereich und mitverantwortlich für Unternehmensstrategie bzw. direkte Umsatzgenerierung |

Im Tourismusmarketing unterscheidet man zwischen **Push-Marketing** und **Pull-Marketing**.[218] Mit dem Push-Marketing beschäftigen sich hauptsächlich die touristischen Unternehmen der Reiseveranstalterbranche und weitere Reisemittler, um Reisende zum Verlassen einer Destination zu bewegen. Die Leistungsträger in einer Destination, z. B. die Hotellerie, bemühen sich vielmehr durch Pull-Marketing, Reisende in ihre Destination und dann in die jeweiligen Hotels zu bekommen. Das Tourismusmarketing richtet sich zum einen an den Reisenden direkt, der tatsächlich auch selbst die Hotelleistung in Anspruch nimmt (siehe Abbildung 31). Man spricht vom B2C-Geschäft (Business-to-Consumer-Marketing).[219] Des Weiteren besteht auch im Marketing, ähnlich wie im Vertrieb, ein B2B2C-Geschäftsmodell (Business-to-Business-to-Consumer-Marketing), das sich an Online- bzw. Offlinereisemittler richtet. Hier treten insbesondere die Internetreisebüros, sogenannte OTAs,[220] mit ausgefeilten

---

218 Vgl. Freyer (2011b), S. 13 ff.
219 Vgl. ebd., S. 20; Schlieper, Hänssler (2011), S. 18 f.
220 OTA = Online Travel Agent, z. B. HRS, Expedia, booking.com, lastminute.com

Technologien in den Markt und gewinnen ständig an Marktanteilen. Neben der Buchungsmöglichkeit von Hotels bieten sie zusätzlich die Kombination von Reiseleistungen anderer touristischer Leistungsanbieter an.[221] Auch hier existiert ein B2B-Marketing, das aber nicht Gegenstand dieser Untersuchung ist (siehe Abschnitt 1.4).

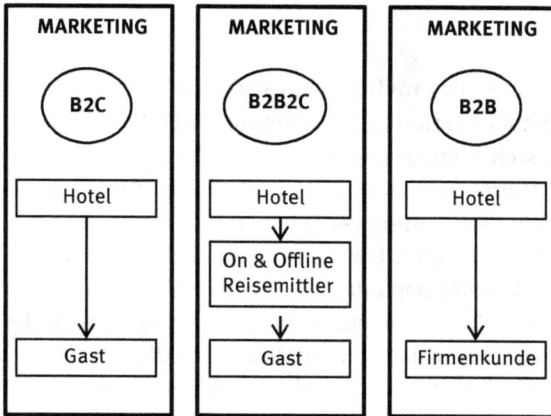

**Abbildung 31:** Formen des Marketings (Quelle: Eigene Darstellung in Anlehnung an Winkelmann (2010), S. 10 und Meffert, Bruhn (2003), S. 26).

### 3.2.4.1 Vom klassischen Marketingmix zum Dienstleistungs-Marketingmix

Klassisches Produktmarketing befasst sich mit den 4P: Produkt (Product), Ort (Place), Werbung (Promotion) und Preis (Price), wobei man im Dienstleistungsbereich die Produktpolitik durch die Leistungspolitik ersetzt.[222]

### Leistungspolitik

Die Produkt- bzw. Leistungspolitik beruht in erster Linie auf der **Ausgestaltung** des Produkts oder der **Dienstleistung**. Ausgangspunkt sind hier die einzelnen Leistungen der Hotelbetriebe, die als Ergebnis zu einem Leistungsbündel entstehen:[223] „Die grundsätzliche Leistungsprogrammgestaltung umfasst in der Hotellerie neben der

---

**221** Bspw. Flug, Event Tickets usw. Vgl. Freyer (2011), S. 157.

**222** Vgl. Meffert (2000), S. 1167; Freyer (2007), S. 421

**223** Vgl. Henschel (2008), S. 384 f. „Die Leistungs- und Produktpolitik ist eine der zentralen Stellgrößen der Marketingpolitik eines Unternehmens. Sie beinhaltet alle Entscheidungstatbestände, die sich auf die marktgerechte Gestaltung der Unternehmensleistungen (Produkte und/oder Dienstleistungen) beziehen." (Gardini, 2004, S. 282)

konstitutiven Entscheidung über den Standort, insbesondere Entscheidungen über die Breite und Tiefe des Leistungsangebotes in den Leistungsbereichen Beherbergung, Verpflegung und Nebenleistungen, die Entwicklung von Programminnovationen und -variationen sowie die Eliminierung nicht wettbewerbsfähiger Leistungsele-mente."[224] MEFFERT[225] hält fest, dass die Anreicherung der Primärleistung durch Zusatzleistungen noch nicht ausreichend erforscht ist.

**Preispolitik**

„Die strategische Preispolitik beinhaltet die langfristige **Festlegung der Preislage**, innerhalb derer sich die Leistungen oder die Hotelunternehmung insgesamt bewegen sollen."[226] In der Hotellerie richtet sich heutzutage der Preis nach den Kosten, der Nachfrage und der Konkurrenz.[227] Hierin besteht der Teufelskreis, in dem sich die Hotellerie befindet, denn es wird im Konkurrenzvergleich immer einen Anbieter geben, der ein Hotelzimmer günstiger anbietet. Die Einführung des Yield-Manage-ments[228] in der Hotellerie hat die Sichtweise nach der allgemeinen Nachfrage sowie den Konkurrenzangeboten noch verstärkt. Der Ausbau von Bonusprogrammen der Hotellerie führte zu einer ersten Ausrichtung auf den Kunden durch die Gewährung eines Mengenrabattes.[229] Die Preispolitik konzentriert sich zum einen auf die Festle-gung des Verkaufspreises, zum anderen auf die Höhe von eventuell zu gewährenden Rabatten.[230] Die Kernzielgröße in der Hotellerie ist heutzutage der RevPAR-Index, der sich aus dem Verhältnis Zimmerumsatz pro Nacht und Anzahl der verfügbaren Zimmer pro Nacht ergibt (siehe Abbildung 32).[231]

$$\text{RevPAR} = \frac{\text{Zimmerumsatz pro Nacht}}{\text{Anzahl der verfügbaren Zimmer pro Nacht}}$$

**Abbildung 32:** Formel RevPAR-Index (Quelle: Eigene Darstellung in Anlehnung an Hänssler (2008), S. 309 und Henschel (2008), S. 398).

---

224 Ebd., S. 295.
225 Vgl. Meffert (2001), S. 948. „Jedoch sind Value-added-Services bisher nicht in ausreichendem Umfang zum Gegenstand der betriebswirtschaftlichen Forschung gemacht worden. So stellt sich die Frage nach der Tragfähigkeit einer Primärleistung hinsichtlich der Erweiterung des Angebotes um Zusatzleistungen." (ebd.)
226 Henschel, Gruner, Freyberg (2013), S. 239.
227 Vgl. ebd., S. 240 f.
228 „Der Ansatzpunkt für Yield-Management ist der Zusammenhang, dass die Hotelleistung zu be-stimmten Preisen und Mengen am Markt abgesetzt werden muss, um die Marketingziele und letztlich die Unternehmensziele zu erreichen." (ebd., S. 243)
229 Vgl. ebd., S. 242 f.
230 Vgl. zur Preispolitik Meffert, Bruhn (2003), S. 517–549.
231 Vgl. Henschel, Gruner, Freyberg (2013), S. 245.

**Kommunikationspolitik**

„Unter der Kommunikationspolitik sind gezielte und planmäßige informierende Maßnahmen zu verstehen, die geeignet sind, Gäste und die Öffentlichkeit zu einem bestimmten Verhalten zu veranlassen, welches zur Erfüllung der Marketingziele und letztlich der Unternehmensziele beiträgt."[232] Schließlich legt die Kommunikationspolitik sämtliche relevanten Medien fest, um die Zielgruppe anzusprechen. MEFFERT und BRUHN bezeichnen die **Kommunikationspolitik auch als ein Instrument der emotionalen Kundenbindung.**[233] Für den Kunden führt die Marke zu einer gewissen Wiedererkennung und Qualitätssicherung. Im Marketing bedeutet dies, dass diese Markentreue – kombiniert mit einem Loyalitätsprogramm – einen interessanten Vorteil für den Reisenden bietet.[234] „Eine eingeführte, bekannte und vertraute Marke dient dem Kunden als Indikator für die zu erwartende Gesamtqualität der Leistung, schafft Sicherheit und reduziert das wahrgenommene Kaufrisiko."[235] Zu viele Markenbotschaften zielen auf das Hotelprodukt ab, das sich zunehmend weniger differenzieren lässt.

**Distributionspolitik**

Die Distributionspolitik **forciert Absatzwege, -organe und -kanäle**, die im Einklang mit der gesamten Marketingstrategie sind.[236] „Wesentlich Zielsetzungen der Distributionspolitik eines Hotelunternehmens bestehen in der Gewährleistung einer zufriedenstellenden Präsenz und Verfügbarkeit des Leistungsangebots, der Sicherstellung einer kontinuierlichen Leistungsbereitschaft und der problemlosen Integration des Kunden in den Leistungserstellungsprozess."[237]

In der Literatur wird darüber diskutiert, ob es für Dienstleistungen eines anderen Marketingmix' bedarf oder man die traditionellen 4P des Marketings entsprechend erweitern muss. Insbesondere in der US-amerikanischen Forschungsliteratur ist dieser Ansatz wegen der Immaterialität und Einbindung des externen Faktors (siehe Abschnitt 2.1.1) weitverbreitet.[238] SUDHIR und RAMI REDDY schlagen den klassischen Marketingmix in Bezug auf Dienstleistungsmarketing vor, um noch weitere drei P hinzuzufügen: Personen (People), Materielles Umfeld (Physical Evidence) und Prozess

---

**232** Ebd., S. 249.
**233** Vgl. Meffert, Bruhn (2003), S. 263.
**234** Vgl. Eisenstein, Gruner (2003), S. 377.
**235** Stauss (2001), S. 556.
**236** Vgl. Henschel, Gruner, Freyberg (2013), S. 256.
**237** Gardini (2004), S. 348.
**238** Vgl. Lovelock, Wirtz (2010), S. 50 ff.; Goldsmith (1999), S. 178 ff.; Magrath (1986), S. 44 ff.; Kalyanam, McIntyre (2002), S. 487 ff.

(Process).[239] Diese Erweiterung des Dienstleistungsmarketings lässt sich auch auf das touristische Marketing[240] übertragen (siehe Abbildung 33).[241] Wichtig ist, dass das Gesamtbild des erweiterten Marketingmix' harmonisch ist. In diesem Zusammenhang spricht man auch von Marketingsynergien.[242]

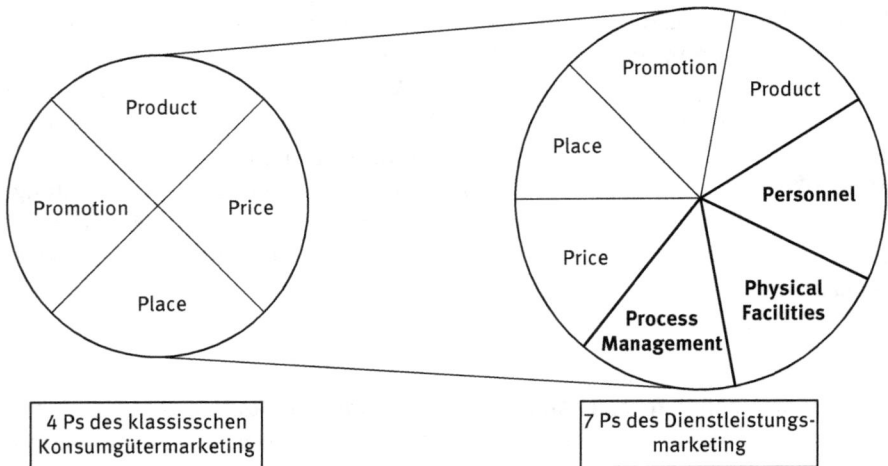

| 4 Ps des klassisschen Konsumgütermarketing | 7 Ps des Dienstleistungs- marketing |

**Abbildung 33:** Vom klassischen Marketingmix zum Dienstleistungsmarketingmix (Quelle: Magrath (1986), S. 45).

**Personalpolitik**

Mit der Einbindung des externen Faktors bei der Erstellung der Hotelleistung kommt dem Mitarbeiter eines Hotels eine sehr hohe Bedeutung zu: „Negative Abweichungen von der Erwartungshaltung des Gastes werden in der Regel zu einer kognitiven Dissonanz und damit eventuell sogar zum Abwandern der Gäste sowie negativer

---

**239** Vgl. Sudhir, Rami Reddy (2010), S. 1 ff. „[…] the requirements of customers, interaction with customers while delivering service and perishability or absence of inventory, intangibility of offer and absence of patent protection etc., necessitate the extension of the marketing mix to include **people**, **process** and **physical evidence** [Herv. d. Verf.].“ (ebd., S. 2)
**240** Vgl. Freyer (2007), S. 415.
**241** Vgl. Spohrer, Kwan (2009), S. 131; Meffert, Bruhn (2003), S. 355 ff.; Meffert, Burmann, Kirchgeorg (2008), S. 22; Auer (2007), S. 386; Meffert (2000), S. 1167 f.
**242** Vgl. Auer (2007), S. 386. „Die vier Bereiche müssen also in der Weise kombiniert werden, dass ein in sich konsistentes Bündel von Maßnahmen entsteht.“ (Völker, Thome, Schaaf, 2012, S. 126) „Der Marketing-Ansatz von heute und für die Zukunft muss ganzheitlich und cross-medial sein.“ (Spiller, 2011, S. 204)

Mundpropaganda führen."[243] **Personalauswahl und Personalentwicklung** – auch **speziell für Marketing sowie Vertrieb** – nehmen einen zunehmend höheren Stellenwert ein.[244] Zudem hat die Hotellerie seit vielen Jahren mit einer hohen Fluktuationsrate bei den Mitarbeitern zu kämpfen.[245] Die Kosten für die Hotelketten durch den Verlust des Fachwissens und die Kosten für neue Personalsuche sind immens. Zusätzlich geht bei den Vertriebsmitarbeitern eine aufgebaute Kundenbeziehung verloren oder wandert im schlimmsten Fall mit dem Vertriebsmitarbeiter zur Konkurrenz ab. Es ist unzureichend bei der Personaleinstellung und der Auswahl von Mitarbeitern nur auf fachspezifische Kenntnisse zu achten. Der Umgang mit dem Gast oder Kunden spielt ebenso eine wichtige Rolle.[246]

**Prozesspolitik**

Die Prozesspolitik beinhaltet alle Phasen des Dienstleistungserstellungsprozesses.[247] Hier wird der **Grundstein für das spätere Gelingen oder Scheitern einer Marketingaktion** gelegt. Überdies bleibt noch die Frage zu klären, welche Prozesse intern gestaltet werden und welche beispielsweise an Agenturen ausgelagert werden können.[248]

**Einrichtungspolitik**

Da es sich bei einer Hoteldienstleistung immer um eine Leistung in Kombination mit dem Sachgut Hotel handelt, wird die Einrichtungspolitik bedeutsam.[249] Dies sind neben den architektonischen Eigenschaften des Hotels durchaus auch das **Ambiente** (Musik, Licht, Duft usw.) aber auch das **Auftreten der Mitarbeiter** (Uniformen, Alter, Körperpflege usw.).[250]

### 3.2.4.2 Kanäle des Hotelmarketings

Man unterscheidet bei den Kanälen des Hotelmarketings zwischen Online- und Offlinekanälen (siehe Tabelle 20).

---

**243** Henschel, Gruner, Freyberg (2013), S. 258.
**244** Vgl. Schrand, Schlieper (2011), S. 194.
**245** Vgl. Winter (2008b), S. 186. Gründe sind hierfür u. a. mangelnde Anerkennung, fehlende Aufstiegschancen, enttäuschte Erwartungen, mangelnde Förderungs-/Weiterbildungsmöglichkeiten. Vgl. auch Peters (2008), S. 263 f.
**246** Vgl. Freyer (2007), S. 416.
**247** Vgl. Henschel, Gruner, Freyberg (2013), S. 258.
**248** Vgl. Schrand, Schlieper (2011), S. 194.
**249** Vgl. Henschel, Gruner, Freyberg (2013), S. 259 f.; Schrand, Schlieper (2011), S. 194.
**250** Vgl. Freyer (2007), S. 416.

**Tabelle 20:** Vergleich Online- vs. Offlinemarketing (Quelle: Eigene Darstellung in Anlehnung an Hinterholzer (2013), S. 8).

| Onlinemarketing | Offlinemarketing |
| --- | --- |
| Bannerwerbung | Plakatwerbung |
| E-Mail-/Newsletterwerbung | Postwurfsendungen |
| Social-Media-Marketing/Virales Marketing | Öffentlichkeitsarbeit |
| Online Video Galerien | Fernsehspots |
| Onlinesuchmaschinenoptimierung | Werbung an Straßen und Fassaden |
| Werbung in Suchmaschinen | Anzeigenschaltung in Printmedien |
| Affiliate Marketing | Außendienst erhält Provision für Buchungen |

Zunehmend bedeutsam für Hotelketten wird es sein, den potenziellen Hotelgast auch direkt anzusprechen. Der Urlaubsreisende oder Geschäftsreisende sollte direkt über die Internetseiten der Hotels bzw. Hotelkette buchen. Für Hotelketten wird somit der eigene **Webauftritt** der verschiedenen Hotelmarken, aber auch der individuellen Hotels der wichtigste Kommunikations- und Buchungskanal für die Gäste.[251] Attraktiv ist ein solcher Kommunikationskanal zum einen, da keine Provisionen an Absatz-mittler wie im Vertrieb anfallen (siehe Abschnitt 3.2.3.1); zum anderen sind eine tages-aktuelle Preisgestaltung, globale Reichweite und tägliche Aktualität gewährleistet.[252]

Eine besonders wichtige Rolle spielen heutzutage die **Onlinehotelportale**, da diese das komplette Hotelangebot einer Destination abbilden.[253] Ihr Wettbewerbs-vorsprung liegt in der Spezialisierung auf Webkompetenzen, ohne das operationale Risiko von Hotels zu berücksichtigen. Der Vorteil für die Hotellerie besteht darin, dass neue Kundengruppen und Millionen von Internetnutzern weltweit angesprochen werden können.[254] Angesichts der zunehmenden Marktmacht der Onlinehotelportale hinsichtlich Provisionshöhe und geforderter Reduzierung der Stornierungsfristen stehen die Hoteliers zunehmend unter Druck. Hinzu kommt, dass wegen der Raten-parität und der Verfügbarkeitsparität, die von den großen Onlinehotelportalen einge-fordert werden, eine Abgrenzung vom eigenen Markenauftritt zunehmend erschwert wird.[255] Die folgende Tabelle (siehe Tabelle 21) verschafft einen Überblick über die Onlinebuchungsportale in Deutschland. In 2012 haben 86,5 % aller deutschen Hotels mit mindestens einem der größten Onlinehotelportale zusammengearbeitet.[256] 20 % aller Onlinehotelbuchungen entfallen auf diese Onlinehotelportale.[257]

---

251 Vgl. Hinterholzer (2013), S. 64.
252 Vgl. Schrand, Grimmelsmann (2011), S. 234 f.
253 Vgl. Freyer (2011), S. 157.
254 Vgl. Kwidzinski (2012), S. 8.
255 Vgl. Ebd.; Kwidzinski (2012b), S. 5.
256 Vgl. Kwidzinski (2013f), S. 11.
257 Vgl. Zwink (2012), S. 5.

**Tabelle 21:** Überblick Onlinebuchungsportale in Deutschland (Quelle: Eigene Darstellung in Anlehnung an Kwidzinski (2012b), S. 5 und Kwidzinski (2012), S. 8).

|  | HRS | Booking | Expedia | Unister |
|---|---|---|---|---|
| **Portale** | Hrs.de, hotel.de, hotel.info, Tiscover.com | Booking.com | Expedia.de, Hotels.com und andere Reisewebsites wie Venere, Elong, Egencia | Hotelreservierung.de, Ab-in-den-urlaub.de, Reisen.de |
| **Provision** | 15 % | wird nicht bekannt gegeben, nach Hoteliersinformationen 12–15 % Basisprovision; Preferred Partner zahlen von 18–50 % | 15 % Basisprovision plus zusätzliche Kosten nach Leistung | wird individuell verhandelt und nicht bekannt gegeben |
| **Unique User pro Monat** | HRS: 8 Mio.<br><br>Hotel.de/hotel.info: 4 Mio.<br><br>Tiscover.com: k. a. | > 30 Mio. | > 50 Mio. | Ab-in-den-urlaub.de: 3,94 Mio.<br>Hotelreservierung.de: 0,89 Mio.<br>Reisen.de: 1,63 Mio. |
| **Marktanteile in Deutschland** | 50,6 % | 28,5 % | 7,6 % | keine Angaben |
| **Ratenparität** | ja | ja | ja | ja |
| **Verfügbarkeitsparität** | ja | ja | ja | ja |
| **Stornierungsbedingungen** | bei Standardraten bis 18 Uhr am Anreisetag, bei Messeraten kann der Hotelier eine frühere Stornierungsfrist einstellen | bis 24 h vor Anreise | legt der Hotelier selbst fest | legt der Hotelier selbst fest |

An Bedeutung haben ebenfalls **Hotelbewertungsportale** gewonnen (siehe Tabelle 22), die ein wichtiges Informationsinstrument für die Buchungsentscheidung sind, aber auch zur Direktbuchung beim jeweiligen Hotelunternehmen auffordern.[258] Entscheidend sind hier gute Bewertungen der Gäste: „Im Rahmen des elektronischen Hotel-Marketings haben Hotel-Bewertungsportale einen zentralen Stellenwert, denn inzwischen nutzen mehr als die Hälfte aller Urlaubs- und Geschäftsreisenden diese Portale als Informationsquelle zur Hotelwahl-Entscheidung."[259] Die Bedeutung der Hotelbewertungsportale nimmt deshalb zu, weil Reisende neben Empfehlungen von Familie und Freunden auch den Aussagen der Bewertungen vorheriger Gäste vertrauen.[260] Marken werden heutzutage von den Nutzern mitkreiert.[261] Hinzu kommt, dass der Gast häufig eine Vielzahl von verschiedenen Kanälen für eine Buchung nutzt. Es ist durchaus ein typisches Buchungsverhalten, dass der Gast zuerst auf einem Onlinehotelportal das Angebot in einer bestimmten Destination evaluiert, dann auf der Website der Hotelkette bzw. des jeweiligen Hotels den Preis vergleicht und sich auf der Seite der Hotelbewertungsportale die Bewertungen über das ausgewählte Hotel ansieht.[262]

**Tabelle 22:** Überblick Onlinebewertungsportale (Quelle: Eigene Darstellung in Anlehnung an Stiftung Warentest (2012), S. 79).

|  | Holidaycheck | Trivago | Tripadvisor |
|---|---|---|---|
| **Anzahl der Länder** | 222 | 226 | 196 |
| **Anzahl der bewerteten Hotels** | 133.110 | 283.000 | 555.000 |
| **Hotelpreisvergleich** | ja | ja | ja |
| **Buchungsmöglichkeit** | ja | ja | ja |
| **Erkennen fingierter Bewertungen** | gut | befriedigend | ausreichend |
| **Gesamturteil Stiftung Warentest** | gut (2,4) | befriedigend (3,1) | ausreichend (3,6) |

Auffällig ist, dass die Hotellerie die Chance dieser Bewertungsportale noch nicht erkannt hat und vielmehr bemüht ist, wenn nötig gerichtlich dagegen vorzugehen.[263]

---

**258** Bspw. HolidayCheck, Tripadvisor, Trivago. Vgl. Freyer (2011), S. 157; Hinterholzer (2013), S. 72.
**259** Schrand, Grimmelsmann (2011), S. 236.
**260** Vgl. Hinterholzer (2013), S. 61 f. „Untersuchungen zufolge sind Empfehlungen von Freundinnen/ Freunden für 57 % der Gäste wichtig und für 29 % das Allerwichtigste, wenn es darum geht etwas Neues im Urlaub auszuprobieren. Im Vergleich dazu sind Reisekataloge mit 14 % bzw. 5 % weitaus weniger wirkungsvolle Mittel." (ebd., S. 61)
**261** „Die Marketingmacht ist somit nicht mehr ausschließlich bei den Hoteliers, sondern die Gäste verlassen sich immer mehr auf die Aussagen von anderen Kunden." (Steinhauser, 2011, S. 314)
**262** Vgl. Hinterholzer (2013), S. 69.
**263** Vgl. Gardini (2009), S. 249 f. „Die begrenzten Marketingressourcen sollten entsprechend dazu genutzt werden, Hotelgäste im Sinne eines proaktiven Beschwerdemanagements dahingehend zu

Der direkte Dialog mit Gästen wird kaum genutzt. Es könnten sogar negative Kommentare dank einer professionellen Handhabung des Hoteliers zum Positiven gewendet werden.[264] Gäste haben auf den Onlinebewertungsportalen auch die Möglichkeit, Hotelzimmer direkt zu buchen. Die Bewertungsportale entwickeln sich immer mehr zu Metasuchmaschinen, die Hotelangebote von verschiedensten Anbietern bei einer Suchanfrage darstellen. Zunehmend nutzen einzelne Hotels durch kostenpflichtige Links die Gelegenheit, Gäste auf ihre eigenen Websites zu leiten. So bauen die großen Hotelketten direkte Schnittstellen zu den Onlinebewertungsportalen auf.[265]

Ein weiterer Kanal für das Hotelmarketing sind die **Partnerprogramme**, das sogenannte Affiliate Marketing. Hier erhalten Partner eine Provision, wenn sie z. B. Onlinenutzer zum Webauftritt oder zur Buchungsmaschine der Hotelkette bringen. Im Offlinebereich sind es in der Regel Festbeträge für die Aufnahme in Hotelführern oder in Verzeichnissen von Tagungsplanern.[266]

Immer mehr werden auch **mobile Endgeräte** wie Smartphones und Tablet-Computer als Kommunikations- und Buchungskanal für das Marketing interessant. Die Hotelketten investieren entweder in Webtechnologien, die die Anzeige der jeweiligen Hotelwebauftritte auf mobilen Endgeräten unterstützt oder bieten direkt eigene Applikationen zum Herunterladen an.[267]

Interesse weckt auch das virale Marketing der sozialen Netzwerke, die sogenannten **Social Media**.[268] Diese neuen Kommunikationsmöglichkeiten der Hotelgäste bieten den Hoteliers eine neue Chance, mit den Gästen zu kommunizieren und dadurch neue Gäste anzusprechen.[269] Sie stellen einen Kommunikationskanal zwischen Hotelunternehmen und Gästen dar, aber auch eine Plattform, auf der die Gäste sich untereinander über die Marke bzw. die Hotels austauschen können.[270] Die Zahl der sozialen Netzwerke nimmt stetig zu. Zu den für die Hotellerie wichtigen Plattformen gehören Facebook, Xing, Twitter und Google+.

Facebook ist sicherlich die meistverbreitete Plattform in Deutschland. Obwohl es als Alumni-Netzwerk begonnen hat, spricht es heutzutage alle Gesellschaftsschichten an, angefangen beim Schüler über den Geschäftsmann bis hin zum Unternehmen. Gründe hierfür sind die Verknüpfung verschiedener Funktionen anderer sozialer

---

ermuntern, möglichst zahlreich Bewertungen abzugeben, um über eine hinreichende Quantität von Bewertungen auf der eigenen Website oder den o. g. Portalen, potenziellen Kunden ein möglichst annähernd repräsentatives Bild der Unternehmensleistungen zur Verfügung zu stellen." (ebd., S. 250)

**264** Vgl. Kwidzinski (2013e), S. 12.
**265** Vgl. Kwidzinski (2013), S. 5; Kwidzinski (2013b), S. 5.
**266** Vgl. Schrand, Grimmelsmann (2011), S. 237.
**267** Vgl. ebd., S. 239.
**268** „Unter Social Media werden internetbasierte Kommunikations-Plattformen, auf denen Mitglieder von sozialen Netzwerken Informationen, Meinungen, Erfahrungen und Bewertungen austauschen, verstanden." (ebd., S. 237)
**269** Vgl. Hinterholzer, Jooss, Egger (2011), S. 80 ff.; Buhr (2011), S. 76 ff.
**270** Vgl. Hinterholzer (2013), S. 76.

Medien (d. h. nicht nur die Verknüpfung mit Kontakten,[271] sondern auch die Darstellung von Bildern bzw. Videos[272] sowie der Kurznachrichtendienst,[273] Chat-Funktionen usw.).[274] Der Vorteil für die Hotellerie liegt in der Segmentierung nach Persönlichkeitsmerkmalen, die die Nutzer in ihren Profilen hinterlegen.[275]

Xing ist ein in Deutschland stark verbreiteter Onlinedienst, in dem hauptsächlich Nutzer in den Bereichen Beruf, Karriere, Veranstaltungen entsprechende Profile anlegen. Für die Hotellerie bietet sich hier die Chance, ein auf die Zielgruppe zugeschnittenes Onlinemarketing zu platzieren.[276]

Twitter ist ein weiterer Onlinedienst, in dem man über Kurznachrichten kommuniziert.[277] „Die Inhalte der Meldungen der Twitter-Nutzer sind eher eindimensional. Es geht in erster Linie schlicht und einfach um den Austausch von Erfahrungen über Konsumgüter und Dienstleistungen. In zweiter Linie werden auf Twitter Presse- und Nachrichtenmeldungen weiterverbreitet."[278] Für die Hotellerie bestehen hier Möglichkeiten auf die hoteleigenen Webauftritte hinzuweisen, inklusive Informationsversendung und Feedbackmöglichkeit der Gäste bevor, während sowie nach dem Aufenthalt.[279]

Google+ wurde im Jahr 2011 von Google als direkter Facebook-Konkurrent gestartet. Der Vorteil von Google+ liegt in der Verknüpfung mit anderen Plattformen (z. B. YouTube) und in weiteren Funktionen wie Videokonferenzen mit bis zu zehn Personen (sog. Hangouts).[280] Ein Google+-Profil verbessert gleichzeitig die Hotelplatzierung in den Suchergebnissen von Google.

Weitere soziale Netzwerke mit steigender Bedeutung für die Hotellerie sind Pinterest, Instagram und Hotel-Blogs.[281] Durchaus kann der Dialog in den sozialen Netzwerken zu Markentreue und zu Offlinebuchungen führen:[282] „Im Hinblick auf die Einstufung der Themen Online und Social Media Marketing in das Hotelmarketing bzw. das Hotelmanagement ist festzustellen, dass es sich bei beiden um mehr als reine Instrumente der Teilbereiche Kommunikation und Vertrieb im Marketing-Mix handelt."[283]

---

271 Wie z. B. bei LinkedIn.
272 Wie z. B. bei Pinterest oder Instagram.
273 Wie z. B. bei Twitter.
274 Vgl. Hinterholzer (2013), S. 107 ff.
275 Vgl. Schrand, Grimmelsmann (2011), S. 238.
276 Vgl. Schrand, Grimmelsmann (2011), S. 238.
277 Die sog. Tweets (Name für die Kurznachrichten) sind limitiert (max. 140 Zeichen) und können mit sog. Hashtags beschlagwortet werden. Vgl. Hinterholzer (2013), S. 113 ff.
278 Ebd., S. 115.
279 Vgl. Schrand, Grimmelsmann (2011), S. 238.
280 Vgl. Hinterholzer (2013), S. 112 f.
281 Vgl. Schrand, Grimmelsmann (2011), S. 238.
282 Vgl. Hinterholzer (2013), S. 88. Für Vertrieb und Marketing in der Hotellerie bieten diese Netzwerke ein immenses Potenzial. Vom Salesnewsletter bis zum YouTube-Video. Vgl. Christiani (2013), S. 11.
283 Henschel, Gruner, Freyberg (2013), S. 260.; vgl. weiterführend zur Einbindung von Social Media in den Marketing-Mix Buhr (2011), S. 99 ff.

### 3.2.4.3 Vertragsformen des Hotelmarketing

Im Hotelmarketing arbeitet man hauptsächlich mit drei Vertragsformen. Beim **Merchant-Modell** stellt die Hotelkette dem Vertragspartner Zimmerkapazitäten zu Nettopreisen zur Verfügung. Der Vertragspartner bestimmt den Verkaufspreis selbst, meistens durch eine Erhöhung von ca. 20 % Provision.[284] Beim **Kommissionsmodell** erhält der Vertragspartner eine Kommission von ca. 10 %, die aber individuell je nach Leistungspaket verhandelbar ist.[285] Beim **Auktionsmodell** handelt es sich um ein erweitertes Kommissionsmodel. Die Hotels bieten eine höhere Kommission für eine bessere Platzierung auf den Portalen.[286]

### 3.2.4.4 Kundenbindungs- und Loyalitätsprogramme

Insbesondere die Hotelketten legen den Fokus ihrer Marketingbemühungen auf den Aufbau und den Ausbau ihrer Loyalitätsprogramme zur Kundenbindung. Hier unterscheidet man grundsätzlich zwischen drei Programmarten:[287]

– **VIP-Programme:** Der Inhaber der Karte bekommt beim Aufenthalt in einem Hotel einer Marke bestimmte Vorzugsleistungen und Zusatzangebote.
– **Frequent-Traveller-Programme:** Der vom Gast geleistete Umsatz steht im Vordergrund. Für den Umsatz gibt es nach einem festgelegten Verteilerschlüssel Bonuspunkte, die zu Privilegien und Freiaufenthalten berechtigen.
– **Guest-Recognition-Programme:** Hier liegt der Schwerpunkt auf der Berücksichtigung von Kundenpräferenzen während eines Hotelaufenthaltes in einer bestimmten Marke.

Viele Programme der großen Hotelketten verbinden zwei oder alle drei Ebenen und bieten grundleistungsnahe sowie grundleistungsferne Leistungen (siehe Tabelle 23). Die Attraktivität einer Hotelkette und des dazugehörigen Loyalitätsprogramms erhöht sich mit der Anzahl der damit verbundenen Marken und Hotels, da die Gäste mehr Optionen haben, Punkte zu sammeln oder einzulösen.[288] Die Loyalitätsprogramme der Hotelketten stehen oft in Konflikt mit den Zielen der unternehmenseigenen Reisestellen (siehe Abschnitt 3.1.3.1), da die Bonuspunkte von den Reisenden privat eingesetzt werden können. Eine Steuerung gemäß den Reisevorschriften zu einer bestimmten Hotelmarke wird somit für die Unternehmen erschwert.[289]

---

**284** Vgl. Schrand, Grimmelsmann (2011), S. 236.
**285** Hier spricht man vereinzelt auch vom Auktionsmodell. Vgl. ebd.
**286** Vgl. ebd.
**287** Vgl. Gardini (2004), S. 251 f.
**288** Vgl. Hammer, Naumann (2006), S. 63 f.
**289** Vgl. Drechsler, Schröder (2006), S. 119.

**Tabelle 23:** Beispiele für Privilegien aus den Loyalitätsprogrammen der Hotelketten (Quelle: Eigene Darstellung in Anlehnung an Gardini (2004), S. 256).

| Grundleistungsnahe Leistungen | Grundleistungsferne Leistungen |
| --- | --- |
| Bevorzugte Reservierung und Wartelisten-priorität | Internationaler Veranstaltungskalender: Ticketservice, Einladung zu eigenen Veran- |
| Verfrühter Check-in, verspäteter Check-out | staltungen) |
| Zimmer-Upgrades | Theater-, Restaurantreservierungen, Gäste- |
| Wochenend-Packages, Pauschalangebote | listeservice |
| zu Veranstaltungen (z. B. zur Formel 1) | Flughafen-Loungebenutzung der Partner |
| Kostenfreie Internetnutzung im Hotel | Fluggesellschaften |
| Kostenfreie Nutzung der Hotel-internen | Nutzung von örtlichen Sporteinrichtungen |
| Anlagen (Golfplatz, Tennisplatz, Wellness- | (Fitness, Tennis, Golf usw.) |
| Einrichtungen, usw.) | |
| Kostenfreier Flughafentransfer | |
| VIP-Buchungshotline | |

### 3.2.5 Herausforderungen von Vertrieb und Marketing in der Hotellerie

Die unten dargestellte Tabelle (siehe Tabelle 24) zeigt die Herausforderungen für Vertrieb und Marketing in der Hotellerie, um die schon dargelegten Wachstumsziele im Abschnitt 1.1 (siehe Tabelle 1) zu erreichen.

Eine **Preis- und Margenerhöhung** wird durch den zunehmenden *Verhandlungsdruck der Firmenkunden* (siehe Abschnitt 3.1.3.1 und Abschnitt 3.2.3.2) erschwert. Für sie gilt der Preis als primäres Entscheidungskriterium. Signifikant ist die Veränderung der Nachfrage der Firmenkunden hinsichtlich mehr *Preissensibilität* und geringerer Nebenkosten.[290] Im veränderten Kundenverhalten lässt sich außerdem ein ausgeprägter Wunsch nach *mehr Leistung für weniger Geld* feststellen (siehe Abschnitt 3.2.1.3). Die Hotellerie orientiert die *Preisbildung an der Konkurrenz*, was zu einer Preisspirale nach unten führt (siehe Abschnitt 3.2.4.1). Durch die Verschiebung des Hotelmarktes in Deutschland vom *Verkäufer- zum Käufermarkt* (siehe Abschnitt 3.2.2) infolge der *Zunahme des Wettbewerbs* (siehe Abschnitt 3.1.3.1), ist eine **Erhöhung von Marktanteilen** in diesem gesättigten Markt schwierig. Neben der klassischen Hotellerie kommen außerdem *Ersatz- und Nischenprodukte* auf den Markt (siehe Abschnitt 3.1.3.1 und Abschnitt 3.2.1.3), die die Angebotsfülle erhöhen und den Vertrieb der Hotels erschweren. Besonders die Nischenprodukte können hierbei mit ihrer *Preis-Mengen-Strategie* (siehe Abschnitt 3.1.3.2) auf Preisvorteile als Verkaufsargument setzen, die

---

**290** Vgl. Gardini (2004), S. 53.

**Tabelle 24:** Zusammenfassung der Herausforderungen in Vertrieb und Marketing in der Hotellerie (Quelle: Eigene Darstellung).

| Wachstumsziele der Hotellerie (siehe Abschnitt 1.1) | Herausforderungen im Vertrieb | Wachstumsziele der Hotellerie (siehe Abschnitt 1.1) | Herausforderungen im Marketing |
|---|---|---|---|
| Preis- und Margenerhöhung | – Verhandlungsdruck durch Firmenkunden<br>– Preis als erstes Entscheidungskriterium<br>– zunehmender Kundenwunsch nach mehr Leistung für weniger Geld<br>– Fokus auf Preisbildung der Konkurrenz | Differenzierung | – geringe Differenzierungsmöglichkeiten wegen steigendem Wettbewerb<br>– starke Imitation durch Mitbewerber<br>– keine Differenzierung durch reine Produktvorteile; Reiseerlebnis im Vordergrund<br>– nicht erkennbarer Zusatznutzen zum Zeitpunkt der Kaufentscheidung |
| Erhöhung des Marktanteils | – Sättigung des Marktes. Wandel vom Verkäufer- zum Käufermarkt<br>– Ersatz- und Nischenprodukte (bzw. Design Hotels)<br>– Preis-Mengen-Strategie bei Budget Hotellerie<br>– Abnahme der Loyalitätsbereitschaft der Kunden | Loyalität | – hohe Individualitätsanforderungen vonseiten der Kunden<br>– hybrides Kundenverhalten (manchmal Luxus, manchmal Budget)<br>– rückgängiges Loyalitätsverhalten einer Hotelmarke gegenüber<br>– erschwerte Wahrnehmung von Werbebotschaften |
| Aufbau des Direktvertriebs | – Marktmacht der Absatzmittler<br>– keine Garantieleistungen in den Verträgen<br>– Trend zu Multioptionalität<br>– konstante Erhöhung der Vertriebskosten | Potenzialerhöhung neuer Kanäle | – Digitalisierung und Inflation von Buchungs- sowie Kommunikationskanälen<br>– sprunghaftes Verhalten bei der Auswahl des Buchungskanales<br>– gesellschaftliche Bedeutung von sozialen Netzwerken und rasanter Anstieg von Kanälen<br>– Wahrnehmung der Bewertungsportale als Gefahr |

**Tabelle 24:** (Fortsetzung)

| Wachstumsziele der Hotellerie (siehe Abschnitt 1.1) | Herausforderungen im Vertrieb | Wachstumsziele der Hotellerie (siehe Abschnitt 1.1) | Herausforderungen im Marketing |
| --- | --- | --- | --- |
| **Effiziente und innovative Verkaufsorganisation** | – zunehmende Schwierigkeit Vertriebsmitarbeiter zu finden und zu halten<br>– Vereinbarung von qualifizierten Verkaufsterminen<br>– Aufzeigen des Nutzens einer persönlichen Beratung<br>– Kaufentscheidung und Kundenzufriedenheit in Abhängigkeit von Empathie mit Vertriebsmitarbeitern | **Verschiebung der Kundenpräferenz auf eigene Kanäle** | – Abhängigkeit von den großen Buchungsportalen und deren Konditionen<br>– Preisfokus<br>– hohe Transparenz im Internet<br>– Best-Price-Garantien von Drittanbietern |
| **Steigerung der Realisierungsrate von Geschäfts-abschlüssen** | – Schwierigkeit der Differenzierung in den Angeboten/zunehmende Konkurrenz durch Ersatzprodukte<br>– Verlust potenziellen Geschäfts (zu viele Anfragen werden nicht bestätigt)<br>– hohe Individualitätsanforderungen von Seiten der Kunden<br>– Trend zur Multioptionalität | **Stärkung der Marke** | – kokreierte anstatt kreierte Marken<br>– Schwierigkeit der Veranschaulichung aufgrund der Immaterialität<br>– mehr Marken in derselben Hotelkette<br>– weniger Berührungspunkte mit dem Kunden |

auch Stammkunden anderer Hotelketten wegen *abnehmender Loyalitätsbereitschaft* (siehe Abschnitt 3.2.1.3) anziehen. Dazu spielen die *Absatzmittler ihre Marktmacht im Verkaufsprozess* aus (siehe Abschnitt 3.2.3.2), was zu einer konstanten Erhöhung der Vertriebskosten führt. Von diesen erhalten die Hoteliers in der Regel *keine Garantieleistungen* (siehe Abschnitt 3.2.3.3). Kunden möchten heutzutage aus einer *Vielzahl von Vertriebskanälen* auswählen (siehe Abschnitt 3.2.1.4), was den **Aufbau des Direktvertriebs** nicht einfacher macht. Ferner ist es für die Hotelketten immer schwieriger, *Vertriebsmitarbeiter zu finden und zu halten* (siehe Abschnitt 3.2.4.1), die auch den Innovationsprozess mitgestalten können, um dadurch eine **effiziente und innovative Verkaufsorganisation** aufzubauen. Der Kunde ist weniger bereit, Zeit in eine *persönliche Beratung* zu investieren – dies behindert die Vereinbarung von *qualifizierten Verkaufsterminen* (siehe Abschnitt 3.2.3.4). Neben den fachlichen Qualifikationen sind auch *emphatische Fähigkeiten* im Verkaufsprozess und die *Persönlichkeit des Mitarbeiters* gefragt. Diese werden aber bisher beim Einstellungsprozess nicht berücksichtigt (siehe Abschnitt 3.2.4.1). Das bereits beschriebene *multioptionale Verhalten der Kunden* (siehe Abschnitt 3.2.1.4) führt zu einer weiten Streuung der Nachfrage. Kunden haben *hohe Individualitätsanforderungen* (siehe Abschnitt 3.2.1.2) und möchten keine Standardangebote und -dienstleistungen.[291] Dies führt zu einem *Verlust von potenziellem Geschäft* und zu einer Reduzierung der Realisierungsrate von Geschäftsabschlüssen. Die Konkurrenz, auch durch die *Ersatzprodukte* (siehe Abschnitt 3.1.3.1 und Abschnitt 3.2.1.3), beschleunigt diese Entwicklung zusätzlich. Eine Verlagerung des Tagungsmarktes in niedrigpreisige Segmente sowie *kürzere Veranstaltungen* (siehe Abschnitt 3.1.3.1 und Abschnitt 3.2.3.2) setzt den Hotelketten zu[292] und kompliziert eine **Steigerung der Realisierungsrate von Geschäftsabschlüssen.**

Das Marketing kann nur mühsam eine **Differenzierung** der Dienstleistungen einer Hotelkette erreichen, da ihm *der steigende Wettbewerb* gegenübersteht und diese innovative Idee *sehr schnell imitiert* (siehe Abschnitt 3.1.3.1). Eine *Differenzierung* durch Produktvorteile ist mittlerweile nicht mehr zu erreichen, weil die Kunden *Reiseerlebnisse* fordern (siehe Abschnitt 3.2.1.3). Hier tut sich die Hotellerie schwer, den *Zusatznutzen* (siehe Abschnitt 3.2.4) einer innovativen Dienstleistung bereits zum Zeitpunkt der Kaufentscheidung aufzuzeigen. In Bezug auf **Loyalität** führen die *hohen Leistungs- und Individualisierungsanforderungen* (siehe Abschnitt 3.2.1.2) von Seiten der Kunden und deren *hybridem Kaufverhalten* (siehe Abschnitt 3.2.1.3) zu einer ausgeprägten *Loyalitätsabnahme* einer Hotelmarke gegenüber (siehe Abschnitt 3.2.3.4). Der Kunde ist *nicht umbedingt gewillt die Werbebotschaften einer Hotelmarke*

---

**291** Standard-Besichtigungsprogramme oder mangelnde Autorisierung der Verkäufer auf Sonderwünsche der Kunden zu reagieren, sind oft die Hauptgründe für den Geschäftsverlust. Vgl. Flettner (2013), S. 34.
**292** Vgl. Gardini (2004), S. 53.

*aufzunehmen.* Die *Digitalisierung* (siehe Abschnitt 3.2.1.4) hat zu einer *Inflation von neuen Buchungs- sowie Kommunikationskanälen* (siehe Abschnitt 3.2.4.2) geführt. Hinzu kommt ein *sehr sprunghaftes Verhalten der Kunden* bei der Auswahl des jeweiligen Buchungskanals. Dem Marketing der Hotelketten muss es gelingen, eine **Potenzial- bzw. Umsatzerhöhung dieser Kanäle** für die Hotelkette zu erreichen. Dabei sind auch eine Fülle *sozialer Netzwerke* (siehe Abschnitt 3.2.4.2), deren gesellschaftliche Bedeutung in den letzten Jahren rasant zugenommen hat, zu bedienen und zu nutzen. Häufig werden *Bewertungsportale* (siehe Abschnitt 3.2.4.2) von der Hotellerie allerdings als Gefahr betrachtet. „Die Tourismusbranche ist eine der am stärksten durch die Auswirkungen des Social Web geprägten Branchen. Rein quantitativ betrachtet werden über touristische Produkte und Marken die meisten Gespräche z. B. in Form von Hotelbewertungen und Anbieterempfehlungen im Web geführt."[293] Dabei müssen sich insbesondere Dienstleistungskomponenten in der Markenentwicklung wiederfinden. Aufgrund der *Abhängigkeit der Hotellerie von den großen Buchungsportalen* (siehe Abschnitt 3.2.4.2) und deren Konditionen, gilt es für das Marketing der Hotelketten, eine **Verschiebung der Kundenpräferenz auf eigene Kanäle** zu erzielen. Dies wird durch den *Preisfokus der Endkunden,* die *hohe Preistransparenz im Internet* (siehe Abschnitt 3.2.1.4) sowie die *Best-Price-Garantie der Buchungsplattformen* (siehe Abschnitt 3.2.4.2) erschwert: „Die Marktchancen für Hotelbetriebe ohne Profil und ohne Alleinstellungsmerkmale sinken."[294] Marken werden heutzutage zunehmend *von den Gästen kokreiert* (siehe Abschnitt 3.2.4.2) und weniger von den Hotelmarken-Verantwortlichen selbst kreiert. Durch die *Immaterialität von Marken* und wegen der Digitalisierung *weniger werdenden Berührungspunkte* (siehe Abschnitt 3.2.1.4) mit dem Kunden wird eine **Stärkung der Marke** für das Marketing zu einer Herausforderung. „Kunden konstruieren auf Basis von Kundenbewertungen und Gesprächen im Social Web Markenimage und Imaginationen von touristischen Produkten zunehmend selbst, gleichzeitig schwindet der Einfluss gezielter ‚top-down' gesteuerter Markenführung."[295]

## 3.3 Bisheriges Innovationsverhalten im Tourismus und der Hotellerie

Bisher ist bei den Hotelketten kein strategisches Innovationsmanagement (siehe Abschnitt 1.1 und Abschnitt 1.2.2) implementiert. Es gibt durchaus Bemühungen, Innovationen hervorzubringen, doch kann man eher von einem Innovationsverhalten sprechen und nicht von einem strukturierten Dienstleistungsinnovationsmanagement

---

**293** Hinterholzer, Jooss, Egger (2011), S. 66.
**294** Auer (2007), S. 384.
**295** Hinterholzer, Jooss, Egger (2011), S. 66.

(siehe Abschnitt 2.2). Viele Innovationsbestrebungen sind motiviert durch Erfolge der Konkurrenz oder entstehen zufällig. Nachhaltige Innovationskultur, Innovationsstrategie sowie Innovationsumsetzung sind im Management der Hotelketten noch nicht verankert.

### 3.3.1 Fehlende Innovationskultur

Wie im Abschnitt 2.2.1 beschrieben, ist die Innovationskultur eines Unternehmens die Basis für den späteren Innovationserfolg. In der Kettenhotellerie wurde bisher keine Innovationskultur implementiert, was die kritische Betrachtung des jetzigen Innovationsverhaltens der Hotelketten unterstreicht.

– *Unternehmensführung – verwaltend und delegierend*
Die Unternehmensführung der Hotelketten gerät oft in eine verwaltende bzw. delegierende Rolle. „Die Entscheidungen auf der normativen Managementebene sind auf die Entwicklung und die Lebensfähigkeit des Unternehmens gerichtet, indem die grundsätzlichen Leitlinien für das Hotel festgelegt werden (Grundsatzplanung). Sie tragen den Charakter von konstitutiven Entscheidungen."[296] Diese konstitutiven Unternehmensziele werden dann in einem Leitbild zusammengefasst, das häufig starr wirkt. Die einzelnen Abteilungen und Hotels tun sich in der Folge schwer, schnell auf neue Marktchancen zu reagieren.

– *Managementstil – Top-down-Management*
Im Gegensatz zur Individualhotellerie findet sich in der Kettenhotellerie oft ein starrer Top-down-Managementansatz – demzufolge sind Entscheidungsprozesse oft träge.[297] Ab und an sind auch ein gewisser Pioniergeist und Selbstverwirklichungsbestrebungen des Topmanagements die Triebfeder für Innovation.[298] Ideen, die von untergeordneten Abteilungen entwickelt werden, dringen für gewöhnlich nicht bis zur Geschäftsführung durch.

– *Steile Hierarchien und hierarchische Aufbauorganisation*
Die Hotelbetriebe von Hotelketten sind in der Regel in steilen Hierarchieebenen und einer klassischen, hierarchischen Aufbauorganisation verwurzelt. Beim Generaldirektor an der Spitze laufen alle Entscheidungen zusammen.[299] Unter dem Direktor befindet sich dann eine Vielzahl von Hauptabteilungsleitern, die wiederum Abteilungsleiter führen. „Die Führungskräfte verbringen einen beträchtlichen Teil ihrer Arbeitszeit mit internen Meetings, um den Informationsfluss zu gewährleisten. Die Struktur fördert das Abteilungsdenken und die

---

296 Henschel (2008), S. 141.
297 Vgl. Auer (2007), S. 384.
298 Vgl. Pikkemaat, Holzapfel (2007), S. 251.
299 Vgl. Winter (2008), S. 88.

Abgrenzung zwischen einzelnen Abteilungen, die den gesamten Arbeitsprozess aus den Augen verlieren können."[300] Dies hat zur Folge, dass sich die Mitarbeiter stärker auf ihre Funktion fokussieren und den Blick für die Gesamtheit der Hoteldienstleistung verlieren. „Die Abteilung selbst neigt dazu, sich von Nachbarabteilungen abzugrenzen, jeder Bereich nimmt für sich in Anspruch, der bessere und wichtigere zu sein."[301] Diese Konkurrenzkämpfe erschweren einen strukturierten Innovationsprozess. Fällt ein Mitarbeiter dann noch aus, ist er nur schwer ersetzbar.[302]

–   *Integration ausschließlich von operationalen Abteilungen im Innovationsprozess*
    In der Hotellerie stehen traditionell die operativen Dienstleistungen im Vordergrund. Grundsätzlich werden Mitarbeiter ausschließlich aus den operationalen Abteilungen an innovativen Projekten beteiligt. „Die Umsetzung der normativen und strategischen Konzepte erfolgt auf der operativen Managementebene."[303] Deshalb liegt der Blickwinkel auch meistens nur auf der Kostenreduktion und Prozessoptimierung. Mitarbeiter aus anderen Abteilungen, wie dem Vertrieb und Marketing, werden meistens nicht involviert.

–   *Entstehung von Innovationen aus den täglichen Routinetätigkeiten*
    Für einen strategischen Innovationsprozess bedarf es ausreichender Ressourcen an befähigten Mitarbeitern, die auch die Zeit haben, sich den Entwicklungen zu widmen. Die aus dem Budgetmangel und Überstunden resultierende Geldmittelknappheit erschwert die Freistellung von Ressourcen für Innovation: „Der operative Betriebsablauf verlangt sowohl der Unternehmensführung als auch den Mitarbeitern meistens sehr viel Zeit ab. Dadurch kommen Innovationsprojekte oft zu kurz bzw. können nur sehr kleine Veränderungen, Erweiterungen und Verbesserungen durchgeführt werden."[304] Innovationsvorschläge – oder kritischer betrachtet: Verbesserungsvorschläge – entstehen, wenn überhaupt, zufällig aus den täglichen Routinetätigkeiten.

–   *Kurzfristige bis mittelfristige Ziele und Orientierung an Trends*
    Die Hotelketten planen oft für das jeweils aktuelle Geschäftsjahr und eventuell für das Folgejahr. Dabei wird unterschieden zwischen:[305]
    –   operativer Planung (mittelfristig, ein Jahr) und
    –   dispositiver Planung (kurzfristig, weniger als ein Jahr).

Daraus resultiert auch die Orientierung an aktuellen Trends und Innovationsbestrebungen, die nicht viele Investitionen benötigen und einen kurz bis

---

**300** Ebd., S. 89.
**301** Ebd., S. 91.
**302** Vgl. Henschel (2008), S. 92.
**303** Ebd., S. 175.
**304** Pikkemaat, Holzapfel (2007), S. 253.
**305** Vgl. Henschel (2008), S. 175.

mittelfristigen ROI sichern. Nicht zuletzt aus diesem Grund werden Trends eine wichtige Rolle bei der Schaffung von Wettbewerbsvorteilen zugeschrieben.[306] Langfristige, strategische Lösungsansätze sind nur selten erarbeitet worden.[307]

– *Innovationsbemühungen nicht im Bonussystem der Mitarbeiter*
Heutzutage werden die Mitarbeiter in den Bonussystemen der Hotelketten für Innovationsbemühungen kaum incentiviert. Wie im Abschnitt 3.2.3.4 dargestellt, sind die derzeitigen Bonussysteme auf Umsatzmaximierung und Weiterentwicklung des bestehenden Geschäfts ausgerichtet. Die Bonussysteme zielen auf die Zielerreichung maximal innerhalb von zwölf Monaten ab.

– *Kein aktiver Branchenaustausch über Neuentwicklungen*
Ein Branchenaustausch innerhalb der Hotelindustrie wird durchaus als Impulsgeber gesehen. Jedoch operiert jede Hotelkette für sich allein, eine Zusammenarbeit mit dem Ziel Innovationsentwicklung findet nicht statt:[308] „Kooperation zur Schaffung von Innovationen wird zwar sehr wohl als eine gute Möglichkeit gesehen, jedoch gibt es auch viele Unternehmen, die dem skeptisch gegenüberstehen und keine Chance zur Kooperation ergreifen bzw. nicht ergreifen wollen."[309] Es besteht auch eine gewisse Geheimhaltung aktueller Projekte, Daten und Bestrebungen, die einen aktiven Branchenaustausch verhindern.

– *Träge Veränderungsbereitschaft*
Die ausgeprägte Hierarchie der Hotelkette und deren Hotels führt häufig zu einer Schwerfälligkeit.[310] „Die Trägheit der Organisation als Ganzes, aber auch die mangelnde Veränderungsbereitschaft in Teilen einer Unternehmung sind ein weiterer wichtiger Einflussfaktor auf das Innovationsmanagement sowie auf die Innovationstiefe."[311] Diese Trägheit wird durch die Schwierigkeit geprägt, unabhängig von der Geschäftsführung und von den Eigentümern zu handeln. Die strengen Unternehmensrichtlinien sowie -vorgaben sind nicht förderlich für die schnelle Entwicklung und Umsetzung von Veränderungsbestrebungen bzw. Neuerungen.[312] Veränderungen werden in dieser Unternehmenskultur grundsätzlich intolerant betrachtet und blockiert.

---

306 Vgl. Pikkemaat, Holzapfel (2007), S. 250.
307 Vgl. Pompl, Buer (2006), S. 29 f.
308 Vgl. Pikkemaat, Holzapfel (2007), S. 250.
309 Pikkemaat, Holzapfel (2007), S. 251.
310 Vgl. Henschel (2008), S. 33.
311 Pikkemaat, Holzapfel (2007), S. 252.
312 Vgl. ebd., S. 253.

### 3.3.2 Fehlende Innovationsstrategie und -struktur

Eine Innovationsstrategie und -struktur, wie im Abschnitt 2.2.2 dargelegt, ist ebenso entscheidend, um Innovationen gezielt im Unternehmen zu entwickeln. Folgende Punkte führen zur mangelnden Innovationsstrategie in der Hotellerie:

- *Ausrichtung der Innovationsstrategie am Zufall*
  Insbesondere in den einzelnen Hotelbetrieben entwickeln sich Innovationsbemühungen eher zufällig. „[...] täglich anfallendes muss erledigt werden, die Planung wird auf maximal ein Jahr ausgerichtet bzw. es werden eher bestehende Märkte bearbeitet als neue erforscht."[313] Es fehlt der Innovationsstrategie an Struktur und an Nachhaltigkeit.
- *Anstoß für Innovationen aus dem Marktumfeld*
  Die Motivation für Innovationsbemühungen kommt i. d. R. durch die Aktivitäten der Mitbewerber. Durch den Marktdruck stoßen dann Hotelketten Bestrebungen an, sich ebenfalls Dienstleistungsinnovationen anzusehen.[314] Der Fokus liegt dabei wesentlich auf der Erfüllung von Kundenwünschen hinsichtlich Produktverbesserungen.[315]
- *Zufällige Ideengenerierung*
  „Ideenmangel und fehlendes Know-how zur Entwicklung und Verwirklichung von Innovationen sind ein weiteres Hemmnis für viele Unternehmer im Tourismus."[316] Hotelketten leiten Ideen hauptsächlich aus Kundenwünschen ab.[317] Wenn keine Kundenwünsche explizit geäußert oder als Anregungen vom Unternehmen aufgenommen werden, werden Ideen auch nicht gezielt gefördert und generiert.
- *Ideenbewertung nach Risiken und Investitionen*
  Die Hotelketten bewerten neue Ideen nach innovativen Lösungsansätzen fast ausschließlich nach Risiken und notwendigen Investitionen. Da das Budget knapp ist, werden viele Projektanstöße bereits zu Beginn als hochriskant wegen den notwendigen Investitionen und dem ungewissen ROI bewertet. Touristische Unternehmen sowie die Hotelketten „[...] behalten deshalb lieber den Status quo bei, anstatt für sie riskant scheinende Investitionen in Neuerungen zu tätigen."[318]
- *Kein Mitarbeiterfokus im Innovationsprozess*
  Die Einbindung der Mitarbeiter wird in dem Innovationsprozess nach wie vor vernachlässigt.[319] Die Geschäftsführung orientiert sich meistens an den Kunden.

---

313 Vgl. Peters (2008), S. 265.
314 Vgl. Pikkemaat, Holzapfel (2007), S. 249.
315 Vgl. Pikkemaat, Holzapfel (2007), S. 250.
316 Ebd., S. 252. Vgl. weiterführend Peters (2008), S. 263.
317 Vgl. Pikkemaat, Holzapfel (2007), S. 250
318 Ebd., S. 251.
319 Vgl. Gardini (2009), S. 27.

„Die schlechte Innovationsqualifikation der Unternehmer selbst, aber auch der Mitarbeiter werden als großes Hindernis gesehen, da sowohl zur Planung als auch zur Durchführung von Innovationen ein Mangel an Erfahrung und Know-how angeführt wird."[320] Wie bei der Personalpolitik im Abschnitt 3.2.4.1 erläutert, sind die hohe Fluktuationsrate der Mitarbeiter und zugleich der bisherige Einstellungsprozess Herausforderungen. „Wenn in der Hotellerie noch immer vor allem die Bewerbungsunterlagen und das Vorstellungsgespräch für die Personalauswahl genutzt werden, muss klar sein, dass damit eine Reihe von Anforderungen an den Bewerber, z. B. die Teamfähigkeit, kaum zu bewerten sind."[321] Hier spielen auch Kreativität und Innovationsfähigkeit keine entscheidende Rolle.[322] Außerdem fehlt es an Schulungskonzepten, die nicht nur ihren Schwerpunkt in reinen Kenntnissen der spezifischen Fachabteilung vermittelt, sondern vielmehr auf Förderung der Interaktionsfähigkeit mit dem individuellen Kunden bzw. Gast in den Vordergrund stellt.[323]

- *Fokus auf traditionelle Zielgruppe*
  Wie im Abschnitt 3.2.3.4 festgehalten, ist die Segmentierung und die Zielgruppenbestimmung wichtiger Bestandteil des Vertriebsmanagements. Nur werden diese nicht systematisch überprüft und aktuellen Veränderungen im Reiseverhalten angepasst, sondern die Hotelketten bleiben auf die traditionelle bzw. bewährte Zielgruppe fokussiert.

### 3.3.3 Fehlende Innovationsumsetzung, -diffusion und -controlling

Um Innovationen erfolgreich zur Marktreife zu führen, brauchen Unternehmen eine zielgerichtete Innovationsumsetzung, eine Diffusionsstrategie und ein umfassendes Innovationscontrolling (siehe Abschnitt 2.2.3). Folgende problematische Erkenntnisse sind für die Hotelketten in diesem Zusammenhang anzumerken:

- *Implementierungszeitpunkt von Neuerungen nicht als Managementaufgabe erachtet*
  Dadurch, dass kein strategisches Innovationsmanagement in der Hotellerie stattfindet, wird bei der Implementierung neuer Dienstleistungsansätze nicht zwingend auf den richtigen Zeitpunkt geachtet.
- *Fokus auf spätere Mehrheit und Nachzügler bei Diffusion*
  Die Hotelketten stellen meistens neue Dienstleistungen dem Markt zögerlich und relativ spät vor. Die Hotellerie hat oft Angst, dass Innovationen vom Markt nicht

---

320 Pikkemaat, Holzapfel (2007), S. 252.
321 Henschel (2008), S. 226.
322 Vgl. Henschel (2008), S. 226.
323 Vgl. Gardini (2009), S. 27.

angenommen werden und ist deshalb zurückhaltend.[324] Dies führt dazu, dass radikale Innovationen in der Tourismuswirtschaft nur schwer entwickelt und zur Marktreife geführt werden. „Radikale Innovationen sind in den meisten Fällen durch technologische Neuerungen getrieben. Tourismusunternehmen wenden den daraus entstehenden Nutzen erst mit einer zeitlichen Verzögerung an. Innovationen im Tourismus haben somit oft inkrementellen Charakter [...]".[325] Wie bereits gezeigt (siehe Abbildung 17), verpassen die Hotelketten somit den vollen Umsatzerfolg.

– *Taktische Vertriebs- und Marketingmaßnahmen*
Eine Herausforderung für die Hoteliers stellt auch die Vermarktung und Kommunikation jeglicher innovativer Dienstleistungslösungen dar.[326] Sowohl die Vertriebs- als auch die Marketingaktionen sind taktisch ausgelegt, d. h. für kurze Zeitabschnitte werden saisonale Werbemaßnahmen geschaltet. Langfristige Ziele und Umsatzerfolge bleiben dabei unberücksichtigt.

– *Reines Projektcontrolling*
Beim Controlling wird jedes Projekt einzeln betrachtet und in vielen Fällen von verschiedenen Projektleitern kontrolliert. Es besteht keine strukturierte Vorgehensweise, die alle Innovationsbestrebungen auf die Unternehmensziele abstimmt (siehe Abschnitt 2.2.3). Ein solches Vorgehen birgt die Gefahr, dass das Gesamtbild außer Acht bleibt, die einzelnen Projekte verschiedene Zielvorgaben haben und Ressourcen nicht effektiv genutzt werden.

– *Kein ausgeprägter Immitationsschutz*
Insgesamt sind touristische Dienstleistungsinnovationen schnell der Gefahr der Nachahmung ausgesetzt. „Der Markterfolg einer Innovation wird durch Imitation negativ beeinflusst, da ein Teil der möglichen Innovationsgewinne (Marktanteilszuwachs, Erträge) an Konkurrenten abfließt."[327] Hotelketten können auch schnell, einfach und billig innovative Produkt- bzw. Dienstleistungslösungen der Mitbewerber imitieren.

## 3.4 Fazit

Im globalen Wirtschaftssektor Tourismus spielen die Beherbergungsbetriebe innerhalb der Dienstleistungskette eine wichtige Rolle. Besonders für die internationalen Hotelketten und Hotelmarken ist der Hotelmarkt in Deutschland attraktiv, aber auch sehr umkämpft. Eine umfassende Analyse des Marktumfelds der deutschen Hotellerie

---

324 Vgl. Pikkemaat, Holzapfel (2007), S. 252.
325 Beritelli, Romer (2006), S. 53.
326 Vgl. Pikkemaat, Holzapfel (2007), S. 252.
327 Pompl, Buer (2006), S. 29.

(siehe Abschnitt 3.1.3.1) zeigt, dass die Branche gegen den zunehmenden Wettbewerb, die erhöhte Verhandlungsmacht seitens der Kunden aber auch seitens der Zulieferer und den Markteintritt von Ersatz- bzw. Nischenprodukten zu kämpfen hat.

Zur Realisierung, der in dieser Arbeit definierten Wachstumsziele (siehe Tabelle 1), sind die Geschäftsfelder Vertrieb und Marketing entscheidende Treiber. Hier sind für die Entscheidungsträger und das Management zum einen die Charakteristika der Hoteldienstleistung, zum anderen eine Veränderung des Reiseverhaltens zu berücksichtigen. Die Leistungserstellung für den Gast ist immateriell sowie individuell, d. h., dass die Leistung nicht lagerbar ist und der Gast selbst die Qualität der Dienstleistung beeinflusst. Des Weiteren handelt es sich bei der Hoteldienstleistung um ein Leistungsbündel aus Beherbergungs-, Bewirtungs- und eventuellen Komplementärleistungen, die diese komplex und erklärungsbedürftig machen. Jeder Gast hat eine individuelle Vorstellung und Erwartungshaltung von der immateriellen Leistung, sodass man auch von einer Subjektivität als weiteres Charakteristikum der Hoteldienstleistung spricht (siehe Abschnitt 3.1.2). Beim veränderten Reiseverhalten ist der demografische Wandel der Gesellschaft zu berücksichtigen, bei dem sich klassische Rollenverteilungen ändern, die wiederum zu einer Individualisierung der Nachfrage führen. Dieser Wunsch nach Authentizität einer Reise geht einher mit der Suche nach einem Reiseerlebnis. Je nach Anlass stehen dabei die Luxushotellerie und preiswerte Nischen- und Ersatzprodukte im direkten Wettbewerb miteinander. Die Digitalisierung der Buchungs- und Kommunikationskanäle führt zur Transparenz, die dem Kunden bzw. dem Gast einen Wissensvorsprung durch die Vergleichbarkeit der Angebote einräumen (siehe Abschnitt 3.2.1).

In diesem dynamischen Käufermarkt ist es die Aufgabe von Vertrieb und Marketing, die im Abschnitt 1.1 definierten Wachstumsziele der Hotelketten voranzutreiben. Der Vertrieb konzentriert sich darauf, in der direkten Ansprache mit Firmenkunden und in der indirekten Ansprache über Absatzmittler und Absatzhelfer langfristige erfolgreiche Kundenbeziehungen aufzubauen. Im Marketing empfiehlt es sich, den klassischen Marketingmix zum Dienstleistungsmarketingmix auszubauen, um sich in allen bestehenden und neuen Buchungs- sowie Kommunikationskanälen zu differenzieren. Dazu sollte Marketing sich auf die Stärkung der Marke und die Erhöhung der Loyalität fokussieren, um Wettbewerbsvorteile zu erobern. Vertrieb und Marketing in der Hotellerie stehen, wie beschrieben, vor deutlichen Herausforderungen (siehe Tabelle 24). Um diese zu lösen, bedarf es in den Hotelunternehmungen eines strategischen Innovationsmanagements (siehe Abschnitt 2.2). Ein solches nachhaltiges Innovationsmanagement ist bei den Hotelketten noch nicht vorhanden. Innovationsbemühungen sind bisher als zufällig, kurzfristig und unstrukturiert zu bezeichnen.

# 4 Kernthesen für Dienstleistungsinnovationen in Vertrieb und Marketing entwickelt anhand von Fallstudien aus zwei Vergleichsbranchen

## 4.1 Innovationstreiber nach Branchen in Deutschland

Unter den 27 Mitgliedsstaaten in der Europäischen Union ist Deutschland sowohl in Produkt- als auch in Prozessinnovationen Innovationsführer (siehe Abbildung 34).

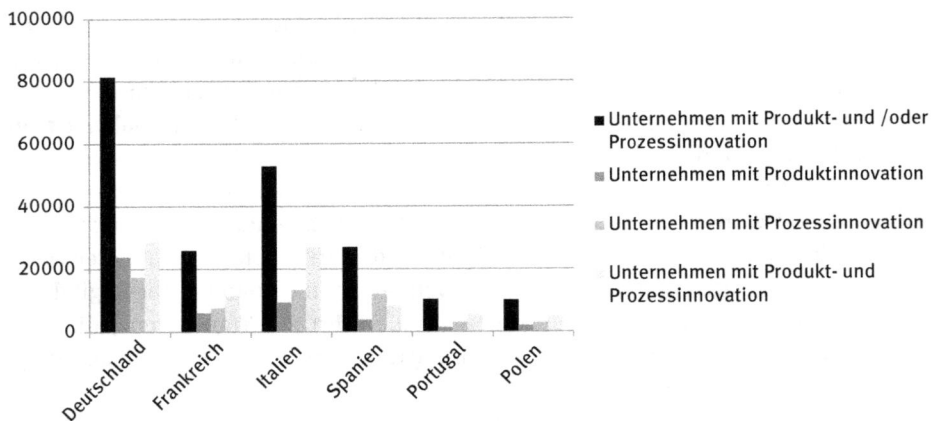

|  | Deutschland | Frankreich | Italien | Spanien | Portugal | Polen |
|---|---|---|---|---|---|---|
| Unternehmen mit Produkt- und/oder Prozessinnovation | 81.341 | 25.872 | 52.716 | 26.951 | 10.341 | 10.129 |
| Unternehmen mit Produktinnovation | 23.871 | 5.949 | 9.311 | 3.824 | 1.381 | 1.978 |
| Unternehmen mit Prozessinnovation | 17.440 | 7.594 | 13.298 | 11.981 | 3.050 | 2.902 |
| Unternehmen mit Produkt- und Prozessinnovation | 28.808 | 11.313 | 26.727 | 8.246 | 5.582 | 4.968 |

Anmerkungen:
Die oben aufgeführten Länder sind die innovativsten in der EU. Für Großbritannien liegen keine Daten vor.
Die Daten stammen aus dem Jahr 2008. Letztes Update 26.06.2013

**Abbildung 34:** Unternehmen mit Produkt- und/oder Prozessinnovationen im EU-Ländervergleich (Quelle: Eigene Darstellung in Anlehnung an Eurostat (2013)).

DOI 10.1515/9783110451436-004

Deutschland wird nach F&E-Ausgaben als Europameister geführt, angetrieben von der starken Automobilindustrie und deren Forschungsinvestitionen.[1] Aber die reine Investitionssumme in Forschung und Entwicklung sagt noch nichts über den tatsächlichen Erfolg aus. Deshalb ist eine Aufstellung nach Umsatzanstieg aufgrund von Qualitätsverbesserungen ein geeigneterer Indikator. Anhand der folgenden Abbildung zeigt sich, dass die **Finanzdienstleistungen sowie der Fahrzeugbau die größten Umsatzsteigerungen durch Prozessinnovationen nach Branchen** in Deutschland in 2011 erreicht haben (siehe Abbildung 35).

Die Studie des ZENTRUMS FÜR EUROPÄISCHE WIRTSCHAFTSFORSCHUNG GMBH (ZEW) zum „Innovationsverhalten der deutschen Wirtschaft"[2] zeigt, dass Qualitätsverbesserungen im Mittelpunkt von Prozessinnovationen bei den Unternehmen in Deutschland stehen und zu höheren Umsatzanstiegen führen. Des Weiteren werden im Detail die Finanz- sowie die Automobilbranche als wichtigster Innovationstreiber mit Prozessinnovationen in Deutschland genannt (siehe Abbildung 36). „Die höchsten Kosteneinsparungen durch Prozessinnovationen konnten im Jahr 2011 die Finanzdienstleistungen realisieren (5,4 %), die gleichzeitig durch Qualitätsverbesserungen einen Umsatzanstieg von 3,3 % erreicht haben. Die höchste Umsatzausweitung durch verbesserte Produktqualität meldete der Fahrzeugbau (4,2 %), der gleichzeitig seine Stückkosten mithilfe von Prozessinnovationen um 5,1 % reduzieren konnte."[3]

Gemäß der Themenabgrenzung (siehe Abschnitt 1.4) stehen in dieser Arbeit Innovationen im Vordergrund, die zu einem Umsatzanstieg durch Qualitätsverbesserung führen. Innerhalb der Dienstleistungsbranchen (Unternehmensberatung, Mediendienstleistungen, Unternehmensdienste usw.) übernimmt die Finanzdienstleistung die Führungsposition bei der Generierung qualitätsverbessernder Dienstleistungsinnovationen. In der Gruppe der Sachgüterindustrie liegt der Fahrzeugbau an der Spitze.

Wie bereits dargestellt (siehe Abschnitt 2.1), ist eine klare Trennung zwischen Sach- und Dienstleistung nicht möglich. Jede Leistung ist ein Leistungsbündel und besteht aus materiellen und immateriellen Elementen. Ein Hotelunternehmen besteht aus dem Sachgut „Hotels" und aus dem Servicepotenzial „Dienstleistung".[4] Das Verhältnis zwischen Sachgut und Dienstleistung ist bei einem Hotel ausgeglichen. Während bei der Automobilbranche das Produkt im Vordergrund steht, ist bei der Finanzbranche das Dienstleistungselement entscheidend (siehe Abbildung 37).

---

**1** Booz & Company (2013).
**2** Vgl. Rammer et al. (2013), S. 9 f.
**3** Ebd., S. 11.
**4** Vgl. Freyer (2011), S. 142. Ein Hotel wird nach den Eigenschaften des Sachgutes (z. B. Zimmerausstattung, Fitness- sowie Poolbereich, Tagungskapazitäten sowie nach den Dienstleistungsmerkmalen ausgewählt.

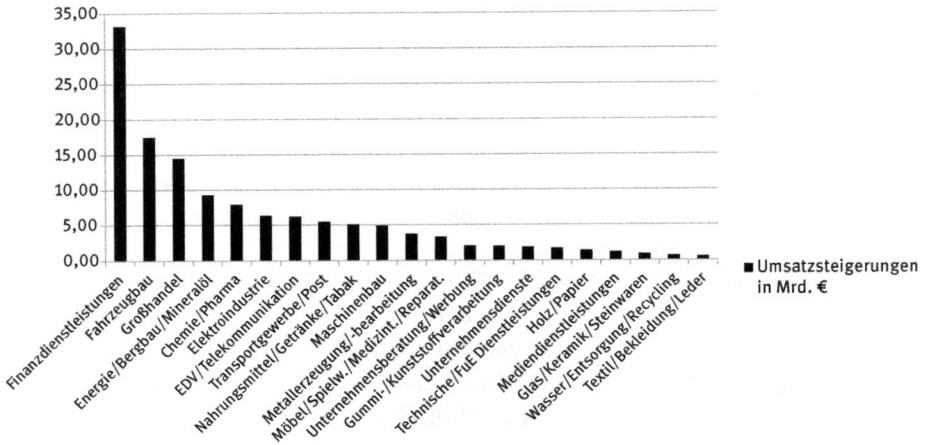

| Branche | Umsatzsteigerungen in Mrd. € |
|---|---|
| Finanzdienstleistungen | 33,14 |
| Fahrzeugbau | 17,48 |
| Großhandel | 14,50 |
| Energie/Bergbau/Mineralöl | 9,29 |
| Chemie/Pharma | 7,92 |
| Elektroindustrie | 6,34 |
| EDV/Telekommunikation | 6,26 |
| Transportgewerbe/Post | 5,49 |
| Nahrungsmittel/Getränke/Tabak | 5,09 |
| Maschinenbau | 4,90 |
| Metallerzeugung/-bearbeitung | 3,74 |
| Möbel-/Spielwarenindustrie, Medizintechnik, Reparatur/Installation von Anlagen/Geräten | 3,32 |
| Unternehmensberatung/Werbung | 2,08 |
| Gummi-/Kunststoffverarbeitung | 2,01 |
| Unternehmensdienste | 1,85 |
| Technische/F&E-Dienstleistungen | 1,70 |
| Holz/Papier | 1,42 |
| Mediendienstleistungen | 1,21 |
| Glas/Keramik/Steinwaren | 0,85 |
| Wasser/Entsorgung/Recycling | 0,67 |
| Textil/Bekleidung/Leder | 0,56 |

Anmerkungen:
Alle Werte sind hochgerechnet auf die Grundgesamtheit der Unternehmen in Deutschland mit fünf oder mehr Beschäftigten. Zahlen sind mathematisch auf zwei Kommastellen gerundet.

**Abbildung 35:** Umsatzsteigerung durch Prozessinnovationen nach Branchen in 2011 (Quelle: Darstellung in Anlehnung an Daten von Rammer et al. (2013), S. 18).

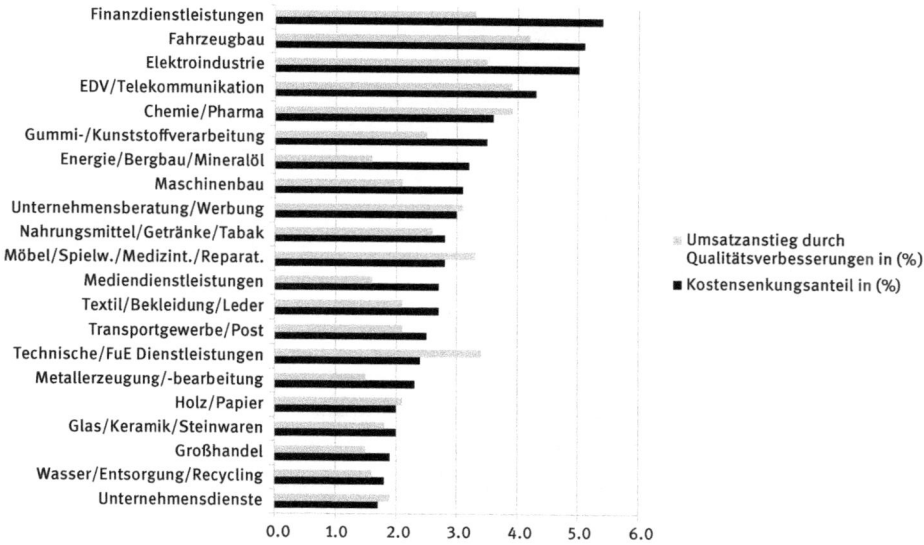

| Branche | Umsatzanstieg durch Qualitätsverbesserungen in (%) | Kostensenkungsanteil in (%) |
|---|---|---|
| Finanzdienstleistungen | 3,3 | 5,4 |
| Fahrzeugbau | 4,2 | 5,1 |
| Elektroindustrie | 3,5 | 5,0 |
| EDV/Telekommunikation | 3,9 | 4,3 |
| Chemie/Pharma | 3,9 | 3,6 |
| Gummi-/Kunststoffverarbeitung | 2,5 | 3,5 |
| Energie/Bergbau/Mineralöl | 1,6 | 3,2 |
| Maschinenbau | 2,1 | 3,1 |
| Unternehmensberatung/Werbung | 3,1 | 3,0 |
| Nahrungsmittel/Getränke/Tabak | 2,6 | 2,8 |
| Möbel-/Spielwarenindustrie, Medizintechnik, Reparatur/Installation von Anlagen/Geräten | 3,3 | 2,8 |
| Mediendienstleistungen | 1,6 | 2,7 |
| Textil/Bekleidung/Leder | 2,1 | 2,7 |
| Transportgewerbe/Post | 2,1 | 2,5 |
| Technische/F&E-Dienstleistungen | 3,4 | 2,4 |
| Metallerzeugung/-bearbeitung | 1,5 | 2,3 |
| Holz/Papier | 2,1 | 2,0 |
| Glas/Keramik/Steinwaren | 1,8 | 2,0 |
| Großhandel | 1,5 | 1,9 |
| Wasser/Entsorgung/Recycling | 1,6 | 1,8 |
| Unternehmensdienste | 1,9 | 1,7 |

Anmerkungen:
Alle Werte sind hochgerechnet auf die Grundgesamtheit der Unternehmen in Deutschland mit fünf oder mehr Beschäftigten.

**Abbildung 36:** Innovationserfolg mit Prozessinnovationen 2011 nach Branchengruppen in Deutschland (Quelle: Rammer et al. (2013), S. 11).

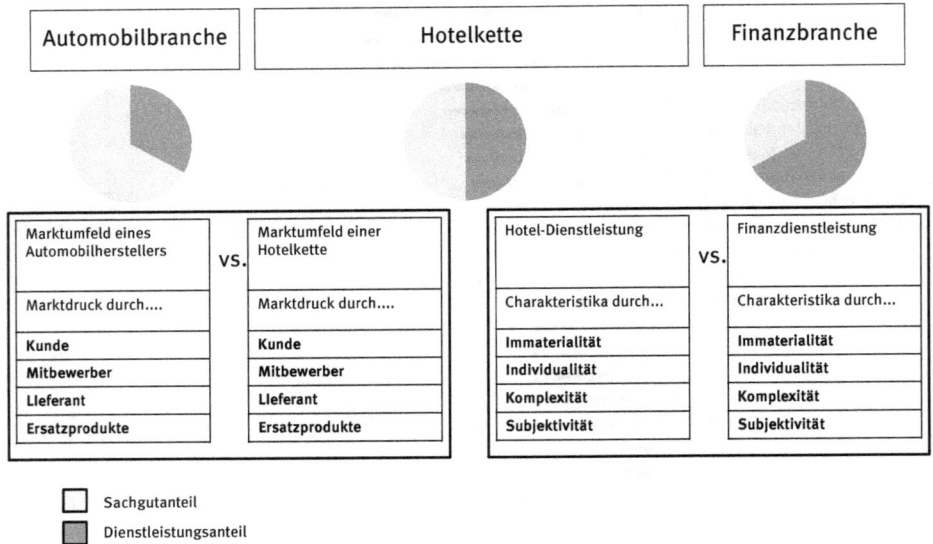

| Marktumfeld eines Automobilherstellers | vs. | Marktumfeld einer Hotelkette |
|---|---|---|
| Marktdruck durch.... | | Marktdruck durch.... |
| Kunde | | Kunde |
| Mitbewerber | | Mitbewerber |
| Lieferant | | Lieferant |
| Ersatzprodukte | | Ersatzprodukte |

| Hotel-Dienstleistung | vs. | Finanzdienstleistung |
|---|---|---|
| Charakteristika durch... | | Charakteristika durch... |
| Immaterialität | | Immaterialität |
| Individualität | | Individualität |
| Komplexität | | Komplexität |
| Subjektivität | | Subjektivität |

☐ Sachgutanteil

▨ Dienstleistungsanteil

Anmerkung: Ein Produkt ist immer im Leistungsbündel mit einer Dienstleistung und umgekehrt. Die Definition der Automobilbranche nach dem Produkt sowie der Finanzbranche nach den reinen Dienstleistungskriterien, dient hier ausschließlich zur Darstellung der Vergleichbarkeit mit der Hotellerie.

**Abbildung 37:** Die Hotellerie im Vergleich zur Automobil- und Finanzbranche (Quelle: Eigene Darstellung).

Wie in der Abbildung 37 veranschaulicht, werden nachfolgend die Automobilbranche mit dem Marktumfeld der Hotellerie sowie die Finanzbranche mit der Hoteldienstleistung gegenübergestellt. Daraus soll ersichtlich sein, ob beide Branchen als Vergleichsbranchen zur Hypothesenableitung für die Hotellerie dienen können. Der Autor hat sich in der vorliegenden Arbeit auf diese beiden Branchen beschränkt. Zusätzliche Branchen können innerhalb des weiteren Forschungsbedarfs (siehe Abschnitt 7.3) in der gleichen Systematik analysiert werden.

### 4.1.1 Marktumfeld der Automobilindustrie im Vergleich zur Hotellerie

Die Automobilindustrie[5] ist seit Jahrzehnten der Innovationsmotor in Europa und wird häufig als Benchmark bei Branchenvergleichen herangezogen. Ein Blick auf die

---

5 Vgl. ZEW (2013b), S. 2. Unter „Automobilbranche" definiert man die Herstellung von Personenkraftwagen, Lastkraftwagen sowie Autobussen. Außerdem gehören hierzu Kraftwagenmotoren, Karosserien, Aufbauten und Anhänger sowie sonstiges Zubehör für Kraftwagen.

deutsche Automobilindustrie zeigt den hohen Stellenwert der Automobilbranche für die deutsche Wirtschaft:

- Fast 20 % des Gesamtumsatzes der deutschen Wirtschaft wird in der Automobilindustrie erwirtschaftet – in 2010 waren es 315 Mrd. Euro Umsatz.[6]
- Mit 714.000 Arbeitnehmern ist die Branche einer der wichtigsten Arbeitgeber in Deutschland. „Der Anteil der Beschäftigten in der deutschen Automobilbranche an der Gesamtindustrie hat sich mittlerweile auf 14 Prozent erhöht."[7]
- In 2010 produzierten deutsche Automobilhersteller insgesamt über 12,7 Mio. Fahrzeuge.[8]

Diesen Zahlen stehen aber auch erhebliche Innovationsbemühungen entgegen:

- Die Aufwendungen für Forschung und Entwicklung der Automobilhersteller entsprechen ca. einem Drittel der Forschungsaufwendungen der gesamten deutschen Wirtschaft. Die Investitionen betrugen beispielsweise im Jahr 2010 ca. 20 Mrd. Euro.[9] „Die Orientierung der langfristigen F&E-Ziele an Megatrends trägt wesentlich dazu bei, dass F&E-Investitionen nicht ins Leere gehen. Denn Megatrends sind vorhersehbar. Die Interpretation dieser Trends für das eigene Geschäftsmodell gehört zu den wichtigsten strategischen Aufgaben von Unternehmen der Automobilindustrie."[10]
- Mit in Betracht muss man auch die innovationsstarke mittelständische Zuliefererindustrie ziehen. Die deutschen Hersteller und Zulieferer gehören zu den weltweit führenden Patentanmeldern. Deutsche Premiumhersteller sind Weltmarktführer in Innovation.[11] In Deutschland haben die drei Kernmarken BMW, Mercedes-Benz und Volkswagen einen Marktanteil von 50 % des Marktes. Unter diesen Marken haben die drei Premiummarken Mercedes, BMW und Audi einen Marktanteil von 27 %.[12]

Anschließend wird nun die Automobilbranche gemäß dem Branchenumfeld der Hotellerie (siehe Abschnitt 3.1.3.1) nach Mitbewerber, Kunden, Zulieferer und Ersatzprodukten analysiert (siehe Abbildung 37).

---

6 Vgl. Verband der Automobilindustrie (VDA) (2011), S. 18. Vgl. hierzu auch Proff, Proff (2013), S. 22 f.
7 VDA (2011), S. 18.
8 Vgl. ebd. Damit stammt ca. jedes sechste Fahrzeug weltweit aus Deutschland.
9 In 2011 setzte sich dieser Trend fort. Die Innovationsausgaben haben in 2011 den Spitzenwert von 38,7 Mrd. Euro (2010: 33,6 Mrd. Euro) erreicht. Die Innovationsintensität (Innovationsausgaben in % des Umsatzes) beträgt 9,3 %, leicht (0,2 %) über dem Vorjahr. Im Branchenvergleich ist die Automobilbranche der Branchenprimus im Umsatzanteil mit Produktneuheiten (50 %, Steigerung um 1 % vs. 2010). Vgl. ZEW (2013b), S. 1.
10 Oliver Wyman (2007), S. 28.
11 Vgl. Proff, Proff (2013), S. 23.
12 Vgl. Proff, Proff (2013), S. 117.

**Marktwachstum der Mitbewerber**

Die Automobilbranche in Deutschland befindet sich ähnlich der Hotellerie (siehe Abschnitt 3.1.3.1) in einem **gesättigten Markt** und ist **zunehmendem Wettbewerb** ausgesetzt.[13] Auch der Wettbewerb aus Nordamerika und aus Asien macht der deutschen Automobilindustrie zunehmend zu schaffen.[14] „Zwischen den Herstellern tobt nicht nur auf den wenig wachsenden oder gar schrumpfenden Triade-Märkten, sondern auch auf den boomenden Wachstumsmärkten vieler sich entwickelnder Länder ein heftiger Kampf um Marktanteile."[15] Gleichzeitig verändern sich die Kundenwünsche in den traditionellen und in den neuen Märkten zunehmend bzw. entwickeln sich je nach Markt in unterschiedliche Richtungen.[16] Das hat zur Folge, dass die Produktionsstätten der deutschen Automobilindustrie nicht mehr vollständig ausgelastet sind.[17] Anbieter aus den Niedrigpreissegmenten, die durch effiziente Kostenstrukturen auch eine potenzielle Konkurrenz für die Hersteller im Premiumsegment darstellen, kommen noch hinzu.[18]

Im 21. Jahrhundert hat die deutsche Automobilindustrie mit dauerhaften, d. h. **strukturellen Überkapazitäten** zu kämpfen.[19] Dies führte in den Jahren zuvor zu gnadenlosen Rabattschlachten, die für die Automobilhersteller keinen betriebswirtschaftlichen Erfolg gebracht haben.[20] Da die Branche sehr kapitalintensiv ist, sind Kapazitätsauslastungen von entscheidender Bedeutung für die Produktivität und die Profitabilität der Unternehmen.[21] Demzufolge besteht das Ziel aller Automobilhersteller darin, hohe und konstante Kapazitätsauslastungen mit möglichst niedrigem Kapitaleinsatz je Produkteinheit zu kombinieren.[22] „Eine optimale Ertragslage ist bei strukturellen Überkapazitäten bzw. – anders gewendet – bei struktureller Unterauslastung der Kapazitäten nicht zu erreichen."[23]

**Verhandlungsstärke der Kunden**

Der Automobilmarkt hat sich **vom Verkäufer- zum Käufermarkt** entwickelt, was zu einer ausgeprägten Verhandlungsmacht von Endkunden und Firmenkunden vergleichbar mit dem Marktumfeld der Hotellerie führt (siehe Abschnitt 3.1.3.1).[24] Die Kundenanforderungen sind für die Automobilhersteller zunehmend vielschichtiger

---

**13** Vgl. Esch (2013), S. 27.
**14** Vgl. Becker (2007), S. 16 ff.
**15** Proff, Proff (2013), S. 115. Unter Triade-Märkten versteht man die drei größten Wirtschaftsräume: die NAFTA, EU und Ostasien.
**16** Vgl. ebd., S. 19.
**17** Vgl. Dölle (2013), S. 56.
**18** Vgl. ebd., S. 58.
**19** Vgl. Becker (2007), S. 2.
**20** Vgl. ebd., S. 41.
**21** Vgl. ebd., S. 83.
**22** Vgl. ebd., S. 85.
**23** Becker (2007), S. 85 f.
**24** Vgl. Dölle (2013), S. 58.

geworden und neue soziale Nachfragegruppen entstanden.[25] „Dieser Spagat vereint das Streben der Konsumenten nach Erlebnissen und emotionalen Zusatznutzen, den Drang zur Individualisierung, aber auch die Verantwortung gegenüber Dritten und der Umwelt."[26] Ebenfalls **verändert die Kundenstruktur wegen des demografischen Wandels die Nachfrage** nach Automobilen, deren Ausstattung und Serviceleistungen.[27] Hier gilt es, einen Spagat zwischen Funktionalität und spannendem Design zu schaffen. Allerdings gelingt es den Automobilherstellern nicht, trotz Erfüllung steigender Kundenanforderungen und Wünsche, entsprechend die Preise anzuheben. „Die Mehrpreisbereitschaft für neue Technologien ist mit Ausnahme des Premiumsegments bei den Endkunden sehr gering."[28]

Der klassische Verkaufs- und Marketingprozess über den Händler ist durch das Internet auf den Kopf gestellt worden. „Die hohe Transparenz des Marktes führt dazu, dass Kunden sich oft sehr detailliert über Produkte informieren, eine Vorauswahl treffen und direkt bei den Händlern oder über spezialisierte Portale nur noch Angebote anfordern und das günstigste annehmen."[29] Auch die Firmenkunden setzen die Automobilhersteller zunehmend unter Druck. „Vor allem Firmen kaufen kleinere Fahrzeuge. Es lässt sich ein Trend sowohl zur Verringerung von Motorisierung und Ausstattung der Fahrzeugflotten und Geschäftswagen, als auch der Fahrzeugklasse, [sic!] beobachten."[30] Der Hauptgrund ist die Kostenreduzierung.

### Verhandlungsstärke der Zulieferer

Premiumautomobilhersteller stehen, ähnlich der Hotellerie, einer zunehmenden Verhandlungsmacht der Lieferanten gegenüber. Die Zuliefererindustrie im Fahrzeugbau ist eine der wichtigsten Industrien in Deutschland. 2012 war für diese Branche weltweit ein Rekordjahr. Vor allem die deutschen Automobilzulieferer konnten hohe Umsatzzuwächse verzeichnen, den Abstand zu den japanischen Konkurrenten verkürzen und vor den USA den zweiten Platz weltweit belegen.[31] Grund hierfür ist vor allem die Auslagerung der Wertschöpfungsanteile an die Zuliefererindustrie und somit eine gestiegene Bedeutung dieser gegenüber den Automobilherstellern.[32]

---

**25** Neue Nachfragegruppen sind bspw.: Upper Liberal, Modern Mainstream Family, Upper Conservatives, Social Climber usw. Vgl. Kalmbach (2003), S. 46.
**26** Esch (2013), S. 24. „Das Automobil ist nach wie vor ein emotional ansprechendes Produkt, das Millionen Menschen weltweit begeistert, weil es Ausdruck der individuellen Persönlichkeit ist, die individuelle Mobilität sichert und damit ein Stück Freiheit verkörpert." (Proff, Proff, 2013, S. 19)
**27** Vgl. Statistisches Bundesamt (2006).
**28** Dölle (2013), S. 57.
**29** Esch (2013), S. 30.
**30** Proff, Proff (2013), S. 20.
**31** In 2012 erwirtschafteten die deutschen Automobilzulieferer einen Umsatz von 158,4 Mrd. Euro, das ist ein Zuwachs von 4,3 % gegenüber dem Vorjahr. Vgl. Berylls Strategy Advisors (2013), S. 1.
**32** Vgl. Dölle (2013), S. 60.

Nach einer umfassenden Konsolidierung der Automobilhersteller folgte die Konsolidierung der Zulieferer (siehe Abbildung 38).[33] Dabei hatte diese Konsolidierungsstrategie zwei Kerngründe: Zum einen ging es darum, dem zunehmenden Preisdruck der Automobilhersteller eine stärkere Gegenmacht entgegenzusetzen, zum anderen darum, das Produktangebot um die Möglichkeit zu verbessern, Komplettlösungen anbieten zu können.

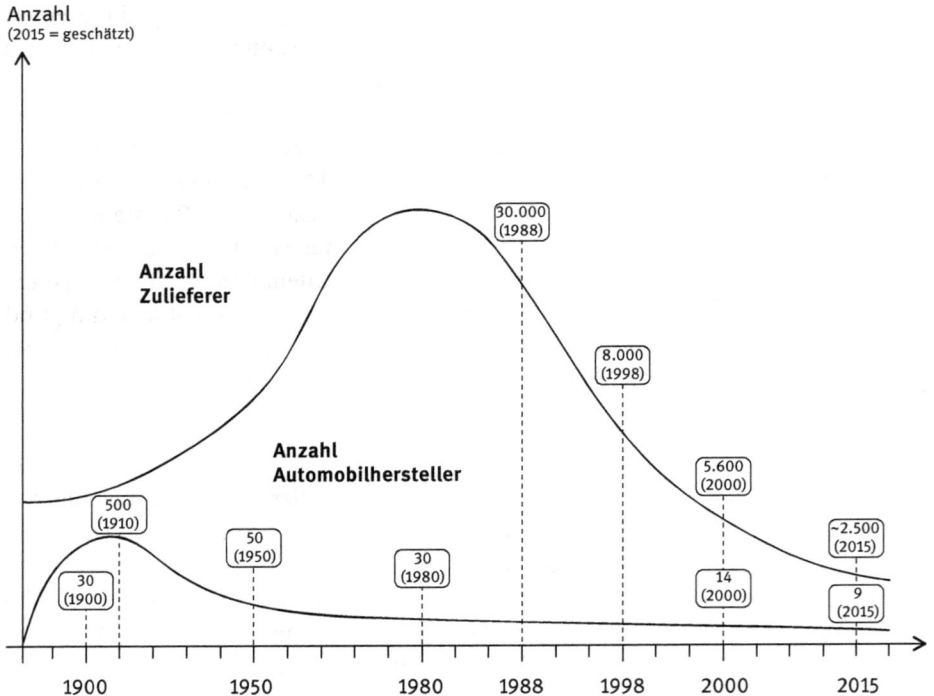

**Abbildung 38:** Konzentration Zuliefererindustrie weltweit vs. Automobilhersteller (Quelle: Becker (2007), S. 173; Berylls Strategy Advisors (2012), S. 1).

Insbesondere die deutschen Automobilzulieferer sind die Gewinner des Konsolidierungsprozesses der weltweiten Zuliefererindustrie mit überdurchschnittlichen Wachstumsraten (siehe Abbildung 39).[34]

Die Gruppe der Zulieferer, die direkt an den Automobilhersteller liefern, wird stetig kleiner. „Die fortschreitende Externalisierung von Wertschöpfungsanteilen der

---

33 Vgl. Becker (2007), S. 172 f. „Ziel der Unternehmen – wie auch ausländischer Wettbewerber – ist es demnach, Know-how zu sichern und sich Zugang zu Wachstumsmärkten zu verschaffen, vor allem durch Übernahmen finanzschwacher Zulieferer." (VDA, 2011, S. 44)
34 Vgl. Berylls Strategy Advisors (2012), S. 2.

Automobilhersteller hat in den vergangenen Jahren zum vermehrten Entstehen sogenannter Systemlieferanten geführt, die die OEMs[35] direkt beliefern."[36] Die exponierte
Stellung dieser Systemlieferanten führt unweigerlich zu einer besonderen **Machtstellung und zum Preisdruck gegenüber den Automobilherstellern**, mit denen auch
die Hotellerie zu kämpfen hat (siehe Abschnitt 3.1.3.1). „Zusätzlich zu den B2B-Marken
wird das Management von B2C-Marken für Lieferanten zunehmend relevant."[37] Den
Schritt, ein eigenes Fahrzeug herauszubringen, ist man in der Automobilzulieferer-
branche aber noch nicht gegangen.

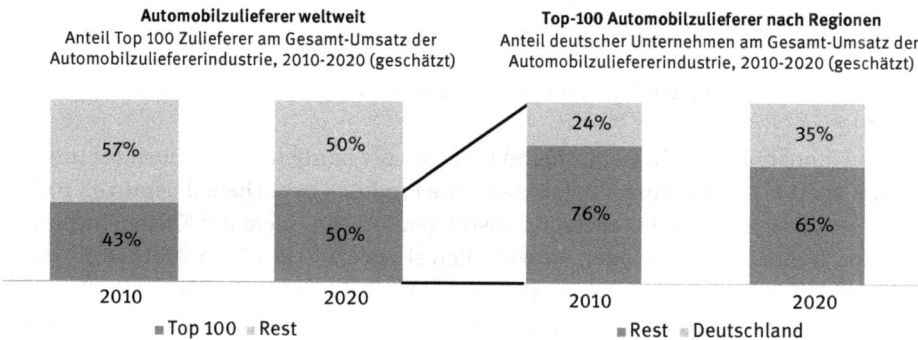

**Abbildung 39:** Zuwachs deutscher Unternehmen in der Automobilzuliefererindustrie
(Quelle: Berylls Strategy Advisors (2012), S. 4).

**Markteintritt von Ersatzprodukten**
Auch in der Automobilindustrie verändert sich das Konsumverhalten ähnlich dem
Reiseverhalten in der Tourismusbranche (siehe Abschnitt 3.2.1) und schafft damit **ver-
gleichbare Voraussetzungen für Ersatzprodukte wie auf dem Hotelmarkt** (siehe
Abschnitt 3.1.3.1).[38] Das Fahrzeug verliert zunehmend seine einst vorherrschende
Bedeutung als Statusobjekt.[39] Deutsche Kunden bevorzugen vornehmlich kleinere
Fahrzeuge oder steigen direkt auf andere Mobilitätsanbieter um.[40]

---

**35** Original Equipment Manufacturer (OEM) = In diesem Zusammenhang sind die Automobilhersteller gemeint.
**36** Dölle (2013), S. 65.
**37** Ebd., S. 68. Insbesondere für die Hersteller von Reifen, Batterien, Stoßdämpfern und Bremsen.
**38** Vgl. Esch (2013), S. 26.
**39** Vgl. Proff, Proff (2013), S. 19.
**40** Vgl. ebd. „Zudem verändern viele deutsche Automobilkunden ihr Mobilitätsverhalten. Sie wählen
für längere Strecken immer mehr Hochgeschwindigkeitszüge und kaufen als Ausdruck ihres gestiegenen Umweltbewusstseins kleinere und emissionsärmere Fahrzeuge." (ebd., S. 20)

Folglich besteht zum einen die Substitutionsgefahr des Fahrzeuges als solches.[41] Das liegt an der zunehmenden Urbanisierung.[42] „Möglicherweise zeigen sich erste Anzeichen dafür, dass ein Teil des jungen, urbanen Milieus einen Wandel weg vom ‚Besitzauto' hin zum ‚Bedarfsauto' vollzieht. Die Basisversorgung an Mobilität wird durch den öffentlichen Personennahverkehr gesichert, im Bedarfsfall ergänzt durch Carsharing-Angebote oder Mietwagen."[43] Zum anderen besteht die Gefahr der Substitution einzelner Bestandteile des Automobils.[44] Hieraus sind Innovationen wie der Hybridmotor und der Elektroantrieb entstanden, die wiederum erklärungsbedürftig sind und erhöhte Anforderungen an Vertrieb und Marketing stellen, da sich hierdurch der Verkaufspreis eines Fahrzeuges erhöht.

### 4.1.2 Charakteristika der Finanzdienstleistung im Vergleich zur Hoteldienstleistung

In der Finanzbranche[45] in Deutschland betragen die jährlichen Ausgaben für Innovationen mehr als 5 Mrd. Euro. 2011 trugen neue Produkte bzw. Dienstleistungen 10,9 % zum Gesamtumsatz der Finanzdienstleistungen bei. Vor allem die Kosteneinsparungen durch Prozessinnovationen entwickelten sich positiv (5,4 % in 2011, +0,5 % zum Vorjahr).[46] Die Innovatorenquote, d. h. der Anteil der Unternehmen, die Produkt- bzw. Prozessinnovationen eingeführt haben, ist in den letzten Jahren sowohl bei den Banken als auch bei den Versicherungen und Maklern stabil geblieben, wobei sich aber die Innovationsintensität, d. h. die Innovationsausgaben in Prozent des Umsatzes der um Innovationen bemühten Unternehmen, erhöht hat.[47]

Das Finanzprodukt setzt sich zusammen aus dem eigentlichen Produkt sowie aus der dazugehörigen Dienstleistung:[48]

- Beim Produkt handelt es sich um entmaterialisiertes Geld bzw. das eigentliche Finanzprodukt (beispielsweise eine Versicherung, Kapitalanlage oder eine

---

**41** Vgl. Dölle (2013), S. 59.
**42** Vgl. Deloitte (2009), S. 3. Es wird prognostiziert, dass bereits im Jahr 2015 mehr als 40 % der Weltbevölkerung in Städten mit mehr als einer Million Einwohnern leben werden (vgl. Oliver Wyman, 2007, S. 8).
**43** VDA (2011), S. 83.
**44** Vgl. Dölle (2013), S. 59.
**45** Die Finanzbranche umfasst im Wesentlichen zwei Kernbereiche, Banken sowie Versicherungen und Makler. Zum Bereich der Banken gehören u. a. Zentralbanken, Kreditinstitute, Immobilienfonds, Treuhandfonds, Leihhäuser und sonstige Finanzierungsinstitutionen. Unter dem Begriff der Versicherungen und Makler fasst man u. a. die Lebensversicherungen, Krankenversicherungen, Schaden- und Unfallversicherungen, Rückversicherungen, Pensionskassen und sonstige mit Finanz- und Versicherungsleistungen verbundene Tätigkeiten zusammen. Vgl. ZEW (2013), S. 2.
**46** Vgl. ebd., S. 1.
**47** Vgl. ZEW (2013), S. 2.
**48** Vgl. Geiger, Kappel (2006), S. 4; Bodendorf, Robra-Bissantz (2003), S. 5 ff.

Hypothek). Das Geld hat zwei volkswirtschaftliche Funktionen: als Zahlungsmittel und als Wertaufbewahrungseinheit.
– Die Dienstleistung ist hier von besonderer Bedeutung. Dabei geht es um beratungs- und betreuungsintensive Dienstleistungen sowie um die Erfüllung von Finanzierungs- bzw. Sicherungsbedürfnissen der Kunden. Damit stellt die Finanzdienstleistung für den Kunden eine Problemlösung dar.

Anschließend werden die Charakteristika der Finanzdienstleistung mit den Eigenschaften der Hoteldienstleistung (siehe Abbildung 37) verglichen.

## Immaterialität

Gemeinsames Basismerkmal von Finanzdienstleistungen und von Hoteldienstleistungen ist die Immaterialität (siehe Abschnitt 3.1.2). Die Leistungserstellung verlangt die Integration des Kunden und sein Geld. Deswegen kann das **Finanzprodukt weder vollständig im Voraus produziert noch verkauft oder gelagert werden**.[49] „Die fehlende Materialität von Bankprodukten birgt für die Innovationspolitik von Banken sowohl Vorteile als auch Nachteile."[50] Die Erstellung eines Finanzprodukts erfolgt erst nach oder während des Absatzes, allerdings sind hierfür keine Sachmittelinvestitionen notwendig. Aufgrund der Immaterialität sind Finanzdienstleistungen auch schwer zu differenzieren bzw. zu schützen, da es an Patentmöglichkeiten fehlt.[51]

## Individualität

Finanzdienstleistungen sind wie Hoteldienstleistungen sehr individuell (siehe Abschnitt 3.1.2). Die Bedürfnisse der Kunden in den verschiedenen Lebensetappen haben unterschiedliche Motive. „Insbesondere in konkreten Lebenssituationen oder Situationsveränderungen werden Bank- und Versicherungsprodukte auch als komplementäre Hilfsmittel zur Befriedigung von (Konsum-)Bedürfnissen erlebt. Beispiele sind die gleichzeitige Finanzierung und Versicherung bei Berufseinstieg, Familiengründung, Urlaubsreise, Autokauf oder Hausbau."[52] **Die Bedürfnisse sind bei den Finanzkunden sehr individuell**. Deshalb stellen sich Banken und Versicherer im Marketing verstärkt als Dienstleister dar, um dem Bedürfnis der Kunden nach Individualität gerecht zu werden.[53]

---

49 Vgl. Bodendorf, Robra-Bissantz (2003), S. 7.
50 Vgl. Trumler (1996), S. 34.
51 Vgl. ebd.
52 Bodendorf, Robra-Bissantz (2003), S. 7.
53 Vgl. Meyer (1992), S. 65.

### Komplexität

**Finanzdienstleistungen sind komplex.** Wegen dieser Komplexität und der oben besprochenen Immaterialität sind sie **erklärungsbedürftig** – ähnlich wie die Hoteldienstleistung (siehe Abschnitt 3.1.2). Dementsprechend schwer zu vermitteln ist der Kundennutzen. Deshalb ist zur Erstellung der finanzwirtschaftlichen Dienstleistung zumeist eine länger andauernde Interaktion zwischen dem Kunden und dem Finanzdienstleister notwendig.[54] Entscheidend ist in erster Linie der Vertrauensaufbau zwischen beiden Seiten, weil das Risiko des Erwerbs der Dienstleistung für den Kunden schwer abschätzbar ist.[55] Eine Differenzierung von den Wettbewerbern ist in der Finanzbranche relativ schwierig, da die Leistungen unterschiedlicher Anbieter für den Kunden sehr vergleichbar und die Leistungsangebote schnell nachahmbar sind.[56] Deshalb spielt sich der Wettbewerb im Finanzdienstleistungsgeschäft hauptsächlich über den Preis ab.[57] Dem Kunden wird durch eine gezielte Preisgestaltung ein Angebot ganzheitlicher Finanzlösungen und eine komplette Abdeckung der Bankgeschäfte durch die jeweilige Bank unterbreitet, um zu vermeiden, dass die Bankkunden nur einzelne Elemente (evtl. renditeschwache Angebote) auswählen.[58]

Die Wettbewerbssituation in der Finanzbranche hat sich mit dem Eintritt neuer Konkurrenten (vor allem durch den Internetvertrieb) und der leichten Substituierbarkeit der Produkte sowie Dienstleitungen verschärft.[59] „Die hohe Substituierbarkeit, die teilweise auch innerhalb des Banken- und Versicherungssektors stattfindet, wird u. a. darauf zurückgeführt, dass Finanzunternehmen nicht nur ihre eigenen, sondern auch Produkte der Konkurrenz vertreiben.“[60] Auch andere Substitutionsgefahren drohen der Branche, z. B. neue Zahlungsmethoden oder Beratungsangebote über Finanzdienstleitungen unparteiischer Informationsdienstleister. Heutzutage verfügt auch der Kunde selbst dank des Internets und einer Vielzahl externer Informationsdienste über den gleich hohen Informationsstand wie der Finanzberater. Das erhöht demzufolge die Verhandlungsmacht des Kunden.[61]

### Subjektivität

Die Qualität der Dienstleistung ist entscheidend für die Kundenzufriedenheit und die Kundenbindung. Wegen der bereits schon besprochenen Charakteristika der Finanzdienstleistung fällt eine objektive Qualitätserfassung ähnlich der Hoteldienstleistung

---

54 Vgl. Bodendorf, Robra-Bissantz (2003), S. 7 ff.
55 Vgl. Trumler (1996), S. 34; Bodendorf, Robra-Bissantz (2003), S. 8.
56 Vgl. Bodendorf, Robra-Bissantz (2003), S. 7.
57 Vgl. Geiger, Kappel (2006), S. 4.
58 Vgl. Blümelhuber, Oevermann (1996), S. 312.
59 Vgl. Geiger, Kappel (2006), S. 4; Bodendorf, Robra-Bissantz (2003), S. 21.
60 Geiger, Kappel (2006), S. 4.
61 Vgl. Bodendorf, Robra-Bissantz (2003), S. 22.

(siehe Abschnitt 3.1.2) sehr schwer.[62] „So führt zum Beispiel deren Immaterialität dazu, dass keine physikalisch messbaren Produkteigenschaften vorliegen. Angemessen ist daher eine kundenbezogene Sicht, die die subjektive Kundenzufriedenheit misst."[63] Die Zeit ist ein besonders wichtiges Qualitätsmerkmal für die finanzwirtschaftliche Dienstleistung. Sogar ganz kurze Zeitspannen beeinflussen die gesamte subjektive Kundenzufriedenheit: Längere Wartezeiten führen zu einem negativen Eindruck beim Kunden, während eine längere Interaktionszeit den positiven Eindruck über die Qualität erhöht.[64]

Außerdem handelt es sich bei der **Finanz- und Versicherungsdienstleistung** um eine **hochemotionale Dienstleistung**, da es eine Schutzleistung bzw. Sicherheitsleistung anbietet.[65] Zu den emotionalsten Geschäften zählen Wohnraumfinanzierung, Pensionsvorsorge oder Wertpapiergeschäfte. Die hohe Emotionalität der Kunden führt zu einer sehr unterschiedlichen Wahrnehmung der Dienstleistung und erhöht drastisch die Subjektivität. Das heißt, dass die wahrgenommene Dienstleistungsqualität von der tatsächlichen Qualität manchmal sehr stark abweichen kann.[66]

## 4.2 Auswahl und Analyse von Fallstudien im Vertrieb und Marketing der Automobilindustrie und Finanzbranche

Wie in den Abschnitten 4.1.1 und 4.1.2 beschrieben, stehen die Automobil- und die Finanzbranche in Bezug auf das Branchenumfeld sowie die Charakteristika der Dienstleistung vor den selben Herausforderungen wie die Hotellerie (siehe Abschnitt 3.1.2 sowie Abschnitt 3.1.3.1). Diese werden in der folgenden Tabelle zusammengefasst (siehe Tabelle 25).

Das Ziel dieses Abschnitts besteht darin, anhand von Fallstudien zu zeigen, wie die Automobilhersteller und Finanzdienstleister auf diese Herausforderungen mit innovativen Vertriebs- und Marketinglösungen reagieren. Ausgehend von diesen Ergebnissen sind Kernaussagen zu formulieren, welche in der Hotellerie umsetzbar sein könnten.

Um sich von dem zunehmenden Wettbewerb zu differenzieren, den Kundenanforderungen nach Individualisierung gerecht zu werden und Kundenloyalität zu erreichen, legen die Automobilhersteller einen zunehmend größeren Wert auf die erfolgreiche Positionierung der einzelnen Marken im Marketing. Als Beispiel hierfür wird das *Markenerlebnis als Marketingstrategie am Beispiel der BMW Group*

---

62 Vgl. ebd., S. 17.
63 Ebd., S. 17 f.
64 Vgl. ebd., S. 20.
65 Vgl. Meyer (1996), S. 65 f.
66 Vgl. Bodendorf, Robra-Bissantz (2003), S. 18.

(Abschnitt 4.2.1) dargestellt, die ähnlich wie Hotelketten mehrere Marken erfolgreich unter einem Dach zusammenbringt.

**Tabelle 25:** Zusammenfassung der Branchenanalyse zur Ableitung der Fallstudien (Quelle: Eigene Darstellung).

| Automobilbranche | Mitbewerb | Druck durch Kunden | Druck durch Lieferanten | Ersatzprodukte |
|---|---|---|---|---|
| | – gesättigter Markt<br>– strukturelle Überkapazitäten<br>– starker Wettbewerb zwischen den Premiumherstellern um Marktanteile<br>– Anbieter aus Niedrigpreis-segmenten erobern Marktanteile | – Einwicklung vom Verkäufer- zum Käufermarkt<br>– neue Kundenanforderungen nach Individualisierung<br>– veränderte Kundenstruktur wegen demografischen Wandels<br>– hohe Markt- und Preistransparenz der Kunden durch das Internet | – starke Konsolidierung der Zuliefererindustrie<br>– spitzere Zuliefererpyramide führt zu höherer Lieferantenmarktmacht<br>– Preisdruck gegenüber den Herstellern | – Fahrzeug verliert zunehmend Bedeutung als Statusobjekt<br>– Konsumenten bevorzugen kleinere Fahrzeuge oder steigen auf andere Mobilitäts-anbieter um<br>– Produkt und Dienstleistungen werden erklärungs-bedürftiger |

| Finanzbranche | Immaterialität | Individualität | Komplexität | Subjektivität |
|---|---|---|---|---|
| | – Integration des Kunden als Voraussetzung für die Finanzdienstleistungserstellung<br>– nicht lagerbar, d. h. hängt von der Synchronisation von Angebot und Nachfrage ab<br>– Finanzprodukte sind sehr schwer zu patentieren und zu schützen | – Unterschied-liche Bedürf-nisse der Kunden gemäß jeweiligen Lebense-tappen<br>– Finanzprodukte als komplementäre Hilfsmittel zur Befriedigung von (Konsum-)Bedürf-nissen<br>– Dienstleistung im Vertrieb und Marketing im Vordergrund | – Finanzdienstleistungen sind erklärungsbedürftig<br>– schwere Differenzierung<br>– Vertrauensaufbau ist entscheidend<br>– Finanzdienstleistung i. d. R. ein Leistungsbündel<br>– hohe Substituierbarkeit | – Kundenzufriedenheit ist subjektiv<br>– hochemotionale Dienstleistung |

Die Autohersteller haben die Lieferanten bereits in den letzten Jahren als wichtige Innovationsquelle erkannt. Damit sie noch effizienter auf den Wertewandel der Gesellschaft und die entstehende Gefahr durch Ersatzprodukte reagieren können, streben die Hersteller nun eine umfassendere Integration der Zulieferer in die Wertschöpfungskette und in das eigene Vertriebs- und Marketingsystem an. Dies führt auch zu einer Linderung des Preisdrucks, wie ihn auch die Hotellerie durch die Lieferanten zu spüren bekommt. Die ***Vertriebsinnovation durch Lieferantenintegration wird am Beispiel von Volkswagen AG bzw. Audi*** betrachtet (Abschnitt 4.2.2).

Finanzdienstleistungen sind, vergleichbar mit der Hoteldienstleistung, individuell und subjektiv. In einer weiteren Fallstudie wird die ***Rationalisierung und Emotionalisierung der Vertriebswege am Beispiel der HypoVereinsbank*** (Abschnitt 4.2.3) herangezogen. Die Fallstudie zeigt, wie der Kunde noch tiefer in die Dienstleistungserstellung integriert werden kann, indem auch klare Mehrwerte gemäß den individuellen Kundenbedürfnissen entstehen und angeboten werden.

Wegen der erhöhten Komplexität und der hohen Substituierbarkeit der Finanzdienstleistung, die auch eindeutige Charakteristika der Hoteldienstleistung sind, ist es für die Finanzdienstleister nicht mehr nur wichtig, in allen Kanälen vertreten zu sein. Vielmehr geht es um eine personalisierte Ansprache und Dienstleistung in jedem einzelnen Kanal. Die Fallstudie beschäftigt sich mit dem ***Multikanalmarketing-Management als Serviceerlebnis am Beispiel von Allianz Deutschland AG*** (Abschnitt 4.2.4) und stellt dar, wie man damit die Kunden emotional anspricht und sich von dem Wettbewerb erfolgreich differenzieren kann.

### 4.2.1 Fallstudie: Markenerlebnis als Marketingstrategie am Beispiel der BMW Group

#### 4.2.1.1 Innovationspotenzial

Der Kaufentscheidungsprozess beim Automobil ist sehr komplex und wird von einer Vielzahl rationaler und emotionaler Motive geprägt.[67] „In kaum einem anderen Konsumgütermarkt ist daher das Bedürfnis nach Identifikation durch Marken ähnlich stark ausgeprägt und in kaum einer anderen Branche wird ein ähnlich großer Aufwand betrieben, wenn es darum geht, Kunden zu gewinnen, zu begeistern und an eine Marke zu binden.“[68] Deshalb erfordert das Automobilmarketing im Vergleich zu anderen Branchen einen viel breiteren und differenzierten Ansatz beim Einsatz der Marketingmix-Instrumente und der Markenpolitik.[69] Die Automobilhersteller forcieren die Weiterführung der Marke durch Innovationen. Eine Markenerweiterung sollte sicherstellen, dass „[…] relevante Imagekomponenten der Marke auf die Innovation übertragen werden und die Innovation auf die Marke zurück wirkt [sic!]“.[70]

---

**67** Vgl. Kalbfell (2003), S. 222.
**68** Ebd.
**69** Vgl. ebd.
**70** Esch, Kraus, Hanisch (2013), S. 342. Beispiel hierfür ist BMW mit EfficientDynamics, bei denen Sportlichkeit und Effizienz im Verbrauch kombiniert wurden.

Den größten Automobilkonzernen gehören heutzutage mehrere Marken. Das Bestreben der Automobilhersteller ist es, einem Kunden im Wandel der Lebensabschnitte stets die richtige Marke aus dem Markenportfolio anbieten zu können und somit die Markteintrittsbarrieren für den Mitbewerb zu erhöhen. „Ziel einer **Mehrmarkenstrategie** [Herv. d. Verf.] ist es somit, die Bedürfnisse der Konsumenten im eigenen Konzern befriedigen zu können."[71]

In der gesamten Automobilbranche hat sich in den letzten Jahrzehnten eine Polarisierung der Nachfrage eingestellt. Während in den 1980er- und 1990er-Jahren das Hauptgeschäft der Verkauf von Klein- und Mittelklassefahrzeugen gewesen ist, wurden in den letzten Jahren verstärkt, sehr günstige Modelle oder Premiumfahrzeuge nachgefragt. Die hochwertigen Fahrzeuge werden von einer Zielgruppe erworben, die bereit ist, für Zusatznutzen einen **Premiumpreis** zu bezahlen. Dazwischen gibt es kaum noch Absatzpotenziale. Automobilhersteller müssen sich also im Vertrieb und Marketing ihrer Produkte klar zwischen Basissegment und Premiumsegment mit Markenwert und Zusatznutzen entscheiden (siehe Abbildung 40).[72] „Infolge des Markenwertes können differenzierende Pkw-Hersteller einen Preis oberhalb des Preises für die technische Grundleistung in einem Marktsegment durchsetzen, ein sogenanntes Preispremium, das die Mehrkosten für den aufwendigeren Entwicklungs- und Produktionsprozess sowie den Service überkompensiert."[73]

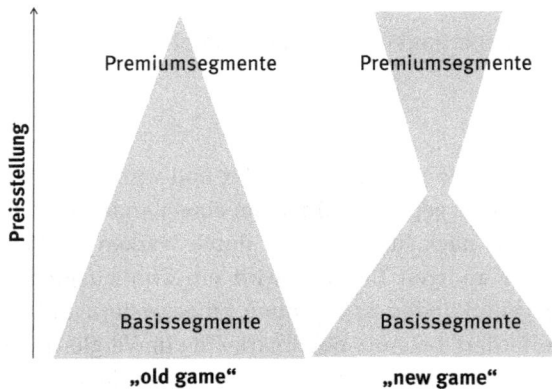

**Abbildung 40:** Polarisierung der Nachfrage (Prinzipdarstellung) (Quelle: Kalbfell (2003), S. 223).

Durch den wachsenden Aufbau von Produktionskapazitäten in den 1980er- und 1990er-Jahren sollten Skaleneffekte erreicht werden. Stattdessen kam es zu großen Überkapazitäten auf dem Markt. Der zunehmende Kostendruck, verursacht u. a.

---

**71** Esch, Einem, Rühl (2013), S. 84.
**72** Vgl. Kalbfell (2003), S. 223.
**73** Proff, Proff (2013), S. 26.

durch den globalen Wettbewerb, zwang in der Folge die Automobilhersteller dazu, bestimmte Einzelteile im sogenannten Gleichteilmanagement über alle Marken hinweg zu produzieren (siehe Abbildung 41).[74] „Undifferenzierte Gleichteilstrategien führten dann dazu, dass die Differenzierung und damit das Preispremium, also der Preis oberhalb des Preises für die technische Grundleistung (value for money), kaum noch zu halten ist und sogar sinkt."[75] In den letzten Jahren ist bei den Automobilkonzernen das Prinzip des modularen Querbaukastens in Mode gekommen. Das Erfolgsgeheimnis des modularen Querbaukastens ist, dass jede Marke die typischen Eigenschaften des jeweiligen Modells (bspw. Porsche) – von der Optik bis hin zur Fahrdynamik beibehält. Die „DNA" eines Modells bleibt für den Kunden unverwechselbar. Das Gerüst und einzelne Bauteile hingegen kommen von der Plattformproduktion. Dies führt zu erheblichen Kostenvorteilen bei der Produktion.[76] Im Umkehrschluss kann dies zunehmend zu einer Verwässerung der Marken führen und dadurch zu einer Verringerung von Differenzierungspotenzialen. Aus diesem Grund verlagert sich die **Ausrichtung auf das Preispremiummanagement durch Differenzierung**.

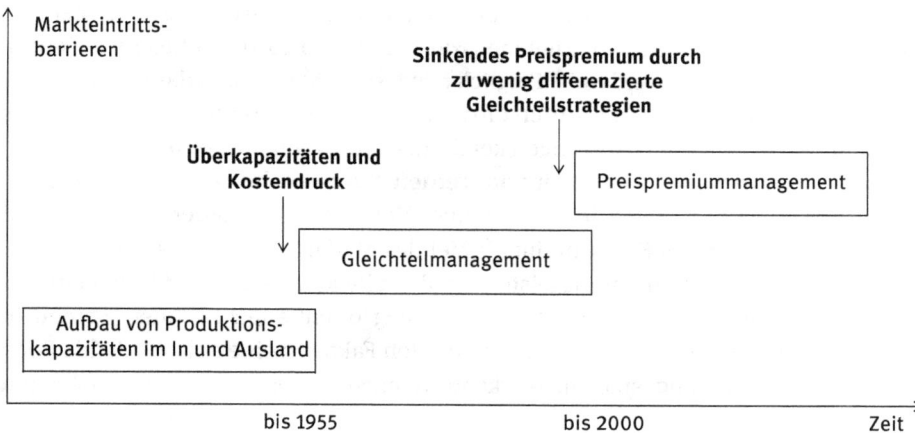

**Abbildung 41:** Von Kostenführerschaft zum Mehrmarken-Preispremiummanagement (Quelle: Eigene Darstellung in Anlehnung an Proff, Proff (2013), S. 132).

---

74 Vgl. Esch, Knörle (2010), S. 6 ff.

75 Proff, Proff (2013), S. 130. Volkswagen hat deshalb von Plattformen auf Modulbaukästen umgestellt. Vgl. ebd., S. 131.

76 Vgl. Thota, Munir (2011), S. 150 f. Hierbei spricht man auch von hybriden Strategien: „Hybride Strategien lassen sich durch Einsatz gleicher Teile (Baukästen und/oder Plattformen) für mehrere Produkte umsetzen. Sie werden gegenwärtig vor allem im Mittelklassesegment eingesetzt, weil sie eine gewisse Differenzierung voraussetzen und Kostensenkungen ohne Differenzierungsverlust anstreben." (Proff, Proff, 2013, S. 26)

Wie in der Hotellerie sind auch im Automobilbereich unterschiedliche Marken nur wegen technischer Einzelheiten nicht eindeutig vom Wettbewerber zu differenzieren. „Diese Form der Markenbildung berücksichtigt jedoch die unterschiedlichen Anforderungen der immer feiner werdenden Kundensegmente nur in unzureichendem Maße. Ebenso war eine tatsächliche Differenzierung zwischen den einzelnen Marken der Automobilhersteller kaum möglich."[77] Die Automobilhersteller mussten also ihre Produkte **durch Nutzen bereichernde und einzigartige Dienstleistungen erweitern**. Allein das technische Produkt des Automobils reicht nicht mehr aus, um sich von den Mitbewerbern klar zu differenzieren und um neue Marktanteile zu gewinnen.[78]

Ein nachhaltiger Ertrag wird zunehmend nicht aus dem Neu- bzw. Gebrauchtwagengeschäft erzielt, sondern aus dem Servicegeschäft. Neben dem Ertrag stellen die Dienstleistungen somit ein wichtiges Kundenbindungselement dar.[79] „Bei einem schlechten Service wechselt der Kunde entweder das Autohaus oder sogar den Hersteller. Bei einem guten Service ist der Kunde zufrieden. Nimmt der Kunde den Service gar als exzellent wahr, entwickelt er eine stärkere Loyalität gegenüber dem Autohaus und der Marke. Dementsprechend widmen sich immer mehr Automobilhersteller einem neuen Ziel: **Schaffung von Kundenbegeisterung** [Herv. d. Verf.]. Dabei darf allerdings das traditionelle Unternehmensziel der Kundenzufriedenheit nicht vergessen bzw. vernachlässigt werden."[80] Folglich reicht es nicht nur, dass das Produkt überzeugt. Die **Marke muss den Kunden emotional ansprechen** und begeistern – dies mit herausragenden Dienstleistungen kombiniert, ruft wahre Begeisterung hervor.[81]

„Autos entwickelten sich somit **vom reinen Nutzwert hin zu einem Erlebniswert** [Herv. d. Verf.]."[82] Der Erlebniswert einer Marke steht im Vordergrund und wird zunehmend wichtigstes Kaufkriterium.[83] Ziel des Marketings muss es deshalb sein, die Marke durch Emotion und Begeisterung über alle Kanäle hinweg für den Kunden erlebbar zu machen.[84] „Neben […] am Fahrzeug orientierten Faktoren werden in Zukunft […] verstärkt die am Kunden orientierten Faktoren eine entscheidende Rolle für die Markenprägung spielen. Markenwert entsteht letztlich durch erlebbaren

---

77 Kalmbach (2003), S. 48.
78 Vgl. ebd., S. 51. „Durch die Konsolidierung des Zulieferermarktes ist eine Differenzierung zum Wettbewerber auf Basis technischer Komponenten immer schwieriger. So paradox es klingen mag, aber die reine Fertigung der Automobile ist somit in zunehmendem Maße keine Kernkompetenz der Automobilhersteller mehr." (ebd.)
79 Vgl. Gouthier (2013), S. 131.
80 Gouthier (2013), S. 131.
81 Vgl. ebd., S. 138.
82 Esch (2013), S. 24.
83 Vgl. ebd., S. 26. „Man kauft Marken, die Erlebnisse und Gefühle vermitteln, und weniger Marken mit rein funktionalen Eigenschaften." (ebd.)
84 Vgl. Dahlhoff, Eickhoff (2013), S. 229; Esch (2013), S. 29. Die sozialen Netzwerke und ihre zunehmende Bedeutung bieten die Möglichkeit, mit dem Kunden direkt in Dialog zu treten.

Kundennutzen, und deshalb sind die kundennahen Wertschöpfungsstufen im Automobilgeschäft besonders gefordert, einen signifikanten Beitrag zur Markenprägung zu leisten."[85]

Gefragt sind **begeisterte Mitarbeiter,** die sich mit der Marke identifizieren können, sowie ein professionelles **Touchpoint-Management,**[86] um diesen Erlebniswert erfolgreich zu kommunizieren.[87] Dies gilt besonders für die Anbieter von Premiummarken. „Die Renaissance des persönlichen Gesprächs als Gegenpol zu Massen- und digitaler Kommunikation gewinnt hierbei zunehmend an Bedeutung. Kunden möchten individuell und persönlich angesprochen und umworben werden [...]."[88] Das geht weit über das Engagement an Messen und Veranstaltungen hinaus. „Nicht weitere Top-Events, ein noch breiterer Erlebnisrahmen oder zusätzlich (Massen-) Kundenbindungsprogramme sind das Gebot der Stunde, sondern die individuelle Ansprache und nachhaltige Bindung des Kunden im Umfeld Auto und am ‚point of contact' – der so zum ‚point of contract' wird."[89] Um die Jahrtausendwende stellten sich deshalb die Automobilhersteller die Frage, mit welchen Leistungen eine Differenzierung erreicht werden kann. Als Ergebnis haben sich zunehmend **eine Stärkung der Marke** und ein **emotionales Marketing von Mehrwert**[90] und **Zusatznutzen**[91] herauskristallisiert.

### 4.2.1.2 Beschreibung der Dienstleistungsinnovation

Mit den drei starken Marken BMW, MINI und Rolls-Royce gehört die BMW Group zu den weltweit erfolgreichsten Automobilherstellern im Premiumsegment.[92] BMW gilt als Dachmarke und wird durch verschiedene Zusätze auch für die einzelnen Untermarken definiert.[93] „Die Marken der BMW Group bieten ihren Kunden daher in hohem Maße emotionalen Zusatznutzen, wie z. B. bei BMW durch die bereits sprichwörtliche ‚Freude am Fahren'."[94] Die Marke MINI steht mit einem einzigartigen und

**85** Dannenberg, Joas (2003), S. 482.
**86** „Im Bereich automobiler Dienstleistungen ist darauf zu achten, möglichst Informationen zu sämtlichen relevanten Kundenkontaktpunkten und -erlebnissen zu sammeln." (Gouthier, 2013, S. 143)
**87** Vgl. Esch (2013), S. 29.
**88** Dannenberg, Joas (2003), S. 506.
**89** Dannenberg, Joas (2003), S. 506.
**90** Bspw. Einladungen zu exklusiven Events, kostenfreie Inspektionen, Teilnahme an Fahrertrainings usw. Vgl. auch Kalmbach (2003), S. 53.
**91** Vgl. ebd., S. 51.
**92** Vgl. BMW Group (2014), S. 15 ff. Im Jahr 2013 stieg die Anzahl der verkauften Fahrzeuge auf 1,96 Mio. und wurde somit zum Rekordjahr in der Geschichte des Unternehmens (+6,4% vs. 2012). Der Umsatz 2013 betrug 7,9 Mrd. Euro (+1,4% vs. 2012). Vgl. auch BMW Group, 2011, S. 5. BMW Group ist in 14 Ländern mit 25 Produktions- und Montagestandorten vertreten. BMW-Fahrzeuge werden in 140 Ländern verkauft.
**93** Vgl. Esch, Isenberg (2013), S. 46. Bspw. BMW 1er, 3er, 5er usw.
**94** Kalbfell (2003), S. 224; Kroeber-Riel, Weinberg, Gröppel-Klein (2009), S. 99.

leistungsorientierten Charakter für Lebensgefühl und spricht eine Zielgruppe von ext-rovertierten, offenen und lebensfrohen Kunden aus der ganzen Welt an.[95] Rolls-Royce verkörpert die höchsten Ansprüche an Perfektion, Zuverlässigkeit, Qualität und Stil. Dank des Bespoke-Programms gilt Rolls-Royce als Hersteller personalisiert und indi-vidualisiert gestalteter Automobile.[96] „Die Markenführung der BMW Group basiert auf dem Verständnis von einer Marke als Vertrauen des Kunden in das Leistungsverspre-chen des Anbieters.“[97] Im Fall der BMW Group hilft eine starke Marke, Kunden vom reinen Preisfokus abzulenken. Dementsprechend strebt das Unternehmen konstant nach einer zunehmenden **Markenprägung und -differenzierung**.[98] „Plattformstra-tegien, die zu Lasten der Markenauthentizität die maximale Ausschöpfung von Kos-teneffekten zum Ziel haben, scheiden in der BMW Group daher von vornherein aus.“[99]

Im Gegensatz zu vielen Automobilunternehmen, bei denen Marketing eine reine Kommunikationsaufgabe innehat, definiert die BMW Group **Marketing als Instru-ment, mit dem die Werte der Marken weiter ausgebaut und gefördert werden**. Bei BMW „[...] wird das Marketing als Steuerungsfunktion entlang des Wertschöp-fungsprozesses – von der ersten Produktidee bis hin zum Management des Lebens-zyklus – verstanden“.[100] Wichtig ist, dass die Angebote aus Mehrwerten und Zusatz-nutzen individuell auf die Bedürfnisse des jeweiligen Kunden zugeschnitten werden. Rund um die Automobilmarke wird ein ganzheitliches **Markenerlebnis** für den Kunden aufgebaut. Die einzelne Marke des Fahrzeuges bzw. des Herstellers steht hier im Mittelpunkt. Hinzu kommen Mehrwerte rund um das Fahrzeug oder direkt für den einzelnen Kunden. Das ganze Leistungspaket wird dann durch emotionale Angebote umrahmt (vgl. Abbildung 42).[101]

Das Spektrum der Dienstleistungspakete reicht von fahrzeugbezogenen Leistun-gen, wie Beratungs-, Werkstatt-, Finanzierungs- und Versicherungsangeboten bis hin zu touristischen Dienstleistungen.[102] Der Kauf des Fahrzeugs ist für BMW daher nicht das Ende der Interaktion mit dem Kunden. Großer Wert wird auf Pre- sowie After-Sales-Phasen gelegt.[103]

---

**95** Vgl. BMW Group (2011), S. 116 ff.
**96** Vgl. ebd., S. 121. Das Bespoke-Programm bietet nicht nur eine höchst personalisierte Ausstattungs-liste, sondern auch von den Kunden inspirierte und für diese neu erdachte technologische Lösungen, die jeden Rolls-Royce einzigartig machen.
**97** Kalbfell (2003), S. 222.
**98** Kalmbach (2003), S. 48 ff.
**99** Kalbfell (2003), S. 234.
**100** Ebd., S. 232.
**101** Vgl. Kalmbach (2003), S. 56.
**102** Vgl. Gouthier (2013), S. 131.
**103** Bspw. verkürzte Wartezeiten bei Reparaturen, Bereitstellung von Ersatzfahrzeugen im Schadens-fall, Dienstleistungen beim Wechsel von Sommer- bzw. Winterreifen usw. Vgl. auch Kalmbach (2003), S. 53.

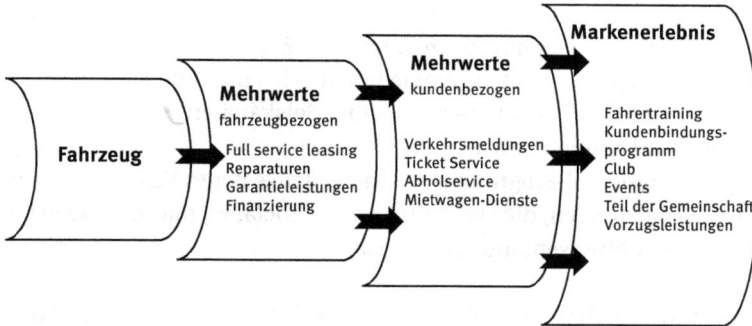

**Abbildung 42:** Maßgeschneiderte Leistungspakete am Beispiel von BMW Group
(Quelle: Eigene Darstellung in Anlehnung an Kalmbach (2003), S. 56).

BMW spricht gezielt funktionale, aber auch Mehrwerte an und bedient durch **emotionales Marketing** folgende **Interaktionskanäle:**

– *BMW-Brandland (BMW Welt, BMW Museum, BMW Werk)*

  Im Jahr 2007 ist bei BMW die BMW Welt hinzugekommen. Hier hat der Kunde die Möglichkeit, Geschichte, Gegenwart und Zukunft der Marken interaktiv zu erleben.[104] Mit rund 2 Mio. Besuchern jährlich ist die BMW Welt sogar zu einem der weltweit bekanntesten Wahrzeichen Münchens geworden. Das Erlebnis wird i. d. R. auch mit einer besonders feierlichen Abholung eines neuen Fahrzeuges kombiniert.[105]

  Das nach einer Neukonzeption im Jahr 2008 wiedereröffnete Museum erzählt ebenfalls interaktiv die langjährige Geschichte und Evolution der Marke BMW und begeistert damit neue Fans.[106] In Werkführungen in dem BMW-Stammwerk können sich die Kunden von der hohen Qualität von Planung bis Produktion selbst überzeugen.[107]

– *BMW-Flagship-Store*

  Die Flagship-Stores sollen die finale Kaufentscheidung durch Besichtigungen und eventuell anschließenden Probefahrten befördern.[108]

  Im Jahr 2012 eröffnete die BMW Group einen BMW-Brand-Store in der Avenue George V in Paris.[109] Der als „BMW George V" getaufte Brand-Store ist eine Repräsentanz der neuen Generation von BMW-Brand-Stores im Rahmen eines

---

**104** Vgl. Esch et al. (2013), S. 186; BMW Group (2011), S. 164.
**105** Vgl. Schäfers, Dahlhoff (2013), S. 253.
**106** Vgl. BMW Group (2011), S. 167.
**107** Vgl. ebd.
**108** Vgl. Dahlhoff, Eickhoff (2013), S. 225.
**109** Vgl. BMW Group (2012).

umfassenden Programms, das unter der Bezeichnung „Future Retail" eingeführt wurde. Die BMW Group verfolgt mit Future Retail drei Ziele:
– Erhöhung der möglichen Kontaktpunkte mit Kunden und Interessenten
– Ausbau von Dienstleistungen in den Einzelhandelskanälen
– Stärkung des Markenerlebnisses

Im Rahmen des Future-Retail-Programms sind eine Menge neuer Vertriebsformen für BMW und MINI entstanden, die von E-Commerce, Social-Media-Initiativen bis hin zu virtuellen Produktpräsentationen reichen.

– *BMW – Events*
Sie beruhen auf Markeninszenierungen für einen exklusiven Kundenkreis.[110] Beispiel hierfür sind regionale MINI Events auf minispace.com.[111]

– *BMW – Sponsoring*
„Sponsoring ist die systematische Förderung von Personen, Veranstaltungen, Organisationen und/oder Institutionen im Sport, in der Kultur, in sozialen Bereichen oder im Umweltschutz durch eine Marke."[112] Ziel ist die Steigerung der Markenbekanntheit und Markenloyalität sowie ein positiver Imagetransfer.

– *BMW – Product Placement*
Darunter versteht man die Erwähnung oder Darstellung von Marken in Spielfilmen oder Fernsehsendungen. Beispiel dafür sind die exklusiven BMW-Modelle in James-Bond-Filmen.[113]

– *BMW – Onlinekommunikation*
Sie basiert auf intensiven Kundendialog im Web 2.0 via soziale Netzwerke, Blogs und Foren.

– *BMW – Guerilla Marketing*
„Guerilla Marketing beschreibt unkonventionelle Marketingmaßnahmen wie Street oder Sensation Marketingaktionen in der Out-of-Home-Kommunikation, deren Ziel es ist, durch kreative und freche Inszenierungen Aufmerksamkeit, Sympathie und Mundpropaganda zu erreichen."[114] MINI hat die Marke durch intensives Guerilla-Marketing aufgebaut und emotionalisiert.

– *BMW – Mobile Marketing*
Das Smartphone ist eines der persönlichsten Kanäle. Hier geht es vornehmlich darum, Kunden direkt durch SMS, E-Mails und MMS anzusprechen.[115]

– *BMW – Kundenmagazin und BMW TV*

---

110 Vgl. Esch et al. (2013), S. 186.
111 Vgl. weiterführend https://www.minispace.com/
112 Esch et al. (2013), S. 186.
113 Vgl. ebd., S.187.
114 Ebd.
115 Vgl. ebd., S. 188.

Mit diesen weiteren zwei Marketingkanälen gelingt es BMW, Kunden zu gewinnen, aber vor allem zu binden und loyal zu halten. Das BMW-Magazin in digitaler Form begeistert den Fan mit exklusiven Reportagen, Bildgalerien, Videos und sogar mit passender Musik für die Autofahrt.[116]

- *BMW – Virales Marketing*
Virales Marketing ist die moderne Form der Mundpropaganda. Die Kunden werden über eine Werbebotschaft, die kreativ verpackt ist, aufgefordert, diese im Freundes- und Bekanntenkreis weiterzugeben.[117] Ein Schneeballeffekt entsteht. Beispiel ist hierfür „Extreme Catapulting"[118] von MINI.

- *BMW – Product Genius*
Außerdem führte die BMW Group eine neue Position in ihrer Vertriebsstruktur ein – den Product Genius, einen spezialisierten Verkaufsberater. Von dem Product Genius erwartet man eine umfassende Beratung über alle Marken hinweg, die mit umfassenden Produktkenntnissen den Kunden nach seinen Bedürfnissen gezielt beraten und Mehrwerte herausstreichen kann. Sie sollen ohne den klassischen Verkaufsdruck das Gespräch mit dem Kunden suchen. Der Product Genius wird mit einem modernen Informationssystem ausgestattet sein, mit dem die Fahrzeugvariationen nach Kundenbedürfnissen direkt konfiguriert werden können. Unterstützt wird der Verkäufer zusätzlich durch Bilder und Filme, die das Verkaufsgespräch anreichern.[119]

Neben der Kundenbegeisterung ist es ebenso wichtig, einen hohen Wert auf die **Begeisterung der Mitarbeiter** zu legen.[120] Hier geht es um eine Gefühlsansteckung zwischen begeisterten Mitarbeitern und den Kunden. Das Erlebnis des Verkaufsgesprächs ist neben dem Produkterleben bei einer Probefahrt das wichtigste Verkaufskriterium. BMW hat deshalb eine eigene **Brand Academy** eingeführt, in der die Markenwerte vermittelt sowie sogenannte **Brand Behaviour Trainings** abgehalten werden.[121] „Bei MINI wird von Anfang bis Ende, also vom Markenmanagement bis zum Verkäufer, eine tiefere, emotionale Botschaft an den Kunden gesendet. So ist die Atmosphäre im Verkaufsraum bei MINI spezifisch. Der Kunde wird auf Augenhöhe als ‚Freund' geschätzt."[122] Man spricht auch von einer Community bzw. von der MINI

---

116 Vgl. BMW Group (o. J.).
117 Vgl. Esch et al. (2013), S. 187.
118 Dabei handelt es sich um ein BMW-Video, das mit dem Moment der Überraschung spielt und zur Weiterversendung anregt. Um das Video herum wurden weitere Werbebotschaften in anderen Kommunikationskanälen publiziert (bspw. die MINI App für das Smartphone, die die G-Kräfte während des Fahrens eines MINI misst). Vgl. ebd., S. 194.
119 BWM Group (2012).
120 Vgl. Gouthier (2013), S. 144. Vgl. weiterführend Esch, Hanisch, Gawlowski (2013), S. 271 ff.
121 Vgl. Esch et al. (2013), S. 201.
122 Krieger (2013), S. 211.

Family. Die BMW Group schätzt ihre Mitarbeiter darüber hinaus als eine der wichtigsten und primären Innovationsquellen.[123]

Für ein umfassendes Markenerlebnis ist nicht nur ein Marketingkanal wichtig, sondern **die crossmediale Vernetzung der Kommunikationskanäle** ist entscheidend. Die Kunden nutzen nicht nur eine Kommunikationsplattform; sie erwarten vielmehr, eine Marke in verschiedenen Medien wiederzufinden.[124] BMW geht außerdem einen neuen, mutigen Weg hin zum **Direktvertrieb** via Internet. Bisher war ausschließlich der Händler Vertragspartner des Kunden. Der neue BMW i3 wird nun erstmals auch direkt über das Internet vertrieben. Dieser Schritt ist einzigartig, da bisher die Autohändler die Hoheit über den Vertrieb hatten.

### 4.2.1.3 Zusammenfassung der Kernaussagen

Zusammenfassend lassen sich aus dieser Marketingfallstudie folgende Kernaussagen ableiten:

- *Kernaussage 1:*
  Eine klare Polarisierung der Nachfrage zwischen Kunden im Basissegment und Kunden, die bereit sind für ein Produkt mit Zusatznutzen einen *Premiumpreis* zu zahlen, ist notwendig. Dazwischen liegt strategisches Niemandsland. Hier wird *Marketing als Instrument zur Wertsteigerung der Marke* von der Entstehung bis zum Produktlebenszyklus verstanden und nicht als reines Kommunikationstool von technischen Daten.
- *Kernaussage 2:*
  Eine wichtige Rolle bei der Differenzierung vom Wettbewerb spielen nicht nur reine technische Fakten, sondern *leistungserweiternde Dienstleistungen, Mehrwerte und Kundenzusatznutzen*.
- *Kernaussage 3:*
  Eine *personalisierte Ansprache in jedem Marketingkanal* ist ausschlaggebend für die Kundenbindung und den Erfolg der Marke.
- Kernaussage 4:
  Eine neue Herausforderung für das Marketing ist die *Vermittlung von Emotionen und Markenerlebnissen*, die die Kaufentscheidung stark beeinflussen und zur langfristigen Loyalität führen.
- *Kernaussage 5:*
  Eine *Kundenbegeisterung* sollte beim Markenauftritt immer und überall angestrebt werden.
- *Kernaussage 6:*
  Eine der wichtigsten **Innovationsquellen** sind die *Mitarbeiter*.

---

**123** Vgl. BMW Group (2011), S.136–139.

### 4.2.2 Fallstudie: Vertriebsinnovation durch Lieferantenintegration am Beispiel Volkswagen AG/Audi

#### 4.2.2.1 Innovationspotenzial

Die Bedeutung von Lieferanten und deren Beziehung zu den Automobilherstellern nimmt in der Automobilbranche in den letzten Jahren zu.[125] Dies rührt vor allem neben der starken Konsolidierung der Lieferantenunternehmen in der Automobilbranche (siehe Abbildung 38) auch zu einer verstärkten Verschiebung des Wertschöpfungsumfangs vom Automobilhersteller zum Zulieferer.[126] „Die Verschiebung der Wertschöpfungsanteile und die Konsolidierung bedeuten, dass sich die Kompetenzen, die zuvor bei Herstellern waren, zunehmend bei Schlüssellieferanten konzentrieren."[127] Die Automobilhersteller bewegen ihr Geschäftsmodell entschiedener in andere Geschäftsbereiche (bspw. Gebrauchtwagenhandel, Leasing, Flottenmanagement, Versicherungen usw.), um dort Marktanteile hinzuzugewinnen und um das Geschäftsfeld auszubauen.[128] Auch für die After-Sales-Leistung müssen reibungslose Wartungs- und Servicedienstleistungen gewährleistet werden.[129] „Die Herausforderung des Herstellers besteht also darin, das gesamthafte Vertriebssystem in Abhängigkeit zur aktuellen Marktsituation, den Wettbewerbsbedingungen und Kundenansprüchen markengerecht und gewinnbringend zu steuern."[130] Neben der Konsolidierung auf der Zuliefererseite beobachtet man auch eine Händlerkonsolidierung[131], wobei deren Verhandlungsmacht ebenso gegenüber den Automobilherstellern zunimmt.

„Der Beschaffung kommt für fremdbezogene Leistungen eine koordinative Rolle zwischen Marketing, F&E und Lieferanten zu. Die Innovationskraft der Lieferanten ist eine bedeutende Ressource für den Erfolg bei den Endkunden."[132] Dementsprechend wird auch die Serviceinfrastruktur auf eine langfristige Zusammenarbeit mit den Zulieferern abgestimmt und diese auch in dem Vertriebssystem (siehe Abbildung 43) eingebaut.[133]

---

**124** Vgl. Esch et al. (2013), S. 198.
**125** Vgl. Dölle (2013), S. 2.
**126** Vgl. ebd.
**127** Ebd., S. 3.
**128** Vgl. Kalmbach (2003), S. 44.
**129** Vgl. Diez (2006), S. 266. „Der Verkauf von beratungsintensiven Produkten und einer des Kaufs [sic!] nachgelagerten hohen Dienstleistungsinanspruchnahme des Kunden durch Werkstattbesuche zeigt die für den Automobilhersteller hohe Bedeutung der qualifizierten Selektion seiner Vertriebspartner." (Dahlhoff, Eickhoff, 2013, S. 218)
**130** Ebd.
**131** Insbesondere die sog. Mega-Händler, die nicht mehr an einen Hersteller gebunden sind, sondern Marken vieler Hersteller vertreiben. In den USA hat bspw. die United Auto Group viele Automarken (Porsche, BMW, Aston Martin usw.) unter einem Dach. Auch in Europa bauen diese Mega-Händler ihre Angebote weiter aus, bspw. Weltauto. Vgl. auch Kalmbach (2003), S. 58; Dannenberg, Joas (2003), S. 508 f.
**132** Dölle (2013), S. 58.
**133** Proff, Proff (2013), S. 116; Oliver Wyman (2007), S. 28.

| Automobilhersteller | | |
|---|---|---|

⬇

| Großhandelsebene | | |
|---|---|---|
| Importeure | Herstellereigene Tochtergesellschaften | Joint Ventures |

⬇

| Einzelhandelsebene | | |
|---|---|---|
| Vertriebsgesellschaft | Vertragshändler | Mischformen |

⬇

| Endkunden | | |
|---|---|---|
| Flottenkunden | Kleinere gewerbliche Kunden | Privatkunden |

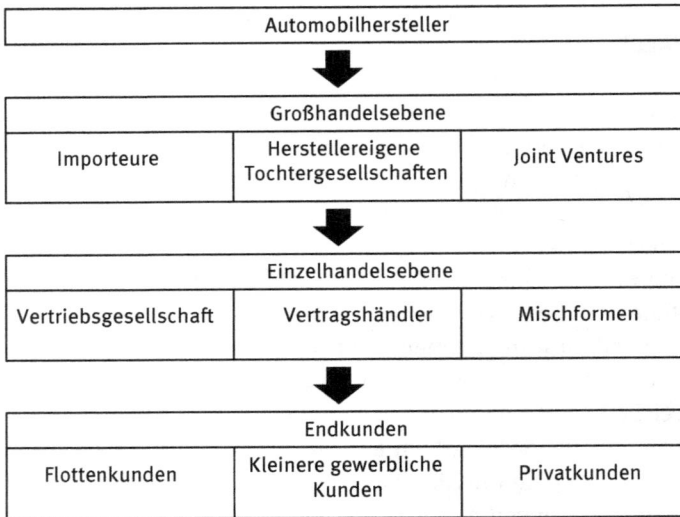

**Abbildung 43:** Traditionelles Vertriebssystem der Automobilwirtschaft (Quelle: Dahlhoff, Eickhoff (2013), S. 219).

Der Automobilhersteller steht an der Spitze des Vertriebssystems und gestaltet seine individuelle Vertriebsstruktur.[134] Zunehmend beeinflussen auch die Partner und Händler die Marken- und Vertriebspolitik der Hersteller.[135] Besonders Premiummarken sehen eine Notwendigkeit der Integration aller Partner und Absatzmittler.[136] Beim B2B-Vertrieb für das Flottengeschäft sind der Nutzer des Fahrzeugs (user) sowie der Entscheider (decider) unterschiedliche Personen (vergleichbar mit der Vertriebsstruktur der Hotelketten siehe Abschnitt 3.2.3.1). Häufig gibt es noch eine dritte Person, die den Kaufprozess durchführt (buyer).[137] Deshalb ist das Flottengeschäft für einen Automobilhersteller sehr komplex und betreuungsintensiv.

Die **Einbindung von Lieferanten in die Vertriebsstruktur** erhöht zunehmend die Wechselbarrieren für den Kunden und erschwert eine Imitierbarkeit durch den Wettbewerb. In der Automobilindustrie sind die Lieferanten meist über 50 % des Werts eines Produkts verantwortlich.[138] Eine frühzeitige Einbindung der Lieferanten, z. B. bereits in die Konzeptphase, birgt ein sehr großes Potenzial der Wertgestaltung. Die Zuliefererindustrie hat in den letzten Jahren zur Entwicklung von Innovationen

---

134 Vgl. Dahlhoff, Eickhoff (2013), S. 221.
135 Vgl. Diez (2006), S. 336.
136 Vgl. Dahlhoff, Eickhoff (2013), S. 229.
137 Vgl. Schäfers, Dahlhoff (2013), S. 245.
138 Vgl. Völker, Thome, Schaaf (2012), S. 113 f.

in Fahrzeugen beigetragen.[139] Statt von „Zulieferer" spricht man mittlerweile oft von „Systempartner".[140] „Erfolgreiche Zulieferer und Autohersteller synchronisieren ihre F&E-Strategien zu einem sehr frühen Zeitpunkt mit den jeweiligen Zielkunden und Netzwerkpartnern."[141] Demzufolge erweitert sich das **Lieferantenmanagement hin zu einem Netzwerkmanagement** (siehe Abbildung 44).

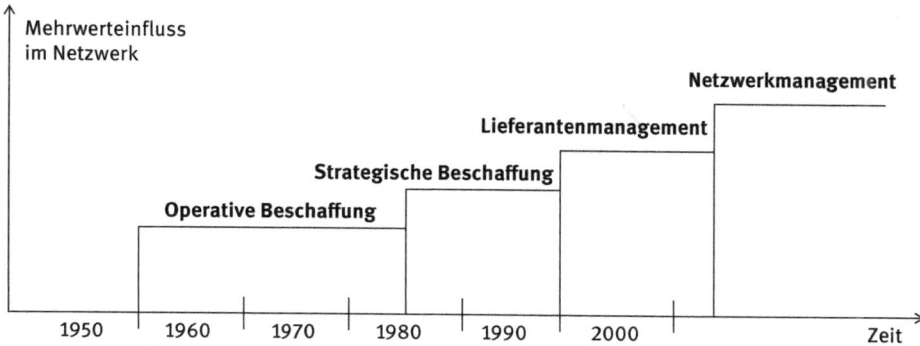

**Abbildung 44:** Rolle der Beschaffungsabteilung (Quelle: Becker (2003), S. 77).

Bei Netzwerkinnovationen wird die Innovation weder vollständig in einem Unternehmen entwickelt noch komplett extern bezogen. „Vielmehr ist eine Mischung aus hierarchischer und marktlicher Koordination das prägende Element."[142] Hier lösen sich die Grenzen der beteiligten Unternehmen zunehmend auf.[143] Langfristig ist davon auszugehen, dass die Innovationsnetzwerke in der Automobilindustrie durch eigenständige Abteilungen betreut und strategisch vorangetrieben werden.[144] Die Bedeutung für die Dienstleistungsinnovationsentwicklung durch Kooperationen mit Partnern und Lieferanten ist entscheidend für die Differenzierung im Wettbewerb. Die richtigen, innovativen Zulieferer ans Unternehmen zu binden ist im Hinblick auf die gesättigten Märkte Zentraleuropas ein starker Wettbewerbsvorteil. Man spricht von Konvergenz zwischen Automobilherstellern und Zulieferern.

Eine zusätzliche Vertiefung der Beziehungen zwischen Zulieferern und Herstellern wird durch die Eingliederung eines Mitarbeiterstabs des Zulieferers im Hause des Herstellers erreicht. Trotz wiederkehrender Konjunkturschwankungen haben es die

---

**139** Ein starker Innovationsimpuls aus der Zuliefererindustrie kommt bspw. von den Kernthemen nachhaltige Mobilität und alternative Antriebsmöglichkeiten. Vgl. VDA (2011), S. 43.

**140** Vgl. Hauschildt (2004), S. 55.

**141** Oliver Wyman (2007), S. 28.

**142** Dilk, Gleich, Steiger (2007), S. 4.

**143** Vgl. ebd., S. 4 f. Hier ist im Zusammenhang von Innovationsnetzwerken auch von Hybridformen die Rede.

**144** Vgl. ebd., S. 18

Automobilhersteller und die Zuliefererindustrie immer wieder geschafft, die **Kernbelegschaft und Leistungsträger in den Unternehmen zu binden.**[145] Im Vergleich zu den starken Umsatzrückgängen, mit denen die Industrie zu kämpfen hatte, hält man an Fachkräften fest.

### 4.2.2.2 Beschreibung der Dienstleistungsinnovation

Der Volkswagen Konzern besitzt ca. 12 % des Pkw-Weltmarktanteils und ist somit einer der erfolgreichsten Automobilhersteller weltweit.[146] Dazu zählen die Marken Volkswagen Pkw, Audi, Seat, Skoda, Bentley, Bugatti, Lamborghini, Porsche, Ducati, Volkswagen Nutzfahrzeuge, Scania und MAN. Darüber hinaus bietet der Volkswagen-Konzern auch weitere Dienstleistungen an, beispielsweise Händler- und Kundenfinanzierung, das Leasing, das Bank- und Versicherungsgeschäft sowie das Flottenmanagement.[147] Innerhalb des Konzerns ist Audi die umsatzstärkste Premiummarke.[148] Der Markenkern „Vorsprung durch Technik" steht nicht nur für sportliche, qualitativ hochwertige und innovative Fahrzeuge, sondern auch für umfassende Mobilitätslösungen und Dienstleistungen. Innovationen werden bei Audi ganzheitlich **über die gesamte Wertschöpfungskette** verstanden und **geschäftsbereichsübergreifend** generiert.[149]

Volkswagen legt großen Wert darauf, mit den besten Lieferanten zu arbeiten. „Das Beschaffungsmanagement ist ein wichtiger Bestandteil der Unternehmenstätigkeit mit dem Ziel, eine größtmögliche Kundenzufriedenheit in Qualität und Preis zu erreichen."[150] Allerdings geht es nicht nur um die Beschaffung, sondern vielmehr um die **Lieferantenintegration zur Förderung von Innovationen**, um den **Kunden langfristig zu binden und zu begeistern.** Für die Volkswagen AG bedeutet das die Fortentwicklung innovativer und anpassungsfähiger Lösungen und Dienstleistungen, um die langfristige Wettbewerbsfähigkeit in einem globalen Markt zu sichern.[151]

Ziel ist die optimale Einbindung der Lieferanten in Unternehmensprozesse im gesamten Lifecycle (siehe Abbildung 45), zu einem **schnellen Wissens- und Datentransfer**, um den **Kundennutzen zu maximieren.**[152] Die 2003 im Konzern eingeführte Businessplattform ist die Schnittstelle zwischen dem Volkswagen-Konzern und seinen Lieferanten über alle Prozesse hinweg.[153] Zur klaren Strukturierung und

---

145 VDA (2011), S. 23.
146 Vgl. Volkswagen Aktiengesellschaft (2013), S. 4. Der Volkswagen-Konzern liefert pro Jahr ca. neun Mio. Fahrzeuge aus. Der Umsatz in 2012 betrug 193 Mrd. Euro.
147 Vgl. ebd., S. 5.
148 Vgl. ebd., S. 54.
149 Vgl. Audi AG (2014).
150 Volkswagen Aktiengesellschaft (2006), S. 5. Das Beschaffungsvolumen des Volkswagen-Konzerns beträgt ca. 60 Mrd. Euro.
151 Vgl. ebd., S. 6.
152 Vgl. ebd., S. 5.
153 Vgl. Volkswagen Group (o. J.).

Zielfokussierung wurden bei Volkswagen die Zulieferer in sogenannten Foren unterteilt, die sich auf die Unternehmensziele Kosten, Qualität und Innovationen konzentrieren (siehe Abbildung 46).[154]

**Abbildung 45:** Beschaffungsstrategie beim Volkswagen-Konzern (Quelle: Eigene Darstellung in Anlehnung an die Volkswagen Aktiengesellschaft (2006), S. 5).

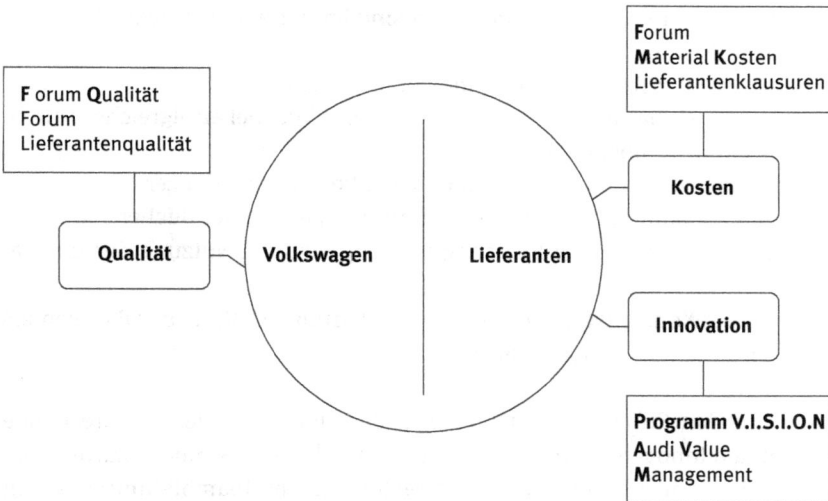

**Abbildung 46:** Neue Foren als Basis der Zusammenarbeit mit Lieferanten beim Volkswagen Konzern (Quelle: Berkenhagen, Vrbica (2007), S. 268).

Übergreifend sind zwei Ziele dieser Lieferantenforen festzuhalten:[155]
– Schnelle Umsetzung von Innovationspotenzialen.
– Steigerung des Kundennutzens.

---

**154** Vgl. Berkenhagen, Vrbica (2007), S. 268 ff.
**155** Vgl. Berkenhagen, Vrbica (2007), S. 269.

Drei Plattformen werden hier definiert:[156]

- *Forum Materialkosten mit Lieferantenklausuren*
Hauptsächlich geht es hier um eine strategische Reduzierung der Materialkosten. Darüber hinaus steht auch eine Verbesserung der Prozesse im Vordergrund. Konzepte werden in Lieferantenklausuren entwickelt und dann gemeinsam dem Vorstand zur Genehmigung präsentiert.
- *Forum Lieferantenqualität*
Ziel ist die Qualitätsverbesserung einzelner Bauteile durch die Zulieferer. Neben der Verbesserung der Produktqualität geht es aber auch um Kundendienstlösungen, die mit einer Reduzierung der Garantie- und Kulanzkosten einhergehen.
- *Programm V.I.S.I.O.N (Volkswagen Initiative for Supplier Integration & InnOvatioN) und AVM (Audi Value Management)*
„Die Zielsetzung des Programms V.I.S.I.O.N besteht in der Erzielung einer Wettbewerbsdifferenzierung über technische Führerschaft und Unique Selling Points (Kundennutzen) in der Zusammenarbeit mit den Lieferanten."[157] Klare Spielregeln für Zulieferer und Automobilhersteller sind im Vorfeld festgelegt:[158]
- strikte Geheimhaltung
- keine Vergütung der Teilnahme am Innovationsprozess
- gemeinsame Vereinbarung der Lieferung und Abnahme bei erfolgreicher Durchführung des Innovationsprozesses
- exklusive Nutzung der Innovationen durch den Volkswagen Konzern
- transparente Kommunikation der Kosten und Offenlegung der Bücher
- gemeinsame Erstellung eines Businessplans zur weiteren Nutzung der Innovation
- Abschluss einer Konzeptverantwortungsvereinbarung (KVV) beider Parteien als Grundlage für die gemeinsame Zusammenarbeit

Entscheidend für den Erfolg ist in erster Linie, dass Einkäufer das entsprechende Fachwissen für den Innovationsprozess mit aufbringen.[159] Auch wenn die Zusammenarbeit mit den Lieferanten durch Verträge geregelt ist, ist die Teambildung zwischen Hersteller und Lieferanten sehr wichtig.[160]

Bei AVM steht **die Gestaltung von etwas Einzigartigem** aus der Forenintegration der Lieferanten im Vordergrund. Als Beispiel für eine Dienstleistungsinnovation hierfür dienen die Audi-connect-Dienste, die zur Kombination von Autodaten

---

156 Vgl. ebd., S. 268.
157 Berkenhagen, Vrbica (2007), S. 273.
158 Vgl. ebd., S. 274 f.
159 Vgl. Völker, Thome, Schaaf (2012), S. 113.
160 Vgl. ebd., S. 113 f. Oft sind entsprechende Teammitglieder auf Hersteller- bzw. Lieferantenseite namentlich in den Verträgen erwähnt.

mit Partnertechnologien eingesetzt werden.[161] Der Internetzugang im Fahrzeug stellt noch keine nachhaltige Innovation dar. Erst die Kombination der Informationen aus dem Internet zusammen mit den Daten des Fahrzeugs bilden die Neuheit. Zum Beispiel erhalten die Kunden heute Verkehrsdaten oder Wettervorhersagen bereits über ihr Smartphone, aber Verkehrsinformationen und Wetterdaten, kombiniert mit den Daten des Fahrzeugs, ergeben erst den **erweiterten Kundennutzen und Mehrwert.**[162] Dieser ist als weiteres Verkaufsargument zu nutzen und wird daher die Kaufentscheidung stark beeinflussen.[163]

In der Automobilbranche ist die Anzahl der Extras und Sonderausstattungen um ein Vielfaches angewachsen.[164] Der Kunde ist meistens mit der Vielzahl der Funktionen überfordert oder weiß nichts von deren Existenz. „Heute sind selbst auf breiter Basis etablierte Funktionen nicht bei allen Kunden bekannt: 70 Prozent der deutschen und amerikanischen Autofahrer kennen ABS [Antiblockiersystem; Anm. d. Verf.], aber nur 40 Prozent ESP [Electronic Stability Control; Anm. d. Verf.].“[165] Mit der Vielzahl der Innovationen ist auch deren Komplexität gestiegen. Abkürzungen statt verständlicher Produktnamen tun ihr Übriges zur Verwirrung der Kunden. Klar muss sein: Innovationen, die nicht erklärt werden können, können auch nicht verkauft werden.

Die folgende Grafik (siehe Abbildung 47) basiert auf einer Studie aus dem Jahr 2007[166] und zeigt, dass nur 17 % der angebotenen Innovationen vom Kunden auch tatsächlich gekauft werden. Hier stellt sich die Frage, wie Verkäufer besser motiviert und geschult werden können, um dem Kunden Innovationen zu erklären sowie aktiv und erfolgreich zu verkaufen.

Deshalb liegt bei Volkswagen ein besonderer Fokus auf der **Schulung der Vertriebsmitarbeiter.** Das garantiert den Verkaufserfolg von Innovationen. Die Lieferanten müssen zusätzlich in einem engen Dialog mit den Vertriebs- und Marketingmitarbeitern der Hersteller stehen, um einzigartige Dienstleistungsinnovationen zu erarbeiten.[167]

Zusätzlich bauen die Zulieferer immer mehr eigene Marken auf.[168] Volkswagen hat es geschickt verstanden, das **positive Markenimage von Zulieferermarken** wie

---

**161** Vgl. Dipl.-Ing. Stefan Keller, Audi (2013), siehe Anhang 3 – Zusammenfassung der Expertengespräche.
**162** Vgl. ebd.
**163** Vgl. Städele (2013), S. 18.
**164** „Im 7er BMW ist die Zahl der verfügbaren Sonderausstattungen seit 1986 von 14 auf 92 im Jahr 2006 angestiegen." (Oliver Wyman, 2007, S. 15)
**165** Ebd.
**166** Vgl. ebd., S. 15 ff. In der Studie wurden 550 Neuwagenverkäufer in Deutschland und den USA zur Akzeptanz von Innovationen befragt.
**167** Vgl. Esch, Neudecker, Jung (2013), S. 509.
**168** Sog. Component Brands. Vgl. König (2000), S. 38.

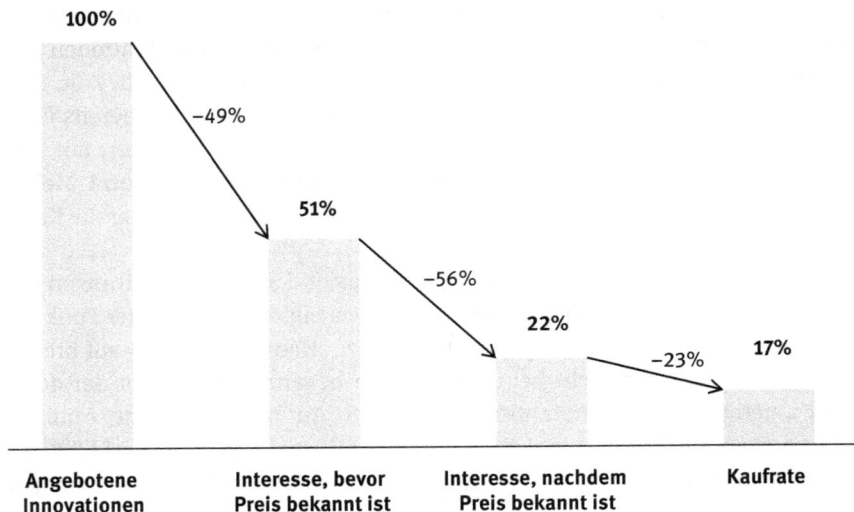

*Nur 17 Prozent der Innovationen werden vom Kunden gekauft*
*\* Verkaufserfolg in Deutschland und in den USA; ermittelt in einer Kaufsimulation auf der Basis von 14 Innovationen*

**Abbildung 47:** Verkaufserfolg von Innovationen in der Automobilbranche
(Quelle: Oliver Wyman (2007), S. 16).

Bosch, Continental oder Michelin für den Vertrieb der entsprechenden Fahrzeuge zu nutzen.[169] Des Weiteren erhöht der gemeinsame Vertrieb von Hersteller- und Zulieferermarke **die Markteintritts- sowie Imitationsbarrieren für Mitbewerber.** Die Ergänzung einer Marke um die Markenwerte von Component Brands kann ein entscheidender Wettbewerb im Vertrieb von Premiumproduktion sein (siehe Tabelle 26). Wichtig ist, dass die Component Brands die Herstellermarke nicht verwässern und nicht in Konflikt miteinander stehen.[170]

### 4.2.2.3 Zusammenfassung der Kernaussagen
Die Kernaussagen dieser Vertriebsfallstudie lassen sich wie folgt zusammenfassen:
- *Kernaussage 1:*
  Die Verzahnung des Unternehmens mit Lieferanten führt zu einem starken **Innovationsnetzwerk.**
- *Kernaussage 2:*
  Die Verzahnung des Unternehmens mit Lieferanten führt zu einem **schnellen Wissens- und Datentransfer.**

---

169 Vgl. ebd.
170 Vgl. ebd., S. 40 f.

**Tabelle 26:** Vorteile durch den Vertrieb von Herstellermarke und Component Brands am Beispiel Volkswagen AG (Quelle: Eigene Darstellung in Anlehnung an König (2000), S. 38).

|  | Chancen |
|---|---|
| **Hersteller/OEM** | – höherer wahrgenommener Produktwert und Kundennutzen<br>– Differenzierung gegenüber Wettbewerb<br>– Imagetransfer<br>– Preispremium |
| **Zulieferer** | – Erzeugung eines Pull-Effekts<br>– geringere Substitutionsgefahr/Schaffung von Eintrittsbarrieren<br>– höhere Margen<br>– größere Unabhängigkeit vom Hersteller |
| **B2B-Kunde/B2C-Kunde** | – Senkung des wahrgenommenen Kaufrisikos<br>– differenziertes Produkt/höherer wahrgenommener Nutzen |

- *Kernaussage 3:*
  Die Verzahnung des Unternehmens mit Lieferanten führt zu einer **Ausschöpfung von Innovationspotenzialen und Steigerung des Kundennutzens.**
- *Kernaussage 4:*
  Die engere Zusammenarbeit zwischen Herstellern und Lieferanten führt zur Entwicklung von etwas **Neuartigem.**
- *Kernaussage 5:*
  Die Innovationen selbst führen zu keinem Erfolg, wenn diese nicht durch die Verkäufer und durch den Einsatz des richtigen Marketingmix dem **Kunden Mehrwerte oder einen erweiterten Kundennutzen** aufzeigen.
- *Kernaussage 6:*
  **Die Auswahl von Lieferanten** sowie deren Markenprägung und -differenzierung bzw. Markenimage haben direkte Auswirkungen auf den Verkaufserfolg bei den Herstellern.
- *Kernaussage 7:*
  Die Innovationen sollten **geschäftsbereichsübergreifend** nicht nur generiert, sondern auch **verkauft werden.** Dementsprechend ist eine Schulung der Vertriebsmitarbeiter und **Integration der Zulieferer in dem Vertriebssystem** durchaus sinnvoll.

### 4.2.3 Fallstudie: Rationalisierung und Emotionalisierung der Vertriebswege am Beispiel der HypoVereinsbank (UniCredit Bank AG)

#### 4.2.3.1 Innovationspotenzial

Die Charakteristika der Bankdienstleistung als auch das veränderte Kundenverhalten stellen neue Herausforderungen für Vertrieb und Marketing dar (siehe Abschnitt

4.1.2). Auf der einen Seite müssen Prozesse effektiver rationalisiert werden, auf der anderen Seite ist es zunehmend die Aufgabe des Vertriebs und Marketings, **die emotionale Beziehung** mit den Bankkunden weiter auszubauen.[171]

Die Banken haben die **Kundenakzeptanz für Kundenintegration** und **Self-Service-Lösungen** bereits in den 1990er-Jahren an den ersten SB-Geldautomaten untersucht. „Entscheidend für deren Motivation ist der Vorteil, auch nach Kassenschluß schnell beispielsweise zu Geld zu kommen, vorausgesetzt, die Bedienungsanforderungen an den Kunden stellen keine allzu große Barriere dar."[172] Dieser Entwicklung lagen neben dem steigenden Kostendruck im Bankgeschäft und den restriktiven Öffnungszeiten vor allem auch die oft ungenügende Beratungskapazität für Topkunden zugrunde.[173] Zunehmend werden Aufgaben an den Kunden weitergegeben. Dies führt zu einer erhöhten Selbstständigkeit des Kunden. Bei Standardgeschäften bringt die Automatisierung nicht nur eine Reduktion der Vertriebskosten, sondern wird auch vom Kunden positiv aufgenommen. Automatisierung von Dienstleistung ist nur dann sinnvoll eingesetzt, wenn es zu Produktivitätsverbesserungen, nicht aber gleichzeitig zu einer Verringerung der Dienstleistungsqualität kommt.[174] Es besteht allerdings die Gefahr, dass der Kunde durch die Selbstständigkeit, die Wissenstransparenz und den einfachen Zugriff auch leichter auf Konkurrenzangebote aufmerksam gemacht wird und diese direkt vergleichen kann.[175] Neben der reinen Automatisierung von Abläufen sind deshalb Kundenkontakte und „emotionale Erlebnisse"[176] wichtig. Standardgeschäfte werden automatisiert, da der Kunde sie erwartet und sie nur auffallen, falls sie nicht ordnungsgemäß ablaufen. Darüber hinaus führen Dienstleistungen nur zur langfristigen Kundenbindung, indem sie einen **unerwarteten Mehrwert und Begeisterung** bringen.[177] Wenn beispielsweise ein Firmenkunde einen Kredit für ein neues Geschäftsmodell aufnehmen möchte, interessiert er sich im Grunde für den Erfolg seines Unternehmens, die Arbeitsplatzsicherung der Mitarbeiter, Altersvorsorge usw. Der Darlehensvertrag ist reines Mittel zum Zweck.

Obwohl die Bankfilialen nicht mehr so groß gebaut werden, steht die **persönliche Betreuung** noch stärker im Fokus. Banken setzen zunehmend technische Möglichkeiten ein, z. B. Web-2.0-Technologien. „Die Bankmitarbeiter der ‚HighTech-Banking'-Filiale begegnen den Kunden sowohl medial als auch im persönlichen Kontakt. Die Technik unterstützt die Interaktion und ist Bestandteil eines

---

171 Vgl. Blümelhuber, Oevermann (1996), S. 312.
172 Ambros (1992), S. 11.
173 Vgl. ebd., S. 70. Dies führte zu einer Vervielfachung der Beratungsplätze neben den SB-Terminals, um gezielt den Brückenschlag zwischen SB und Beratung zu ermöglichen. Vgl. auch ebd., S. 151.
174 Vgl. Bienzeisler (2009), S. 252.
175 Vgl. Engstler, Vocke (2008), S. 24.
176 Ebd., S. 25.
177 Vgl. Engstler, Vocke (2008), S. 25 f.

**High-Tech-Erlebnisbanking** [Herv. d. Verf.].“[178] „Innovative Technologien fördern die Kommunikation zwischen Menschen und werden dabei selbst zum Bestandteil des Bankerlebnisses.“[179] Allerdings muss aus dem Einsatz innovativer Technologien ein **klarer Mehrwert** für den Kunden erkennbar sein.

Da die Finanzbedürfnisse der Kunden sich in den verschiedenen Lebensphasen verändern, wird die Finanzbetreuung als kontinuierliche Dienstleistung betrachtet. **Hoch qualifizierte Mitarbeiter** und deren aktuelle Verfügbarkeit in Form der **Leistungsbereitschaft** sind bei der Erklärung und beim Vertrieb der Finanzdienstleistung entscheidend.[180] „Betrachten wir die Beratungs- und Vertrauenskompetenz als die elementaren Kernfähigkeiten einer Bank, muss dies Auswirkungen auf die Organisation der Betreuung eines einzelnen Kunden haben. Eine produktorientierte Organisation, in welcher der Kunde für jedes Bedürfnis einen anderen Ansprechpartner hatte, wird den Anforderungen nicht mehr gerecht.“[181] **Der persönliche Berater** ist bei der Vertrauensbildung der Bankdienstleistung entscheidend. Er wird somit zum **Beziehungsmanager** und ist für die Abschöpfung von Wertpotenzialen verantwortlich. Somit ist das Profil um hohe fachliche sowie soziale Anforderungen erweitert.[182] In der Zukunft werden durch die Automatisierung persönliche Kundentermine über das Basispaket hinaus nur gegen einen Aufpreis oder für Key Accounts möglich sein.[183]

Viele Bankkunden sind beispielsweise durch das Kreditgeschäft **vertraglich,** zeitlich oder ökonomisch gebunden. Das Ziel der Banken ist es, über diese **unechte Kundenbindung** hinaus ein gezieltes Markenerlebnis aufzubauen.[184] „Das Markenerlebnis muss einen Zusatznutzen zu den im Bankbereich ansonsten vielfach vergleichbaren Leistungen schaffen.“[185]

Die Banken arbeiten ferner an einer **Erweiterung des Dienstleistungsangebots** durch den Ausbau von SB-Automaten. Hier geht es um **branchenübergreifende** Leistungsbündelangebote in Kooperation mit Partnerunternehmen.[186] Angedacht sind beispielsweise Veranstaltungstickets für Kultur- und Sportveranstaltungen, die online oder am SB-Terminal bequem rund um die Uhr bestellt und vom Konto direkt

---

**178** Engstler, Vocke (2008), S. 30.
**179** Ebd., S. 31. Als weiteres Beispiel wird hier das Konzept „Q110" der Deutschen Bank genannt oder die virtuelle Welt von Second Life.
**180** Vgl. Bodendorf, Robra-Bissantz (2003), S. 18.
**181** Ahlert, Evanschitzky (2003), S. 135.
**182** Vgl. ebd., S. 136; Reichardt (2000), S. 88.
**183** Vgl. hierzu Bodendorf, Robra-Bissantz (2003), S. 10. „Die Produkte der Versicherungen und Banken können, ausgehend von einem Standardprodukt, entsprechend der Kundenbedürfnisse konfiguriert werden. Eine Mehrleistung führt in dieser Teilphase der Konfiguration gewöhnlich zu einem höheren Preis für den Kunden." (ebd.)
**184** Vgl. Blümelhuber, Oevermann (1996), S. 310 f.
**185** Ahlert, Evanschitzky (2003), S. 147.
**186** Engstler, Vocke (2008), S. 36.

abgebucht werden können. Weiterführende Dienstleistungen der Banken wären auch Bücher, CDs, Flugtickets, das Herunterladen von Musik, Videos u. v. m.[187]

### 4.2.3.2 Beschreibung der Dienstleistungsinnovation

Die HypoVereinsbank gehört zu der europäischen UniCredit Bank AG[188] und zählt zu den führenden Finanzunternehmen in Deutschland.[189] Zu ihren Kernkompetenzen gehören das Geschäft mit Privat- und Firmenkunden, mittelständischen und großen Unternehmen sowie das Private Banking und das Kapitalmarktgeschäft.[190] 2010 startete UniCredit ein neues Servicemodell: „Gemeinsam für unsere Kunden", das die Kundenbedürfnisse stärker in den Vordergrund rückte.[191] Auch bei der HypoVereinsbank steht also die Customer Experience[192] im Mittelpunkt und weniger das klassische Verwalten von Vermögen. Die HypoVereinsbank gilt als Pionier der digitalen Beratungs- und Serviceangebote auf dem deutschen Markt und wird in den nächsten zwei Jahren ca. 300 Mio. Euro in den weiteren **Aufbau der Multikanalbank sowie des Bankerlebnisses** investieren, um die Dienstleistung an den Kundenbedürfnissen und -wünschen optimal anzupassen und damit Kunden zu begeistern.[193]

„Business Easy" ist ein innovatives Beratungskonzept, das sich an mittelständische Unternehmen mit einem Jahresumsatz von bis zu 5 Mio. Euro richtet und das Ziel hat, Marktanteile für die HypoVereinsbank in diesem Bereich hinzuzugewinnen.[194] Im Sommer 2012 wurde es für Geschäftskunden der HypoVereinsbank in ganz Deutschland eingeführt. Weitere Märkte wie Österreich sind in Planung.

„Mit dem innovativen Servicemodell Business Easy besaß die Unternehmer Bank auch in 2013 ein Alleinstellungsmerkmal im deutschen Bankenmarkt."[195] Das Konzept der HypoVereinsbank hat seinen Ursprung in der Suche nach einem Weg, Kunden flächendeckend und effektiv über das Telefon zu betreuen. Die Betreuerzeit von persönlichen Terminen stand oft nicht im Einklang mit dem Kundennutzen. Beim Business Easy fallen für den Kunden keine Zusatzkosten an. Er muss lediglich eine Zahlenkombination, die ihm per E-Mail zugesandt wurde, eingeben, um via

---

**187** Vgl. Dempzin, Strümpfler (2008), S. 117.
**188** Vgl. UniCredit Bank AG (2014), S. 286.
**189** Vgl. ebd., S. 11. Das Vorsteuerergebnis 2013 lag bei rund 1,5 Mrd. Euro (vgl. ebd., S. 15). Die Hypo-Vereinsbank ist in Deutschland an 46 Standorden mit 848 Filialen vertreten.
**190** Vgl. ebd., S. 2.
**191** Vgl. ebd., S. 286.
**192** „Customer Experience [...] is the sum of all the interactions a customer has with an organisation compared to his or her expectations." (Thota, Munir, 2011, S. 73)
**193** Vgl. UniCredit Bank AG (2014), S. 13.
**194** Vgl. Konzack (2012), S. 57. Der Erstkontakt zu Neukunden für Business Easy kommt überwiegend aus dem Kreditgeschäft. In 2012/2013 hat die HypoVereinsbank ein Kreditvolumen von ca. 65 Mrd. Euro an ca. 400.000 Unternehmen über alle Branchen hinweg vergeben.
**195** UniCredit Bank AG (2014), S. 147.

Internettelefon zum vereinbarten Termin verbunden zu werden. Sofort erscheint der Berater per Webcam und geht direkt mit dem Nutzer am Bildschirm anhand digitaler Formulare die entsprechenden Bankgeschäfte durch. Die Videoberatung ist weitaus persönlicher als per Telefon, da diese mehr in Richtung Face-to-Face-Kontakt geht (siehe Abbildung 48).

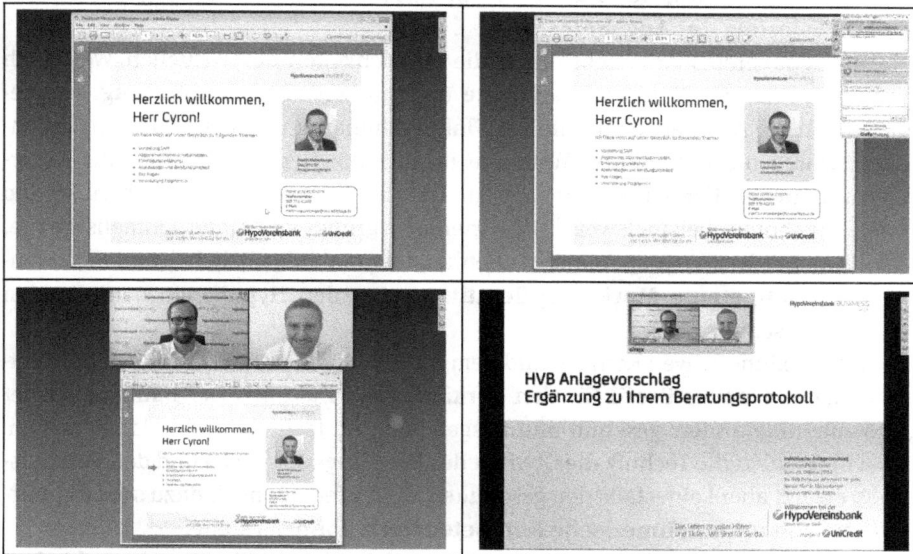

**Abbildung 48:** Screenshots der HypoVereinsbank-Beratungsplattform (Quelle: Eigene Darstellung nach zur Verfügungsstellung von Systemabbildungen von Business Easy durch UniCredit).

Der Slogan für den B2B-Bereich formuliert einen klaren ***Mehrwert bzw. Zusatznutzen*** für den Kunden: „Geschäftsbanking wann und wo Sie wollen – mit Business Easy.“[196] Statt sich an Öffnungszeiten von Bankfilialen zu halten und die Zeit für An- und Abreise zu investieren, können nicht nur Telefonkontakte, sondern ausführliche Beratungsgespräche online stattfinden. Vordergründiges Ziel ist **die Vernetzung des Verkäufers mit den Kunden** hauptsächlich aus den mittelständischen Unternehmen, bei denen die Leistungserbringer[197] auch gleichzeitig für die Unternehmensverwaltung zuständig sind und ohnehin viel mit dem Computer, Tablet oder Smartphone arbeiten. Der Berater ist kompetent und orientiert sich an aktuellen Branchenentwicklungen durch Branchenberichte. Jederzeit können weitere Experten zu bestimmten Fachgebieten hinzugezogen werden. Die Vorteile einer Onlinebank sind dabei mit

---

**196** Vgl. HypoVereinsbank (o. J.).
**197** Bspw. Handwerker oder Unternehmer.

der persönlichen Beratung einer Hausbank zu kombinieren.[198] „Das innovative und leistungsstarke Beratungsmodell ermöglicht Geschäftskunden sowohl **die Nutzung modernster Kommunikationswege** [Herv. d. Verf.] (WebDialog, Postbox, Webinar) wie auch **erweiterter Servicezeiten** [Herv. d. Verf.]."[199] Das Onlinevertragsmanagement bietet auch einen weiteren Mehrwert für den Kunden: die schnellere Erledigung der Aufträge, was als ganz wichtiges Qualitätsmerkmal wahrgenommen wird. Somit trägt die **Involvierung des Kunden** in den Dienstleistungserstellungsprozess zur **Personalisierung des Angebotes** bei.

Die HypoVereinsbank sieht durch die Möglichkeiten der virtuellen Welt auch neues Potenzial zur **Neukundenakquise** und stärkerer **Kundenbindung**, vorwiegend durch die Ansprache mithilfe von Onlineseminaren und Fortbildungsmöglichkeiten. Durch die kostenlosen Webinare möchte die HypoVereinsbank ihr Expertenwissen an den Kunden weitergeben und einen Mehrwert herausarbeiten. Zu den Themen gehören beispielsweise Unternehmensgründung, Unternehmenskredite, öffentliche Förderungsprogramme, Außenhandel usw.[200] Zusätzliche werden kostenlose und **kompetente Marketing-Beratung** unter den HypoVereinsbank-Kunden sehr hoch geschätzt.

Aus dem innovativen Konzept und dem Ausbau digitaler Beratungsangebote entsteht auch **ein neues Profil für den Verkäufer der Zukunft.** Der Bankmitarbeiter muss zukünftig anders geschult und ausgebildet und technikaffiner als heute sein. Dabei unterstützt die Technik die Qualität des Beratungsgesprächs und den Verkaufserfolg, ersetzt aber keinesfalls den geschulten Verkäufer, der noch dazu **soziale, persönliche** und **unternehmerische Kompetenzen** mitbringen sollte.

Die HypoVereinsbank stellt durch Business Easy eine erhöhte Kundenzufriedenheit sowie Verkaufserfolge fest. In 2013 hat sich der Bekanntheitsgrad der HypoVereinsbank als Mittelstandsbank um 60 % erhöht. Dies hat zu einem Anstieg an Neukunden um 70 % im Vergleich zum Vorjahr 2012 geführt. Als Nebeneffekt erhöhte sich auch die Motivation der Verkäufer.[201]

### 4.2.3.3 Zusammenfassung der Kernaussagen

Als Ergebnis der Vertriebsfallstudie lassen sich folgende Kernaussagen zusammenfassen:

---

198 Vgl. UniCredit Bank AG (2014), S. 146.
199 Ebd.
200 Vgl. ebd., S. 147. In 2013 wurden 110 Webinars für 6.500 Kunden und Nichtkunden durchgeführt. Die Nachfrage steigt.
201 Vgl. Moritz X. Stigler, Hypo-Vereinsbank Unicredit (2013), siehe Anhang 3 – Zusammenfassung der Expertengespräche. Dabei werden bei der HypoVereinsbank die Kunden bzw. Mitarbeiterzufriedenheit über Kundenanrufe von eigenen Abteilungen und externen Agenturen überprüft. Dabei nutzt man die sogenannte TRI*M-Methode zur Zufriedenheitsberechnung.

– *Kernaussage 1*
**Die Aufzeichnung des klaren Mehrwerts** für den Kunden ist Grundvoraussetzung für die Kundenakzeptanz **bei aktiver Kundenintegration** in der Leistungserstellung.

– *Kernaussage 2*
Die Automatisierung benötigt ebenfalls **emotionalen Dialog**, wobei viele **neue
Kommunikationsmöglichkeiten** zur Unterstützung genutzt werden können.

– *Kernaussage 3*
Die **unerwarteten Mehrwerte** bzw. das Leistungsbündel mit branchenübergreifenden Dienstleistungen führen zur **Kundenbegeisterung.**

– *Kernaussage 4*
Die **persönliche Betreuung** und **individualisierte Angebote** sind von besonderer Bedeutung für die Differenzierung vom Wettbewerb.

– *Kernaussage 5*
Die Beratungsleistung und der Beziehungsaufbau durch einen einzelnen Berater
sind entscheidend für die Kundenbindung. Somit **verändert sich das Verkäu-
ferprofil**.

– *Kernaussage 6*
Die aktive **Involvierung des Kunden** in den Dienstleistungserstellungsprozess
trägt zur **Personalisierung des Angebotes** bei.

### 4.2.4 Fallstudie: Multikanalmarketing-Management als Serviceerlebnis am Beispiel von Allianz Deutschland AG

#### 4.2.4.1 Innovationspotenzial

Bei den Finanzdienstleistungen der Zukunft, sowohl in den Bank- als auch in den
Versicherungsunternehmen, legt man besonderes Augenmerk auf das Multi-Channel-
Management. Es geht darum, sämtliche Vertriebswege online und offline zu bedienen, sie sinnvoll zu ergänzen und miteinander zu verzahnen.[202] „Dies gilt umso mehr,
als sich etwa auf Produkt- und Vertriebsebene die traditionellen Demarkationslinien
zwischen Bank, Versicherer und Wertpapiergesellschaft immer mehr auflösen.“[203]
Die Vermischung von verschiedenen Distributionskanälen, die sich mittlerweile
vervielfacht haben, ist in der Finanzbranche mittlerweile Realität.[204] „Erfolgreicher
Vertrieb einer modernen Universalbank muß alle Absatzkanäle in gleicher Art und

---

**202** „Ein Multi-Channel-Vertriebssystem ist ein Vertriebssystem, das die verschiedenen Kanäle mit
ihren besonderen Eigenschaften innerhalb eines Systems integriert und versucht, sich diese besonderen Eigenschaften gezielt zunutze zu machen.“ (Ahlert, Evanschitzky, 2003, S. 131)
**203** Zedelius (2007), S. 225.
**204** Vgl. ebd., S. 231 f. Bspw. die Kooperation von Allianz und Dresdner Bank zur Gründung von sog.
Bankagenturen.

Weise erfassen. Der Wertewandel auf der Kundenseite erfordert eine Hinwendung zu mehr Wahlfreiheit für den Kunden. Die Antwort auf diese Herausforderung ist der Multikanalvertrieb."[205] Dem Kunden ist damit die freie Wahl des Kanals überlassen.[206] „Für die Zukunft kommt es darauf an, auch im medialen Vertrieb wettbewerbsfähig zu sein."[207] Heutzutage kann die gesamte Kundenbetreuung bei Versicherern über das World Wide Web abgewickelt werden: vom Angebot über die Tarifierung und Policierung bis zur Schadenserstattung.[208]

Der Einsatz einer Multi-Channel-Strategie bedeutet auch, einen Wettbewerbsvorteil gegenüber reinen Direktbanken bzw. Direktversicherern zu haben.[209] In einem Multikanalmarketing-Management sollen die verschiedenen Kanäle vernetzt sein, da Kunden situationsbedingt auswählen. Bei Versicherungen unterscheidet man folgende Vertriebswege:[210]

- Ausschließlichkeitsvertrieb über Vertreter (meistens zu Hause abgeschlossen)
- Maklervertrieb
- Bankenvertrieb
- Direktvertrieb über das Telefon
- Direktvertrieb über das Internet
- Mobile-Vertrieb
- Bündelung an Drittprodukte (z. B. beim Autokauf)
- Vertrieb über Retail-Organisationen

Der **Internetauftritt** soll auch hoch **personalisiert und -individualisiert** werden, um durch diese One-to-One-Kommunikation jeden einzelnen Kunden mit dem für ihn zugeschnittenen konkreten Angebot anzusprechen. Voraussetzung ist die eindeutige Identifizierung des Kunden, was heutzutage durch eine Registrierung auf der Website leicht zu erreichen ist und genügend Kundendaten bereitstellt.[211] Die „One Customer at a Time"-Strategie steht auch hier für eine hochindividualisierte Ansprache in allen Vertriebs- und Marketingkanälen.[212] Die Vermarktung über das Internet führt zu neuen Strukturen wie die Virtual Communities. Die mobile Vernetzung ermöglicht eine Kundenintegration unabhängig von Ort und Zeit.[213]

Zum erfolgreichen Multikanalmarketing-Management gehören nach WELSCH[214] u. a. die **Emotionalisierung** über alle Kanäle hinweg mit einer einheitlichen Ansprache

**205** Klein (2005), S. 265.
**206** Vgl. Reichardt (2000), S. 12.
**207** Klein (2005), S. 265.
**208** Vgl. Reichardt (2000), S. 13.
**209** Vgl. ebd., S. 32.
**210** Vgl. Schneider, Hastreiter (2010), S. 199.
**211** Vgl. Reichardt (2000), S. 61 ff.
**212** Vgl. ebd., S. 130 ff.
**213** Vgl. Bodendorf, Robra-Bissantz (2003), S. 36.
**214** Vgl. Welsch (2008), S. 63 f.

und Informationsbreite. Oberstes Ziel des Marketings ist es, das Vertrauen des Kunden in den Finanzdienstleister zu stärken und ihm den Nutzen der Dienstleistung sowie den **Mehrwert deutlich zu machen.**[215]

Das Multikanalmarketing-Management eines Versicherers lässt sich wie folgt skizzieren (siehe Abbildung 49).

**Versicherungsunternehmen**

| Persönlich | Online |
|------------|--------|
| Makler | WEB 2.0 |
| Filiale | Mobile |

**Kunde**

**Abbildung 49:** Quadrat für kundenrelevante Applikationen eines Versicherers (Quelle: Eigene Darstellung in Anlehnung an Müller (2006/2007), S. 142).

Die Erwartung an die Versicherungsdienstleistung hat sich in den letzten Jahren grundlegend geändert und das Leistungsbündel expandiert bereits auf **finanzdienstleistungsfremde Geschäftsfelder.**[216] Der Kunde erwartet mehr als nur die reine Kostenerstattung nach einem Schadensfall.[217] „Die Haus-Assistance etwa organisiert quasi als Pannendienst für Zuhause Handwerkerservices und im Notfall auch den Schlüsseldienst oder Schädlingsbekämpfer."[218] Vor allem in gesättigten Märkten mit starkem Wettbewerb zeigt sich, dass **Assistance-Lösungen** ein **hohes Differenzierungs- und Wachstumspotenzial** bieten.[219] Wegen der notwendigen Kooperationen mit anderen Dienstleistungsanbietern können Assistance-Lösungen weit schwieriger kopiert werden. Im sogenannten „Life-Assistance-Banking"[220] agieren die **Verkäufer als persönliche Berater.** Das Verkaufs- und Beratungsgespräch geht über die reine allgemeine Versicherungsleistung hinaus. Durch persönliche Beratung und Unterstützung in Alltagsfragen sollte eine langfristige Kundenbindung aufgebaut werden. „Ziel ist es, den Kunden vom alltäglichen Ballast zu befreien und den Komfort des Kunden zu steigern. Auf der Grundlage gegenseitigen Vertrauens erarbeitet der persönliche Finanzplaner auch Konzepte für Entscheidungen im persönlichen Bereich

---

**215** Vgl. Bodendorf, Robra-Bissantz (2003), S. 9.
**216** Vgl. Ahlert, Evanschitzky (2003), S. 139.
**217** Vgl. Zedelius (2007), S. 227 ff.
**218** Vgl. ebd., S. 227.
**219** Vgl. ebd., S. 228.
**220** Engstler, Vocke (2008), S. 27.

und fördert somit das Entstehen einer **langfristigen Kundenbeziehung** [Herv. d. Verf.]."[221]

Dieses Konzept wird im Privat- sowie im Firmenkundenbereich angewendet. Die hohe Erklärungsbedürftigkeit bietet die perfekte Voraussetzung für die Erhebung allgemeiner oder produktbezogener Daten an Informationen über den Kunden und hilft somit ein **optimal an den Kundenbedürfnissen zugeschnittenes und personalisiertes Leistungsangebot** zusammenzustellen.[222] Assistance-Lösungen bilden außerdem eine ideale Plattform für Cross-Selling von weiteren Versicherungsleistungen, aber auch versicherungsnahen (bspw. Bankdienstleistungen oder Angebote von Energieversorgern) bzw. versicherungsfernen Leistungen (Aktionsangebote oder Trendprodukte).[223]

### 4.2.4.2 Beschreibung der Dienstleistungsinnovation

Allianz ist einer der erfolgreichsten Versicherungsdienstleister weltweit.[224] Das Kerngeschäft sind Versicherungen (darunter Schadensversicherungen, Unfallversicherungen, Lebensversicherungen, Krankenversicherungen usw.) und Verwaltungsvermögen. Deutschland ist dabei der wichtigste Kernmarkt.[225] Laut der 2013 von der ServiceValue GmbH durchgeführten Untersuchung platziert sich die Allianz als Branchengewinner unter den Versicherungsdienstleistern in Deutschland im Serviceerlebnis-Wert im Multikanalvertrieb.[226]

Bei der Allianz ist das Multi-Channel-Management folgendermaßen strukturiert:[227]
– **Multi-Channel (vielmehr Omni-Channel)**
– **Multi-Access**
– **Multi-Offer**

Die Vermischung unterschiedlichster Distributionskanäle **(Multi-Channel)** hat bei der Allianz eine lange Tradition. Seit vielen Jahren ist man Makler, Bank, Direktversicherer, Vertreter usw. Das erhöht die Durchschlagskraft. Die Dienstleistungen von Allianz für Privat- und Firmenkunden werden über ein breites Netz von Vertretern,

---

221 Ebd.
222 Vgl. Bodendorf, Robra-Bissantz (2003), S. 9.
223 Vgl. Engstler, Vocke (2008), S. 28.
224 Vgl. Allianz SE (2014), S. 70. Der Gesamtumsatz in 2013 betrug 110 Mrd. Euro. Die Allianz ist in mehr als 70 Ländern vertreten.
225 Vgl. ebd., S. 54.
226 Vgl. Service Value GmbH (2013), S. 60; Volber (2013), S. 1. Die ServiceValue GmbH ist deutscher Innovationsführer in der Service-Messung. Das Service-Ranking aus Kundensicht basiert auf dem Service Experience Score (SES). Dabei handelt sich um ein branchen- und geschäftsmodellübergreifendes Instrument zur Messung des erlebten Kundenservice.
227 Vgl. Dipl.-Kfm. Harald Boysen, MBA, Allianz (2013), siehe Anhang 3 – Zusammenfassung der Expertengepspräche.

Brokern, Banken, anderen strategischen Partnern sowie über direkte Vertriebswege vermarktet.[228] Der direkte Vertrieb ist stark auf digitale und soziale Medien konzentriert, um ein neues Erlebnis der Marke und der Qualität der Dienstleistung den Kunden zu ermöglichen.[229] Die **Loyalität der Kunden** sieht Allianz als Schlüsselfaktor für nachhaltiges Wachstum und benutzt den Net Promoter Score als zentrale Messgröße dafür.[230]

Unter **Omni-Channel-Management** versteht man die Weiterentwicklung vom Multi-Channel-Management. **Alle Kanäle werden gleichzeitig bedient** und kundenindividuelle Daten stehen kanalunabhängig zur Verfügung. Das setzt eine **kanalübergreifende Kommunikation mit dem Kunden** voraus, woran Versicherungsunternehmen mit Softwareanbietern arbeiten.[231] Im **Social-Media-Umfeld** können Finanzdienstleister auch noch keine **kanalübergreifende Echtzeitkommunikation** den Kunden anbieten. Die hohen Erwartungshaltungen der Kunden in Bezug auf die Reaktionsgeschwindigkeit macht die Herausforderung noch größer.[232] Bei der Allianz werden die Makler und Berater zentral für den jeweiligen Facebook-Auftritt unterstützt.[233]

Große Konzerne verlangen nach einer B2B-Lösung. Für eine Autoversicherung reicht auch eine Onlinedirektversicherung. Bei einer Hausratversicherung wünscht der Kunde lieber den Hausbesuch eines Vertreters. Übersichtlichkeit und Transparenz sind dabei Trumpf. Der Vertreter kann sich nicht mehr hinter mehreren Seiten Kleingedrucktes verstecken. Die Allianz reagiert auf die Kundenbedürfnisse mit erstklassigen und personalisierten Service.[234] Sie erschließt zudem neue Geschäftsfelder im Bereich „Business to Business to Customer." Anfang 2014 wurde bereits eine neue Holding gegründet namens „Allianz Worldwide Partners" (AWP), die das B2B2C-Geschäft koordiniert und gemeinsam mit Allianz-Unternehmenskunden Produkte und Dienstleistungen entwickelt, die diese dann ihren eigenen Kunden oder Mitarbeitern anbieten.[235]

Auch geht es nicht nur darum, den Kunden in den verschiedensten Kanälen abzuholen, sondern den vom Kunden gewünschten Zugangsweg zu ermöglichen. Das Anbieten verschiedenster Zugangsmöglichkeiten, **Multi-Access,** liegt deshalb im Blickwinkel der Allianz. Die **Auswahl obliegt dem Kunden**, der nach seiner Präferenz

---

**228** Vgl. Allianz SE (2014), S. 74.
**229** Vgl. Allianz SE (2014), S. 61.
**230** Vgl. ebd., S. 62.
**231** Richter (2013).
**232** Vgl. Richter (2013).
**233** Vgl. Michopoulos (2013). Hier werden über 10.000 Facebook-Auftritte zentral vorprogrammiert, damit ein einheitliches Erscheinungsbild gewährleistet wird. Sogenannte Community Manager unterstützen dabei die Berater und Makler mit Fragen sowie mit Inhalten. Die Erfolgsmessung erfolgt dabei über Kundenbefragung und Benchmarking.
**234** Vgl. Allianz SE (2014), S. 58.
**235** Vgl. ebd., S. 59. AWP steuert die Aktivitäten von Allianz Global Assistance, Allianz Global Automotive, Allianz France International Health und Allianz Worldwide Care. Vgl. ebd., S. 133.

situationsbedingt agiert. Im Jahr 2014 wird Allianz in den weiteren Ausbau des *Online-und Multimediaangebots* und der *Digitalisierung* investieren.[236] In der Digitalisierung erkennt Allianz die Möglichkeit den **Erlebniswert der Marke** zu stärken und darüber hinaus eine **emotionale Kundenbindung sowie Kundenbegeisterung** zu erreichen. „Die Initiative ist ganzheitlich angelegt und reicht von der Entwicklung neuer modularer Produkte und Zugangskanäle bis hin zur besseren Bedienung bestehender Kunden. Wir entwickeln zum Beispiel für unsere Kunden webbasierte interaktive Tools und ermöglichen ihnen diverse, frei wählbare Zugangswege (Multi Access), um dem sich verändernden Kundenverhalten gerecht zu werden."[237] In den nächsten Jahren werden die drei Bereiche in dem Digitalisierungsprogramm von Allianz ausgebaut: „Allianz Digital Target Picture", „Customer Interaction", „Analysis & Products" sowie „Productivity". Um die jeweiligen Kunden- und Vertriebsschnittstellen sicherzustellen, hat Allianz frühzeitig in Innovationen für Smartphone- und Tablet-Bereich investiert.[238] In 2010 hat Allianz auch eine Multi-Banking-Applikation für das Smartphone entwickelt, wobei die Nutzer nicht nur auf die Allianz-Bank-Konten und -Kreditkarten zurückgreifen können, sondern auf alle ihre weiteren Konten bei Banken und Sparkassen.[239]

Die **Erkenntnisse über die Kundenbedürfnisse** aus dem Multi-Channel-Management helfen der Allianz, zusätzlich individuelle und personalisierte Angebote zusammenzustellen. Hier werden Leistungen aus den verschiedensten Versicherungsarten im Baukastenprinzip zusammengestellt, ein sogenanntes **Multi-Offer.**[240]

### 4.2.4.3 Zusammenfassung der Kernaussagen

Zusammenfassend lassen sich folgende Kernaussagen aus dieser Marketingfallstudie festhalten.

– *Kernaussage 1:*
Die **Erweiterung der Dienstleistungspalette** (bspw. Assistance-Lösungen) bietet **ein hohes Differenzierungspotenzial,** da ein aus verschiedenen Dienstleistungen zusammengestelltes Angebot schwer imitierbar ist.

– *Kernaussage 2:*
Die **barrierefreie Wahlmöglichkeit des Zugangsweges** sollte dem Kunden überlassen werden, weil er situationsbedingt agiert.

– *Kernaussage 3:*
Die Erkenntnisse über den Kunden und seine Bedürfnisse durch die neuen digitalisierten Kommunikationskanäle ermöglichen **ein hoch personalisiertes und individualisiertes Angebot.**

---

**236** Vgl. Allianz SE (2014), S. 59.
**237** Ebd., S. 133.
**238** Vgl. Versicherungsmagazin (2013).
**239** Vgl. Allianz Deutschland AG (2011). Weitere Dienstleistungen der App sind bspw. eine Suchfunktion zum nächsten Geldautomaten sowie aktuelle Börseninformationen.
**240** Vgl. Versicherungsmagazin (2013).

- *Kernaussage 4:*
  Die **personalisierte Ansprache in jedem einzelnen Kanal** ist von entscheidender Bedeutung für den Erfolg der Multi-Channel- bzw. Omni-Channel-Managementstrategie.
- *Kernaussage 5:*
  Die **Digitalisierung** trägt zum Erlebniswert der Marke bei und ermöglicht eine **emotionale Kundenbindung** und **Kundenbegeisterung.**

## 4.3 Fazit

Deutschland ist Innovationsmarktführer in Europa. Nicht nur im Bereich der Produktinnovation, sondern auch bei Dienstleistungsinnovationen sind deutsche Unternehmen an der Spitze. Im Branchenvergleich führen die Finanz- und die Automobilbranche die Rangliste im Bereich der Prozessinnovationen an (siehe Abschnitt 4.1). Somit bietet sich zum einen wegen des Innovationserfolges eine tiefer gehende Analyse von Dienstleistungsinnovationen im Vertrieb und Marketing der Finanz- und Automobilbranche in Deutschland an, um Kernthesen für die Hotellerie abzuleiten. Zum anderen lässt sich die Automobilbranche wegen ihres Marktumfeldes (siehe Abschnitt 4.1.1) sowie die Finanzbranche aufgrund der Charakteristika der Finanzdienstleistung (siehe Abschnitt 4.1.2) sehr gut mit dem Marktumfeld der Hotellerie (siehe 3.1.3.1) sowie der Charakteristika der Hoteldienstleistung (siehe Abschnitt 3.1.2) vergleichen. Wie in Abschnitt 3.2.5 dargelegt (siehe Tabelle 24), steht die Hotellerie in Vertrieb und Marketing vor großen Herausforderungen, um die zukünftigen Wachstumsziele zu erreichen. Die Unternehmen der Finanz- wie der Automobilbranche standen vor ähnlichen Herausforderungen und haben diese durch Dienstleistungsinnovationen in Wettbewerbsvorteile umgewandelt. So hat die BMW Group die Dachmarke ebenso die Untermarken durch die Schaffung eines Markenerlebnisses bereichert und Kundenbegeisterung erzeugt (siehe Abschnitt 4.2.1). Audi als Tochter der Volkswagen AG hat mit einer Integration der Zulieferer in den Innovationsprozess das eigene Vertriebssystem gestärkt, eine Differenzierung von Wettbewerbern, Schutz gegenüber Ersatzprodukten und die Senkung des Verhandlungsdrucks der Lieferanten erreicht (siehe Abschnitt 4.2.2). Im Finanzbereich zeigt die HypoVereinsbank, wie man durch Rationalisierung, aber zugleich auch Emotionalisierung neue Kunden ansprechen, Marktanteile gewinnen, den Direktvertrieb fördern und eine effiziente Vertriebsorganisation gestalten kann (siehe Abschnitt 4.2.3). Der Allianz ist es mit einer innovativen Multikanalvertriebs-Management-Strategie gelungen, mittels einer Potenzialerhöhung, eine individuelle Kundenbindung und Loyalität auf allen für das Versicherungsunternehmen wichtigen Kanälen aufzubauen (siehe Abschnitt 4.2.4). Die aus den vier Vertriebs- und Marketingfallstudien entstandenen Kernthesen dienen im Folgenden zur Ableitung von Hypothesen für die Kettenhotellerie.

# 5 Empirische Erhebung: quantitative und qualitative Verifizierung von Hypothesen

## 5.1 Ableitung von Hypothesen

Wie in Abschnitt 1.5.1.1 definiert, bilden die Kernaussagen aus den Fallstudien nun die Basis zur Hypothesenbildung (siehe Abbildung 10). Bei der Formulierung der Hypothesen werden die Kriterien für eine wissenschaftliche Hypothese aus Abschnitt 1.5.1.2 berücksichtigt. Im Anschluss folgt eine kritische Würdigung zu der Verwendung von Sekundärdaten.

### 5.1.1 Ableitung der Hypothesen aus den Kernaussagen der Fallstudien

Dieser Abschnitt fasst die abgeleiteten Kernaussagen aus den vier Fallstudien der Automobil- und der Finanzdienstleistungsbranche in der folgenden Tabelle zusammen (siehe Tabelle 27). Laut dem Design hypothesentestender Forschung (siehe Abbildung 11) bilden sie die theoretische Basis für die Hypothesenformulierung.

**Tabelle 27:** Zusammenfassung der Kernaussagen aus den branchenfremden Fallstudien (Quelle: Eigene Darstellung).

| | |
|---|---|
| Automobilbranche | MARKETING (B2C) |
| Fallstudie | **Markenerlebnis als Marketingstrategie** |
| Abschnitt | 4.2.1 |
| Firma | **BMW Group** |
| B2C-Beziehung | Autohersteller und Endkunden |
| Kernaussage | (1) Eine klare Polarisierung der Nachfrage zwischen Kunden im Basissegment und Kunden, die bereit sind für ein Produkt mit Zusatznutzen einen **Premiumpreis** zu zahlen, ist notwendig. Dazwischen liegt strategisches Niemandsland. Hier wird **Marketing als Instrument zur Wertsteigerung der Marke** von der Entstehung bis zum Produktlebenszyklus verstanden und nicht als reines Kommunikationstool von technischen Daten. |
| | (2) Eine wichtige Rolle bei der Differenzierung vom Wettbewerb spielen nicht nur rein technische Fakten, sondern **leistungserweiternde Dienstleistungen, Mehrwerte und Kundenzusatznutzen.** |
| | (3) Eine **personalisierte Ansprache in jedem Marketingkanal** ist ausschlaggebend für die Kundenbindung und den Erfolg der Marke. |
| | (4) Eine neue Herausforderung für das Marketing ist die **Vermittlung von Emotionen und Markenerlebnissen**, die die Kaufentscheidung stark beeinflussen und zur langfristigen Loyalität führen. |
| | (5) Eine **Kundenbegeisterung** sollte beim Markenauftritt immer und überall angestrebt werden. |
| | (6) Eine der wichtigsten **Innovationsquellen** sind die **Mitarbeiter.** |

DOI 10.1515/9783110451436-005

**Tabelle 27:** (fortgesetzt)

| | |
|---|---|
| Automobilbranche | VERTRIEB (B2B) |
| Fallstudie | **Vertriebsinnovation durch Lieferantenintegration** |
| Abschnitt | 4.2.2 |
| Firma | **Volkswagen AG/Audi** |
| B2B-Beziehung | Automobilhersteller und Zulieferer |
| Kernaussage | (7) Die Verzahnung des Unternehmens mit Lieferanten führt zu einem starken **Innovationsnetzwerk**. |
| | (8) Die Verzahnung des Unternehmens mit Lieferanten führt zu einem **schnellen Wissens- und Datentransfer**. |
| | (9) Die Verzahnung des Unternehmens mit Lieferanten führt zu einer **Ausschöpfung von Innovationspotenzialen und Steigerung des Kundennutzens**. |
| | (10) Die engere Zusammenarbeit zwischen Herstellern und Lieferanten führt zur Entwicklung von etwas **Neuartigem**. |
| | (11) Die Innovationen selbst führen zu keinem Erfolg, wenn diese nicht durch die Verkäufer und durch den Einsatz des richtigen Marketingmix dem Kunden **Mehrwerte oder einen erweiterten Kundennutzen** aufzeigen. |
| | (12) Die **Auswahl von Lieferanten** sowie deren Markenprägung und -differenzierung bzw. Markenimage haben direkte Auswirkung auf den Verkaufserfolg bei den Herstellern. |
| | (13) Die Innovationen sollten **geschäftsbereichsübergreifend** nicht nur generiert, sondern auch **verkauft werden**. Dementsprechend ist eine Schulung der Vertriebsmitarbeiter und **Integration der Zulieferer in dem Vertriebssystem** durchaus sinnvoll. |
| Finanzbranche | VERTRIEB (B2B) |
| Fallstudie | **Rationalisierung und Emotionalisierung der Vertriebswege** |
| Abschnitt | 4.2.3 |
| Firma | **HypoVereinsbank / Member of UniCredit Bank AG** |
| B2B-Beziehung | Bank und KMU-Unternehmen |
| Kernaussage | (14) Die **Aufzeichnung des klaren Mehrwerts** für den Kunden ist Grundvoraussetzung für die Kundenakzeptanz **bei aktiver Kundenintegration** in der Leistungserstellung. |
| | (15) Die Automatisierung benötigt ebenfalls **emotionalen Dialog**, wobei viele **neue Kommunikationsmöglichkeiten** zur Unterstützung genutzt werden können. |
| | (16) **Die unerwarteten Mehrwerte** bzw. das Leistungsbündel mit branchenübergreifenden Dienstleistungen führen zur **Kundenbegeisterung**. |
| | (17) **Die persönliche Betreuung** und **individualisierten Angebote** sind von besonderer Bedeutung für die Differenzierung vom Wettbewerb. |
| | (18) Die **Beratungsleistung und der Beziehungsaufbau durch einen einzelnen Berater** sind entscheidend für die Kundenbindung. Somit **verändert sich das Verkäuferprofil**. |
| | (19) Die aktive **Involvierung des Kunden** in den Dienstleistungserstellungsprozess trägt zur **Personalisierung des Angebotes** bei. |

**Tabelle 27:** (fortgesetzt)

| Finanzbranche | MARKETING (B2C) |
|---|---|
| Fallstudie | **Multikanalmarketing-Management als Serviceerlebnis** |
| Abschnitt | 4.2.4 |
| Firma | **Allianz Deutschland AG** |
| B2C-/B2B2C Beziehung | Versicherung und Endkunde/Versicherung über Partnerfirmen an Endkunde |
| Kernaussage | (20) Die **Erweiterung der Dienstleistungspalette** (bspw. Assistance-Lösungen) bietet **ein hohes Differenzierungspotenzial,** da ein aus verschiedenen Dienstleistungen zusammengestelltes Angebot schwer imitierbar ist. |
| | (21) Die **barrierefreie Wahlmöglichkeit des Zugangswegs** sollte dem Kunden überlassen werden, weil er situationsbedingt agiert. |
| | (22) Die Erkenntnisse über den Kunden und seine Bedürfnisse durch die neuen digitalisierten Kommunikationskanäle ermöglichen **ein hochpersonalisiertes und individualisiertes Angebot.** |
| | (23) Die **personalisierte Ansprache in jedem einzelnen Kanal** ist von entscheidender Bedeutung für den Erfolg der Multi-Channel- bzw. Omni-Channel-Managementstrategie. |
| | (24) Die **Digitalisierung** trägt zum Erlebniswert der Marke bei und ermöglicht eine **emotionale Kundenbindung** und **Kundenbegeisterung.** |

Aus mehreren oben festgehaltenen Kernaussagen, die über den Einzelfall hinausgehen und sich laut der Fallstudien auf reale Sachverhalte beziehen, werden die folgenden Hypothesen abgeleitet. Wie in Abschnitt 1.5.1.2 beschrieben, stehen die Variablen (im fortlaufenden Text hervorgehoben) in Abhängigkeit voneinander.

– *Hypothese 1:*
  Dienstleistungsinnovationen **nimmt man wahr,** wenn sie **emotional binden** *(abgeleitet aus den Kernaussagen (3), (4), (12), (15), (24)).*

Die Digitalisierung und die neuen Kommunikationsmöglichkeiten sollten zu einer personalisierten Ansprache und einem emotionalen Dialog in jedem Marketingkanal genutzt werden. Die wichtigste Aufgabe von Vertrieb und Marketing wird somit in Zukunft die Vermittlung von Emotionen und Markenerlebnissen sein, um die Kunden an die Marke emotional zu binden. Dementsprechend sind auch die Markenprägung und das Image der Lieferanten zu berücksichtigen.

– *Hypothese 2:*
  Dienstleistungsinnovationen werden **personalisiert,** wenn man **Kunden** in Vertriebs- und Marketingprozesse **aktiv involviert** und Arbeitsschritte an sie überträgt *(abgeleitet aus den Kernaussagen (14), (19), (22)).*

Die Kunden aktiv in den Vertriebs- und Marketingprozess miteinzubinden, bedeutet, ihnen die klaren Mehrwerte zu benennen, durch ein hoch personalisiertes und individualisiertes Angebot. Hier können die neuen Kommunikationskanäle zur Gewinnung von Kundendaten bzw. -präferenzen genutzt werden.

– *Hypothese 3:*

Dienstleistungsinnovationen erzielen **höhere Akzeptan**z, wenn sie einen **unerwarteten Mehrwert** bringen, den der Kunde selbst nicht ausformulieren könnte *(abgeleitet aus den Kernaussagen (1), (2), (9), (11), (16), (20), (24)).*

Die Kunden sind zunehmend bereit, für einen unerwarteten Zusatznutzen einen Premiumpreis zu bezahlen. Um den Kundennutzen zu steigern und Innovationspotenziale auszuschöpfen, wird zukünftig die Verzahnung mit Lieferanten zu leistungserweiternden Dienstleistungen bzw. Leistungsbündel mit branchenübergreifenden Dienstleistungen wichtig. Diese bieten zusätzlich die Chance zur Differenzierung vom Wettbewerb und zur Kundenbegeisterung. Ausschlaggebend für den Erfolg ist die klare Kommunikation von erweiternden Kundennutzen und Mehrwerten durch den Einsatz des richtigen Marketingmix.

– *Hypothese 4:*

Dienstleistungsinnovationen erzeugen **Kundenbindung,** wenn die Bindung **freiwillig und gewollt** aufgrund von Mehrwerten bzw. einem geschäftsübergreifenden Leistungsbündel entsteht *(abgeleitet aus den Kernaussagen (1), (2), (3), (11), (13), (16), (20), (21)).*

Für eine stärkere Kundenbindung sollte dem Kunden zukünftig die barrierefreie Wahlmöglichkeit des Zugangswegs gesichert werden. Damit sich der Kunde freiwillig, gewollt und langfristig an eine Marke bindet, ist dementsprechend der Markenwert durch eine geschäftsübergreifende Erweiterung der Dienstleistungspalette zu steigern, aber auch durch den Marketingmix aktiv zu kommunizieren.

– *Hypothese 5:*

Dienstleistungsinnovationen aus **unternehmenseigenen Ressourcen** bieten langfristigen Erfolg, wobei es sich hauptsächlich um **Kompetenzerhöhung der Mitarbeiter** und **Optimierung von Strukturen** handelt *(abgeleitet aus den Kernaussagen (6), (17), (18), (20)).*

Mitarbeiter sind als wichtigste Innovationsquelle des Hotelunternehmens anzusehen. Die persönliche Betreuung, der Beziehungsaufbau, die Beratungsleistung und das individualisierte Angebot werden zukünftig eine entscheidende Rolle für die Differenzierung vom Wettbewerb spielen und zur Veränderung des heutigen Profils des Mitarbeiters sowie von Organisationsstrukturen im Vertrieb und Marketing führen.

– *Hypothese 6:*

Dienstleistungsinnovationen werden **vorangetrieben,** desto intensiver in **Netzwerken** gearbeitet wird *(abgeleitet aus den Kernaussagen (2), (7), (8), (9), (10), (12), (13)).*

Netzwerke sind der zukünftige Kerntreiber von Dienstleistungsinnovationen. Die Verzahnung des Unternehmens mit Lieferanten bringt eine Ausschöpfung von Innovationspotenzialen und eine Steigerung des Kundennutzens durch leistungserweiternde Dienstleistungen und Mehrwerte, die ein starkes Differenzierungspotenzial gegenüber dem Wettbewerb anbieten. Bei der Auswahl der Lieferanten sind auch deren Markenprägung und -image in Betracht zu ziehen. Eine Integration der Zulieferer in das Vertriebs- und Marketingsystem erhöht zusätzlich geschäftsübergreifende Wachstumschancen.

– *Hypothese 7:*
 Dienstleistungsinnovationen müssen sich in der Angebots- und Preisgestaltung **individuell** nach dem **Customer Lifetime Value** (CLV) und **Total Revenue** richten, um **langfristigen Erfolg** zu sichern *(abgeleitet aus den Kernaussagen (3), (17), (19), (20), (22), (23)).*

Um sich vom Wettbewerb abzuheben und langfristigen Erfolg zu garantieren, sollten die Unternehmen ihre Angebote und Preise individuell nach Kundenbedürfnissen und nach deren Potenzial gestalten. Dafür benötigen sie eine aktive Involvierung des Kunden in den Dienstleistungserstellungsprozess und eine Optimierung von den Kundeninformationen über alle Kanäle.

– *Hypothese 8:*
 Dienstleistungsinnovationen erzeugen **Kundenbindung** nicht nur über **Kundenzufriedenheit**, sondern zunehmend über **Kundenbegeisterung** *(abgeleitet aus den Kernaussagen (5), (16), (24)).*

Der Wettbewerb wird immer stärker und die Loyalität der Kunden immer geringer, sodass die Zufriedenheit alleine, selbst für langfristige Kundenbindung, nicht mehr ausreicht. Mit einer ausgeprägten Differenzierung und einem starken emotionalen Markenauftritt haben Hotelunternehmen immer und überall die Möglichkeit eine Kundenbegeisterung anzustreben.

Alle oben definierten Hypothesen entsprechen den Kriterien wissenschaftlicher Hypothesenformulierung (siehe Abschnitt 1.5.1.2).

### 5.1.2 Kritische Würdigung zur Verwendung von Sekundärdaten

Die Verwendung von Sekundärdaten hat zur Folge, dass oft die Kenntnis über die Methoden der Datengewinnung sowie die Möglichkeit der Überprüfung der Sorgfältigkeit bei deren Auswertung fehlt.[1] Die hier verwendeten Sekundärdaten aus den

---

**1** Vgl. Kaya (2007), S. 50.

Fallstudien in Abschnitt 4.2 zeigen lediglich eine Basisgrundlage, die nun im Folgenden durch die Erhebung von Primärdaten überprüft werden.[2]

Zudem ist zu berücksichtigen, das man wissenschaftliche Hypothesen nicht final verifizieren kann. Dafür müssen wissenschaftliche Aussagen in statistische Hypothesen umformuliert werden.[3] Die Literatur definiert drei Hauptgütekriterien von Sekundärdaten:[4]

- Zuverlässigkeit (Reliabilität): Wie zuverlässig und fehlerfrei sind die Daten?
- Gültigkeit (Validität): Inwiefern sind die Daten auf den Untersuchungsgegenstand anwendbar?
- Objektivität: Sind die Messvorgänge unabhängig vom Messenden?

Die Umformulierung der wissenschaftlichen in statistische Hypothesen kann als nächster Schritt gegebenenfalls als härterer Test nach der Verifizierung durch den Vergleich mit den empirischen Ergebnissen aus der Befragung und dem Leitfadeninterview angewendet werden (siehe Abbildung 11).

## 5.2 Verifizierung und Falsifizierung der Hypothesen

Wie bereits in Abschnitt 1.5.2 zur Vorgehensweise der empirischen Forschung beschrieben, hat sich der Autor für die vollstandardisierte Onlinebefragung sowie für das teilstandardisierte mündliche Leitfadengespräch als Erhebungsmethoden zur Hypothesenüberprüfung entschieden (siehe Abbildung 12). Die Methodik wurde bereits in den Abschnitten 1.5.2.1 und 1.5.2.2 detailliert dargelegt.

### 5.2.1 Quantitative Überprüfung durch Befragung

Die quantitative Überprüfung der Befragung wird in Zusammenarbeit mit TRAVEL INDUSTRY CLUB DEUTSCHLAND[5] durchgeführt. Die Vereinigung initiiert eine monatliche Onlinebefragung in Kooperation mit der Marktforschungsagentur MANUFACTS

---

2 Vgl. Meffert, Burmann, Kirchgeorg (2008), S. 153 ff.
3 Vgl. Biemann (2007), S. 151 ff. „Eine statistische Hypothese besteht dabei immer aus einer Null- und einer Alternativhypothese." (ebd., S. 152) Beide werden als Gegensatzpaar, durch Operationalisierung der relevanten Variablen, miteinander verglichen. Vgl. auch weiterführend zur statistischen Hypothesenüberprüfung ebd., S. 151 ff.; Bortz, Döring (2006), S. 492 f.; Kromrey (2009), S. 36.
4 Vgl. Meffert, Burmann, Kirchgeorg (2008), S. 155; Kromrey (2009), S. 239 ff.; Himme (2007), S. 485 f.
5 Der Travel Industry Club Deutschland ist eine Vereinigung der gesamten Reiseindustrie in Deutschland, dies beinhaltet die Freizeit- sowie die Geschäftsreiseindustrie. Vgl. weiterführend http://www.travelindustryclub.de/

Research & Dialog GmbH[6] sowie mit der Tageszeitung DIE WELT.[7] Der Travel Industry Club Deutschland hat sich bereit erklärt, im September 2013 den vom Autor erarbeiteten vollstandardisierten schriftlichen Fragebogen (siehe Anhang 2 – Der Onlinefragebogen) im Namen der Technischen Universität Dresden aufzunehmen. Deshalb wird der Fragebogen mit einem Anschreiben (siehe Anhang 2 – Das Anschreiben) an die umfangreiche Datenbank der deutschen Reiseindustrie des Travel Industry Clubs verschickt. Das Anschreiben hat zum Ziel, das Interesse am Thema bei den Befragten zu wecken und diese zur Teilnahme anzuregen. Die technische Umsetzung und Auswertung wird von MANUFACTS übernommen.

Der Aufbau des Fragebogens folgt den im Abschnitt 1.5.2.1 formulierten Anforderungen. Die Zielgruppe wird unterschieden in „Kunden der Hotellerie" und den „Entscheidungsträgern der Hotellerie". Bei der Einleitungsfrage erfolgt die Einteilung der Befragten in zwei Frageblöcke (Hotellerie bzw. Kunden der Hotellerie). Auf soziodemografische Angaben ist bewusst verzichtet worden; lediglich zum Schluss soll nach Position und Abteilung im Unternehmen der Teilnehmer gefragt werden. Jede der acht Hypothesen wird im Fragebogen mit jeweils einer Frage an die Hotellerie ebenso einer Frage an die Kunden der Hotellerie übersetzt und dementsprechend operationalisiert (siehe Anhang 1 – Operationalisierung der Hypothesen in Fragen).

Die gesamte Datenbank der Befragten umfasst 7.133 Entscheidungsträger aus der Reiseindustrie. Unter die Gruppe der Entscheider der Hotellerie fallen Personen, die eine verantwortungsvolle Tätigkeit in einem Hotelunternehmen in Deutschland begleiten. In der Kategorie Entscheidungsträger, die nicht in einem Hotelunternehmen tätig sind, sind Multiplikatoren der deutschen Reiseindustrie und Firmenkunden. Dies sind vor allem Persönlichkeiten von Reiseveranstaltern, Reisemittlern sowie Reisestellen bei Unternehmen, die entweder Hotelketten für sich als Geschäfts- und Freizeitreisende buchen oder bei Hotels im Rahmen ihrer beruflichen Tätigkeit Kontingente beziehen; somit Kunden der Hotellerie sind.

**Tabelle. 28:** Angaben zum Rücklauf der Befragung (Quelle: Eigene Darstellung).

| | Geschäftsführung | Führungskraft | Angestellte | Fragebogen erhalten insgesamt |
|---|---|---|---|---|
| Entscheidungsträger der Hotellerie | 44% | 42% | 14% | 81[*] |
| Kunden der Hotellerie | 56% | 31% | 13% | 175[*] |

[*]Insgesamt 256 Fragebögen retourniert. Quote = 3,62 %.

---

6 Vgl. weiterführend http://www.manufacts.de/de/
7 Vgl. weiterführend http://www.welt.de/

Unter den befragten Personen aus der Hotellerie (siehe Tabelle 28) sind 44 % in der Geschäftsführung, 42 % als Führungskraft und 14 % als Angestellte tätig. Der Tätigkeitsschwerpunkt aller befragten Personen liegt im Vertrieb und Marketing. Dabei sind 38 % der Befragungsteilnehmer in den Bereichen Vertrieb sowie Marketing beschäftigt. 20 % arbeiten nur im Vertrieb, 12 % nur im Marketing und 30 % geben eine sonstige Tätigkeit an.[8] Bei den befragten Multiplikatoren der Reiseindustrie und Firmenkunden arbeiten 56% in der Geschäftsführung, 31 % als Führungskraft und 13 % als Angestellte.[9] Retourniert wurden insgesamt 256 Fragebögen, dies entspricht einer Rücklaufquote von 3,62 %.[10] Der Rücklauf unterteilt sich in 81 zurückgesendete Fragebögen der Hotelleriebefragten und 175 Fragebögen der Multiplikatoren der Reiseindustrie inklusive Firmenkunden. Es gibt keine Ausfälle[11] bei den einzelnen Fragen, da durch die Onlineprogrammierung eine Weiterführung zur nächsten Frage bzw. das Abschließen der Befragung nur nach Beantwortung der vorherigen Frage möglich war. Die einzelnen Fragen werden unabhängig, aber auch in Abhängigkeit voneinander analysiert.

Insbesondere der Vergleich zwischen der Erwartungshaltung der Kunden an die Hotellerie und der Meinung der Hotellerie über die Erwartungshaltung der Kunden zeigt die Notwendigkeit des Forschungsbedarfes auf.

### 5.2.2 Qualitative Überprüfung durch Expertengespräche

Zusätzlich zur quantitativen Überprüfung der Hypothesen wird eine qualitative Überprüfung durchgeführt. Wie in der Vorgehensweise der Untersuchung vorab erläutert, ist die Erhebungsmethode des halbstandardisierten mündlichen Leitfadengesprächs ausgewählt worden (siehe Anhang 3 – Der Interviewleitfaden), der durch die Gestaltung mit offenen Fragen Raum für Detailgespräche zulässt.

Die Expertengespräche werden vorbereitet, geplant, durchgeführt und ausgewertet gemäß dem in Abschnitt 1.5.2.2 dargestellten Prozessablauf (siehe Abbildung 13). Die Interviews finden zum einen mit Experten für Innovationsforschung und Dienstleistungsinnovationen statt, zum anderen mit Experten aus dem Innovationsmanagement der ausgewählten Vergleichsbranchen der Automobil- und der Finanzdienstleistungsindustrie. Eine detaillierte Aufstellung der Gesprächspartner und die Begründung ihrer Auswahl ist im Anhang beschrieben (siehe Anhang 3 – Vorstellung der Experten). Jede der acht Hypothesen wird in jeweils eine Frage für

---

**8** Vgl. Anhang 2 – Die Auswertung der Befragung, Fragen Kunden/Hotellerie: Tätigkeitsbereich.
**9** Vgl. ebd.
**10** Insgesamt waren 59 Fragebögen nicht zustellbar.
**11** Vgl. weiterführend zu Ausfällen bei Fragebögen (sog. Non-Response-Problem) Armstrong, Overton (1977), S. 396 ff.; Kaya (2007), S. 49 f.

die Innovationsexperten ebenso in eine Frage für die Branchenexperten übersetzt und operationalisiert.[12] Jede Frage hat dieselbe Wichtigkeit für den Forschungsansatz. Auftretende Überschneidungen im Interviewleitfaden wurden im Vorfeld überprüft und spezifiziert. Die Themen sind sehr spezifisch formuliert, um den Gesprächspartner zu ermuntern, die Fragestellung nicht allgemein, sondern konkret zu beantworten.

Der Autor kontaktiert die zehn Fachmänner und -frauen persönlich, um die Gespräche zu terminieren. Allen Befragten wird der Interviewleitfaden zusammen mit Informationen über den Forschungsgegenstand und den Autor zur Voransicht zugeschickt.

Die Termine finden zwischen Oktober und Dezember 2013 statt. Aus organisatorischen Gründen bzw. wegen der räumlichen Distanz werden drei Interviews telefonisch durchgeführt. Für jedes Expertengespräch sind ca. 90 Minuten anberaumt, wobei ca. 30 Minuten für Einstiegs- und Abschlussfragen vorgesehen sind.

Ein eigenes Transkript wird im Anschluss an die Befragung erstellt. Das Transkript wird nach dem Gespräch jedem Experten zur Autorisierung zur Verfügung gestellt und eine schriftliche Bestätigung erbeten. Anschließend werden die Antworten aller Teilnehmer paraphrasiert, thematisch strukturiert und in Fragenblöcken zusammengefasst (siehe Anhang 3 – Zusammenfassung der Expertengespräche). Schließlich sind diese thematisch zu vergleichen und zu konzeptualisieren. Nun werden die Hypothesen verifiziert bzw. falsifiziert.

### 5.2.3 Quantitative und qualitative Überprüfung von acht Hypothesen

Nachfolgend wird jede Hypothese hinsichtlich der Auswertung der Onlinebefragung sowie der Auswertung der Expertengespräche einzeln verifiziert bzw. falsifiziert.

– *Hypothese 1: Dienstleistungsinnovationen nimmt man wahr, wenn sie emotional binden.*

### Auswertung der Befragung

Die Multiplikatoren der Reiseindustrie sowie Firmenkunden wurden nach der wichtigsten Eigenschaft einer neuen Dienstleistung einer Hotelkette gefragt. Insgesamt wünschen sich 50 % eine Dienstleistung, die individuell auf die Bedürfnisse des einzelnen Unternehmens zugeschnitten ist – dies ist ein sehr starker Wert. Die „technische Vereinfachung" nennen 22 % als wichtigste Eigenschaft, 15 % legen Wert darauf, dass eine solche Eigenschaft zum allgemeinen Trend passt. Interessanterweise

---

12 Vgl. Anhang 1 – Operationalisierung der Hypothesen in Fragen.

wählen nur 12 % der befragten Kunden den Preis als wichtigste Eigenschaft.[13] Dieses Ergebnis ist erstaunlich, da sich die Hotellerie sehr stark am Preis und an den Mitbewerbern orientiert. Es geben 45 % der befragten Entscheidungsträger der Hotellerie in diesem Zusammenhang an, dass sie entweder über Preisvorteile oder über entsprechende Rahmenverträge Kunden und Gäste an ihr Hotelunternehmen binden. Dies steht im Widerspruch zu den oben aufgeführten Aussagen der Käufer von Hotelleistungen. Immerhin binden laut eigener Aussage 53 % der befragten Hoteliers ihre Kunden bzw. Gäste über Emotionen. Dies unterstreicht bereits heute schon den Stellenwert von Bindung in der Hotellerie durch Emotionen. Bei den Antworten ist zu hinterfragen, ob sie dem tatsächlichen Verhalten entsprechen oder ob sie lediglich einem Wunsch gleichen.[14]

**Auswertung der Expertengespräche**

Alle Experten sind sich einig, dass eine langfristige Kundenbindung in Zukunft nur erreicht wird, wenn Marken, Produkte und Dienstleistungen emotional aufgeladen werden.[15] „Eine Bindung in der Hotellerie kann nur durch eine emotionale Ansprache, beispielsweise Bilder erreicht werden, die die Sinne ansprechen und Vertrauen schaffen.“[16] Als Grund für die Notwendigkeit des Einsatzes von Gefühlen wird „Streben nach Differenzierung“ genannt, da Produkte und Dienstleistungen zunehmend austauschbar werden. „Fakten sind reine Hygienefaktoren, reichen aber nicht aus, um eine Dienstleistung zu differenzieren. Man benötigt Emotionen für eine Dienstleistungsdifferenzierung.“[17] Eine Premiummarke benötigt die Gefühlsansprache, damit der Käufer einen höheren Kaufpreis akzeptiert.[18] „Positive Gefühle sind ein wichtiges Element bei der Kundenbindung. Ein unsympathisch wirkendes Produkt bzw. eine Dienstleistung kann nur über Preisvorteile vertrieben werden.“[19] Emotionen alleine reichen aber nicht aus. Das Leistungsversprechen muss auch eingehalten werden.

---

**13** Vgl. Anhang 2 – Die Auswertung der Befragung, Fragen Kunden/Hotellerie: Hypothese 1.
**14** Vgl. kritische Würdigung von Primärdaten im Abschnitt 5.2.4.
**15** Vgl. Anhang 3 – Zusammenfassung der Expertengespräche, Hypothese 1.
**16** „Sehr oft werden heutzutage Hotels nur über Preisinformationen kombiniert mit kleinen Fotos vertrieben.“ (Prof. Peter Wippermann, Trendbüro Hamburg, 2013, Anhang 3 – Zusammenfassung der Expertengespräche, Hypothese 1)
**17** Dr. Dirk Gutschleg, peer-finance (2013), Anhang 3 – Zusammenfassung der Expertengespräche, Hypothese 1.
**18** „Emotionen spielen in der Automobilbranche neben Innovationen eine wichtige Rolle bei der Erzielung von Premiumpreisen. Fahrzeuge werden über Marken verkauft und Marken transportieren Gefühle. Aus Emotionen wiederum entsteht eine starke Kundenbindung.“ (Prof. Dr. Gerd Schwandner, Technische Hochschule Ingolstadt, 2013, Anhang 3 – Zusammenfassung der Expertengespräche, Hypothese 1)
**19** Prof. Peter Wippermann, Trendbüro Hamburg (2013), Anhang 3 – Zusammenfassung der Expertengespräche, Hypothese 1.

Aufmerksamkeit und Authentizität sind dabei zwei wichtige Faktoren, um Vertrauen beim Kunden aufzubauen.[20] Die Übermittlung von Emotionen erfolgt hauptsächlich über den Vertriebsmitarbeiter. „Dabei wird die Komponente Mensch immer wichtiger, da es weniger Berührungspunkte (sog. touchpoints) mit dem Kunden als bisher geben wird."[21] Auch im Automobilbereich wird diese Aussage bestätigt: „Bei Audi versuchen wir Emotionen über das Fahrzeug, den Service und das Verkaufsgespräch zu transportieren."[22] Um in Zukunft erfolgreich zu sein, sollte die Gefühlsansprache nicht nur auf die tatsächliche Dienstleistung abzielen. Viel wirkungsvoller sind Sinnesreize, die beim Kunden ein bestimmtes Lebensgefühl erzeugen und auf das Produkt bzw. die Dienstleistung an zweiter Stelle abzielen. „In der Hotellerie könnte man vielmehr mit dem Thema Freiheit und Lifestyle ‚spielen', etwa durch den Einsatz von Fotos, auf denen die Objekte ästhetisch anspruchsvoll dargestellt werden. Kunden, die dadurch über die Kanäle der sozialen Medien (bspw. Pinterest) angesprochen werden, könnte man sodann automatisch auf das zu vermarktende Hotelprodukt führen."[23] Auch eine personalisierte Ansprache gewinnt zunehmend an Bedeutung. „Der Faktor Emotion ist entscheidend für eine personalisierte Kundenansprache. Gäste bzw. Kunden der Hotellerie möchten zunehmend personalisiert angesprochen werden."[24]

- *Hypothese 2: Dienstleistungsinnovationen werden personalisiert, wenn man Kunden aktiv im Sales- und Marketingprozess involviert und Arbeitsschritte an sie überträgt.*

**Auswertung der Befragung**

Die Fragestellung zielt darauf ab, ob Kunden der Hotellerie bereit wären, sich aktiv in die Dienstleistungserstellung mit einbeziehen zu lassen, wenn dadurch für sie ein Mehrwert entsteht. Dieser kann beispielsweise Vorteile der Schnelligkeit, Transparenz und Personalisierung aufweisen.[25] Insgesamt geben 82 % an, dass sie sehr wohl

---

**20** „Emotionen entwickelt man durch Aufmerksamkeit und Authentizität. Es ist wichtig, Kunden auch Aufmerksamkeit zu schenken, wenn sie gerade eine Dienstleistung nicht kaufen. Authentizität sowie Ehrlichkeit sind zwei entscheidende, zukünftige Faktoren in der Dienstleistungsbranche." (Dr. Dirk Gutschleg, peer-finance, 2013, Anhang 3 – Zusammenfassung der Expertengespräche, Hypothese 1)

**21** „In kurzer Zeit müssen vom Bank-Mitarbeiter Emotionen beim Kunden ankommen." (Moritz X. Stigler, HypoVereinsbank Unicredit, 2013, Anhang 3 – Zusammenfassung der Expertengespräche, Hypothese 1)

**22** Dipl.-Ing. Stefan Keller, Audi (2013), Anhang 3 – Zusammenfassung der Expertengespräche, Hypothese 1.

**23** Dr. Hagen Sexauer, Sempora Consulting (2013), Anhang 3 – Zusammenfassung der Expertengespräche, Hypothese 1.

**24** „In Zeiten von ‚Big Data' sind Massennewsletter nicht mehr effektiv." (Dipl.-Ing. Vanessa Borkmann, Fraunhofer-Institut, 2013, Anhang 3 – Zusammenfassung der Expertengespräche, Hypothese 1)

**25** Vgl. Anhang 2 – Die Auswertung der Befragung, Fragen Kunden/Hotellerie: Hypothese 2.

bereit sind, in den Dienstleistungserstellungsprozess mit involviert zu werden, wenn sich dadurch ein Zusatznutzen für sie selbst oder ihr Unternehmen ergibt (siehe Abbildung 50). Abbildung 50: Ergebnis Befragung Hypothese 2 (Quelle: Eigene Erhebung, siehe

Sind Sie bereit, aktiv in die Dienstleistungserstellung mit einbezogen zu werden, wenn dadurch ein Mehrwert* erzielt werden kann?
*Basis: Alle **Kunden (n=175)**, %-Werte.*

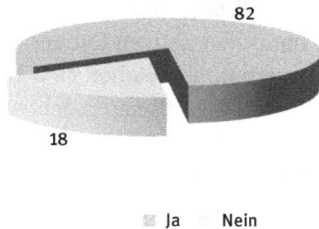

Inwieweit involvieren Sie Ihre Kunden bzw. Gäste in den Dienstleistungserstellungsprozess, indem Sie Arbeitsschritte an Kunden bzw. Gäste übergeben?
*Basis: Alle **Entscheidungsträger (n=81)**, %-Werte.*

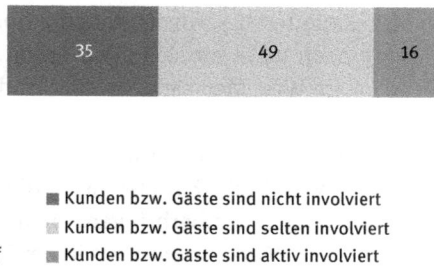

82

18

◌ Ja      ◌ Nein

*bspw. Schnelligkeit, Transparenz, Personalisierung auf Ihre Bedürfnisse, Vereinfachung

35      49      16

■ Kunden bzw. Gäste sind nicht involviert
◌ Kunden bzw. Gäste sind selten involviert
■ Kunden bzw. Gäste sind aktiv involviert

**Abbildung 50:** Ergebnis Befragung Hypothese 2 (Quelle: Eigene Erhebung, siehe Anhang 2 – Die Auswertung der Befragung, Fragen Kunden/Hotellerie: Hypothese 2).

Anhang 2 – Die Auswertung der Befragung, Fragen Kunden/Hotellerie: Hypothese 2).
Wiederum nur 16 % der befragten Entscheidungsträger der Hotellerie involvieren bereits aktiv, den sogenannten externen Faktor (siehe Abschnitt 2.1.1), in den Dienstleistungserstellungsprozess. Im Umkehrschluss heißt dies, dass 84 % ihre Kunden bzw. Gäste überhaupt nicht oder nur selten mit einbeziehen.

**Auswertung der Expertengespräche**
Alle befragten Experten vertreten die Meinung, dass Käufer weitere Bereitschaft zeigen, noch aktiver in den Dienstleistungserstellungsprozess in Zukunft involviert zu werden. Bereits heute ist der Kunde schon durch die Digitalisierung viel selbstständiger geworden[26] und übernimmt Arbeitsschritte in vielen Branchen, solange klare Mehrwerte für ihn daraus entstehen.[27] Dementsprechend ist heute ein Autoverkauf

---

**26** „Der Kunde ist heutzutage in Zeiten des mobilen Internets eine gewisse Autonomie gewohnt." (Prof. Peter Wippermann, Trendbüro Hamburg, 2013, Anhang 3 – Zusammenfassung der Expertengespräche, Hypothese 2)
**27** „Kunden erklären sich bereit, mehr in die Dienstleistungserstellung involviert zu werden, solange Schnelligkeit und Transparenz der Dienstleistung dadurch entstehen." (Prof. Dr. Michael Dowling, Universität Regensburg, 2013, Anhang 3 – Zusammenfassung der Expertengespräche, Hypothese 2)

ohne den Käuferinput nicht mehr vorstellbar. Die individuelle Konfiguration ist bereits Standard, wobei die Fülle der Ausstattungsvarianten immens ist. „Bis noch vor wenigen Jahren haben unsere Kunden eine komplette Beratung im Autohaus erhalten. Heutzutage können sie sich im Internet informieren und z. B. ihr Fahrzeug bequem vom Sofa aus online konfigurieren. So können wir ihn im Autohaus gezielter beraten und sie können sich zu jeder Zeit überall individuell mit ihrem neuen Fahrzeug beschäftigen, ohne an die Öffnungszeiten eines Autohauses gebunden zu sein."[28] Auch die Experten der Finanzbranche sehen die Notwendigkeit, dem Kunden den Mehrwert, der durch die Involvierung entsteht, aufzuzeigen (bspw. in der erweiterten Beratungsleistung oder durch die Gewährung eines Discounts).[29]

Die Experten bestätigen, dass die Hotellerie die Chance der aktiven Kundeninvolvierung noch nicht für sich erkannt hat. „Die Hotelunternehmen stehen sich heute oft selbst im Weg. Man sieht sich als Traditionsbranche und Traditionen möchte man nicht ‚brechen'."[30] „Der Zeitgeist des Freiheitsgefühls ist bei der Hotellerie noch nicht angekommen. In der 5-Sterne-Hotellerie wird oft noch ein Dienstleistungsgefühl wie ‚am Hofe' vermittelt. Konkret heißt dies, dass Personen bereitgestellt werden, um Dienstleistungen zu überbringen, die für den Gast keinen Mehrwert darstellen."[31] Im Vertriebs- und Marketingprozess in der Hotellerie würde eine aktive Involvierung des Kunden zu einer Personalisierung der Dienstleistung beachtlich beitragen.[32]

– *Hypothese 3: Dienstleistungsinnovationen erzielen höhere Akzeptanz, wenn sie einen unerwarteten Mehrwert bringen, den der Kunde selbst nicht ausformulieren könnte.*

**Auswertung der Befragung**
Seitens der Kunden der Hotellerie geben 71 % der Befragten an, bereit zu sein, einen höheren Preis für eine Dienstleistung zu bezahlen, die nicht nur ihre Bedürfnisse erfüllt, sondern auch neue Geschäftsmöglichkeiten anbietet.[33] Dieser Aussage steht

---

28 Dr. Jürgen Allinger, Henning Schlieker, BMW (2013),Anhang 3 – Zusammenfassung der Expertengespräche, Hypothese 2.
29 „Wichtig ist, dem Kunden immer den jeweiligen Mehrwert entsprechend aufzuzeigen. Möchte man beispielsweise, dass ein Kunde persönliche Daten in ein Onlineformular eingibt, muss er verstehen, warum er das Formular ausfüllen soll und welchen Mehrwert er dadurch erzielt." (Vgl. Moritz X. Stigler, HypoVereinsbank Unicredit, 2013, Anhang 3 – Zusammenfassung der Expertengespräche, Hypothese 2)
30 Dr. Hagen Sexauer, Sempora Consulting (2013), Anhang 3 – Zusammenfassung der Expertengespräche, Hypothese 2.
31 Prof. Peter Wippermann, Trendbüro Hamburg (2013), Anhang 3 – Zusammenfassung der Expertengespräche, Hypothese 2.
32 „Außerdem ließen sich ebenfalls Kunden in den Vertriebs- und Marketingprozess involvieren." (Dr. Hagen Sexauer, Sempora Consulting, 2013, Anhang 3 – Zusammenfassung der Expertengespräche, Hypothese 2)
33 Nur 29 % der Befragten möchten nur die Dienstleistung bezahlen, die sie direkt beim Hotel angefragt haben. Vgl. Anhang 2 – Die Auswertung der Befragung, Frage Kunden/Hotellerie: Hypothese 3.

die Einschätzung der Hotellerie entgegen. 51 % der befragten Entscheidungsträger der Hotellerie sind der Meinung, dass ihre Kunden sehr preissensibel sind und nicht gewillt sind, für Zusatzleistungen zu bezahlen, die ihnen neue Geschäftsmöglichkeiten eröffnen würden.[34]

### Auswertung der Expertengespräche

Die Experten sind sich in der Aussage einig, dass heutzutage der Kunde Zugang zu umfangreichen Informationsquellen besitzt und dadurch viel selbstständiger agiert. „Dienstleistungsunternehmen sollen sich deshalb in der Zukunft viel mehr auf neue Geschäftsmöglichkeiten konzentrieren, die dem Kunden Mehrwerte aufzeigen."[35]

„Das Informations- und Vergleichsangebot im Internet verlangt von Versicherungsunternehmen, ihr Angebot bei Privat- wie bei Firmenkunden an das geänderte Kundenverhalten und anders definierten Bedarf anzupassen. Hierbei gewinnen konsequent bedarfsgerecht modularisierte Angebotsstrukturen an Bedeutung."[36] Auch die Banken mussten sich neue Kompetenzen aneignen, besonders in den Branchen, in denen sie bestehende Kunden weiterentwickeln und neue anwerben wollten. „Dies erreichen wir bei der HypoVereinsbank durch sehr detaillierte Branchenstudien, die dem Kunden eine Benchmark-Möglichkeit gegenüber den Mitbewerbern und somit neue Geschäftsmöglichkeiten offenbaren."[37] Im Automobilbereich gilt diese Hypothese durchaus für den Firmenkundenbereich.[38] „Unsere Kunden erwarten von uns als Premium-Automobilhersteller zunehmend neue Mobilitätsangebote."[39]

Der Profit für jede Dienstleistungsbranche, darunter auch die Hotellerie, ließe sich steigern, wenn unerwartete, aber klare Mehrwerte dem Kunden angeboten würden.[40]

---

34 Vgl. Anhang 2 – Die Auswertung der Befragung, Fragen Kunden/Hotellerie: Hypothese 3.

35 Prof. Dr. Michael Dowling, Universität Regensburg (2013),Anhang 3 – Zusammenfassung der Expertengespräche, Hypothese 3.

36 „Im Sinne eines ‚Segment of One' können Kunden genau das Maß an Versicherungsschutz kaufen, das sie wünschen oder solange sie es wünschen. Konzepte wie ‚Pay as you drive' passen in diesen Zusammenhang." (Dipl.-Kfm. Harald Boysen, MBA, Allianz, 2013, Anhang 3 – Zusammenfassung der Expertengespräche, Hypothese 3)

37 Moritz X. Stigler, HypoVereinsbank Unicredit (2013), Anhang 3 – Zusammenfassung der Expertengespräche, Hypothese 3.

38 Vgl. Prof. Dr. Schwandner, Hochschule Ingolstadt (2013), Anhang 3 – Zusammenfassung der Expertengespräche, Hypothese 3.

39 „Mit unserem Fuhrparkdienstleister Alphabet bietet BMW heute Dienstleistungen rund um das Thema Firmenwagen an – von Beratung über Kfz-Finanzierung und Leasing bis hin zu Full-Service-Angeboten." (Dr. Jürgen Allinger, Henning Schlieker, 2013, Anhang 3 – Zusammenfassung der Expertengespräche, Hypothese 3)

40 „Der Nutzen für einen Dienstleister wie beispielsweise eine Hotelkette wird am höchsten, wenn die Kunden diese Bedürfnisse noch nicht selbst zum Ausdruck gebracht bzw. erkannt haben." (Dipl.-Ing. Vanessa Borkmann, Fraunhofer-Institut, 2013, Anhang 3 – Zusammenfassung der Expertengespräche, Hypothese 3)

„Für die Hotellerie bedeutet dies, Hierarchien abzubauen und die Mitarbeiter zu befähigen, ihre Antennen auszufahren und Informationen über die möglichen Wünsche der Kunden einzuholen.“[41] Es fehlt der Hotellerie gleichermaßen an Innovationsmanagement und Mitarbeiterbefähigung, um neue Geschäftsmöglichkeiten zu entwickeln und dem Kunden näherzubringen.[42] Die Bedürfnisse der Kunden haben sich schon verändert und die Hoteliers brauchen dringend innovative Dienstleistungsangebote, damit sie wettbewerbsfähig bleiben. „Das Travel-Management von Firmenkunden wird zunehmend professioneller und somit der Wettbewerb enger. Zukünftig sollte eine Hotelkette Dienstleistungen bündeln, die den Firmenkunden neue Mehrwerte bieten, um somit sich vom Wettbewerb zu differenzieren.“[43]

– *Hypothese 4: Dienstleistungsinnovationen erzeugen Kundenbindung, wenn die Bindung freiwillig und gewollt aufgrund von Mehrwerten bzw. geschäftsübergreifenden Leistungsbündeln entsteht.*

### Auswertung der Befragung

Zur Verifizierung dieser Hypothese wurde das Kano-Modell gewählt.[44] Beim Kano-Modell werden zwei Fragen gestellt. Die erste Frage bezieht sich auf die Reaktion des Kunden, wenn eine bestimmte Produkteigenschaft vorhanden ist (funktionale positive Frage). Die zweite Frage auf dessen Reaktion, wenn dieselbe Produkteigenschaft nicht vorhanden ist (dysfunktionale negative Frage).[45] Die Kombination aus beiden Antworten zeigt an, ob es sich um eine Basiseigenschaft, Leistungseigenschaft oder Begeisterungseigenschaft handelt (vgl. Tabelle 29). Die Interpretation des Ergebnisses erfolgt hier nach Häufigkeiten.[46]

53 % der Kunden der Hotellerie würde sich sehr freuen, wenn eine Hotelkette über die grundsätzliche Übernachtungs- und Verpflegungsleistung hinaus weitere personalisierte Dienstleistungen anzubieten hätte. Nur 7 % setzen aber zusätzliche Mehrwerte von vornherein voraus. 54 % wäre es egal, wenn keine zusätzlichen Dienstleistungen, außer der Übernachtungs- und Verpflegungsleistung, von der Hotelkette hinzu kämen (siehe Abbildung 51).

---

41 Dr. Hagen Sexauer, Sempora Consulting (2013), Anhang 3 – Zusammenfassung der Expertengespräche, Hypothese 3.

42 „Oft fehlt es auch an Flexibilität in den Hotelunternehmen, um schnell die Kundenbedürfnisse in innovative Dienstleistungen umzuwandeln. Ein Hotelunternehmen sollte also erstens Mitarbeiter befähigen und zweitens das Unternehmen flexibel sowie agil führen, um in der Lage zu sein, Kunden neue Geschäftsmöglichkeiten aufzuzeigen.“ (Dr. Hagen Sexauer, Sempora Consulting, 2013, Anhang 3 – Zusammenfassung der Expertengespräche, Hypothese 3)

43 Dipl.-Ing. Vanessa Borkmann, Fraunhofer-Institut (2013), Anhang 3 – Zusammenfassung der Expertengespräche, Hypothese 3.

44 Vgl. Bailom et al. (1996), S. 118.

45 Vgl. ebd., S. 120.

46 Vgl. ebd., S. 122.

**Tabelle 29:** Die Kano-Auswertungstabelle (Quelle: Eigene Darstellung in Anlehnung an Bailom et al. (1996), S. 121).

| Produktanforderung | | Funktionale (positive) Frage | | | |
|---|---|---|---|---|---|
| | | 1. Würde mich sehr freuen | 2. Setze ich voraus | 3. Das ist mir egal | 4. Würde mich sehr stören |
| Dysfunktionale (negative) Frage | 1. Würde mich sehr freuen | Q | R | R | R |
| | 2. Setze ich voraus | A | I | I | R |
| | 3. Das ist mir egal | A | I | I | R |
| | 4. Würde mich sehr stören | O | M | M | Q |

Die Produktanforderung ist…
A(ttractive): Begeisterungsanforderung
M(ust-be): Basisanforderung
R(everse): Entgegengesetzt

O(ne-dimensional): Leistungsanforderung
Q(uestionable): Fragwürdig
I(ndifferent): Indiffernt

Was würden Sie sagen, wenn Ihnen eine Hotelkette über die grundsätzlichen Übernachtungs- und Verpflegungsleistungen…
*Basis: Alle **Kunden (n=175)**, %-Werte.*

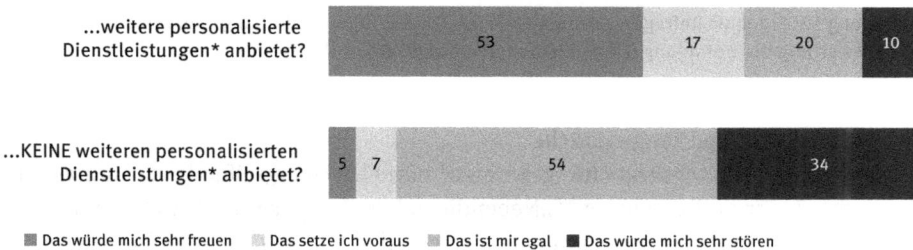

**Abbildung 51:** Ergebnis Befragung Hypothese 4 (Quelle: Eigene Erhebung, vgl. Anhang 2 – Die Auswertung der Befragung, Frage Kunden: Hypothese 4).

Wenn man die zwei Antwortgruppen anschaut und diese in die Kano-Auswertungstabelle einordnet, erkennt man deutlich, dass 32 % der befragten Kunden Zusatzleistungen bzw. Mehrwerte über die grundsätzlichen Übernachtungs- und Verpflegungsleistungen der Hotellerie begeistern würden. Weitere 21 % bezeichnen diese Angebote als Leistungsanforderung – d. h. die Kunden wären zufrieden, wenn es solche gäbe (siehe Abbildung 52).

48 % der befragten Hoteliers gehen davon aus, dass ihre Kunden ausschließlich Leistungen möchten, die vertraglich geregelt wurden, und legen somit keinen besonderen Wert auf die Zusatzleistungen bzw. Mehrwerte.[47]

**Was würden Sie sagen, wenn Ihnen eine Hotelkette über die grundsätzlichen Übernachtungs- und Verpflegungsleistungen...**
*Basis: Alle Kunden (n=175), %-Werte.*

**...weitere** personalisierte Dienstleistungen* anbietet?

| | Das würde mich sehr freuen | Das setze ich voraus | Das ist mir egal | Das würde mich sehr stören |
|---|---|---|---|---|
| **...KEINE weiteren personalisierten Dienstleistungen* anbietet — Das würde mich sehr freuen** | 0% | 1% | 0% | 4% |
| **Das setze ich voraus** | 2% | 0% | 1% | 4% |
| **Das ist mir egal** | 30% | 4% | 19% | 2% |
| **Das würde mich sehr stören** | 21% | 13% | 1% | 0% |

*wie z. B. Vor- und Nachbetreuung, Wiedererkennung Ihrer Präferenzen, Angebote zu Work-Life-Balance

**Abbildung 52:** Ergebnis Befragung Hypothese 4 (b) (Quelle: Eigene Erhebung, vgl. Anhang 2 – Die Auswertung der Befragung, Frage Kunden: Hypothese 4 (b)).

**Auswertung der Expertengespräche**

In der Dienstleistungsbranche gewinnen branchenübergreifende Leistungsbündel immer mehr an Bedeutung.[48] „Nebendienstleistungen sind oft wichtiger als das Produkt selbst. Nur dadurch kann man sich von den Mitbewerbern differenzieren."[49] Dieselben Erfahrungen haben auch die Experten aus den Vergleichsbranchen gemacht und bereits entsprechend darauf reagiert. „Im Bankgeschäft ist eine Differenzierung des eigentlichen Kernprodukts gegenüber der Konkurrenz zunehmend schwierig. Der

---

47 Vgl. Anhang 2 – Die Auswertung der Befragung, Frage Hotellerie: Hypothese 4.
48 „Dementsprechend werden Nebendienstleistungen bzw. das Gesamtpaket an angebotenen Dienstleistungen heutzutage immer wichtiger." (Prof. Dr. Michael Dowling, Universität Regensburg, 2013, Anhang 3 – Zusammenfassung der Expertengespräche, Hypothese 4)
49 „Wichtig ist es, den Kunden mit seinen Bedürfnissen direkt abzuholen. Wünsche und Bedürfnisse des Kunden richten sich grundlegend danach, ob er alleine als Geschäftsreisender oder mit der Familie verreist." (Dr. Hagen Sexauer, Sempora Consulting, 2013, Anhang 3 – Zusammenfassung der Expertengespräche, Hypothese 4)

Kunde möchte das Gefühl haben, dass die Bank bzw. der Betreuer ein persönliches Interesse am Erfolg seines Unternehmens hat."[50] „Nebendienstleistungen in der Versicherungsbranche haben verschiedene Nutzendimensionen."[51] Zum einen sind sie wichtig, um die Kontaktfrequenz (oder „touchpoints") zu erhöhen. Besonders bei den Lebensversicherungen gibt es nach Abschluss wenige Möglichkeiten für die Versicherung, mit dem Kunden in Kontakt zu treten. Zum anderen haben die Assistance-Lösungen (bspw. Werkstattsteuerung oder Handwerkerservice im Schadensfall) auch den ökonomischen Wert, dass es für die Versicherungsunternehmen günstiger ist, im Vorfeld mit den Reparaturstätten Sonderkonditionen zu vereinbaren.[52] „Eine Differenzierung des eigentlichen Kernprodukts gegenüber der Konkurrenz ist in der Automobilbranche zunehmend schwierig. Das Kernprodukt ist die Beförderung von A nach B. Eine Differenzierung erfolgt fast ausschließlich durch Faktoren wie Marke, Design sowie durch Mehrwerte und begleitende Dienstleistungen (z. B. Umweltschutz, Nachhaltigkeit, Infotainment, Fahrzeugvernetzung usw.)."[53] Auch BMW teilt diese Ansicht: „Hier spielt auch unser neues Premium-Vertriebskonzept ‚Future Retail' eine entscheidende Rolle. Durch speziell ausgebildete Kundenbetreuer ‚Product Genius' gelingt es uns, Kunden über technische Details zu beraten und den passenden Fahrzeugtyp zu ermitteln und entsprechend auszustatten. Außerdem geht es hier darum, eine Begeisterung für die Marke zu entwickeln und die Produkte noch detaillierter erklären zu können."[54] „Dienstleistungen inner- und außerhalb des Fahrzeugs spielen künftig eine immer größere Rolle. Einen ersten Schritt hat die Automobilbranche mit den Finanzdienstleistungen gemacht."[55] „Ein Premiumhersteller wie BMW wird immer mehr zu einem Anbieter von Mobilitätsdienstleistungen."[56] Gute Beispiele sind hier die Dienstleistungspalette um den neuen BMW i3 sowie die Internet-Connect-Dienste

---

50 „Kundenbindung erreicht eine Bank durch Mehrwerte wie bedarfsorientierte Newsletter, pro-aktive Hilfestellungen (bspw. der Hinweis, dass ein Lieferant 2-mal denselben Betrag abgebucht hat), eine App, die Mehrwerte und nicht nur Werbung bietet usw." (Moritz X. Stigler, HypoVereinsbank Unicredit, 2013, Anhang 3 – Zusammenfassung der Expertengespräche, Hypothese 4)
51 „Die Versicherungsunternehmen, wie auch die Allianz, treten dieser Herausforderung mit Nebendienstleistungen wie Kundenmagazinen, Informationen zu Spezialgebieten (z. B. Gesundheit und Pflege) oder Teilnahme am unternehmenseigenen Vorteilsprogramm entgegen." (Dipl.-Kfm. Harald Boysen, MBA, Allianz, 2013, Anhang 3 – Zusammenfassung der Expertengespräche, Hypothese 4)
52 Vgl. Dipl.-Kfm. Harald Boysen, MBA, Allianz (2013), Anhang 3 – Zusammenfassung der Expertengespräche, Hypothese 4.
53 Prof. Dr. Gerd Schwandner, Hochschule Ingolstadt (2013), Anhang 3 – Zusammenfassung der Expertengespräche, Hypothese 4.
54 Dr. Jürgen Allinger, Henning Schlieker, BMW (2013), Anhang 3 – Zusammenfassung der Expertengespräche, Hypothese 7.
55 „Autos werden immer mehr durch begleitende Finanzierungsdienstleistungen verkauft." (Dipl.-Ing. Stefan Keller, Audi, 2013, Anhang 3 – Zusammenfassung der Expertengespräche, Hypothese 4)
56 Dr. Jürgen Allinger, Henning Schlieker, BMW (2013), Anhang 3 – Zusammenfassung der Expertengespräche, Hypothese 4.

bei Audi. „Wichtig ist hier, dass man das Internet im Fahrzeug sinnvoll mit Daten des Autos kombiniert. Reine Verkehrsdaten oder Wettervorhersagen erhalten die Kunden heute über ihr Smartphone, aber Verkehrsinformationen und Wetterdaten kombiniert mit den Daten des Fahrzeugs ergeben einen Mehrwert."[57]

Dies gilt in der Zukunft auch für die Hotellerie. „Nebendienstleistungen werden in Zukunft verstärkt von den Kunden der Hotellerie erwartet. Der Gast möchte zunehmend alle Reiseleistungen aus einer Hand haben. Dienstleistungen wie Reiseplanung und Organisation sowie Nachbetreuung sollten in Zukunft vom Hotel abgedeckt werden."[58] „In erster Linie muss es das Ziel der Hotellerie sein, echte Serviceleistungen aufzuzeigen, die nachhaltigen Nutzen für den Gast mit sich bringen, etwa Themen der Gesundheit. Nur so erreicht man eine Dienstleistungsdifferenzierung und langfristige Wettbewerbsvorteile."[59]

- *Hypothese 5: Dienstleistungsinnovationen aus unternehmenseigenen Ressourcen bieten langfristigen Erfolg, wobei es sich hauptsächlich um Kompetenzerhöhung der Mitarbeiter und Optimierung von Strukturen handelt.*

**Auswertung der Befragung**

Immerhin geben nur 6 % der befragten Kunden der Hotellerie an, dass sie in der heutigen digitalisierten Welt keinen Ansprechpartner in Vertrieb und Marketing einer Hotelkette benötigen. Insgesamt sprechen sich 75 % der Befragten dafür aus, dass ein einzelner und kompetenter Vertreter für alle Hotels einer Hotelkette im Vertrieb und Marketing einen Mehrwert für sie selbst und für ihr jeweiliges Unternehmen haben würde. Alle standardisierten Buchungsabläufe sollten automatisiert werden. Lediglich 19 % möchten auf eine Kontaktperson im Vertrieb und Marketing in jedem einzelnen Hotel einer Hotelkette zurückgreifen können.[60]

Als Quelle für die Entstehung neuer Dienstleistungen sehen 91 % der befragten Entscheidungsträger der Hotellerie nicht die eigenen Mitarbeiter, sondern aktuelle Trends (44 %) sowie Kundenfeedback (40 %).[61]

**Auswertung der Expertengespräche**

Die Experten sind sich darüber einig, dass die Mitarbeiter eines Unternehmens die entscheidende Innovationsquelle sind. Dies gilt vor allem in einer Branche wie der

---

57 Dipl.-Ing. Stefan Keller, Audi ( 2013), Anhang 3 – Zusammenfassung der Expertengespräche, Hypothese 4.
58 Dipl.-Ing. Vanessa Borkmann, Fraunhofer-Institut (2013), Anhang 3 – Zusammenfassung der Expertengespräche, Hypothese 4.
59 Prof. Peter Wippermann, Trendbüro Hamburg ( 2013), Anhang 3 – Zusammenfassung der Expertengespräche, Hypothese 4.
60 Vgl. Anhang 3 – Die Auswertung der Befragung, Frage Kunden: Hypothese 5.
61 Vgl. Anhang 2 – Die Auswertung der Befragung, Frage Hotellerie: Hypothese 5,7 % der Befragten sehen in der Globalisierung die Quelle für die Entstehung neuer Dienstleistungen.

Hotellerie, bei der der Angestellte so stark im Vordergrund steht. „In einer dienst-leistungsintensiven Branche wie der Hotellerie ist der Mitarbeiter die entscheidende Quelle für Dienstleistungsinnovationen. Das Ziel ist, dass die Mitarbeiter die zukünf-tigen Wünsche und Bedürfnisse der Kunden erkennen, interpretieren und in Inno-vationen umsetzen können."[62] „Disruptive Innovationen können nicht vom Kunden entwickelt werden, sondern müssen aus den unternehmenseigenen Ressourcen – den qualifizierten Mitarbeitern – stammen."[63]

Eine ausschlaggebende Rolle spielt hier die Innovationskultur im Unternehmen.[64] Die Automobil- und Finanzbranche hat dies bereits erkannt. In der Finanzbranche gelten längst qualifizierte und motivierte Mitarbeiter als Quelle für Dienstleistungs-innovationen. „Drei Punkte sind zu berücksichtigen: (1) Die Mitarbeiter müssen befähigt werden, Input zu liefern. Mitarbeiter-Empowerment ist sehr wichtig für die Motivation. (2) Es bedarf einer gezielten Schulung und Trainings. (3) Ein Innovations-Tracking und die Formulierung einer Zielvorgabe sind notwendig."[65] „Der Mitarbeiter ist in der Automobilbranche die Quelle echter Innovationen. Der Kunde hilft, beste-hende Features auszugestalten und zu verbessern (bspw. die Größe des Kofferraumes, Anschlussmöglichkeiten im Infotainmentsystem usw.)."[66] „Unsere hoch motivierten Mitarbeiter spielen dabei oft eine entscheidende Rolle. Zum Beispiel bei der Entwick-lung von innovativen Dienstleistungen sind Impulse und Ideen der Mitarbeiter oft entscheidend."[67] „Mitarbeiter bilden die Keimzelle für erfolgreiche Dienstleistungs-innovationen, um unser Markenversprechen ‚Vorsprung durch Technik' erfüllen zu können."[68]

---

62 „Die Hotellerie passt heutzutage lediglich die Preise den bekannten Messeterminen an. Dies entsteht aus dem Produktgedanken, aber nicht aus dem Dienstleistungsgedanken." (Prof. Peter Wip-permann, Trendbüro Hamburg, 2013, Anhang 3 – Zusammenfassung der Expertengespräche, Hypo-these 5)
63 Prof. Dr. Michael Dowling, Universität Regensburg (2013), Anhang 3 – Zusammenfassung der Ex-pertengespräche, Hypothese 5.
64 „Entscheidend dabei ist, dass eine Innovationskultur in einem Unternehmen geschaffen wird, die auch Fehler zulässt und damit zeigt, dass alle Mitarbeiter daraus lernen können. Außerdem sollte die Erwartungshaltung an jeden einzelnen Mitarbeiter klar formuliert sein und sich idealerweise auch im Vergütungssystem widerspiegeln." (Dr. Hagen Sexauer, Sempora Consulting, 2013, Anhang 3 – Zu-sammenfassung der Expertengespräche, Hypothese 5)
65 Dipl.-Kfm. Harald Boysen, MBA, Allianz (2013), Anhang 3 – Zusammenfassung der Expertenge-spräche, Hypothese 5.
66 Prof. Dr. Gerd Schwandner, Hochschule Ingolstadt (2013), Anhang 3 – Zusammenfassung der Ex-pertengespräche, Hypothese 5.
67 Dr. Jürgen Allinger, Henning Schlieker, BMW (2013), Anhang 3 – Zusammenfassung der Experten-gespräche, Hypothese 5.
68 Dipl.-Ing. Stefan Keller, Audi (2013), Anhang 3 – Zusammenfassung der Expertengespräche, Hy-pothese 5.

Auch die Hotellerie sollte eine Innovationskultur aufbauen, um eine aktive Mitarbeiterinvolvierung in den Innovationsprozess zu erreichen.[69]

- *Hypothese 6: Dienstleistungsinnovationen werden vorangetrieben, desto intensiver in Netzwerken gearbeitet wird.*

**Auswertung der Befragung**

Netzwerke mit Zulieferern und Partnerunternehmen nutzen 71 % der befragten Kunden der Hotellerie im eigenen Unternehmen, um neue Dienstleistungen voranzutreiben.[70] 60% der Entscheidungsträger der Hotellerie geben an, dass sie heute bereits Netzwerke mit Zulieferern und Partnerunternehmen nutzen, um Dienstleistungen hervorzubringen.[71]

**Auswertung der Expertengespräche**

In den Dienstleistungsbranchen ist der Wert von Partner- sowie Lieferantennetzwerken bereits anerkannt.[72] Die Experten sehen hier bei der Hotellerie noch Nachholbedarf. „Das Verständnis vom Kunden fehlt der Hotellerie oft. Es werden Zimmer vermietet, aber das Wissen, wer der Kunde ist und was er tut, fehlt meistens. Wenn man dieses Wissen hätte, könnte man Dienstleistungen um die Zimmervermietung herum bündeln und neue Dienstleistungen anbieten."[73] „Grundlage hierfür ist eine implementierte Innovationskultur sowie ein funktionierendes Innovationsmanagement der Hotelkette selbst."[74]

---

**69** „Für eine erfolgreiche Mitarbeiterinvolvierung in das Innovationsmanagement ist es wichtig, die Mitarbeiter entsprechend zu schulen. Tätigkeitsbeschreibungen für Positionen in der Hotellerie werden sich somit in der Zukunft sehr stark verändern." (Dipl.-Ing. Vanessa Borkmann, Fraunhofer-Institut, 2013, Anhang 3 – Zusammenfassung der Expertengespräche, Hypothese 5)

**70** 20 % geben an, dass sie keine Netzwerke nutzen, um Dienstleistungen zu entwickeln. 9 % wissen nicht, ob ihr Unternehmen Netzwerke mit Zulieferern und Partnerunternehmen nutzt, um neue Dienstleistungen zu entwickeln. Vgl. Anhang 2 – Die Auswertung der Befragung, Fragen Kunden/ Hotellerie: Hypothese 6.

**71** 23 % geben an, dass sie keine Netzwerke nutzen, um Dienstleistungen zu entwickeln. 16 % wissen nicht, ob ihr Hotelunternehmen Netzwerke mit Zulieferern und Partnerunternehmen nutzt, um neue Dienstleistungen zu entwickeln. Vgl. Anhang 2 – Die Auswertung der Befragung, Fragen Kunden/ Hotellerie: Hypothese 6.

**72** „Partner- sowie Lieferantennetzwerke spielen heutzutage eine zunehmend wichtigere Rolle beim Innovationsmanagement." (Prof. Dr. Michael Dowling, Universität Regensburg, 2013, Anhang 3 – Zusammenfassung der Expertengespräche, Hypothese 6)

**73** Prof. Peter Wippermann, Trendbüro Hamburg (2013), Anhang 3 – Zusammenfassung der Expertengespräche, Hypothese 6.

**74** Dipl.-Ing. Vanessa Borkmann, Fraunhofer-Institut (2013), Anhang 3 – Zusammenfassung der Expertengespräche, Hypothese 6.

In der Finanzbranche geschieht dies bereits. „Allein hat ein Finanzunternehmen oft nicht die Geschwindigkeit und Skaleneffekte, um zu überleben."[75] Hierzu ein gutes Beispiel von der Allianz: „Mit dem Partner Volkswagen Financial Services haben wir viele Leasing-, Versicherungs- und Mobilitätsdienstleistungen zusammen konstruiert."[76] Auch in der Automobilbranche werden Partner- und Lieferantennetzwerke als elementarer Bereich für die Entstehung von Dienstleistungsinnovationen genannt. „Die Zulieferer werden heutzutage nach deren Innovationspotenzial ausgewählt und nicht wie früher, rein nach Kostengesichtspunkten."[77] Auch BMW berichtet Erfolg in diesem Bereich. „Ein sehr gutes Beispiel ist unsere Zusammenarbeit mit Sixt, indem wir gemeinsam DriveNow entwickelt haben. Außerdem unterstützen wir im BMW-Innovationspool junge Unternehmen, um frühzeitig an neuen Dienstleistungen zusammenzuarbeiten. Die Einführung von ParkNow ist ein gutes Beispiel hierfür."[78] Audi legt auch großen Wert auf Netzwerke. „Wir haben regelmäßig Lieferanten-Innovationsveranstaltungen. Das Entscheidende dabei ist, aus dem Mix von Lieferanten und Zulieferern etwas Neues zu gestalten. Beispielsweise über die Kombination eines Smartphones zur Erschaffung von Audi-Connect-Diensten. Durch diese Kombination zwischen Partnertechnologie und Autodaten entsteht etwas Einzigartiges."[79] „Möglichkeiten bei Hotelketten wären hier Partnerschaften mit Mobilitätsunternehmen wie Taxiunternehmen oder Bahn."[80]

- *Hypothese 7: Dienstleistungsinnovationen müssen sich in der Angebots- und Preisgestaltung individuell nach dem Customer Lifetime Value (CLV) und Total Revenue richten, um langfristigen Erfolg zu sichern.*

### Auswertung der Befragung

Befragt nach der gewünschten Ausrichtung der Angebots- sowie Preisgestaltung einer Hotelkette, geben 58 % der Kunden der Hotellerie an, dass sie sich eine individuelle Preisgestaltung wünschen würden, ausgerichtet am bisherigen, gegenwärtigen und zukünftigen Gesamtumsatz. 41 % der Hotelunternehmen kommen nach

---

**75** Dr. Dirk Gutschleg, peer-finance (2013), Anhang 3 – Zusammenfassung der Expertengespräche, Hypothese 6.

**76** Dipl.-Kfm. Harald Boysen, MBA, Allianz (2013), Anhang 3 – Zusammenfassung der Expertengespräche, Hypothese 6.

**77** Prof. Dr. Gerd Schwandner, Hochschule Ingolstadt (2013), Anhang 3 – Zusammenfassung der Expertengespräche, Hypothese 6.

**78** Dr. Jürgen Allinger, Henning Schlieker, BMW (2013), Anhang 3 – Zusammenfassung der Expertengespräche, Hypothese 6.

**79** „Ein anderes Beispiel könnte die Dienstleistung ‚Parkplatz reservieren über Smartphone' sein." (Dipl.-Ing. Stefan Keller, Audi, 2013, Anhang 3 – Zusammenfassung der Expertengespräche, Hypothese 6)

**80** Dr. Hagen Sexauer, Sempora Consulting (2013), Anhang 3 – Zusammenfassung der Expertengespräche, Hypothese 6.

eigener Aussage diesem Wunsch entgegen.[81] Nur 5 % der Kunden halten eine Preisgestaltung nach Jahresumsatz für zweckmäßig. Dies wiederum bevorzugen 21 % der befragten Hoteliers. Ganze 38 % richten sich hinsichtlich der Angebots- und Preisgestaltung ausschließlich nach dem Buchungsdatum und der jeweiligen Auslastung. Dabei bleibt der Kundenwert außer Acht.[82]

**Auswertung der Expertengespräche**
Wegen des steigenden Wettbewerbs und abnehmender Loyalitätsbereitschaft der Kunden bzw. der Gäste vertreten alle Experten die Meinung, dass die zukünftige Angebots- und Preisgestaltung individuell zu gestalten ist. An erster Stelle sind die Weiterempfehlungen jedes Kunden zu berücksichtigen.[83] Auch zukünftiges Umsatzpotenzial ist vielmehr in Betracht zu ziehen.[84] „In einer individuellen Angebots- und Preisgestaltung besteht die große Chance, sich als Marke speziell in wettbewerbsintensiven Märkten von anderen Unternehmen des Marktes zu differenzieren."[85]

„Die Automobilhersteller setzen sich zum Ziel, dem Kunden über dessen verschiedenen Lebensabschnitte fünf oder zehn Fahrzeuge (jeweils der Lebenssituation angepasstes Modell) sowie die dazugehörigen Ersatzteile und Serviceleistungen zu verkaufen."[86] Demzufolge analysiert auch Audi den gesamten Lebenswert der Kunden.[87] Auch die Finanzbranche setzt sich intensiv mit dem Thema auseinander und erkennt dabei neue Gewinnchancen. „In der Versicherungsbranche sind zum Thema individuelle Angebots- und Preisgestaltung zwei Trends zu erkennen. Erstens die Event-basierten ‚Pay as you go' Angebote (bspw. Ski-Ausrüstung Kauf inkl.

---

**81** Auch hier ist wiederum kritisch zu hinterfragen, ob es sich nicht vielmehr um Pläne für die Zukunft handelt und ob so eine personalisierte Preisgestaltung in diesen Hotelbetrieben tatsächlich bereits eingeführt wurde (siehe Abschnitt 5.2.4).

**82** Vgl. Anhang 2 – Die Auswertung der Befragung, Fragen Kunden/Hotellerie: Hypothese 7.

**83** „Um in der Dienstleistungsbranche in Zukunft erfolgreich zu sein, muss es gelingen, Multiplikatoren ein Leben lang an eine Dienstleistung bzw. an ein Unternehmen zu binden. Die Mundpropaganda von Multiplikatoren sollte hier auch für den CLV eines Kunden betrachtet werden, wenn dieser mehrere potenzielle Kunden mit sich bringt." (Prof. Dr. Dowling, Universität Regensburg, 2013, Anhang 3 – Zusammenfassung der Expertengespräche, Hypothese 7)

**84** „Denkbar wäre bei der Preisgestaltung, zu erwartende zukünftigen Umsätze in eine Angebotskalkulation einzubeziehen. Entscheidende Größe wäre dann der CLV und nicht mehr der Deckungsbeitrag der aktuellen ‚Transaktion'." (Prof. Dr. Gerd Schwandner, Hochschule Ingolstadt, 2013, Anhang 3 – Zusammenfassung der Expertengespräche, Hypothese 7)

**85** Dipl.-Ing. Stefan Keller, Audi (2013), Anhang 3 – Zusammenfassung der Expertengespräche, Hypothese 7.

**86** Prof. Dr. Gerd Schwandner, Hochschule Ingolstadt (2013), Anhang 3 – Zusammenfassung der Expertengespräche, Hypothese 7.

**87** „Wichtig ist dabei zu analysieren, wie der Kunde das Audi-Produktsegment über die Lebensjahre durchwandert (bspw. Start mit A1, später A8, eventl. TT Roadster)." (Dipl.-Ing. Stefan Keller, Audi, 2013, Anhang 3 – Zusammenfassung der Expertengespräche, Hypothese 7)

Skiversicherung) und zweitens eine Verfeinerung der Risikoprofile."[88] Banken werden beim Erstkontakt mit einem Kunden größtenteils auf Kreditwünsche angesprochen. Seit den Eigenkapitalvorschriften von Basel II, bei denen die Banken das Ausfallrisiko von Krediten mit Eigenkapitaleinlagen abzusichern haben, ist das Kreditgeschäft immer weniger lukrativ. „Deshalb ist es für eine Bank wichtig, den Kunden auch für das Non-Kredit Geschäft (Kontoverwaltung, Versicherungen usw.) zu gewinnen. Gleiches gilt für ein Hotel. Kommt ein Kunde nur zu einem Messetermin oder bringt er Geschäft auch in nachfrageschwachen Zeiten?"[89]

Die Experten weisen ebenfalls auf die Kundenbindungsprogramme der Hotelketten hin, wobei der Gast nur nach bereits geleistetem Umsatz (meistens pro Geschäftsjahr) eingeordnet wird. „Jede Zurückstufung in einem Loyalitätsprogramm, einer Preisstufe oder anderer erworbenen Vergünstigungen führt zu einem Aggressionsschub beim Kunden. Er verspürt dann nicht den Wunsch, wieder durch Umsatz in die ehemalige Preiskategorie zu kommen, sondern möchte lieber das Unternehmen ‚bestrafen' und tendiert eher zu einem Mitbewerber."[90] Eine individuelle Angebots- und Preisgestaltung aufgrund des gesamten Lebenswerts des Reisenden könnte für Hoteliers durchaus profitabel sein. „Für den Vertrieb heißt es, dass mehr Möglichkeiten des Upselling zu schaffen sind. Für das Marketing ermöglicht die Berücksichtigung des CLV den Einsatz neuer Technologien."[91]

– *Hypothese 8: Dienstleistungsinnovationen erzeugen Kundenbindung nicht nur über Kundenzufriedenheit, sondern zunehmend über Kundenbegeisterung.*

### Auswertung der Befragung

Aus der Gruppe der befragten Kunden der Hotellerie wünschen sich 27 % eine gleichbleibende Qualität, um einer Hotelkette langfristig treu zu bleiben. 67 % der

---

**88** „Bei der Verfeinerung der Risikoprofile geht es um eine verursachungsgerechtes Pricing, das stabilere Beiträge ermöglicht. Allerdings drängt es auch den quersubventionierenden Risikoausgleich im Kundenkollektiv ein Stück weit zurück und verteuert tendenziell ‚schlechte' Risiken." (Dipl.-Kfm. Harald Boysen, MBA, Allianz, 2013, Anhang 3 – Zusammenfassung der Expertengespräche, Hypothese 7)

**89** Moritz X. Stigler, HypoVereinsbank Unicredit (2013), Anhang 3 – Zusammenfassung der Expertengespräche, Hypothese 7.

**90** Prof. Peter Wippermann, Trendbüro Hamburg (2013), Anhang 3 – Zusammenfassung der Expertengespräche,Hypothese 7.

**91** „Werbebotschaften könnten in Zukunft dynamisch eingesetzt werden, statt nur statisch z. B. über Massenflyer. Dynamische Displays könnten somit zukünftig unterschiedliche Kunden und deren Bedürfnisse erkennen (bspw. ist ein Hotelgast soeben angereist, bereits mehrere Tage im Hotel oder kurz vor der Abreise) und entsprechende, zielgerichtete Botschaften kommunizieren." (Dipl.-Ing. Vanessa Borkmann, Fraunhofer-Institut, 2013, Anhang 3 – Zusammenfassung der Expertengespräche, Hypothese 7)

Befragten erhoffen eine Gesamtdienstleistung, die ihre Erwartungen übertrifft. Ein starkes Argument dafür, dass Kundenzufriedenheit indessen für eine langfristige Kundenbindung nicht mehr ausreicht. Die Antworten zeigen ebenfalls, dass günstige Preise allein keine Kundenbindung erzeugen. Nur bei 5 % der Befragten sind günstige Preise der Hauptgrund, um einer Hotelkette treu zu bleiben. Eine Bindung ist durch langfristige Verträge laut Kundenaussage nicht zu erzielen.[92] Kundenbegeisterung wird heute nur unzureichend von den Hotelunternehmen erfasst. Nur 4 % der befragten Entscheidungsträger der Hotellerie geben an, dass sie Gästeerlebnisse beispielsweise über Social-Media-Kanäle erfassen und bewerten. Weitere 7 % der Befragten messen immerhin direktes Lob und Beschwerden im Hotel. Die Mehrheit verlässt sich auf den klassischen Gästefragebogen, der indes nur eine Qualitätsermittlung leisten kann und somit nur die Kundenzufriedenheit widerspiegelt. Insgesamt geben 49 % an, dass sie den Gästefragebogen im Hotel als Bemessungsgrundlage wählen, weitere 40 % nehmen die Bewertung auf den Bewertungsportalen als Maßstab für die Gästemeinung.[93]

**Auswertung der Expertengespräche**
Langfristige Kundenbindung ist für ein Unternehmen oberste Priorität. „Die umsatzstärksten Kunden sind diejenigen, die von der Dienstleistung bzw. der Marke begeistert sind."[94] Zufriedenheit über eine Dienstleistung wird von den Kunden vorausgesetzt und dient nur als Basis für Kundenbegeisterung bzw. -bindung. „Kundenzufriedenheit kann als reiner Hygienefaktor eingeordnet werden – dieser bringt nicht unbedingt den Kunden dazu, das Produkt erneut auszuwählen."[95] „Kundenbegeisterung spiegelt sich in der Weiterempfehlung wider. Weiterempfehlungen finden heute nicht nur an Freunde und Bekannte statt, sondern unter Fremden auf Bewertungsportalen im Internet."[96]

Auch die Finanzbranche legt hierauf großen Wert.[97] „Die Weiterempfehlungsrate, der sogenannte Net Promoter Score, als maßgeblicher Faktor für Kundenloyalität wird

**92** Vgl. Anhang 2 – Die Auswertung der Befragung, Fragen Kunden/Hotellerie: Hypothese 8.
**93** Vgl. Anhang 2 – Die Auswertung der Befragung, Fragen Kunden/Hotellerie: Hypothese 8.
**94** Prof. Dr. Michael Dowling, Universität Regensburg (2013), Anhang 3 – Zusammenfassung der Expertengespräche, Hypothese 8.
**95** Dipl.-Ing. Vanessa Borkmann, Fraunhofer-Institut (2013), Anhang 3 – Zusammenfassung der Expertengespräche, Hypothese 8.
**96** „Für jemanden, der eine Reise buchen will, sind die Bewertungen anderer Reisender auf Onlineplattformen die wichtigste Entscheidungsgrundlage. Die Bewertung Fremder wiegt dabei sogar mehr als der Rat von Freunden und Bekannten. Den geringsten Einfluss auf die Wahl eines Reiseangebotes haben, Studienergebnissen zufolge, die Angaben des Reiseanbieters selbst." (Prof. Peter Wippermann, Trendbüro Hamburg, 2013, Anhang 3 – Zusammenfassung der Expertengespräche, Hypothese 8)
**97** „Kundenbegeisterung führt im Finanzwesen zu Weiterempfehlung." (Dr. Dirk Gutschleg, peerfinance, 2013, Anhang 3 – Zusammenfassung der Expertengespräche, Hypothese 8)

entscheidend durch hohe Zufriedenheits- und Begeisterungswerte beeinflusst."[98] „Betreuerkontinuität ist von großer Wichtigkeit. Bankgeschäfte sind Vertrauens-geschäfte und der Kunde möchte nicht alles jedem erzählen sowie einem neuen Betreuer bereits Besprochenes wiederholen. ‚Wiedererkennung' des Kunden ist ent-scheidend für langfristige Kundenbindung und Loyalität."[99] Kundenbegeisterung ist essenziell bei den Automobilherstellern für die Bindung an eine Marke. „Außer-dem ist uns bewusst, dass der Fahrer eines Fahrzeugs von seinem Umfeld mit einem bestimmten Image assoziiert wird. Markenwahrnehmung ist wichtig, um dieses Image entsprechend positiv zu gestalten."[100] Auch bei Audi ist die Kundenbegeis-terung entscheidend für die emotionale Bindung an der Marke:„Nur so ist mit einer Kundentreue auf langer Sicht zu rechnen. Mit dem Audi-Produkt- und Serviceange-bot haben wir das Ziel, die Kundenerwartungen überzuerfüllen und Kunden damit zu begeistern."[101]

Die Kundenbindung ist für jedes Unternehmen profitabler als die Neukundengewin-nung, so auch für die Hotelketten.[102] „In der 5-Sterne-Hotellerie ist die Erwartungshaltung der Kunden viel höher. Die Herausforderung besteht darin, die Erwartungshaltung der Kunden zu managen oder sogar auch in Teilen zu übertreffen."[103]

### 5.2.4 Kritische Würdigung zur Verwendung von Primärdaten

In der Fachliteratur zu Fragenbögen, besonders bei den Persönlichkeitsmerkmalen, spricht man von der sozialen Erwünschtheit.[104] Das heißt, dass die Antworttendenz

---

**98** „Mittlere Zufriedenheitswerte haben hingegen keinen ausgeprägten Einfluss auf die Weiteremp-fehlungsbereitschaft und werden beim Kunden häufig als selbstverständlich betrachtet. Bei der Al-lianz ist dies – in Anspielung auf die von null bis zehn reichende NPS-Skala – in das Leitmotiv ‚Nur die zehn zählt' gefasst worden. Diesen Zusammenhang konnten wir in einer Vielzahl empirischer Un-tersuchungen nachweisen, nicht zuletzt auch im Vertrieb." (Dipl.-Kfm. Harald Boysen, MBA, Allianz, 2013, Anhang 3 – Zusammenfassung der Expertengespräche, Hypothese 8)
**99** Moritz X. Stigler, HypoVereinsbank Unicredit (2013), Anhang 3 – Zusammenfassung der Expertengespräche,Hypothese 8.
**100** Dr. Jürgen Allinger/Henning Schlieker, BMW (2013), Anhang 3 – Zusammenfassung der Exper-tengespräche, Hypothese 8.
**101** Dipl.-Ing. Stefan Keller, Audi (2013), Anhang 3 – Zusammenfassung der Expertengespräche, Hy-pothese 8.
**102** „Es ist effizienter, bestehende Kunden zu begeistern, als neue Kunden zu gewinnen." (Dr. Dirk Gutschleg, peer-finance, 2013, Anhang 3 – Zusammenfassung der Expertengespräche, Hypothese 8)
**103** „Sehr viel kann hier insbesondere über das Personal eines Hotels erreicht werden. Reine Preis-nachlässe auf Produkt-Feature (wie kostenfreies WLAN) reichen nicht aus, um für Begeisterung zu sorgen." (Dr. Hagen Sexauer, Sempora Consulting, 2013, Anhang 3 – Zusammenfassung der Exper-tengespräche, Hypothese 8)
**104** Vgl. Mummendey, Grau (2008), S. 165 ff.

weg vom Realzustand hin zum Idealzustand geht. Dieser Tendenz wurde bei der Befragung durch Garantie von Anonymität versucht entgegenzutreten, ist aber bei manchen Antworten der Entscheidungsträger der Hotellerie kritisch zu berücksichtigen.

Für das Ablesen von Ergebnissen ist es wichtig, eine ausreichende Menge an Teilnehmern zu haben. Aus diesem Grund hat sich der Autor für eine Zusammenarbeit mit dem Travel Industry Club und die Onlineversendung der Befragung an deren Datenbank von 7.133 Personen entschieden. Die Verweigerung der Beantwortung bei der standardisierten schriftlichen Befragung ist höher als bei mündlichen Interviews.[105] Jedoch wird die Rücklaufquote durch Travel Industry Club als positiv bewertet.

Zusätzlich ist zu beachten, dass die Datenbank des Travel Industry Club für den Autor nicht zugänglich war und diese vor der Versendung nicht optimiert werden konnte. Die Eingangsfrage unterscheidet zwischen „Entscheidungsträger der Hotellerie" bzw. „Kunden der Hotellerie". Laut der Aussage des Travel Industry Club fallen unter die Rubrik „Kunden der Hotellerie" demzufolge Travel-Manager von Firmenkunden, Entscheidungsträger von Reiseveranstaltern, Mitarbeiter von Reisebüros usw. Zu dieser Kategorie gehören auch Fluggesellschaften, Bahn, Mietwagenfirmen, Fremdenverkehrsbüros usw., die nur indirekt Kunden der Hotellerie sind.

Durch die Möglichkeit der Interaktion bei der mündlichen Befragung kann auf den Befragten individuell eingegangen werden. Die Vertiefung von einzelnen Aspekten führt zu weiteren qualitativen Aussagen.[106] „Das Interview spielt sich in einem sozialen Kontext ab, in dem sich Interviewer und Befragter in einem sozialen Rollenverhältnis befinden."[107] Dies kann zu Beeinflussungen und Verzerrungen der Aussagen führen. In der Literatur spricht man hier von einem Interviewer-Bias.[108] Die Problematik von Suggestivfragen und Mehrdimensionalität wurde durch geschlossene Fragen bzw. eindeutige Fragestellung eingegrenzt. Hinsichtlich der Fragenreihenfolge besteht immer die Gefahr von Halo-Effekten (kognitive Verzerrung zwischen den einzelnen Fragen), die der Autor in der Fragenauswahl versucht hat zu vermeiden.[109]

## 5.3 Fazit

Die Kernaussagen aus den Fallstudien (siehe Abschnitt 4.2) verdichteten sich in diesem Kapitel zu acht Hypothesen anhand der definierten Vorgehensweise (siehe Abschnitt 1.5.1.2).

---

**105** Vgl. Kaya (2007), S. 53 f.
**106** Vgl. Bell, Staines, Mitchell (2001), S. 275 ff.
**107** Kaya (2007), S. 52.
**108** Ebd.
**109** Vgl. ebd., S. 54. Durch eine ungünstige Fragenreihenfolge wird der Befragte bei der Beantwortung von Folgefragen beeinflusst.

Alle Hypothesen wurden sowohl durch eine quantitative als auch qualitative Erhebung verifiziert. Als quantitative Erhebungsmethode ist die vollstandardisierte Onlinebefragung gewählt worden, wobei das teilstandardisierte mündliche Leitfadengespräch als qualitative Überprüfung herangezogen wurde. Die Kombination beider Erhebungsmethoden parallel verlaufend erscheint durchaus sinnvoll und zielführend. Aus der präzisen Auswertung der Befragung konnten zur Verifizierung der Hypothesen klare Mehrheiten direkt abgelesen werden. Die Diskrepanz zwischen Erwartungshaltung der Kunden der Hotellerie sowie der Einschätzung der Entscheidungsträger der Hotellerie tritt deutlich hervor. Bei den teilstandardisierten mündlichen Leitfadengesprächen war genügend Raum für Flexibilität, um neue Anhaltspunkte aufzugreifen, die im Folgenden in die Ergebnisse dieser Arbeit mit einfließen.

Wissenschaftliche Hypothesen sind nicht final verifiziert, solange sie nicht statistisch überprüft wurden. Allerdings bieten diese eine sehr gute Basis, um Handlungsempfehlungen für ein strategisches Innovationsmanagement in der Hotellerie im Geschäftsfeld Vertrieb und Marketing aufzuzeigen.

# 6 Neues Innovationsmanagement in der Hotellerie im Geschäftsfeld Vertrieb und Marketing als Beitrag zur Dienstleistungsinnovationsforschung

## 6.1 Handlungsempfehlungen für das Innovationsmanagement in der Hotellerie

Die Beschreibung der wissenschaftlichen Lücke (siehe Abschnitt 1.2.2) offenbart, dass das Innovationsmanagement in der Hotellerie bislang wenig untersucht wurde. Eine Hotelkette sollte ein dynamisches Gebilde sein, das Innovationen fördert und nicht erschwert. Hierfür ist – erstens – eine Unternehmenskultur die Basis, die eine agile Unternehmensmentalität unterstützt (siehe Abschnitt 2.2.1). Des Weiteren ist – zweitens – eine Innovationsstrategie und -struktur erforderlich, die an den Kompetenzen des Hotelunternehmens ausgerichtet ist (siehe Abschnitt 2.2.2). Darüber hinaus geht es – drittens – um die Umsetzung und Diffusion der Innovation zum richtigen Zeitpunkt und einem ganzheitlichen Innovationscontrolling (siehe Abschnitt 2.2.3).

### 6.1.1 Innovationskultur, Visionen und Werte

Die Schaffung einer innovationsfördernden Unternehmenskultur ist die Voraussetzung für den Innovationserfolg. Die Hotelketten benötigen eine neue Innovationskultur, die sich aus den Erkenntnissen über die beschriebenen Voraussetzungen in Abschnitt 2.2.1 und unter Berücksichtigung des bisherigen Innovationsverhaltens der Hotellerie (kritisiert in Abschnitt 3.3.1) wie folgt ableiten lässt (siehe Tabelle 30).

Wie in Abschnitt 3.3.1 erläutert, sind bisherige Innovationsbemühungen in Hotelunternehmen aus Routinetätigkeiten heraus oder rein zufällig entstanden. Das sind kaum echte Innovationen, sondern vielmehr Imitationen bzw. Reaktionen auf Kundenbedürfnisse oder auf Mitbewerberverhalten. Um zukünftig Innovationen zu entwickeln, bedarf es eines **separaten und nachhaltigen Innovationsprozesses**. Weniger die Orientierung an Trends, sondern an **langfristigen Werten und Normen** ist für die Hotelketten zukunftsweisend. Reisemotivationen entstehen aus der Gesellschaft und aus deren Werten heraus.[1] Bislang richten sich die Hotelketten stark an kurzfristigen Gewinnen und Zielen aus. Deshalb werden Investitionen in Innovationen

---

[1] Vgl. Freyer (2011), S. 79. „Mitbedingt wird Reisen durch die veränderte soziale und technische Mobilität innerhalb der Gesellschaft: Die Bewohner der heutigen (Industrie-)Nationen haben nicht mehr ein Leben lang isoliert in ihren Geburtsorten verbracht, sondern sie treten sehr früh in Kommunikation mit ihrer Außenwelt: über Medien, aber auch durch Besuchsreisen sowie gestiegene Mobilität bei der Arbeitsplatzsuche." (ebd., S. 80)

DOI 10.1515/9783110451436-006

gescheut. Wie in Abschnitt 2.2.1 zu erkennen ist, liegt der Innovationserfolg im Aufbau langfristiger Wettbewerbsvorteile. Für den Aufbau von Neuerungen ist ein langer Atem erforderlich. Innovationen brauchen Investitionen, und ein ROI zeichnet sich oft erst nach einigen Jahren ab (siehe Abbildung 15). Oft fehlt es den Hotelketten an der notwendigen Ausdauer, Dienstleistungsinnovationen bis zur Marktreife voranzutreiben.

**Tabelle 30:** Neue Innovationskultur der Hotelketten (Quelle: Eigene Darstellung).

| Innovationskultur, Vision & Werte (siehe Abschnitt 2.2.1) | Verhalten der Hotelketten bisher (siehe Abschnitt 3.3.1) | Neue Innovationskultur der Hotelketten |
|---|---|---|
| Entstehung von Innovationen: | aus den täglichen Routinetätigkeiten | durch separaten Innovationsprozess |
| Zielsetzung: | Trends und kurzfristige Ziele | Werte und langfristige Ziele |
| Veränderungsbereitschaft: | träge | agil |
| Unternehmensführung: | verwaltend und delegierend | visionär und involviert |
| Managementstil: | Top-down-Management | Bottom-up-Management |
| Hierarchien: | steile Hierarchien | flache Hierarchien |
| Mitarbeiter im Innovationsprozess: | nur Operations | verschiedene Abteilungen, inkl. Vertrieb & Marketing |
| Belohnungen/Anreize für Innovationen: | Innovationen nicht im Bonussystem | klares, transparentes Bonus-/Anreizsystem für Innovationen |
| Netzwerke: | Hotelkette operiert allein bzw. Geheimhaltung von Innovationen | Brancheninterner bzw. -externer Austausch |

Die Veränderungsbereitschaft der Hotelketten ist träge, da bisheriges Wachstum nur durch einfache Konsolidierung entstanden ist (siehe Abschnitt 1.1). Die **Innovationskultur einer Hotelkette** sollte sich **rasch Veränderungen anpassen** und zügig auf neue Umsatzmöglichkeiten reagieren. Ziel muss es sein, schnell mit Innovationen auf dem Markt zu sein, um sich einen Wettbewerbsvorteil gegenüber anderen Hotelketten zu sichern (siehe Abbildung 17).

Des Weiteren braucht es einen Wandel im Managementstil. Die Hotellerie als Branche zeichnet sich nach wie vor durch unbewegliche Hierarchieebenen aus. Der starre Karriereweg von der Ausbildung bis zum Generaldirektor ist nach wie vor die Regel. Innovative Mitarbeiter, die beispielsweise über Expertenwissen in den Neuen Medien oder anderen Vertriebs- bzw. Marketingtechnologien verfügen, sind oft angesichts ihrer kurzen Betriebszugehörigkeit in niedrigeren Hierarchiestufen beschäftigt und werden dort nicht gehört oder gar von Abteilungsleitern blockiert, sodass ihre Innovationsideen nicht bis zur Geschäftsführung gelangen. Deshalb sind **in den Hotelketten flachere Hierarchiestufen zwingend notwendig**. Denn die Unternehmensführung muss für das Thema „Innovationsprojekte" direkt ansprechbar sein. Eine **Vision ist**

**von der Unternehmensführung anzubieten**, die innovative Weiterentwicklungen, Prioritäten und Wachstumspotenziale als Leitfaden vorgibt. Für innovative Hotelketten empfiehlt sich daher ein **Bottom-up-Managementstil**. Im modernen Innovationsprozess steht der Mitarbeiter im Vordergrund und nicht der Unternehmer.

Um eine Innovationskultur in den Hotelketten aufzubauen, ist der Abbau des Widerstands von Mitarbeitern entscheidend. Allen Mitarbeitern sollte die Freiheit gegeben werden, Fragen zu stellen. Fragen stellen heißt: Fortschritt; keine Fragen stellen heißt: Stillstand. „Innovationen verlangen unkonventionelle, konfliktfähige, konfliktproduzierende Menschen."[2] „Mitarbeiterpartizipation fördert Innovation, unabhängig von speziellen Formen ihrer Organisation."[3] Die **Befähigung von Mitarbeitern** aller Abteilungen, **inklusive Vertrieb und Marketing**, ist entscheidend für die **Entwicklung von Dienstleistungsinnovationen**.[4] Ein **klar definiertes, transparentes Anreizsystem**, in dem die Gestaltung von Innovationen ein wichtiger Bestandteil ist, ist von den Hotelketten einzuführen. Das stimuliert nicht nur Mitarbeiter für Neuerungen, sondern baut auch Widerstände von vornherein ab. Wichtig ist, auch intern die Kundenorientierung beim Dienstleistungsinnovationsprozess zu berücksichtigen, d. h., die Mitarbeiter versetzen sich in die Situation des Kunden.[5] Daraus resultiert eine Kundenorientierung innerhalb und außerhalb des Unternehmens.

Erfolgreiche Innovationen werden in Zusammenarbeit mit brancheninternen und -externen Partnern schneller zur Marktreife gebracht. Ein intensiver Ideen- und Wissensaustausch schafft das Klima für die Entstehung schwer imitierbarer Innovationen. Für die Hotelketten heißt das: weg von der Insichgekehrtheit von Innovationsbemühungen, hin zu einer offenen, **branchenübergreifenden Innovationskultur**. Zwingend ist dafür, **Innovationsnetzwerke** zu gründen.

## 6.1.2 Innovationsstrategie und Innovationsstruktur

Die Festlegung einer Innovationsstrategie sowie der Aufbau einer Innovationsstruktur sind die weiteren Voraussetzungen für die gezielte Förderung von Dienstleistungsinnovationen (siehe Abschnitt 2.2.2). Da eine einheitliche Innovationsstrategie und -struktur bisher in der Hotellerie nicht angewendet wird, fasst der Autor in der folgenden Tabelle konkrete Ansätze als Forschungsergebnis zusammen (siehe Tabelle 31).

In die Ausrichtung der Innovationsstrategie sollten die **Aspekte des Vertriebs und der Vermarktung** von Anfang an mit einfließen. Oft diktiert der Markt notwendige Innovationsbemühungen, während die Hotelketten aus ihren **unternehmenseigenen**

---

**2** Hauschildt (2004), S. 109.
**3** Ebd. Dies geht weit über das normal übliche innerbetriebliche Vorschlagswesen hinaus. Vgl. auch Meffert, Bruhn (2003), S. 325.
**4** Vgl. ebd., S. 386.
**5** Vgl. Bruhn (2002), S. 31.

**Ressourcen und Kompetenzen** keine entsprechenden Dienstleistungsinnovationen kreieren und am Markt vorstellen.

**Tabelle 31:** Neue Innovationsstrategien/-struktur der Hotelketten (Quelle: Eigene Darstellung).

| Innovationsstrategien/-struktur (siehe Abschnitt 2.2.2) | Verhalten der Hotelketten bisher (siehe Abschnitt 3.3.2) | Neue Innovationstrategien/-struktur der Hotelketten |
|---|---|---|
| Ausrichtung der Innovationsstrategie: | Zufällig | analytischer und kreativer Prozess in enger Anlehnung an Vertrieb & Marketing |
| Anstoß für Innovationen: | aus dem Markt | aus den unternehmenseigenen Ressourcen und Kompetenzen |
| Ideengenerierung: | Zufällig | strukturierte Ideenentwicklung und Ideenmanagement |
| Ideenbewertung: | nach Risiken und eventuellen Investitionen | nach Wachstumschancen und Wettbewerbsvorteilen |
| Mitarbeiterfokus: | Wettbewerb ausschließlich um Gäste und Kunden | Employer Branding, um den War for talent zu gewinnen |
| Zielgruppenfokus: | Fokus auf traditionelle Zielgruppe | Fokus auf Nichtkunden und neue Zielgruppen |

Eine **strukturierte Ideengenerierung** nach vorgegebenem Muster (siehe Abbildung 16) findet heutzutage bei den Hotelketten nicht statt. Ideen entstehen meist eher zufällig. Ein strukturierter Prozess durch **angemessene Ideenfindungstechniken** (siehe Tabelle 8), in enger Anlehnung an Vertrieb und Marketing, könnte bei den Hotelketten eingeführt werden. Dies würde zur gezielten, systematischen Generierung von Vorschlägen aus allen Unternehmensbereichen führen.

Auch die Bewertung von Ideen muss nach einem strukturierten Muster erfolgen. Bisherige subjektive Einschätzungen hinsichtlich eventuell auftretender Risiken oder Kosten gilt es zu vermeiden. Die **Entscheidungskriterien für die Weiterentwicklung von Ideen müssen zukünftige Wachstumschancen und Wettbewerbsvorteile** sein. Wie in Kapitel 2 dokumentiert, ist die Konzeption neuer Dienstleistungsinnovationen im Vergleich zur Sachgüterinnovation mit wesentlich weniger Investitionen verbunden. Hier liegt die Chance der Hotelketten, eine Vielzahl von neuen Ansätzen im Rahmen der Innovationsstruktur entstehen zu lassen und zu testen. Erst zum Zeitpunkt der Markteinführung sind größere Investitionen gefragt, da eine neue Dienstleistung durch das Marketing beim potenziellen Kunden bzw. Gast bekannt zu machen ist.[6]

---

6 „Mit Blick auf das Innovationsmanagement in Dienstleistungsunternehmungen ist somit festzustellen, dass aufgrund der relativ geringen Investitionsbedarfs in den frühen Phasen des Innovationsprozesses

Wie beim Bemühen um Gäste und Kunden sind die Hotelketten heute gefordert, innovative Mitarbeiter zu bewerben. Dabei sind vor allen Dingen die **Mitarbeiter im Vertrieb und Marketing die Imageträger der Hotelkette**.[7] Eine vollständige Identifikation mit dem Unternehmen ist wichtig, da die Qualität des Kundenkontakts für den Erfolg der jeweiligen Dienstleistung ursächlich ist.[8] Eine **Employer-Branding-Strategie** gehört deshalb umbedingt zum B2C-Dienstleistungsmarketing. Ähnlich wie bei der Kundengewinnung haben die Ansprache, das Image und der Vertrauensaufbau eine besondere Bedeutung.[9] Innovative Mitarbeiter stehen Neuem grundsätzlich positiv gegenüber, während Neues in Unternehmen oft zu Widerständen führt (siehe Mitarbeiter- und Kundenakzeptanz Abschnitt 2.3.2).

Es gibt keine Garantie, dass eine bestehende Zielgruppe jede Dienstleistungsinnovation einer Hotelkette auch annimmt. Die Aufgabe der Vertriebs- und Marketingabteilung muss es sein, **neue Zielgruppen zu definieren** und diese bei der Ideengewinnung und -bewertung in den Fokus zu nehmen. Ausgangspunkt dafür ist die **Frage nach den Bedürfnissen des Nichtkunden**. Um bei neuen Dienstleistungsinnovationen Kundenakzeptanz zu erreichen, muss der klare Nutzen für den Kunden veranschaulicht werden (siehe Abbildung 18).[10]

### 6.1.3 Umsetzung, Diffusion und Controlling von Innovationen

Nicht weniger wichtig für den Innovationserfolg sind Umsetzung, Diffusion und das ganzheitliche Controlling von Innovationen (siehe Abschnitt 2.2.3). Die in Abschnitt 3.3.3 offengelegten Probleme verweisen auf fehlende Innovationsumsetzung, Innovationsdiffusion und fehlendes Innovationscontrolling in den Hotelunternehmungen. Um zukünftig Innovationen erfolgreich zur Marktreife zu führen, schlägt der Verfasser folgende Ansätze vor (siehe Tabelle 32):

Wie Abschnitt 2.2.3 zeigt, ist der Zeitpunkt der Markteinführung einer Dienstleistungsinnovation von ausschlaggebender Bedeutung für den späteren Innovationserfolg. Sowohl eine zu frühe als auch eine zu späte Umsetzung kann den Erfolg mindern. **Hotelketten benötigen deshalb ein ganzheitliches Time-to-Market-Management**.

---

nahezu sämtliche Ideen – und damit auch jene, die nur geringe Aussichten auf eine erfolgreiche Markteinführung haben – konzeptionell entwickelt und im Hinblick auf ihre Erfolgsaussichten im Markt getestet werden können. Erst dann muss ein sehr restriktiver Bewertungs- und Selektionsprozess einsetzen, um zu gewährleisten, dass allein diejenigen Dienstleistungsinnovationen in der Unternehmung durchgesetzt und im gesamten für die Unternehmung relevanten Marktraum vermarktet werden, die die in der Zielplanung festgelegten Zielerreichungsgrade erfüllen." (Benkenstein, 2001, S. 698)
**7** Vgl. Gardini (2004), S. 39; Walder (2007), S. 61.
**8** Vgl. Gardini (2004), S. 39 f.
**9** Pohl, Hüggelmeier (2012), S. 141 f.
**10** Vgl. Gardini (2009), S. 27.

**Tabelle 32:** Neue Umsetzung, Diffusion und Controlling von Innovationen (Quelle: Eigene Darstellung).

| Umsetzung, Diffusion & Controlling von Innovationen (siehe Abschnitt 2.2.3) | Verhalten der Hotelketten bisher (siehe Abschnitt 3.3.3) | Neue Innovationsumsetzung der Hotelketten |
|---|---|---|
| Implementierungszeitpunkt: Diffusionsprozess: | kein definierter Prozess Fokus auf spätere Mehrheit und Nachzügler | Time-to-Market-Management Fokus auf frühe Adoptoren und frühe Mehrheit |
| Diffusionszeitraum: | taktische Vertriebs- und Marketingmaßnahmen | strategische Vertriebs- und Marketingmaßnahmen |
| Innovationscontrolling: | nur Projektcontrolling | ganzheitliches Innovationscontrolling |
| Imitationsschutz: | nicht ausgeprägt | Schutzmauern durch Leistungsbündel und Netzwerken |

Entscheidend für eine rechtzeitige und weit gestreute Diffusion sind die **frühen Adoptoren** – jene Zielgruppe, die sich rasch für neue Dienstleistungsinnovationen entscheidet. Sie beeinflusst wiederum die **frühe Mehrheit**, die im Gegensatz zu den Adoptoren stärker in der Gesellschaft verankert und somit richtungsweisend für den Erfolg der Innovation sein kann. Die Hotellerie und die Hotelketten erkennen ein Innovationspotenzial häufig zu spät, sodass sie daraus nur noch bei der späten Mehrheit und bei den Nachzüglern Profit schlagen können (siehe Abbildung 17). Als Beispiel hierfür dient der Online-Check-in bei den Fluggesellschaften, der jetzt erst nach und nach auch bei der Hotellerie Einzug findet.[11] „In einem wettbewerbsintensiven, dynamischen Markt wie der Hotellerie haben nur diejenigen eine Quasi-Erfolgsgarantie, die dem Gast nicht nur Mainstream-Produkte, sondern echte Innovationen anbieten, First Mover sind."[12]

Außerdem gilt es, den Diffusionszeitraum von Innovationen so langfristig wie möglich zu gestalten. Bisher tun sich die Hotelketten meist mit punktuellen Bemühungen hervor, ihre Häuser in buchungsschwachen Zeiträumen mithilfe von taktischen **Vertriebs- und Marketingmaßnahmen** zu füllen. Doch **strategische Maßnahmen**, die eine Wertgenerierung für den Kunden abseits vom Preis erlangen, sorgen für langfristige Wettbewerbsvorteile.

Innovationscontrolling ist für erfolgreiche und innovative Unternehmen zwingend notwendig. Die Hotelketten analysieren den Erfolg einzelner Projekte i. d. R. durch einen Soll-Ist-Vergleich. Dabei agiert das Controlling als reine Kontrollinstanz.

---

**11** Vgl. Kwidzinski (2013d). Die Gäste werden hierbei ohne Zwischenstopp an der Rezeption das Hotelzimmer mit ihrem Smartphone öffnen können. Einige Hotelketten befinden sich hierfür in der Pilotphase.
**12** Gardini (2009), S. 214.

Doch erforderlich ist vielmehr ein **ganzheitliches Innovationscontrolling**, wobei das Aufgabenspektrum die Investitionsplanung, -koordination, -realisierung und -kontrolle aller Innovationsbemühungen der Hotelkette umfasst. Das Innovationscontrolling muss **eng mit der Vertriebs- und Marketingabteilung** zusammenarbeiten.

Hotelketten sind gefordert, **Schutzmauern** zu bauen, um ihre immaterielle Dienstleistung vor Imitation zu schützen. Eine Chance ist hierbei der externe Faktor. Dienstleistungen können durch starke Reputation und Kundenbindung geschützt werden – nicht durch Patente.[13] Die Hotelketten haben eine große Möglichkeit, durch die **Zusammenstellung von Leistungsbündel** mit anderen Leistungsträgern wie auch **Partnern aus anderen Branchen** schwer imitierbare Dienstleistungen aufzubauen.

## 6.2 EMP – Handlungsempfehlungen für Dienstleistungsinnovationen im Vertrieb und Marketing in der Hotellerie

Um Handlungsempfehlungen für Dienstleistungsinnovationen im Vertrieb und Marketing in der Hotellerie abzuleiten, werden die verifizierten acht Hypothesen (siehe Abschnitt 5.1) in den folgenden drei Kernergebnissen zusammengefasst und gewürdigt:

– *Kernergebnis 1: EMOTION UND BEGEISTERUNG (E)*
Die stärkste Kundenbindung wird durch *(HYP1)* Emotionen und *(HYP8)* Begeisterung über die Dienstleistung erreicht. Dadurch werden die *(HYP5)* Mitarbeiter zur unternehmenswichtigsten Quelle für Innovationen in der Zukunft. Außerdem können nur begeisterte Mitarbeiter bei den Kunden Begeisterung hervorrufen.
– *Kernergebnis 2: MEHRWERT UND MÖGLICHKEITEN (M)*
Es sollte dem Kunden ein *(HYP3)* Mehrwert angeboten werden, der Bedürfnisse und Wünsche befriedigt, derer sich der Kunde noch nicht bewusst ist. Hier geht man von einem lösungsorientierten zu einem möglichkeitsorientierten Ansatz über *(HYP4)*. In der Zukunft werden *(HYP6)* Netzwerke als Innovationstreiber eine noch größere Rolle bei der Festlegung dieses Mehrwerts und bei seiner Umsetzung spielen. Dadurch entsteht ein stärkeres Differenzierungspotenzial gegenüber den Mitbewerbern.
– *Kernergebnis 3: PERSONALISIERUNG UND CUSTOMER LIFETIME VALUE (CLV) (P)*
Der Kunde wird in den Prozess involviert, indem man ihm sogar *(HYP2)* Aufgaben bei der Dienstleistungsproduktion überträgt, um vertiefte Kundenkenntnisse zu

---

13 Vgl. Benkenstein (2011), S. 699 f. „Marktzutrittsbarrieren entstehen somit vor allem durch Markt- und weniger durch Technologieinvestitionen." (ebd., S. 700)

gewinnen. Die Prozesse bzw. Angebote und Preise im Multi-Channel-Vertrieb und -Marketing *(HYP7)* lassen sich so personalisiert gestalten. Die Personalisierung und die Berücksichtigung vom CLV führen zu neuen Angebots- und Erfolgsbemessungsmodellen.

Im Folgenden werden die oben aufgeführten Kernergebnisse dieser Arbeit detailliert ausgearbeitet, um das in Abschnitt 6.1 dargelegte neue Innovationsmanagement der Hotellerie im Geschäftsfeld Vertrieb und Marketing zu erweitern.

### 6.2.1 Kernergebnis 1: Emotionale Begeisterung im Vertriebs- und Marketingprozess

Eine **dauerhafte Kundenbindung** werden die Hotelketten zukünftig nur durch **Begeisterung im Vertriebs- und Marketingprozess** erreichen, hervorgerufen durch **Emotionen.** Eine echte und freiwillige Kundenbindung ist die Kernaufgabe für die Zukunft.[14] Verträge zwischen Unternehmen und Kunden sind eine kurzfristige wirtschaftliche Absicherung über die Umsätze, aber keine langfristig profitable Lösung. Kundenbindung wird unterteilt in bisheriges Verhalten und in Verhaltensabsichten.[15] „Die Faktoren Wiederkauf und Weiterempfehlung erfassen die Dimension bisheriges Verhalten, während die Faktoren Wiederkauf-, Zusatzkauf- (Cross-Selling-Potenzial) und Weiterempfehlungsabsicht zu der Dimension Verhaltensabsichten gehören.“[16] Entscheidend ist deshalb, eine echte Kundenbindung zu loyalen Kunden aufzubauen. Dies führt zur Abkürzung des Kaufentscheidungsprozesses.[17] Die Faktoren Emotion und Begeisterung stehen dabei proportional im Verhältnis (siehe Abbildung 53).

Der Psychologe Paul Thomas YOUNG befasste sich als einer der Ersten mit dem Thema Emotionen und der Reaktion von Menschen darauf.[18] Weiter definieren KROEBER-RIEL, WEINBERG und GRÖPPEL-KLEIN **Emotionen** als „[...] innere Erregungsvorgänge, die angenehm oder unangenehm empfunden und mehr oder weniger bewusst erlebt werden“.[19] Der heutige Stand der Gehirnforschung stuft Dienstleistungen,

---

14 Vgl. Meffert, Bruhn (2003), S. 743 ff.
15 Vgl. Homburg, Faßnacht (2011), S. 451.
16 Ebd., S. 341.
17 Vgl. Meyer, Blümelhuber (2001), S. 393. „Die Entscheidung bezüglich der Auswahl eines Anbieters läuft automatisiert ab, sie ist programmiert.“ (ebd.)
18 Young (1961), S. 352 f. „Emotions are acutely disturbed affective processes which originate in a psychological situation and which are revealed by marked bodily changes in the glands and smooth muscles. The following words designate emotional disturbances: rage, horror, terror, agony, excitement, jealousy, shame, embarrassment, disgust, grief, joy, amusement, elation, etc." (ebd., S. 352–353)
19 Kroeber-Riel, Weinberg, Gröppel-Klein (2009), S. 56; Gardini (2009), S. 97.

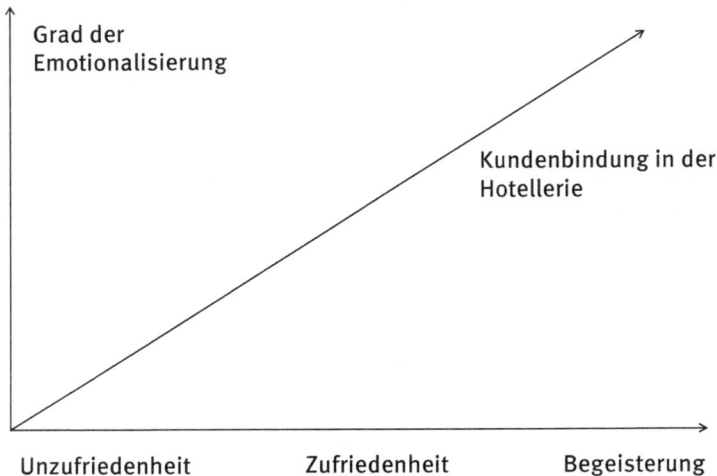

**Abbildung 53:** Kundenbindung im Verhältnis von Emotionalisierung und Begeisterung (Quelle: Eigene Darstellung).

die keine Emotionen hervorrufen, vom menschlichen Gehirn als wertlos ein;[20] „[...] je stärker die (positiven) Emotionen sind, die von einem Produkt, einer Dienstleistung oder/und einer Marke vermittelt werden, desto wertvoller erscheinen Produkt und Marke für das Gehirn und desto mehr ist der Konsument auch bereit, Geld dafür auszugeben."[21] Deshalb stellen KROEBER-RIEL, WEINBERG und GRÖPPEL-KLEIN hier ausdrücklich die Beziehung von **Emotion, Motivation** und **Einstellung** in den Vordergrund ihrer Untersuchung über die Aktivierung eines konkreten Kaufimpulses bei dem Konsumenten.[22] Die Emotion ist das „zentralnervöse Erregungsmuster",[23] das zu den grundlegenden menschlichen Antriebskräften gehört und das durch die Motivation ein konkretes Handeln auslöst. Basis hierfür ist eine positive Einstellung gegenüber einem Unternehmen, einem Produkt oder einer Dienstleistung. Aus den positiven oder negativen Erfahrungswerten von einer Dienstleistung bildet sich dementsprechend die Einstellung.[24] Hier kann diese Einstellung mit einer Grundzufriedenheit gleichgesetzt werden. Daraus folgt, dass die reine **Kundenzufriedenheit kein Impulsgeber für eine Kaufentscheidung** ist, sondern die **Emotion einen**

---

20 Vgl. Häusel (2012), S. 40.
21 Vgl. ebd. Beispiele für Emotionen können Glück, Sympathie, Erfolg, Leistung, Prestige, Exklusivität, Ungebundenheit, Abenteuer, Erotik, Jugendlichkeit sein. Diese Emotionen können beispielsweise durch Musik, Licht und Duft hervorgerufen werden.
22 Vgl. Kroebler-Riel, Weinberg, Gröppel-Klein (2009), S. 55 ff.
23 Ebd., S. 59.
24 Vgl. Rosenstiel, Neumann (2012), S. 17.; Brunner-Sperdin (2008), S. 52 ff.; Buhr (2011), S. 138.

**Kaufimpuls generiert** (siehe quantitative und qualitative Verifizierung von Hypothese 1 in Abschnitt 5.2.3).[25]

Bis dato definiert man dennoch die Kundenzufriedenheit als Maßeinheit für Kundenbindung in der Hotellerie. Vorwiegend wird wiederum Qualität als Maßeinheit für Kundenzufriedenheit gewertet.[26] Deshalb gilt bisher Kundenzufriedenheit und das Erfüllen der Kundenerwartung als das ultimative Ziel in Dienstleistungsunternehmen – Hotellerie inklusive.[27] Die bisherige Vorgehensweise konzentriert sich darauf, die Zufriedenheit bei den einzelnen Gastkontaktpunkten, von der An- bis zur Abreise, festzuhalten und daraus auf eine Gesamtkundenzufriedenheit zu schließen.[28] Die Hotelketten messen weitestgehend Kundenzufriedenheit über Lob- und Beschwerdeanalysen, basierend auf standardisierten Gästebefragungen (siehe Abschnitt 5.2.3).[29] Es bedarf vielmehr einer aktiven Interaktion zwischen Gästen und Hotelunternehmen, um positive oder negative Emotionen zu bewerten. Hierbei können die sozialen Medien (siehe Abschnitt 3.2.4.2) eine ideale Plattform sein. „Es gilt, über die verschiedenen Kommunikationskanäle und die vielseitigen Kommunikationsmittel die Zielgruppe in ihren verschiedenen Lebens-, Erlebnis- und Kaufsituationen sowie den diversen Informationsphasen abzuholen und alle Aktionen zu einem runden Ganzen zu verknüpfen. Dabei spielt auch das Web 2.0 eine wichtige Rolle."[30] Die bisher gängigen Gästefragebogen liefern indes ein unvollständiges Bild; da erstens die Gästebeteiligung gering ist[31] und zweitens psychologische Prozesse wie kognitive Dissonanz, Kausalattributionen und Vergessen außer Acht gelassen werden.[32] Der Kunde stellt einen reinen Kosten-Nutzen-Vergleich auf. Seine Zufriedenheit gegebenenfalls Unzufriedenheit ist folglich das Ergebnis individueller Vergleichsprozesse zwischen den subjektiven Erwartungen an bestimmte Leistungen und den subjektiven Wahrnehmungen dieser

---

**25** Vgl. Kroebler-Riel, Weinberg, Gröppel-Klein (2009), S. 55–60. O'Shaughnessy und O'Shaughnessy setzten als eine der Ersten den Begriff Emotion in direkter Korrelation mit einem Kauftrieb für eine Dienstleistung. Emotionen sind die bestimmenden Kräfte für den Erfolg und Misserfolg von Marken, Produkten und Dienstleistungen und sollten strategisch im Marketing eingesetzt werden (vgl. O'Shaughnessy, O'Shaughnessy, 2003, S. 3 ff.).
**26** Vgl. hierzu Scharnitzer (1994), S. 71–107; Bruhn (2004), S. 9.
**27** Vgl. Homburg, Faßnacht (2001), S. 444 ff.; Fitzsimmons, Fitzsimmons (2011), S. 119; Barth, Theis (1998), S. 106 ff.
**28** Kaiser stellt hier ein n-Faktor-Modell (n = Gastkontaktpunkte bzw. Zahl der Aufenthalte) für Hoteldienstleistungen auf. Vgl. Kaiser (2008), S. 178 ff.
**29** Vgl. Scharitzer (1994), S. 133 ff.; Wimmer, Roleff (2001), S. 317 ff.; Barth, Theis (1998), S. 54 ff. 49 % der befragten Hoteliers nutzen den Gästefragebogen zur Messung von Gästezufriedenheit. Vgl. hierzu Anhang 2 – Die Auswertung der Befragung, Fragen Kunden/Hotellerie: Hypothese 8.
**30** Spiller (2011), S. 204.
**31** „Diese Form der Informationsgewinnung sollte jedoch nicht überschätzt werden, da rein quantitativ diese Fragebögen i. d. R. nur von ca. 1–2 % der Hotelgäste ausgefüllt werden." (Gardini, 2009, S. 77)
**32** Vgl. Matzler, Sauerwein, Stark (2002), S. 276.

Leistungen.[33] PIKKEMAAT und WEIERMAIR[34] sprechen in diesem Zusammenhang von der wahrgenommenen Qualitätsunsicherheit. Aus diesem Grund ist bei Emotionen und bei der Bewertung von Erlebnissen die Subjektivität menschlicher Wahrnehmung zu berücksichtigen.[35] „Dies bedeutet einerseits, dass je weniger komplex und je standardisierter ein Tourismusprodukt produziert und vermarktet wird, desto detaillierter nehmen Kunden Preisunterschiede wahr, da es sich um reine Suchgüter handelt (beispielsweise standardisierte Beherbergungsleistung bei einer Geschäftsreise), andererseits umfassen touristische Erfahrungs- und Glaubensgüter emotionale, individualisierte Erfahrungen und Erlebnisse (beispielsweise individuelle Hochzeitsfeier)."[36] Bei den Erfahrungs- und Glaubensgütern werden Preisunterschiede weniger wahrgenommen, aber dann ist eine gezielte Marketing- und Kommunikationsstrategie gefragt, um den Kunden die Ungewissheit zu nehmen, dass das Leistungsversprechen vielleicht nicht eingehalten werden könnte. Deshalb empfiehlt es sich für die Hotellerie nicht nach dem reinen Produkt, wie beispielsweise Stadthotels, Flughafenhotels, Resorthotels (siehe Tabelle 15 sowie Abbildung 29) oder nach Produkteigenschaften, wie etwa Golfhotels, Wellnesshotels, Skiresorts zu segmentieren. Jedoch sollten die individuellen Kundenpräferenzen im Einklang mit deren Lifestyle (bspw. Abenteuer, Dating, Gesundheit, Prestige) im Vordergrund stehen (siehe Abschnitt 3.2.1.2). Gäste möchten mit dem Kauf von Premiumprodukten Ihren Lifestlye und folglich Ihre Identität unterstreichen, um vielleicht cool, reich, sexy usw. zu wirken.[37] Ebenso kann Kundenzufriedenheit aus dem Vergleich der Nutzung einer entsprechenden Dienstleistung und einer ähnlichen Dienstleistung in der Vergangenheit resultieren.[38] Im Falle der Bestätigung der zugrunde gelegten Vergleichsleistung entsteht beim Kunden Zustimmung.[39]

Zufriedenheit reicht nicht mehr aus, um Kunden langfristig zu binden, da **trotz Zufriedenheit eine hohe Wechselbereitschaft** besteht.[40] Der Kunde sucht das Überraschende. Nur derjenige, der den Kunden durch emotionales Marketing begeistert, kann in der Zukunft langfristige Kundenbindung erreichen (siehe quantitative und qualitative Verifizierung von Hypothese 8 in Abschnitt 5.2.3). KANO[41] et al. haben zur Klassifizierung von Kundenanforderungen ein Modell nach dem Grad der Kundenzufriedenheit und dem Grad der Leistungserfüllung entwickelt (siehe Abbildung 54).

---

**33** Vgl. Kaas, Runow (1984), S. 452 ff.
**34** Vgl. Pikkemaat, Weiermair (2004), S. 363.
**35** Vgl. Rosenstiel, Neumann (2012), S. 15; Gruner, Freyberg, Phebey (2014), S. 10 ff.
**36** Pikkemaat, Weiermair (2004), S. 363.
**37** Vgl. Jánszky (2013), S. 34
**38** Vgl. Oliver (1980), S. 460 ff.; Churchill, Suprenant (1982), S. 491 ff.; Oliver, DeSarbo (1988), S. 495 ff.
**39** Vgl. Homburg, Faßnacht (2001), S. 447.
**40** Vgl. Stolpmann (2008), S. 17.
**41** Vgl. Kano et al. (1984), S. 39 ff.

**Kundenzufriedenheit**

| Begeisterungsanforderungen | | Leistungsforderungen |

Sehr
zufrieden

**Begeisterungsanforderungen**

**Vertrieb:**
Kunde erhält schriftliches
Angebot schon nach 3 Stunden.
Zusätzlich erfolgt ein
persönlicher Anruf des
Vertriebsmitarbeiters, mit dem
Aufzeigen weiterer
Möglichkeiten, die der Kunde
noch nicht bedacht hat.

**Marketing:**
Gast sieht ein Hotelvideo,
individuell erstellt von
Fotos und Videos anderer
Gäste (bspw. generiert aus
den sozialen Netzwerken
und Bewertungsportalen).

**Leistungsforderungen**

**Vertrieb:**
Kunde erhält
schriftliches Angebot
garantiert innerhalb
von 24 Stunden.

**Marketing:**
Neben Textinformationen
sind auch ein Hotelvideo
sowie Fotos zu sehen.

⟵                                                                      ⟶ **Grad der**
**Erfüllung**

überrascht                                                           erwartet

**Basisanforderungen**

**Vertrieb:**
Kunde erhält
schriftliches Angebot.

**Marketing:**
Textinformationen auf
Hotel-Webseite über
Eigenschaften des Hotels.

Sehr
unzufrieden

**Als Basis dienen ein Vertriebs-und ein Marketingszenario:**
Szenario Vertrieb: Kunde fragt schriftlich Tagungsräume in einem Hotel an.
Szenario Marketing: Gast möchte sich über ein Hotel im Internet informieren.

**Abbildung 54:** Klassifizierung von Kundenanforderungenam Beispiel von Vertrieb und Marketing (Quelle: Eigene Darstellung in Anlehnung an Kano et al. (1984), S. 44; Bailom et al. (1996), S. 118).

Basisanforderungen sind hierbei Anforderungen, deren Erfüllung die Kunden als selbstverständlich ansehen (wie bspw. ein schriftliches Angebot zu erhalten oder Informationen über ein Hotel im Webauftritt zu finden). Auch wenn diese Anforderungen die Erwartungen übertreffen, bringt dies nicht zwangsläufig Zufriedenheit.[42] Leistungsanforderungen lösen Befriedigung abhängig von deren Erfüllungsgrad aus (wie bspw. ein Angebot vom Vertriebsmitarbeiter innerhalb einer garantierten Zeitspanne oder neben Informationen auch ein Hotelvideo im Internetauftritt). Bei Nichterfüllung führen sie zu Beschwerden. Hinsichtlich der **Begeisterungsanforderungen** handelt es sich um Leistungen, die vom Kunden nicht explizit erwartet werden und somit deren Erbringung eine überproportionale Kundenzufriedenheit garantieren.[43] Deren Wegfall hat aber auch nicht Unzufriedenheit zur Folge. Beispiel für eine Begeisterungsanforderung wäre ein Angebot schon innerhalb von drei Stunden nach der Anfrage, kombiniert mit einem persönlichen Anruf des Vertriebsmitarbeiters. Gemäß dem Bedürfnisprofil des Kunden sollten weitere Möglichkeiten in diesem Gespräch

---

**42** Vgl. Matzler, Stahl, Hinterhuber (2002), S. 19.
**43** Vgl. Bailom et al. (1996), S. 118; Matzler, Stahl, Hinterhuber (2002), S. 19.

veranschaulicht werden, die der Kunde noch nicht bedacht hat. Ein Hotelvideo, zusammengesetzt aus Foto- und Filmmaterial vorheriger Gäste, empfände der Kunde als hilfreich. Denn laut Abschnitt 3.2.4.2 vertrauen die meisten Gäste der Bewertung anderer Gäste. Deren Erinnerungen an eine Leistung würde eine Begeisterungsanforderung darstellen.[44] Dies sollte dem Marketing bewusst sein. Um von Leistungsanforderungen zu Begeisterungsanforderungen zu kommen, bedarf es vieler Anstrengungen und Feldversuche.

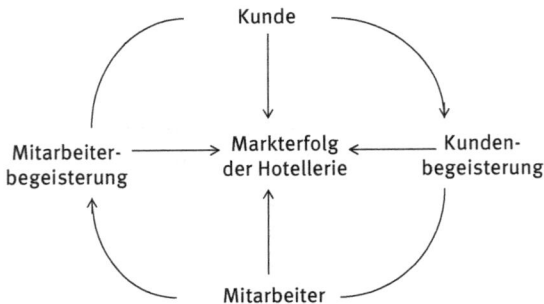

**Abbildung 55:** Wechselspiel zwischen Kunden- und Mitarbeiterbegeisterung (Quelle: Eigene Darstellung in Anlehnung an Handlbauer (2002), S. 174 und Stock-Homburg (2009), S. 95).

Die Kundenzufriedenheit geht nicht zwangsläufig mit der Qualität der Dienstleistung einher, sondern bezieht sich überwiegend auf die Transaktion (dem tatsächlichen Dienstleistungserstellungsprozess) mit dem Mitarbeiter.[45] Die **Rolle des Menschen bzw. der Mitarbeiter im Dienstleistungserstellungsprozess** wird häufig unterschätzt. Sie sind die **Quelle von Dienstleistungsinnovationen**; durch Ideen und Interaktion mit anderen Mitarbeitern schaffen sie neue Werte (siehe quantitative und qualitative Verifizierung von Hypothese 5 in Abschnitt 5.2.3).[46] Eine solch veränderte Werteschaffung mündet dann oft in neue Organisations- und Geschäftsmodelle.[47] Verhaltensweisen der Verkäufer beeinflussen zudem auch die Kundenzufriedenheit.[48] Es ist von einem direkten Einfluss der Mitarbeiterzufriedenheit auf die

---

44 Vgl. Trommsdorff, Steinhoff (2007), S. 258 f.
45 Vgl. Meyer, Ertl (1996), S. 207. „Die Zufriedenheit mit einer Transaktion, Leistung, Person, Anbieter oder Branche ergibt sich erst in einem nächsten Schritt durch die wiederum subjektive Wertung der subjektiv wahrgenommenen Qualität. So ist es bspw. möglich, daß ein und dasselbe Ergebnis aufgrund der Individualität der zugrundeliegenden Nutzenfunktion zu unterschiedlichen Zufriedenheitswerten führt." (ebd., S. 210)
46 Vgl. Spohrer, Kwan (2009), S. 140.
47 Vgl. auch Bienzeisler (2009), S. 241.
48 Vgl. Stock-Homburg (2009), S. 4. Viele Unternehmen haben in den letzten Jahren strukturierte Mitarbeiterzufriedenheits-Messinstrumente eingeführt. Vgl. auch Goff et al. (1997), S. 171 ff.

Kundenzufriedenheit auszugehen.[49] Zufriedene bzw. unzufriedene Kunden machen Mitarbeiter zufrieden bzw. unzufrieden.[50] Da aber in der Zukunft Begeisterung angestrebt wird, werden **begeisterte Verkäufer** benötigt, **die Kunden begeistern und umgekehrt Mitarbeiter begeistern** (siehe Abbildung 55).

Deshalb ist für die Verkäufer in der Hotellerie ein **klares Anreizsystem** zu konzipieren, um sicherzustellen, dass sie sich intensiv am Innovationsfluss des Unternehmens beteiligen. Die bisherigen Bonussysteme im Vertrieb der Hotellerie richten sich fast ausschließlich nach Umsatzsteigerungen des Vorjahres aus (siehe Abschnitt 3.2.3.4). „Die optimale Gestaltung von Anreizsystemen und damit die Sicherstellung einer effektiven Nutzung von Human-Ressourcen zur Lösung innovativer Aufgaben ist eine wesentliche Aktionsvariable des Innovationsmanagements.“[51] MEFFERT[52] merkt an, dass Anreize häufig intern nicht ausreichend kommuniziert und für den Mitarbeiter nicht erkenntlich gemacht werden. Hier ist eine klare Erwartungshaltung an die verkaufenden Angestellten zu formulieren. „Auch Menschen, die aus sich heraus Neuerer sein wollen oder aufgrund fremder Erwartungen die Rolle des Neuerers wahrnehmen sollen, müssen motiviert werden, um dies tun zu können.“[53] Ferner ist **Empowerment**[54] notwendig, d. h. die Befähigung der Mitarbeiter zu eigenverantwortlichen Handlungen, damit sie für die Kundeninteraktionen einen Spielraum haben. Dies fördert zusätzlich ihre innovativen Kompetenzen und entwickelt Spezialisten.[55] Es ist wichtig, dass man den Verkäufern Freiräume und Möglichkeiten gibt, ihre Qualifikationen einzusetzen und zu entfalten.[56] Dafür benötigen sie das Vertrauen der Vorgesetzten, die auch bereit sind, ihnen Fehler zuzugestehen.[57] Der Innovationserfolg von Hotelketten hängt somit in Zukunft von der Identifizierung der richtigen Angestellten ab. Bei der Auswahl und beim **Einstellungsverfahren** sind daher die Zielvorgaben und Erwartungen an den Mitarbeiter für den Innovationsprozess mit dessen Fähigkeiten abzugleichen. **Nicht nur die fachspezifischen Kenntnisse**

---

49 Vgl. Stock-Homburg (2009), S. 11; Grund (1998), S. 248; Hoffmann, Ingram (1992), S. 68 ff.; Schmit, Allscheid (1995), S. 521 ff.; Stock, Hoyer (2002), S. 353 ff.
50 Vgl. Handlbauer (2002), S. 174.; dieser Effekt erscheint am deutlichsten, je enger der persönliche Austausch zwischen Kunde und Mitarbeiter ist. Vgl. hierzu Grant (2011), S. 67 ff.
51 Meffert (1995), S. 45. „Integrierte Anreizsysteme müssen dabei aufbauend auf materiellen Grundanreizen vor allem die individuellen Karriereerwartungen der Mitarbeiter einbeziehen.“ (ebd.)
52 Vgl. ebd., S. 45 f.
53 Bierfelder (1989), S. 121.
54 Vgl. Gardini (2004), S. 411. Empowerment wird von Gardini als die Delegation von Qualitätsverantwortung auf untere Hierarchiebenen beschrieben.
55 Vgl. Van Someren (2005), S. 60.
56 Im Englischen spricht man hier von Empowerment. „Empowerment does not begin with delegation, but by trusting unconditionally the inherent power within employees to evaluate choices and competently execute creative decisions.“ (Fitzsimmons, Fitzsimmons, 2011, S. 217)
57 Vgl. Becker, Günther (2001), S. 757 f.

und Fähigkeiten des Einzelnen sind entscheidend, sondern vielmehr die jeweilige Persönlichkeit.[58] Dazu gehören beispielsweise Kreativität, Offenheit, aufgabenorientierte Motivation wie Durchsetzungsfähigkeit.[59] Die demnach aufwendigere Suche nach Verkäufern mit Persönlichkeit wird durch die Tatsache erleichtert, dass Vertriebsstrukturen bei den Hotelketten optimiert und zentralisiert werden können. Standardisierte Buchungsabläufe lassen sich überdies digitalisieren. Obendrein wünschen sich die Kunden eher einen zentralen Ansprechpartner, anstelle von unterschiedlichen Verkäufern pro Hotel (siehe Abschnitt 5.2.3).[60]

Selbstverständlich sollten aber bei der Entwicklung einer Dienstleistungsinnovation die Kundenmeinung sowie die Marktforschung nicht außer Acht gelassen werden.[61] Kunden können dabei durchaus nach ihren Bedürfnissen und Erfahrungen befragt werden, sind aber keineswegs die Quelle neuer Innovationen, da sie selbst nicht wissen, was sie wollen oder in der Zukunft brauchen werden.

Hierzu gibt es einige Modelle (bspw. Fokusgruppe, Lead User und Planungszellen), die helfen, die Meinung des Kunden in den Innovationsprozess zu integrieren. Bei der **Fokusgruppe** handelt es sich um eine heterogene Gruppe von potenziellen Kunden, die zu einem Brainstorming eines ausgewählten Themas zusammenkommen.[62] **Lead User** sind Personen, von denen anzunehmen ist, dass sie „[...] Erwartungen und Wünsche an Leistungen haben, die der Gesamtmarkt erst Monate oder Jahre später haben wird".[63] Ausgewählte Kunden werden als Testpersonen identifiziert oder in Gruppen zusammengefasst.[64] Bei sogenannten **Planungszellen** handelt es sich um eine Gruppe von Personen, die den Querschnitt der Konsumentenschicht repräsentieren soll und sich in einer festgelegten Zeitspanne mit einem bestimmten

---

**58** Vgl. ebd. „Vorhandenes Kennen und Können bleibt zudem ungenutzt, wenn die Mitarbeiter nicht bereit sind, diese auch im betrieblichen Interesse zu nutzen." (ebd., S. 754)

**59** Vgl. Tsifidaris (1994), S. 106 ff.

**60** 75 % der befragten Kunden sprechen sich für einen einzelnen und kompetenten Ansprechpartner für alle Hotels einer Hotelkette im Vertrieb und Marketing aus. Vgl. hierzu Anhang 2 – Die Auswertung der Befragung, Frage Kunden: Hypothese 8.

**61** Vgl. Botschen, Botschen (2002), S. 382 ff.; Bösch (2008), S. 55 f. „Das Ziel eines idealen Innovationsprozesses muss es sein, die Stimme des Marktes zu hören (Marktbeurteilung in frühen Phasen, fortlaufende Marktforschung und Mitbewerberanalyse entlang sämtlicher Prozessphasen) und potenzielle Kunden insbesondere in die Phase der Ideenfindung und -konkretisierung sowie in die Testphase einzubinden (Lead User Ansatz)." (ebd., S. 55)

**62** Vgl. Hippel (1986), S. 691 ff. „In focus group methods, market analysts assemble a group of consumers familiar with a product category for a qualitative discussion of perhaps two hours' duration." (ebd., S. 693)

**63** Botschen, Botschen (2002), S. 384. „Lead users are users whose present strong needs will become general in a marketplace months or years in the future." (Hippel, 1986, S. 691) Vgl. auch Trommsdorff, Steinhoff (2007), S. 173, sowie Schwandner (2014), S. 8.

**64** Vgl. Möller (2004), S. 286 f. In diesem Zusammenhang spricht man von „Lead User" bzw. „User Group". Vgl. auch Thota, Munir (2011), S. 167 f.

Problem auseinandersetzt. Dies entspricht einem Prognoselabor, bei dem meinungs-bildende Konsumenten mit Mitarbeitern an Problemlösungen arbeiten.[65] Vorwiegend bei der Einführung neuer Technologien bieten sich diese Formen der Kundenintegration an. Zweifellos geht es hier um Praxistests, Fragen der Anwendung und Rück-meldungen einer ausgewählten Kundengruppe und nicht um die aktive Teilnahme an Innovationen oder um Fragen der Entwicklung.[66] Die Einbindung des Kunden ist von vielen Unternehmen erwünscht und wird häufig als Teil des Innovationsmanage-ments missverstanden. Die Beiträge beinhalten in den meisten Fällen Anregungen für Produktverbesserungen und nicht tatsächliche Neuerungen.[67] Ein Anreizsystem sollte aufgebaut werden, um die Mithilfe attraktiv zu machen.[68]

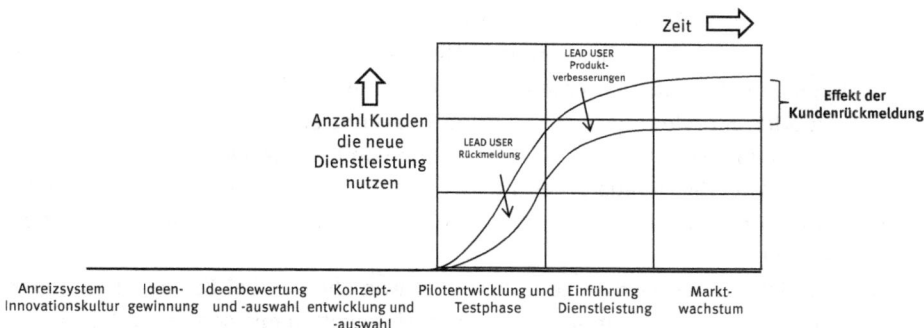

**Abbildung 56:** Vertriebs- und Marketingmitarbeiter als Innovationsquelle – Kunde als Rückmel-dungsquelle (Quelle: Eigene Darstellung in Anlehnung an Hippel (1986), S. 697).

Grundsätzlich besteht die Gefahr bei der Einbindung des Käufers dessen Input zu überschätzen. Die wichtige Rückmeldung des heutigen Nichtkunden und somit des potenziellen Neukunden fehlt bei diesem Ansatz gänzlich.[69] Außerdem ändern sich Bedürfnisse häufig im Zeitablauf der Untersuchung.[70] Aus diesem Grund soll die **Rückmeldung erst bei der Pilotentwicklung** herangezogen werden. Die **Ideen-gewinnung, -bewertung und -auswahl** sowie Konzeptentwicklung müssen **vom Unternehmen und deren Mitarbeitern** angestoßen sowie durchgeführt werden

---

65 Vgl. Botschen, Botschen (2002), S. 389.
66 Vgl. Hippel (1986), S. 696.
67 Vgl. Matz (2007), S. 113.
68 Vgl. Kunz, Mangold (2004), S. 337–349.
69 Vgl. Hamel, Prahalad (1995), S. 309 ff.
70 Dies kann durch eine Veränderung der sozialen, kulturellen, politischen und technologischen Rahmenbedingungen geschehen. Vgl. Völker, Thome, Schaaf (2012), S. 75.

(siehe Abbildung 56).[71] Die Einbindung des Konsumenten in die Pilotentwicklung dient der Reduzierung des Kaufrisikos. „Mit Risikoreduktion ist gemeint, dass Unternehmen durch den Einbezug des anwendungsbezogenen Produktwissens der Kunden Fehler bei der Produktentwicklung vermeiden können bzw. durch das gewonnene Kunden-Know-how eine Verbesserung der technischen Leistungsfähigkeit des Neuproduktes erzielen."[72]

Zusammenfassend lässt sich festhalten, dass **Emotionen** und **Begeisterung** wegen ihrer Immaterialität schwer zu vermitteln sind und es deshalb entscheidend ist, den Gedanken des **Service Experience bzw. Kundenerlebnisses** bereits im Dienstleistungsentwicklungsprozess stärker in den Mittelpunkt zu rücken.[73] Beim Erlebniskauf tritt die Inszenierung eines Vergnügens in den Vordergrund, das komplementär zum Lebensstil des Kunden passt, wodurch Emotionen geweckt werden.[74] „Geld spielt keine Rolle, dafür aber Lifestyle."[75] SCHARITZER[76] beschrieb bereits in den 1990er-Jahren die Technik des **Storytelling**. Ein Kundenerlebnis muss durch das Marketing sichtbar gemacht werden.[77] „Die Inszenierung benutzt eine symbolische Aufladung oder ‚Storytelling', um das Erlebnis potenzieller Besucher anzusprechen und den Konsum anzukurbeln."[78] Die Erfassung von positiven Kunden- bzw. Gasterlebnissen ist daher die Herausforderung, der sich die Hotellerie stellen muss.[79] „Jedes Erlebnis muss unter persönlicher Einbindung des Kunden neu gestaltet und in Szene gesetzt werden."[80]

Wichtig ist, zu berücksichtigen, dass das, was „heute" bei Kunden Emotionen auslöst, „morgen" bereits Standard sein kann. Hotelketten müssen deshalb fortwährend nach dem **Überraschenden und Einzigartigen** suchen.[81] In der gehobenen

---

**71** 40 % der befragten Hoteliers fokusiert sich auf den Kunden als Quelle für die Entstehung neuer Dienstleistungen. Nur 9 % sieht den eigenen Mitarbeiter als wichtigsten Innovationsfaktor. Vgl. Anhang 2 – Die Auswertung der Befragung, Frage Hotellerie: Hypothese 5.

**72** Matz (2007), S. 113. Matz unterteilt die Kundenintegration in Risikoreduktion, Akquisition, Qualitätssteigerung, Zeitersparnis und Kostenreduktion.

**73** Vgl. Bienzeisler (2009), S. 246 f.

**74** Vgl. Kroebler-Riel, Weinberg, Gröppel-Klein (2009), S. 140. Beispiele hierfür sind die Sortimentspolitik von Marken wie Tchibo, H&M und ZARA. Vgl. weiterführend Gruner, Freyberg, Phebey (2014), S. 16 f.

**75** Gardini (2004), S. 56.

**76** „Man kann Kunden aber auch um Erzählungen von Erlebnissen bitten und diese möglichst ausführlich und authentisch protokollieren. Diese Dokumente werden anschließend einer Inhaltsangabe unterzogen, um kritische Ereignisse, deren Wichtigkeit, Einflüsse auf Zufrieden-/Unzufriedenheit oder zu erwartende Änderungen im Kaufverhalten auszuwerten." (Scharitzer, 1994, S. 137)

**77** Vgl. Gruner, Freyberg, Phebey (2014), S. 10 ff.

**78** Kreisel (2003), S. 80 f.

**79** Vgl. Gardini (2009), S. 243 ff. Gardini stellt die Critical Incident Technique, sequenzielle Ereignismethode sowie die Frequenz-Relevanz-Analyse für Probleme als mögliche Ereignis-Erhebungsmethoden vor.

**80** Theiner, Steinhauser (2006), S. 58.

**81** Vgl. Matzler, Stahl, Hinterhuber (2002), S. 27; Gruner, Freyberg, Phebey (2014), S. 15.

Hotellerie hält man seit Jahrzehnten an gängigen Lobby-, Zimmer-, Restaurantkonzepten fest. Es ist erforderlich, gezielt und bewusst Auslöser für Emotionen im Vertriebs- und Marketingprozess einzusetzen. Viele Hotelketten arbeiten bereits daran, ihre Marken emotional aufzuladen, beispielsweise mit Farben, Musik und Gerüchen.[82] Hier liegt aber das Schwergewicht häufig auf dem Sachprodukt und nicht auf der Dienstleistung. Um Emotionen im Dienstleistungsprozess zu generieren, sind vor allem die Vertriebsmitarbeiter gefragt. Sie müssen gezielt Schlüsselreize setzen, die aus dem Alltäglichen ausbrechen und dem Kunden zum nachdenken bringen. So werden Standardphrasen in Angeboten oder Werbebotschaften vom Kunden respektive Gast nicht wahrgenommen. Vielmehr bietet sich anstelle reinen Abfragens von Kundenanforderungen durchaus das Aufstellen einer provozierenden These an, die dem Kunden zu einer Reaktion und zum Nachdenken bringt. Es empfiehlt sich zusätzlich eine Vereinfachung der Angebotssprache zu finden. Vorstellbar wäre auch, dass Vertrieb und Marketing einen Prozentsatz im Jahresbudget für spontane Aktivitäten festlegen, um Kunden emotional anzusprechen sobald sich hierfür eine Gelegenheit bietet (bspw. Geburt eines Kindes, Hochzeit, Hausbau). Daraus kann dann eine Interaktion entstehen, die Emotionen auslöst.

### 6.2.2 Kernergebnis 2: Möglichkeitsorientierter Vertriebs- und Marketingansatz als Mehrwert für die Zukunft

Eine **Differenzierung gegenüber dem Wettbewerb** erreichen die Hotelketten zukünftig nur durch einen **möglichkeitsorientierten Vertriebs- und Marketingprozess**, der **Mehrwerte** generiert. Eine Innovation oder eine Kernkompetenz, die einen nachhaltigen Wettbewerbsvorteil für ein Unternehmen am Markt erzielen soll, muss einen höheren Beitrag leisten, als nur den gegenwärtigen Kundennutzen zu befriedigen.[83] LAAKMANN[84] bezeichnet Leistungen, die der Kunde außerhalb der Kernleistung erhält als Kann-Dienstleistungen. Diesen Leistungen wird ein besondere Aufmerksamkeit zur Differenzierung vom Wettbewerb zugesprochen, da die Mehrzahl der Mitbewerber diese Leistungen mit hoher Wahrscheinlichkeit nicht anbietet.[85] „Damit scheinen sie zu einer Profilierung im Sinne einer **Abgrenzung gegenüber Wettbewerbern** [Herv. d. Verf.] besonders geeignet."[86] „Das Angebot von Value Added Services stellt das wirkungsvollste Mittel dar, der fortschreitenden

---

**82** Vgl. Gardini (2009), S. 97.
**83** Vgl. Hamel, Prahalad (1995), S. 309 ff.
**84** Vgl. Laakmann (1996), S. 131.
**85** Vgl. Meffert, Bruhn (2003), S. 369. Meffert und Bruhn sprechen hier auch von Profilierungsvorteilen des Dienstleisters, z. B. Abholung des Fahrzeugs durch die Reparaturwerkstatt. Vgl. ebd., S. 375.
**86** Laakmann (1996), S. 131.

Homogenisierung von Leistungsprogrammen und dem damit zunehmenden Preiswettbewerb entgegenzutreten."[87]

Abbildung 57 zeigt deutlich, dass bei der bisherigen Ausrichtung auf Funktionalität und Preisvorteilen, Hotelunternehmen mit Preis-Mengen-Strategie deutlich besser als Hotelketten mit Präferenzstrategie abschneiden. Eine **Verschiebung des Bezugsrahmens hin zu Mehrwerten** und Kundenbedürfnissen (siehe Abbildung 57) verändert das Bild zugunsten der Premiummarken.

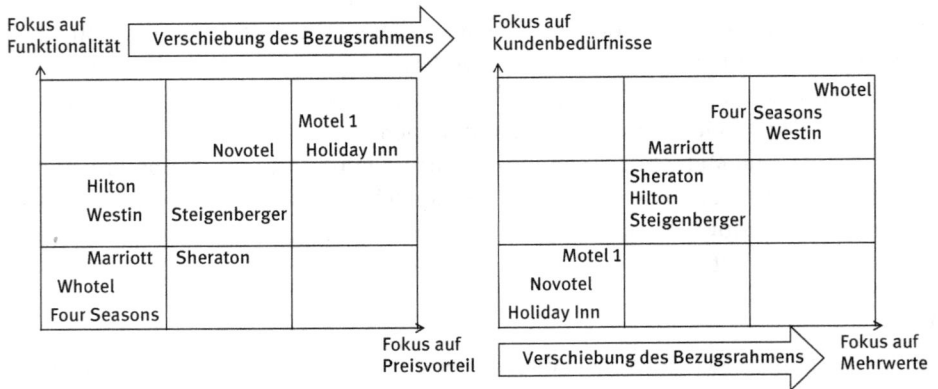

**Abbildung 57:** Verschiebung des Bezugsrahmens durch Vertrieb und Marketing (Quelle: Eigene Darstellung).

Ohne Frage muss das neue Leistungsbündel wieder als Einheit dem Konsumenten erscheinen.[88] Durch eine solche Vergrößerung der Wertschöpfungstiefe ergeben sich eine Erweiterung des Angebots, eine Verbesserung der Kundenbindung ebenso eine Minimierung des vom Kunden gefühlten Kaufrisikos.[89] Wesentlich ist es, zu verstehen, dass ein Mehr an Leistung nicht unbedingt ein Mehr an Kundenzufriedenheit bedeutet.[90] Die folgende Abbildung (siehe Abbildung 58) zeigt die notwendige Evolution der Hotellerie weg **vom Anbieter für Übernachtung und Verpflegung hin zu einem Anbieter von Erlebnissen** durch integrierte Mehrwerte. Im Vertriebs- und Marketingprozess müssen diese erklärt werden (siehe quantitative und qualitative Verifizierung von Hypothese 3 in Abschnitt 5.2.3).

Viele Hotelunternehmen können erklären, was sie anbieten und wie sie es anbieten. Hingegen fehlt oft das Verständnis und die klare Kommunikation, **warum ein**

---

**87** Meffert, Bruhn (2003), S. 740.
**88** Vgl. Laakmann (1996), S. 128.
**89** Vgl. Meffert, Bruhn (2003), S. 375.
**90** Vgl. Handlbauer (2002), S. 160.

**Mehrwert in ihrer Dienstleistung steckt** und der Kunde diese gegenüber den Angeboten des Wettbewerbs präferieren sollte (siehe Abbildung 59).[91]

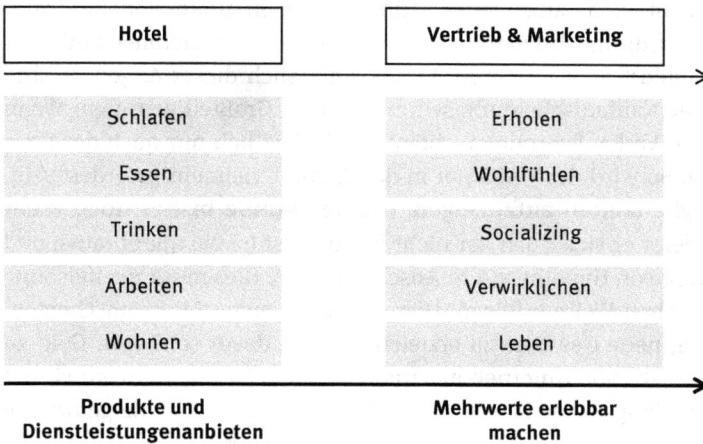

| Hotel | Vertrieb & Marketing |
|---|---|
| Schlafen | Erholen |
| Essen | Wohlfühlen |
| Trinken | Socializing |
| Arbeiten | Verwirklichen |
| Wohnen | Leben |

| Produkte und Dienstleistungenanbieten | Mehrwerte erlebbar machen |

**Abbildung 58:** Mehrwerte im Vertrieb und Marketing erlebbar machen (Quelle: Eigene Darstellung in Anlehnung an Gottlieb Duttweiler Institut (2007), S. 24).

Was?
Wie?

**Warum?**

Erklärt **Mehrwerte** und reduziert gefühltes Kaufrisiko des Kunden.

Produkt- bzw. Dienstleistungsbeschreibung

Produkt bzw. Dienstleistung

**Abbildung 59:** Kommunikation und Erklärung von Mehrwerten in Vertrieb und Marketing (Quelle: Eigene Darstellung in Anlehnung an Sinek (2014), S. 39).

Bislang hat sich der Kunde mit einem Verkäufer getroffen, um ein Problem zu lösen, ein rein reaktiver Ansatz, an Marktbedürfnissen festgemacht. Der Kunde hat indes

---

**91** Auf die Frage warum man als Unternehmen etwas tut, fällt den meisten als Antwort nur ein: Geld zu verdienen. Das greift aber zu kurz. Hotelketten und ihre Hotels müssen zukünftig erklären können, welche Mehrwerte sie mit ihrem Handeln generieren. Vgl. Sinek (2014), S. 40 f.

heutzutage dank der Digitalisierung (siehe Abschnitt 3.2.1.4) direkten Zugriff auf eine Fülle von Daten und vollkommene Markttransparenz. Er ist deshalb in der Lage, Probleme selbstständig zu lösen und auf den Verkäufer als Unterstützer respektive als Informationsquelle nicht mehr angewiesen. Hinzu kommen professionelle Travel Management Companies, die mit ihrem Wissensvorsprung den Unternehmen Einkaufsdienstleistungen anbieten (siehe Abschnitt 3.1.3.1). Anlässlich dieser Angebots- und Preistransparenz ist die Kaufentscheidung schon zu einem Großteil getroffen. Wenn der Verkäufer zu einem Verkaufstermin erscheint, bleibt letztlich nur noch der Preis als Diskussionsthema. So wird der Verkäufer in der Zukunft vielmehr gefordert sein, solche **Geschäftsmöglichkeiten aufzuzeigen, die der Kunde bisher noch nicht artikuliert** hat oder derer er sich noch gar nicht bewusst ist (siehe quantitative und qualitative Verifizierung von Hypothese 4 in Abschnitt 5.2.3). Dies muss zweifelsohne in einer sehr emphatischen Weise erfolgen. Hier geht es in erster Linie um Themen, die den Firmen helfen, neue Gewinne zu erzielen oder sie davor schützen, Geld zu verlieren. Innovationen, die von Unternehmen und von deren Mitarbeitern entwickelt werden, schaffen dabei langfristige Wettbewerbsvorteile und überdies die geforderte Begeisterung am Markt. Innovative Lösungen, die auf Kundenbedürfnisse reagieren, bringen zwar schnell Akzeptanz, doch ist hiermit maximal Zufriedenheit zu erreichen, die, wie im Abschnitt 6.2.1 dargelegt, keine langfristigen Wettbewerbsvorteile schafft. Deshalb ist zukünftig der Vertriebsprozess der Hotelketten von einem lösungs- auf einen möglichkeitsorientierten Ansatz umzustellen (siehe Abbildung 60).

**Abbildung 60:** Vom lösungsorientierten zum möglichkeitsorientieren Ansatz im Vertrieb und Marketing (Quelle: Eigene Darstellung).

Wesentliches Merkmal des möglichkeitsorientierten Ansatzes ist die Differenzierung vom Wettbewerb, die langfristige Wettbewerbsvorteile generiert. Nicht nur die Mitarbeiter (siehe Abschnitt 6.2.1), sondern auch **Netzwerke mit Kooperationspartnern** sind eine **Quelle für Innovation** und Ort des Wissenstransfers (siehe quantitative und qualitative Verifizierung von Hypothese 6 in Abschnitt 5.2.3). In der Zukunft führt deren **Integration in den Vertriebs- und Marketingprozess** und die Bündelung von Dienstleistungen bzw. **Schaffung von Mehrwerten zur Differenzierung**, da somit die **Imitationsbarrieren erhöht** werden. HAUSCHILDT spricht von Innovationsmanagement als Kooperationsmanagement.[92] „Innovationsmanager sind in dieser Funktion Netzwerkmanager.“[93] Entscheidend für den Innovationserfolg ist die Auswahl möglicher guter Kooperationspartner. Dies können Lieferanten, Mitbewerber und branchenfremde Unternehmen sein. Geboten ist, im Vorfeld genau abzuwägen, ob das kooperierende Unternehmen hinsichtlich seiner Innovationskultur, Kernkompetenz und Innovationsstrategie zu einem passt.[94] Netzwerke sind entweder horizontal, vertikal oder lateral ausgerichtet.[95] Bei der vertikalen Kooperation zwischen Lieferanten und Unternehmen steht der Wissenstransfer nach wie vor im Vordergrund.[96] Beim Dialog mit Zulieferern konzentrieren sich viele Unternehmen auf die Preiskonditionen, woraus aber nur kurzfristige Wettbewerbsvorteile entstehen können.[97] In der Zukunft werden eine engere Zusammenarbeit und Integration gefragt sein. Bereits in der Phase der Ideenfindung für Dienstleistungsinnovationen sollten Partner und Lieferanten involviert werden. „In diesem Zusammenhang stellen auch enge Kontakte zu den Zulieferern eine bedeutsame Ideenquelle dar.“[98] Nicht nur innerhalb der eigenen Industrie, sondern **branchen- und firmenübergreifende Netzwerke** bieten sich hier an.[99] Weitere Innovationspartner könnten Universitäten und Forschungseinrichtungen sein. Man bezeichnet dies auch als **Open-Innovation**-Ansatz.[100] Wegen des schwindenden Marketingbudgets muss zukünftig der firmen- und branchenübergreifende Innovationsnetzwerkaufbau bei den Hotelketten stärker beachtet werden.[101] Aufgabe des Marketings ist, den Mehrwert für den Kunden deutlich und emotional zu kommunizieren, indem man „[...] ein sehr **konkretes und verständliches ‚Werteversprechen‘ (Value Proposition)** [Herv. d. Verf.] [...]“[102] formuliert. Für die 5-Sterne-Hotelketten reicht es nicht mehr aus, nur „Top Luxury“ zu bewerben. Sie müssen

---

92 Vgl. Hauschildt (2004), S. 75 ff.
93 Ebd., S. 82. „Der Innovationsmanager arbeitet mit einem erwarteten Innovationserfolg, nicht mit einem realisierten.“ (ebd., S. 27)
94 Vgl. Trommsdorff, Steinhoff (2007), S. 164 f. „Darüber hinaus sind Umfeldinformationen wie Gesetze, Normen und Auflagen, Informationen aus dem Wettbewerbs- und Kartellrecht und eventuell bestehende Schutzrechte wie Patente und Lizenzen zu berücksichtigen.“ (ebd., S. 165)
95 Vgl. Matz (2007), S. 111.
96 Vgl. ebd.
97 Vgl. Van Someren (2005), S. 267.
98 Meffert (1995), S. 38.
99 Vgl. Schwandner (2014), S. 7.
100 „Open innovation stresses a paradigm shift from closed innovation to the effect that not all good ideas are developed within the company, and not all ideas should automatically be developed within the firm's own boundaries.“ (Thota, Munir, 2011, S. 192); der Open Innovation Ansatz erhöht durch die Erweiterung der Ressourcen die Geschwindigkeit des Innovationsprozesses. Vgl. Schwandner (2014), S. 17.
101 Vgl. Spiller (2011), S. 204.
102 Pohl, Hüggelmeier (2012), S. 140.

sich klar abgrenzen, derweil sie ihre USP und Spezialisierung deutlich benennen und Referenzen bringen. Eine **Hoteldienstleistung zu positionieren** wird folglich zunehmend wichtiger. „Darunter versteht man den differenzierenden und alleinstehenden Inhalt, der durch die Werbung in erster Linie bei der Zielgruppe durchgesetzt werden soll."[103]

### 6.2.3 Kernergebnis 3: Personalisierung und Customer Lifetime Value (CLV) als Erfolgsfaktoren für die Kundenbindung

Erfolgsfaktoren für eine **dauerhafte Kundenbindung der Hotelketten** werden zukünftig die Integration von **Personalisierung** und **Customer Lifetime Value im Vertriebs- und Marketingprozess** sein. Die Notwendigkeit der Integration des externen Faktors erfordert eine Einbindung des Kunden in den Dienstleistungsprozess. Integration der Kunden in den Dienstleistungsprozess war in den letzten Jahren in zahlreichen wissenschaftlichen Diskussionen ein Thema.[104] MEFFERT und BRUHN sprechen hier von einer Externalisierung von Leistungen.[105] Beide sehen hier nicht nur Potenziale zur Kundenbindung, sondern vor allem eine Abstimmung auf deren Bedürfnisse.[106] VOSS und RIEDER[107] definieren den Begriff vom „arbeitende[n] Kunden". Hierunter wird aber eher die Notwendigkeit der Kosteneinsparung verstanden, die die Unternehmen zwingt, Arbeitsschritte an den Konsumenten zu übertragen. Im Gegenzug sollten Anreize wie beispielsweise Rabatte angeboten werden.[108] **Integration kann aber auch eine Chance der Personalisierung für die Hotellerie sein** (siehe quantitative und qualitative Verifizierung von Hypothese 2 in Abschnitt 5.2.3). Sowohl im Bereich Business-to-Consumer (B2C) als auch im Bereich Business-to-Business (B2B) gibt es genügend Möglichkeiten, um den Konsumenten oder Einkäufer zu involvieren.[109] Der Grad ihrer Einbindung in den Dienstleistungserstellungsprozess kann variieren.[110] Selbstverständlich bringen Kunden auch eigene Ressourcen wie Zeit und Wissen in den Wertschöpfungsprozess mit ein.[111] Maßgeblich ist, dass

---

103 Roth (2003), S. 119.
104 Vgl. Stauss, Bruhn (2004), S. 11 f.; Fitzsimmons, Fitzsimmons (2011), S. 81.
105 Vgl. Meffert, Bruhn (2003), S. 375.
106 Vgl. ebd.; Herrmann (2009), S. 173.
107 Vgl. Voß, Rieder (2005), S. 10 ff.
108 Kundenintegrationen nehmen immer mehr zu. „Folge ist, dass die privaten Konsumenten immer häufiger (nicht immer freiwillig und oft ohne finanzielle Kompensation) Arbeiten übernehmen, die bisher von den Betrieben geleistet wurden." (ebd., S. 10)
109 Vgl. Bienzeisler (2009), S. 244.
110 „Die Höhe der Wertschöpfung wird demgemäß wesentlich über die Art und Weise, wie Kunden in Dienstleistungsprozesse eingebunden werden, mitbestimmt." (Meiren, 2009, S. 41)
111 Bienzeisler (2009), S. 244. Das Potenzial einer Kundenintegration im B2B-Bereich spielt – im Gegensatz zum B2C-Bereich – noch eine untergeordnete Rolle.

ihre Integration auch durch technische Neuerungen nicht als reine Automatisierung gesehen wird und die **„Service Experience"** hier nicht auf der Strecke bleibt.

In der Hotellerie steckt viel mehr Potenzial in der Kundenbindung und in der Personalisierung durch Integration. Dieses Potenzial wird heute in der Hotellerie wenig genutzt. Dagegen herrscht der klassische Servicegedanke, von dem sich die Hotellerie wegorientieren muss. Anstatt den Kunden als „König" zu behandeln, sollte man ihn als **„Menschen" involvieren**, um den **Service zu personalisieren.**[112] Die Hotellerie muss begreifen, Gäste in den Dienstleistungserstellungsprozess einzubeziehen, gemeinsam mit ihnen zu lernen, um dadurch auch Wissen über sie zu erlangen und zu speichern.[113]

Hauptsächlich geht es um das Wissen:[114]

- was bevorzugt der Kunde,
- wie nützt dem Kunden die Dienstleistung,
- warum nimmt der Kunde die Dienstleistung in Anspruch,
- mit wem nimmt der Kunde die Dienstleistung in Anspruch.

Unentbehrlich ist die **hoch personalisierte Interaktion** mit dem Kunden durch effiziente **Nutzung aller Touchpoints.** BIENZEISLER[115] spricht von weiterem Forschungsbedarf zu dieser Serviceinteraktion, im Hinblick auf die Einflussfaktoren und ihre Wechselwirkungen. Daraus lassen sich neue **Anreizsysteme oder Bewertungsinstrumente für Kundeninteraktionen** erstellen. Es bietet sich die sogenannte Blueprinting-Methode an, die die Interaktion zwischen Dienstleister und Konsumenten grafisch darstellt und deshalb als Blaupause für ähnliche Interaktionen verwendet werden kann.[116] Die Simulation von Dienstleistungsideen in Blueprints ist – im Gegensatz zur Sachgüterindustrie – mit sehr geringen Investitionen verbunden.[117] Hier liegt die Chance der Hotelketten, eine möglichst große Zahl von Geschäftsideen zu eruieren und einige zur Marktreife zu bringen.

REICHHELD und SASSER[118] weisen erstmals auf die wirtschaftliche Bedeutung von langfristigen Kundenbeziehungen im Jahr 1990 hin. **CLV** wird in der Literatur als realisierter und potenzieller Kundenwert über die Gesamtdauer der Geschäftsbeziehung definiert.[119] Freilich sollte sichergestellt werden, dass die Investitionen in den Auf- und Ausbau der Beziehungen niedriger sind als die Einnahmen durch den

---

112 Vgl. Corssen (2012), S. 83.

113 Vgl. Handlbauer (2002), S. 162 ff. Dabei geht es um Wissen, um die Bedürfnisse des Kunden besser erfüllen zu können, und nicht um Wissen aus der Privatsphäre des Kunden.

114 Vgl. ebd., S. 164 f.

115 Vgl. Bienzeisler (2009b), S. 294 f.

116 Vgl. Fließ, Nonnenmacher, Schmidt (2004), S. 198; Bruhn (2004), S. 127.

117 Vgl. Benkenstein (2001), S. 698.

118 Vgl. Reichheld, Sasser (1990), S. 105 ff.

119 Vgl. Spohrer, Kwan (2009), S. 131; Thota, Munir (2011), S. 75. Vgl. auch zum Kundenlebenszeitwert Meffert, Burmann, Kirchgeorg (2008), S. 802 f.; Zezelj (2000), S. 10.

Kunden.[120] In der CLV-Berechnung berücksichtigt man **vergangenheits- als auch zukunftsbezogene Informationen über den Kundenwert.** Diese Daten müssen gezielt gesammelt und ausgewertet werden.[121] Die Preisbildung orientiert sich bei Dienstleistungsunternehmen oft am Markt und nicht am Konsumenten[122] – dies ist auch der Fall in der Hotellerie. Der Fokus zur Preisgestaltung liegt meistens auf der Durchsetzbarkeit am Markt und nicht auf dem Gastlebenszeitwert.[123] DILLER[124] verdeutlicht, dass die Bewertung des gerechten Preises nicht eindimensional ist. „Es zeigt sich, daß neben der Preishöhe und dem Preis-Leistungsverhältnis auch scheinbar nebensächliche Preisleistungen, wie Preistransparenz oder Preissicherheit, eine gewichtige Rolle für die Preiszufriedenheit spielen und gleichzeitig starken Einfluss auf Gesamtzufriedenheit und Kundenbindung ausüben.“[125] Auch emotionale Faktoren bedingen **Preiszufriedenheit:** wie Preisüberraschungen und Preisfreude, resultierend aus der Abhängigkeit von Dienstleistungsanbieter und -nutzer.[126] Die folgende Abbildung stellt dar (siehe Abbildung 61), dass CLV als Kundenkapitalwert aller über den Betrachtungszeitraum anfallenden Ein- und Auszahlungen berechnet werden kann.[127]

$$CLV = -K_0 + \sum_{t=1}^{T} \frac{e_t - a_t}{(1+d)^t}$$

| | |
|---|---|
| CLV | Customer Lifetime Value |
| t = 0, 1, ....T | Perioden des Betrachtungszeitraums |
| $K_0$ | Kosten der Kundenaquisition |
| $e_t$ | (erwartete) Kundenumsätze in Periode$_t$ |
| $a_t$ | (erwartete) Kundenbetreuungskosten in Periode$_t$ |
| $d$ | Kalkulationszinssatz |

**Abbildung 61:** Customer Lifetime Value (CLV) im Vertriebs- und Marketingprozess der Hotellerie (Quelle: Eigene Darstellung in Anlehnung an Jaeck (2011), S. 74).

---

**120** Vgl. Brugger (2012), S. 54.

**121** Vgl. ebd.

**122** Vgl. Woratschek (2001), S. 613 f.; Paul, Reckenfelderbäumer (2001), S. 631 ff.

**123** „[I]m Bereich der nachfrageorientierten Preispolitik stehen ein (realistischerweise) durchsetzbarer Preis und ein System der Preisargumentation und Preisstellung, das dazu verhilft, diesen Preis am Markt durchzusetzen.“ (Paul, Reckenfelderbäumer, 2001, S. 641)

**124** Vgl. Diller (2000), S. 570 ff. Diller greift damit als einer der Ersten das Thema der Preiszufriedenheit in seinen Untersuchungen auf.

**125** Ebd., S. 570.

**126** Vgl. ebd., S. 572.

**127** Vgl. Jaeck (2011), S. 74. Dabei ist der Holistic CLV der interessanteste, da er sämtliche Zahlungsströme seit Beziehungsbeginn berücksichtigt. „Der CLV ist ein dynamisches Verfahren zur Kundenbewertung, das auf Basis der Kapitalwertmethode den Lebenszeitwert eines Kunden mit seinen quantitativen und qualitativen Größen monetarisiert.“ (Strasser, 2008, S. 33)

Neben den quantitativen Bestimmungsgrößen wie Akquisitionskosten sind auch qualitative Größen im CLV-Kundenwert zu berücksichtigen. Qualitative Größen können etwa das Weiterempfehlungspotenzial, Up-Selling-/Cross-Selling-Potenzial usw. sein.[128] Bisher wird die Preisgestaltung in der Hotellerie als Steuerungsfaktor genutzt. Das Yield-Management reguliert den Preis zwischen historisch auslastungs-schwachen- und auslastungsstarken Daten. Dies ist besonders bei Messe- bzw. Kongressterminen zu sehen.[129] Die Maßnahmen des Yield-Managements erhöhen aber die Ängste der Kunden angesichts der Immaterialität. „Das wahrgenommene Risiko wird höher, wenn versteckte Absichten und Verhaltensweisen (hidden intention, hidden action) antizipiert werden müssen."[130] Die Hotelleriepreise werden durch die Onlinereisebüros zunehmend transparenter. Ratenparität im Vertrieb und Marketing ist demnach für die Hotellerie entscheidend.[131] „Nicht die Umsatzerlöse zu einem Beurteilungszeitpunkt seien für die Wichtigkeit eines Kunden ausschlagge-bend, sondern die (abdiskontierten) Gesamtumsätze oder Gesamtdeckungsbeiträge, die ein Kunde im Laufe seines Lebenszyklus der Geschäftsbeziehung dem Anbieter bringt."[132] Zusätzlich spielen bei der Betrachtung des Kundenwerts nicht nur die erbrachten und zukünftigen Umsätze eine Rolle, sondern auch der **Umfang der Weiterempfehlungsaktivitäten**.[133] Der CLV kann in der Zukunft in der Hotellerie als **Steuerungsgröße für sämtliche Marketing- und Vertriebsaktivitäten** eingesetzt werden.[134] Das CLV-Management regelt dabei alle Vertriebs- und Marketingmaßnah-men ausgerichtet am Kundenwert.[135] „CLV-M [gemeint ist das CLV-Management, Hin-zufügung d. Verf.] ist dabei neben dem notwendigen Zahlenmanagement auch eine Philosophie und Strategie der Kundenorientierung."[136] Jeder Kunde ist anders und individuell. Der CLV-Ansatz hilft, dies im Vertrieb und Marketing zu berücksichtigen, um die **Kunden personalisierter zu betreuen und anzusprechen** (siehe quantita-tive und qualitative Verifizierung von Hypothese 7 in Abschnitt 5.2.3). Durch das CLV-Management ermittelt man die profitabelsten Kundensegmente respektive Kunden.[137]

---

**128** Vgl. Zezelj (2000), S. 12 ff.; Strasser (2008), S. 40 ff.
**129** „Der Preis wird in diesem Fall ein entscheidender Steuerungsfaktor für die Kapazitätsauslas-tung." (Woratschek, 1996, S. 109)
**130** Woratschek (1996), S. 111. „Die Immaterialität führt über die erschwerte Qualitätswahrnehmung zu Transaktionsrisiken auf der Nachfrageseite, die den Vergleich von Preis-Leistungsverhältnissen erschweren." (ebd.)
**131** Vgl. Spiller (2011), S. 202.
**132** Winkelmann (2002), S. 313.
**133** Vgl. Wangenheim (2003), S. 2. Durch die Weiterempfehlungsaktivitäten können solche Kunden „für Unternehmen ein Vielfaches dessen wert sein, was allein auf Basis ihres Auftragsvolumens ge-schätzt würde" (Wangenheim, 2003, S. 2). Vgl. auch Strasser (2008), S. 40 ff.
**134** Vgl. Jaeck (2011), S. 76 f.
**135** Vgl. Zezelj (2000), S. 10.
**136** Ebd.
**137** Vgl. Brugger (2012), S. 54.

Es geht um eine Wertorientierung weg von Customer Relationship Management (CRM) hin zu Customer Lifetime Value Management (CLV-M).[138] Die bisherige Messgröße für Erfolg in der Hotellerie RevPAR (siehe Abbildung 32), die lediglich das verfügbare Inventar zugrunde legt, könnte in der Zukunft durch innovativere Kennzahlen wie den RevPAG (Revenue per available guest), der unter Einbeziehung des Kundenwertes den Gesamtumsatz erfasst, ersetzt werden (siehe Abbildung 62).

**Ausgerichtet am Produkt**                    **Ausgerichtet am Kundenwert**

$$RevPAR = \frac{Zimmerumsatz\ pro\ Nacht}{Anzahl\ der\ verfügbaren\ Zimmer\ pro\ Nacht} \implies RevPAG = \frac{Gesamtumsatz}{Anzahl\ der\ Gäste}$$

**Abbildung 62:** RevPAG: Neue Messgröße für Vertrieb und Marketing in der Hotellerie (Quelle: Eigene Darstellung in Anlehnung an Travelclick (2012), S. 1).

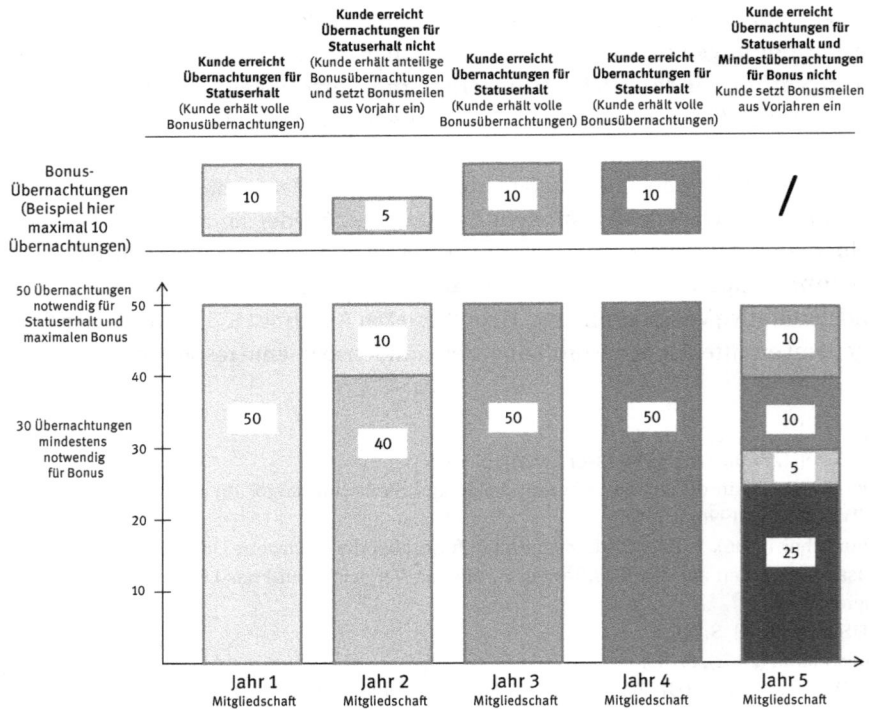

**Abbildung 63:** Integration von Customer Lifetime Value (CLV) in Loyalitätsprogramm (Quelle: Eigene Darstellung).

---

138 Vgl. Zezelj (2000), S. 10.

Dieser Ansatz wird bereits in Einzelfällen diskutiert, hat sich aber bisher in der Hotellerie noch nicht durchgesetzt.[139]

Abbildung 63 zeigt wie CLV auch in die Bonusprogramme der Hotelketten (siehe Abschnitt 3.2.4.4) zu integrieren ist. Langjährige Kunden können für ihre mehrjährige Mitgliedschaft belohnt werden, auch wenn in einem bestimmten Jahr der Kundenmindestumsatz und das Übernachtungsvolumen nicht erreicht wurde. Der Kunde erhält einen Bonus bzw. Bonuspunkte aus den vorangegangenen Jahren. Somit wird der CLV eines Kunden und nicht nur der aktuelle Wert berücksichtigt. „Die Herausforderung beim Customer Lifetime Value liegt in der richtigen Ausgestaltung, insbesondere bei den Kulanzgrenzen nach unten bzw. nach oben. Ziel des Customer Lifetime Value-Pricing ist, die Karotte größer zu machen und näher an den Kunden heranzubringen.“[140]

Heutzutage berücksichtigen die Hotelbonusprogramme nur die bisherigen Ausgaben, aber nicht die potenziellen Umsätze für die Zukunft und den gesamten Kundenwert für der Branche.

## 6.3 Lösung zur Bewältigung der Herausforderungen in Vertrieb und Marketing der Hotellerie durch ein EMP-Innovationsmanagement

Die bereits definierten Herausforderungen in Vertrieb und Marketing (siehe Tabelle. 24), denen sich die Hotellerie stellen muss, um ihre Wachstumsziele zu erreichen (siehe Tabelle 1), können mit dem EMP-Innovationmanagement gelöst werden (siehe Tabelle 33 sowie Tabelle 34).

Als erstes Wachstumsziel im Vertrieb wird in Abschnitt 1.1 in der beschriebenen Problemstellung die **Preis- und Margenerhöhung** definiert. Durch ein EMP-Innovationsmanagement nimmt der Einkäufer Preisunterschiede wegen *emotionaler Begeisterung* und *Erlebnisinszenierung* (siehe Abschnitt 6.2.1) weniger wahr und folglich minimiert sich auch der Verhandlungsdruck der Firmenkunden (siehe Abschnitt 3.2.5). Der zunehmende Kundenwunsch nach mehr Leistung kann zur *Verschiebung des* Bezugsrahmens, *weg vom Preis hin zu Mehrwerten* (siehe Abschnitt 6.2.2), genutzt werden. Dies sollten die Hotelketten in ihrem Vertriebsansatz aufgreifen. Zusätzlich müssten Hotelketten bestrebt sein, alsbald ihre *Preisbildung am Gast zu orientieren* und nicht am Markt oder an der Konkurrenz. Bei der Preisbildung mit Blick auf den Kunden ist deren *Lebenszeitwert* der entscheidende Richtwert (siehe Abschnitt 6.2.3). Angebote der Hotellerie für Firmenkunden sind gegenwärtig standardisiert und die

---

139 Vgl. Helsel, Cullen (2006), S. 156.
140 Dr. Hagen Sexauer, Sempora Consulting (2013), Anhang 3 – Zusammenfassung der Expertengespräche, Hypothese 7.

**Tabelle 33:** Zusammenfassung der Lösungsansätze für Vertrieb in der Hotellerie durch das EMP-Innovationsmanagement (Quelle: Eigene Darstellung).

| Wachstumsziele der Hotellerie (siehe Abschnitt 1.1) | Herausforderungen im Vertrieb (siehe Abschnitt 3.2.5) | Lösung durch EMP-Innovationsmanagement |
|---|---|---|
| **Preis- und Margenerhöhung** | – Verhandlungsdruck durch Firmenkunden<br>– Preis als erstes Entscheidungskriterium<br>– zunehmender Kundenwunsch nach mehr Leistung für weniger Geld<br>– Fokus auf Preisbildung der Konkurrenz | – geringere Wahrnehmung von Preisunterschieden durch emotionale Begeisterung und Erlebnisinszenierung (E)<br>– Verschiebung des Bezugsrahmens vom Preisvorteil zum Mehrwert (M)<br>– Preisbildung am Kunden orientiert und nicht am Markt (P) |
| **Erhöhung des Marktanteils** | – Sättigung des Marktes, Wandel vom Verkäufer- zum Käufermarkt<br>– Ersatz- und Nischenprodukte (bzw. Design Hotels)<br>– Preis-Mengen-Strategie bei Budget-Hotellerie<br>– Abnahme der Loyalitätsbereitschaft der Kunden | – Kundenbegeisterung als echte und langfristige Kundenbindung (E)<br>– Marktführerschaft durch enge Innovationskooperation mit Lieferanten und Partnern (M)<br>– Kundenintegration in den Dienstleistungserstellungsprozess für Kundenbindung und Personalisierung (P) |
| **Aufbau des Direktvertriebs** | – Marktmacht der Absatzmittler<br>– keine Garantieleistungen in den Verträgen<br>– Trend zu Multioptionalität<br>– konstante Erhöhung der Vertriebskosten | – individualisierte und emotionale Direktansprache (E)<br>– klare Kommunikation von Mehrwerten zur Minimierung des gefühlten Kaufrisikos (M)<br>– Preisgestaltung nach Kundenwert über die gesamte Dauer der Kundenbeziehung und nicht nur für den Anfragezeitraum (P) |
| **Effiziente und innovative Verkaufsorganisation** | – zunehmende Schwierigkeit, Vertriebsmitarbeiter zu finden und zu halten<br>– Vereinbarung von qualifizierten Verkaufsterminen<br>– Aufzeigen des Nutzens einer persönlichen Beratung<br>– Kaufentscheidung und Kundenzufriedenheit in Abhängigkeit von Empathie mit Vertriebsmitarbeitern | – Auswahl von Mitarbeitern nach Persönlichkeit; Mitarbeiterbefähigung und Anreizsysteme für begeisterte Mitarbeiter = begeisterte Kunden (E)<br>– Aufzeigen von neuen Geschäftsmöglichkeiten; Verkäufer als Berater (M)<br>– menschliche Bedürfnisse des Kunden im Vordergrund und weg vom Kunden als „König" (P) |

**Tabelle 33:** (fortgesetzt)

| Wachstumsziele der Hotellerie (siehe Abschnitt 1.1) | Herausforderungen im Vertrieb (siehe Abschnitt 3.2.5) | Lösung durch EMP-Innovationsmanagement |
|---|---|---|
| Steigerung der Realisierungs-rate von Geschäftsab-schlüssen | – Schwierigkeit der Differenzierung in den Angeboten/zunehmende Konkurrenz durch Ersatzprodukte<br>– Verlust potenziellen Geschäfts (zu viele Anfragen werden nicht bestätigt)<br>– hohe Individualitätsanforderungen von Seiten der Kunden<br>– Trend zur Multioptionalität | – durch das Überraschende und Einzigartige den Kunden überzeugen (E)<br>– Aufzeigen von neuen Geschäftsmöglichkeiten; Tagungsverkäufer als Berater (M)<br>– aktive Kundenintegration als Chance für optimale Personalisierung des Angebotes (P) |

**Tabelle 34:** Zusammenfassung der Lösungsansätze für Marketing in der Hotellerie durch das EMP-Innovationsmanagement (Quelle: Eigene Darstellung).

| Wachstumsziele der Hotellerie (siehe Abschnitt 1.1) | Herausforderungen im Marketing (siehe Abschnitt 3.2.5) | Lösung durch EMP-Innovationsmanagement |
|---|---|---|
| Differenzierung | – geringe Differenzierungsmöglichkeiten wegen steigendem Wettbewerb<br>– starke Imitation durch Mitbewerber<br>– keine Differenzierung durch reine Produktvorteile; Reiseerlebnis im Vordergrund<br>– nicht erkennbarer Zusatznutzen zum Zeitpunkt der Kaufentscheidung | – Erlebniskauf und Storytelling in Verbindung mit neuen Medien (Fotos, Videos) im Vordergrund (E)<br>– Positionierung mit klaren Mehrwerten für den Kunden; Bündelung von Dienstleistungen mit Partnern zur Differenzierung und Erhöhung von Imitationsbarrieren (M)<br>– hochpersonalisierte Dienstleistungen und Ansprache durch effiziente Nutzung aller Touchpoints mit den Kunden (P) |
| Loyalität | – hohe Individualitätsanforderungen vonseiten der Kunden<br>– hybrides Kundenverhalten (manchmal Luxus, manchmal Budget)<br>– rückgängiges Loyalitätsverhalten einer Hotelmarke gegenüber<br>– erschwerte Wahrnehmung von Werbebotschaften | – emotional aufgeladene Werbebotschaften zur Kundenbindung statt Massenkommunikation (E)<br>– Partner- und Lieferantennetzwerke als Quelle für Innovation und neuen, nicht-imitierbaren Leistungsbündeln (M)<br>– innovatives Kundenbindungsprogramm mit integriertem gesamten Kundenmarktwert (P) |

**Tabelle 34:** (fortgesetzt)

| Wachstumsziele der Hotellerie (siehe Abschnitt 1.1) | Herausforderungen im Marketing (siehe Abschnitt 3.2.5) | Lösung durch EMP-Innovationsmanagement |
|---|---|---|
| Potenzialerhöhung neuer Kanäle | – Digitalisierung und Inflation von Buchungs- sowie Kommunikationskanälen<br>– sprunghaftes Verhalten bei der Auswahl des Buchungskanales<br>– gesellschaftliche Bedeutung von sozialen Netzwerken und rasanter Anstieg von Kanälen<br>– Wahrnehmung der Bewertungsportale als Gefahr | – Bildung von Spezialisten für die einzelnen Kanäle durch Empowerment. Mitarbeiter als Quelle für Innovation, Kunde für Rückmeldungen (E)<br>– individualisierte Mehrwerte für jeden Kanal durch klare Kommunikation (M)<br>– personalisierte Preis- und Angebotsgestaltung über den richtigen Kanal für den jeweiligen Gast für neue Umsatzpotenziale (P) |
| Verschiebung der Kundenpräferenz auf eigene Kanäle | – Abhängigkeit von den großen Buchungsportalen und deren Konditionen<br>– Preisfokus<br>– hohe Transparenz im Internet<br>– Best-Price-Garantien von Drittanbietern | – Segmentierung nach Kundenpräferenz (E)<br>– Verschiebung des Bezugsrahmens vom Preisvorteil auf den Mehrwert (M)<br>– Preisbildung am Kundenwert orientiert und nicht am Markt (P) |
| Stärkung der Marke | – kokreierte anstatt kreierte Marken<br>– Schwierigkeit der Veranschaulichung aufgrund der Immaterialität<br>– mehr Marken in derselben Hotelkette<br>– weniger Berührungspunkte mit dem Kunden | – einzigartige Marke durch emotionale Aufladung; Erlebnisinszenierung und Storytelling (E)<br>– weg von der Produktbeschreibung hin zur Mehrwertbeschreibung (M)<br>– aktive Einbindung des Kunden in die Aktivierung der Marke (P) |

Preisgestaltung richtet sich fast ausschließlich nach dem Buchungsvolumen des Vorjahres (siehe Abschnitt 3.2.3.3). Hier bietet sich ein großes Innovationspotenzial für den Vertrieb. Vorwiegend muss der Kunde im Mittelpunkt stehen und alle Dienstleistungen des Hotels müssen sich daran orientieren. Der Vertriebsdialog mit dem Kunden sollte im ständigen Fluss sein. Das Jahresgespräch zur Festlegung der Firmenrate für das Folgejahr, jährlich zu erneuernde Verträge sowie die Festlegung von Verfallsfristen haben der Vergangenheit anzugehören. Die Digitalisierung (siehe Abschnitt 3.2.1.4) gibt hier den Takt vor. Räumliche und zeitliche Grenzen werden aufgelöst. Der traditionelle Verkaufsgedanke muss sich verändern. Durch die Fokussierung auf den Kunden wird eine **Emotionalisierung** im Angebot, ein **Mehrwert** durch den Wegfall von jährlichen Verhandlungsrunden und im übrigen dazu eine

**Personalisierung** in der Preisgestaltung erreicht, die wiederum zu einer Erhöhung von Preisen und Margen führt.

Um **Marktanteile zu erhöhen** (siehe Abschnitt 1.1), heißt es für die Hotelketten, dem steigenden Wettbewerb durch Ersatz- und Nischenprodukte, der Sättigung des Marktes und der Abnahme der Loyalitätsbereitschaft der Konsumenten entgegenzutreten (siehe Abschnitt 3.2.5). Ein EMP-Innovationsmanagement beinhaltet ein echte und langfristige Kundenbindung, die man nur durch *Begeisterung* gewinnt (wie am Beispiel des Kano-Modells in Abschnitt 6.2.1 beschrieben). Eine *enge* Kooperation *mit Lieferanten und Partnern hinsichtlich Innovationen* (siehe Abschnitt 6.2.2) lässt Marktanteile zurückgewinnen und eine Marktführerschaft anstreben. Dazu sollte eine *aktive Kundenintegration* in den Dienstleistungserstellungsprozess als weitere Chance für *Personalisierung* und damit Bindung und Erhöhung der Loyalität gesehen werden (siehe Abschnitt 6.2.3). Denkbar wäre hier, dass Firmenkunden für große Veranstaltungen das jeweilige Hotel nach eigenen Präferenzen (Licht, Duft, Farben, Inhalt der Minibar, Tagungsraumdekor, Mitarbeiteruniformen usw.) selbstständiger gestalten dürfen. Dies beinhaltet auch Angebote von Zulieferern (Speisen, Getränke, Technik usw.). Der Kunde möchte, dass sich die Hoteldienstleistung seinen Bedürfnissen anpasst und nicht umgekehrt. Hierfür würde die Hotelgruppe dem Kunden eine Onlineplattform zur Verfügung stellen, in der alle Wünsche konzipiert und finalisiert werden können. Die Integration des Kunden impliziert gleichzeitig eine **Personalisierung** der Leistung. Firmen, die ein Premiumprodukt erwerben, möchten forthin ihre eigene Marke stärken und durch den Kauf auch eine Botschaft inklusive **Emotionen** übermitteln (durch die Auswahl eines Hotels möchte man sich bspw. verstärkt als traditionsbewusst, dynamisch, designorientiert, luxuriös usw. präsentieren). Das Hotel wird vorwiegend zur Bühne für den Kunden und entspricht dessen Wunsch nach Individualität (siehe Abschnitt 3.2.1.2). Zusätzlich gilt es, das Hotel zu öffnen und Partnermarken und deren Zielgruppe aktiv einzubinden. Dies ist wesentlich leichter und günstiger, als diese Zielgruppe selbst zu akquirieren. Ein Hotel, dass zur Bühne für Designer, Musikgruppen, Künstler wird, wird deren Community viel einfacher akquirieren können. Die Integration von Partnern schafft zusätzlich **Mehrwerte** für den Kunden und Marktanteile lassen sich dadurch erhöhen.

Als weiteres Wachstumsziel für den Vertrieb in der Zukunft dient der **Aufbau und die Stärkung des Direktvertriebs** (siehe Abschnitt 1.1). Ein EMP-Innovationsmanagement unterstützt hierbei. Absatzmittler dominieren im Moment den Markt (siehe Tabelle. 21). Die Vertragsbedingungen gehen zulasten der Hotels, Umsätze werden nicht garantiert und Vertriebskosten und Provisionen steigen stetig (siehe Abschnitt 3.2.5). Eine *individualisierte und emotionale Direktansprache* würde den Kunden anregen, unmittelbar bei der Hotelmarke zu buchen (siehe Abschnitt 6.2.1). *Mehrwerte* (siehe Abschnitt 6.2.2) sind nicht nur anzubieten, sondern *klar zu kommunizieren und zu erklären*. Dadurch minimiert sich das gefühlte Kaufrisiko bei Direktverträgen. Was die Hoteliers beim Direktvertrieb – im Gegensatz zu den Absatzmittlern – dem Kunden bieten können, ist eine *höchst personalisierte Preisgestaltung*, wobei der *Kundenwert über die gesamte Dauer der Kundenbeziehung* betrachtet werden muss, d. h. vergangenheits-, gegenwarts- als auch zukunftsbezogen (siehe Abschnitt 6.2.3). Individuelle Bedürfnisse und Kundenpräferenzen (siehe Abschnitt 3.2.1.2) sind hier zu beachten; beispielsweise könnte dies ein Zimmer- oder Tagungszimmerpreis sein, ohne die sonst üblichen Buchungsroutinen (Check-in: 14:00 h, Check-out: 12:00 h). Sicherlich wäre dies ein Begeisterungsfaktor für Vielreisende, der einen hohen Beitrag zur **Emotionalisierung** der Leistung beiträgt. Vorstellbar wäre auch ein **Mehrwert** durch eine virtuelle Warteliste oder Tauschbörse. Firmenkunden bekommen heute keine Rückmeldung, sollten Tagungs- oder Zimmerkapazitäten in einem Hotel wieder verfügbar sein. Durch die Vernetzung von Daten ließen sich Buchungsprofile abgleichen und Kunden mit ähnlichen Profilen direkt auf freigewordene Kapazitäten hinweisen. Das ist eine **Personalisierung**, die den Direktvertrieb stärken und die Hotelunternehmen von den Absatzmittlern differenzieren würde.

Grundlage für künftiges Innovationsmanagement ist eine **effiziente und innovative Verkaufsorganisation,** die aktiv innovative Vertriebsdienstleitungen mitgestaltet. Wie in Abschnitt 1.1 beschrieben, ist der Aufbau einer effizienten und innovativen Verkaufsorganisation ein wichtiges Wachstumsziel für die Hotellerie (siehe Tabelle 1). In Anbetracht dessen aber haben Hotelketten mit großen Herausforderungen zu kämpfen. Sie stehen vor der zunehmenden Schwierigkeit, Vertriebsmitarbeiter zu finden und zu halten. Den Verkäufern fällt es wegen des veränderten Kundenverhaltens, vor allem wegen der Digitalisierung und Transparenz (siehe Abschnitt 3.2.1.4), immer schwerer, den Nutzen einer persönlichen Beratung zu präzisieren und qualifizierte Verkaufstermine zu vereinbaren (siehe Abschnitt 3.2.3.4). Zusätzlich steigt die Bedeutung der Empathie zwischen Verkäufer und Kunde im Hinblick auf die Kaufentscheidung und die Kundenzufriedenheit (siehe Abschnitt 3.2.5). Die Grundlage für eine effiziente und innovative Verkaufsorganisation ist das EMP-Innovationsmanagement. Abschnitt 6.2.1 beschreibt, dass die *Auswahl von Hotelangestellten* ab sofort nicht nur nach fachspezifischen Kenntnissen, sondern *nach Persönlichkeit* geschehen muss. Fähigkeiten können anschließend antrainiert werden. Wie bereits geschildert, bedingen *begeisterte Verkäufer begeisterte Kunden*. Für die Schaffung von **Emotionen** und Begeisterung sind klare Anreizsysteme im Hotelunternehmen notwendig, die die Mitarbeiter befähigen und motivieren. Um dem Einkäufer den Wert einer persönlichen Beratung wieder nahezubringen, muss sich der Tenor des Verkaufsgesprächs verschieben; und zwar von rein informativen und lösungsorientierten Aspekten hin zur *Beratung über neue Geschäftsmöglichkeiten, deren der Kunde sich noch nicht bewusst ist* (siehe Abschnitt 6.2.2). Der stationäre Vertrieb in den einzelnen Hotels wird deshalb zunehmend kleiner werden. Die Hotels müssen forthin alle Touchpoints mit dem Kunden für Vertrieb nutzen und das 24 Stunden, 7 Tage die Woche. Die Digitalisierung und Transparenz werden dazu führen, dass der Kunde an jedem Touchpoint Daten hinterlässt. Die Daten gilt es im Vertriebsprozess zur Bedürfniserkennung auszuwerten. Daraufhin kann der Verkäufer neue

Geschäftsmöglichkeiten prognostizieren, ohne dass diese vom Kunden bisher ausgesprochen worden sind. Für den **Mehrwert** werden also demnächst weniger Verkäufer bei den Hotelketten tätig sein. Diese werden aber die vorhandenen Daten und Technologien souverän nutzen, um individuell zugeschnittene Angebote dem Kunden zu präsentieren. Eine **Personalisierung** in der Beratung zu ermöglichen, heißt auch: die menschlichen Bedürfnisse des Kunden in den Vordergrund zu stellen und sich im Vertrieb von dem Leitsatz zu verabschieden, den Kunden als „König" zu bedienen. Vielmehr soll er als Mensch *in den Verkaufsprozess integriert sein*, indem für ihn ein *klarer Vorteil auf Basis der Personalisierung* entsteht (siehe Abschnitt 6.2.3). Diese Ansätze verändern das zukünftige Profil des Vertriebsmitarbeiters insofern, als nun folgende Fähigkeiten gefragt sind:

– **Wirtschaftliche Fähigkeiten:** Der Verkäufer sollte die Unternehmensziele sowohl des Hotelunternehmens als auch des Kunden als Ganzes verstehen.
– **Empathiefähigkeiten:** Der Verkäufer sollte nicht nur fachliche Kenntnisse mitbringen, sondern auch die Fähigkeit: Motive, Emotionen, Ängste und Persönlichkeitsmerkmale des Kunden zu erkennen und aufzugreifen.
– **Integrationsfähigkeiten:** Der Verkäufer sollte die Interessen des Hotelunternehmens, des Kunden und weiterer Kooperationspartner zu einer Einheit bündeln.
– **Kognitive Fähigkeiten:** Der Verkäufer sollte Verkaufsfähigkeiten besitzen. Dazu gehören Argumentationstechniken, Kreativität sowie Geschick beim Einsatz von Emotionen.

Wenn der Hotelverkäufer in kommender Zeit als Consultant tätig ist und dem Kunden neue Möglichkeiten aufzeigen muss, dann wird die herkömmliche Art der Incentivierung,[141] die hauptsächlich auf einer Umsatzsteigerung gegenüber dem Vorjahr beruht, nicht mehr zielgerichtet sein. Vor zehn Jahren waren der Verkauf und die Interaktion mit dem Kunden ein einfacher Prozess. Der Vertrieb der Zukunft ist komplex und mehrschichtig. Routinefunktionen werden automatisiert und wegen der weitgehenden Transparenz hat der Verkäufer i. d. R. keinen Wissensvorsprung mehr gegenüber dem Kunden. Es wird darum gehen, Geschäftsmöglichkeiten zu erörtern und zu verkaufen. Ein *innovatives Bonussystem* – z. B. nach Vorbild von Maklern in der Finanz- und Immobilienbranche – mit einer gewissen Beteiligung am Umsatz auch von neuen Geschäftsmöglichkeiten kann etabliert werden. Die emotionale Ansprache des Verkäufers sowie der Mehrwert für den Kunden mit einer auf neue Geschäftsmöglichkeiten ausgerichtete Beratung und einer Personalisierung durch Integration des Kunden führen die Hotellerie zu einer effizienten und innovativen Verkaufsorganisation.

---

141 Industriestandard in der Hotellerie: 60 % Fixgehalt, 40 % variable Vergütung.

Wie in Abschnitt 1.1 herausgearbeitet, versuchen die Hoteliers ihre **Realisierungsrate** von definitiven Geschäftsabschlüssen gegenüber sämtlichen Anfragen zu verbessern. Auch wenn die Zahl der Anfragen steigt, so ist es doch mühsam, das Volumen des tatsächlichen Geschäfts zu erhöhen. Ein Grund dafür ist der Trend zur Multioptionalität. Die Kunden fragen eine Vielzahl von Mitbewerbern ferner Anbieter von Ersatz- und Nischenprodukten für Angebote an. Die Schwierigkeit, unter dieser Vielzahl aus der Masse der Anbieter hervorzustechen, führt zu einem Verlust des potenziellen Geschäfts, da viele Anfragen bearbeitet werden, aber nur ein sehr geringer Prozentsatz tatsächlich vom Einkäufer bestätigt wird (siehe Abschnitt 3.2.5). Das EMP-Innovationsmanagement legt zum einen dar, dass die Vertriebsmitarbeiter durch das *Überraschende und Einzigartige* den Kunden überzeugen und sich so vom Wettbewerb abheben wollen (siehe Abschnitt 6.2.1). Dies kann durch eine *Inszenierung* während einer Hausführung oder durch die *emotionale Ansprache* der Entscheidungsperson erfolgen. Zum anderen sollten auch die *Tagungsverkäufer öfter als Berater* auftreten, indem sie *neue,* dem Kunden *unbewusste Geschäftsmöglichkeiten* sowie innovative Konzepte und Ideen präsentieren (siehe Abschnitt 6.2.2). Die Hotelverkäufer heutzutage fokussieren sich zu sehr auf die Vorgaben des Kunden. Der möglichkeitsorientierte Verkaufsansatz zielt auf zusätzliche Leistungen außerhalb bestehender Budgets ab und schafft gleichzeitig einen Mehrwert für den Kunden. Eine *aktive Kundenintegration* noch zum Zeitpunkt der Angebotserstellung, beispielsweise durch eine Plattform auf der der Kunde virtuell eine Veranstaltung individuell planen kann (Anordnung der Räume, Bestuhlung, Technikleistungen usw.), bietet erstens die Chance zur *optimalen Personalisierung des Angebots* und zweitens erhöht sie enorm die Möglichkeit des Geschäftsabschlusses (siehe Abschnitt 6.2.3). Auch hier gilt es wiederum Daten zu verdichten und das Kundenkaufverhalten zu anaylsieren. Somit können individuelle, **emotionalisierte** Angebote dem Kunden präsentiert werden, ohne dass diese konkret angefragt worden sind und insofern einen **Mehrwert** für den Kunden darstellen. Das **personalisierte** Tagungsangebot würde sich dadurch automatisch mit den Kundenbedürfnissen verändern und diesen anpassen. Dies trägt direkt zu einer Verbesserung der Realisierungsrate von Geschäftsabschlüssen bei.

Wie in Abschnitt 3.2.5 zu sehen ist (siehe Tabelle 24), steht das Marketing der Hotelketten vor großen Herausforderungen hinsichtlich einer Differenzierung innerhalb des steigenden Wettbewerbs und der starken Imitation von Dienstleistungen in der Branche. Eine Differenzierung durch reine Produktvorteile ist nicht mehr ausreichend. Sogar wenn dem Kunden ein Zusatznutzen angeboten wird, wird dieser größtenteils zum Zeitpunkt der Kaufentscheidung nicht klar kommuniziert und bleibt damit nicht erkennbar. Deshalb ist die **Differenzierung** einer der wichtigsten Wachstumsziele im Marketing der Hotelketten (siehe Abschnitt 1.1). Das EMP-Innovationsmanagement gibt den Hoteliers das *Werkzeug des Storytelling* an die Hand, in Zukunft den Kauf für den Gast zum *Erlebniskauf* zu machen. *Multimediale Medien* wie Fotos und Videos *von anderen Kunden,*[142] die *echte* **Emotionen** *vermitteln* (bspw. Hochzeitsvideos), reduzieren das Kaufrisiko und verwandeln die immaterielle Dienstleistung in eine greifbare Leistung (siehe Abschnitt 6.2.1). Für eine Differenzierung am Markt ist eine *klare Positionierung* pro Hotel einer Hotelkette erforderlich, die der Zielgruppe *sofort erkennbare Mehrwerte* zeigen. Hotels wollen zu oft alle Reisenden mit einer Dienstleistung ansprechen. Statt reiner Produktdarstellungen muss die Profilierung jedoch über **Mehrwerte** und Erlebnisse stattfinden. Mehrwerte müssen zunehmend mithilfe von Kooperationspartnern geschaffen und zu Leistungsbündeln kombiniert werden. Das kann erreicht werden durch:

- ein *Innovationsnetzwerk mit innovativen Firmen* wie beispielsweise Kooperation mit Apple oder Telekommunikationsfirmen;
- eine *Kooperation mit Forschungseinrichtungen* wie beispielsweise dem Fraunhofer-Institut.

Die *innovativen Leistungsbündel* müssen eine neue zusammenhängende Dienstleistung ergeben. Sie *bilden Schutzmauern* vor Imitation des Wettbewerbs (siehe Abschnitt 6.2.2). Zusätzlich ist es von ausschlaggebender Bedeutung, die *Kunden hochpersonalisiert anzusprechen* und *alle Touchpoints effizient zu nutzen* (siehe Abschnitt 6.2.3). Vorstellbar wäre, Gästen in Zukunft die Möglichkeit zu geben, nicht nur das Hotelzimmer zu buchen, sondern auch den Kleiderschrank, den Kühlschrank oder das Badezimmer direkt bei Buchung bestücken zu lassen. Die Hotelgruppe würde hier mit den entsprechenden Partnerfirmen zusammenarbeiten und ein neues, **personalisiertes** Leistungsbündel anbieten. Mit dieser Maßnahme wird gezielt eine Differenzierung herbeigeführt.

**Loyalität** der Gäste ist ein weiteres Wachstumsziel der Hotelketten (siehe Abschnitt 1.1), die mit dem hybriden Kundenverhalten (siehe Abschnitt 3.2.1.3), dem rückgängigen Loyalitätsverhalten gegenüber einer Hotelmarke einschließlich der erschwerten Wahrnehmung von Werbebotschaften zu kämpfen haben. Dazu sollte die Markenhotellerie sich auf wichtiger werdende Individualitätsanforderungen einstellen (siehe Abschnitt 3.2.5). Im Rahmen des EMP-Innovationsmanagements erreicht das Marketing der Hotelketten mit *emotional aufgeladenen Werbebotschaften* (anstatt Massenkommunikation) eine stärkere Kundenbindung in der Zukunft (siehe Abschnitt 6.2.1). Als Daten können Fotos, Videos, Informationen über den Kunden aus dessen sozialen Netzwerken herangezogen und in die Kommunikation mit eingebunden werden. Wie in Abschnitt 6.2.2 beschrieben, erzeugen *Partner- und Lieferantennetzwerke als Quelle für Innovationen* neue, nicht-imitierbare Leistungsbündel. Die Hotelketten sollten zudem den *gesamten Kundenwert in ihre Loyalitätsprogramme (siehe Abschnitt 3.2.4.4) integrieren* (siehe Abschnitt 6.2.3). Bisher können Gäste eventuell ein Profil bei einer Hotelkette einrichten. Es wäre vorstellbar, dass

---

142 Sogenannter User Generated Content.

die Hotelketten direkt pro-aktiv ein Nutzerprofil für den Gast anlegen. Daten ließen sich hierfür aus den generierten Fakten jedes vom Kunden genutzten Touchpoints und dessen Social Media Profilen ziehen. Dies wäre dann auch schon für Neukunden möglich. **Emotionale** Angebote können folglich direkt als **Mehrwert** auf das Bedürfnisprofil des Gastes zugeschnitten werden. Nicht Massenwerbung, sondern **personalisierte** Werbung würde loyale Gäste wieder für eine Hotelmarke begeistern. Im Marketing der Hotelketten ginge es nicht mehr darum, sich einer Masse von Konsumenten in Erinnerung zu rufen, sondern den loyalen Kunden mehr Aufmerksamkeit zu schenken.

Die Art und Weise, wie Gäste ein Hotel suchen und buchen, hat sich in den letzten Jahren dramatisch verändert. Die Digitalisierung und Inflation von Buchungs- und Kommunikationskanälen ebenso das sprunghafte Verhalten der Gäste bei der Auswahl des jeweiligen Kanals stellen das Marketing der Hotelketten vor neue Herausforderungen. Die gesellschaftliche Bedeutung von sozialen Netzwerken wächst stetig. Die Hotellerie betrachtet die Bewertungsportale (siehe Tabelle 22) eher als Gefahr (siehe Abschnitt 3.2.5). Hingegen eröffnen die neuen **Kommunikations- und Buchungskanäle** unendliche Wachstumsmöglichkeiten für die Hotellerie (siehe Abschnitt 1.1).[143] Dafür sollten Hotelketten Spezialisten für die einzelnen Kanäle einstellen und ausbilden. Positionen dieser Art sind derzeit in der Hotelbranche noch nicht ausgeprägt vorhanden oder es fehlt am notwendigen Empowerment. Durch den rasanten Anstieg von Kommunikations- und Buchungskanälen hat der Reisende zwar mehr Information, aber er nimmt die einzelne Markeninformation nicht mehr intensiv wahr. Rational vorgetragene Argumente gehen in der Datenflut unter, nur emotionale Themen finden Aufmerksamkeit. Es reicht nicht mehr aus, Marketing als Nebentätigkeit mit anderen Funktionen zu koppeln. Notwendig sind *Marketing- und Social-Media-Experten*, die **Emotionen** transportieren können. *Nicht der Kunde ist die Quelle für innovative Lösungen, sondern der Mitarbeiter.* Der Kunde selbst befindet nicht in der Lage, seine zukünftigen Wünsche und Bedürfnisse zu artikulieren. Deshalb wird der Gast nur für Rückmeldungen bezüglich neuer Innovationen befragt (siehe Abschnitt 6.2.1). Voraussetzung für den Erfolg im *Multi-Channel-Management* ist die Kommunikation von *individualisierten* **Mehrwerten** *in allen Kanälen, in allen Sprachen und für alle Endgeräte*[144] (siehe Abschnitt 6.2.2). Eine *personalisierte Preis- und Angebotsgestaltung*, die auf dem CLV basiert, sollte das Hotelmarketing über den richtigen Kanal für den jeweiligen Gast kommunizieren, um neue Umsatzpotenziale zu erobern (siehe Abschnitt 6.2.3). Gäste sind zunehmend bereit, Daten freizugeben, wenn dadurch eine **Personalisierung** entsteht (siehe Abschnitt 3.2.1.4). Kunden lassen ein hybrides Reiseverhalten erkennen (siehe Abschnitt 3.2.1.3) und nutzen unterschiedliche Buchungskanäle, wenn sie beispielsweise alleine als Geschäftsreisende eine Hotelübernachtung oder

---

143 Beispielsweise die Automobilindustrie in den sozialen Netzwerken.
144 PC, Tablet PC, Smartphone usw.

mit der Familie eine Urlaubsreise buchen. Die Hotellerie hat es noch nicht geschafft, diesen Aspekt in ihre Preis- und Angebotsgestaltung mit einfließen zu lassen. Es kann sogar passieren, dass derselbe Gast im selben Hotel unterschiedliche Leistungen erhält, da entweder die Daten aus den einzelnen Kanälen nicht gebündelt sind oder man den Kunden „bestraft", dass er über einen unliebsamen Absatzmittler gebucht hat. Ein Umdenken kann hier eine Potenzialerhöhung neuer Kommunikations- und Buchungskanäle für die Hotelketten erreichen und sukzessive auch eine Verschiebung auf hoteleigene Buchungskanäle bewirken.

Ein weiteres, besonders ehrgeiziges Wachstumsziel des Hotelmarketings der Zukunft ist also die **Verschiebung der Kundenpräferenz auf die eigenen Buchungskanäle** (siehe Abschnitt 1.1). Erschwert wird dies durch die heutige Abhängigkeit von den großen Buchungsportalen und dem Diktat ihrer Konditionen. Es entsteht eine Preistransparenz, die den Fokus beim Gast auf den Preis lenkt. Die Best-Price-Garantien der Portale verstärken noch diese Entwicklung (siehe Abschnitt 3.2.5). Mit einem EMP-Innovationsmanagement können Hotelketten sich hingegen im Marketing dieser Transparenz entziehen, indem sie *stärker nach Kundenpräferenzen segmentieren* und weniger nach Hotelsternekategorien (siehe Abschnitt 6.2.1). Folglich kommt es wiederum zu einer *Verschiebung des Bezugsrahmens weg vom Preis hin zu Mehrwerten* (siehe Abbildung 57). Außerdem muss sich auch bei den eigenen Kanälen die *Preisbildung am Kundengesamtwert orientieren* und nicht an der Konkurrenz (siehe Abschnitt 6.2.3). Eine *kundenwertorientierte Segmentierung nach Weiterempfehlungsaktivitäten* und Kundenwert (CLV) ist deshalb vonnöten.[145] Hotelgäste werden incentiviert, aktiv als Multiplikator innerhalb ihrer Community zu agieren. Neben Gästebewertungen der Hotelleistungen wären auch die Bewertungen anderer Leistungsträger (bspw. Transportunternehmen, Restaurants, Kultureinrichtungen usw.) vorstellbar. Der Hotelgast erhält somit eine neue Art von Concierge-Dienstleistung als **Mehrwert**. Dabei handelt es sich um eine Leistung, die die gegenwärtigen Bewertungsportale (siehe Tabelle 22) noch nicht nutzen. Es stellt sich die Frage, warum die Hotels ihren Webauftritt vorgeben, wenn klar nachgewiesen ist, dass Reisende eher anderen Reisenden vertrauen (siehe Abschnitt 3.2.4.2). Hotelinternetauftritte könnten ausschließlich auf Informationen, Fotos, Videos anderer Hotelgäste aufbauen. Die Kundenintegration führt hier zu **Personalisierung**. Bisher versuchen Internetauftritte alle Altersgruppen zu erreichen. Individuelle Darstellungen und Inhalte nach unterschiedlichen demographischen Zielgruppen (siehe Abschnitt 3.2.1.1) wären viel effektiver. Auch hier kann eine Verdichtung von Daten aller Touchpoints zu einer pro-aktiven Angebotsgestaltung für die Gäste, basierend auf deren Bedürfnisprofil, zur **Emotionalisierung** des Angebotes beitragen. Diese Emotionalisierung und Personalisierung kombiniert mit Mehrwerten werden zu einer Verschiebung der Kundenpräferenz auf den eigenen Buchungskanälen führen.

---

145 Vgl. Wangenheim (2003), S. 256 ff.

Das Mehrmarken-Management der Hotelketten in dem Zeitalter, wo Marken nicht mehr kreiert, sondern von Gästen kokreiert werden (siehe Abschnitt 3.2.4.2 sowie Abschnitt 3.2.5), verlangt neue innovative Marketinglösungen, um die **Hotelmarke zu stärken** (siehe Abschnitt 1.1). Außerdem wird die Aufgabe des Marketings durch die Immaterialität der Dienstleistung und die immer weniger werdenden Berührungspunkte mit dem Kunden, der heutzutage die Werbebotschaften wegen ihrer Fülle weniger wahrnimmt, zunehmend erschwert. Das EMP-Innovationsmanagement befähigt die Marketingspezialisten durch *emotionale Aufladung* die Marke zu stärken und ihre *Einzigartigkeit zu kommunizieren*. Die Schwierigkeit der Veranschaulichung hinsichtlich der Immaterialität sollte durch *Erlebnisinszenierung*[146] und *Storytelling* überwunden werden. Die Marke muss sich als *Teil des Lifestyles des Gastes* inszenieren, damit es zu einer echten Kundenbindung kommt.[147] Die Mundpropaganda wird durch die *sozialen Netzwerke neue Dimensionen erreichen* und von noch größerer Bedeutung für die Stärkung einer Hotelmarke sein (siehe Abschnitt 6.2.1). Emotionen, die der Gast mit einer Marke assoziiert, sind intensiver zu nutzen, um den Blick weg vom Preis zu bekommen. Der *Schwerpunkt liegt auf der Mehrwertkommunikation* und nicht auf der Produktbeschreibung (siehe Abschnitt 6.2.2). Eine aktive Einbindung und damit eine *Integration des Kunden in die Aktivierung einer Hotelmarke* sind von ausschlaggebender Bedeutung für den Erfolg. Sammelt man zudem Kundendaten (Reisegewohnheiten, Buchungsgewohnheiten, Präferenzen), erlangt man einen *360-Grad-Blick auf den Gast*, der zur *optimalen Personalisierung der Ansprache und des Angebotes* führt (siehe Abschnitt 6.2.3).[148] Vorstellbar ist, dass jeder Gast seinen Hotelaufenthalt eigenständig **personalisieren** kann. Dadurch, dass vielen Produkten künftig eine IP-Adresse zugeordnet werden kann (Bilderrahmen, Spiegel, Fensterscheiben usw.), steht dem nichts mehr entgegen. Wenn der Gast dann mit dem Smartphone die Zimmertür öffnet (siehe Abschnitt 6.1.3), erkennt das Zimmer den Gast direkt und verändert sich gemäß individuellem Bedürfnisprofil. Hierdurch entsteht ein **Mehrwert** basierend auf **Emotionen**. Hotels sollten obendrein stärker den Gast pro-aktiv auffordern Fotos und Videos über das Hotel auf den vorgegebenen Medien (bspw. Hotel Hashtag) zu kommunizieren. So könnten Hotelmarken wieder gestärkt werden.

## 6.4 Fazit

Ein neuer Innovationsmanagementansatz in der Kettenhotellerie ist zur optimalen Entwicklung von Dienstleistungsinnovationen in den Geschäftsfeldern Vertrieb und

---

**146** Beispiele hierfür sind Brand Events, Showrooms, Product Placement, Sponsoring, Corporate TV usw. (siehe auch Abschnitt 4.2.1.2).
**147** Der Gast soll sich mit der Marke identifizieren und diese „leben".
**148** Beispielsweise könnten Konzertkarten aktiv mit angeboten werden.

Marketing umzusetzen. Die Ergebnisse dieser Forschungsarbeit und das in diesem Kapitel erarbeitete strategische EMP-Innovationsmanagement sind in der folgenden Grafik abgebildet und zusammengefasst (siehe Abbildung 64):

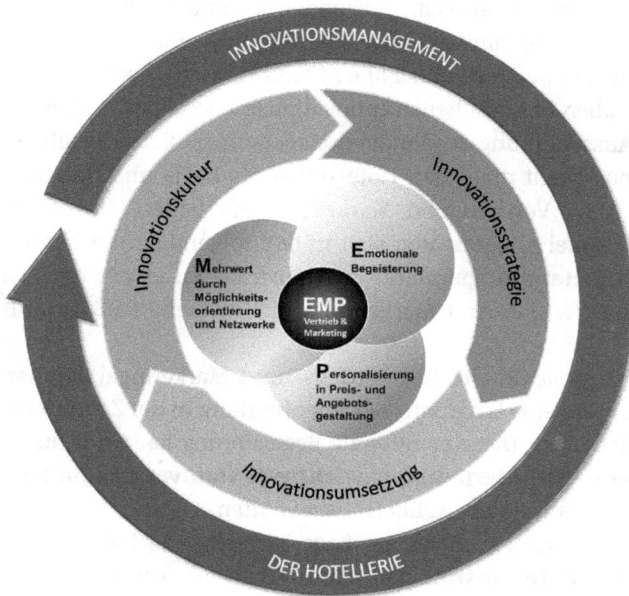

**Abbildung 64:** EMP-Innovationsmanagement in der Hotellerie im Geschäftsfeld Vertrieb und Marketing (Quelle: Eigene Darstellung).

Die Grundvoraussetzung für die Entwicklung von Dienstleistungsinnovationen in der Hotellerie ist ein strukturierter und nachhaltiger Innovationsprozess, der auf folgenden Erfolgsfaktoren basiert: einer etablierten Innovationskultur (siehe Abschnitt 6.1.1), einer zielgerichteten Innovationsstrategie und -struktur (siehe Abschnitt 6.1.2) einschließlich der ganzheitlichen Innovationsumsetzung, der Innovationsdiffusion und dem Innovationscontrolling (siehe Abschnitt 6.1.3). Der Autor vergleicht dabei das bisherige Innovationsverhalten inklusive die bisherigen Innovationsbemühungen von Hotelketten (siehe Abschnitt 3.3) mit den Kriterien eines strukturierten und nachhaltigen Innovationsmanagements (siehe Abschnitt 2.2) und definiert klar die notwendigen strategischen und langfristig orientierten Veränderungen. Zur Schaffung einer Innovationskultur sind eine visionäre Unternehmensführung, ein Bottom-up-Managementstil, flache Hierarchien und eine langfristige Wertorientierung erforderlich. Der Mitarbeiter sollte als wichtigste Ressource und Innovationsquelle angesehen und incentiviert werden. Kooperationen zur Innovationsentwicklung mit branchen-internen und -externen Partnern liefern starke Wettbewerbsvorteile. Die Innovationsstrategie muss als ein analytischer und kreativer Prozess in den Hotelketten verankert werden. Strukturierte Ideengenerierung, Ideenbewertung nach Wachstumschancen und Differenzierungspotenziale als auch der Fokus auf Mitarbeiter und Nichtkunden sind als vorteilhaft einzuschätzen. Die Ausrichtung am Markt und an traditionellen Zielgruppen; ferner die Blockierung von Ideen ausschließlich wegen Risiken und Investitionen gelten als hinderlich. Von ausschlaggebender Bedeutung für den Erfolg sind des Weiteren der abgestimmte Implementierungszeitpunkt und die strategischen Diffusionsmaßnahmen. Schließlich sollten alle Abteilungen, insbesondere Vertrieb und Marketing in den oben beschriebenen Innovationsprozess aktiv involviert werden, um die komplette Ausschöpfung des Innovationspotenzials sicherzustellen.

Dieses Innovationsmanagement dient den Hotelketten als Basis und Rahmen, Dienstleistungsinnovationen im Vertrieb und Marketing aufzubauen. Die verifizierten Hypothesen (siehe Kapitel 5) verdichten sich in den folgenden drei Kernergebnissen, die sich zum **EMP-Handlungsmuster** zusammenfassen lassen und bei Innovationsbestrebungen im Vertrieb und Marketing von Hotelketten in Zukunft umgesetzt werden können:

– **Emotionale Begeisterung** ist durch alle Vertriebs- und Marketingaktivitäten anzustreben, da nur dadurch eine langfristige Kundenbindung in der Zukunft für die Hotelketten zu erreichen ist. Diese emotionale Begeisterung kann nur durch **begeisterte Mitarbeiter – die unternehmenswichtigste Innovationsquelle –** wirksam auf die Kunden übermittelt bzw. übertragen werden.
– **Mehrwerte,** die der Kunde noch nicht in der Lage ist, selbst zu formulieren, sowie **möglichkeitsorientierte (anstatt lösungsorientierte) Ansätze** liefern starke Wettbewerbsvorteile. Die **Innovationsnetzwerke** erhöhen dabei das Differenzierungspotenzial.
– **Personalisierung** und eine **hochindividualisierte Angebots- und Preisgestaltungen** liefern hohe und nachhaltige Umsatzpotenziale sowie starke Akzeptanz beim Kunden, in den Dienstleistungserstellungsprozess aktiver involviert zu werden. Dies führt zu einer höheren Loyalität.

Im Hinblick auf die praktische Anwendung wurde am Ende dieses Kapitels bereits eine Lösung der aktuellen Herausforderungen in den Geschäftsfeldern Vertrieb und Marketing durch das EMP-Innovationsmanagement vorgestellt (siehe Abschnitt 6.3).

# 7 Zusammenfassung und Ausblick

## 7.1 Zusammenfassung und Würdigung der Untersuchungsergebnisse

Vor dem Hintergrund, der in der Problemstellung dieser Untersuchung aufgezeigten Notwendigkeit von **Wachstum in der Hotellerie** (siehe Abschnitt 1.1), gibt diese Arbeit eine Handlungsanweisung zur Bewältigung der wesentlichen und aktuellen Herausforderungen. Dazu gehört der **Aufbau eines Innovationsmanagements** und die Entwicklung von **Dienstleistungsinnovationen im Geschäftsfeld Vertrieb und Marketing**. Trotz der hohen Relevanz dieses Themas liefert die bisherige wissenschaftliche Forschung von touristischen Dienstleistungsinnovationen keine Handlungsempfehlungen für ein nachhaltiges Innovationsmanagement in Vertrieb und Marketing der Hotellerie (siehe Abschnitt 1.2). Das erkannte Forschungsdefizit bildet den Ausgangspunkt der vorliegenden Untersuchung. Ausgehend von der Literaturrecherche lässt sich grundsätzlich feststellen, dass Innovationen von Sachgütern umfangreich diskutiert worden sind. Die Entwicklung von Dienstleistungsinnovationen wurde in den letzten Jahren zusätzlich von der Forschung aufgegriffen. Hingegen ist in der Literatur das Innovationsmanagement von Dienstleistungsinnovationen im Tourismus, speziell in der Hotellerie, bisher nur wenig untersucht. Die **wissenschaftliche Lücke** (siehe Abschnitt 1.2.2) zeigt sich noch deutlicher in Bezug auf Dienstleistungsinnovationen in der Hotellerie im Geschäftsfeld Vertrieb und Marketing, zu dessen Thema kaum Studien vorliegen. Dementsprechend war die Ableitung konkreter Handlungsempfehlungen zum Aufbau eines nachhaltigen Innovationsmanagements in der Hotellerie wie auch die Entwicklung von Dienstleistungsinnovationen für Vertrieb und Marketing die Zielsetzung der vorliegenden Untersuchung (siehe Abschnitt 1.3). Die Arbeit richtet ihren Schwerpunkt auf die Kettenhotellerie im gehobenen Segment im deutschen Hotelmarkt (siehe Abschnitt 1.4).

Mittels einer detaillierten **Marktumfeldanalyse des deutschen Hotelmarktes** (siehe Abschnitt 3.1.3.1) wird verdeutlicht, dass die Branche mit einem starken Marktwachstum der Mitbewerber, zunehmender Verhandlungsstärke der Kunden und Lieferanten und dem Markteintritt von Ersatzprodukten, zu kämpfen hat. Die Auseinandersetzung mit dem Marktumfeld der deutschen Hotellerie lässt erkennen, dass die Überkapazitäten und die unterproportional wachsenden Übernachtungszahlen zu einem im internationalen Vergleich niedrigen Preisniveau führen. Darüber hinaus sind – unter Beachtung des Inflationsindexes – die Nettozimmerpreise in der deutschen Hotellerie im Zeitraum 2002–2014 sogar gesunken. Im Gegenzug orientieren sich die Betriebskosten am Verbraucherpreisindex und wachsen mit diesem proportional, was die Gewinnmargen der Hotellerie zunehmend reduziert. Verschärft wird diese Ausgangslage durch zusätzlichen Wettbewerb von Ersatzprodukten, z. B. alternative Tagungs- und Veranstaltungsstätten und private Vermittlung von

DOI 10.1515/9783110451436-007

Unterkünften. Die Dienstleistungsinnovation wird zudem durch die besonderen **Charakteristika** der touristischen bzw. **hotelspezifischen Dienstleistung** erschwert (siehe Abschnitt 3.1.2). Die Hotelleistung ist immateriell, standortgebunden und nicht lagerbar. Sie ist individuell, personengebunden, komplex und erklärungsbedürftig. Schließlich ist die Leistung der Hotellerie hochemotional und wird von jedem Gast subjektiv bewertet.

Diese Forschungsarbeit behandelt zunächst die Frage, inwieweit die Hotelketten bereits einen strategischen Innovationsprozess für Dienstleistungen umgesetzt und dessen Potenzial zur zukünftigen Wachstumssicherung erkannt haben. Wie in Abschnitt 2.2 veranschaulicht, ist ein **strategisches Innovationsmanagement als Basis** notwendig, um Dienstleistungsinnovationen für Vertrieb und Marketing zu entwickeln. Die **Hotellerie hat bisher nur ein Innovationsverhalten** (siehe Abschnitt 3.3) angestrebt, das hauptsächlich auf Reaktionen bestehender Kundenanforderungen, Imitationen von Innovationsbemühungen der Konkurrenz und an kurzfristiger Gewinnerzielung ausgerichtet ist. Die Beschäftigung mit dem bisherigen Innovationsverhalten der Hotellerie konnte im Weiteren darlegen, dass eine Innovationskultur, -strategie und -struktur ebenso eine zielgerichtete Umsetzung, Diffusion und Controlling in den Hotelketten nicht verankert sind. Diese drei Säulen des Innovationsmanagements werden in der Hotellerie wegen steiler Hierarchien, mangelnder Veränderungsbereitschaft, kurzfristiger Rückflusserwartungen von Investitionen usw. als hinderlich betrachtet.

Das im Mittelpunkt der Untersuchung stehende **Geschäftsfeld Vertrieb und Marketing** (siehe Abschnitt 3.2), dessen Bedeutung innerhalb der Hotelunternehmen steigt, sieht der Autor als **entscheidenden Innovationstreiber** mit ungenutztem Potenzial für **zukünftiges Wachstum**. Als Zielsetzung für die Untersuchung hat der Verfasser die zukünftigen Wachstumsziele der Hotellerie spezifiziert. Im Vertrieb wurden eine Preis- und Margenerhöhung, eine Erhöhung des Marktanteils, der Aufbau des Direktvertriebs, eine effiziente und innovative Verkaufsorganisation sowie eine Steigerung der Realisierungsrate von Geschäftsabschlüssen in den Vordergrund gestellt. Zukünftig sollte Marketing eine Differenzierung vom Wettbewerb, Stärkung der Marke, steigende Loyalität, Potenzialerhöhung neuer Kanäle und eine Verschiebung der Kundenpräferenzen auf eigene Kanäle erreichen.

Zur Erreichung dieser Wachstumsziele der Hotelketten, sind **Vertrieb und Marketing** jedoch mit **Herausforderungen** konfrontiert (siehe Abschnitt 3.2.5). Dem Vertrieb macht zunehmend der Verhandlungsdruck seitens der Firmenkunden und die Marktmacht der Absatzmittler bei gleichzeitiger Erhöhung der Vertriebskosten zu schaffen. Es wird immer schwieriger, qualifizierte Vertriebsmitarbeiter zu finden und zu halten, ebenso den Nutzen einer persönlichen Beratung für den Kunden darzulegen. Der Trend zur Multioptionalität und der zunehmende Wunsch nach mehr Leistung für weniger Geld führen zum Verlust von potenziellem Geschäft. Das Marketing ist konfrontiert mit einer sinkenden Loyalitätsbereitschaft der Gäste, der Schwierigkeit zur Differenzierung vom Wettbewerb hinsichtlich erschwerter Wahrnehmung von Werbebotschaften und der immer weniger werdenden Berührungspunkte mit dem Kunden. Nicht nur die Inflation von Buchungs- und Kommunikationskanälen, auch das sprunghafte Verhalten der Kunden bei der Auswahl des Buchungskanals beeinträchtigt die Stärkung der Marke, inklusive der eigenen Hotelkanäle.

Von anderen Studien abweichend und wegen mangelnder Innovationstätigkeiten in der Hotellerie hat sich der Autor entschieden, **Handlungsmuster aus anderen innovativen Branchen** heranzuziehen. Die **Automobil- und Finanzbranche** wurden aus zwei wesentlichen Gründen ausgewählt: Erstens sind beide Innovationsführer für Dienstleistungen in Deutschland. Zweitens lässt sich die Automobilbranche anlässlich ihres Marktumfelds und die Finanzbranche bezüglich der Charakteristika der Finanzdienstleistung sehr gut mit dem Marktumfeld der Hotellerie sowie den Charakteristika der Hoteldienstleistung vergleichen (siehe Abschnitt 4.1). Der Autor berücksichtigt dabei, dass eine klare Trennung zwischen Sach- und Dienstleistung nicht möglich ist, da jedes Leistungsbündel aus materiellen und immateriellen Elementen besteht. Während das Verhältnis zwischen Sachgut und Dienstleistung bei einem Hotel ausgeglichen ist, steht bei der Automobilbranche das Produkt, bei der Finanzbranche hingegen das Dienstleistungselement im Vordergrund. Die jeweils zwei ausgewählten **Fallstudien** (eine über Vertrieb und eine über Marketing) pro Branche zeigen, wie innovative Unternehmen der Finanz- und der Automobilbranche vor ähnlichen Herausforderungen wie die Hotellerie standen (siehe Abschnitt 4.2). Dank Dienstleistungsinnovationen wurden diese in Wettbewerbsvorteile umgewandelt. Der Verfasser formulierte aus den Studien entsprechende **Kernaussagen**, um diese in der Untersuchung zu **Hypothesen** für das Innovationsmanagement der Hotellerie in Vertrieb und Marketing zu verdichten (siehe Abschnitt 5.1).

Für die **empirischen Untersuchungen zur Verifizierung der Hypothesen** dienen eine **schriftliche Onlinebefragung** der Hotellerie und deren Kunden ferner **leitfadengestützte Interviews mit Experten** aus der Innovationsforschung und aus den jeweiligen Vergleichsbranchen (siehe Abschnitt 5.2). Die Ergebnisse unterstreichen die **Diskrepanz** zwischen der **Einstellung der Hotellerie** und der **Erwartungshaltung der Kunden**. Während beispielsweise insgesamt 82 % der befragten Kunden der Hotellerie bereit sind, aktiv in den Dienstleistungserstellungsprozess mit einbezogen zu werden, um dadurch eine **Personalisierung** der Dienstleistung zu erreichen, involvieren heute nur 16 % der befragten Entscheidungsträger der Hotellerie ihre Gäste bzw. Kunden. Die Analyse der Befragung zeigt auch, dass eine große Mehrheit der Hotelkunden (53 %) begeistert sein würde, wenn eine Hotelkette über die grundsätzlichen Übernachtungs- und Verpflegungsleistungen hinaus weitere personalisierte Dienstleistungen anböte, die nicht von vornherein erwartet werden. Allerdings gehen 48 % der befragten Hoteliers davon aus, dass ihre Kunden nur Leistungen erwarten, die sie vertraglich geregelt haben. Deshalb legen sie keinen besonderen Wert auf Zusatzleistungen und **Mehrwerte**. Außerdem sind sich alle befragten Experten darin einig, dass Zusatzleistungen bzw. branchenübergreifende Leistungsbündel immer mehr an Bedeutung in Dienstleistungsbranchen gewinnen und dementsprechend auch weitere Umsatz- wie Differenzierungsmöglichkeiten für die Hotellerie bieten können. Ebenso sollten **Emotionen und Begeisterung** im Vertriebs- und Marketingprozess der Hotelketten vordergründiger eingesetzt werden. Bei der Hotellerie sehen die Experten auch noch Nachholbedarf hinsichtlich des Nutzens von Partner- und Lieferantennetzwerken, von denen andere Dienstleister zur Innovationsentwicklung bereits erfolgreich profitieren.

Anhand eines Vergleichs des bisherigen Innovationsverhaltens der Hotelketten (siehe Abschnitt 3.3) und der Kriterien eines strukturierten und nachhaltigen Innovationsmanagements (siehe Abschnitt 2.2) erörtert der Verfasser die **notwendigen Veränderungen zur optimalen Entwicklung von Dienstleistungsinnovationen in der Hotellerie.** Für die Schaffung einer **Innovationskultur** (siehe Abschnitt 6.1.1) sollte die Unternehmensführung eine Vision für Innovationen vorgeben und die Innovationsbemühungen aller Abteilungen durch eine Veränderung des Managementstils, inklusive den Abbau von Hierarchien fördern. Dabei müssten die Funktionen Vertrieb und Marketing eine wichtige Rolle spielen. Neuerungen entstehen nicht mehr aus den Routinetätigkeiten, sondern langfristig aus gesellschaftlichen Werten. Die Hotelketten sind gefordert künftig schneller auf Marktchancen zu reagieren und Innovationsbestrebungen im Unternehmen in ein bestehendes oder in ein neues Bonus- und Anreizsystem zu integrieren. Es gilt brancheninterne und branchenexterne Partner zu finden und Kooperationen einzugehen. Um Innovationen im Anschluss gezielt zu entwickeln, bedarf es einer klaren **Innovationsstrategie und -struktur** (siehe Abschnitt 6.1.2). Ein analytischer und kreativer Prozess in enger Anlehnung an Vertrieb und Marketing wird für die Strategieausrichtung wichtig sein. Aus unternehmenseigenen Ressourcen und Kompetenzen hat der Anstoß für Innovationen zu erfolgen und nicht mehr wie bisher aus dem Markt oder der Konkurrenz. Eine strukturierte Ideengenerierung mit einer anschließenden Ideenbewertung nach Wachstumschancen und Wettbewerbsvorteilen sorgt dafür, dass zukunftsträchtige Innovationen umgesetzt und vorangetrieben werden. Hierdurch wird der Gefahr entgegengetreten, dass Innovationsvorschläge zu früh – wegen möglicher Risiken und notwendiger Investitionen – fallen gelassen werden. Es bedarf innovativer Mitarbeiter, die durch eine Veränderung im Rekrutierungsprozess gezielt zu suchen sind. Der Fokus in der Zukunft liegt auf neuen Zielgruppen und jetzigen Nichtkunden. Um Dienstleistungsinnovationen schließlich zur Marktreife zu bringen und zum Erfolg zu führen, wird eine **Implemetierungs- und Diffusionsstrategie** ebenso ein strategisches **Innovationscontrolling** notwendig sein (siehe Abschnitt 6.1.3). Die Entscheidung über den richtigen Implementierungszeitpunkt einer Innovation am Markt ist von grundlegender Bedeutung. Bereits die frühen Adoptoren und die frühe Mehrheit müssten die Innovation aufgreifen, um sie im Anschluss einer breiten Zielgruppe näherzubringen. Außerdem sind strategische Vertriebs- und Marketingmaßnahmen über den gesamten Diffusionszeitraum und nicht einzelne taktische, kurzfristige Werbeaktionen erforderlich. Die Hotelerie benötigt daher für ihr Innovationsmanagement ein ganzheitliches Innovationscontrolling und muss vom Projektcontrolling einzelner Innovationsbemühungen loskommen. Der Aufbau von Netzwerken mit anderen Innovationspartnern ist dabei essenziell, da Leistungsbündel nicht leicht zu imitieren sind und somit einen guten Imitationsschutz bieten.

Die im empirischen Teil der Arbeit verifizierten Hypothesen (siehe Abschnitt 5.2) wurden zu drei Kernergebnissen zusammengefasst (siehe Abschnitt 6.2). Bis dato ist die Kundenzufriedenheit der Maßstab für die Hotellerie. Es kristallisiert sich aber als Ergebnis der Untersuchung heraus (siehe Abschnitt 6.2.1), dass nur Emotionen sich als Impulsgeber für eine Kaufentscheidung eignen. Je stärker der Kunde durch Emotionen begeistert wird, also seine Erwartungen übertroffen werden, umso mehr ist er bereit ein Preispremium zu bezahlen. Wegen der Einbeziehung des externen Faktors in den Dienstleistungserstellungsprozess ist auch das Verhalten der Mitarbeiter zu betrachten. Es stellte sich heraus, dass auch die Mitarbeiter begeistert werden müssen, um wiederum Kunden zu begeistern. Dies erreicht man über gezielte Motivation, d. h. über ein zielgerichtetes Anreizsystem. Die Grundlage bildet zweifelsohne die Auswahl neuer Hotelangestellter. Hierbei spielt die Persönlichkeit eine entscheidende Rolle. Ziel der Hotelketten muss sein, bestimmte Auslöser für **Emotionen und Begeisterung in ihrem Vertriebs- und Marketingprozess** zu setzen. Zu berücksichtigen ist: Was heute Emotionen auslöst, kann morgen bereits überholt sein. Der Vertriebs- und Marketingprozess unterliegt also einer dauerhaften Veränderung.

Als zweites Ergebnis dieser Arbeit verdichtete sich im Laufe der Untersuchung (siehe Abschnitt 6.2.2), dass neben der Kernleistung, **Mehrwerte und Zusatznutzen** benötigt werden, um dem zunehmenden Preiswettbewerb zu entkommen. Kernleistungen und eventuelle Zusatznutzen müssten hingegen zu einem neuen Leistungsbündel kombiniert werden, das als Ganzes wiederum für den Kunden sinnvoll ist. Für den zukünftigen Innovationserfolg der Hotelketten wird es wichtig sein, strategische Innovationspartnerschaften mit Unternehmen der Branche, aber auch branchenfremde Netzwerke zu bilden. Diese unternehmensübergreifende Kombination zu neuen Leistungsbündeln bilden einen starken Imitationsschutz gegenüber dem Wettbewerb. Kunden können durchaus in den Pilotprozess und darüber hinaus für Anregungen mit einbezogen werden. Ohne Frage muss der entscheidende Innovationsimpuls aus unternehmenseigenen Ressourcen wie auch von den Mitarbeitern kommen. Auf die Verkäufer kommt eine wichtige Aufgabe zu. Anlässlich der Digitalisierung hat der Kunde eine starke Wissenstransparenz. Anstatt eines lösungsorientierten Verkaufsansatzes ist in Zukunft ein möglichkeitsorientierter Verkaufsansatz, mithilfe der entstandenen Mehrwert-Leistungsbündel, gefragt.

Ein drittes Kernergebnis hält fest, dass die Hotellerie sich vom klassischen Dienstleistungsgedanken wie „am Hofe" verabschieden und den Kunden gezielt in den Dienstleistungserstellungsprozess integrieren muss. Hier kann Wissen über die Kundenbedürfnisse erlangt werden, die zu einer **Personalisierung** führen (siehe Abschnitt 6.2.3). Die Preisbildung sollte sich am Kunden und nicht mehr am Markt ausrichten. Hier wäre der historische, gegenwärtige und potenzielle Kundenwert (CLV) zu berücksichtigen. Das in der Hotellerie angewandte Yield-Management, angelehnt an der generellen Nachfrage eines bestimmten Termins, verstärkt das gefühlte Kaufrisiko beim Kunden. Jeder Kunde ist anders. Ein gezieltes CLV-Management in der Hotellerie wäre als Instrument für sämtliche Vertriebs- und Marketingmaßnahmen zu begrüßen. Eine gerechte, kundenorientierte Preisbildung schafft durchaus wieder positive Emotionen, die zu einer langfristigen, freiwilligen Kundenbindung führen.

Diese Handlungsempfehlungen sind vom Autor als **EMP-Innovationsmanagement** für Innovationsbestrebungen im Vertrieb und Marketing von Hotelketten zusammengefasst worden:

- emotionale Begeisterung und begeisterte Mitarbeiter als unternehmenswichtigste Innovationsquelle
- Mehrwerte, die der Kunde nicht selbst ausformulieren kann, und der Übergang vom reinen lösungsorientierten zum möglichkeitsorientierten Ansatz sowie Differenzierungspotenzial durch Innovationsnetzwerke
- personalisierte und individualisierte Angebots- und Preisgestaltung durch aktive Involvierung der Kunden in den Dienstleistungserstellungsprozess

Als Ergebnis dieser Arbeit wurden anschließend in Abschnitt 6.3 die aktuellen Herausforderungen in Vertrieb und Marketing mithilfe eines neuen EMP-Innovationmanagement gelöst. Die praktische Relevanz der Untersuchungsergebnisse der vorliegenden Arbeit ist hervorgehoben und die Zielsetzung entsprechend erfüllt. Eine emotionale Begeisterung und Erlebnisinszenierung würde im Vertriebs- und Marketingprozess nicht mehr nur auf den Preis abzielen. Dies unterstützt eine Verschiebung des Bezugsrahmens, in dem die Hotels den Blickwinkel des Kunden auf Emotionalität und Mehrwerte lenken, weg von Funktionalität und Preis. Durch eine Integration des Kunden in den Dienstleistungserstellungsprozess entwickelt sich besagte Personalisierung, die die sinkende Loyalitätsbereitschaft auffängt, wodurch sich Marktanteile zurückerobern lassen. Eine individualisierte und emotionale Direktansprache erleichtert in Zukunft den Aufbau des Direktvertriebs und reduziert die starke Marktmacht der Absatzmittler. Es ist wichtig, dass Mehrwerte klar kommuniziert und erklärt werden. Die Veranschaulichung von Möglichkeiten und die Veränderung des Profils vom Verkäufer zum Berater sind essenziell für den Aufbau einer innovativen Verkaufsorganisation. Durch das Überraschende und Einzigartige im Verkaufsprozess sollte es den Hoteliers gelingen, die Multioptionalität bei der Kundenentscheidung zu übergehen und so die Realisierungsrate tatsächlicher Geschäftsabschlüsse zu verbessern. Von den Mitbewerbern sich erfolgreich abzugrenzen, heißt im Marketing, den Blick auf Erlebniskauf und Storytelling durch den Einsatz der Neuen Medien zu richten. Anstatt bisheriger Massenkommunikation löst eine emotionale Ansprache das Problem der erschwerten Wahrnehmung von Werbebotschaften und verfestigt die Loyalität der Gäste. Eine personalisierte Preis- und Angebotsgestaltung über den richtigen Kanal für den jeweiligen Gast wird den Hoteliers neue Umsatzpotenziale bringen. Um die eigenen Hotelkanäle erfolgreicher zu machen, sollte nach Kundenpräferenzen bei der Angebotsgestaltung segmentiert werden und nicht nach

Hotelsternekategorien, wie dies auf den großen Buchungsplattformen der Fall ist. Der Kunde wird überdies aktiv in die Aktivierung der Hotelmarke mit eingebunden, um diese erfolgreich auf dem Markt zu positionieren und sich vom Mitbewerb stärker zu differenzieren.

Der Beitrag dieser Arbeit zu touristischen Dienstleistungen umfasst im Wesentlichen vier Punkte:

- Die Arbeit wendet die Theorie in einem **konkreten Geschäftsbezug** der Hotellerie und im Einzelnen der Hotelketten an.
- Die Arbeit bietet eine **bisher unerforschte Perspektive,** in der der Fokus speziell auf dem Geschäftsfeld Vertrieb und Marketing liegt und Handlungsmuster aus anderen innovativen Vergleichsbranchen abgeleitet werden.
- Die Arbeit leistet einen **Beitrag zur Operationalisierung der Theorie,** indem ein Innovationsmanagement für die Hotellerie als ein nachhaltiger und strategischer Prozess präzisiert und mit Handlungsempfehlungen unterlegt wird.
- Die Arbeit zeigt einen **neu entwickelten EMP-Innovationsmanagement-Ansatz** für die Gestaltung von Dienstleistungsinnovationen im Geschäftsfeld Vertrieb und Marketing.

Die Untersuchungserkenntnisse dieser Arbeit haben folglich das Potenzial, das Wesen der Hotellerie im Hinblick auf zukünftiges Wachstum nachhaltig zu verändern.

Die Frage nach der **Übertragbarkeit** der gewonnenen Ergebnisse dieser Analyse auf **andere touristische Leistungsträger** ist durchaus möglich und wurde in Abschnitt 7.2 detailliert dargelegt. Der Autor hofft, dass das in dieser Arbeit vorgestellte EMP-Innovationsmanagement für die Hotellerie im Geschäftsfeld Vertrieb und Marketing in der Praxis Anwendung findet und Anstöße für weiterführende Forschungsaktivitäten liefert. Der Abschnitt 7.3 behandelt weiteren Forschungsbedarf und empfiehlt mögliche Forschungsrichtungen für zukünftige Untersuchungen.

## 7.2 Beitrag zur Innovationsforschung von touristischen Dienstleistungen im Geschäftsfeld Vertrieb und Marketing

Nachfolgend wird die Relevanz des EMP-Innovationsmanagements für Vertrieb und Marketing für weitere touristische Leistungsträger dargestellt. Wie in Abschnitt 3.1.1 beschrieben, gehören neben der Hotellerie u. a. folgende tourismusspezifischen Betriebe zur touristischen Dienstleistungskette:

- Reiseveranstalter
- Reisemittler
- Fremdenverkehrsämter
- touristische Transportbetriebe (z. B. Fluggesellschaften, Bahn, Busunternehmen)

Auf diese touristischen Dienstleister wirken sich – wie in der Hotellerie – die Veränderungen im Reiseverhalten der Kunden (siehe Abschnitt 3.2.1) aus.[1] Sie haben mit den gleichen Herausforderungen im Vertrieb und Marketing zu kämpfen (siehe Abschnitt 3.2.5).[2] Anschließend verdeutlichen nun einige Beispiele wie das EMP-Innovationsmanagement (siehe Abschnitt 6.3) – neben der Hotellerie – auch auf andere touristische Dienstleistungsanbieter anwendbar ist (siehe Tabelle 35).

– *Reiseveranstalter*

Die Preisspirale im Reiseveranstaltervertrieb geht seit vielen Jahren – wie in der Hotellerie (siehe Abschnitt 1.1) – nach unten.[3] Der **Preiswettbewerb** besteht indes nicht nur zwischen den klassischen Reiseveranstaltern. Zunehmend werden die Onlinereiseportale und virtuellen Veranstalter zur Konkurrenz.[4] Reiseveranstalter, die mit dem EMP-Innovationsmanagement als Basis *Erlebnisse inszenieren* und *Emotionen generieren* (siehe Abschnitt 6.2.1), könnten somit den Fokus weg vom reinen Preisvergleich der Kataloge bzw. dem Internet hin zu Mehrwerten lenken. Obendrein verschieben *Mehrwerte* (bspw. Zusatznutzen neben der Kombination einer Beherbergungs- und Flugleistung) *den Bezugsrahmen weg von Preis und Funktionalität* (siehe Abbildung 57). Die Reiseveranstalter stellen heutzutage die Produkte (bspw. Destinationen, Fluggesellschaften, Hotels) in einem statischen Printmedium (Katalog, Flyer) in den Vordergrund und sind daher direkt vergleichbar. Die Angebote der Reiseveranstalter sind austauschbar. Die Bewerbung von individuellen Erlebnissen und **Emotionen** (Sport, Kultur, Lifestyle usw.) würde die Preisvergleichbarkeit aufheben und dem Kunden sofort **Mehrwerte** aufzeigen. Eine *am Kunden* anstatt am Markt oder der Konkurrenz *orientierte Preisbildung* durch Einbeziehung des Kundenwertes (siehe Abschnitt 6.2.3) würde diese Reiseveranstalter aus der Preisspirale herausziehen. Reiseveranstalter hätten die Möglichkeit Reisebausteine zu kombinieren, die sich aus dem Bedürfnisprofil des individuellen Reisenden ergeben. Daten könnten hier beispielsweise aus den jeweiligen Bewertungen des Kunden auf Bewertungsportalen (siehe Tabelle 22), Buchungsverhalten bei vorherigen Reisen, Freizeitverhalten ersichtlich aus den sozialen Netzwerken oder dem Konsumentenverhalten auf anderen Plattformen[5] generiert werden. Diese Daten ließen sich mit den Erfahrungen anderer Reisender mit ähnlichem Konsumentenverhalten kombinieren und deren Urlaubsfotos sowie -videos in die emotionale Vermarktung mit einbeziehen. Ein Reiseveranstalter wäre in der Lage dem Reiseinteressierten zugeschnittene Reiseangebote mit **personalisierter** Preisgestaltung anzubieten, um sich so vom Preiswettbewerb der Masse abzuheben.

---

1 Vgl. Lettl-Schröder (2014), S. 52.
2 Vgl. Freyer (2006), S. 20 ff.; Hildebrandt (2010), S. 48.
3 Vgl. Hesselmann (1999), S. 399; Hildebrandt, Münck, Feyerherd (2012), S. 46.
4 Vgl. Schmude, Namberger (2010), S. 43; Rogl (2012), S. 16.
5 Bspw. Einkaufsportale wie Amazon, Ebay oder Zalando.

**Tabelle 35:** Einsatzmöglichkeiten von EMP in der touristischen Dienstleistung
(Quelle: Eigene Darstellung).

| Touristische Unternehmen | Aktuelle Herausforderungen | Einsatz von EMP |
|---|---|---|
| Reiseveranstalter | extremer Preiswettbewerb | – geringere Wahrnehmung von Preisunterschieden durch emotionale Begeisterung und Erlebnisinszenierung (E)<br>– Verschiebung des Bezugsrahmens vom Preisvorteil zum Mehrwert (M)<br>– Preisbildung am Kunden orientiert und nicht am Markt (P) |
| Reisemittler | Wissensvorsprung und hohe Transparenz bei den Kunden aufgrund der Digitalisierung | – Segmentierung nach Kundenpräferenz (E)<br>– Aufzeigen von neuen Möglichkeiten; Verkäufer als Berater (M)<br>– hochpersonalisierte Dienstleistungen und Ansprache durch effiziente Nutzung aller Berührungspunkte (sog. touchpoints) mit den Kunden (P) |
| Fremdenverkehrsämter | Schwierigkeit, starke Destinationsmarke aufzubauen | – einzigartige Marke durch emotionale Aufladung: Erlebnisinszenierung und Storytelling (E)<br>– weg von Produktbeschreibung, hin zur Mehrwertbeschreibung (M)<br>– aktive Einbindung des Kunden in die Aktivierung der Marke (P) |
| Fluggesellschaften (Linien- und Charterflugverkehr) | Preis-Mengen-Strategie der Low-Cost-Airlines | – Kundenbegeisterung als echte und langfristige Kundenbindung (E)<br>– Verschiebung des Bezugsrahmens vom Preisvorteil zum Mehrwert (M)<br>– Preisgestaltung nach Kundenwert über die gesamte Dauer der Kundenbeziehung und nicht nur für den Anfragezeitraum (P) |
| Bahn | zunehmender Wettbewerb durch Ersatzprodukte, z. B. Bus | – emotional aufgeladene Werbebotschaften zur Kundenbindung statt Massenkommunikation (E)<br>– Positionierung mit klaren Mehrwerten für den Kunden; Bündelung von Dienstleistungen mit Partnern zur Differenzierung und Erhöhung von Imitationsbarrieren (M)<br>– innovatives Kundenbindungsprogramm mit integriertem gesamtem Kundenmarktwert (P) |
| Busunternehmen | neue Zielgruppen bzw. den Nichtkunden zu erreichen | – durch das Überraschende und Einzigartige den Kunden überzeugen (E)<br>– individualisierte Mehrwerte für jeden Kanal klar kommunizieren (M)<br>– Kundenintegration in den Dienstleistungserstellungsprozess für Kundenbindung und Personalisierung (P) |

– *Reisemittler*

Über die Zukunft der Reisebüros wird seit Jahren diskutiert.[6] Der **Wettbe-werbsdruck** nimmt vor allem durch die Einführung **neuer Vertriebswege** und **virtueller Reisemittler** zu.[7] Es werden weiterhin Reisebüros mit Vollsortiment bestehen, für die Mehrheit der Büros ist aber eine Differenzierung relevant.[8] Dank der Digitalisierung (siehe 3.2.1.4) kann sich der Kunde von zu Hause aus informieren und hat bei Betreten des Reisebüros bereits ein großes Wissen.[9] Diese Entwicklung wird noch verstärkt werden. Der Markt der Reisebüros liegt im Premiumsegment. Der Premium-Reisebürokunde „[...] erwartet ein ausgezeichnetes Preis-/Leistungsverhältnis und eine Lösung all seiner Probleme, die mit einem einzelnen Reisewunsch verbunden sind. Weil ein überzeugender Full-Service häufig zu wünschen übrig lässt, gibt es nur eine geringe Bindung der Kunden an das eine oder andere Reisebüro."[10] Die Reisemittler sollten anhand des EMP-Innovationsmanagement *nach Kundenpräferenz* und **Emotionen** (bspw. erholen, wohlfühlen, socializing, verwirklichen) und nicht nach Reiseveranstalter bzw. Destination ihre Angebotspalette sortieren (siehe Abschnitt 6.2.1). Premiumkunden möchten mit dem Kauf einer hochwertigen Reise auch ihren Lifestyle und ihre Identität innerhalb ihres Umfeldes (Familie, Freunde, Nachbarn usw.) unterstreichen. Hinzu kommt, dass sich das Profil des *Reisebüromitarbeiters zu einem Berater* wandeln muss, der in der Lage ist, das Wissen des Kunden zu erkennen und neue Urlaubsmöglichkeiten erläutern kann (siehe Abschnitt 6.2.2). Hier gilt es für den Reisebüromitarbeiter der Zukunft alle Datenspuren des Konsumenten (auf Bewertungsportalen, in sozialen Netzwerken, auf Einkaufsportalen usw.) so auszuwerten, dass das Reisebüro als **Mehrwert** Reisevorschläge bereits zum Zeitpunkt des Eintritts des Kunden ins Reisebüro parat hat. Das Internet kann heutzutage meistens nur durch das reine Kombinieren von Suchbegriffen eine syntaktische Suche vornehmen. Der Reisebüromitarbeiter hat als Berater hingegen die Möglichkeit die Reisewünsche des Kunden (bspw. Strand, maximale Flugdauer, Familie) semantisch so zusammenzustellen, dass alle Anforderungen eine ideale Kombination ergeben.[11] Alle *Berührungspunkte* gilt es, ***personalisiert*** zu nutzen. Vorstellbar wäre, dass Reisebüromitarbeiter über die neue Google Glass Technologie direkt auch Namen, Alter, Familienstand des Konsumenten erkennen können bzw. sich durch deren IP-Adresse des mobilen Endgerätes die Displays und Angebote des Reisebüros verändern. Das statische Reisebüro an sich ist nicht mehr nur der einzige Verkaufsort des Reisemittlers (siehe Abschnitt 6.2.3).

---

6 Vgl. Lettl-Schröder (2007), S. 2007; Pracht, Jürs (2014), S. 16 ff.
7 Vgl. Schmude, Namberger (2010), S. 42 f.; Hildebrandt, Münck, Feyerherd (2012), S. 46.
8 Vgl. Freyer (2006), S. 248; Bieger (2000), S. 202 ff.; Pilar (2014), S. 24.
9 Vgl. Pracht, Jürs, Graue (2013), S. 16.
10 Hesselmann (1999), S. 397.
11 In der Wissenschaft spricht man hier von der Ontologie. Vgl. Busse et al. (2014), S. 286 ff.

Das Reisebüro muss dort sein, wo und wann der Kunde buchen möchte oder wo ein Großteil von Reisewilligen aufgrund von einer längeren Wartezeit zusammenkommt.

– *Fremdenverkehrsämter*

Bisher tun sich Fremdenverkehrsämter bei ihren Marketingbemühungen schwer, eine **eigenständige Marke** aufzubauen.[12] Destinationen werden gegenwärtig über die reine Auflistung von Produkten und Dienstleistungen (wie bspw. Sehenswürdigkeiten, Kulturprogramm) beworben. In der Vermarktung von Destinationen kann ein EMP-Innovationsmanagement helfen. Es sollten daher *Erlebnisse* und deren *Vermarktung mit Geschichten* im Vordergrund stehen (siehe Abschnitt 6.2.1). Das Drehbuch käme aus den Sehnsüchten der Reisenden (Prestige, Glück, Abenteuer, Daten usw.). Die Destination und ihre Leistungsträger dienen dafür als Bühne. Des Weiteren müsste im Vertrieb und Marketing der Fokus *weg von der Produktbeschreibung hin zur Mehrwertbeschreibung* einer Sehenswürdigkeit und des Kulturprogramms gerichtet werden (siehe Abschnitt 6.2.2). Weniger das „Was" sondern das „Warum" beim Angebot einer Dienstleistung ist für das Marketing einer Destination von entscheidender Wichtigkeit (siehe Abbildung 59). Schließlich generiert die aktive *Einbindung der Zielgruppe* emotionale Inhalte, Geschichten, Werbebotschaften und Bewertungen, die eine Begeisterung über die Destination hervorrufen. Hier können die sozialen Netzwerke und die dort generierten Inhalte (bspw. Fotos, Videos, Kommentare) der Zielgruppe verwendet werden. Insofern wird die Marke von den Reisenden kokreiert (siehe Abschnitt 3.2.4.2). Die *Einbindung des Kunden* schafft zusätzlich eine *Personalisierung* der angebotenen Dienstleistungen einer Destination (siehe Abschnitt 6.2.3). Reisende werden über ihr Smartphone mehr Daten über eine Destination oder eine Sehenswürdigkeit in Echtzeit zur Verfügung haben, als jeder Reiseführer bei einem Stadtrundgang je kommunizieren bzw. wissen könnte. **Emotionale Mehrwerte** entstehen dann, wenn der Reisende einer Destination die Bewertungen, Fotos, Videos anderer Reisender der Destination über Sehenswürdigkeiten, Kulturprogramm oder Leistungsträger erhält und diese nach dessen individuellen Bedürfnissen kombiniert, **personalisiert** und sortiert sind.

– *Fluggesellschaften*

Die Linienfluggesellschaften haben seit Jahren mit den sogenannten **Low-Cost-Airlines** zu kämpfen, die die Tarife der etablierten Carrier deutlich unterschreiten.[13] Um sich von der **Preis-Mengen-Strategie** (siehe Tabelle 17) abzusetzen, hilft das EMP-Innovationsmanagement. Es bedarf nicht nur der Kundenzufriedenheit,

---

12 Vgl. Freyer (2007), S. 431. „Die Reisebranche steckt in einem Dilemma: Weil alle für Sonne, Strand und Meer werben müssen, ist eine Differenzierung kaum möglich." (Kolle, Poser, 2014, S. 96)
13 Vgl. Freyer (2006), S. 181 f.; Hildebrandt, Münck, Feyerherd (2012), S. 46; Schmude, Namberger (2010), S. 48 f. „Low Coster setzten in Europa die National-Carrier seit Jahren unter Druck." (Jegminat, 2013, S. 14)

sondern auch der *Kundenbegeisterung* (siehe Abschnitt 6.2.1). Nur so ist der
Kunde bereit, ein Preispremium dauerhaft zu bezahlen. Die Leistungen der Linienfluggesellschaften unterscheiden sich nur wenig von den Low-Cost-Airlines.
Das Überraschende und Einzigartige durch **Emotionen** muss in den Vertriebs-
und Marketingprozess mehr Einzug finden. Es gibt im Moment Ansätze von Airlines, Bordleistungen auch am Boden anzubieten (bspw. Bord-Speisen).[14] Umgekehrt, transport jedoch die Übertragung von Erlebnissen am Boden in die Luft
mehr Emotionen. Vorstellbar ist hier etwa eine Szenebar, die sich für Getränke
an Bord verantwortlich zeigt oder ein bekannter DJ, der für die musikalische
Umrahmung sorgt. Die Linienfluggesellschaften könnten sich ebenfalls durch
eine Verschiebung des *Bezugsrahmens, weg von der reinen Funktionalität* des
Fluges hin zu *Mehrwerten*, der Preisvergleichbarkeit mit den Low-Cost-Airlines,
entziehen (siehe Abschnitt 6.2.2). Ein Flugticket, einzulösen als Gutschein in
der Destination, generiere einen neuen **Mehrwert**. *Die Preisgestaltung berücksichtig dann den gesamten Kundenwert* (siehe Abschnitt 6.2.3) und nicht nur
den Preis am Flugtag oder den Stand des Bonusmeilenkontos (siehe Abbildung
63). Den Customer Lifetime Value direkt in die Loyalitätsprogramme der Fluggesellschaften zu integrieren, um so Vielflieger für ihre langjährige Treue zu
belohnen und nicht zurückzustufen, sollten sie in einem Jahr die notwendigen
Meilen für ihren gegenwärtigen Status nicht erreichen, scheint denkbar. Fluggesellschaften könnten für Vielflieger gemäß deren persönlichem Reiseprofil
entsprechende Sitze vorreservieren und passende Sitznachbarn vorschlagen.
Mit dieser **Personalisierung** ließen sich die Dienstleistungen der Linienfluggesellschaften von der Preis-Mengen-Strategie der Low-Cost-Airlines abgrenzen.
– *Bahn*
Die touristische Verkehrsmittelwahl wird zunehmend individueller. In den letzten
Jahrzehnten hat der Pkw als Reisemittel den Schienenverkehr immer mehr verdrängt.[15] Hinzu kommt die Liberalisierung des Fernbusmarktes, gegen den sich
die Bahn viele Jahre lang gewehrt hat.[16] Nicht die Massenkommunikation über
alle Zielgruppen hinweg, sondern *emotional aufgeladene Werbebotschaften*,
die gezielt individuelle Nutzergruppen und deren Reiseverhalten ansprechen,
müssten durch ein EMP-Innovationsmanagement in den Vordergrund rücken
(siehe Abschnitt 6.2.1). Eine klare *Positionierung* zur Entwicklung von *Dienstleistungsinnovationen mit Partnern* wird benötigt. Diese neuen Leistungsbündel
schaffen **Mehrwerte** und erschweren die Imitation durch mögliche Ersatzprodukte (siehe Abschnitt 6.2.2). Bei der Positionierung lassen sich z. B. auch die

---

**14** Vgl. Salavati (2014). Die Lufthansa Catering Gesellschaft LSG liefert zukünftig Bord-Speisen über
die Post-Tochter DHL für Zuhause.
**15** Vgl. Schmude, Namberger (2010), S. 46.
**16** Vgl. Rogl (2014), S. 8 f.; Jürs (2012), S. 38.

Bahnhöfe mit einbeziehen, deren Nutzung über die Anbindung zum Zug hinausgehen kann (bspw. Event-Location) (siehe Abschnitt 6.2.3). Ein *innovatives Kundenbindungsprogramm*, ähnlich dem der Fluggesellschaften bzw. der Hotellerie (vgl. Abschnitt 3.2.4.4), aber mit der Einbindung des Kundenwertes, führe zu einer langfristigen Kundenbindung (siehe Abschnitt 6.2.3). Bahnsitzplätze (dies gilt ebenso für Plätze in Flugzeugen und Bussen) könnten zukünftig vom Gast **personalisiert** werden (welcher Film, welches Essen, welches Licht usw.) Sobald der Gast in die Nähe des reservierten Sitzes kommt, wird die IP-Adresse des Smartphones mit dem Sitz abgeglichen und die personalisierten Dienstleistungen eingespielt.

– *Busunternehmen*
Busunternehmen, die touristisch im Charterverkehr tätig sind, bestreben seit Jahren, den Omnibus als Urlaubstransportmittel bekannter und einer größeren Zielgruppe zugänglich zu machen.[17] Busreisen haben bei Nichtkunden ein negatives Image; dieses Image gilt es, durch gezielte Vertriebs- und Marketingaktivitäten anhand eines EMP-Innovationsmanagements zu verändern.[18] Eine Kommunikationsform, die etwas *Überraschendes und Einzigartiges* beinhaltet, hilft ohne Frage die Aufmerksamkeit neuer Zielgruppen zu schärfen (siehe Abschnitt 6.2.1). Im Vertrieb und Marketing setzen die Busunternehmen bisher auf wenige Kanäle. Diese Kommunikations- und Buchungskanäle gilt es auszubauen (siehe Abschnitt 3.2.4.2). *Individualisierte* **Mehrwerte** pro Vertriebskanal sind zu definieren und über das Marketing zu kommunizieren (siehe Abschnitt 6.2.2). Auch der Vertriebsprozess verläuft heute standarisiert und eindimensional. Eine *Kundenintegration* (z. B. Eingabe von Präferenzen, Ticketkauf) kann zur Kundenbindung durch **Personalisierung** führen (siehe Abschnitt 6.2.3). Die Einbindung von Multiplikatoren (bspw. Prominente, die mit dem Bus reisen) wird es den Busunternehmen erleichtern, deren Community gezielt für den Bus als Transportmittel zu begeistern. Ähnlich dem Hotel kann der Bus in Zukunft „Bühne" sein für die Identitäsbotschaft des Kunden („Ich fahre Bus!") und das Angebot dadurch **emotionalisieren**. Busse fahren heute ausschließlich im Design des jeweiligen Busunternehmens und richten sich nicht nach dem Geschmack der Gäste, die für die Fahrt Geld bezahlen.

Die oben genannten Beispiele zeigen, dass sich das in dieser Forschungsarbeit dargelegte EMP-Innovationsmanagement für Vertrieb und Marketing auch auf andere touristische Dienstleister übertragen lässt.

---

**17** Vgl. Freyer (2006), S. 171.
**18** Vgl. Jürs (2012), S. 38; Holzapfel (2009), S. 22.

## 7.3 Weiterer Forschungsbedarf und Ausblick

Im Rahmen dieses Forschungsvorhabens war eine Themenabgrenzung notwendig (siehe Abschnitt 1.4). Für Dienstleistungsinnnovationen im Tourismus und insbesondere in der Hotellerie gibt es eine Reihe weiterer Fragestellungen, die durch die Wissenschaft und Praxis zu beantworten sind. Im Folgenden skizziert der Autor mögliche Forschungsrichtungen mit großer Relevanz für die Zukunft.

Eine Analyse weiterer Vergleichsbranchen zusätzlich zur innovationsstarken Finanz- und Automobilbranche, für die sich der Autor in dieser Arbeit entschieden hat, ist empfehlenswert. Wie Abschnitt 4.1 zeigt, bieten sich **weitere Branchen zur Fallstudienuntersuchung und Hypothesenableitung** auf die Hotellerie bzw. Tourismusbranche an (siehe Abbildung 36). Die Elektroindustrie,[19] die EDV-/Telekommunikationsbranche[20] sowie die Chemie- und Pharmaindustrie[21] haben in den vergangenen Jahren durch Prozessinnovationen mit Qualitätsverbesserungen hohe Umsatzanstiege erzielt. Zu berücksichtigen ist auch die Tatsache, dass die Grenzen der einzelnen Branchen verschwimmen und ein übergreifendes Schnittstellenmanagement zunehmend wichtiger wird.[22] Dienstleistungsinnovationen über verschiedene Branchen hinweg, werden zum entscheidenden Treiber für Umsatz und Wachstum.[23]

Die vorliegende Forschungsarbeit fokussiert sich auf den Hotelmarkt Deutschland und den Quellmarkt Deutschland. Ein weiterer Ansatz wäre die detaillierte Analyse weiterer Quellmärkte in Europa. In der Zukunft ist aber auch mit einem starken Aufkommen **neuer globaler Absatz- und Quellmärkte** zu rechnen. Weitere Forschungsarbeiten könnten sich auch den, im Rahmen dieser Arbeit nicht untersuchten, BRICS[24] Staaten widmen, deren Relevanz für die Hotellerie wegen der zunehmenden Öffnung und des wachsenden Wohlstands stetig steigt.[25] „Daher ist es wichtig, strategische Schwerpunkte in Bereichen zu setzen, die den Erfolg von Dienstleistungsunternehmen in der heutigen globalisierten Welt garantieren können.“[26] Eine Ausdehnung der Forschung dieser Arbeit über den deutschen Hotel- und Reisemarkt hinaus wird neue Ansätze zur Innovationsentwicklung liefern. Deutschland gilt für chinesische Reisende durchaus als attraktives Land.[27] Diese Kundengruppe hat aber

---

**19** Vgl. ZEW (2014), S. 3.
**20** Vgl. ZEW (2014b), S. 3.
**21** Vgl. ZEW (2014c), S. 3.
**22** Vgl. Meffert, Bruhn (2003), S. 740.
**23** Vgl. Schmiemann (2009), S. 70.
**24** „Schon 2015 werden Brasilien, Russland, Indien und China, die sogenannten BRIC-Länder, mehr als die Hälfte der Reisen auf sich vereinen, so, wie es heute für die Reise-Vormacht Europa gilt.“ (Krane, Hildebrandt, 2012, S. 18)
**25** Vgl. Auer (2007), S. 377.
**26** Kuusisto (2009), S. 76; Lommatzsch, Liu-Lommatzsch (2008), S. 45.
**27** Grund hierfür ist u. a. die Mischung aus Hightech und Kultur. Vgl. Freyer, Arlt (2008), S. 189.

ihre eigenen Bedürfnisse,[28] auf die sich die Hotellerie zukünftig einzurichten hat. Es gilt, neue Dienstleistungsinnovationen gemeinsam mit den für diese Märkte wichtigen Absatzmittlern und Reiseportalen zu entwickeln.[29] Auch Indien hat als Quellmarkt für die Hotellerie in Deutschland ein starkes touristisches Potenzial. In Indien wächst eine neue Mittelschicht heran, die Deutschland als eine interessante Destination erachtet.[30] Deutschland ist insbesondere als Geschäftsreise- und Messedestination bekannt,[31] deshalb wird die Dienstleistungsentwicklung mit Partnernetzwerken hier entscheidende Innovationsvorsprünge liefern. Da beispielsweise Unterhaltung und Einkaufen für chinesische Reisende im Blickpunkt der Reiseentscheidung steht,[32] sollten die Hotelketten entsprechende Innovationspartner in diesen Bereichen finden, um differenzierungsstarke Leistungsbündel zu bilden.

Eine weitere wichtige Forschungsfrage betrifft **neue Zielgruppen.** Der demografische Wandel der Gesellschaft in Deutschland hat selbstverständlich Auswirkungen auf das zukünftige Konsumentenverhalten und auf die touristische Nachfrage.[33] Hier wird es demnächst auch andere Reiseformen geben. FREYER diskutiert in diesem Zusammenhang die Möglichkeit virtueller Reisen und deren Konkurrenz gegenüber dem klassischen Tourismus.[34] Eine neue Generation, Generation Y genannt, mit einem neuen Reiseverhalten und Reisebedürfnissen kommt hinzu. Diese Generation ist nicht nur Kunde, sondern auch Mitarbeiter der Hotellerie mit einem anderen Wertesystem.[35] Da die Mitarbeiter die wichtigste Quelle für Dienstleistungsinnovationen sind, müssen entsprechend Themen wie das Mitarbeiter-Empowerment, die Rekrutierung, Incentivierung und Mitarbeiterbegeisterung definiert werden.

Zusätzlich benötigt die Innovationsentwicklung in der Hotellerie eine gezielte **Förderung durch Politik und Staat.** Um touristische Dienstleistungsinnovationen nachhaltig zu entwickeln, bedarf es politischer Rahmenbedingungen. Diese wurden in dieser Untersuchung nicht berücksichtigt (siehe Themenabgrenzung in Abschnitt 1.4).

---

**28** Insbesondere Sprache, Essen, Betreuung, Freizeitangebote. Vgl. ebd., S. 190; Yiu (2008), S. 73 ff.

**29** Vgl. ebd., S. 76 f. Die chinesischen Reisenden buchen im Moment noch im Schwerpunkt über Reisebüros (vgl. Lommatzsch, Liu-Lommatzsch 2008, S. 44).

**30** Vgl. Freyer, Thimm (2011), S. 262. „In Indien und China entsteht eine rasant wachsende Mittelklasse, die reisen kann und will." (Hinterholzer, Jooss, Egger, 2011, S. 71)

**31** Das Profil von Deutschland als Urlaubsmarke gilt es für diesen Quellmarkt noch weiter zu schärfen. Vgl. Freyer, Thimm (2011), S. 262.

**32** Vgl. Lommatzsch, Liu-Lommatzsch (2008), S. 46.

**33** Vgl. Lohmann (2007), S. 25 ff.

**34** Vgl. Freyer (2007b), S. 515 ff. Im Geschäftsreisenbereich ist hier bereits ein erster Schritt getan worden durch die Video-Konferenz-Systeme. Vgl. Hammer, Naumann (2006), S. 79 ff.

**35** „In den Unternehmen ist mit der sogenannten ‚Generation Y' eine Gruppe junger Frauen und Männer nachgerückt, die ein anderes Wertesystem als deren bisherige Leistungsträger haben. Diese jungen Leute, die zwischen 1980 und 1990 geboren wurden, sagen zwar auch ‚ja' zur Leistung, betrachten Arbeit aber primär als Instrument zur Sicherung der Existenz und des gewünschten Lebensstandards." (Hölzl, 2014, S. 14)

Innovationspolitik im Dienstleistungsbereich ist in Deutschland und innerhalb der Europäischen Union noch unterrepräsentiert. Der Bedarf an einer europaweiten Dienstleistungsinnovationsforschung wächst.[36] Der Tourismus spielt als Innovationsmotor in der Dienstleistungsbranche noch eine untergeordnete Rolle. Indessen gewinnt die Tourismusbranche, Kraft der Globalisierung, zunehmend an internationaler Bedeutung. Hier kann und muss die Politik stärker präsent sein, um den Dialog mit anderen Quell- und Zielländern sowie zwischen den Leistungsträgern und Netzwerkpartnern auszubauen. Sowohl bei den Initiativen der Europäischen Union[37] und vom Bundesministerium für Bildung und Forschung[38] liegen bereits Förderprogramme für Dienstleistungsinnovationen vor. Davon kann die Tourismuswirtschaft und in erster Linie die Hotellerie noch mehr profitieren. Des Weiteren gilt es für die Hotelketten, in Zukunft die politischen Rahmenbedingungen noch mehr mitzubestimmen. Die Hotellerie muss verstärkt ein Meinungsbilder im Bereich der Dienstleistungsinnovationen werden. Die staatliche Förderung und Schaffung von geeigneten Rahmenbedingungen ist dabei entscheidend für den Innovationserfolg.[39]

---

**36** Vgl. Kuusisto (2009), S. 61.
**37** Weiterführend siehe die von der Europäischen Union im Jahre 2010 gegründete „Innovationsunion", die vor allem die Privatwirtschaft unterstützen soll. Vgl. Europäische Kommission (2010b), S. 5 ff.; Europäische Kommission (2010).
**38** Weiterführend siehe auch das Förderprogramm des Bundesministeriums für Bildung und Forschung (BMBF) „Innovationen mit Dienstleistungen". Vgl. BMBF (2007), S. 9.
**39** Vgl. Freyer (2011), S. 124.

# Anhang

## Anhang 1: Operationalisierung der Hypothesen in Fragen

| Hypothese 1 | Dienstleistungsinnovationen nimmt man wahr, wenn sie emotional binden. |
|---|---|
| Befragung der Kunden der Hotellerie | Eine Hotelkette führt eine neue Dienstleistung ein – welche Eigenschaft sehen Sie als wichtigste an?<br>a) Passt zum allgemeinen Trend<br>b) Individuell zugeschnitten auf die Werte meines Unternehmens<br>c) Technische Vereinfachung<br>d) Preis |
| Befragung der Entscheidungsträger der Hotellerie | Wie binden Sie Ihre Kunden bzw. Gäste an Ihr Hotel/Ihre Hotelkette?<br>a) Über Preisvorteile<br>b) Über Rahmenverträge<br>c) Über Emotionen<br>d) Über technische Anbindungen |
| Fragen an Innovationsexperten | Wie wichtig ist Ihrer Meinung nach der Faktor „Emotion" bei der Kundenbindung? Wie kann Ihrer Meinung nach eine emotionale Bindung in der Hotellerie konkret erreicht werden? |
| Fragen an Branchenexperten | Wie wichtig ist Ihrer Meinung nach der Faktor „Emotion" bei der Kundenbindung? Gibt es hierzu ein Beispiel aus Ihrem Unternehmen/Ihrer Branche? |

| Hypothese 2 | Dienstleistungsinnovationen werden personalisiert, wenn man Kunden aktiv im Sales- und Marketingprozess involviert und Arbeitsschritte an sie überträgt. |
|---|---|
| Befragung der Kunden der Hotellerie | Sind Sie bereit, aktiv in die Leistungserstellung mit einbezogen zu werden, wenn dadurch ein Mehrwert (bspw. Schnelligkeit, Transparenz, Personalisierung auf Ihre Bedürfnisse, Vereinfachung) erzielt werden kann?<br>a) Ja<br>b) Nein |
| Befragung der Entscheidungsträger der Hotellerie | Inwieweit involvieren Sie Ihre Kunden bzw. Gäste in den Leistungserstellungsprozess, indem Sie Arbeitsschritte an Kunden bzw. Gäste übergeben?<br>a) Kunden bzw. Gäste sind nicht involviert<br>b) Kunden bzw. Gäste sind selten involviert<br>c) Kunden bzw. Gäste sind aktiv involviert |
| Fragen an Innovationsexperten | Inwieweit können Kunden in die tatsächliche Dienstleistungserstellung in Zukunft involviert werden? Führt diese Involvierung zu einer Personalisierung der Dienstleistung? |
| Fragen an Branchenexperten | Haben Sie in den letzten Jahren Arbeitsschritte bei Dienstleistungen an Ihre Kunden übertragen? Wenn ja, gibt es konkrete Beispiele hierzu und was waren Ihre Erfahrungen im Bereich der Kundenzufriedenheit? Planen Sie in der Zukunft, Kunden noch stärker zu involvieren? |

| | |
|---|---|
| **Hypothese 3** | **Dienstleistungsinnovationen erzielen höhere Akzeptanz, wenn sie unerwartete bzw. neue Möglichkeiten aufzeigen, die der Kunde selbst nicht ausformulieren könnte.** |
| Befragung der Kunden der Hotellerie | Sind Sie bereit einen höheren Preis für eine Dienstleistung zu bezahlen, die nicht nur Ihre Bedürfnisse erfüllt, sondern auch neue Geschäftsmöglichkeiten aufzeigt?<br>a) Ja<br>b) Nein |
| Befragung der Entscheidungsträger der Hotellerie | Denken Sie, dass Ihre Kunden bereit sind einen höheren Preis für eine Dienstleistung zu bezahlen, die nicht nur die Bedürfnisse erfüllt, sondern auch neue Geschäftsmöglichkeiten aufzeigt?<br>a) Ja, kann ich mir vorstellen<br>b) Nein, die Kunden sind heutzutage sehr preissensibel |
| Fragen an Innovationsexperten | Durch die zunehmende Transparenz dank Globalität und Internet sind Kunden heute oft in der Lage, Probleme selbst zu lösen. Zukünftig wird verstärkt das Aufzeigen von neuen Geschäftsmöglichkeiten von Dienstleistern erwartet! Stimmen Sie dieser These zu? |
| Fragen an Branchenexperten | Durch die zunehmende Transparenz dank Globalität und Internet sind Kunden heute oft in der Lage, Probleme selbst zu lösen. Zukünftig wird verstärkt das Aufzeigen von neuen Geschäftsmöglichkeiten von Dienstleistern erwartet! Stimmen Sie dieser These zu? |

| | |
|---|---|
| **Hypothese 4** | **Dienstleistungsinnovationen erzeugen Kundenbindung, wenn die Bindung freiwillig und gewollt aufgrund von Mehrwerten erzielt wird.** |
| Befragung der Kunden der Hotellerie | Was würden Sie sagen, wenn Ihnen eine Hotelkette über die grundsätzlichen Übernachtungs- und Verpflegungsleistungen weitere personalisierte Dienstleistungen anbietet (wie z. B. Vor- und Nachbetreuung, Wiedererkennung Ihrer Präferenzen, Angebote zu Work-Life-Balance)?<br>a) Das würde mich sehr freuen<br>b) Das setze ich voraus<br>c) Das ist mir egal<br>d) Das würde mich sehr stören<br>Was würden Sie sagen, wenn eine Hotelkette über die grundsätzlichen Übernachtungs- und Verpflegungsleistungen KEINE weiteren personalisierten Dienstleistungen anbietet (wie z. B. Vor- und Nachbetreuung, Wiedererkennung Ihrer Präferenzen, Angebote zu Work-Life-Balance)?<br>a) Das würde mich sehr freuen<br>b) Das setze ich voraus<br>c) Das ist mir egal<br>d) Das würde mich sehr stören |
| Befragung der Entscheidungsträger der Hotellerie | Welcher These stimmen Sie zu?<br>a) Unsere Key Acccounts möchten alle Leistungen vertraglich geregelt haben.<br>b) Unsere Key Accounts erwarten auch Leistungen, die vertraglich nicht geregelt sind. |

| Hypothese 4 | **Dienstleistungsinnovationen erzeugen Kundenbindung, wenn die Bindung freiwillig und gewollt aufgrund von Mehrwerten erzielt wird.** |
|---|---|
| Fragen an Innovationsexperten | Wie wichtig bzw. unwichtig sind Ihrer Meinung nach Nebendienstleistungen außerhalb des Kernprodukts bzw. Kerndienstleistungen (die sich eher auf Lifestyle, Lebensqualität, Nachbetreuung ausrichten), um Kunden langfristig zu binden? |
| Fragen an Branchenexperten | Wie wichtig bzw. unwichtig sind Ihrer Meinung nach Nebendienstleistungen außerhalb des Kernprodukts bzw. Kerndienstleistungen (die sich eher auf Lifestyle, Lebensqualität, Nachbetreuung ausrichten), um Kunden langfristig zu binden? |

| Hypothese 5 | **Dienstleistungsinnovationen aus unternehmenseigenen Ressourcen bieten langfristigen Erfolg, wobei es sich hauptsächlich um Kompetenzerhöhung der Mitarbeiter und Optimierung von Stukturen handelt.** |
|---|---|
| Befragung der Kunden der Hotellerie | Welcher These stimmen Sie am ehesten zu?<br>a) In der heutigen digitalisierten Welt ist ein Ansprechpartner im Vertrieb & Marketing einer Hotelkette nicht von nöten.<br>b) Ein einzelner und kompetenter Ansprechpartner für alle Hotels einer Hotelkette im Vertrieb & Marketing hat einen Mehrwert für mich und mein Unternehmen in der Zielerreichung. Standardisierte Buchungsabläufe sollten allerdings digitalisiert werden.<br>c) Unterschiedliche Ansprechpartner im Vertrieb & Marketing in jedem einzelnen Hotel der Hotelkette funktioniert wie bisher für mich und mein Unternehmen am besten. |
| Befragung der Entscheidungsträger der Hotellerie | Wo sehen Sie die Quelle für die Entstehung neuer Dienstleistungen?<br>a) Trends<br>b) Globalisierung<br>c) Kundenfeedback<br>d) Mitarbeiter |
| Fragen an Innovationsexperten | Inwieweit ist die Ressource „Mitarbeiter" Ihrer Meinung nach die Basis bzw. Quelle für erfolgreiche Dienstleistungsinnovationen? |
| Fragen an Branchenexperten | Inwieweit ist die Ressource „Mitarbeiter" Ihrer Meinung nach die Basis bzw. Quelle für erfolgreiche Dienstleistungs-innovationen? Sind hierbei Kompetenzerhöhung und Optimierung von Mitarbeiterressourcen wichtige Themen? Nennen Sie bitte Beispiele. |

| Hypothese 6 | **Dienstleistungsinnovationen werden vorangetrieben, je intensiver in Netzwerken gearbeitet wird.** |
|---|---|
| Befragung der Kunden der Hotellerie | Nutzen Sie in Ihrem Unternehmen Netzwerke mit Zulieferern und Partnerunternehmen, um neue Dienstleistungen zu entwickeln?<br>a) Ja<br>b) Nein<br>c) Weiß nicht |

| Hypothese 6 | Dienstleistungsinnovationen werden vorangetrieben, je intensiver in Netzwerken gearbeitet wird. |
|---|---|
| Befragung der Entscheidungsträger der Hotellerie | Nutzen Sie in Ihrem Unternehmen Netzwerke mit Zulieferern und Partnerunternehmen, um neue Dienstleistungen zu entwickeln?<br>a) Ja<br>b) Nein<br>c) Weiß nicht |
| Fragen an Innovationsexperten | Inwieweit sind Ihrer Meinung nach Partner- und Lieferantennetzwerke für die Entwicklung von Dienstleistungsinnovationen wichtig? |
| Fragen an Branchenexperten | Nutzen Sie Partner- und Lieferantennetzwerke, um Dienstleistungsinnovationen zu entwickeln? Können Sie Beispiele nennen? |

| Hypothese 7 | Dienstleistungsinnovationen müssen sich in der Angebots- und Preisgestaltung individuell nach dem Customer Lifetime Value (CLV) und Total Revenue richten, um langfristigen Erfolg zu sichern. |
|---|---|
| Befragung der Kunden der Hotellerie | Wonach sollte sich Ihrer Meinung nach in der Zukunft die Angebots- und Preisgestaltung einer Hotelkette ausrichten?<br>a) Nach Jahresumsatz<br>b) Tagesaktuell<br>c) Personalisiert nach Ihrem bisherigen, gegenwärtigen und zukünftigen Gesamtumsatz |
| Befragung der Entscheidungsträger der Hotellerie | Wonach richtet sich Ihre Angebots- und Preisgestaltung heute aus?<br>a) Nach aktuellem Jahresumsatz pro Kunde<br>b) Nach Buchungsdatum<br>c) Personalisiert nach bisherigem, gegenwärtigem und zukünftigem Kundenwert |
| Fragen an Innovationsexperten | Welche Herausforderungen bzw. Chancen sehen Sie in einer individuellen Angebots- und Preisgestaltung, die das Total Revenue bzw. CLV eines Kunden berücksichtigt? |
| Fragen an Branchenexperten | Welche Herausforderungen bzw. Chancen sehen Sie in einer individuellen Angebots- und Preisgestaltung, die das Total Revenue bzw. CLV eines Kunden berücksichtigt? |

| Hypothese 8 | Dienstleistungsinnovationen erzeugen Kundenbindung nicht nur über Kundenzufriedenheit, sondern zunehmend über Kundenbegeisterung. |
|---|---|
| Befragung der Kunden der Hotellerie | Was motiviert Sie, einer Hotelkette langfristig treu zu bleiben?<br>a) Langjähriger Vertrag<br>b) Gleichbleibende Qualität<br>c) Dienstleistung, die meine Erwartungen übertrifft<br>d) Günstiger Preis |
| Befragung der Entscheidungsträger der Hotellerie | Wie messen Sie die Kunden-/Gästezufriedenheit in Ihrem Hotel/Ihrer Hotelkette?<br>a) Gästefragebogen direkt im Hotel<br>b) Lob/Beschwerden direkt im Hotel<br>c) Bewertung auf Bewertungsportalen<br>d) Gästeerlebnisse über Social Media Portale |

| Hypothese 8 | Dienstleistungsinnovationen erzeugen Kundenbindung nicht nur über Kundenzufriedenheit, sondern zunehmend über Kundenbegeisterung. |
|---|---|
| Fragen an Innovationsexperten | Wird Kundenzufriedenheit in Zukunft zur Kundenbindung ausreichen oder bedarf es der Begeisterung, um sich nachhaltig von Konkurrenzdienstleistungen abzuheben? |
| Fragen an Branchenexperten | Was ist ausschlaggebend für Kundenbindung und Loyalität – Kundenzufriedenheit oder Kundenbegeisterung? |

## Anhang 2: Quantitative Untersuchung –Befragung

### Das Anschreiben

**From:** Helen Bardtenschlager [mailto:h.bardtenschlager@travelindustryclub.de]
**Sent:** Thursday, September 12, 2013 3:21 PM
**To:** Schreyer, Markus
**Subject:** TOP Entscheider Panel Special: Umfrage September

**TRAVEL INDUSTRY CLUB**

Sehr geehrter Herr Schreyer,

wie innovativ ist die Hotellerie? Wo gibt es Ansätze für ein ganzheitliches Innovationsmanagement? Wo gibt es Verbesserungsmöglichkeiten im B2B Bereich? Und was erwarten die Kunden der Hotellerie in der Zukunft als innovativen, zukunftsorientierten Vertriebs- und Marketingansatz?

**Eine Forschungsarbeit an der Technischen Universität Dresden** richtet sich gleichermaßen an Entscheider der Hotellerie sowie deren Firmenkunden. Können Handlungsmuster aus anderen innovativen Branchen als Empfehlungen auf die Hotellerie übertragen werden? Das Ziel dieser – einmal etwas anderen – Befragung ist, die Lücke zwischen Kundenerwartungen und Hotelstrategien aufzuzeigen.

Ihre Meinung ist gefragt!

Unter www.manufacts.de/entscheider-panel-september-2013 finden Sie bis zum 04. Oktober 2013 die entsprechenden Fragen. Wir werden die Ergebnisse von unserem Partner "MANUFACTS" auswerten lassen und der Universität übersenden.

**TECHNISCHE UNIVERSITÄT DRESDEN**

Herzliche Grüße
Helen Bardtenschlager

Leiterin der Geschäftsstelle

Travel Industry Club
Friedensstr. 9 · 60311 Frankfurt a.M.
Tel.: +49 69 9511 997 - 12
Fax: +49 69 9511 997 - 11

www.travelindustryclub.de · www.facebook.com/travelindustryclub

Präsidium: Dirk Bremer · Marcus Scholz · Maria Anna Muller · Alexander Hörner · Dr. Peter Agel
Travel Industry Club e.V. · Amtsgericht Frankfurt VR 133 59 · USt-IdNr. DE 247608439

Aktuelle Termine zu unseren Veranstaltungen unter: www.travelindustryclub.de/go/eventscalendar

## Der Onlinefragebogen

Die Fragen im Onlinefragebogen sind zum Zwecke der besseren Orientierung für den Befragten sowie zur Vermeidung von Halo-Effekten (siehe Abschnitt 5.2.4) sortiert worden und nicht zwingend nach der Numerierung der Hypothesen.

## Vorstellung der Befragung

## Frage: Einleitung

## Fragen Hotellerie: Hypothesen 1 & 8

TRAVEL INDUSTRY CLUB — DIE WELT — manu**facts** RESEARCH & DIALOG

0% [          ] 100%

**Wie binden Sie Ihre Kunden bzw. Gäste an Ihr Hotel / Ihre Hotelkette?**

- ○ Über Preisvorteile
- ○ Über Rahmenverträge
- ○ Über Emotionen
- ○ Über technische Anbindungen

**Wie messen Sie die Kunden-/Gästezufriedenheit in Ihrem Hotel / Ihrer Hotelkette?**

- ○ Gästefragebogen direkt im Hotel
- ○ Lob/Beschwerden direkt im Hotel
- ○ Bewertung auf Bewertungsportalen
- ○ Gästeerlebnisse über Social Media Portale

TECHNISCHE UNIVERSITÄT DRESDEN     << Zurück     Weiter >>     www.manufacts.de

## Fragen Hotellerie: Hypothesen 4, 3 & 2

TRAVEL INDUSTRY CLUB — DIE WELT — manu**facts** RESEARCH & DIALOG

0% [     ] 100%

**Welcher These stimmen Sie zu?**

- ○ Unsere Key Accounts möchten alle Leistungen vertraglich geregelt haben.
- ○ Unsere Key Accounts erwarten auch Leistungen, die vertraglich nicht geregelt sind.

**Denken Sie, dass Ihre Kunden bereit sind einen höheren Preis für eine Dienstleistung zu bezahlen, die nicht nur die Bedürfnisse erfüllt, sondern auch neue Geschäftsmöglichkeiten aufzeigt?**

- ○ Ja, kann ich mir vorstellen.
- ○ Nein, die Kunden sind heutzutage sehr preissensibel.

**Inwieweit involvieren Sie Ihre Kunden bzw. Gäste in den Dienstleistungserstellungsprozess, indem Sie Arbeitsschritte an Kunden bzw. Gäste übergeben?**

- ○ Kunden bzw. Gäste sind nicht involviert
- ○ Kunden bzw. Gäste sind selten involviert
- ○ Kunden bzw. Gäste sind aktiv involviert

TECHNISCHE UNIVERSITÄT DRESDEN     << Zurück     Weiter >>

## Fragen Hotellerie: 7, 5 & 6

TRAVEL INDUSTRY CLUB          DIE🌐WELT          **manufacts**
RESEARCH & DIALOG

0%
100%

**Wonach richtet sich Ihre Angebots- und Preisgestaltung heute aus?**

- Nach aktuellem Jahresumsatz pro Kunde
- Nach Buchungsdatum
- Personalisiert nach bisherigem, gegenwärtigem und zukünftigem Kundenwert

**Wo sehen Sie die Quelle für die Entstehung neuer Dienstleistungen?**

- Trends
- Globalisierung
- Kundenfeedback
- Mitarbeiter

**Nutzen Sie in Ihrem Unternehmen Netzwerke mit Zulieferern und Partnerunternehmen, um neue Dienstleistungen zu entwickeln?**

- Ja
- Nein
- Weiß nicht

TECHNISCHE
UNIVERSITÄT
DRESDEN          << Zurück    Weiter >>          www.manufacts.de

## Fragen Hotellerie: Tätigkeitsbereich

TRAVEL INDUSTRY CLUB          DIE🌐WELT          **manufacts**
RESEARCH & DIALOG

0%
100%

**In welcher Funktion sind Sie in Ihrem Hotel / Ihrer Hotelkette tätig?**

- Geschäftsführung
- Führungskraft
- Angestellter

**In welchem Bereich sind Sie in Ihrem Hotel / Ihrer Hotelkette tätig?**

- Vertrieb
- Marketing
- Vertrieb & Marketing
- Sonstige

TECHNISCHE
UNIVERSITÄT
DRESDEN          << Zurück    Absenden          www.manufacts.de

## Fragen Kunden: Hypothesen 1 & 8

TRAVEL INDUSTRY CLUB          DIE WELT          manu**facts**
                                                RESEARCH & DIALOG

0%
100%

**Eine Hotelkette führt eine neue Dienstleistung ein – welche Eigenschaft sehen Sie als wichtigste an?**

- Passt zum allgemeinen Trend
- Individuell zugeschnitten auf die Werte meines Unternehmens
- Technische Vereinfachung
- Preis

**Was motiviert Sie einer Hotelkette langfristig treu zu bleiben?**

- Langjähriger Vertrag
- Gleichbleibende Qualität
- Dienstleistung, die meine Erwartungen übertrifft
- Günstiger Preis

TECHNISCHE UNIVERSITÄT DRESDEN          << Zurück    Weiter >>          www.manufacts.de

## Fragen Kunden: Hypothese 4

TRAVEL INDUSTRY CLUB          DIE WELT          manu**facts**
                                                RESEARCH & DIALOG

0%
100%

**Was würden Sie sagen, wenn Ihnen eine Hotelkette über die grundsätzlichen Übernachtungs- und Verpflegungsleistungen weitere personalisierte Dienstleistungen anbietet (wie z.B. Vor- und Nachbetreuung, Wiedererkennung Ihrer Präferenzen, Angebote zu Work-Life-Balance)?:**

- Das würde mich sehr freuen
- Das setze ich voraus
- Das ist mir egal
- Das würde mich sehr stören

**Was würden Sie sagen, wenn eine Hotelkette über die grundsätzlichen Übernachtungs- und Verpflegungsleistungen KEINE weiteren personalisierten Dienstleistungen anbietet (wie z.B. Vor- und Nachbetreuung, Wiedererkennung Ihrer Präferenzen, Angebote zu Work-Life-Balance)?:**

- Das würde mich sehr freuen
- Das setze ich voraus
- Das ist mir egal
- Das würde mich sehr stören

TECHNISCHE UNIVERSITÄT DRESDEN          << Zurück    Weiter >>          www.manufacts.de

## Fragen Kunden: Hypothesen 3, 2 & 7

## Fragen Kunden: Hypothesen 5 & 6 sowie Tätigkeitsbereich

**Meldung: Alle Fragen sind Pflichtfragen und müssen beantwortet werden, um fortzufahren.**

## Danksagung

Wir bedanken uns für Ihre Teilnahme und wünschen Ihnen noch einen schönen Tag!

Ihr Travel Industry Club, DIE WELT, TU Dresden & Ihr MANUFACTS-Team

## Die Auswertung der Befragung

## Frage: Einleitung

Sind Sie in einem Unternehmen der Hotellerie tätig?
*Basis: Alle Befragten (n=256), %-Werte.*

Onlinebefragung:
12.09.-04.10.2013

32

68

Ja, ich bin in einem Hotel/einer Hotelkette tätig. → *Entscheidungsträger n=81*

Nein, ich bin nicht in einem Unternehmen der Hotellerie tätig. → *Kunden n=175*

## Fragen Kunden/Hotellerie: Tätigkeitsbereich

In welcher Funktion sind Sie in Ihrem
Unternehmen tätig?
*Basis: Alle **Kunden** (n=175), %-Werte.*

| | |
|---|---|
| Geschäftsführung | 56 |
| Führungskraft | 31 |
| Vertrieb & Angestellter | 13 |

In welcher Funktion sind Sie in Ihrem Hotel/Ihrer
Hotelkette tätig?
*Basis: Alle **Entscheidungsträger** (n=81), %-Werte.*

| | |
|---|---|
| Geschäftsführung | 44 |
| Führungskraft | 42 |
| Vertrieb & Angestellter | 14 |

In welchem Bereich sind Sie in Ihrem Hotel/Ihrer
Hotelkette tätig?

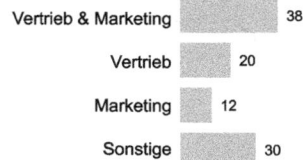

| | |
|---|---|
| Vertrieb & Marketing | 38 |
| Vertrieb | 20 |
| Marketing | 12 |
| Sonstige | 30 |

## Fragen Kunden/Hotellerie: Hypothese 1

Eine Hotelkette führt eine neue Dienstleistung ein – welche Eigenschaft sehen Sie als wichtigste an?
*Basis: Alle **Kunden** (n=175), %-Werte.*

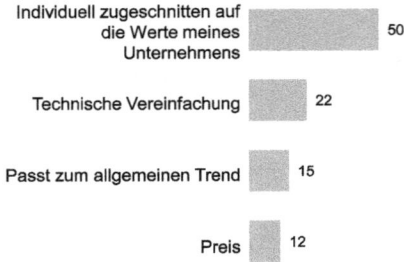

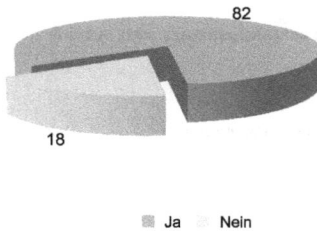

| | |
|---|---|
| Individuell zugeschnitten auf die Werte meines Unternehmens | 50 |
| Technische Vereinfachung | 22 |
| Passt zum allgemeinen Trend | 15 |
| Preis | 12 |

Wie binden Sie Ihre Kunden bzw. Gäste an Ihr Hotel/Ihre Hotelkette?
*Basis: Alle **Entscheidungsträger** (n=81), %-Werte.*

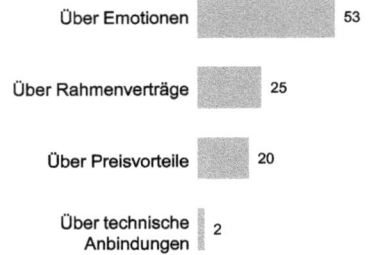

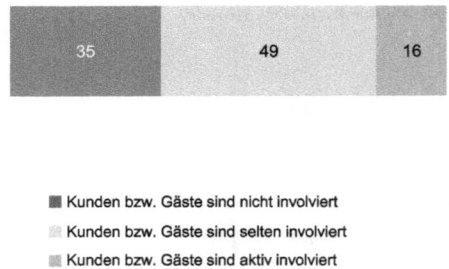

| | |
|---|---|
| Über Emotionen | 53 |
| Über Rahmenverträge | 25 |
| Über Preisvorteile | 20 |
| Über technische Anbindungen | 2 |

## Fragen Kunden/Hotellerie: Hypothese 2

Sind Sie bereit, aktiv in die Dienstleistungserstellung mit einbezogen zu werden, wenn dadurch ein Mehrwert* erzielt werden kann?
*Basis: Alle **Kunden** (n=175), %-Werte.*

82

18

■ Ja    Nein

*bspw. Schnelligkeit, Transparenz, Personalisierung auf Ihre Bedürfnisse, Vereinfachung

Inwieweit involvieren Sie Ihre Kunden bzw. Gäste in den Dienstleistungserstellungsprozess, indem Sie Arbeitsschritte an Kunden bzw. Gäste übergeben?
*Basis: Alle **Entscheidungsträger** (n=81), %-Werte.*

| 35 | 49 | 16 |
|---|---|---|

■ Kunden bzw. Gäste sind nicht involviert
　 Kunden bzw. Gäste sind selten involviert
■ Kunden bzw. Gäste sind aktiv involviert

## Fragen Kunden/Hotellerie: Hypothese 3

**Sind Sie bereit...**
...einen höheren Preis für eine Dienstleistung zu bezahlen, die nicht nur Ihre Bedürfnisse erfüllt, sondern auch neue Geschäftsmöglichkeiten aufzeigt?
*Basis: Alle **Kunden (n=175)**, %-Werte.*

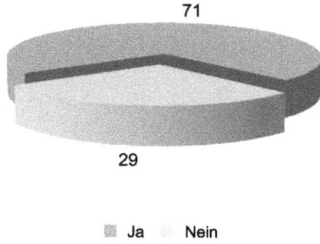

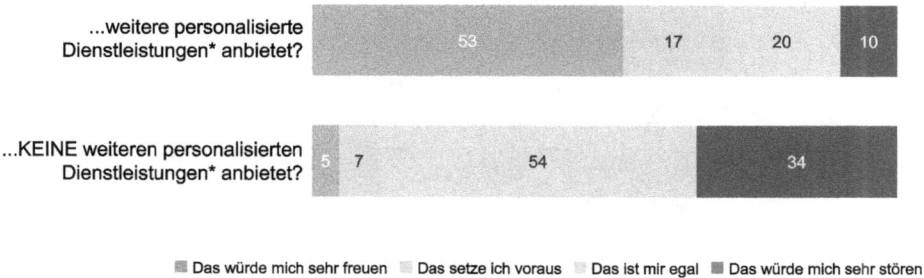

71

29

▨ Ja ▨ Nein

**Denken Sie, dass Ihre Kunden bereit sind...**
... einen höheren Preis für eine Dienstleistung zu bezahlen, die nicht nur die Bedürfnisse erfüllt, sondern auch neue Geschäftsmöglichkeiten aufzeigt?
*Basis: Alle **Entscheidungsträger (n=81)**, %-Werte.*

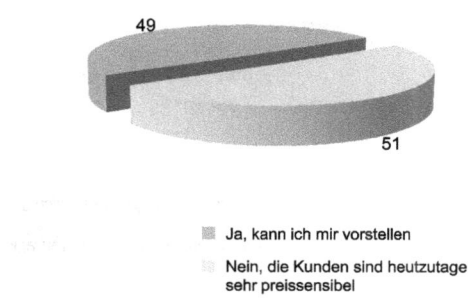

49

51

▨ Ja, kann ich mir vorstellen

▨ Nein, die Kunden sind heutzutage sehr preissensibel

## Frage Kunden: Hypothese 4

Was würden Sie sagen, wenn Ihnen eine Hotelkette über die grundsätzlichen Übernachtungs- und Verpflegungsleistungen...
*Basis: Alle **Kunden (n=175)**, %-Werte.*

...weitere personalisierte Dienstleistungen* anbietet? — 53 | 17 | 20 | 10

...KEINE weiteren personalisierten Dienstleistungen* anbietet? — 5 | 7 | 54 | 34

■ Das würde mich sehr freuen ■ Das setze ich voraus ▨ Das ist mir egal ■ Das würde mich sehr stören

*wie z.B. Vor- und Nachbetreuung, Wiedererkennung Ihrer Präferenzen, Angebote zu Work-Life-Balance

## Frage Hotellerie: Hypothese 4

Welcher These stimmen Sie zu?
*Basis: Alle **Entscheidungsträger (n=81)**, %-Werte.*

▨ Unsere Key Accounts möchten alle Leistungen vertraglich geregelt haben.

Unsere Key Accounts erwarten auch Leistungen, die vertraglich nicht geregelt sind.

## Frage Kunden: Hypothese 4 (b)

Was würden Sie sagen, wenn Ihnen eine Hotelkette über die grundsätzlichen Übernachtungs- und Verpflegungsleistungen...
*Basis: Alle **Kunden (n=175)**, %-Werte.*

|  | ...**weitere** personalisierte Dienstleistungen* anbietet? | | | |
| --- | --- | --- | --- | --- |
|  | Das würde mich sehr freuen | Das setze ich voraus | Das ist mir egal | Das würde mich sehr stören |
| Das würde mich sehr freuen | 0% | 1% | 0% | 4% |
| Das setze ich voraus | 2% | 0% | 1% | 4% |
| Das ist mir egal | 30% | 4% | 19% | 2% |
| Das würde mich sehr stören | 21% | 13% | 1% | 0% |

...**KEINE** weiteren personalisierten Dienstleistungen* anbietet

*wie z.B. Vor- und Nachbetreuung, Wiedererkennung Ihrer Präferenzen, Angebote zu Work-Life-Balance

## Frage Kunden: Hypothese 5

Welcher These stimmen Sie am meisten zu?:
*Basis: Alle **Kunden (n=175)**, %-Werte.*

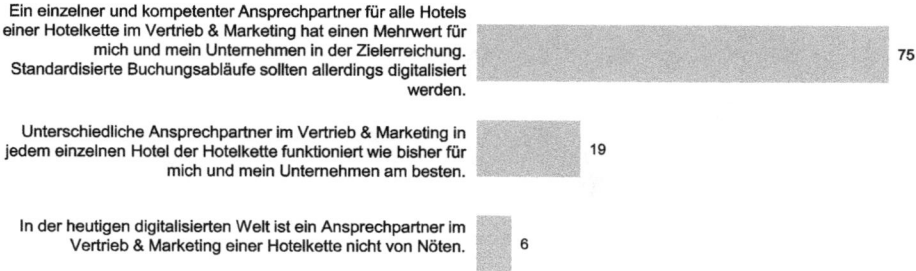

| | |
|---|---|
| Ein einzelner und kompetenter Ansprechpartner für alle Hotels einer Hotelkette im Vertrieb & Marketing hat einen Mehrwert für mich und mein Unternehmen in der Zielerreichung. Standardisierte Buchungsabläufe sollten allerdings digitalisiert werden. | 75 |
| Unterschiedliche Ansprechpartner im Vertrieb & Marketing in jedem einzelnen Hotel der Hotelkette funktioniert wie bisher für mich und mein Unternehmen am besten. | 19 |
| In der heutigen digitalisierten Welt ist ein Ansprechpartner im Vertrieb & Marketing einer Hotelkette nicht von Nöten. | 6 |

## Frage Hotellerie: Hypothese 5

Wo sehen Sie die Quelle für die Entstehung neuer Dienstleistungen?
*Basis: Alle **Entscheidungsträger (n=81)**, %-Werte.*

| | |
|---|---|
| Trends | 44 |
| Kundenfeedback | 40 |
| Mitarbeiter | 9 |
| Globalisierung | 7 |

## Fragen Kunden/Hotellerie: Hypothese 6

Nutzen Sie in Ihrem Unternehmen Netzwerke mit Zulieferern und Partnerunternehmen, um neue Dienstleistungen zu entwickeln?
*Basis: Alle **Kunden (n=175)**, %-Werte.*

Nutzen Sie in Ihrem Unternehmen Netzwerke mit Zulieferern und Partnerunternehmen, um neue Dienstleistungen zu entwickeln?
*Basis: Alle **Entscheidungsträger (n=81)**, %-Werte.*

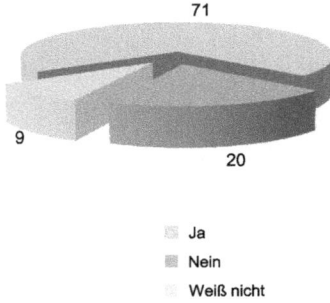

71

9

20

Ja
Nein
Weiß nicht

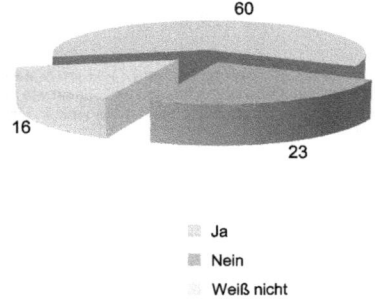

60

16

23

Ja
Nein
Weiß nicht

## Fragen Kunden/Hotellerie: Hypothese 7

Wonach sollte sich Ihrer Meinung nach in der Zukunft die Angebots- und Preisgestaltung einer Hotelkette ausrichten?
*Basis: Alle **Kunden (n=175)**, %-Werte.*

Wonach richtet sich Ihre Angebots- und Preisgestaltung heute aus?
*Basis: Alle **Entscheidungsträger (n=81)**, %-Werte.*

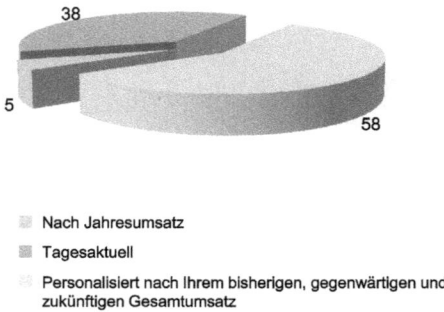

38

5

58

Nach Jahresumsatz
Tagesaktuell
Personalisiert nach Ihrem bisherigen, gegenwärtigen und zukünftigen Gesamtumsatz

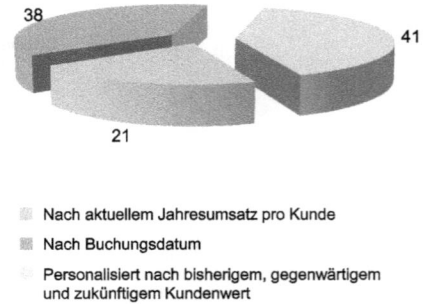

38

41

21

Nach aktuellem Jahresumsatz pro Kunde
Nach Buchungsdatum
Personalisiert nach bisherigem, gegenwärtigem und zukünftigem Kundenwert

## Fragen Kunden/Hotellerie: Hypothese 8

Was motiviert Sie einer Hotelkette langfristig treu zu bleiben?
*Basis: Alle **Kunden (n=175)**, %-Werte.*

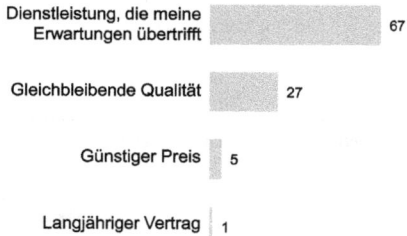

Wie messen Sie die Kunden-/Gästezufriedenheit in Ihrem Hotel/Ihrer Hotelkette?
*Basis: Alle **Entscheidungsträger (n=81)**, %-Werte.*

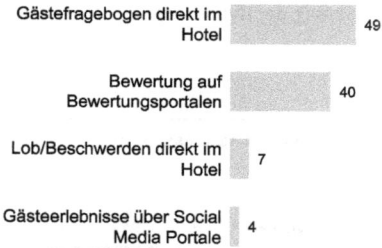

| | |
|---|---|
| Dienstleistung, die meine Erwartungen übertrifft | 67 |
| Gleichbleibende Qualität | 27 |
| Günstiger Preis | 5 |
| Langjähriger Vertrag | 1 |

| | |
|---|---|
| Gästefragebogen direkt im Hotel | 49 |
| Bewertung auf Bewertungsportalen | 40 |
| Lob/Beschwerden direkt im Hotel | 7 |
| Gästeerlebnisse über Social Media Portale | 4 |

# Anhang 3: Qualitative Untersuchung – Expertengespräche

## Der Interviewleitfaden

Die Fragen im Interviewleitfaden sind zum Zwecke der besseren Orientierung für den Befragten sowie zur Vermeidung von Halo-Effekten (siehe Abschnitt 5.2.4) sortiert worden und nicht zwingend nach der Numerierung der Hypothesen.

### Interviewleitfaden Innovationsexperten

TECHNISCHE
UNIVERSITÄT
DRESDEN

Dissertation an der TU Dresden:

Innovationsmanagement in der Hotellerie im Geschäftsfeld Vertrieb & Marketing

Expertengespräche (Empirische Forschung)

Frage 1: Wie wichtig ist Ihrer Meinung nach der Faktor „Emotion" bei der Kundenbindung? Wie kann Ihrer Meinung nach eine emotionale Bindung in der Hotellerie konkret erreicht werden?

Frage 2: Wird Kundenzufriedenheit in Zukunft zur Kundenbindung ausreichen oder bedarf es Begeisterung, um sich nachhaltig von Konkurrenzdienstleistungen abzuheben?

Frage 3: Wie wichtig bzw. unwichtig sind Ihrer Meinung nach Nebendienstleistungen außerhalb des Kernproduktes bzw. Kerndienstleistungen (die sich eher auf Lifestyle, Lebensqualität, Nachbetreuung ausrichten), um Kunden langfristig zu binden?

Frage 4: Durch die zunehmende Transparenz dank Globalität und Internet sind Kunden heute oft in der Lage Probleme selbst zu lösen. Zukünftig wird verstärkt das Aufzeigen von neuen Geschäftsmöglichkeiten von Dienstleistern erwartet! Stimmen Sie dieser These zu?

Frage 5: Inwieweit können Kunden in die tatsächliche Dienstleistungserstellung in Zukunft involviert werden? Führt diese Involvierung zu einer Personalisierung der Dienstleistung?

Frage 6: Welche Herausforderungen bzw. Chancen sehen Sie in einer individuellen Angebots- und Preisgestaltung die das Total Revenue bzw. CLV eines Kunden berücksichtigt?

Frage 7: Inwieweit ist die Ressource „Mitarbeiter" Ihrer Meinung nach die Basis bzw. Quelle für erfolgreiche Dienstleistungsinnovationen?

Frage 8: Inwieweit sind Ihrer Meinung nach Partner- und Lieferantennetzwerke für die Entwicklung von Dienstleistungsinnovationen wichtig?

### Interviewleitfaden Branchenexperten

TECHNISCHE
UNIVERSITÄT
DRESDEN

Dissertation an der TU Dresden:

Innovationsmanagement in der Hotellerie im Geschäftsfeld Vertrieb & Marketing

Branchen Expertengespräche (Empirische Forschung)

Frage 1: Wie wichtig ist Ihrer Meinung nach der Faktor „Emotion" bei der Kundenbindung? Gibt es hierzu ein Beispiel aus Ihrem Unternehmen/Ihrer Branche?

Frage 2: Was ist ausschlaggebend für wahre Kundenbindung und Loyalität – Kundenzufriedenheit oder Kundenbegeisterung?

Frage 3: Wie wichtig bzw. unwichtig sind Ihrer Meinung nach Nebendienstleistungen außerhalb des Kernproduktes bzw. Kerndienstleistungen (die sich eher auf Lifestyle, Lebensqualität, Nachbetreuung ausrichten), um Kunden langfristig zu binden?

Frage 4: Durch die zunehmende Transparenz dank Globalität und Internet sind Kunden heute oft in der Lage Probleme selbst zu lösen. Zukünftig wird verstärkt das Aufzeigen von neuen Geschäftsmöglichkeiten von Dienstleistern erwartet! Stimmen Sie dieser These zu?

Frage 5: Haben Sie in den letzten Jahren Arbeitsschritte bei Dienstleistungen an Ihre Kunden übertragen? Wenn ja, gibt es konkrete Beispiele hierzu und was waren Ihre Erfahrungen im Bereich der Kundenzufriedenheit? Planen Sie in der Zukunft, Kunden noch aktiver zu involvieren?

Frage 6: Welche Herausforderungen bzw. Chancen sehen Sie in einer individuellen Angebots- und Preisgestaltung die das Total Revenue bzw. CLV eines Kunden berücksichtigt?

Frage 7: Inwieweit ist die Ressource „Mitarbeiter" Ihrer Meinung nach die Basis bzw. Quelle für erfolgreiche Dienstleistungsinnovationen? Sind hierbei Kompetenzerhöhung und Optimierung von Mitarbeiterressourcen wichtige Themen? Nennen Sie bitte Beispiele.

Frage 8: Nutzen Sie Partner- und Lieferantennetzwerke um Dienstleistungsinnovationen zu entwickeln? Können Sie Beispiele nennen?

## Vorstellung der Experten

| Name | Funktion | Begründung zur Auswahl | Tag und Zeit des Experten-interviews |
|---|---|---|---|
| **Experten im Bereich Dienstleistungsinnovation** | | | |
| **Dr. Hagen J. Sexauer** | Principal SEMPORA Consulting Strategieberatung | Dr. Sexauer hat als Forschungs- und Tätigkeitsschwerpunkt Kundenbeziehungsmanagement. Darüber hinaus ist er Herausgeber mehrerer Managementbücher, u. a. Herausgeber des Buches „Handbuch Praxis Kundenbeziehungs-Management: Vorgehensweisen – Checklisten – Best Practice" sowie Autor zahlreicher Fachartikel. | Persönliches Gespräch am 21.11.2013, 15:30–17:00 Uhr |
| **Prof. Peter Wippermann** | Trendbüro Hamburg Leiter Folkwang Universität der Künste in Essen Professor für Kommunikationsdesign | Prof. Wippermann ist renommierter Trendforscher und Beiratsmitglied von Designexport Hamburg und Nestlé Zukunftsforum. Er ist auch Mitgründer der LeadAcademy für Mediendesign und Medienmarketing. | Telefonisches Gespräch am 22.11.2013, 10:00–11:00 Uhr |
| **Prof. Dr. Michael Dowling** | Universität Regensburg Dekan der wirtschaftswissenschaftlichen Fakultät, Lehrstuhl für Innovations- und Technologiemanagement | Sein Lehrstuhl für Innovations- und Technologiemanagement befasst sich mit dem Management von Organisationen, die Wettbewerbsvorteile und wirtschaftliche Leistung durch neue Technologien erbringen wollen, d. h. mit der Entwicklung neuer Produkte, aber auch neuer Dienstleistungen. | Persönliches Gespräch am 6.12.2013, 10:00–11:00 Uhr |
| **Dipl.-Ing. Vanessa Borkmann** | Fraunhofer-Institut für Arbeitswirtschaft und Organisation IAO | Vanessa Borkmann ist Mitglied des Verbundforschungsprojekts „FutureHotel" unter der Leitung des Fraunhofer IAO. Im Rahmen des Projekts werden die zentralen Fragestellungen für das Hotel der Zukunft vorausgedacht. | Telefonisches Gespräch am 3.12.2013, 16:30–17:30 Uhr |

| Name | Funktion | Begründung zur Auswahl | Tag und Zeit des Experten-interviews |
|---|---|---|---|
| | | Insbesondere werden neue Entwicklungen im Konsumentenverhalten und deren Auswirkungen auf die Hotellerie analysiert sowie die Anforderungen verschiedener Gästetypen und Optimierungspotenziale im Hotelbetrieb. | |

**Experten der Finanzbranche**

| Name | Funktion | Begründung zur Auswahl | Tag und Zeit des Experten-interviews |
|---|---|---|---|
| Dipl.-Kfm. Harald Boysen, MBA | Allianz Deutschland AG Fachbereichsleiter für Marktmanagement/Kunden | Herr Boysen ist verantwortlich für Kundenzufriedenheits- und Fairnessfragen, Customer-Experience-Management für Versicherungen und Finanzdienstleistungen. | Telefonisches Gespräch am 5.12.2013, 14:30–15:30 Uhr |
| Moritz X. Stigler | HypoVereinsbank – Member of UniCredit AG. Director, Leiter des Bereichs Business Easy Deutschland | Moritz X. Stigler ist Gründer und Leiter von „Business Easy" – eines neuen innovativen Kundenberatungskonzepts der HypoVereinsbank für klein- und mittelständische Unternehmen in Deutschland. | Persönliches Gespräch am 4.10.2013, 10:00–11:30 Uhr |
| Dr. Dirk Gutschleg | peer-finance Geschäftsführer | Seit 25 Jahren ist er aktiver Finanzanleger und erfahrener Finanzmanager in Corporate Finance sowie CFO eines globalen Joint-Ventures. | Persönliches Gespräch am 5.12.2013, 13:00–14:30 Uhr |

**Experten der Automobilbranche**

| Name | Funktion | Begründung zur Auswahl | Tag und Zeit des Experten-interviews |
|---|---|---|---|
| Prof. Dr. Gerd Schwandner | Technische Hochschule Ingolstadt Professor für Produktmanagement und Betriebswirtschaftslehre. | Er lehrt und forscht im Bereich Automotive, u. a. in den Feldern Produkt- und Prozessentwicklung, Marketing und Vertrieb. | Persönliches Gespräch am 5.10.2013, 10:30–12:00 Uhr |
| Dr. Jürgen Allinger, Henning Schlieker | BMW Group Produktmanagement Komponenten und Baukasten | Beide sind verantwortlich für Technologie Marketing am BMW Innovationszentrum. | Persönliches Gespräch am 28.11.2013, 15:00–16:00 Uhr |
| Dipl.-Ing. Stefan Keller | Audi AG Leiter für Strategie- und Unternehmensentwicklung | Herr Keller hat jahrelange Erfahrung im Innovationsmanagement eines Automobilkonzerns und ist insbesondere verantwortlich für Sonderausstattungen aller Marken weltweit und für Dienstleistungen. | Persönliches Gespräch am 8.11.2013, 12:00–13:30 Uhr |

## Zusammenfassung der Expertengespräche

| Hypothese 1 | Dienstleistungsinnovationen nimmt man wahr, wenn sie emotional binden. | |
|---|---|---|
| **Hypothese/Frage** | **Experte** | **Antwort** |
| **Frage Innovationsexperten:** Wie wichtig ist Ihrer Meinung nach der Faktor „Emotion" bei der Kundenbindung? Wie kann Ihrer Meinung nach eine emotionale Bindung in der Hotellerie konkret erreicht werden? | Dr. Hagen Sexauer | „Um Emotionen zu vermitteln, braucht es Authentizität. Es muss Glaubhaftigkeit für das Produkt bzw. die Dienstleistung seitens des Unternehmens kommuniziert werden. Außerdem – und das ist der wichtigere Punkt – sollte das Leistungsversprechen auch eingehalten werden. Emotionen werden heute oft nur rein auf das angebotene Produkt bzw. Leistungen bezogen und gegenüber den Endkunden übermittelt. Dabei überzeugen vielmehr Emotionen, die beim Kunden an erster Stelle auf ein bestimmtes Lebensgefühl und an zweiter Stelle auf das Produkt abzielen. In der Hotellerie könnte man vielmehr mit dem Thema Freiheit und Lifestyle ,spielen', etwa durch den Einsatz von Fotos, auf denen die Objekte ästhetisch anspruchsvoll dargestellt werden. Kunden, die dadurch über die Kanäle der sozialen Medien (bspw. Pinterest) angesprochen werden, könnte man sodann automatisch auf das zu vermarktende Hotelprodukt führen." |
| | Prof. Peter Wippermann | „Positive Gefühle sind ein wichtiges Element bei der Kundenbindung. Ein unsympathisch wirkendes Produkt bzw. eine Dienstleistung kann nur über Preisvorteile vertrieben werden. Die Kernfrage ist hier: Wie kann ein Hotel von sich aus aufmerksam machen, ohne ausschließlich über die klassischen, traditionellen Vertriebswege zu gehen? Eine Bindung in der Hotellerie kann nur durch eine emotionale Ansprache, beispielsweise Bilder erreicht werden, die die Sinne ansprechen und Vertrauen schaffen. Sehr oft werden heutzutage Hotels nur über Preisinformationen kombiniert mit kleinen Fotos vertrieben." |
| | Prof. Dr. Michael Dowling | „Emotion wird oft als Schlagwort missbraucht. Design und Nutzerfreundlichkeit sind wichtige Aspekte in der Kundenbindung. Dennoch darf die Produktqualität und Preisgestaltung nicht außer Acht gelassen werden. Ausschließlich mit emotionalen Aspekten kann man nur eine kleine Kundengruppe langfristig binden. Marken müssen auch mit rationalen Aspekten aufgeladen werden." |
| | Dipl.-Ing. Vanessa Borkmann | „Der Faktor Emotion ist entscheidend für eine personalisierte Kundenansprache. Gäste bzw. Kunden der Hotellerie möchten zunehmend personalisiert angesprochen werden. In Zeiten von ,Big Data' sind Massennewsletter nicht mehr effektiv. Die Hotellerie steht vor der Herausforderung, im Zeitalter der Digitalisierung eine Individualisierung der Kundenansprache zu erreichen. |

**weiter Hypothese 1**

| | | |
|---|---|---|
| | | Für eine emotionale Kundenansprache ist außerdem das richtige Timing für den richtigen Anlass mit ausschlaggebend. Hier sind insbesondere persönliche Momente wie der Hochzeitstag interessant." |
| **Frage Branchenexperten:** Wie wichtig ist Ihrer Meinung nach der Faktor „Emotion" bei der Kundenbindung? Gibt es hierzu ein Beispiel aus Ihrem Unternehmen/Ihrer Branche?ntd | Dipl.-Kfm. Harald Boysen, MBA | „Emotionen bei der Kundenbindung sind sehr wichtig. In der Versicherungsbranche werden vom Kunden zum einen die Kontakterlebnisse (d. h. der tatsächliche Umgang mit dem Kunden z. B. im Schadensfall) und zum anderen die generelle Wahrnehmung eines Versicherungsunternehmens (bspw. Image, frühere Erfahrungen) wahrgenommen. In beiden Sphären spielen Emotionen eine Rolle. Bei den Kontakterlebnissen sind dies beispielweise die Wertschätzung, Empathie, aber auch Agilität und Unkompliziertheit. Bei der generellen Wahrnehmung spielen Vertrauen und wahrgenommene Authentizität eine wichtige Rolle." |
| | Moritz X. Stigler | „Die ideale Kombination der Zukunft ist eine Automatisierung mit emotionaler Kundenbindung. Dabei wird die Komponente Mensch immer wichtiger, da es weniger Berührungspunkte (sog. touchpoints) mit dem Kunden als bisher geben wird. Die Bankgeschäfte werden zunehmend automatisiert angeboten (z. B. Einführung des SB-Terminals bis hin zur Betreuung von mittelständischen Unternehmen über Onlineberatungsplattformen). Der persönliche Kontakt mit dem Kunden, sei es über Telefon oder Videokonferenz, kommt viel seltener zustande, deshalb muss er perfekt sein. In kurzer Zeit müssen vom Bank-Mitarbeiter Emotionen beim Kunden ankommen. Dies erreichen wir durch Stimmtechnik-Training (d. h. durch die Stimmlage des Betreuers die Stimmung des Kunden zu beeinflussen) sowie von standardisierten zu persönlichen Abfragetechniken. Dazu wird der persönliche Kontakt mit Kunden durch eine CRM-Technik unterstützt, die es dem Kundenbetreuer ermöglicht, den Wissensstand von vorherigen Gesprächen mit anderen Betreuern aufzubauen. In Zukunft ist sogar eine emotionale Bindung durch Farbgestaltung von Filialen sowie Webaufritten vorstellbar. Grundvoraussetzung ist allerdings, dass der Bankbetreuer sich mit den neuen Beratungsmöglichkeiten und Plattformen identifiziert. Eine Emotionalisierung des Kunden ist dann viel einfacher und somit erfolgreicher." |
| | Dr. Dirk Gutschleg | „Finanzprodukte sind erklärungsbedürftig und rational zu bewerten. Das Handwerkszeug ist die Mindestvoraussetzung. Über den Geschäftserfolg entscheiden aber die Emotionen von Mensch zu Mensch. Das Wichtigste ist, Vertrauen und Sympathie aufzubauen. |

**weiter Hypothese 1**

| | |
|---|---|
| | Alle Leistungen, die nicht erklärungsbedürftig sind, werden heutzutage im Internet abgewickelt. Trotzdem soll Marketing auch hier Emotionen entwickeln, was aufgrund der wenigen Berührungspunkte zum Kunden aber schwierig zu erreichen ist. Der HVB bietet persönliche Ansprechpartner im Online-Banking. Emotionen führen zu Weiterempfehlungen, die man im Net Promoter Score messen kann. Fakten sind reine Hygienefaktoren, reichen aber nicht aus, um eine Dienstleistung zu differenzieren. Man benötigt Emotionen für eine Dienstleistungsdifferenzierung.<br>Für erklärungsbedürftige Dienstleistungen muss man den Kontakt mit dem Kunden nutzen, um Emotionen zu transportieren. Emotionen entwickelt man durch Aufmerksamkeit und Authentizität. Es ist wichtig, Kunden auch Aufmerksamkeit zu schenken, wenn Sie gerade eine Dienstleistung nicht kaufen. Authentizität sowie Ehrlichkeit sind zwei entscheidende, zukünftige Faktoren in der Dienstleistungsbranche." |
| Prof. Dr. Gerd Schwandner | „Emotionen spielen in der Automobilbranche neben Innovationen eine wichtige Rolle bei der Erzielung von Premiumpreisen. Fahrzeuge werden über Marken verkauft und Marken transportieren Gefühle. Aus Emotionen wiederum entsteht eine starke Kundenbindung." |
| Dr. Jürgen Allinger, Henning Schlieker | „Das Automobilprodukt an sich und dessen Kernleistung, die Fahrt von A nach B, sind austauschbar. Neben der Produktsubstanz eines BMW ist eine emotionale Anreicherung des Produktes bzw. der Dienstleistung essentiell. Die Marke BMW steht als Kaufkriterium für Qualität und ist daher sehr wichtig. Die Markenwahrnehmung muss mit einem ausgereiften Produkt, welches Emotionen in Form von Begeisterung auslöst, bestätigt werden.<br>Bei BMW fokussieren wir uns auf die Dachmarke. Allerdings hat jedes einzelne Fahrzeug seine individuelle Positionierung." |
| Dipl.-Ing. Stefan Keller | „Emotionen sind bei der Kundenbindung ein entscheidender Faktor. Bei Audi versuchen wir Emotionen über das Fahrzeug, den Service und das Verkaufsgespräch zu transportieren. Natürlich gibt es auch eine sehr kleine Kundengruppe, meist sehr technikaffin, die einer bestimmten Marke unabdingbar zugeneigt ist. Erfahrungsgemäß wird diese Gruppe immer kleiner.<br>Den Großteil der Audi-Kunden müssen wir über Emotionen begeistern. Ein Beispiel sind hier Design, Soundsysteme oder Inszenierungen mit Licht." |

| Hypothese 2 | Dienstleistungsinnovationen werden personalisiert, wenn man Kunden aktiv im Sales- und Marketingprozess involviert und Arbeitsschritte an sie überträgt. | |
|---|---|---|
| Hpothese/Frage | Experte | Antwort |
| **Frage Innovationsexperten:** Inwieweit können Kunden in die tatsächliche Dienstleistungserstellung in Zukunft involviert werden? Führt diese Involvierung zu einer Personalisierung der Dienstleistung? | Dr. Hagen Sexauer | „Die Hotelunternehmen stehen sich heute oft selbst im Weg. Man sieht sich als Traditionsbranche und Traditionen möchte man nicht ‚brechen'. Bei den Flugunternehmen ist das anders: Hier sind viele Innovationen entstanden, allerdings war das Ursprungsmotiv der Kostendruck (Beispiel: Check-in-Terminal). Für die Hotelunternehmen liegt die Chance in der Erkennung von Kundengewohnheiten aus anderen Branchen. Man sollte erforschen, welche Innovationen sich in anderen Branchen erfolgreich etabliert haben und diese ggf. auf die Hotellerie übertragen. Somit ließe sich sicherlich auch die Kundenzufriedenheit innerhalb der Hotellerie steigern. Für die Hotellerie bedeutet Innovationsmanagement somit den Kundennutzen von Dienstleistungsinnovationen anderer Branchen zu identifizieren und diese in den täglichen Hotelbetrieb zu überführen. Außerdem ließen sich ebenfalls Kunden in den Vertriebs- und Marketingprozess involvieren. Multiplikatoren (bspw. Blogger) könnten als ‚Verkäufer' bzw. Promotoren eingesetzt werden, ohne dabei an Authentizität zu verlieren." |
| | Prof. Peter Wippermann | „Der Kunde ist heutzutage in Zeiten des mobilen Internets eine gewisse Autonomie gewohnt. Der Zeitgeist des Freiheitsgefühls ist bei der Hotellerie noch nicht angekommen. In der fünf Sterne Hotellerie wird oft noch ein Dienstleistungsgefühl wie ‚am Hofe' vermittelt. Konkret heißt dies, dass Personen bereitgestellt werden, um Dienstleistungen zu überbringen, die für den Gast keinen Mehrwert darstellen. Wer in Zukunft erfolgreich sein möchte, muss Aufgaben auf den Kunden übertragen (Rationalisieren bzw. Automatisieren), bei gleichzeitiger emotionaler Stärkung des Hotelprodukts (bspw. Design-Hotels-Leistungen, die kostenintensiv sind, werden bewusst herausgenommen)." |
| | Prof. Dr. Michael Dowling | „Kunden erklären sich bereit, mehr in die Dienstleistungserstellung involviert zu werden, solange Schnelligkeit und Transparenz der Dienstleistung dadurch entstehen. Ein gutes Beispiel ist hier die Rechnungsadresse bei der Rechnungserstellung, die der Kunde selber eingibt." |

**weiter Hypothese 2**

| | | |
|---|---|---|
| | Dipl.-Ing. Vanessa Borkmann | „Eine wichtige Fragestellung bei Dienstleistungsinnovationen besteht darin, wie man Aufgaben an den Kunden delegieren kann. Diese Frage müssen sich auch Hotelketten zukünftig stellen, um wettbewerbsfähig zu bleiben. In unserem Verbundforschungsprojekt ‚FutureHotel' unter der Leitung des Fraunhofer Instituts beschäftigen wir uns ebenfalls mit der wichtigen Fragestellung der Optimierung von Dienstleistungsprozessen, um dann daraus in einem zweiten Schritt eine Kundenbindung zu kreieren. Der Kunde ist durchaus bereit, zukünftig in die Dienstleistungserstellung mit einbezogen zu werden, wenn dadurch Prozesse vereinfacht oder Dienstleistungen transparenter werden. Die Grundvoraussetzung für die Kundeninvolvierung besteht darin, dass die technischen Abläufe einwandfrei funktionieren. Bei nicht ausgereifter Technik kann eine Kundeninvolvierung schnell in eine Kundenfrustration umspringen." |
| **Frage Branchenexperten:** ben Sie in den letzten Jahren Arbeitsschritte bei Dienstleistungen an Ihre Kunden übertragen? Wenn ja, gibt es konkrete Beispiele hierzu und was waren Ihre Erfahrungen im Bereich der Kundenzufriedenheit? Planen Sie in der Zukunft, Kunden noch aktiver zu involvieren? | Dipl.-Kfm. Harald Boysen, MBA | „In den nächsten Jahren werden die vielschichtigeren Angebote der Versicherer und die stärkere Involvierung der Kunden zunehmen. Dies wird nach unserer Einschätzung sowohl die Angebotsentwicklung selber betreffen (‚Co-Development'), noch mehr aber den Schadens- und Vertragsservice, wo sich bereits heute umfangreiche Möglichkeiten bieten, den Kunden direkt in den tatsächlichen Dienstleistungserstellungsprozess miteinzubeziehen." |
| | Moritz X. Stigler | „Wichtig ist, dem Kunden immer den jeweiligen Mehrwert entsprechend aufzuzeigen. Möchte man beispielsweise, dass ein Kunde persönliche Daten in ein Onlineformular eingibt, muss er verstehen, warum er das Formular ausfüllen soll und welchen Mehrwert er dadurch erzielt. Dies kann eine Zeitersparnis sein. Der Betreuer kann sich im Beratungsgespräch auf die Beratungsleistung konzentrieren, wenn der Kunde bereits im Vorfeld entsprechende Formulare beantwortet hat. Ein Mehrwert kann hier auch ein Discount sein, den man dem Kunden anbietet, wenn er bestimmte Arbeitsschritte übernimmt. Zukünftig wird dies allerdings das Basispaket sein und Arbeitsschritte, die von der Bank übernommen werden, haben einen Aufpreis." |

**weiter Hypothese 2**

| | |
|---|---|
| | Für die Hotellerie könnte es heißen, dass Gäste online-einchecken und eventuell direkt mit einem Code das jeweilige Zimmer öffnen können. Als Mehrwert entfällt für den Kunden eine Wartezeit beim Check-in an der Rezeption. Ebenso könnte als Anreiz ein Discount auf den Zimmerpreis sein. In den Folgejahren wäre ein Online-Check-in das Standardange-bot und ein Check-in an der Rezeption würde nur gegen einen Aufpreis angeboten. Ein Gast der Online das Zimmer bezogen hat, benötigt dann einen persönlichen Ansprechpartner nur in besonderen Fällen (Beratung, Notfall usw.). Hier muss der Hotel-Mitarbeiter aber schnell und kompetent auftreten. Allerdings ist immer noch entscheidend, was ein Kunde tat-sächlich übernehmen kann. Ein Kreditantrag wird sicherlich immer von einem Bankbetreuer ausgefüllt werden." |
| Dr. Dirk Gutschleg | „Kunden können in die Dienstleistungserstellung in Zukunft involviert werden, wenn dadurch ein Effizienzgewinn erreicht werden kann. Beispiele für Kundenintegration könnten Selbstadministration der Kunden, eigene Limits, Freischal-tung für Online-Tools, Produkt-Videos oder Onlinekonferen-zen sein.<br>Hierzu bedarf es mehr Coaching und Empowerment der Kunden. Laut Studien empfinden Kunden das Empowerment positiv. Sie möchten nicht mehr durch Vermögensverwal-tungsmandate in ihren Entscheidungsmöglichkeiten begrenzt werden.<br>Füllt der Kunde im Vorfeld eines Gespräches die Formulare bereits selbst aus, bleibt mehr Zeit für die tatsächliche Beratung." |
| Prof. Dr. Gerd Schwand-ner | „Eine Endkundeninvolvierung findet im Automobilbereich eher weniger statt, vielleicht noch bei der Marktforschung in Form von Fokusgruppen. Kundeneinbindung würde ich eher als Thema im After-Sales-Bereich sehen. Beispielsweise könnte ein Kunde einzelne Werkstattleistungen ‚unterstützen' und dadurch einen Discount erhalten (also an der Kostenein-sparung der Werkstatt partizipieren)." |
| Dr. Jürgen Allinger, Henning Schlieker | „Bis noch vor wenigen Jahren haben unsere Kunden eine komplette Beratung im Autohaus erhalten. Heutzutage können sie sich im Internet informieren und z. B. ihr Fahrzeug bequem vom Sofa aus online konfigurieren. So können wir ihn im Autohaus gezielter beraten und sie können sich zu jeder Zeit überall individuell mit ihrem neuen Fahrzeug beschäftigen, ohne an die Öffnungszeiten eines Autohauses gebunden zu sein." |
| Dipl.-Ing. Stefan Keller | „Das Anzeigen von funktionierenden Ladesäulen über das Smartphone von Kunden elektrifizierter Fahrzeuge stellt eine derartige Beteiligung dar. |

**weiter Hypothese 2**

| | |
|---|---|
| | Eine andere Möglichkeit wäre, dass der Kunde sein Auto in Zukunft selbst, aufgrund der zunehmenden Kunden-Detailkenntnisse, konfiguriert. Hier ist allerdings der Audi A8 Kunde anders zu betrachten ist als der Audi A1 Kunde." |

| Hypothese 3 | Dienstleistungsinnovationen erzielen höhere Akzeptanz, wenn sie einen unerwarteten Mehrwert bringen, den der Kunde selbst nicht ausformulieren könnte. |
|---|---|

| Hypothese/Frage | Experte | Antwort |
|---|---|---|
| **Frage Innovationsex-perten:** Durch die zunehmende Transparenz dank Globalität und Internet sind Kunden heute oft in der Lage, Probleme selbst zu lösen. Zukünftig wird verstärkt das Aufzeigen von neuen Geschäfts-möglichkeiten von Dienstleis-tern erwartet! Stimmen Sie dieser These zu? | Dr. Hagen Sexauer | „Um neue Geschäftsmöglichkeiten aufzeigen zu können, ist eine klare Systematisierung notwendig. Für die Hotellerie bedeutet dies, Hierarchien abzubauen und die Mitarbeiter zu befähigen, ihre Antennen auszufahren und Informationen über die möglichen Wünsche der Kunden einzuholen. Basis hierfür ist eine Innovationskultur im Unternehmen. Um die Mitarbeiter zu bevollmächtigen, Innovationspotenziale zu erkennen sowie aufzunehmen, bedarf es einer klaren Ziel-formulierung und einer kommunizierten Erwartungshaltung an die Mitarbeiter. Mitarbeiter, die beispielsweise an der Rezeption beschäftigt sind, nutzen häufig noch immer nur solche Informationen, die ihnen zur Verfügung stehen und sind nicht wissbegierig, um den Gästen alle Wünsche von den Lippen ablesen zu wollen. Oft fehlt es auch an Flexibilität in den Hotelunternehmen, um schnell die Kundenbedürfnisse in innovative Dienstleistun-gen umzuwandeln. Ein Hotelunternehmen sollte also erstens Mitarbeiter befä-higen und zweitens das Unternehmen flexibel sowie agil führen, um in der Lage zu sein, Kunden neue Geschäftsmög-lichkeiten aufzuzeigen." |
| | Prof. Peter Wipper-mann | „Ein gutes Beispiel sind für mich hier die Banken, die in den vergangenen Jahren klein- und mittelständische Unterneh-men vernachlässigt haben, indem sie sich nicht intensiv mit deren Geschäftsmodellen und Zukunftsmöglichkeiten auseinandergesetzt haben. Deshalb wurden Start-ups in den letzten Jahren oft nicht von den Banken finanziert, sondern durch sogenanntes Crowdfunding. Ein erneutes Bemühen der Banken um den Mittelstand durch Benchmarking- Studien zeigt durchaus das Versäumnis der Vergangenheit auf. Hier ein ähnliches Beispiel aus dem Reisemarkt: Der Eintritt neuer Marktteilnehmer beweist, dass sich das Reiseverhal-ten um die Institutionen herum verlagert hat. Der Erfolg von neuen Übernachtungsangeboten, wie airbnb, macht deutlich, dass die Hotellerie ein bestimmtes Lifestyle-Segment ver-nachlässigt hat." |

**weiter Hypothese 3**

| | Prof. Dr. Michael Dowling | „Durch das Internet haben Kunden heutzutage den Zugang zu viel mehr Informationen als früher. Deswegen wird der Kunde selbstständiger und die direkte Beratung eines Dienstleisters ist nicht zu jedem Problem gebraucht. Dienstleistungsunternehmen sollen sich deshalb in der Zukunft viel mehr auf neue Geschäftsmöglichkeiten konzentrieren, die dem Kunden Mehrwerte aufzeigen.<br>Für Dienstleistungsunternehmen ist es besonders wichtig, über die Bedürfnisse des Kunden von morgen eine klare Vorstellung zu haben und Innovationsbemühungen daraufhin abzustimmen. Beste Beispiele sind hierfür die neuen Mobilitätsangebote wie Mytaxi und Carsharing der großen Automobilfirmen." |
|---|---|---|
| | Dipl.-Ing. Vanessa Borkmann | „Das Travel-Management von Firmenkunden wird zunehmend professioneller und somit der Wettbewerb enger. Zukünftig sollte eine Hotelkette Dienstleistungen bündeln, die den Firmenkunden neue Mehrwerte bieten, um sich somit vom Wettbewerb zu differenzieren.<br>Der Nutzen für einen Dienstleister wie beispielsweise eine Hotelkette wird am höchsten, wenn die Kunden diese Bedürfnisse noch nicht selbst zum Ausdruck gebracht bzw. erkannt haben." |
| **Frage Branchenexperten:**<br>Durch die zunehmende Transparenz dank Globalität und Internet sind Kunden heute oft in der Lage, Probleme selbst zu lösen. Zukünftig wird verstärkt das Aufzeigen von neuen Geschäftsmöglichkeiten von Dienstleistern erwartet! Stimmen Sie dieser These zu? | Dipl.-Kfm. Harald Boysen, MBA | „Das Informations- und Vergleichsangebot im Internet verlangt von Versicherungsunternehmen, ihr Angebot bei Privat- wie bei Firmenkunden an das geänderte Kundenverhalten und anders definierten Bedarf anzupassen. Hierbei gewinnen konsequent bedarfsgerecht modularisierte Angebotsstrukturen an Bedeutung. Im Sinne eines ‚Segment of One' können Kunden genau das Maß an Versicherungsschutz kaufen, das sie wünschen oder solange sie es wünschen. Konzepte wie ‚Pay as you drive' passen in diesen Zusammenhang. Das Aufzeigen neuer Geschäftsmöglichkeiten im Privatkundensegment würde in das Angebot passen, nützliches Wissen mit den Kunden zu teilen und von der Expertise einer weltweiten starken Finanzgemeinschaft zu profitieren oder Kunden noch enger als bisher in die Angebotsentwicklung mit einzubeziehen (‚Co-Creation')." |

---

**weiter Hypothese 3**

---

| | |
|---|---|
| | Im Firmenkundenbereich können Versicherer hingegen sehr viel unmittelbarer geschäftlich relevante Positionen mit ihren Firmenkunden entwickeln. Firmenkunden mit einer alternden Belegschaft stehen zum Beispiel vor der Herausforderung der Bilanzierung der Pensionskosten. Hier gibt es umfangreiche Unterstützung der Versicherungsunternehmen, welche beispielsweise den Firmenkunden für die Bewertung des Unternehmens zugute kommt. Weitere Beispiele sind Business-Continuity-Management sowie Cyber-Risk-Management, bei denen die Versicherungsunternehmen im Vorfeld eine Expertise anbieten und somit Mehrwerte aufzeigen bzw. sich von vielen Onlinedirektversicherern differenzieren können." |
| Moritz X. Stigler | „Die Bank bzw. der Betreuer müssen heutzutage eine Kompetenz in verschiedenen Branchen aufweisen, in denen Kunden erfolgreich akquiriert und entwickelt werden sollen. Dies erreichen wir bei der HypoVereinsbank durch sehr detaillierte Branchenstudien, die dem Kunden eine Benchmark-Möglichkeit gegenüber den Mitbewerbern und somit neue Geschäftsmöglichkeiten offenbaren. Unser Mehrwert ist, unkompliziert und kostenfrei, wichtiges Businesswissen zur Verfügung zu stellen.<br>Unsere Kunden sind bereits sehr technikaffin. Als erste Bank in Deutschland nutzt die HypoVereinsbank das Internet als Kommunikations- und Beratungsplattform für Unternehmen." |
| Dr. Dirk Gutschleg | „Internet könnte Transparenz fördern, wenn da nicht die europäische Verbraucherschutzregulierung wäre. Es gibt eine Aufspaltung zwischen no frills im Internet und persönliche Beratung mit Internetunterstützung. Für Kunden unter 100.000 Euro Anlage rechnet sich eine Beratung nicht mehr. Offen ist es, ob sich die Honorarberatung durchsetzt. Nicht neue Geschäftsmöglichkeiten, aber dauerhafte Begleitung im Finanzdschungel." |
| Prof. Dr. Gerd Schwandner | „Hauptsächlich gilt dies für den B2B-Bereich, beispielsweise bei der Flottenbelieferung an Unternehmen oder an Autovermieter. Hier gibt es durchaus Beispiele, wie ein Rundum-sorglos-Paket für einen Großabnehmer bzw. ein individuell zugeschnittenes Servicepaket, ausschließlich für den Kundenkreis eines Autovermieters, den Unterschied machen." |
| Dr. Jürgen Allinger, Henning Schlieker | „Diese These ist durchaus für unser Firmenkundengeschäft gültig. Mit unserem Fuhrparkdienstleister Alphabet bietet BMW heute Dienstleistungen rund um das Thema Firmenwagen an – von Beratung über Kfz-Finanzierung und Leasing bis hin zu Full-Service-Angeboten. Die Leasinggesellschaft Alphabet betreut derzeit mehr als 500.000 Flottenfahrzeuge in 19 Ländern, 112.000 davon in Deutschland. Unsere Kunden erwarten von uns als Premium-Automobilhersteller zunehmend neue Mobilitätsangebote." |

**weiter Hypothese 3**

| | | |
|---|---|---|
| | Dipl.-Ing. Stefan Keller | „Es gibt sicherlich eine Reihe von innovativen Ideen anderer Branchen, die sinnvoll für die Integration in ein Fahrzeug sein würden. Spätestens der Einzug des Internets ins Auto erlaubt eine Vielzahl neuer Möglichkeiten. Damit kann der Kunde Probleme selbst lösen.<br><br>Es gilt für uns jedoch sehr sensibel abzuwägen, welche Dienste und Funktionen wir selbst und über Drittanbieter anbieten. Der Kunde ist heutzutage viel besser und umfangreicher informiert. Außerdem erwartet der Kunde Detailinformationen und Hintergründe. Die reine Information über ein neues Elektrofahrzeug reicht nicht mehr aus. Der Kunde möchte im Detail wissen, woher beispielsweise die Energie bezogen wird. Ziel muss es sein, die Zeit, die der Kunde im Fahrzeug verbringt, sinnvoller und effektiver nutzbar zu machen, ohne ihn übermäßig von seiner Fahraufgabe abzulenken oder gar ein Sicherheitsrisiko auszulösen."|

| Hypothese 4 | Dienstleistungsinnovationen erzeugen Kundenbindung, wenn die Bindung freiwillig und gewollt aufgrund von Mehrwerten bzw. geschäftsübergreifendem Leistungsbündel entsteht. |
|---|---|

| Hypothese/Frage | Experte | Antwort |
|---|---|---|
| **Frage Innovationsexperten:**<br><br>Wie wichtig bzw. unwichtig sind Ihrer Meinung nach Nebendienst-leistungen außerhalb des Kernprodukts bzw. Kerndienstleistungen (die sich eher auf Lifestyle, Lebensqualität, Nachbetreuung ausrichten), um Kunden langfristig zu binden? | Dr. Hagen Sexauer | „Nebendienstleistungen sind oft wichtiger als das Produkt selbst. Nur dadurch kann man sich von den Mitbewerbern differenzieren. Hotelprodukte sind besonders in den Städten oft austauschbar. Wichtig ist es, den Kunden mit seinen Bedürfnissen direkt abzuholen. Wünsche und Bedürfnisse des Kunden richten sich grundlegend danach, ob er alleine als Geschäftsreisender oder mit der Familie verreist." |
| | Prof. Peter Wippermann | „Hier sollte man zwischen zwei Ebenen unterscheiden. Auf der einen Seite entsprechende Sonderleistungen wie kostenfreies Mineralwasser und W-LAN. Dabei geht es um Kleinigkeiten, die dem Gast das Zuhausefühlen erleichtern, aber keine nachhaltige Kundenbindung erzeugen. In erster Linie muss es das Ziel der Hotellerie sein, echte Serviceleistungen aufzuzeigen, die nachhaltigen Nutzen für den Gast mit sich bringen, etwa Themen der Gesundheit. Nur so erreicht man eine Dienstleistungsdifferenzierung und langfristige Wettbewerbsvorteile." |

**weiter Hypothese 4**

| | | |
|---|---|---|
| | Prof. Dr. Michael Dowling | „Apple hat es geschafft, um seine Produkte herum ein eigenes Eco-System aufzubauen. Einerseits dient diese Nebendienstleistung dazu, die Produkte von Konkurrenzprodukten zu differenzieren, andererseits auch Schutzmauern für Imitationen aufzubauen. Dementsprechend werden Nebendienstleistungen bzw. das Gesamtpaket an angebotenen Dienstleistungen heutzutage immer wichtiger." |
| | Dipl.-Ing. Vanessa Borkmann | „Grundsätzlich sind Nebendienstleistungen neben der Kerndienstleistung in der gehobenen Hotellerie besonders wichtig. In der Budget-Hotellerie kann man durchaus auch ohne jegliche Nebendienstleistungen erfolgreich sein. Nebendienstleistungen werden in Zukunft verstärkt von den Kunden der Hotellerie erwartet. Der Gast möchte zunehmend alle Reiseleistungen aus einer Hand haben. Dienstleistungen wie Reiseplanung und Organisation sowie Nachbetreuung sollten in Zukunft vom Hotel abgedeckt werden." |
| **Frage Branchenexperten:** Wie wichtig bzw. unwichtig sind Ihrer Meinung nach Nebendienst-leistungen außerhalb des Kernprodukts bzw. Kerndienst-leistungen (die sich eher auf Lifestyle, Lebensqualität, Nachbetreuung ausrichten), um Kunden langfristig zu binden? | Dipl.-Kfm. Harald Boysen, MBA | „Nebendienstleistungen in der Versicherungsbranche haben verschiedene Nutzendimensionen. Zum einen sind sie wichtig, um die Kontaktfrequenz mit den Kunden zu erhöhen. Insbesondere bei den Lebensversicherungen, die üblicherweise lange Laufzeiten (40 oder mehr Jahre) haben, gibt es häufig nur einen Kundenkontakt beim Abschluss und dann erst wieder viel später, wenn die Versicherung fällig wird. Dies ist vom Standpunkt der Kundenbetreuung für die Versicherer eine Herausforderung. Die Versicherungsunternehmen, wie auch die Allianz, treten dieser Herausforderung mit Nebendienstleistungen wie Kundenmagazinen, Informationen zu Spezialgebieten (z. B. Gesundheit und Pflege) oder Teilnahme am unternehmenseigenen Vorteilsprogramm entgegen. Nebendienstleistungen wie die Assistance-Leistungen (bspw. Werkstattsteuerung oder Handwerkerservice im Schadensfall) haben einen ökonomischen Wert, da es für die Versicherer günstiger ist, im Zuge des Großeinkaufs günstige Reparaturkonditionen durchzusetzen." |
| | Moritz X. Stigler | „Im Bankgeschäft ist eine Differenzierung des eigentlichen Kernprodukts gegenüber der Konkurrenz zunehmend schwierig. Der Kunde möchte das Gefühl haben, dass die Bank bzw. der Betreuer ein persönliches Interesse am Erfolg seines Unternehmens hat. Kundenbindung erreicht eine Bank durch Mehrwerte wie bedarfsorientierte Newsletter, pro-aktive Hilfestellungen (bspw. der Hinweis, dass ein Lieferant 2-mal denselben Betrag abgebucht hat), eine App, die Mehrwerte und nicht nur Werbung bietet usw." |

**weiter Hypothese 4**

| | |
|---|---|
| Dr. Dirk Gut- schleg | „Der Kunde darf nicht das Gefühl bekommen, dass er die Neben- dienstleistungen mitbezahlt. Auf der anderen Seite sollte aber auch von kostenfreien Geschenken Abstand genommen werden. Gefordert werden aktive Betreuung, Warn- und Investitionsinfos sowie relevante Informationen. Hochglanz-Broschüren sind kont- raproduktiv." |
| Prof. Dr. Gerd Schwand- ner | „Eine Differenzierung des eigentlichen Kernprodukts gegenüber der Konkurrenz ist in der Automobilbranche zunehmend schwierig. Das Kernprodukt ist die Beförderung von A nach B. Eine Diffe- renzierung erfolgt fast ausschließlich durch Faktoren wie Marke, Design sowie durch Mehrwerte und begleitende Dienstleistungen (z. B. Umweltschutz, Nachhaltigkeit, Infotainment, Fahrzeugver- netzung usw.)." |
| Dr. Jürgen Allinger, Henning Schlieker | „Die Bedeutung von zusätzlichen Dienstleistungen nimmt nach unserer Einschätzung zu. Ein Premiumhersteller wie BMW wird immer mehr zu einem Anbieter von Mobilitätsdienstleitungen. Beispiel hierfür ist die Dienstleistungspalette rund um den BMW i3. Fahrzeuge und Mobilitätsdienstleistungen werden intelligent miteinander verknüpft, um urbane Mobilität mit und ohne Auto- mobil zu fördern. Die BMW-eigene Venture Capital Gesellschaft BMW i Ventures fördert zahlreiche Dienstleistungen. DriveNow ist beispielsweise der Carsharing-Service von BMW und Sixt. Nutzer können äußerst flexibel Autos mieten, wann und wo sie diese brauchen: Das Mobilitätskonzept folgt dem Motto, überall einsteigen, überall abstellen'. Die Bezahlung erfolgt minutenge- nau, Benzinkosten und Parkgebühren auf öffentlichen Parkplätzen sind inklusive. Nutzer können verfügbare Fahrzeuge über die App, Website oder einfach auf der Straße ausfindig machen. Ein Chip auf dem Führerschein fungiert als elektronischer Schlüssel." |
| Dipl.-Ing. Stefan Keller | „Dienstleistungen inner- und außerhalb des Fahrzeugs spielen künftig eine immer größere Rolle. Einen ersten Schritt hat die Automobilbranche mit den Finanzdienstleistungen gemacht. Autos werden immer mehr durch begleitende Finanzierungsdienstleis- tungen verkauft.<br>Nun ist das Internet ein großes Thema. Darauf reagieren wir und erweitern unser Angebot in einem ersten Schritt mit zusätzlichen Connect-Diensten. Wichtig ist hier, dass man das Internet im Fahrzeug sinnvoll mit Daten des Autos kombiniert. Reine Verkehrs- daten oder Wettervorhersagen erhalten die Kunden heute über ihr Smartphone, aber Verkehrsinformationen und Wetterdaten kombi- niert mit den Daten des Fahrzeugs ergeben einen Mehrwert. |

**weiter Hypothese 4**

| | |
|---|---|
| | Es gibt unendlich viele Möglichkeiten. Die Frage lautet, was das maßgeschneiderte Konzept für ein Produkt ist. Der Kunde hat heutzutage klare Vorstellungen aus anderen Branchen wie Soundtechnik, Internetempfang usw., die er dann auch im Fahrzeug erwartet.<br><br>Wichtig ist es, sich nicht zu verzetteln. Audi könnte heute eine Vielzahl mehr Produkte herstellen als solche, die sich gerade in der Produktpalette befinden (bspw. Leder, Reifen, Soundanlagen usw.). Doch bleibt man hier bei den Marken der Zulieferer (BOSE, Bang & Olufsen, Continental), da der Mehrwert für den Kunden zu gering wäre.<br><br>Ein gutes Beispiel für Lifestyle ist das Audi A plus-Programm in unserem Unternehmen. Mit dem Angebot exklusiver Reisen, Events und attraktiven Vorteilen namhafter Kooperationspartner möchten wir A plus-Mitglieder noch näher an die Marke Audi heranführen."|

| Hypothese 5 | Dienstleistungsinnovationen aus unternehmenseigenen Ressourcen bieten langfristigen Erfolg, wobei es sich hauptsächlich um Kompetenzerhöhung der Mitarbeiter und Optimierung von Strukturen handelt. |
|---|---|

| Hypothese/Frage | Experte | Antwort |
|---|---|---|
| **Frage Innovationsexperten:** Inwieweit ist die Ressource „Mitarbeiter" Ihrer Meinung nach die Basis bzw. Quelle für erfolgreiche Dienstleistungsinnovationen? | Dr. Hagen Sexauer | „Der Mitarbeiter als Innovationsquelle ist in einer People-Branche wie der Hotellerie ein sehr wichtiger Faktor. Entscheidend dabei ist, dass eine Innovationskultur in einem Unternehmen geschaffen wird, die auch Fehler zulässt und damit zeigt, dass alle Mitarbeiter daraus lernen können. Außerdem sollte die Erwartungshaltung an jeden einzelnen Mitarbeiter klar formuliert sein und sich idealerweise auch im Vergütungssystem widerspiegeln." |
| | Prof. Peter Wippermann | „In einer dienstleistungsintensiven Branche wie der Hotellerie ist der Mitarbeiter die entscheidende Quelle für Dienstleistungsinnovationen. Das Ziel ist, dass die Mitarbeiter die zukünftigen Wünsche und Bedürfnisse der Kunden erkennen, interpretieren und in Innovationen umsetzen können.<br>Die Hotellerie passt heutzutage lediglich die Preise den bekannten Messeterminen an. Dies entsteht aus dem Produktgedanken, aber nicht aus dem Dienstleistungsgedanken." |
| | Prof. Dr. Michael Dowling | „Steve Jobs hat hierzu ein sehr passendes Zitat geprägt: ‚Meistens wissen die Leute nicht, was sie wollen, bis man es ihnen zeigt'. Disruptive Innovationen können nicht vom Kunden entwickelt werden, sondern müssen aus den unternehmenseigenen Ressourcen – den qualifizierten Mitarbeitern – stammen." |

**weiter Hypothese 5**

| | | |
|---|---|---|
| | Dipl.-Ing. Vanessa Borkmann | „Für eine erfolgreiche Mitarbeiterinvolvierung in das Innovationsmanagement ist es wichtig, die Mitarbeiter entsprechend zu schulen. Tätigkeitsbeschreibungen für Positionen in der Hotellerie werden sich somit in der Zukunft sehr stark verändern. Mitarbeiter müssen hierzu mehr Kompetenzen erhalten. Ebenso benötigt man auch den richtigen Mitarbeiter für die entsprechenden Tätigkeiten. Dabei kommt es auch auf Geschwindigkeit an. Informationen müssen in der Hotellerie in Echtzeit übermittelt werden. Hier können zukünftig entsprechende Technologien unterstützen. Dies benötigt auch sehr gut ausgebildete Mitarbeiter. Qualität kommt hier vor Quantität. Ein gutes Beispiel ist hierfür die Kommunikation in den sozialen Netzwerken. Um diese Kommunikationstätigkeit für ein Hotel zu übernehmen, bedarf es eines sehr gut ausgebildeten Mitarbeiters mit der richtigen Tätigkeitsbeschreibung. Diese Person kann dann mehrere Hotels betreuen." |
| **Frage Branchenexperten:** Inwieweit ist die Ressource „Mitarbeiter" Ihrer Meinung nach die Basis bzw. Quelle für erfolgreiche Dienstleistungsinnovationen? Sind hierbei Kompetenzerhöhung und Optimierung von Mitarbeiterressourcen wichtige Themen? Nennen Sie bitte Beispiele | Dipl.-Kfm. Harald Boysen, MBA | „Qualifizierte, motivierte Mitarbeiter sind die Quelle für erfolgreiche Dienstleistungsinnovationen. Drei Punkte sind zu berücksichtigen: (1) Die Mitarbeiter müssen befähigt werden, Input zu liefern. Mitarbeiter-Empowerment ist sehr wichtig für die Motivation; (2) Es bedarf einer gezielten Schulung und Trainings. (3) Ein Innovations-Tracking und die Formulierung einer Zielvorgabe sind notwendig." |
| | Moritz X. Stigler | „Die Banken haben keine klassischen F+E-Abteilungen. Der Kunde kann nur bestehende Produkte und Dienstleistungen durch seine Rückmeldung bewerten bzw. verbessern. Reine Innovationen können nur vom Mitarbeiter entstehen. Dabei ist es wichtig, dass Mitarbeiter die Möglichkeit haben, an Innovationen zu arbeiten und dass neue Ideen intern im Unternehmen formuliert werden dürfen. Die erste Hürde besteht darin, die Entscheidungsträger im eigenen Unternehmen und danach den Kunden zu überzeugen. Der Aufbau einer Innovationskultur ist daher vonnöten." |
| | Dr. Dirk Gutschleg | „Um Quantensprünge durch Innovationen zu erreichen, benötige ich ein Innovationsmanagement mit höchst qualifizierten Mitarbeitern. Rückmeldung von Kunden ist nur ideal für inkrementelle Verbesserungen. Wachstumsbegrenzungen entstehen oft in Dienstleistungsunternehmen mangels höchst qualifizierter Mitarbeiter. Minderqualifizierte Mitarbeiter sind eher schädlich fürs Geschäft. Ein Beispiel dafür sind gescheiterte Kooperationen mit Versicherungsmaklern." |

| **weiter Hypothese 5** | | |
| --- | --- | --- |
| Prof. Dr. Gerd Schwandner | „Der Mitarbeiter ist in der Automobilbranche die Quelle echter Innovationen. Der Kunde hilft, bestehende Features auszugestalten und zu verbessern (bspw. die Größe des Kofferraums, Anschlussmöglichkeiten im Infotainmentsystem usw.). Neue innovative Produkte und Serviceleistungen wie der neue BMW i3 müssen aus dem Unternehmen heraus entworfen werden. Deshalb muss in die Ressource Mitarbeiter investiert werden." | |
| Dr. Jürgen Allinger, Henning Schlieker | „Unsere hoch motivierten Mitarbeiter spielen dabei oft eine entscheidende Rolle. Zum Beispiel bei der Entwicklung von innovativen Dienstleistungen sind Impulse und Ideen der Mitarbeiter oft entscheidend." | |
| Dipl.-Ing. Stefan Keller | „Mitarbeiter bilden die Keimzelle für erfolgreiche Dienstleistungsinnovationen, um unser Markenversprechen ‚Vorsprung durch Technik' erfüllen zu können. Es ist enorm wichtig, Ideen von anderen Branchen in die Organisation einfließen zu lassen. Ob dies über die Rekrutierung neuer Mitarbeiter geschieht oder durch Kompetenzerhöhung bestehender Mitarbeiter, sehe ich dabei als eher untergeordnetes Kriterium an. Der Kunde kann beispielsweise einen Wunsch äußern für inkrementelle Innovationen wie ‚ein Auto, das man nicht reinigen muss'. Er würde aber niemals auf radikale Innovationen, wie radarbasierte Assistenzsysteme, kommen. Im Innovationsmanagement bei Audi arbeiten wir hier mit dem Regal-Gedanken. Über alle Marken hinweg legen wir verschiedene Produkte und Dienstleistungen in sogenannte Regale wie z. B. einem Supermarkt. Der Kunde entscheidet sich dann, welches Produkt bzw. Dienstleistung (bspw. Einsteiger-Navigationssystem oder Profi-Navigationssystem) er auswählt. Die Entwicklung entsteht zusammen mit den Lieferanten im Baukastensystem. Entscheidend ist dabei, dass bei dem Erkennen von zukunftsträchtigen Dienstleistungsinnovationen verstärkt Mitarbeiterressourcen für deren Realisierung eingesetzt werden." | |

| Hypothese 6 | Dienstleistungsinnovationen werden vorangetrieben, desto intensiver in Netzwerken gearbeitet wird. | |
|---|---|---|
| **Hypothese/ Frage** | **Experte** | **Antwort** |
| **Frage Innovations- experten:** Inwieweit sind Ihrer Meinung nach Partner- und Lieferan- tennetzwerke wichtig für die Entwicklung von Dienstleistungs- innovationen? | Dr. Hagen Sexauer | „Ein gutes Beispiel hierfür ist für mich die Integration von Amiando in das soziale Netzwerk XING. Durch die Integration einer Veranstal- tungsplattform auf ein Netzwerk für Business-Kontakte wird daraus ein neues umfassendes Angebot für Business-Veranstaltungen direkt bei der Zielgruppe platziert. Möglichkeiten bei Hotelketten wären hier Partnerschaften mit Mobi- litätsunternehmen wie Taxiunternehmen oder Bahn."XING erweitert somit sein Angebot, erreicht eine kritische Masse, bündelt Nach- frage und bietet dadurch eine neue Dienstleistungsinnovation an. |
| | Prof. Peter Wipper- mann | „Das Verständnis vom Kunden fehlt der Hotellerie oft. Es werden Zimmer vermietet, aber das Wissen, wer der Kunde ist und was er tut, fehlt oft. Wenn man dieses Wissen hätte, könnte man Dienstleistungen um die Zimmervermietung herum bündeln und neue Dienstleistungen anbieten. Dienstleister wie amazon.com machen dies vor, indem sie heutzu- tage eine Mehrzahl von Produkten von Partnern anbieten. Für die Hotellerie wäre die Kombination mit Mobilitätsanbietern denkbar." |
| | Prof. Dr. Michael Dowling | „Partner- sowie Lieferantennetzwerke spielen heutzutage eine zunehmend wichtige Rolle beim Innovationsmanagement. Für die Hotellerie sehe ich hier insbesondere das Thema der Mobilität und die Kooperationen mit Mobilitätsanbietern von großer Bedeutung." |
| | Dipl.-Ing. Vanessa Bork- mann | „Erfolgreiche Innovationen können zusammen mit dem Partner- sowie Lieferantennetzwerk entwickelt werden. Grundlage hierfür ist eine implementierte Innovationskultur sowie ein funktionierendes Innovationsmanagement der Hotelkette selbst." |
| **Frage Branchenexper- ten:** Nutzen Sie Partner- und Lieferanten- netzwerke, um Dienstleistungs- innvotionen zu entwickeln? Können Sie Bei- spiele nennen? | Dipl. -Kfm. Harald Boysen, MBA | „Partner- sowie Lieferantennetzwerke sind heutzutage sehr wichtig für die Entwicklung von Dienstleistungsinnovationen. Ein Beispiel der Allianz kann die Zusammenarbeit mit den unabhängigen Maklern sein, mit denen wir an neuen Vertragsformen sowie Ver- tragsklauseln arbeiten. Mit dem Partner Volkswagen Financial Services haben wir viele Leasing-, Versicherungs- und Mobilitätsdienstleistungen zusammen konstruiert." |

**weiter Hypothese 6**

| | |
|---|---|
| Moritz X. Stigler | „Hier gibt es bereits viele Kooperationen und wir planen auch weitere in der Zukunft. So haben wir zum Beispiel eine Kooperation mit Samsung. Die Firma Samsung hat zahlreiche Shops in unseren Filialen eröffnet und im Gegenzug befindet sich unsere App auf Samsung-Geräten als Standard. Beispielsweise könnte man auch Prepaid-Telefonkarten an SB-Geldautomaten aufladen. Technisch ist das möglich, aber noch nicht umgesetzt. Für unsere Mittelstandskunden planen wir derzeit eine Kooperation mit Sum-up. Sum-up ist ein klassisches Start-up-Unternehmen und bietet eine ideale Lösung, Kreditkarten/EC-Karten über das Handy abzurechnen. Hier entfallen die hohen Grundgebühren, die für Mittelstandskunden durch normale POS-Terminals entstehen. Wir als Bank sind der ideale Distributionskanal für Sum-up und zeigen somit unseren Kunden einen Mehrwert auf, der sich in Kundenbindung wieder niederschlägt. Dies ist in etwa für Getränkehändler, Taxi-Unternehmen usw. von Interesse, die wir als Kunden langfristig binden wollen."|
| Dr. Dirk Gutschleg | „Partner- sowie Lieferantennetzwerke sind in der Finanzbranche sehr wichtig für die Entwicklung von Dienstleistungsinnovationen. Beispiele hierfür sind Broker- Pools als Einkaufsgemeinschaften, Info-Konsolidatoren und am wichtigsten IT-Synergien. Die Kooperation mit Partnern bei der Produktauswahl, die Geschwindigkeit in der Umsetzung sowie die Schaffung von Skaleneffekten sind in der Finanzbranche sehr wichtig. Allein hat ein Finanzunternehmen oft nicht die Geschwindigkeit und Skaleneffekte, um zu überleben."|
| Prof. Dr. Gerd Schwandner | „Dies ist ein ganz elementarer Bereich für die Automobilbranche. Die Zulieferer werden heutzutage nach deren Innovationspotenzial ausgewählt und nicht wie früher, rein nach Kostengesichtspunkten. Die rechtzeitige Einbindung von innovativen Zulieferern in den Entwicklungsprozess ist ein wichtiger Erfolgsfaktor. Entsprechend verändern sich die Kernkompetenzen der Automobilhersteller hin zu Spezifikation und Konzeption eines Fahrzeugs sowie zu Systemintegrations- und Process-Management-Fähigkeiten. Die Erstellung und Weiterentwicklung von Einzelkomponenten wird in vielen Bereichen durch den Zulieferer erledigt."|
| Dr. Jürgen Allinger, Henning Schlieker | „Ein sehr gutes Beispiel ist unsere Zusammenarbeit mit Sixt, indem wir gemeinsam DriveNow entwickelt haben. Außerdem unterstützen wir im BMW-Innovationspool junge Unternehmen, um frühzeitig an neuen Dienstleistungen zusammenzuarbeiten. Die Entwicklung von ParkNow ist ein gutes Beispiel hierfür."|
| Dipl.-Ing. Stefan Keller | „Wir unterhalten uns selbstverständlich regelmäßig mit Lieferanten und Partnern über neue Dienstleistungsinnovationen. Darüber hinaus haben wir speziell ausgegliederte Unternehmensbereiche gegründet, um schneller und flexibler auf derartige Innovationen reagieren zu können.|

**weiter Hypothese 6**

Wir haben regelmäßig Lieferanten-Innovationsveranstaltungen. Das Entscheidende dabei ist, aus dem Mix von Lieferanten und Zulieferern etwas Einzigartiges zu gestalten, beispielsweise über die Kombination eines Smartphones zur Erschaffung von Audi-Connect-Diensten. Durch diese Kombination zwischen Partnertechnologie und Autodaten entsteht etwas Einzigartiges.
Ein anderes Beispiel könnte die Dienstleistung ‚Parkplatz reservieren über Smartphone' sein."

| Hypothese 7 | **Dienstleistungsinnovationen müssen sich in der Angebots- und Preisgestaltung individuell nach dem Customer Lifetime Value (CLV) und Total Revenue richten, um langfristigen Erfolg zu sichern.** |
|---|---|

| Hypothese/ Frage | Experte | Antwort |
|---|---|---|
| **Frage Innovationsexperten:** Welche Herausforderungen bzw. Chancen sehen Sie in einer individuellen Angebots- und Preisgestaltung, die das Total Revenue bzw. CLV eines Kunden berücksichtigt? | Dr. Hagen Sexauer | „Die Herausforderung beim CLV liegt in der richtigen Ausgestaltung, insbesondere bei den Kulanzgrenzen nach unten bzw. nach oben. Ziel des CLV-Pricing ist, die Karotte größer zu machen und näher an den Kunden heranzubringen." |
| | Prof. Peter Wippermann | „Jede Zurückstufung in einem Loyalitätsprogramm, einer Preisstufe oder anderer erworbenen Vergünstigungen führt zu einem Aggressionsschub beim Kunden. Er verspürt dann nicht den Wunsch, wieder durch Umsatz in die ehemalige Preiskategorie zu kommen, sondern möchte lieber das Unternehmen ‚bestrafen' und tendiert eher zu einem Mitbewerber. Nicht nur der aktuelle Umsatz, sondern der bisherige und der zukünftige Kundenwert müssen eine entscheidende Rolle bei der Angebots- und Preisgestaltung spielen." |
| | Prof. Dr. Michael Dowling | „Um in der Dienstleistungsbranche in Zukunft erfolgreich zu sein, muss es gelingen, Multiplikatoren ein Leben lang an eine Dienstleistung bzw. an ein Unternehmen zu binden. Die Mundpropaganda von Multiplikatoren sollte hier auch für den CLV eines Kunden betrachtet werden, wenn dieser mehrere potenzielle Kunden mit sich bringt." |
| | Dipl.-Ing. Vanessa Borkmann | „Für den Vertrieb heißt es, dass mehr Möglichkeiten des Upselling zu erschaffen sind. Für das Marketing ermöglicht die Berücksichtigung des CLV den Einsatz neuer Technologien. Werbebotschaften könnten in |

**weiter Hypothese 7**

| | | |
|---|---|---|
| | | Zukunft dynamisch eingesetzt werden, statt nur statisch z. B. über Massenflyer. Dynamische Displays könnten somit zukünftig unterschiedliche Kunden und deren Bedürfnisse erkennen (bspw. ist ein Hotelgast soeben angereist, bereits mehrere Tage im Hotel oder kurz vor der Abreise) und entsprechende zielgerichtete Botschaften kommunizieren." |
| **Frage Branchenexperten:** Welche Herausforderungen bzw. Chancen sehen Sie in einer individuellen Angebots- und Preisgestaltung, die das Total Revenue bzw. CLV eines Kunden berücksichtigt? | Dipl.-Kfm. Harald Boysen, MBA | „In der Versicherungsbranche sind zum Thema individuelle Angebots- und Preisgestaltung zwei Trends zu erkennen. Erstens die Event-basierten ‚Pay as you go'-Angebote (bspw. Ski-Ausrüstung Kauf inkl. Skiversicherung) und zweitens eine Verfeinerung der Risikoprofile. Bei der Verfeinerung der Risikoprofile geht es um ein verursachungsgerechteres Pricing, das stabilere Beiträge ermöglicht. Allerdings drängt es auch den quersubventionierenden Risikoausgleich im Kundenkollektiv ein Stück weit zurück und verteuert tendenziell ‚schlechte' Risiken." |
| | Moritz X. Stigler | „Banken werden von (Neu-)Kunden häufig bzgl. Kreditanfragen kontaktiert. Aufgrund der Eigenkapitalvorschriften von Basel II, bei denen Banken verpflichtet werden, das Ausfallrisiko mit Eigenkapital abzusichern, wird das Kreditgeschäft immer weniger lukrativ. Deshalb ist es für eine Bank wichtig, den Kunden auch für das Non-Kredit-Geschäft (Kontoverwaltung, Versicherungen usw.) zu gewinnen. Gleiches gilt für ein Hotel. Kommt ein Kunde nur zu einem Messetermin oder bringt er Geschäft auch in nachfrageschwachen Zeiten? Unsere Erfahrung zeigt, dass der Kunde eher höhere Preise akzeptiert, im Diskussionsfall aber Kulanz erwartet. Man kann schnell Kunden wegen zehn Euro verlieren, die sich im Unrecht fühlen." |
| | Dr. Dirk Gutschleg | „Lifetime Customer zu gewinnen ist oberstes Ziel. Neukunden-Akquise ist zunächst Verlustgeschäft. Interessant wird es, wenn der Kunde einen positiven Net Promoter Score hat und das Produkt bzw. die Dienstleistung weiterempfiehlt. Das ist für die Finanzbranche ein hohes Ziel, denn Deutsche sprechen ungern über Finanzen. Man soll ins Kalkül nehmen, dass jeder neue Kunde zu Beginn einen negativen Deckungsbeitrag hat." |

**weiter Hypothese 7**

| | |
|---|---|
| Prof. Dr. Gerd Schwandner | „Grundsätzlich gilt im Automobilbereich (wie in anderen Branchen auch) die Regel, dass es leichter und günstiger ist, einen bestehenden Kunden zu einem Wiederholungskauf zu bewegen, als einen Neukunden zu gewinnen. Deshalb muss die Arbeit am Kunden nach dem ‚Verkaufen' weitergehen. Die Automobilhersteller setzen sich zum Ziel, dem Kunden über dessen verschiedene Lebensabschnitte fünf oder zehn Fahrzeuge (jeweils der Lebenssituation angepasstes Modell) sowie die dazugehörigen Ersatzteile und Serviceleistungen zu verkaufen. Hierzu muss man versuchen, mit dem Kunden im ständigen Dialog zu bleiben und die Kundenbeziehung aktiv zu managen, beispielsweise durch persönliche Einladungen zur Produktneuvorstellungen bzw. Neueröffnung von Autohäusern, Schenkung von kostengünstigen Servicepaketen usw. Dem Kunden einen Mehrwert zu bieten, ist hier die wesentliche Herausforderung. Dies erfordert i. d. R. ein auf guter Kundenkenntnis basierendes individuelles Angebot. Denkbar wäre bei der Preisgestaltung, zu erwartende zukünftige Umsätze in eine Angebotskalkulation einzubeziehen. Entscheidende Größe wäre dann der CLV und nicht mehr der Deckungsbeitrag der aktuellen ‚Transaktion'." |
| Dr. Jürgen Allinger, Henning Schlieker | „Das Bestreben von BMW ist es, den Kunden über die verschiedenen Lebensabschnitte bei BMW zu halten. Die Preisgestaltung allerdings wird vom Händler, basierend auf unserer unverbindlichen Preisempfehlung, erstellt. Hier spielt auch unser neues Premium-Vertriebskonzept ‚Future Retail' eine entscheidende Rolle. Durch speziell ausgebildete Kundenbetreuer „Product Genius" gelingt es uns, Kunden über technische Details zu beraten und den passenden Fahrzeugtyp zu ermitteln und entsprechend auszustatten. Außerdem geht es hier darum, eine Begeisterung für die Marke zu entwickeln und die Produkte noch detaillierter erklären zu können." |
| Dipl.-Ing. Stefan Keller | „In einer individuellen Angebots- und Preisgestaltung besteht die große Chance, sich als Marke speziell in wettbewerbsintensiven Märkten von anderen Unternehmen des Marktes zu differenzieren. Wir haben die Herausforderung, unser Markenimage in preissensiblen Märkten so zu stärken, dass der Kunde auch in Zukunft bereit wäre, für das Audi-Markenversprechen ein wenig mehr in das Produkt zu investieren. |

**weiter Hypothese 7**

> Wichtig ist dabei zu analysieren, wie der Kunde das Audi-Pro-
> duktsegment über die Lebensjahre durchwandert (bspw. Start
> mit A1, später A8, eventl. TT Roadster). Allerdings sind Marken
> wie Golf bewusst zeitlos gehalten.
> Die Herausforderung für Markenhersteller besteht darin, dass
> die Kunden heutzutage im Internet alle Marken vergleichen
> können. Als Kunde muss ich nur noch meine Spezifikationen
> (Automatik, Sonderausstattung usw.) eingeben, um Preisverglei-
> che über alle Marken hinweg zu erhalten."

| Hypothese 8 | Dienstleistungsinnovationen erzeugen Kundenbedingung nicht nur über Kundenzufriedenheit, sondern zunehmend über Kundenbegeisterung. | |
|---|---|---|
| **Hypothese/ Frage** | **Experte** | **Antwort** |
| **Frage Innovationsex-perten:** Wird Kunden-zufriedenheit in Zukunft zur Kundenbindung ausreichen oder bedarf es Begeiste-rung, um sich nachhaltig von Konkurrenz-dienst-leistun-gen abzuheben? | Dr. Hagen Sexauer | „Nur Kunden, die begeistert sind, empfehlen die entsprechende Hotelkette bzw. -marke weiter. Kunden, die eine Marke weiter-empfehlen, sind loyale Kunden. Somit spielt Kundenbegeisterung eine wichtige Rolle bei der Kundenbindung. Die Weiterempfehlungsrate kann man sehr gut durch den Net Promoter Score (NPS) messen. Berechnet wird der Net Promoter Score durch die Differenz zwischen Promotoren und Detraktoren des betreffenden Unternehmens. In diesem Zusammenhang wird Kunden häufig die Frage gestellt: „Wie wahrscheinlich ist es, dass Sie eine Hotelmarke weiterempfehlen werden?" Gemessen werden die Antworten auf einer Skala von null (unwahrschein-lich) bis zehn (äußerst wahrscheinlich). Als Promotoren werden die Kunden bezeichnet, die mit neun oder zehn antworten. Als Detraktoren werden hingegen diejenigen angesehen, die mit null bis sechs antworten. In der 5-Sterne-Hotellerie ist die Erwartungshaltung der Kunden viel höher. Die Herausforderung besteht darin, die Erwartungs-haltung der Kunden zu managen oder sogar auch in Teilen zu übertreffen. Dies erreicht man nur, wenn Dienstleistungen angeboten werden bzw. die der Kunde nicht unbedingt erwartet. Sehr viel kann hier insbesondere über das Personal eines Hotels erreicht werden. Reine Preisnachlässe auf Produkt-Feature (wie kostenfreies W-LAN) reichen nicht aus, um für Begeisterung zu sorgen." |

**weiter Hypothese 8**

| | | |
|---|---|---|
| | Prof. Peter Wippermann | „Kundenbegeisterung spiegelt sich in der Weiterempfehlung wider. Weiterempfehlungen finden heute nicht nur an Freunden und Bekannten statt, sondern unter Fremden auf Bewertungsportalen im Internet. Für jemanden, der eine Reise buchen will, sind die Bewertungen anderer Reisender auf Onlineplattformen die wichtigste Entscheidungsgrundlage. Die Bewertung Fremder wiegt dabei sogar mehr als der Rat von Freunden und Bekannten. Den geringsten Einfluss auf die Wahl eines Reiseangebots haben, Studienergebnissen zufolge, die Angaben des Reiseanbieters selbst. Somit ist Kundenbegeisterung ein sehr wichtiger Faktor bei der Kundenbindung." |
| | Prof. Dr. Michael Dowling | „Basis für Kundenbegeisterung ist die Kundenzufriedenheit. Kundenbindung und Loyalität sind heutzutage oberstes Ziel aller Unternehmen unabhängig von der Branche. Die umsatzstärksten Kunden sind diejenigen, die von der Dienstleistung bzw. der Marke begeistert sind." |
| | Dipl.-Ing. Vanessa Borkmann | „Eine echte Kundenbegeisterung ist viel wirkungsvoller als nur Kundenzufriedenheit. Kundenzufriedenheit kann als reiner Hygienefaktor eingeordnet werden – dieser bringt nicht unbedingt den Kunden dazu, das Produkt erneut auszuwählen. Kundenzufriedenheit alleine trägt meistens nicht dazu bei, dass der Kunde zu einem Stammkunden wird oder das Produkt regelmäßig weiterempfiehlt. Kundenbegeisterung muss das Ziel jedes Dienstleisters sein. Je enger der Wettbewerb ist, in dem sich ein Unternehmen befindet, desto mehr muss der Unternehmer mit seiner Dienstleistung begeistern." |
| **Frage Branchenexperten:** Was ist ausschlaggebend für Kundenbindung und Loyalität? Kundenzufriedenheit oder Kundenbegeisterung? | Dipl.-Kfm. Harald Boysen, MBA | „Bei der Kundenbindung spielen Kundenzufriedenheit und Kundenbegeisterung eine wichtige Rolle. Beide Aspekte sind eng miteinander verbunden. Die Weiterempfehlungsrate, der sogenannte Net Promoter Score, als maßgeblicher Faktor für Kundenloyalität wird entscheidend durch hohe Zufriedenheits- und Begeisterungswerte beeinflusst. Mittlere Zufriedenheitswerte haben hingegen keinen ausgeprägten Einfluss auf die Weiterempfehlungsbereitschaft und werden beim Kunden häufig als selbstverständlich betrachtet. Bei der Allianz ist dies – in Anspielung auf die von null bis zehn reichende NPS-Skala – in das Leitmotiv ‚Nur die zehn zählt' gefasst worden. Diesen Zusammenhang konnten wir in einer Vielzahl empirischer Untersuchungen nachweisen, nicht zuletzt auch im Vertrieb. Sehr gute Versicherungsvertreter sind Perfektionisten im Service mit einer Konstanz über Jahre." |

**weiter Hypothese 8**

| | |
|---|---|
| Moritz X. Stigler | „Bei einer Bank ist heutzutage Geschwindigkeit entscheidend. Dabei bedeutet ein Zeitfenster von 24 Stunden für eine Dienstleistung bzw. Rückantwort lediglich Zufriedenheit für den Kunden, eine Erledigung unterhalb von drei Stunden allerdings erzeugt Begeisterung. Konkret heißt das: Eine Rückantwort bis zu 24 Stunden wird vom Kunden erwartet, eine Nichteinhaltung erzeugt Unzufriedenheit bzw. Beschwerden. Eine Einhaltung allerdings wird als selbstverständlich angesehen. Eine Rückantwort innerhalb von drei Stunden wird vom Kunden nicht erwartet und als sehr positiv aufgenommen. So wird Begeisterung erzeugt. Ein weiteres Beispiel ist der Info-Service. Personalisierung ist hier entscheidend. Massenansprache reicht nicht aus. Eine individuelle, auf die Bedürfnisse des Kunden zugeschnittene Informations-Ansprache macht den Unterschied. Hier sind Informationen über neue Gesetze und Veränderungen auf dem Finanzmarkt interessant, die man bestimmten Kunden pro-aktiv individuell zur Verfügung stellt. Dabei kann CRM-Technik unterstützen, allerdings ist eine vollkommene Automatisierung noch schwierig. Betreuerkontinuität ist von großer Wichtigkeit. Bankgeschäfte sind Vertrauensgeschäfte und der Kunde möchte nicht alles jedem erzählen sowie einem neuen Betreuer bereits Besprochenes wiederholen. „Wiedererkennung" des Kunden ist entscheidend für langfristige Kundenbindung und Loyalität." |
| Dr. Dirk Gutschleg | „Kundenbegeisterung führt im Finanzwesen zu Weiterempfehlung. Weiterempfehlungen richten sich im Finanzbereich im Wesentlichen an Familienmitglieder (bspw. Kinder- bzw. Eltern-Depots). Kundenbegeisterung führt im Finanzwesen außerdem dazu, dass Kunden ihre gesamten Finanzangelegenheiten in eine Hand geben und somit eine klarere Differenzierung vom Mitbewerb möglich ist.<br>Es ist effizienter, bestehende Kunden zu begeistern, als neue Kunden zu gewinnen.<br>Ansatz: Ehrlich, objektiv und günstig. Pro-aktiv Kunden unterstützen, auch in schwierigen Marktphasen." |
| Prof. Dr. Gerd Schwandner | „Im Automobilbereich erachtet man Basisanforderungen als selbstverständlich. Sicherheit oder Rostschutz sind beispielsweise solche Basisanforderungen. Manche Leistungen, die vom Kunden nicht erwartet werden, können Begeisterung erzeugen. Umweltfreundlichkeit ist beispielsweise ein Thema, das zunehmend von den Automobilherstellern aufgegriffen wird (bspw. über Bremsenergierückgewinnung oder Leichtbau). Des Weiteren bieten sich innovative Sonderausstattungen oder ein ausgefallenes Design als Begeisterungsmerkmal an." |

**weiter Hypothese 8**

| | |
|---|---|
| Dr. Jürgen Allinger, Henning Schlieker | „Für uns als Premiumhersteller steht Kundenzufriedenheit im Mittelpunkt. Zufriedene Kunden sind loyale Kunden. Das oberste Ziel dabei ist, die Kundenerwartungen zu erfüllen und sogar zu übertreffen und von unserem Produkt zu begeistern. Außerdem ist uns bewusst, dass der Fahrer eines Fahrzeugs von seinem Umfeld mit einem bestimmten Image assoziiert wird. Markenwahrnehmung ist wichtig, um dieses Image entsprechend positiv zu gestalten." |
| Dipl.-Ing. Stefan Keller | „Kundenzufriedenheitsstudien treffen meist nicht mehr die Erwartungen der Kunden. Von einem Automobil-Premiumhersteller erwartet man Dienstleistungen, die begeistern. Der Premium-Kunde setzt voraus, dass er stets mit Produkt und Service zufriedengestellt ist. Kundenbegeisterung – und damit eine starke emotionale Bindung zur Marke – ist ein sehr wichtiger Punkt für uns. Nur so ist mit einer Kundentreue auf langer Sicht zu rechnen.<br>Mit dem Audi Produkt- und Serviceangebot haben wir das Ziel, die Kundenerwartungen überzuerfüllen und unsere Kunden damit zu begeistern.<br>Unser Vorstandsvorsitzender, Rupert Stadler, formulierte diese Vision im Rahmen der IAA 2013 folgendermaßen: ‚Wer die Augen der Kunden zum Leuchten bringt, dem gehört die Zukunft.'<br>Unser Ziel ist es, Audi-Kunden zu Fans der Marke Audi zu machen. Hier spielen dann auch soziale Netzwerke eine besonders wichtige Rolle." |

# Quellenverzeichnis

Aeppli, J., Gasser, L., Gutzwiller, E., Tettenborn, A. (2011), *Empirisches wissenschaftliches Arbeiten: Ein Studienbuch für die Bildungswissenschaften*. 2., durchges. Aufl., Bad Heilbrunn: Klinkhardt

Afuah, A. (2003), *Innovation Management: Strategies, Implementation and Profits*. 2nd ed., New York, Oxford: Oxford University Press

Ahlert, D., Evanschitzky, H. (2003), Dienstleistungsnetzwerke: Management, Erfolgsfaktoren und Bechmarks im internationalen Vergleich. Berlin, Heidelberg, New York: Springer

Aichele, C. (2014), *Markt der Möglichkeiten*, in: AHGZ, Heft 7, 15. Februar 2014, S. 78–80

Albers, S., Klapper, D., Konradt, U., Walter, A., Wolf, J. (Hrsg.) (2007), *Methodik der empirischen Forschung*. 2., überarb. und erw. Aufl., Wiesbaden: Gabler

Allianz Deutschland AG (Hrsg.) (2011), Eine App für alle Finanzen, München, 13. Juni 2011. URL: https://www.allianzdeutschland.de/news/news-2011/13-07-11-eine-app-fuer-alle-finanzen/ [27. März 2014]

Allianz SE (Hrsg.) (2014), *Geschäftsbericht 2013 – Allianz Konzern*, München. URL: https://www.allianz.com/v_1395247952000/media/investor_relations/de/berichte_und_finanzdaten/geschaeftsbericht/gb2013/gb2013_Allianz_Gruppe.pdf [27. März 2014]

Altschuller, G. S. (1984), *Erfinden: Wege zur Lösung technischer Probleme*. Berlin: Verlag Technik

Amable, B., Palombarini, S. (1998), Technical Change and Incorporated R&D in the Service Sector, *Research Policy*. Elsevier, Vol. 27(7), S. 655–675

Ambros, H. (1992), *Innovationen im Bankbetrieb: Entwicklungen, Strategien, Herausforderungen, Chancen und Gefahren*. Wien: Sparkassenverlag

Ankers, S., Klapper, D., Konradt, U., Walter, A., Wolf, J. (Hrsg.) (2007), *Methodik der empirischen Forschung*. 2. Aufl., Wiesbaden: Gabler

Ansoff, H. I. (1966), *Management-Strategie*. München: Verlag Moderne Industrie

Aregger, K. (1976), *Innovation in sozialen Systemen*. Band 1, Bern: Haupt

Aretz, H.-J. (1999), *Das Management von innovativen Organisationen: Unternehmenserfolg durch Verknüpfung systematischer Eigenlogiken, insbesondere in KMUs*. Frankfurt am Main: Lang

Arlt, G., Freyer, W. (Hrsg.) (2008), *Deutschland als Reiseziel chinesischer Touristen: Chancen für den deutschen Reisemarkt*. München, Wien: Oldenbourg

Armstrong, J. S., Overton, T. S. (1977), Estimating nonresponse bias in mail surveys, in: *Journal of Marketing Research*, Vol. 14, S. 396–402

Arthur D. Little (Hrsg.) (1997), *Management von Innovation und Wachstum*. Wiesbaden: Gabler

Aschenbrenner, M., Dick, R., Karnarski, B., Schweiggert, F., (Hrsg.) (2010), *Informationsverarbeitung in Versicherungsunternehmen*. Heidelberg: Springer

Atteslander, P., Kopp, M. (1995), *Befragung*, in: Roth, E. (Hrsg.), *Sozialwissenschaftliche Methoden: Lehr- und Handbuch für Forschung und Praxis*. 4., durchges. Aufl., München, Wien: Oldenbourg, S. 146–174

Audi AG (2014), *Unternehmensstrategie*. URL: http://www.audi.com/content/audi_com/corporate/de/unternehmen/unternehmensstrategie.html [21. März 2014]

Auer, D. (2007), Wandelnde Hotelwelten – erfolgreiche Konzepte für das Jahr 2015, in: Egger, R., Herdin, T. (Hrsg.), *Tourismus: Herausforderung Zukunft*. Berlin: LIT, S. 377–393

Bachleitner, R., Egger, R., Herdin, T. (Hrsg.) (2006), *Innovationen in der Tourismusforschung: Methoden und Anwendungen*. Wien, Berlin: LIT

Bailom, F., Hinterhuber, H., Matzler, K., Sauerwein, E. (1996), Das Kano-Modell der Kundenzufriedenheit, in: Marketing Zeitschrift für Forschung und Praxis, Heft 2, S. 117–126

Barnett, H. G. (1953), *Innovation: the basis of cultural change*. New York: McGraw-Hill

Barth, K., Theis, H.-J. (1998), *Hotel-Marketing: Strategien – Marketing-Mix – Planung – Kontrolle*. 2., überarb. und erw. Aufl., Wiesbaden: Gabler

Batinic, B., Werner, A., Gräf, L., Bandilla, W. (Hrsg.) (1999), *Online Research: Methoden, Anwendungen und Ergebnisse*. Göttingen, Bern, Toronto, Seattle: Hogrefe

Becker, C., Hopfinger, H, Steinecke, A. (Hrsg.) (2003), *Geographie der Freizeit und des Tourismus: Bilanz und Ausblick*. München: Oldenbourg

Becker, F. G., Günther, S. (2001), Personalentwicklung als Führungsaufgabe in Dienstleistungsunternehmungen, in: Bruhn, M., Meffert, H. (Hrsg.), *Handbuch Dienstleistungsmanagement*. 2., überarb. u. erw. Aufl., Wiesbaden: Gabler, S. 751–780

Becker, H. (2007), *Auf Crashkurs: Automobilindustrie im globalen Verdrängungswettbewerb*. 2., aktu. Aufl., Berlin: Springer

Becker, J. (2013), *Marketing-Konzeption: Grundlagen des ziel-strategischen und operativen Marketing-Managements*. 10., überarb. u. erw. Aufl., München: Vahlen

Becker, W. (2003), *The Network of Automotive Excellence as a Potential Response to Change in Development / Production and Brand Policy*, in: Sachsenmeier, P., Schottenloher, M., *Challenges between competition and collab-oration: The future of the European manufacturing industry*. Berlin: Springer, S. 63–78

Behre, M. (2011), *Private drängen auf Hotelmarkt*, in: AHGZ, Heft 52, 31. Dezember 2011, S. 3

Behre, M. (2012), *Hotels für übermorgen*, in: AHGZ, Heft 11, 10. März 2012, S. 2

Behre, M. (2013), *Hotelketten stehen auf Deutschland*, in: AHGZ, Heft 2, 12. Januar 2013, S. 1

Behre, M. (2013b), *Hotelgruppen auf Wachstumskurs*, in: AHGZ, Heft 2, 12. Januar 2013, S. 3

Behre, M. (2013c), *Hotelmarkt Deutschland: Die Ketten bleiben dran*, in: AHGZ, Heft 30, 27. Juni 2013c, S. 8

Behre, M. (2013d), Budget ist im Umbruch, in: AHGZ, Heft 9, 2. März 2013, S. 10

Behre, M. (2013e), Top 50 wachsen nur langsam, in: *Der Hotelier – Das Ideenmagazin in der AHGZ*, Heft 30, 27. Juni 2013, S. 1–7

Bell, P., Staines, P., Mitchell, J. (2001), *Evaluating, doing and writing: Research in psychology: A step-by-step guide for students*. London: Sage

Benkenstein, M. (2001), Besonderheiten des Innovationsmanagement in Dienstleistungsunternehmungen, in: Bruhn, M., Meffert, H. (Hrsg.): *Handbuch Dienstleistungsmanagement*. 2., überarb. u. erw. Aufl., Wiesbaden: Gabler, S. 688–702

Benkenstein, M., Steiner, S. (2004), Formen von Dienstleistungsinnovationen, in: Bruhn, M., Stauss, B. (Hrsg.), *Dienstleistungsinnovationen – Forum Dienstleistungsmanagement*. Wiesbaden: Gabler, S. 27–43

Beritelli, P., Romer, D. (2006), Inkrementelle versus radikale Innovationen im Tourismus, in: Pikkemaat, B., Peters, T., Weiermair, K. (Hrsg.), *Innovationen im Tourismus*: Wettbewerbsvorteile durch neue Ideen und Angebote. Deutsche Gesellschaft für Tourismuswissenschaft e. V., S. 53–64

Berkenhagen, U., Vrbica, G. (2007), Sicherung langfristiger Wettbewerbsfähigkeit durch ganzheitliche Lieferantenintegration, in: Garcia Sanz, F. J., Semmler, K., Walther, J. (Hrsg.), *Die Automobilindustrie auf dem Weg zur globalen Netzwerkkompetenz: Effiziente und flexible Supply Chains erfolgreich gestalten*. Berlin, Heidelberg, New York: Springer, S. 265–279

Berndt, R. (Hrsg.) (2005), *Erfolgsfaktor Innovation*. Berlin, Heidelberg, New York: Springer

Berylls Strategy Advisors (2012), Global Top Automotive Supplier 2011, Pressemitteilung vom 9. Januar 2012. URL: http://www.berylls.com/media/informationen/downloads/20120109_Presse_Global_Top_Automotive_Supplier_2011_Grafiken.pdf [9. März 2013]

Berylls Strategy Advisors (2013), Berylls Untersuchung „2. Global Top Automotive Suppliers 2012": Umsatz-Rekordjahr mit hohen Renditen; Pressemitteilung vom 14. April 2013. URL: http://www.berylls.com/media/informationen/downloads/20130415_Presse_Global_Top_Automotive_Supplier_2012.pdf [9. März 2013]

Beutelmeyer, W., Kaplitza, G. (1995), Sekundäranalyse, in: Roth, E. (Hrsg.), *Sozialwissenschaftliche Methoden: Lehr- und Handbuch für Forschung und Praxis*. 4., durchges. Aufl., München, Wien: Oldenbourg, S. 293–308

Bieger, T. (2000), *Management von Destinationen und Tourismusorganisationen*. 4., unwes. veränd. Aufl., München, Wien: Oldenbourg

Bieger, T., Lässer, C. (Hrsg.) (2002), *Jahrbuch der Schweizer Tourismuswirtschaft* 2001/2002, St. Gallen: IDT

Biemann, T. (2007), Logik und Kritik des Hypothesentestens, in: Albers, S., Klapper, D., Konradt, U., Walter, A., Wolf, J. (Hrsg.), *Methodik der empirischen Forschung*. 2., überarb. u. erw. Aufl., Wiesbaden: Gabler, S. 151–166

Bienzeisler, B. (2009), *Business Transformation: Neue Organisations- und Geschäftsmodelle*, in: Spath, D., Ganz, W. (Hrsg.), *Die Zukunft der Dienstleistungswirtschaft: Trends und Chancen heute erkennen*. München: Hanser, S. 242–259

Bienzeisler, B. (2009b), *Human Ressource Management*, in: Spath, D., Ganz, W. (Hrsg.), *Die Zukunft der Dienstleistungswirtschaft: Trends und Chancen heute erkennen*. München: Hanser, S. 287–296

Bierfelder, W. H. (1989), *Innovationsmanagement*. 2., unwes. veränd. Aufl., München, Wien: Oldenbourg

Biolos, J. (1996), Managing the process of innovation, in: *Harvard Business Review*, Jg. 74, November 1996, S. 3–6

Bleicher, K. (2004), *Das Konzept integriertes Management: Visionen – Missionen – Programme*. 7. überarb. und erw. Aufl., Frankfurt/Main, New York: Campus

Blümelhuber, C., Oevermann, D. (1996), Betriebsformendynamik im Bankbereich, in: Meyer, A. (Hrsg.), *Grundsatzfragen und Herausforderungen des Dienstleistungsmarketing*. Wiesbaden: Gabler, S. 297–316

BMW Group (Hrsg.) (2011), Stationen einer Entwicklung: 1916 bis 2011. URL: http://www.bmwgroup. com/d/0_0_www_bmwgroup_com/unternehmen/publikationen/_ebook/EBook_Stationen_ de/index.html#/1/ [20. März 2014]

BMW Group (Hrsg.) (2012), Eröffnung des ersten BMW Brand Stores in Paris: Die BMW Group startet ein umfassendes Programm zur Optimierung des Kundenerlebnisses im Handel, Presse- mitteilung vom 23. Mai 2012. URL: https://www.press.bmwgroup.com/pressclub/p/de/ pressDetail.html?title=er%C3%B6ffnung-des-ersten-bmw-brand-stores-in-paris&outputChann elId=7&id=T0127071DE&left_menu_item=node__2205#attachments [13. April 2013]

BMW Group (Hrsg.) (2014), BMW Group Geschäftsbericht 2013. URL: http://www.bmwgroup.com/ bmwgroup_prod/d/0_0_www_bmwgroup_com/investor_relations/finanzberichte/geschaefts- berichte/2013/_pdf/geschaeftsbericht2013.pdf [20. März 2014]

BMW Group (o. J.), Das BMW Magazin. URL: https://www.press.bmwgroup.com/pressclub/p/de/ pressDetail.html?title=er%C3%B6ffnung-des-ersten-bmw-brand-stores-in-paris&outputChann elId=7&id=T0127071DE&left_menu_item=node__2205#attachments [20. März 2014]

Bodendorf, F., Robra-Bissantz, S. (2003), *E-Finance: Elektronische Dienstleistungen in der Finanz- wirtschaft, Lehrbücher Wirtschaftsinformatik*. München: Oldenbourg

Bogner, A., Littig, B., Menz, W. (Hrsg.) (2002), *Das Experteninterview. Theorie, Methode, Anwendung*, Opladen: Leske & Budrich

Bogner, A., Menz, W. (2002), Das theoriegenerierende Experteninterview. Erkenntnisinteresse, Wissensformen, Interaktion, in: Bogner, A., Littig, B., Menz, W. (Hrsg.), *Das Experteninterview. Theorie, Methode, Anwendung*. Opladen: Leske &Budrich, S. 33–70

Bonoma, T. V. (1985), Case research in marketing: Opportunities problems, and a process, in: *Journal of Marketing Research*, Vol. 22, No. 2, S. 199–208

Booz & Company (2013), Deutschland verteidigt Innovations-Europameistertitel dank starker Automobilindustrie, Pressemitteilung vom 22. Oktober 2013. URL: http://www.booz.com/de/ home/Presse/Pressemitteilungen/details/2013-global-innovation-1000-de [29. Dezember 2013]

Borchardt, A., Göthlich, E. (2007), Erkenntnisgewinnung durch Fallstudien, in: Albers, S., Klapper, D., Konradt, U., Walter, A., Wolf, J. (Hrsg.), *Methodik der empirischen Forschung*. 2., überarb. und erw. Aufl., Wiesbaden: Gabler, S. 33–48

Bortz, J., Döring, N. (2006), *Forschungsmethoden und Evaluation für Human- und Sozialwissen- schaftler*. 4., überarb. Aufl., Heidelberg: Springer

Bösch, D. (2008), *Erfolg mit Innovation: Die Akteure und ihre Rolle im Innovationsnetzwerk*. Wien: LexisNexis

Botschen, G., Botschen, M. (2002), Kundenintegrierte Neuproduktentwicklung von Dienst- leistungen, in: Hinterhuber, H. H., Matzler, K. (Hrsg.), *Kundenorientierte Unternehmensführung: Kundenorientierung – Kundenzufriedenheit – Kundenbindung*. 3., aktu. und erw. Aufl., Wiesbaden: Gabler, S. 375–392

Braun, M., Feige, A., Sommerlatte, T. (Hrsg.) (2001), *Quantensprünge statt „Innovatiönchen"*. Frankfurt/Main: FAZ-Institut für Management-, Markt- und Medieninformationen

Brockhoff, K. (1992), *Forschung und Entwicklung: Planung und Kontrolle*. 3. Aufl., München, Wien: Oldenbourg

Brouwer, E., Kleinknecht, A. (1997), Measuring the unmeasurable: A country's non-R&D expenditure on product and service innovation, *Research Policy, Elsevier*, Vol. 25, No. 8, S. 1235–1242

Brugger, B. (2012), Kundenbindungskonzepte: Kundenbindung: Eine Frage der Strategie, in: Künzel, H. (Hrsg.), *Erfolgsfaktor Kundenzufriedenheit: Handbuch für Strategie und Umsetzung*. 2., völlig überarb. und erw. Aufl., Berlin, Heidelberg: Springer Gabler, S. 53–66

Bruhn, M. (1999), Qualitätssicherung im Dienstleistungsmarketing – eine Einführung in die theore- tischen und praktischen Probleme, in: Bruhn, M., Stauss, B. (Hrsg.), *Dienstleistungsqualität: Konzepte, Methoden, Erfahrungen*. 3. überarb. und erw. Aufl., Wiesbaden: Gabler, S. 21–48

Bruhn, M. (2002), *Integrierte Kundenorientierung: Implementierung einer kundenorientierten Unternehmensführung*. Wiesbaden: Gabler

Bruhn, M. (2004), *Qualitätsmanagement für Dienstleistungen*. 5., verb. Aufl., Berlin, Heidelberg, New York: Springer

Bruhn, M., Meffert, H. (Hrsg.) (2001), *Handbuch Dienstleistungsmanagement*. Wiesbaden: Gabler

Bruhn, M., Stauss, B. (Hrsg.) (1999), *Dienstleistungsqualität: Konzepte, Methoden, Erfahrungen*. 3. überarb. und erw. Aufl., Wiesbaden: Gabler

Bruhn, M., Stauss, B. (Hrsg.) (2004), *Dienstleistungsinnovationen – Forum Dienstleistungsma- nagement*. Wiesbaden: Gabler

Brunner-Sperdin, A. (2008), *Erlebnisprodukte in Hotellerie und Tourismus: Erfolgreiche Inszenierung und Qualitätsmessung*. Berlin: Erich Schmidt

Buhr, A. (2011), *Vertrieb geht heute anders: Wie Sie den Kunden 3.0 begeistern*. Offenbach: Gabal

Bullinger, H.-J., Meiren, T. (2001), *Service Engineering – Entwicklung und Gestaltung von Dienst- leistungen*, in: Bruhn, M., Meffert, H. (Hrsg.), Handbuch Dienstleistungsmanagement. 2., überarb. u. erw. Aufl., Wiesbaden: Gabler, S. 149–175

Bullinger, H.-J., Scheer, A.-W. (2003), *Service Engineering: Entwicklung und Gestaltung innovativer Dienstleistungen*, in: Bullinger, H.-J., Scheer, A.-W., (Hrsg.), *Service Engineering: Entwicklung und Gestaltung innovativer Dienstleistungen*. Berlin: Springer, S. 3–17

Bullinger, H.-J., Scheer, A.-W., (Hrsg.) (2003), *Service Engineering: Entwicklung und Gestaltung innovativer Dienstleistungen*. Berlin: Springer

Bullinger, H.-J., Schreiner, P. (2003), *Service Engineering. Ein Rahmenkonzept für die systematische Entwicklung von Dienstleistungen*, in: Bullinger, H.-J., Scheer, A.-W. (Hrsg.): *Service*

*Engineering: Entwicklung und Gestaltung innovativer Dienstleistungen.* Berlin: Springer, S. 51–82

Bundesministerium für Bildung und Forschung (BMBF) (Hrsg.) (2007): Innovationen mit Dienstleistungen. Bonn, Berlin. URL: http://www.bmbf.de/pub/innovation_mit_dienstleistung.pdf [10. Mai 2014]

Bundesministerium für Wirtschaft und Technologie (BMWi) (2012), Wirtschaftsfaktor Tourismus Deutschland: Kennzahlen einer umsatzstarken Querschnittsbranche (Kurzfassung). Berlin. URL: http://www.bmwi.de/BMWi/Redaktion/PDF/Publikationen/wirtschaftsfaktor-tourismus-deutschland,property=pdf,bereich=bmwi2012,sprache=de,rwb=true.pdf [1. Juni 2014]

Busse, J., Humm, B., Lübbert, C., Moelter, F., Reibold, A., Rewald, M., Schlüter, V., Seiler, B., Tegtmeier, E., Zeh, T. (2014), Was bedeutet eigentlich Ontologie?, in: *Informatik-Spektrum*, Jg. August 2014, Band 37, Heft 4, S. 286 – 297

Buzan, T, Buzan B. (1999), *Das Mind-Map-Buch: Die beste Methode zur Steigerung Ihres geistigen Potentials.* Landsberg am Lech: Moderne Verlagsgesellschaft

Chakravorti, B. (2004), *Neue Regeln für Innovationen, in: Harvard Businessmanager*, Jg. 2004, Heft 6, S. 2–13

Chalmers, A. F. (2007), *Wege der Wissenschaft: Einführung in die Wissenschaftstheorie.* 6., verb. Aufl., Berlin; Heidelberg: Springer

Chmielewicz, K. (1991), *Unternehmensverfassung und Innovation*, in: Müller-Böling, D. (Hrsg.) (1991), *Innovations- und Technologiemanagement.* Stuttgart: Poeschel, S. 83–101

Christensen, C. M., Johnson, M. W., Kagermann, H. (2009), *Wie Sie Ihr Geschäftsmodell neu erfinden, in: Harvard Businessmanager*, Jg. 2009, Heft 10, S. 37–49

Christiani, A. (2013), *Der Topverkäufer von morgen, in: Frankfurter Allgemeine Zeitung, Sonderveröffentlichung*, 19./20. Januar 2013, S. 11

Churchill, G. A., Suprenant, C. (1982), An Investigation into the Determinants of Customer Satisfaction, in: *Journal of Marketing Research*, Vol. 19, No. 4, November 1982, S. 491–504

Corssen, J. (2012), Persönlichkeitsentwicklung: Die Persönlichkeit macht den Unterschied, in: Künzel, H. (Hrsg.), *Erfolgsfaktor Kundenzufriedenheit: Handbuch für Strategie und Umsetzung.* 2., völlig überarb. u. erw. Aufl., Berlin; Heidelberg: Springer Gabler, S. 83–97

Corsten, H. (1989), *Überlegungen zu einem Innovationsmanagement – organisationale und personale Aspekte*, in: Corsten, H. (Hrsg.), *Die Gestaltung von Innovationsprozessen: Hindernisse und Erfolgsfaktoren im Organisations-, Finanz- und Informationsbereich.* Berlin: Erich Schmidt Verlag, S. 1–56

Corsten, H. (Hrsg.) (1989), *Die Gestaltung von Innovationsprozessen: Hindernisse und Erfolgsfaktoren im Organisations-, Finanz- und Informationsbereich.* Berlin: Erich Schmidt Verlag

Corsten, H., Gössinger, R. (2007), *Dienstleistungsmanagement. 5., vollst. überarb. u. wesentlich erw. Aufl.*, München, Wien: Oldenbourg

Dahlhoff, H. D., Eickhoff, J. (2013), *Den Automobilvertrieb und -handel markengerecht aufbauen und steuern*, in: Esch, F.-R. (Hrsg.), *Strategie und Technik des Automobilmarketing.* Wiesbaden: Springer Gabler, S. 215–235

Damanpour, F. (1991), Organizational Innovation: a meta-analysis of effects of determinants and moderators, in: *The Academy of Management Journal*, Vol. 34, No. 3, September 1991, S. 555–590

Dannenberg, J., Joas, A. (2003), *Die Zukunft der Markenführung im Automobilgeschäft*, in: Gottschalk, B., Kalmbach, R. (Hrsg.), *Markenmanagement in der Automobilindustrie: Die Erfolgsstrategien internationaler Top-Manager.* Wiesbaden: Gabler, S. 481–517

De Bono, E. (1997), *Steinzeit-Denken im Zeitalter des Computers*, in: Arthur D. Little (Hrsg.) (1997), *Management von Innovation und Wachstum.* Wiesbaden: Gabler, S. 19–28

Deloitte (Hrsg.) (2009), Konvergenz in der Automobilindustrie – Mit neuen Ideen Vorsprung sichern. Deloitte Consulting GmbH

Dempzin, A., Strümpfler, M. (2008), Automation und Mehrwertservices im SB-Banking, in: Spath, D., Bauer, W., Engstler, M. (Hrsg.), *Innovationen und Konzepte für die Bank der Zukunft: Mit modernen Vertriebslösungen und optimierten Wertschöpfungsprozessen künftigen Herausforderungen begegnen*. Gabler, Wiesbaden, S. 113–119

Deutsche Zentrale für Tourismus e. V. (DZT) (Hrsg.) (2014), Incoming-Tourismus Deutschland: Zahlen, Daten, Fakten, Frankfurt/Main: DZT. URL: https://www.germany.travel/media/pdf/dzt_marktforschung/ITB_Fassung_DZT_Broschuere_Web_280214_2.pdf [25. Mai 2014]

Deutscher Hotel- und Gaststättenverband (DEHOGA Bundesverband) (Hrsg.) (2014), DEHOGA Konjunkturumfrage Winter 2013/14 – Ausblick Sommer 2014. URL: http://www.dehoga-bundesverband.de/fileadmin/Inhaltsbilder/Daten_Fakten_Trends/Zahlespiegel_und_Branchenberichte/Branchenbericht/DEHOGA-Branchenbericht_Winter_2013_14.pdf [8. Juni 2014]

Deutscher Hotel- und Gaststättenverband (DEHOGA) (o. J.), Definition der Betriebsarten. URL: http://www.dehoga-bundesverband.de/daten-fakten-trends/betriebsarten/ [11. Januar 2014]

Deutscher Hotel- und Gaststättenverband (DEHOGA) (o. J.b), Auszug aus der Deutschen Hotelklassifizierung. URL: http://www.hotelsterne.de/index.php?id=kriterien [12. Januar 2014]

Diekmann, A. (2010), *Empirische Sozialforschung: Grundlagen, Methoden, Anwendungen*. 4. Aufl., Hamburg: Rowohlt

Diez, W. (2006), *Automobil-Marketing: Navigationssystem für neue Absatzstrategien*. 5., aktu. u. erw. Aufl., Landsberg am Lech: mi-Fachverlag

Dilk, C., Gleich, R., Staiger, T. (2007), *Innovation & Kooperation – Beispiele aus der Automobilindustrie*, in: Gleich, R., Russo, P. (Hrsg.), *Perspektiven des Innovationsmanagements 2007*, Berlin: LIT, S. 3–21

Diller, H. (2000), Preiszufriedenheit bei Dienstleistungen. Konzeptualisierung und explorative empirische Befunde, in: *Die Betriebswirtschaft*, Jg. 60, Nr. 4, S. 570–587

Dölle, J. E. (2013), *Lieferantenmanagement in der Automobilindustrie: Struktur und Entwicklung der Lieferantenbeziehungen von Automobilherstellern*. Wiesbaden: Springer Gabler

Dosi, G. (1988), *Technical change and economic theory*. London: Pinter

Drechsler, A. W., Schröder, A. (2006), *Business Travel Management*, in: Freyer, W., Naumann, M., Schröder, A., *Geschäftsreise-Tourismus: Geschäftsreisemarkt und Business Travel Management*. 2., überarb. Aufl., Dresden: FIT, S. 85–140

Drejer, A. (2002), Situations for innovation management: Towards a contingency model, in: *European Journal of Innovation Management*, Vol. 5, No. 1, S. 4–17

Drucker, P. F. (1985), *Innovation and entrepreneurship: Practice and principles*. London: William Heinemann

Egger, R., Herdin, T. (Hrsg.) (2007), *Tourismus: Herausforderung Zukunft*. Berlin: LIT

Eilenberger, G. (1993), *Lexikon der Finanzinnovationen*, 2., erw. Aufl., München, Wien: Oldenbourg

Eisenhardt, K. M. (1989), *Building Theories from Case Study Research, Academy of Management Review*, Vol. 14, S. 532–550

Eisenstein, B., Gruner, A. (2003), *Der Hotelmarkt in Deutschland: Struktur – Entwicklung – Trends*, in: Becker, C., Hopfinger, H, Steinecke, A. (Hrsg.), *Geographie der Freizeit und des Tourismus: Bilanz und Ausblick*. München: Oldenbourg, S. 371–380

Engelhardt, W. H., Schnittka, M. (2001), *Entwicklungstendenzen des Dienstleistungsmanagements aus Sicht der Wissenschaft*, in: Bruhn, M., Meffert, H. (Hrsg.), *Handbuch Dienstleistungsmanagement*. 2., überarb. u. erw. Aufl., Wiesbaden: Gabler, S. 917–940

Engstler, M., Vocke, C. (2008), *Erlebniswelt Bankfiliale*, in: Spath, D., Bauer, W., Engstler, M. (Hrsg.), *Innovationen und Konzepte für die Bank der Zukunft: Mit modernen Vertriebslösungen und optimierten Wertschöpfungsprozessen künftigen Herausforderungen begegnen*. Wiesbaden: Gabler, S. 23–44

Enz, C. A. (2010), *Hospitality Strategic Management: concepts and cases*. 2nd ed., Hoboken: Wiley

Esch, F.-R, Stenger, D., Krieger, K.-H., Knörle, C. (2013), *Die Kommunikation orchestrieren*, in: Esch, F.-R. (Hrsg.), *Strategie und Technik des Automobilmarketing*. Wiesbaden: Springer Gabler, S. 170–209

Esch, F.-R. (2013), *Das Automobil-Marketing auf Marken und Kunden ausrichten*, in: Esch, F.-R. (Hrsg.), *Strategie und Technik des Automobilmarketing*. Wiesbaden: Springer Gabler, S. 24–32

Esch, F.-R. (Hrsg.) (2013), *Strategie und Technik des Automobilmarketing*. Wiesbaden: Springer Gabler

Esch, F.-R., Hanisch, J., Gawlowski, D. (2013), *Die richtigen Mitarbeiter durch Employer Branding finden*, in: Esch, F.-R. (Hrsg.), *Strategie und Technik des Automobilmarketing*. Wiesbaden: Springer Gabler, S. 269–292

Esch, F.-R., Isenberg, M. (2013), *Markenidentität und Markenpositionierung festlegen*, in: Esch, F.-R. (Hrsg.), *Strategie und Technik des Automobilmarketing*. Wiesbaden: Springer Gabler, S. 35–57

Esch, F.-R., Knörle, C. (2010), *Mehrmarkenstrategien für Automobilkonzerne im Zeitalter der Globalisierung*, in: ZfAW, Nr. 2/2010, S. 6–14

Esch, F.-R., Kraus, P., Hanisch, J. (2013), *Wachstumsstrategien durch neue Produkte und Dienstleistungen*, in: Esch, F.-R. (Hrsg.), *Strategie und Technik des Automobilmarketing*. Wiesbaden: Springer Gabler, S. 339–358

Esch, F.-R., Neudecker, N., Jung, V. (2013), *Marke(ting) wirksam im Unternehmen verankern*, in: Esch, F.-R. (Hrsg.), *Strategie und Technik des Automobilmarketing*. Wiesbaden: Springer Gabler, S. 481–511

Esch, F.-R., Einem, E. von, Rühl, V. (2013), Kundenwünsche erkennen und Kundensegmente adressieren, in: Esch, F.-R. (Hrsg.), Strategie und Technik des Automobilmarketing. Wiesbaden: Springer Gabler, S. 61–89

Europäische Kommission (2010), Die „Innovationsunion" – Ideen in Arbeitsplätze, umweltfreundliches Wachstum und sozialen Fortschritt umsetzen, Pressemitteilung vom 6. Oktober 2010. URL: http://europa.eu/rapid/press-release_IP-10-1288_de.htm [10. Mai 2014]

Europäische Kommission (2010b), Mitteilung der Kommission, Europa 2020: Eine Strategie für intelligentes, nachhaltiges und integratives Wachstum, 3. März 2010. URL: http://ec.europa.eu/eu2020/pdf/COMPLET%20%20DE%20SG-2010-80021-06-00-DE-TRA-00.pdf [10. Mai 2014]

Europäisches Institut für TagungsWirtschaft GmbH (EITW) (Hrsg.) (2013), Tagungs- und Veranstaltungsmarkt Deutschland: Das Meeting- & EventBarometer 2012/2013. Wernigerode: Europäisches Institut für TagungsWirtschaft GmbH

Eurostat (2013), Enterprises by type of innovation activity. URL: http://appsso.eurostat.ec.europa.eu/nui/show.do?dataset=inn_cis6_type&lang=en, [9. Juli 2013]

Faïz, G. (2002), *Innovation in the Service Economy*: The New Wealth of Nations. Cheltenham: Edward Elgar Publishing

Feige, A. (2001), *Wohin geht die Reise? – Politik muss Rahmenbedingungen schaffen*, in: Braun, M.; Feige, A.; Sommerlatte, T. (Hrsg.): Quantensprünge statt „Innovatiönchen". Frankfurt/Main: Frankfurter Allgemeine Buch, S. 84–89

Fitzsimmons, J. A., Fitzsimmons, M. J. (2011), *Service Management: Operations, Strategy, Information Technology*. 7. Aufl., New York: McGraw-Hill

Flettner, K. (2013), *Enormer Nachholbedarf*, in: HotelDesign – Das Design-Magazin der AHGZ, Heft 42, 19. Oktober 2013, S. 34–35

Fließ, S., Nonnenmacher, D., Schmidt, H. (2004), *ServiceBlueprint als Methode zur Gestaltung und Implementierung von innovativen Dienstleistungsprozessen*, in: Bruhn, M., Stauss, B. (Hrsg.), *Dienstleistungsinnovationen – Forum Dienstleistungsmanagement*. Wiesbaden: Gabler, S. 173–202

Freyer, W, Groß, S. (2006), *Gästebefragungen in der touristischen Marktforschung – Leitfaden für die Praxis*. Dresden: FIT

Freyer, W. (2000), *Ganzheitlicher Tourismus – Beiträge aus 20 Jahren Tourismusforschung*. Dresden: FIT

Freyer, W. (2006), Naumann, M., Schröder, A., *Geschäftsreise-Tourismus: Geschäftsreisemarkt und Business Travel Management*. 2., überarb. Aufl., Dresden: FIT

Freyer, W. (2006), *Tourismus: Einführung in die Fremdenverkehrsökonomie*. 8., überarb. u. aktu. Aufl., München, Wien: Oldenbourg

Freyer, W. (2007), *Tourismus-Marketing: Marktorientiertes Management im Mikro- und Makrobereich der Tourismuswirtschaft*. 5. überarb. u. erg. Aufl., München, Wien: Oldenbourg

Freyer, W. (2007b), *Virtuelles Reisen – wie real sind künstliche Reisen in Zukunft?*, in: Egger, R., Herdin, T. (Hrsg.), *Tourismus: Herausforderung Zukunft*. Berlin, LIT, S. 515–531

Freyer, W. (2011), *Tourismus: Einführung in die Fremdenverkehrsökonomie*. 10., überarb. u. aktu. Aufl., München, Wien: Oldenbourg

Freyer, W. (2011b), *Tourismus-Marketing: Marktorientiertes Management im Mikro- und Makrobereich der Tourismuswirtschaft*. 7. überarb. u. erg. Aufl., München, Wien: Oldenbourg

Freyer, W., Arlt, W. (2008), *Der chinesisch-deutsche Reisemarkt der Zukunft*, in: Arlt, W. G., Freyer, W. (Hrsg.): *Deutschland als Reiseziel chinesischer Touristen: Chancen für den deutschen Reisemarkt*. München, Wien: Oldenbourg, S. 187–192

Freyer, W., Groß, S. (Hrsg.) (2004), *Sicherheit in Tourismus und Verkehr – Schutz vor Risiken und Krisen*. Dresden: FIT

Freyer, W., Pompl, W. (Hrsg.) (1999), *Reisebüro-Management*. München, Wien: Oldenbourg

Freyer, W., Thimm, T. (2011), *Zukunftsfelder des indischen Outbound Tourismus in Deutschland / Europa*, in: Thimm, T., Freyer, W. (Hrsg.), *Indien-Tourismus: Märkte – Strukturen – Tendenzen*. München, Wien: Oldenbourg, S. 261–263

Friedrich, M. (2012), *Dienstleistungsinnovationen in der Hotellerie: Grundlagen – Konzepte – Entwicklungen*. Saarbrücken: AV Akademikerverlag

Fuchs, M., Pikkemaat, B. (2004), *Tourismus ohne Industrie – Industrie ohne Tourismus? Überlegungen zum Wirtschaftsstandort Tirol*, in: Schwark, J. (Hrsg.): *Tourismus und Industriekultur*. Berlin: Erich Schmidt Verlag, S. 87–118

Gallouj, F. (1998), Innovating in reverse: Services and the reverse product cycle, in: *European Journal of Innovation Management*, Vol. 1, No. 3, 1998, S. 123–138

Garcia Sanz, F. J., Semmler, K., Walther, J. (Hrsg.) (2007), *Die Automobilindustrie auf dem Weg zur globalen Netzwerkkompetenz: Effiziente und flexible Supply Chains erfolgreich gestalten*. Berlin, Heidelberg, New York: Springer

Gardini, M. A. (2004), *Marketing-Management in der Hotellerie*. München, Wien: Oldenbourg

Gardini, M. A. (2009), *Marketing-Management in der Hotellerie*. 2. Aufl., München, Wien: Oldenbourg

Garz, D, Kraimer, K. (Hrsg.) (1991), *Qualitativ-empirische Sozialforschung*. Konzepte, Methoden, Analysen. Opladen: Westdeutscher Verlag

Gatterer, H., Rützler, H. (2012), *Hotel der Zukunft: Die wichtigsten Trendfelder für die Hotellerie*, Stuttgart: Matthaes

Geiger, H., Kappel, V. (2006), *Innovationen im Finanzsektor – eine Untersuchung am Finanzplatz Schweiz. Eine Kurz-Studie im Auftrag des Arbeitskreis Kapital und Wirtschaft (akw)*, April 2006

Gleich, R., Russo, P. (Hrsg.) (2007), *Perspektiven des Innovationsmanagements 2007*. Berlin: LIT

Goff, B. G., Boles, J. S., Bellenger, D. N., Stojack, C. (1997), The Influence of Sales-Person Selling Behaviours on Customer Satisfaction with Products, *Journal of Retailing*, Vol. 73, No. 2, 1997, 171–183

Goldsmith, R. E. (1999), The Personalised Marketplace: Beyond the 4Ps, in: *Marketing Intelligence & Planning*, Vol. 17, No. 4, 1999, S. 178–185

Gordon, W. J. J., Gitter, D. L., Prince, G. (1964), *Operational mechanism of synectics*, Cambridge: Synectics Inc.

Gottlieb Duttweiler Institut (Hrsg.) (2007), *Trendstudie – Die Zukunft der Schweizer Hotellerie. Studie zum 125-Jahre Jubiläum von hotelleriesuisse.* Bern: Eigenverlag

Gottschalk, B., Kalmbach, R. (Hrsg.) (2003), *Markenmanagement in der Automobilindustrie: Die Erfolgsstrategien internationaler Top-Manager.* Wiesbaden: Gabler

Gouthier, M. H. J. (2013), *Die Produkte und Dienstleistungen aufwerten und weiterentwickeln,* in: Esch, F.-R. (Hrsg.), *Strategie und Technik des Automobilmarketing.* Wiesbaden: Springer Gabler, S. 129–147

Grant, A. M. (2011), *Wie Kunden Mitarbeiter motivieren,* in: *Harvard Businessmanager,* Jg. 2011, Heft 33, S. 67–75

Grund, M. A. (1998), *Interaktionsbeziehungen im Dienstleistungsmarketing: Zusammenhänge zwischen Zufriedenheit und Bindung von Kunden und Mitarbeitern,* Wiesbaden: Gabler

Gruner, A., Dev, C. (2001), *Globale Marketing Trends und ihre Auswirkungen auf die Hotellerie,* in: *Tourismus Jahrbuch,* Jg. 2000, Heft 2, Limburgerhof, S. 140–153

Gruner, A., Freyberg, B. von, Phebey, K. (2014), *Erlebnisse schaffen in Hotellerie & Gastronomie.* Stuttgart: Matthaes

Güthoff, J. (1998), *Dienstleistungsqualität als strategischer Wettbewerbsvorteil,* in: *Wirtschaftswissenschaftliches Studium,* 27. Jg., Nr. 12, Dezember 1998, S. 610–615

Haller, S. (2002), *Dienstleistungsmanagement: Grundlagen – Konzepte – Instrumente. 2., überarb. u. erw. Aufl.,* Wiesbaden: Gabler

Hallerbach, B. (2003), *Marktsegmentierung und der Trend zum hybriden Urlauber,* in: Becker, C., Hopfinger, H, Steinecke, A. (Hrsg.), *Geographie der Freizeit und des Tourismus: Bilanz und Ausblick.* München, Wien: Oldenbourg, S. 171–180

Hamel, G., Prahalad, C. K. (1995), *Wettlauf um die Zukunft: Wie Sie mit bahnbrechenden Strategien die Kontrolle über Ihre Branche gewinnen und die Märkte von morgen schaffen.* Wien: Ueberreuter

Hammer, M., Naumann, M. (2006), *Der Markt für Geschäftsreisen – Nachfrage- und Angebotsstrukturen,* in: Freyer, W., Naumann, M., Schröder, A., *Geschäftsreise-Tourismus: Geschäftsreisemarkt und Business Travel Management. 2., überarb. Aufl,* Dresden: FIT, S. 11–84

Handlbauer, G. (2002), *Kundenorientiertes Wissensmanagement,* in: Hinterhuber, H. H., Matzler, K. (Hrsg.), *Kundenorientierte Unternehmensführung: Kundenorientierung – Kundenzufriedenheit – Kundenbindung. 3., aktu. u. erw. Aufl.,* Wiesbaden: Gabler, S. 157 – 167

Hänssler, K.-H. (2008), *Die Analyse der Betriebsergebnisrechnung,* in: Hänssler, K.-H. (Hrsg.), *Management in der Hotellerie und Gastronomie: Betriebswirtschaftliche Grundlagen. 7., vollst. aktu. u. überarb. Aufl.,* München, Wien: Oldenbourg, S. 301–321

Hänssler, K.-H. (2011), *Die gastgewerbliche Leistung als Dienstleistung,* in: Hänssler, K.-H. (Hrsg.), *Management in der Hotellerie und Gastronomie: Betriebswirtschaftliche Grundlagen. 8., vollst. aktu. u. überarb. Aufl.,* München, Wien: Oldenbourg, S. 78–86

Hänssler, K.-H. (Hrsg.) (2008), *Management in der Hotellerie und Gastronomie: Betriebswirtschaftliche Grundlagen. 7., vollst. aktu. u. überarb. Aufl.,* München, Wien: Oldenbourg

Hänssler, K.-H. (Hrsg.) (2011), *Management in der Hotellerie und Gastronomie: Betriebswirtschaftliche Grundlagen. 8., vollst. aktu. u. überarb. Aufl.,* München, Wien: Oldenbourg

Harms, F., Drüner, M. (2003), *Innovationsmarketing,* in: Harms, F., Drüner, M., *Pharmamarketing: Innovationsmanagement im 21. Jahrhundert.* Stuttgart: Lucius & Lucius, S. 168–199

Harms, F., Drüner, M. (2003), *Pharmamarketing: Innovationsmanagement im 21. Jahrhundert,* Stuttgart: Lucius & Lucius

Hauptmanns, P. (1999), *Grenzen und Chancen von quantitativen Befragungen mit Hilfe des Internet,* in: Batinic, B., Werner, A., Gräf, L., Bandilla, W. (Hrsg.), *Online Research: Methoden, Anwendungen und Ergebnisse.* Göttingen, Bern, Toronto, Seattle: Hogfrede, S. 21–38

Hauschildt, J. (2004), *Innovationsmanagement. 3. Aufl.,* München: Vahlen

Häusel, H.-G. (2012), *Gehirnforschung: No emotions – so satisfaction: Erkenntnisse der Gehirn-forschung für das Kundenzufriedenheits-Management*, in: Künzel, H. (Hrsg.), *Erfolgsfaktor Kundenzufriedenheit: Handbuch für Strategie und Umsetzung.* 2., völlig überarb. u. erw. Aufl., Berlin; Heidelberg: Springer Gabler, S. 39–51

Heigert, H. (2013), *Gesundheit macht Freude*, in: AHGZ, Nr. 44, 2. November 2013, S. 2

Helfferich, C. (2004), *Die Qualität qualitativer Daten: Manual für die Durchführung qualitativer Interviews.* Wiesbaden: VS/GWV

Helsel, C., Cullen, K. (2006), *A future vision for revenue management, in: Hospitalty Upgrade*, Summer 2006, S. 156–158

Henschel, K. (2008), *Hotelmanagement.* 3., überarb. u. aktu. Aufl., München, Wien: Oldenbourg

Henschel, U. K., Gruner, A., Freyberg, B. von (2013), *Hotelmanagement.* 4. Aufl., München, Wien: Oldenbourg

Henselek, H. F. (1999), *Hotelmanagement: Planung und Kontrolle.* München, Wien: Oldenbourg

Hermann, S. (2009), *Dienstleistungsinnovation*, in: Spath, D., Ganz, W. (Hrsg.), *Die Zukunft der Dienstleistungswirtschaft: Trends und Chancen heute erkennen.* München: Hanser, S. 307–318

Herrmann, A., Huber, F. (2009), *Produktmanagement: Grundlagen – Methoden – Beispiele.* 2. Aufl., Wiesbaden: Gabler

Herrmann, L. (2009), *Innovationsmanagement in Business-to-Business-Geschäftsbeziehungen: Eine informationsbezogene Perspektive.* Wiesbaden: Gabler

Hesselmann, G. (1999), *Zukunftsperspektiven des Reisemittlergewerbes*, in: Freyer, W., Pompl, W. (Hrsg.), *Reisebüro-Management.* München, Wien: Oldenbourg, S. 391–406

Hildebrandt, K. (2010), *Die Reise-Botschafter*, in: fvw, Nr. 05, 04. März 2010, S. 48

Hildebrandt, K., Münch, R., Feyerherd, M. (2012), *Kein großes Wachstum*, in: fvw, Nr. 22, 02. November 2012, S. 46

Hill, P. (1977), *On goods and services, in: Review of Income and Wealth*, Vol. 23, No. 4, 1977, S. 315–338

Himme, A. (2007), *Gütekriterien der Messung: Reliabilität, Validität und Generalisierbarkeit*, in: Albers, S., Klapper, D., Konradt, U., Walter, A., Wolf, J. (Hrsg.), *Methodik der empirischen Forschung.* 2., überarb. u. erw. Aufl., Wiesbaden: Gabler, S. 485–500

Hinterholzer, T. (2013), *Facebook, Twitter und Co. in Hotellerie und Gastronomie: Ein Handbuch für Praktiker.* Berlin, Heidelberg: Springer

Hinterholzer, T., Jooss, M., Egger, R. (2011), *Innovationsguide für Tourismusunternehmen.* Berlin, Wien: LIT

Hinterhuber, H. H., Matzler, K. (Hrsg.) (2002), *Kundenorientierte Unternehmensführung: Kundenorientierung – Kundenzufriedenheit – Kundenbindung.* 3., aktu. u. erw. Aufl., Wiesbaden: Gabler

Hipp, C. (2000), *Innovationsprozesse im Dienstleistungssektor: Eine theoretisch und empirisch basierte Innovationstypologie.* Heidelberg: Physica

von Hippel, E. (1986), Lead Users: A source of novel product concepts, in: Management Science, Vol. 32, No. 7, Juli 1986, S. 691–705

Hjalager, A.-M. (2002), Repairing innovation defectiveness in tourism, in: *Tourism Man-agement*, Vol. 23, No. 5, 2002, S. 465–474

Hoffmann, K. D., Ingram, T. N. (1992), Service Provider Job Satisfaction and Customer-Oriented Performance, *Journal of Services Marketing*, Vol. 6, No. 2, 1992, S. 68–78

Hofmann, M., Mertiens, M. (Hrsg.) (2000), *Customer-Lifetime-Value-Management: Kundenwert schaffen und erhöhen: Konzepte, Strategien, Praxisbeispiele.* Wiesbaden: Gabler

Hollenstein. H. (2001), *Innovation modes in the swiss service sector.* Wien: WIFO Working Papers, No. 156

Holzapfel, T. (2009), *Auf die billige Tour*, in: fvw, Nr. 22, 23. Oktober 2009, S. 22

Hölzl, H. (2014), *Mitarbeiter werden Partner*, in: AHGZ, Heft 04, 25. Januar 2014, S. 14

Homburg, C., Faßnacht M. (2001), Kundennähe, Kundenzufriedenheit und Kundenbindung bei Dienstleistungsunternehmen, in: Bruhn, M., Meffert, H. (Hrsg.): *Handbuch Dienstleistungsmanagement*. 2., überarb. u. erw. Aufl., Wiesbaden: Gabler, S. 441–463

Hopfinger, H. (2003), *Die Geographie der Freizeit und des Tourismus: Versuch einer Standortbestimmung*, in: Becker, C., Hopfinger, H, Steinecke, A. (Hrsg.), *Geographie der Freizeit und des Tourismus: Bilanz und Ausblick*. München, Wien: Oldenbourg, S. 1–24

Hotelverband Deutschland e. V. (IHA) (Hrsg.) (2005), *Hotelmarkt Deutschland 2005*. Berlin: IHA-Service GmbH

Hotelverband Deutschland e. V. (IHA) (Hrsg.) (2014), *Hotelmarkt Deutschland 2014*. Berlin: IHA-Service GmbH

Hübner, H. (2002), *Integratives Innovationsmanagement: Nachhaltigkeit als Herausforderung für ganzheitliche Erneuerungsprozesse*. Berlin: Erich Schmidt Verlag

HypoVereinsbank (o. J.), Business Easy. URL: http://m.hypovereinsbank.de/businesseasy [27. März 2014]

Innerhofer, E. (2012), *Strategische Innovationen in der Hotellerie: Eine ressourcenorientierte Fallstudienanalyse touristischer Dienstleistungsunternehmen*. Wiesbaden: Gabler

Jaeck, H.-F. T. (2011), *Wertorientiertes Management von Kundenbeziehungen: Berechnung des Customer Lifetime Value und Einsatz als Steuerungsgröße im CRM*. Hamburg: Dr. Kovač

Jánszky, S. G. (2013), *Die Zukunft des Verkaufens: Trendstudie des 2b AHEAD ThinkTanks, Leipzig*, 21. Januar 2013. URL: http://www.2bahead.com/studien/trendstudie/detail/zukunft-des-verkaufens [27. März 2014]

Jegminat, G. (2013), *Der Himmel wird billig*, in: fvw, Nr. 22, 1. November 2013, S. 14

Jürs, M. (2012), *Endlich freie Fahrt!*, in: fvw, Nr. 25, 14. Dezember 2012, S. 38

Kaas, K. P., Runow, H. (1984), *Wie befriedigend sind die Ergebnisse der Forschung zur Verbraucherzufriedenheit?*, in: Die Betriebswirtschaft, 44 Jg., Nr. 3, 1984, S. 451–460

Kaiser, M.-O. (2008), Erfolgsfaktor Kundenzufriedenheit im Tourismus: Neue Ansätze zur Umsetzung der Dienstleistungsqualität, in: Weiermair, K., Peters, M., Pechlaner, H., Kaiser, M.-O., *Unternehmertum im Tourismus: Führen mit Erneuerungen*. 2., neu bearb. u. erw. Aufl., Berlin: Erich Schmidt Verlag, S. 165–188

Kalbfell, K.-H. (2003), BMW Group: BMW, MINI und Rolls-Royce: Emotionale Strahlkraft in Reinkultur, in: Gottschalk, B., Kalmbach, R. (Hrsg.), *Markenmanagement in der Automobilindustrie: Die Erfolgsstrategien internationaler Top-Manager*. Wiesbaden: Gabler, S. 221–241

Kalmbach, R. (2003), *Von der Technik zum Kunden*, in: Gottschalk, B., Kalmbach, R. (Hrsg.), *Markenmanagement in der Automobilindustrie: Die Erfolgsstrategien internationaler Top-Manager*. Wiesbaden: Gabler, S. 35–60

Kalyanam, K., McIntyre, S. (2002), The e-marketing mix: A contribution of the e-tailing wars, in: *Journal of the Academy of Marketing Science*, Vol. 30, No. 4, 2002, S. 487–499

Kandampully, J. (2002), Innovation as the core competency of a service organisation: The role of technology, knowledge and networks, in: *European Journal of Innovation Management*, Vol. 5, No. 1, 2002, S. 18–26

Kano, N., Seraku, N., Takahashi, F., Tsuji, S. (1984), Attractive quality and must-be quality, in: *The Journal of the Japanese Society for Quality Control*, Vol. 14, No. 2, 1984, S. 39–48

Kaya, M. (2007), *Verfahren der Datenerhebung*, in: Albers, S., Klapper, D., Konradt, U., Walter, A., Wolf, J. (Hrsg.), Methodik der empirischen Forschung. 2., überarb. u. erw. Aufl., Wiesbaden: Gabler, S. 49–64

Keller, P. (2002), *Innovation und Tourismus*, in: Bieger, T., Lässer, C. (Hrsg.), Jahrbuch der Schweizer Tourismuswirtschaft 2001/2002. St. Gallen, S. 179–194

Klausegger, C., Salzgeber, T. (2004), *Entwicklung neuer Dienstleistungen und Unternehmenserfolg – Empirische Studie zur Analyse des Zusammenhangs von Innovationstätigkeit, Marktorientierung und Unternehmenserfolg am Beispiel österreichischer Dienstleistungsunternehmen*, in: Bruhn, M., Stauss, B. (Hrsg.), *Dienstleistungsinnovationen – Forum Dienstleistungsmanagement.* Wiesbaden: Gabler, S. 413–440

Klein, M. (2005), *Innovative Vertriebskonzepte für Universalbanken – die virtuelle Geschäftsstelle als Instrument des Multikanalvertriebs*, in: Berndt, R. (Hrsg.), *Erfolgsfaktor Innovation*, Berlin, Heidelberg, New York: Springer

Kleinaltenkamp, M. (2001), *Begriffsabgrenzungen und Erscheinungsformen von Dienstleistungen*, in: Bruhn, M., Meffert, H. (Hrsg.), *Handbuch Dienstleistungsmanagement*, Wiesbaden: Gabler, S. 27–50

Koch, M. (2002), *Im Fremdenverkehr fehlen Innovation und Investition*, in: Die Presse, Wien, Januar 2002, S. 21–22

Kolle, S., Poser, R. (2014), *Völlig austauschbar*, in: fvw, Nr. 05, 27. Februar 2014, S. 96

Kondratieff, N. D. (1926), *Die langen Wellen der Konjunktur, in: Archiv für Sozialwissenschaft und Sozialpolitik*, Band 56 (1926), S. 573–609

König, C. (2000), *Zulieferer inside, in: Automobil-Produktion*, Heft 4, 2000, S. 38–41

König, E., Zedler, P. (Hrsg.) (1995), *Bilanz qualitativer Forschung*: Band 2 Methoden, Weinheim: Deutscher Studienverlag

Konzack, S. (2012), *Per Web im Bank-Dialog, in: First Class – Management Magazin für Hotel und Restaurant*, 30. Jg., Heft 11, November 2012, S. 57

Kraimer, K. (1995), *Einzelfallstudien*, in: König, E., Zedler, P. (Hrsg.), Bilanz qualitativer Forschung: Band 2 Methoden. Weinheim: Deutscher Studienverlag, S. 463–497

Krane, M., Hildebrandt, K. (2012), *Die verkannte Weltmacht*, in: fvw, Nr. 05, 1. März 2012, S. 18

Krczal, A., Krczal, E., Weiermair, K. (Hrsg.) (2011), *Qualitätsmanagement in Wellnesseinrichtungen: Erfolg durch Kundenorientierung und hohe Standards*, Berlin: Erich Schmidt Verlag

Kreisel, W. (2003), Trends in der Entwicklung von Freizeit und Tourismus, in: Becker, C., Hopfinger, H, Steinecke, A. (Hrsg.), *Geographie der Freizeit und des Tourismus: Bilanz und Ausblick.* München, Wien: Oldenbourg, S. 74–85

Krieger, K. H. (2013), *Interview mit Dr. Kay Segler*, in: Esch, F.-R. (Hrsg.), *Strategie und Technik des Automobilmarketing.* Wiesbaden: Springer Gabler, S. 210–213

Kroeber-Riel, W., Weinberg, P, Gröppel-Klein, A. (2009), *Konsumentenverhalten.* München: Vahlen

Kromrey, H. (2009), *Empirische Sozialforschung: Modelle und Methoden der standardisierten Datenerhebung und Datenauswertung.* 12. überarb. u. erg. Aufl., Stuttgart: Lucius & Lucius

Kulinat, K. (2003), *Tourismusnachfrage: Motive und Theorien*, in: Becker, C., Hopfinger, H, Steinecke, A. (Hrsg.), *Geographie der Freizeit und des Tourismus: Bilanz und Ausblick.* München, Wien: Oldenbourg, S. 97–111

Kuntz, M. (2014), *Das Bett für zwischendurch, in: Süddeutsche Zeitung*, 6. März 2014, S. 18

Kunz, W. H., Mangold, M. (2004), *Segmentierungsmodell für die Kundenintegration in Dienstleistungsinnovationsprozesse – Eine Anreiz-Beitrags-theoretische Analyse*, in: Bruhn, M., Stauss, B. (Hrsg.), *Dienstleistungsinnovationen – Forum Dienstleistungsmanagement.* Wiesbaden: Gabler, S. 327–355

Künzel, H. (Hrsg.) (2012), *Erfolgsfaktor Kundenzufriedenheit: Handbuch für Strategie und Umsetzung.* 2., völlig überarb. u. erw. Aufl., Berlin, Heidelberg: Springer Gabler

Kuusisto, J. (2009), *Entwicklung der Dienstleistungsinnovationspolitik: Betrachtung der Ergebnisse des „Innovationspolitikprojekts IPPS für den Dienstleistungsbereich" – 2006 bis 2007*, in: Spath, D., Ganz, W. (Hrsg.), *Die Zukunft der Dienstleistungswirtschaft: Trends und Chancen heute erkennen.* München: Hanser, S. 61–91

Kwidzinski, R. (2012), *Die großen Portale haben ihre Tücken*, in: AHGZ, Heft 50, 8. Dezember 2012, S. 8

Kwidzinski, R. (2012b), *Die Best-Preis-Klausel fordern alle Portale*, in: AHGZ, Heft 43, 20. Oktober 2012, S. 5

Kwidzinski, R. (2013), *Gäste im Netz abholen*, in: AHGZ, Heft 48, 30. November 2013, S. 5

Kwidzinski, R. (2013b), *Neue Schnittstellen*, in: AHGZ, Heft 32, 10. August 2013, S. 5

Kwidzinski, R. (2013c), *Berlin geht gegen Grauhotellerie vor*, in: AHGZ, Heft 25, 22. Juni 2013, S. 3

Kwidzinski, R. (2013d), *Marriott weitet mobilen Check-in aus*, 29. November 2013, in: http://www.ahgz.de/unternehmen/marriott-weitet-mobilen-check-in-aus,200012208167.html [9. Juni 2014]

Kwidzinski, R. (2013e), *Auf Kritik richtig reagieren*, in: AHGZ, Heft 7, 16. Februar 2013, S. 12

Kwidzinski, R. (2013f), *Zugang zu Millionen Nutzern*, in: AHGZ, Heft 7, 16. Februar 2013, S. 11

Laakmann, K. (1996), Value-Added Services – Ausgestaltungsformen und Wirkungen, in: Meyer, A. (Hrsg.), *Grundsatzfragen und Herausforderungen des Dienstleistungsmarketing*. Wiesbaden: Gabler, S. 125–156

Lehmann, U. (2012), *Firmen: Mehr Sparen geht nicht*, in: AHGZ, Heft 25, 16. Juni 2012, S. 2

Lettl-Schröder, M. (2007), *Wo bleibt die Veranstalter-Leistung?*, in: fvw, Nr. 01, 5. Januar 2007, S. 28

Lettl-Schröder, M. (2014), *Auftritt der Youngster*, in: fvw, Nr. 03, 31. Januar 2014, S. 52

Lohmann, M. (2007), *Demographischer Wandel und Konsumentenverhalten im Tourismus – Wie die Veränderung der Altersstruktur die zukünftige touristische Nachfrage beeinflusst*, in: Egger, R., Herdin, T. (Hrsg.), Tourismus: Herausforderung Zukunft. Berlin, LIT, S. 25–44

Lommatzsch, H., Liu-Lommatzsch, C. (2008), *Entwicklung des chinesischen Tourismus nach Deutschland in Zahlen und die Marketingaktivitäten der DZT in China*, in: Arlt, G., Freyer, W. (Hrsg.), *Deutschland als Reiseziel chinesischer Touristen: Chancen für den deutschen Reisemarkt*. München, Wien: Oldenbourg, S. 41–58

Lovelock, C. (1992), *Designing and Managing the Customer-Service Function*, in: Lovelock, C., (Hrsg.), *Managing Services. Marketing, Operations, and Human Resources*. 2nd. ed., Englewood Cliffs, S. 285–297

Lovelock, C., (Hrsg.) (1992), *Managing Services. Marketing, Operations, and Human Resources*. 2nd. ed., Englewood Cliffs

Lovelock, C., Wirtz, J. (2010), *Services Marketing: People, Technology, Strategy*. 7th ed., New Jersey: Prentice Hall

Lusch, R. F., Vargo, S. L. (2006), *Service-Dominant Logic: what it is, what it is not, what it might be*, in: Lusch, R. F., Vargo, S. L. (Hrsg.), *The Service-Dominant Logic of Marketing. Dialog, Debate, and Directions*, New York: Sharpe, S. 43–56

Lusch, R. F., Vargo, S. L. (Hrsg.) (2006), *The Service-Dominant Logic of Marketing. Dialog, Debate, and Directions*. New York: M. E. Sharpe, Inc.

Magrath, A. J. (1986), *When Marketing Services, 4 P's Are Not Enough*, in: BusinessHorizons, Vol. 29, No.3, 1986, S. 44–50

Maleri, R. (1973), *Grundzüge der Dienstleistungsproduktion*. Berlin, Heidelberg, New York: Springer

Maleri, R. (2001), *Grundlagen der Dienstleistungsproduktion*, in: Bruhn, M., Meffert, H. (Hrsg.), *Handbuch Dienstleistungsmanagement*. Wiesbaden: Gabler, S. 125–148

Marconi, C. (2013), Deutscher Hotelmarkt weiter im Aufwind, in: AHGZ, Heft 24, 15. Juni 2013, S. 18

Markgraf, H. (2012), *Die Großen fressen die Kleinen*, in: AHGZ, Heft 12, 17. März 2012, S. 6

Maslow, A. H. (1943), A Theory of Human Motivation, in: Psychological Review 50, 1943, S. 370–396

Matz, S. (2007), *Erfolgsfaktoren im Innovationsmanagement von Industriebetrieben*. Wiesbaden: Deutscher Universitätsverlag

Matzler, K., Sauerwein, E., Stark, C. (2002), Methoden zur Identifikation von Basis-, Leistungs- und Begeisterungsfaktoren, in: Hinterhuber, H. H., Matzler, K. (Hrsg.), *Kundenorientierte*

*Unternehmensführung: Kundenorientierung – Kundenzufriedenheit – Kundenbindung.* 3., aktu. u. erw. Aufl., Wiesbaden: Gabler, S. 265–289

Matzler, K., Stahl, H. K., Hinterhuber, H. H. (2002), Die Customer-based View der Unternehmung, in: Hinterhuber, H. H., Matzler, K. (Hrsg.), *Kundenorientierte Unternehmensführung: Kundenorientierung – Kundenzufriedenheit – Kundenbindung.* 3., aktu. u. erw. Aufl., Wiesbaden: Gabler, S. 3–31

Mayring, P. ( 2003), *Qualitative Inhaltsanalyse: Grundlagen und Techniken.* 8. Aufl, Weinheim, Basel: Beltz

Meffert, H. (1995), *Marktorientiertes Innovationsmanagement – Erfolgsvoraussetzungen von Produkt – und Dienstleistungsinnovationen,* in: Oppenländer, K.-H., Popp, W., (Hrsg.), *Innovationen und wirtschaftlicher Fortschritt: betriebs- und volkswirtschaftliche Perspektiven.* Bern, Stuttgart, Wien: Haupt

Meffert, H. (2000), *Marketing: Grundlagen marktorientierter Unternehmensführung: Konzepte – Instrumente – Praxisbeispiele.* 9., überarb. u. erw. Aufl., Wiesbaden: Gabler

Meffert, H. (2001), Zukünftige Forschungsfelder im Dienstleistungsmarketing, in: Bruhn, M., Meffert, H. (Hrsg.), *Handbuch Dienstleistungsmanagement.* 2., überarb. u. erw. Aufl., Wiesbaden: Gabler, S. 941–958

Meffert, H., Bruhn, M. (2003), *Dienstleistungsmarketing: Grundlagen – Konzepte – Methoden; mit Fallstudien.* 4. vollst. überarb. u. erw. Aufl., Wiesbaden: Gabler

Meffert, H., Burmann, C., Kirchgeorg, M. (2008), *Marketing: Grundlagen marktorientierter Unternehmensführung: Konzepte – Instrumente – Praxisbeispiele.* 10., vollst. überarb. u. erw. Aufl., Wiesbaden: Gabler

Meiren, T. (2009), *Theorie und Anwendungsorientierung in der Dienstleistungsforschung,* in: Spath, D., Ganz, W. (Hrsg.), *Die Zukunft der Dienstleistungswirtschaft: Trends und Chancen heute erkennen.* München: Hanser, S. 35–46

Meiren, T., Liestmann, V. (Hrsg.) (2002), *Service Engineering in der Praxis.* Stuttgart: Fraunhofer IRB

Meuser, M, Nagel, U. (1991), *ExpertInneninterviews – vielfach erprobt, wenig bedacht. Ein Beitrag zu Methodendiskussion,* in: Garz, D, Kraimer, K. (Hrsg.), *Qualitativ-empirische Sozialforschung.* Konzepte, Methoden, Analysen. Opladen: Westdeutscher Verlag, S. 441–471

Meyer, A. (1987), Die Automatisierung und Veredelung von Dienstleistungen. Auswege aus der dienstleistungsinhärenten Produktivitätsschwäche, in: *Jahrbuch der Absatz- und Verbrauchsforschung,* Nr. 1, 1987, S. 25–46

Meyer, A. (1992), *Dienstleistungs-Marketing: Erkenntnisse und praktische Beispiele.* 5. Aufl., Augsburg: FGM-Verlag

Meyer, A. (Hrsg.) (1996), *Grundsatzfragen und Herausforderungen des Dienstleistungsmarketing.* Wiesbaden: Gabler

Meyer, A., Blümelhuber, C. ( 2001), Wettbewerbsorientierte Strategien im Dienstleistungsbereich, in: Bruhn, M., Meffert, H. (Hrsg.), *Handbuch Dienstleistungsmanagement.* Wiesbaden: Gabler, S. 369–398

Meyer, A., Ertl, R. (1996), Nationale Barometer zur Messung von Kundenzufriedenheit, in: Meyer, A. (Hrsg.), *Grundsatzfragen und Herausforderungen des Dienstleistungsmarketing.* Wiesbaden: Gabler, S. 201–231

Meyer, J., Westermann, V. (2005), *Mit Nichtkunden echte Innovationen entdecken,* in: *Frankfurter Allgemeine Zeitung,* Frankfurt/Main, Februar 2005, Nr. 43, S. 22

Meyer, P. W., Meyer, A. (1990), *Dienstleistungen. Die große Hoffnung für Wirtschaft und Wirtschaftswissenschaften in den neunziger Jahren?,* in: *Jahrbuch der Absatz- und Verbrauchsforschung,* 36. Jg., Nr. 2, 1990, S. 124–139

Michalski, T. (2004), *Dienstleistungsinnovationen bei Technologieunternehmen*, in: Bruhn, M., Stauss, B. (Hrsg.), *Dienstleistungsinnovationen – Forum Dienstleistungsmanagement*, Wiesbaden: Gabler, S. 443–463

Michopoulos, A. (2013), *Social Media und Assekuranz: Noch keine heiße Affäre*, 22. November 2013. URL: http://www.versicherungsmagazin.de/Aktuell/Nachrichten/195/21149/Social-Media-und-Assekuranz-Noch-keine-heisse-Affaere.html [27. März 2014]

Mischke, R. (2012), *Privatzimmer holen auf: Neue Plattformen für Ferienwohnungen auf dem Markt*, in: AHGZ, Heft 6, 04. Februar 2012, S. 20

Möller, S. (2004), *Innovationspotenziale von Interaktionsepisoden zwischen Kunde und Kunden-kontaktmitarbeiter*, in: Bruhn, M., Stauss, B. (Hrsg.), *Dienstleistungsinnovationen – Forum Dienstleistungsmanagement*, Wiesbaden: Gabler, S. 281–302

Müller, U. (2006/2007), *Mobilization of Finance Sales Solutions – Chances for Retail Banks, Customer and Supplier*. Frankfurt/Oder: Europa-Universität Viadrana

Müller-Böling, D. (Hrsg.) (1991), *Innovations- und Technologiemanagement*. Stuttgart: Poeschel

Mummendey, H. D., Grau, I. (2008), *Die Fragebogen-Methode*, 5., überarb. u. erw. Aufl., Göttingen: Hogrefe

Nägele, R, Vossen, I. (2003), *Erfolgsfaktor kundenorientiertes Service Engineering – Fallstu-dienergebnisse zum Tertiarisierungsprozess und zur Integration des Kunden in die Dienstleistungsentwicklung*, in: Bullinger, H.-J., Scheer, A.-W., (Hrsg.), *Service Engineering: Entwicklung und Gestaltung innovativer Dienstleistungen*. Berlin: Springer, S. 531–561

Nasner, N. (2004), *Strategisches Kernkompetenz-Management*. München: Hampp

Nefiodow, L. A. (1991), *Der fünfte Kondratieff: Strategien zum Strukturwandel in Wirtschaft und Gesellschaft*. 2. Aufl, Wiesbaden: Gabler

Nefiodow, L. A. (2001), *Der sechste Kondratieff: Wege zur Produktivität und Vollbeschäftigung im Zeitalter der Information*. 5. Aufl., St. Augustin: Rhein-Sieg

Nippa, M.; Labriola, F. (2005), *Das Timing muss stimmen*, in: *Harvard Businessmanager*, Dezember 2005, S. 56–70

o. V. (2013), *Die Raten sinken, die Ausgaben steigen*, in: AHGZ, Heft 3, 19. Januar 2013, S. 3

O'Shaughnessy, J., O'Shaughnessy, N. J. (2003), *The Marketing Power of Emotion*, New York: Oxford University Press

Oehler, J. (2008), *Kostenexplosion macht dem Einkauf Beine*, in: AHGZ, Nr. 48, 28. November 2008, S. 15

Oliver, R. L. (1980), A Cognitive Model of the Antecedents and Consequences of Satisfaction Decisions, in: *Journal of Marketing Research*, Vol. 17, No. 11, November 1980, S. 460–469

Oliver, R. L., DeSarbo, W. S. (1988), Response Determinants in Satisfaction Judgments, in: *Journal of Consumer Research*, Vol. 14, March 1988, S. 495–507

Oliver Wyman (Hrsg.) (2007), Car Innovation 2015 – Innovationsmanagement in der Automobilin-dustrie. URL: http://www.oliverwyman.de/deu-insights/Car_Innovation_2015_deutsch.pdf [29. Dezember 2013]

Opp, K.-D. (1995), Wissenschaftstheoretische Grundlagen der empirischen Sozialforschung, in: Roth, E. (Hrsg.), *Sozialwissenschaftliche Methoden: Lehr- und Handbuch für Forschung und Praxis*. 4., durchges. Aufl., München, Wien: Oldenbourg, S. 49–73

Oppenländer, K.-H., Popp, W., (Hrsg.) (1995), *Innovationen und wirtschaftlicher Fortschritt: betriebs- und volkswirtschaftliche Perspektiven*. Bern, Stuttgart, Wien: Haupt

Osborn, A. F. (1953), *Applied Imagination: Principles and procedures of creative thinking*, New York: Charles Scribner's Sons

Paul, M., Reckenfelderbäumer, M. (2001), *Preisbildung und Kostenrechnung bei Dienstleistungen auf der Basis neuerer Kostenrechnungsverfahren*, in: Bruhn, M., Meffert, H. (Hrsg.), *Handbuch Dienstleistungsmanagement*. Wiesbaden: Gabler, S. 627–659

Pechlaner, H., Tschurtschenthaler, P., Peters, M., Pikkemaat, B., Fuchs, M. (Hrsg.) (2005), *Erfolg durch Innovation: Perspektiven für den Tourismus- und Dienstleistungssektor*. Wiesbaden: Deutscher Universitätsverlag

Pérez, A. S., Borrás, B. C., Rupérez, T. G., Belda, P. R. (2004), *Innovation and profitability in the hotel industry, in: Jornada de Economía del Turismo*, Valencia: Universität Valencia

Peters, M. (2008), *Wachstumsbarrieren in der Hotellerie*, in: Weiermair, K., Peters, M., Pechlaner, H., Kaiser, M.-O., *Unternehmertum im Tourismus: Führen mit Erneuerungen*. 2., neu bearb. u. erw. Aufl., Berlin: Erich Schmidt Verlag, S. 253–270

Peters, M., Weiermair, K. (2002), *Innovationen und Innovationsverhalten im Tourismus*, in: Bieger, T., Lässer, C. (Hrsg.), Jahrbuch der Schweizer Tourismuswirtschaft 2001/2002. St. Gallen, S. 157–178

Peters, M., Weiermair, K. (2008), *Ausblick oder wohin wird sich die Individualhotellerie in Zukunft bewegen*, in: Weiermair, K., Peters, M., Pechlaner, H., Kaiser, M.-O., *Unternehmertum im Tourismus: Führen mit Erneuerungen*. 2., neu bearb. u. erw. Aufl., Berlin: Erich Schmidt Verlag, S. 271–274

Pikkemaat, B. (2001), *Vom Alten zum Neuen Kunden: Dienstleistungsqualität – gestern und heute*, in: Weiermair, K., Peters, M., Reiger E. (Hrsg.): *Vom alten zum neuen Tourismus: Eine Jubiläumsveranstaltung zum 10jährigen Bestehen des ITDs*. Innsbruck: Studia Universitätsverlag, S. 17–25

Pikkemaat, B. (2005), Zur empirischen Erforschung von Innovationen im Tourismus, in: Pechlaner, H., Tschurtschenthaler, P., Peters, M., Pikkemaat, B., Fuchs, M. (Hrsg.), *Erfolg durch Innovation – Perspektiven für den Tourismus- und Dienstleistungssektor*. Wiesbaden: Deutscher Universitätsverlag, S. 89–100

Pikkemaat, B., Holzapfel, E. M. (2007), Innovationsverhalten touristischer Unternehmer: Triebkräfte und Hemmnisse, in: Egger, R., Herdin, T. (Hrsg.), *Tourismus: Herausforderung Zukunft*. Berlin: LIT, S. 241–258

Pikkemaat, B., Peters, T., Weiermair, K. (Hrsg.) (2006), *Innovationen im Tourismus: Wettbewerbsvorteile durch neue Ideen und Angebote. Deutsche Gesellschaft für Tourismuswissenschaft e. V.*

Pikkemaat, B., Walder, B. (2006), *Innovationsmessung in touristischen Destinationen: Modellierung und Anwendung*, in: Bachleitner, R., Egger, R., Herdin, T. (Hrsg)., *Innovationen in der Tourismusforschung: Methoden und Anwendungen*. Berlin, Wien: LIT, S. 113–139

Pikkemaat, B., Weiermair, K. (2004), Zur Problematik der Messung von Innovationen bei komplexen, vernetzten Dienstleistungen – dargestellt am Beispiel der touristischen Dienstleistung, in: Bruhn, M., Stauss, B. (Hrsg.), *Dienstleistungsinnovationen – Forum Dienstleistungsmanagement*. Wiesbaden: Gabler, S. 359–379

Pilar, Ch. von (2014), *Beratung auf Augenhöhe*, in: fvw, Nr. 09, 25. April 2014, S. 24

Pohl, J., Hüggelmeier, J. (2012), B2B-Dienstleistungsmarketing: Wie Hidden Champions ihre Kunden überzeugen, in: Künzel, H. (Hrsg.), *Erfolgsfaktor Kundenzufriedenheit: Handbuch für Strategie und Umsetzung*. 2., völlig überarb. u. erw. Aufl., Berlin, Heidelberg: Springer Gabler, S. 131–150

Pompl, W., Buer, C. (2006), Notwendigkeit, Probleme und Besonderheiten von Innovationen bei touristischen Dienstleistungen, in: Pikkemaat, B., Peters, T., Weiermair, K. (Hrsg.), *Innovationen im Tourismus: Wettbewerbsvorteile durch neue Ideen und Angebote. Deutsche Gesellschaft für Tourismuswissenschaft* e. V., S. 21–35

Poon, A. (1993), *Tourism, technology and competitive strategies*. University of Minnesota: C.A.B. International

Popper, K. R. (1966), *Logik der Forschung*. 2., erw. Aufl., Tübingen: Mohr

Porter, M. E. (1993), *Nationale Wettbewerbsvorteile: erfolgreich konkurrieren auf dem Weltmarkt*. Wien: Ueberreuter

Pracht, S., Jürs, M. (2014), *SOS Firmen-Reisebüros*, in: fvw, Nr. 08, 11. April 2014, S. 16–21

Pracht, S., Jürs, M., Graue, O. (2013), *Einfach war gestern, in: fvw*, Nr. 25, 13. Dezember 2013, S. 16

Proff, H., Proff, H. (2013), *Dynamisches Automobilmanagement: Strategien für international tätige Automobilunternehmen im Übergang in die Elektromobilität.* 2., aktu. u. überarb. Aufl., Wiesbaden: Springer Gabler

Rammer, C., Aschhoff, B., Crass, D., Doherr, T., Hud, M., Köhler, C., Peters, B., Schubert, T., Schwiebacher, F. (2013), *Innovationsverhalten der deutschen Wirtschaft: Indikatorenbericht zur Innovationserhebung 2012*, Mannheim, Januar 2013. URL: http://ftp.zew.de/pub/zew-docs/mip/12/mip_2012.pdf [15. März 2014]

Rasche, C. (1994), Wettbewerbsvorteile durch Kernkompetenzen: ein ressourcenorientierter Ansatz. Wiesbaden: Gabler

Reichardt, C. (2000), *One-to-One Marketing im Internet: Erfolgreiches E-Business für Finanzdienstleister.* Wiesbaden: Gabler

Reichheld, F., Sasser, W. (1990), *Zero defections: Quality comes to services, in: Harvard Business Review*, Vol. 68, No. 5, September/Oktober 1990, S. 105–111

Reichwald, R., Schaller, C. (2003), Innovationsmanagement von Dienstleistungen – Herausforderungen und Erfolgsfaktoren in der Praxis, in: Bullinger, H.-J., Scheer, A.-W., (Hrsg.), *Service Engineering: Entwicklung und Gestaltung innovativer Dienstleistungen.* Berlin: Springer, S. 171–198

Reidegeld, P. (2007), Internal Venturing als Mittel zur Förderung von radikalen oder disruptiven Innovationen innerhalb von Großkonzernen, in: Gleich, R., Russo, P. (Hrsg.), *Perspektiven des Innovationsmanagements 2007.* Berlin: LIT, S. 187–215

Reinecker, H. (1995), *Einzelfallanalyse*, in: Roth, E. (Hrsg.), *Sozialwissenschaftliche Methoden: Lehr- und Handbuch für Forschung und Praxis.* 4., durchges. Aufl., München, Wien: Oldenbourg, S. 267–281

Richter, V. (2013), *Social Media: Mehr als nur Spielerei, in: Versicherungsmagazin*, 7. Januar 2013. URL: http://www.versicherungsmagazin.de/Aktuell/Nachrichten/195/20064/Social-Media-Mehr-als-nur-Spielerei.html [27. März 2014]

Rickards, T. (1985), *Stimulation innovation: a systems approach.* London: Pinter

Riesenhuber, F. (2007), Großzahlige empirische Forschung, in: Ankers, S., Klapper, D., Konradt, U., Walter, A., Wolf, J. (Hrsg.), *Methodik der empirischen Forschung.* 2. Aufl., Wiesbaden: Gabler, S. 1–16

Roberts, E. B. (1988), Managing invention and innovation, in: *Research Technology Management*, ed. 1988, Vol. 31, S. 11–29

Rogers, E. M. (1983), *Diffusion of innovations.* 3. Aufl., New York: Free Press

Rogl, D. (2012), *Eine ganz neue Dynamik, in: fvw*, Nr. 21, 19. Oktober 2012, S. 16

Rogl, D. (2014), *Bahn kontra Fernbus, in: fvw*, Nr. 08, 11. April 2014, S. 8–9

Rohrbach, B. (1969), *Kreativ nach Regeln: Methode 635, eine neue Technik zum Lösen von Problemen*, in: Absatzwirtschaft 12, Heft 19, Oktober 1969, S. 73–76

Rosenstiel, L. von Neumann, P. (2012), Psychologie: Mehr als ein Käufer: Der Kunde, das unbekannte Wesen, in: Künzel, H. (Hrsg.), Erfolgsfaktor Kundenzufriedenheit: Handbuch für Strategie und Umsetzung. 2., völlig überarb. u. erw. Aufl., Berlin, Heidelberg: Springer Gabler, S. 15–37

Roth, E. (Hrsg.) (1995), *Sozialwissenschaftliche Methoden: Lehr- und Handbuch für Forschung und Praxis.* 4., durchges. Aufl., München, Wien: Oldenbourg

Roth, P. (2003), Grundlagen des Touristikmarketing, in: Roth, P., Schrand, A. (Hrsg.), *Touristikmarketing: Das Marketing der Reiseveranstalter, Verkehrsträger und Tourismusdestinationen.* 4., überarb. u. aktu. Aufl., München: Vahlen, S. 31–147

Roth, P., Schrand, A. (Hrsg.) (2003), *Touristikmarketing: Das Marketing der Reiseveranstalter, Verkehrsträger und Tourismusdestinationen.* 4., überarb. u. aktu. Aufl., München: Vahlen

Sachsenmeier, P., Schottenloher, M. (2003), *Challenges between competition and collaboration: the future of the European manufacturing industry.* Berlin: Springer

Salavati, N. (2014), *Pilotversuch mit Bordmenü.* 2. September 2014. URL: http://www.sueddeutsche.de/wirtschaft/lieferservice-der-lufthansa-pilotversuch-mit-bordmenue-1.2113008 [03. September 2014]

Schäfers, T., Dahlhoff, H. D. (2013), *Die Beziehung zum Kunden gestalten,* in: Esch, F.-R. (Hrsg.), *Strategie und Technik des Automobilmarketing.* Wiesbaden: Springer Gabler, S. 236–267

Schaller, C. (2002), *Innovationsmanagement für Dienstleistungen,* in: Meiren, T., Liestmann, V. (Hrsg.), *Service Engineering in der Praxis.* Stuttgart: Fraunhofer IRB, S. 10–20

Schaller, C., Rackensperger D., Reichwald, R. (2004), *Innovationsmanagement von Dienst-leistungen – Ein ganzheitlicher Ansatz und seine Umsetzung in die Praxis,* in: Bruhn, M., Stauss, B. (Hrsg.), *Dienstleistungsinnovationen – Forum Dienstleistungsmanagement.* Wiesbaden: Gabler, S. 47–71

Scharitzer, D. (1994), *Dienstleistungsqualität – Kundenzufriedenheit.* Wien: Service Fachverlag

Scheuing, E. E., Johnson, E. M. (1989), A proposed model for new service development, in: *Journal of Services Marketing,* Vol. 3, No. 2, 1989, S. 25–34

Schlicksupp, H. (1999), *Innovation, Kreativität und Ideenfindung.* 5., überarb. u. erw. Aufl., Würzburg: Vogel

Schlieper, T., Hänssler, K.-H. (2011), *Das Marktkonzept von Hotelbetrieben,* in: Hänssler, K.-H. (Hrsg.), *Management in der Hotellerie und Gastronomie: Betriebswirtschaftliche Grundlagen.* 8., vollst. aktu. u. überarb. Aufl., München, Wien: Oldenbourg, S. 17–36

Schmidt, K., Gleich, R., Richter A. (Hrsg.) (2007), *Innovationsmanagement in der Serviceindustrie: Grundlagen, Praxisbeispiele und Perspektiven.* Freiburg: Haufe

Schmiemann, M. (2009), *Tendenzen der Unternehmensstatistik: Schritte zur besseren Erfassung von Dienstleistungen,* in: Spath, D., Ganz, W. (Hrsg.), *Die Zukunft der Dienstleistungswirtschaft: Trends und Chancen heute erkennen,* München: Hanser, S. 47–60

Schmit, M., Allscheid, S. (1995), *Employee Attitudes and Customer Satisfaction: Making Theoretical and Empirical Connections,* in: *Personnel Psychology,* Vol. 48, No. 3, 1995, S. 521–536

Schmookler, J. (1966), *Invention and economic growth.* Cambridge: Harvard University Press

Schmude, J., Namberger, P. (2010), *Tourismusgeographie.* Darmstadt: WBG

Schneider, K. (2005), *Studenten testen das Phänomen Innovation,* in: *Handelsblatt, Düsseldorf,* Juli 2005, Nr. 135/28, S. 12

Schneider, R., Hastreiter, G. (2010), Multikanalvertrieb von Versicherungen, in: Aschenbrenner, M., Dicke, R., Karnarski, B., Schweiggert, F. (Hrsg.), *Informations-verarbeitung in Versicherungsunternehmen.* Heidelberg: Springer, S. 199–208

Schrand, A., Grimmelsmann, A. (2011), *Distributionspolitik,* in: Hänssler, K.-H. (Hrsg.), *Management in der Hotellerie und Gastronomie: Betriebswirtschaftliche Grundlagen.* 8., vollst. aktu. u. überarb. Aufl., München, Wien: Oldenbourg, S. 226–239

Schrand, A., Schlieper, T. (2011), *Informationsgrundlagen und Entscheidungsrahmen,* in: Hänssler, K.-H. (Hrsg.), *Management in der Hotellerie und Gastronomie: Betriebswirtschaftliche Grundlagen.* 8., vollst. aktu. u. überarb. Aufl., München, Wien: Oldenbourg, S. 183–194

Schrand, A., Schlieper, T. (2011b), *Strategisches Hotel-Marketing,* in: Hänssler, K.-H. (Hrsg.), *Management in der Hotellerie und Gastronomie: Betriebswirtschaftliche Grundlagen.* 8., vollst. aktu. u. überarb. Aufl., München, Wien: Oldenbourg, S. 195–212

Schreyer, M. (2002), *Wettbewerbsvorteile im Tourismus: Ein ressourcen- und kompetenzenbasierter Ansatz,* in: *Tourismus Jahrbuch,* Jg. 2002, Heft 2, Limburgerhof, S. 181–198

Schumpeter, J. A. (1961), *The theory of economic development,* New York, Oxford: Univ. Press

Schumpeter, J. A. (1964), Theorie der wirtschaftlichen Entwicklung, Eine Untersuchung über Unternehmergewinn, Kapital, Kredit, Zins und den Konjunkturzyklus. 6. Aufl., Berlin: Duncker & Humblot

Schumpeter, J. A. (2010), *Konjunkturzyklen.* Göttingen: Vandenhoeck & Ruprecht

Schwandner, G. (2014), *Innovationsmanagement,* Ingolstadt: Arbeitspapier Technische Hochschule

Schwark, J. (Hrsg.) (2004), *Tourismus und Industriekultur,* Berlin: Erich Schmidt Verlag

Seitz, E., Meyer, W. (2003), *Tourismusmarktforschung,* in: Roth, P., Schrand, A. (Hrsg.), *Touristik-marketing: Das Marketing der Reiseveranstalter, Verkehrsträger und Tourismusdestinationen.* 4., überarb. u. aktu. Aufl., München: Vahlen, S. 1–30

Service Value GmbH (Hrsg.) (2013), Studie „Service-Champions" und Service-Rankings 10-2013: Fragestellung, Methode, Auswertung, Service Value GmbH, Köln, 24. Oktober 2013. URL: http://servicevalue.de/fileadmin/contents/04_Wettbewerbe/Service-Champions/pdf/Studie_Service_Champions_24.10.2013.pdf [29. Oktober 2013]

Sinek, S. (2014), *Frag immer erst: Warum: Wie Topfirmen und Führungskräfte zum Erfolg inspirieren.* München: Redline

Sommerlatte, T. (2007), Gebt Innovationen eine Chance, in: Harvard Businessmanager, November 2007, S. 114–115

Spath, D., Bauer, W., Engstler, M. (Hrsg.) (2008), *Innovationen und Konzepte für die Bank der Zukunft: Mit modernen Vertriebslösungen und optimierten Wertschöpfungsprozessen künftigen Herausforderungen begegnen.* Wiesbaden: Gabler

Spath, D., Ganz, W. (Hrsg.) (2009), *Die Zukunft der Dienstleistungswirtschaft: Trends und Chancen heute erkennen.* München: Hanser

Spiller, K. (2011), *Gästegewinnung in der Wellnesshotellerie: Neuer Marketingmix mit Online- und Offline-Instrumenten,* in: Krczal, A., Krczal, E., Weiermair, K. (Hrsg.), *Qualitätsmanagement in Wellnesseinrichtungen: Erfolg durch Kundenorientierung und hohe Standards.* Berlin: Erich Schmidt Verlag, S. 195–214

Spohrer, J., Kwan, S. K. (2009), *Service Science, Management, Engineering, and Design (SSMED): Konturen und Eckpunkte einer neuen Dienstleistungsforschung,* in: Spath, D., Ganz, W. (Hrsg.), *Die Zukunft der Dienstleistungswirtschaft: Trends und Chancen heute erkennen.* München: Hanser, S. 107–223

Städele, K. (2013), *Automarken fahren mit Vollgas ins Internet,* in: werben & verkaufen, Nr. 23, 3. Juni 2013, S. 18–20

Stadtfeld, F. (Hrsg.) (1987), *Wettbewerb und Innovation im Tourismus.* Worms: Siebdruck Team

Statisches Bundesamt (Hrsg.) (2014), Preise: Verbraucherpreisindizes für Deutschland; lange Reihe ab 1948, Wiesbaden: Statistisches Bundesamt, April 2014. URL: https://www.destatis.de/DE/Publikationen/Thematisch/Preise/Verbraucherpreise/VerbraucherpreisindexLange-ReihenPDF_5611103.pdf?__blob=publicationFile [1. Juni 2014]

Statistische Ämter des Bundes und der Länder (Hrsg.) (2011), Demographischer Wandel in Deutschland: Bevölkerungs- und Haushaltsentwicklung im Bund und in den Ländern, Wiesbaden: Statistisches Bundesamt, Heft 1, März 2011. URL: https://www.destatis.de/DE/Publikationen/Thematisch/Bevoelkerung/VorausberechnungBevoelkerung/Bevoelkerungs-Haushaltsentwicklung5871101119004.pdf;jsessionid=5FB0AB505546DB170E2BA8F7F14F73A2.cae3?__blob=publicationFile [6. Mai 2014]

Statistisches Bundesamt (Hrsg.) (1990), Statistisches Jahrbuch 1990: Für die Bundesrepublik Deutschland, Wiesbaden: Statistisches Bundesamt, 1990. URL: http://www.digizeitschriften.de/fileadmin/scripts/pdf.php?UklQPTE4OC4yMS43LjIzNSZQUE49UFBONTE0NDAyMzQyXzE5-OTAmbG9nSUQ9TE9HXzAwMjQmZmVzPSZBQQ0w9WVRvek9udHBPakE3Y3pvvME9pSm1jbVZ-sSWp0cE9qRTdjem96TVRRvaVUzUmhkR2x2Y2ZEdselkyaGxjjMEoxYm1SbGMyRnRkRmwhO-

aVlXUmxiaUk3YVRveU8zTTZPVG9pUldOdmJtOXRhV056SWp0OSZ0YXJnZXRGaWxlTmFtZT-
1QUE41MTQ0MDIzNDJfMTk5MF9MT0dfMDAyNC5wZGY= [22. April 2014]

Statistisches Bundesamt (Hrsg.) (1991), Statistisches Jahrbuch 1991: Für die Bundesrepublik
Deutschland, Wiesbaden: Statistisches Bundesamt, 1991. URL: http://www.digizeitschriften.
de/fileadmin/scripts/pdf.php?UklQPTE4OC4yMS43LjIzNSZQUE49UFBONjM1NjI4MTEyXzE5-
OTEmbG9nSUQ9TE9HXzAwMjQmZmVzPSZBQ0w9w9WVRvek9udHBPakE3Y3pvME9pSm1jbVVZ-
sSWp0cE9qRTdjem96TVRvaVUzUmhkR2x6ZEdselkyaGxjjMEoxYm1SbGMyRnRkRmRwWlhO-
aVlXUmxiaUk3YVRveU8zTTZPVG9pUldOdmJtOXRhV056SWp0OSZ0YXJnZXRGaWxlTmFtZT-
1QUE42MzU2MjgxMTJfMTk5MV9MT0dfMDAyNC5wZGY= [22. April 2014]

Statistisches Bundesamt (Hrsg.) (1992), Statistisches Jahrbuch 1992: Für die Bundesrepublik
Deutschland, Wiesbaden: Statistisches Bundesamt, 1992. URL: http://www.digizeitschriften.
de/fileadmin/scripts/pdf.php?UklQPTE4OC4yMS43LjIzNSZQUE49UFBONjM1NjI4MTEyXzE5-
OTImbG9nSUQ9TE9HXzAwMjQmZmVzPSZBQ0w9w9WVRvek9udHBPakE3Y3pvME9pSm1jbVVZ-
sSWp0cE9qRTdjem96TVRvaVUzUmhkR2x6ZEdselkyaGxjjMEoxYm1SbGMyRnRkRmRwWlhO-
aVlXUmxiaUk3YVRveU8zTTZPVG9pUldOdmJtOXRhV056SWp0OSZ0YXJnZXRGaWxlTmFtZT-
1QUE42MzU2MjgxMTJfMTk5Ml9MT0dfMDAyNC5wZGY= [22. April 2014]

Statistisches Bundesamt (Hrsg.) (1993), Statistisches Jahrbuch 1993: Für die Bundesrepublik
Deutschland, Wiesbaden: Statistisches Bundesamt, 1993. URL: http://www.digizeitschriften.
de/fileadmin/scripts/pdf.php?UklQPTE4OC4yMS43LjIzNSZQUE49UFBONjM1NjI4MTEyXzE5-
OTMmbG9nSUQ9TE9HXzAwMjQmYmVzPSZBQ0w9w9WVRvek9udHBPakE3Y3pvME9pSm1jbVVZ-
sSWp0cE9qRTdjem96TVRvaVUzUmhkR2x6ZEdselkyaGxjjMEoxYm1SbGMyRnRkRmRwWlhO-
aVlXUmxiaUk3YVRveU8zTTZPVG9pUldOdmJtOXRhV056SWp0OSZ0YXJnZXRGaWxlTmFtZT-
1QUE42MzU2MjgxMTJfMTk5M19MT0dfMDAyNi5wZGY= [22. April 2014]

Statistisches Bundesamt (Hrsg.) (1994), Statistisches Jahrbuch 1994: Für die Bundesrepublik
Deutschland, Wiesbaden: Statistisches Bundesamt, 1994. URL: http://www.digizeitschriften.
de/fileadmin/scripts/pdf.php?UklQPTE4OC4yMS43LjIzNSZQUE49UFBONjM1NjI4MTEyXzE5-
OTQmbG9nSUQ9TE9HXzAwMjUmZmVzPSZBQ0w9w9WVRvek9udHBPakE3Y3pvME9pSm1jbVVZ-
sSWp0cE9qRTdjem96TVRvaVUzUmhkR2x6ZEdselkyaGxjjMEoxYm1SbGMyRnRkRmRwWlhO-
aVlXUmxiaUk3YVRveU8zTTZPVG9pUldOdmJtOXRhV056SWp0OSZ0YXJnZXRGaWxlTmFtZT-
1QUE42MzU2MjgxMTJfMTk5NF9MT0dfMDAyNS5wZGY= [22. April 2014]

Statistisches Bundesamt (Hrsg.) (1995), Statistisches Jahrbuch 1995: Für die Bundesrepublik
Deutschland, Wiesbaden: Statistisches Bundesamt, 1995. URL: http://www.digizeitschriften.
de/fileadmin/scripts/pdf.php?UklQPTE4OC4yMS43LjIzNSZQUE49UFBONjM1NjI4MTEyXzE5-
OTUmbG9nSUQ9TE9HXzAwMjUmZmVzPSZBQ0w9w9WVRvek9udHBPakE3Y3pvME9pSm1jbVVZ-
sSWp0cE9qRTdjem96TVRvaVUzUmhkR2x6ZEdselkyaGxjjMEoxYm1SbGMyRnRkRmRwWlhO-
aVlXUmxiaUk3YVRveU8zTTZPVG9pUldOdmJtOXRhV056SWp0OSZ0YXJnZXRGaWxlTmFtZT-
1QUE42MzU2MjgxMTJfMTk5NV9MT0dfMDAyNS5wZGY= [22. April 2014]

Statistisches Bundesamt (Hrsg.) (1996), Statistisches Jahrbuch 1996: Für die Bundesrepublik
Deutschland, Wiesbaden: Statistisches Bundesamt, 1996. URL: http://www.digizeitschriften.
de/fileadmin/scripts/pdf.php?UklQPTE4OC4yMS43LjIzNSZQUE49UFBONjM1NjI4MTEyXzE5-
OTYmbG9nSUQ9TE9HXzAwMjgmZmVzPSZBQ0w9w9WVRvek9udHBPakE3Y3pvME9pSm1jbVVZ-
sSWp0cE9qRTdjem96TVRvaVUzUmhkR2x6ZEdselkyaGxjjMEoxYm1SbGMyRnRkRmRwWlhO-
aVlXUmxiaUk3YVRveU8zTTZPVG9pUldOdmJtOXRhV056SWp0OSZ0YXJnZXRGaWxlTmFtZT-
1QUE42MzU2MjgxMTJfMTk5Nl9MT0dfMDAyOC5wZGY= [22. April 2014]

Statistisches Bundesamt (Hrsg.) (1997), Statistisches Jahrbuch 1997: Für die Bundesrepublik
Deutschland, Wiesbaden: Statistisches Bundesamt, 1997. URL: http://www.digizeitschriften.
de/fileadmin/scripts/pdf.php?UklQPTE4OC4yMS43LjIzNSZQUE49UFBONjM1NjI4MTEyXzE5-
OTcmbG9nSUQ9TE9HXzAwMjgmZmVzPSZBQ0w9w9WVRvek9udHBPakE3Y3pvME9pSm1jbVVZ-
sSWp0cE9qRTdjem96TVRvaVUzUmhkR2x6ZEdselkyaGxjjMEoxYm1SbGMyRnRkRmRwWlhO-

aVlXUmxiaUk3YVRveU8zTTZPVG9pUldOdmJtOXRhV056SWp0OSZ0YXJnZXRGaWxlTmFtZT-1QUE42MzU2MjgxMTJfMTk5N19MT0dfMDAyOC5wZGY= [22. April 2014]

Statistisches Bundesamt (Hrsg.) (1998), Statistisches Jahrbuch 1998: Für die Bundesrepublik Deutschland, Wiesbaden: Statistisches Bundesamt, 1998. URL: http://www.digizeitschriften. de/fileadmin/scripts/pdf.php?UklQPTE4OC4yMS43LjIzNSZQUE49UFBONjM1NjI4MTEyXzE5-OTgmbG9nSUQ9TE9HXzAwMjgmZmVzPSBZBQ0w9WVRvek9udHBBPakE3Y3pvME9pSm1jbVZz-sSWp0cE9qRTdjem96TVRvaVUzUmhkR2x6ZEdselkyaGxjMEoxYm1SbGMGMyRnRkRmRwWlhO-aVlXUmxiaUk3YVRveU8zTTZPVG9pUldOdmJtOXRhV056SWp0OSZ0YXJnZXRGaWxlTmFtZT-1QUE42MzU2MjgxMTJfMTk5OF9MT0dfMDAyOC5wZGY= [22. April 2014]

Statistisches Bundesamt (Hrsg.) (1999), Statistisches Jahrbuch 1999: Für die Bundesrepublik Deutschland, Wiesbaden: Statistisches Bundesamt, 1999. URL: http://www.digizeitschriften. de/fileadmin/scripts/pdf.php?UklQPTE4OC4yMS43LjIzNSZQUE49UFBONjM1NjI4MTEyXzE5-OTkmbG9nSUQ9TE9HXzAwMjcmZmVzPSBZBQ0w9WVRvek9udHBBPakE3Y3pvME9pSm1jbVZz-sSWp0cE9qRTdjem96TVRvaVUzUmhkR2x6ZEdselkyaGxjMEoxYm1SbGMGMyRnRkRmRwWlhO-aVlXUmxiaUk3YVRveU8zTTZPVG9pUldOdmJtOXRhV056SWp0OSZ0YXJnZXRGaWxlTmFtZT-1QUE42MzU2MjgxMTJfMTk5OV9MT0dfMDAyNy5wZGY= [22. April 2014]

Statistisches Bundesamt (Hrsg.) (2000), Statistisches Jahrbuch 2000: Für die Bundesrepublik Deutschland, Wiesbaden: Statistisches Bundesamt, 2000. URL: http://www.digizeitschriften. de/fileadmin/scripts/pdf.php?UklQPTE4OC4yMS43LjIzNSZQUE49UFBONjM1NjI4MTEyXzIw-MDAmbG9nSUQ9TE9HXzAwMjcmZmVzPSBZBQ0w9WVRvek9udHBBPakE3Y3pvME9pSm1jbVZz-sSWp0cE9qRTdjem96TVRvaVUzUmhkR2x6ZEdselkyaGxjMEoxYm1SbGMGMyRnRkRmRwWlhO-aVlXUmxiaUk3YVRveU8zTTZPVG9pUldOdmJtOXRhV056SWp0OSZ0YXJnZXRGaWxlTmFtZT-1QUE42MzU2MjgxMTJfMjAwMF9MT0dfMDAyNy5wZGY= [22. April 2014]

Statistisches Bundesamt (Hrsg.) (2001), Statistisches Jahrbuch 2001: Für die Bundesrepublik Deutschland, Wiesbaden: Statistisches Bundesamt. URL: http://www.digizeitschriften.de/ fileadmin/scripts/pdf.php?UklQPTE4OC4yMS43LjIzNSZQUE49UFBONjM1NjI4MTEyXzIwMD-DEmbG9nSUQ9TE9HXzAwMjkmZmVzPSBZBQ0w9WVRvek9udHBBPakE3Y3pvME9pSm1jbVZZs-SWp0cE9qRTdjem96TVRvaVUzUmhkR2x6ZEdselkyaGxjMEoxYm1SbGMGMyRnRkRmRwWlhO-aVlXUmxiaUk3YVRveU8zTTZPVG9pUldOdmJtOXRhV056SWp0OSZ0YXJnZXRGaWxlTmFtZT-1QUE42MzU2MjgxMTJfMjAwMV9MT0dfMDAyOS5wZGY= [22. April 2014]

Statistisches Bundesamt (Hrsg.) (2002), Statistisches Jahrbuch 2002: Für die Bundesrepublik Deutschland, Wiesbaden: Statistisches Bundesamt. URL: http://www.digizeitschriften.de/ fileadmin/scripts/pdf.php?UklQPTE4OC4yMS43LjIzNSZQUE49UFBONjM1NjI4MTEyXzIwMD-DImbG9nSUQ9TE9HXzAwMjUmZmVzPSBZBQ0w9WVRvek9udHBBPakE3Y3pvME9pSm1jbVZZs-SWp0cE9qRTdjem96TVRvaVUzUmhkR2x6ZEdselkyaGxjMEoxYm1SbGMGMyRnRkRmRwWlhO-aVlXUmxiaUk3YVRveU8zTTZPVG9pUldOdmJtOXRhV056SWp0OSZ0YXJnZXRGaWxlTmFtZT-1QUE42MzU2MjgxMTJfMjAwMl9MT0dfMDAyNS5wZGY= [22. April 2014]

Statistisches Bundesamt (Hrsg.) (2003), Statistisches Jahrbuch 2003: Für die Bundesrepublik Deutschland, Wiesbaden: Statistisches Bundesamt. URL: http://www.digizeitschriften.de/ fileadmin/scripts/pdf.php?UklQPTE4OC4yMS43LjIzNSZQUE49UFBONjM1NjI4MTEyXzIwMD-DMmbG9nSUQ9TE9HXzAwMjUmZmVzPSBZBQ0w9WVRvek9udHBBPakE3Y3pvME9pSm1jbVZz-sSWp0cE9qRTdjem96TVRvaVUzUmhkR2x6ZEdselkyaGxjMEoxYm1SbGMGMyRnRkRmRwWlhO-aVlXUmxiaUk3YVRveU8zTTZPVG9pUldOdmJtOXRhV056SWp0OSZ0YXJnZXRGaWxlTmFtZT-1QUE42MzU2MjgxMTJfMjAwM19MT0dfMDAyNS5wZGY= [22. April 2014]

Statistisches Bundesamt (Hrsg.) (2004), Statistisches Jahrbuch 2004: Für die Bundesrepublik Deutschland, Wiesbaden: Statistisches Bundesamt. URL: http://www.digizeitschriften.de/ fileadmin/scripts/pdf.php?UklQPTE4OC4yMS43LjIzNSZQUE49UFBONjM1NjI4MTEyXzIwMD-DQmbG9nSUQ9TE9HXzAwMjYmZmVzPSBZBQ0w9WVRvek9udHBBPakE3Y3pvME9pSm1jbVZZs-SWp0cE9qRTdjem96TVRvaVUzUmhkR2x6ZEdselkyaGxjMEoxYm1SbGMGMyRnRkRmRwWlhOaVlXUmxiaUk3YVRveU8zTTZPVG9pUIdOdmJtOXRhV056SWp0OSZ0YXJnZXRGaWxlTmFtZT-1QUE42MzU2MjgxMTJfMjAwNF9MT0dfMDAyNi5wZGY= [22. April 2014]

Statistisches Bundesamt (Hrsg.) (2005), Statistisches Jahrbuch 2005: Für die Bundesrepublik Deutschland, Wiesbaden: Statistisches Bundesamt. URL: http://www.digizeitschriften.de/ fileadmin/scripts/pdf.php?UklQPTE4OC4yMS43LjIzNSZQUE49UFBBONjM1NjI4MTEyXzIwMD-UmbG9nSUQ9TE9HXzAwMjYmZmVzPSZBQ0w9WVJvdek9udHBPakE3Y3pvdME9pSm1jbVZzSW p0cE9qRTdjdjjem81T2lKRlkyOXViMjFFWTNNNU9sU8yazZNanR6T2pMJME9pSlRZMmhoWldU0 FiMIZ6WTJobGGJFMWxkSHBzWlhJaU8zMD0mdGFyZ2V0RmlsZU5hbWU9UFBBONjM1NjI4MTEyXzI-wMDVfTE9HXzAwMjYucGRm [22. April 2014]

Statistisches Bundesamt (Hrsg.) (2006a), Statistisches Jahrbuch 2006: Für die Bundesrepublik Deutschland, Wiesbaden: Statistisches Bundesamt. URL: https://www.destatis.de/DE/ Publikationen/StatistischesJahrbuch/Jahrbuch2006.pdf?__blob=publicationFile [22. April 2014]

Statistisches Bundesamt (Hrsg.) (2006b): Bevölkerung Deutschlands bis 2050: 11. Koordinierte Bevölkerungsvorausberechnung. Wiesbaden

Statistisches Bundesamt (Hrsg.) (2007), Statistisches Jahrbuch 2007: Für die Bundesrepublik Deutschland, Wiesbaden: Statistisches Bundesamt. URL: https://www.destatis.de/DE/ Publikationen/StatistischesJahrbuch/Jahrbuch2007.pdf?__blob=publicationFile [22. April 2014]

Statistisches Bundesamt (Hrsg.) (2008), Statistisches Jahrbuch 2008: Für die Bundesrepublik Deutschland, Wiesbaden: Statistisches Bundesamt. URL: https://www.destatis.de/DE/ Publikationen/StatistischesJahrbuch/Jahrbuch2008.pdf?__blob=publicationFile [22. April 2014]

Statistisches Bundesamt (Hrsg.) (2009), Statistisches Jahrbuch 2009: Für die Bundesrepublik Deutschland, Wiesbaden: Statistisches Bundesamt. URL: https://www.destatis.de/DE/ Publikationen/StatistischesJahrbuch/Jahrbuch2009.pdf?__blob=publicationFile [22. April 2014]

Statistisches Bundesamt (Hrsg.) (2010), Statistisches Jahrbuch 2010: Für die Bundesrepublik Deutschland mit „Internationalen Übersichten", Wiesbaden: Statistisches Bundesamt. URL: https://www.destatis.de/DE/Publikationen/StatistischesJahrbuch/StatistischesJahrbuch2010. pdf?__blob=publicationFile [22. April 2014]

Statistisches Bundesamt (Hrsg.) (2011), Statistisches Jahrbuch 2011: Für die Bundesrepublik Deutschland mit „Internationalen Übersichten", Wiesbaden: Statistisches Bundesamt. URL: https://www.destatis.de/DE/Publikationen/StatistischesJahrbuch/StatistischesJahrbuch2011. pdf?__blob=publicationFile [22. April 2014]

Statistisches Bundesamt (Hrsg.) (2012), Statistisches Jahrbuch: Deutschland und Internationales, Wiesbaden: Statistisches Bundesamt. URL: https://www.destatis.de/DE/Publikationen/Statis-tischesJahrbuch/StatistischesJahrbuch2012.pdf?__blob=publicationFile [22. April 2014]

Statistisches Bundesamt (Hrsg.) (2013), Statistisches Jahrbuch: Deutschland und Internationales, Wiesbaden: Statistisches Bundesamt. URL: https://www.destatis.de/DE/Publikationen/Statis-tischesJahrbuch/StatistischesJahrbuch2013.pdf?__blob=publicationFile [22. April 2014]

Stauss, B. (2001), Markierungspolitik bei Dienstleistungen – Die „Dienstleistungsmarke", in: Bruhn, M., Meffert, H. (Hrsg.), Handbuch Dienstleistungsmanagement. Wiesbaden: Gabler, S. 549–571

Stauss, B., Bruhn, M. (2004), *Dienstleistungsinnovationen – Eine Einführung in den Sammelband*, in: Bruhn, M., Stauss, B. (Hrsg.), *Dienstleistungsinnovationen – Forum Dienstleistungsmanagement*. Wiesbaden: Gabler, S. 3–25

Steinecke, A. (2000), Tourismus und neue Konsumkultur: Orientierungen – Schauplätze – Werthaltungen, in: Steinecke, A. (Hrsg.), *Erlebnis- und Konsumwelten*. München, Wien: Oldenbourg, S. 11–27

Steinecke, A. (Hrsg.) (2000), *Erlebnis- und Konsumwelten*. München, Wien: Oldenbourg

Steingrube, W. (2003), Erhebungsmethoden in der Geographie, der Freizeit und des Tourismus, in: Becker, C., Hopfinger, H, Steinecke, A. (Hrsg.), *Geographie der Freizeit und des Tourismus: Bilanz und Ausblick*. München, Wien: Oldenbourg, S. 138–148

Steinhauser, C. (2011), *Kundenbindungsmaßnahmen „Auf Wiedersehen": Möglichkeiten und Grenzen des After-Sales Marketing im Wellnesstourismus*, in: Krczal, A., Krczal, E., Weiermair, K. (Hrsg.) (2011*), Qualitätsmanagement in Wellnesseinrichtungen: Erfolg durch Kundenorientierung und hohe Standards*, Berlin: Erich Schmidt Verlag, S. 309–322

Stier, W. (1999), *Empirische Forschungsmethoden*. 2. verb. Aufl., Berlin, Heidelberg: Springer

Stiftung Warentest (Hrsg.) (2012), *Hotelbuchung: Meerblick per Mausklick*, test 5/2012. Berlin: Stiftung Warentest, 2012

Stock, R., Hoyer, W. (2002), Leadership Style as Driver of Salespeople's Customer Orientation, *Journal of Market-Focused Management*, Vol. 5, No. 4, 2002, S. 353–374

Stock-Homburg, R. (2009), *Der Zusammenhang zwischen Mitarbeiter- und Kundenzufriedenheit: Direkte, indirekte und moderierende Effekte*. 4. Aufl., Wiesbaden: Gabler

Stocker, F. (2014), *Ohne Kosten im Hotel surfen*, in: Die Welt, 1. Februar 2014, S. 17

Stolpmann, M. (2007), *Wie positionieren wir uns wirkungsvoll?: Mit Fokussierung und Profil zu mehr Erfolg in Hotellerie und Gastronomie*. Heidelberg: Redline

Stolpmann, M. (2008), *Wie werden wir für unsere Gäste interessanter?: Durch Innovation zu Differenzierung in Hotellerie und Gastronomie*, München: Redline

Strasser, M. (2008), Was ist der Kunde wert? Customer Lifetime Value als Methode zur Kundenbewertung in der Reisebranche, Wien: Facultas

Strauß, S. (2010), *Große Pläne mit Serviced Apartments*, in: AHGZ , Nr. 47, 20. November 2010, S. 2

Sudhir, B.; Reddy, T. R. (2010) A study on marketing practices in select service industry. Mustang Journal of Business & Ethics

Sundbo, J. (1997), Management of innovation in services, in: *The Service Industries Journal*, Vol. 17, No. 3, S. 432–455

Sünderhauf, B. (1987), *Innovation und strategisches Marketing*, in: Stadtfeld, F. (Hrsg.), *Wettbewerb und Innovation im Tourismus*. Worms: Siebdruck Team, S. 21–28

The Boston Consulting Group (2006), *Innovation 2006: Senior Management Survey*. Boston,

Theiner, B., Steinhauser, C. (2006), *Neue Erlebnisse im Tourismus: Eine Analyse des Innovationsverhaltens von Anbietern und Nachfragern bei der touristischen Produktentwicklung; illustriert am Beispiel „Alpine Wellness"*, Marburg: Tectum

Thimm, T., Freyer, W. (Hrsg.) (2011), *Indien-Tourismus: Märkte – Strukturen – Tendenzen*, München, Wien: Oldenbourg

Thota, H., Munir, Z. (2011), *Key concepts in innovation*. Los Altos: Palgrave Macmillan

Travelclick (2012), Leveraging key revenue metrics and driving hotel profitability: Best practices and effective measurement, Pressemitteilung vom 6. November 2012. URL: http://www.travelclick.com/en/news-events/press-release/travelclick-hosts-complimentary-webinar-q3-2012-hotel-industry-trends [1. Mai 2014]

Trommsdorff, V., Steinhoff, F. (2007), *Innovationsmarketing*. München: Vahlen

Trumler, W. (1996), *Erfolgsfaktoren des Innovationsmanagements von Bankprodukten: Eine empirische Analyse von Innovationsprozessen in Banken*, Frankfurt/Main: Peter Lang

Tschurtschenthaler, P. (2005), *Die gesamtwirtschaftliche Perspektive von touristischen Innovationen*, in: Pechlaner, H., Tschurtschenthaler, P., Peters, M., Pikkemaat, B., Fuchs, M. (Hrsg.), *Erfolg durch Innovation – Perspektiven für den Tourismus- und Dienstleistungssektor.* Wiesbaden: Deutscher Universitätsverlag, S. 6–21

Tsifidaris, M. (1994), *Management der Innovation: Pragmatische Konzepte zur Zukunftssicherung des Unternehmens.* Renningen-Malmsheim: Expert

Tushman, M., Moore, W. L. (1982), *Readings in the management of innovation.* Boston: Pitman

Tushman, M., Smith, W. K., Binns, A. (2011), Die zwei Rollen des CEO, in: *Harvard Businessmanager,* Jg. 2011, Heft 33, S. 32–40

Uhlmann, L. (1978), *Der Innovationsprozess in westeuropäischen Industrieländern.* Band 2, Berlin, München: Duncker & Humblot

UniCredit Bank AG (Hrsg.) (2014), Listen, understand, respond. 2013 Geschäftsbericht Hypovereinsbank, München. URL: http://about.hypovereinsbank.de/export/shared/de/assets/functional/ueber-uns/downloads/geschaeftsberichte/2014-03-11_gb_2013_konzern.pdf [27. März 2014]

Urban G. L., Hauser J. R. (1993), *Design and marketing of new products.* 2nd ed., Englewood Cliffs, New Jersey: Prentice-Hall

Van Someren, T. C. R. (2005), *Strategische Innovationen: So machen Sie Ihr Unternehmen einzigartig.* Wiesbaden: Gabler

Vedin, B.-A. (1980), *Large company organization and radical product innovation.* Lund: Institute for Management of Innovation and Technology

Verband der Automobilindustrie (VDA) (Hrsg.) (2011), Jahresbericht 2011. Berlin

Verband Deutsches Reisemanagement e. V. (VDR) (Hrsg.) (2010), VDR-Geschäftsreiseanalyse 2010. URL: http://www.vdr-service.de/fileadmin/fachthemen/geschaeftsreiseanalyse/vdr_gra2010.pdf [24. April 2014]

Verband Deutsches Reisemanagement e. V. (VDR) (Hrsg.) (2013), VDR-Geschäftsreiseanalyse 2013. URL: http://www.vdr-service.de/fileadmin/fachthemen/geschaeftsreiseanalyse/vdr_gra2013.pdf [24. April 2014]

Versicherungsmagazin (2013), Versicherer sollten Kunden über alle Kanäle ansprechen. URL: http://www.versicherungsmagazin.de/Aktuell/Nachrichten/195/21207/Versicherer-sollten-Kunden-ueber-alle-Kanaele-ansprechen.html [27. März 2014]

Volber, M. (2013), *So urteilt König Kunde, in: Die Welt Sonderausgabe:* Service Champions 2013, 24. Oktober 2013, S. 1

Völker, R., Thome, C., Schaaf, H. (2012), *Innovationsmanagement: Bestandteile – Theorien – Methoden.* Stuttgart: Kohlhammer

Volkswagen Aktiengesellschaft (2006), Nachhaltigkeit in den Lieferantenbeziehungen, Oktober 2006. URL: http://www.volkswagenag.com/content/vwcorp/info_center/de/publications/2006/10/nachhaltigkeit_in.bin.html/binarystorageitem/file/Nachhaltigkeit+in+den+Lieferantenbeziehungen.pdf [9. März 2014]

Volkswagen Aktiengesellschaft (2013), Navigator 2013: Zahlen, Daten, Fakten. URL: http://www.volkswagenag.com/content/vwcorp/info_center/de/publications/2013/03/navigator_2013.bin.html/binarystorageitem/file/Navigator_2013_WEB_DEUTSCH.pdf [9. März 2014]

Volkswagen Group (o. J.), Die Konzern Business Plattform. URL: http://www.vwgroupsupply.com/portal01/vw/pub/!ut/p/c5/fYzLDoIwFES_hS-4l1gFl1gMJYEqUl7dEBKqgfBKJBD4ejGucWY-5Zw5l2NoVU_UqaxqrvigZSkKecoUN0StHBo0vRjS3hnwOGaBJIIEWSh7U5-MuYeiudRL0G-CxfROnrBzD1_fnP7XsaP6GLZSk9Us33kP6tz-O24EwuBs75VEJYKMpDGrulGQEBm_4dM4wtdYWingc38yS1N-wCE0YCc/dl3/d3/L0lDU0lKSmdwcG!Rb0tVUW9LVVJnL29Ob2dBBRUlRaGpFQ1VJZ0F-BQUl5RkFFNaHddVaFM0SldsdsYTRveEVBVSBUBQSEhLzRDMWI5V19OcjBnQ1VneEVttUkNVd3d3BNaEV-wUkEvN19IMEc0MUNBDMEcwNUldMEdlWQVRNOVFlMDBPNC9PMXQ6SzM5MDQwWDM1LzI1N-TYxOTgxOTc5MC9jXA6dXJsUyUwY3FwdWJWWJ1LWticCUwY29udGVudCUwwdndrYmMMlMGRlJJT-

BwdWJsaWMlMGluZm9ybWF0aW9uZW4lMGticC5wb3J0bGVOLmh0bWwvY3FwOmFfjdGlvbi-
9jcXA6cmVuZGVy/ [9. März 2014]

Voß, G., Rieder, K. (2005), *Der arbeitende Kunde: Wenn Konsumenten zu unbezahlten Mitarbeitern werden*. Frankfurt/Main: Campus

Walder, B. (2005), *Innovationsverhalten und Innovationsmanagement in der Dienstleistungs-branche: Dargestellt am Beispiel touristischer Dienstleistungen*. Innsbruck: Universität

Walder, B. (2007), Tourismus – Management von Innovationen. Marburg: Tectum

Wangenheim, F. von (2003), Weiterempfehlung und Kundenwert: Ein Ansatz zur persönlichen Kommunikation. Wiesbaden: Deutscher Universitätsverlag, 2003

Weber, J., Schäffer, U. (2001), *Controlling in Dienstleistungsunternehmen*, in: Bruhn, M., Meffert, H. (Hrsg.), *Handbuch Dienstleistungsmanagement*. Wiesbaden: Gabler, S. 899–913

Weiermair, K. (2001), Neue Organisations-, Koordinations- und Führungsprinzipien im alpinen Tourismus, in: Weiermair, K., Peters, M., Reiger E. (Hrsg.): *Vom alten zum neuen Tourismus: Eine Jubiläumsveranstaltung zum 10jährigen Bestehen des ITDs*. Innsbruck: Studia Universi-tätsverlag, S. 108–117

Weiermair, K., Peters, M., Pechlaner, H., Kaiser, M.-O. (2008), *Unternehmertum im Tourismus: Führen mit Erneuerungen*. 2., neu bearb. u. erw. Aufl., Berlin: Erich Schmidt Verlag

Weiermair, K., Peters, M., Reiger E. (Hrsg.) (2001), *Vom alten zum neuen Tourismus: Eine Jubiläums-veranstaltung zum 10jährigen Bestehen des ITDs*. Innsbruck: Studia Universitätsverlag

Weishaupt, G. (1998), *Ein Tante-Emma-Laden für ,aufgeklärte Verbraucher'*, in: Handelsblatt, 14. Januar 1998, S. 19

Weissenberger-Eibl, M., Koch, D. J. (2007), *Dienstleistungsinnovationen – ein Perspektivenwechsel*, in: Gleich, R., Russo, P. (Hrsg.), *Perspektiven des Innovationsmanagements 2007*. Berlin: LIT, S. 151–170

Welp, C. (2005), *Wahrer Vorsprung*, in: Wirtschaftswoche, Dezember 2005, Nr. 52, S. 116

Welsch, R. (2008), Die Bank der Zukunft – die intelligente Verknüpfung von realem und virtuellem Banking, in: Spath, D., Bauer, W., Engstler, M. (Hrsg.), *Innovationen und Konzepte für die Bank der Zukunft: Mit modernen Vertriebslösungen und optimierten Wertschöpfungsprozessen künftigen Herausforderungen begegnen*. Wiesbaden:Gabler, S. 57–64

Wimmer, F., Roleff, R. (2001), Beschwerdepolitik als Instrument des Dienstleistungsmanagements, in: Bruhn, M., Meffert, H. (Hrsg.), *Handbuch Dienstleistungsmanagement*. Wiesbaden: Gabler, S. 315–335

Windhorst, H.-W. (1983), *Geographische Innovations- und Diffusionsforschung*. Darmstadt: Wissen-schaftliche Buchgesellschaft

Winkelmann, P. (2002), *Marketing und Vertrieb: Fundamente für die marktorientierte Unternehmens-führung*. 3. Aufl., München, Wien: Oldenbourg

Winkelmann, P. (2010), *Marketing und Vertrieb, Fundamente für die marktorientierte Unternehmens-führung*. 7., vollst. überarb. u. aktu. Aufl., München, Wien: Oldenbourg

Winter, K. (2008), Die Aufbauorganisation von Hotelbetrieben, in: Hänssler, K.-H. (Hrsg.), *Management in der Hotellerie und Gastronomie: Betriebswirtschaftliche Grundlagen*. 7., vollst. aktu. u. überarb. Aufl., München, Wien: Oldenbourg, S. 87–94

Winter, K. (2008b), Das Arbeitsverhältnis in der betrieblichen Praxis, in: Hänssler, K.-H. (Hrsg.), *Management in der Hotellerie und Gastronomie: Betriebswirtschaftliche Grundlagen*. 7., vollst. aktu. u. überarb. Aufl., München, Wien: Oldenbourg, S. 181–194

Woratschek, H. (1996), Möglichkeiten und Grenzen preispolitischer Faustregeln für den Dienst-leistungsbereich, in: Meyer, A. (Hrsg.), *Grundsatzfragen und Herausforderungen des Dienstleistungsmarketing*. Wiesbaden: Gabler, S. 97–124

Woratschek, H. (2001), Preisbildung im Dienstleistungsbereich auf der Basis von Marktinformationen, in: Bruhn, M., Meffert, H. (Hrsg.), *Handbuch Dienstleistungsmanagement*. Wiesbaden: Gabler, S. 607–625

Yin, R. K. (1989), *Case Study Research: Design and Methods*. Newbury Park: Sage

Yiu, R. (2008), *Chinesischer Tourismus in Europa: Herausforderungen für die Hotelbranche am Beispiel der ACCOR-Hotelgruppe*, in: Arlt, G., Freyer, W. (Hrsg.), Deutschland als Reiseziel chinesischer Touristen: Chancen für den deutschen Reisemarkt. München, Wien: Oldenbourg, S. 73–79

Young, P.-T. (1961), *Motivation and Emotion: A survey of the determinants of human and animal activity*. New York, London: Wiley

Zahn, E. (1998), *Innovation, Wachstum, Ertragskraft – Wege zur nachhaltigen Unternehmensentwicklung*, in: Zahn, E., Foschiani, S.(Hrsg.), Innovation, Wachstum, Ertragskraft: Wege zur nachhaltigen Unternehmensentwicklung, Stuttgart: Schaeffer-Poeschel, S. 1–23

Zahn, E., Foschiani, S. (Hrsg.) (1998), *Innovation, Wachstum, Ertragskraft: Wege zur nachhaltigen Unternehmensentwicklung*. Stuttgart: Schaeffer-Poeschel

Zaltman, G., Duncan, R., Holbeck, J. (1984), *Innovations and Organizations*. Malabar: Robert E. Krieger

Zedelius, W. (2007), *Innovation bei der Allianz*, in: Schmidt, K., Gleich, R., Richter A. (Hrsg.): *Innovationsmanagement in der Serviceindustrie: Grundlagen, Praxisbeispiele und Perspektiven. Freiburg: Haufe*, S. 225–240

Zentrum für Europäische Wirtschaftsforschung GmbH (ZEW) (Hrsg.) (2013), Finanzdienstleistungen: Ergebnisse der deutschen Innovationserhebung 2012, 20. Jg., Nr. 17, Januar 2013. URL: http://ftp.zew.de/pub/zew-docs/brarep_inno/issue/2012/17_FinanzDL_2012.pdf [9. Oktober 2013]

Zentrum für Europäische Wirtschaftsforschung GmbH (ZEW) (Hrsg.) (2013b), Fahrzeugbau: Ergebnisse der deutschen Innovationserhebung 2012, 20. Jg., Nr. 10, Januar 2013. URL: http://ftp.zew.de/pub/zew-docs/brarep_inno/issue/2012/10_Fahrzeugbau_2012.pdf [19. Oktober 2013]

Zentrum für Europäische Wirtschaftsforschung GmbH (ZEW) (Hrsg.) (2014), Elektroindustrie: Ergebnisse der deutschen Innovationserhebung 2013, 21. Jg., Nr. 09, Januar 2014. URL: http://ftp.zew.de/pub/zew-docs/brarep_inno/09_Elektroindustrie.pdf [19. Juni 2014]

Zentrum für Europäische Wirtschaftsforschung GmbH (ZEW) (Hrsg.) (2014b), EDV und Telekommunikation: Ergebnisse der deutschen Innovationserhebung 2013, 21. Jg., Nr. 18, Januar 2014, in: http://ftp.zew.de/pub/zew-docs/brarep_inno/18_EDVTelekommunikation.pdf [19. Juni 2014]

Zentrum für Europäische Wirtschaftsforschung GmbH (ZEW) (Hrsg.) (2014c), Chemie- und Pharmaindustrie: Ergebnisse der deutschen Innovationserhebung 2013, 21. Jg., Nr. 04, Januar 2014. URL: http://ftp.zew.de/pub/zew-docs/brarep_inno/04_ChemiePharma.pdf [19. Juni 2014]

Zezelj, G. (2000), Das CLV-Management Konzept, in: Hofmann, M., Mertiens, M. (Hrsg.), *Customer-Lifetime-Value-Management: Kundenwert schaffen und erhöhen: Konzepte, Strategien, Praxisbeispiele*. Wiesbaden: Gabler, S. 9–29

Zwicky, F. (1969), *Discovery, invention, research: Through the morphological approach*. Toronto: Macmillan

Zwink, H. (2012), Ohne Online geht bald nichts mehr, in: *AHGZ*, Heft 17, 21. April 2012, S. 5

# Über den Autor

Dr. Markus Schreyer ist als Marketing- und Vertriebsexperte in der Tourismusbranche bekannt. Zurzeit lebt und arbeitet der gebürtige Deutsche in New York.

Als Vice President The Americas leitet er die Geschäftsentwicklung in Nord- sowie Südamerika für Design Hotels™. Von 2008–2015 war der Autor für die Marketing- und Vertriebsaktivitäten von Starwood Hotels & Resorts in Mittel- und Osteuropa verantwortlich. Er war vor seinem Eintritt bei Starwood als Director of Global Sales für Hilton Worldwide in Frankfurt am Main tätig und leitete das globale Verkaufsbüro.

In seiner an der Technischen Universität Dresden vorgelegten Dissertation beschäftigte er sich intensiv mit Innovationen in Vertrieb und Marketing. Die Arbeit gibt einen Leitfaden für den Aufbau eines Innovationsmanagements sowie für die Entwicklung von Dienstleistungsinnovationen. Anhand von Handlungsmustern aus anderen innovativen Branchen wie der Automobil- und Finanzbranche entwickelte Markus Schreyer das EMP (Emotion, Mehrwert, Personalisierung) –Innovationsmanagement, um die aktuellen Herausforderungen der Hotellerie zu überwinden und nachhaltiges Wachstum zu sichern. Der Autor zeigt auch, dass sich EMP ebenfalls auf andere touristische Dienstleister übertragen lässt.

# Lehr- und Handbücher zu Tourismus, Verkehr und Freizeit

Zuletzt in dieser Reihe erschienen:

**Walter Freyer**
Tourismus. Einführung in die Fremdenverkehrsökonomie, 11. Aufl. 2015
ISBN 978-3-486-74194-0, e-ISBN (PDF) 978-3-486-85754-2,
e-ISBN (EPUB) 978-3-11-039899-1

**Axel Schulz/Uwe Weithöner/Roman Egger/Robert Goecke (Hrsg.)**
eTourismus: Prozesse und Systeme. Informationsmanagement im Tourismus,
2. Aufl. 2014
ISBN 978-3-486-75428-5, e-ISBN (PDF) 978-3-486-85840-2,
e-ISBN (EPUB) 978-3-11-039901-1

**Roland Conrady/Frank Fichert/Rüdiger Sterzenbach**
Luftverkehr. Betriebswirtschaftliches Lehr- und Handbuch, 5. Aufl. 2012
ISBN 978-3-486-71256-8, e-ISBN (PDF) 978-3-486-71763-1

**Adrian von Dörnberg/Walter Freyer/Werner Sülberg**
Reiseveranstalter-Management. Funktionen, Strukturen, Management, 2012
ISBN 978-3-486-70580-5, e-ISBN (PDF) 978-3-486-71101-1

**Michael-Thaddäus v. Schreiber (Hrsg.)**
Kongresse, Tagungen und Events. Potenziale, Strategien und Trends der
Veranstaltungswirtschaft, 2012
ISBN 978-3-486-70884-4, e-ISBN (PDF) 978-3-486-71605-4

www.degruyter.com

www.ingramcontent.com/pod-product-compliance
Lightning Source LLC
Chambersburg PA
CBHW061800210326
41599CB00034B/6823